中央高校基本科研业务费专项资金资助

Supported by "the Fundamental Research Funds for the Central Universities"

叶君远 著

鸿业斋年谱

中国社会科学出版社

图书在版编目(CIP)数据

冯其庸年谱/叶君远著.—北京：中国社会科学出版社，2015.6
ISBN 978-7-5161-5527-1

Ⅰ.①冯… Ⅱ.①叶… Ⅲ.①冯其庸—年谱 Ⅳ.①K825.6

中国版本图书馆CIP数据核字(2015)第026860号

出 版 人	赵剑英
选题策划	郭沂纹
责任编辑	郭沂纹
特约编辑	沂 涟
责任校对	石春梅
责任印制	李寡寡

出　　版	中国社会科学出版社
社　　址	北京鼓楼西大街甲158号
邮　　编	100720
网　　址	http://www.csspw.cn
发 行 部	010-84083685
门 市 部	010-84029450
经　　销	新华书店及其他书店

印刷装订	北京君升印刷有限公司
版　　次	2015年6月第1版
印　　次	2015年6月第1次印刷
开　　本	710×1000 1/16
印　　张	34.75
插　　页	11
字　　数	580千字
定　　价	99.00元

凡购买中国社会科学出版社图书，如有质量问题请与本社联系调换
电话：010-84083683
版权所有　侵权必究

2005年10月冯其庸先生于白龙堆

冯其庸先生的母亲

冯其庸先生的父亲和侄儿

1942年冯其庸先生高中一年级,摄于老家门口,时年18岁

1947年10月22日冯其庸先生发表在《大锡报》上的《澄江八日记》

无锡国专毕业照(大照)第二排右三为冯其庸先生

无锡国专毕业照(小照),前排右三为冯其庸先生

冯其庸毕业照

1949年4月23日，冯其庸参加中国人民解放军

1955年冯其庸与夫人夏菉涓在长城留影

《历代文选》封面

1956年冯其庸先生编写的《中国文学史稿》油印本封面

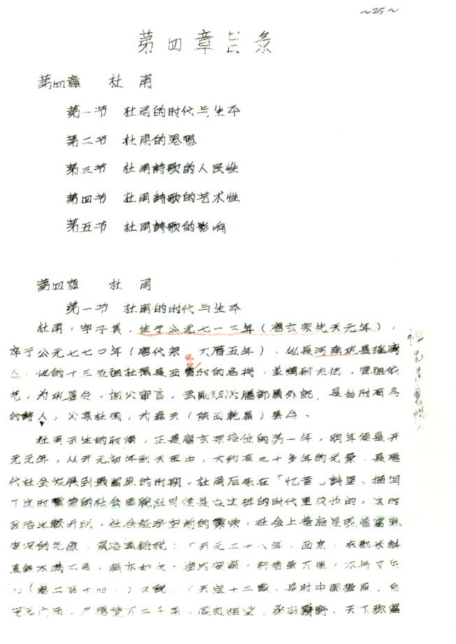

《中国文学史稿》油印本中一页

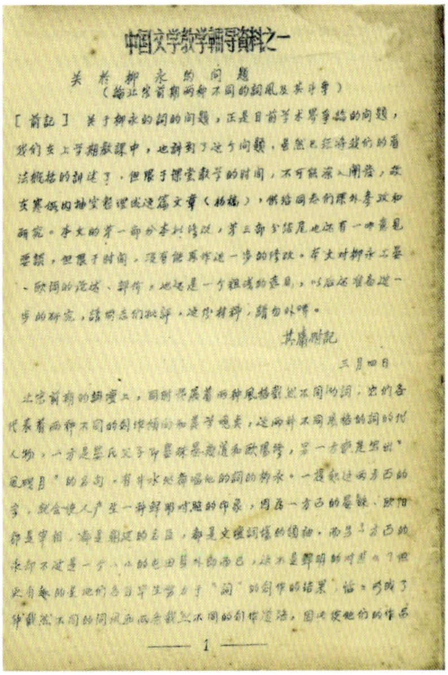

冯其庸先生编写的《中国文学教学辅导资料》油印件

1964年"四清"运动时冯其庸先生在陕西长安县

"四清"运动时冯其庸先生在陕西长安县

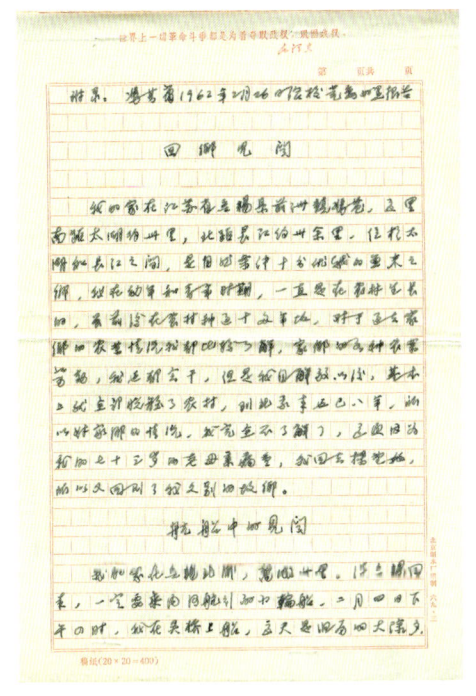

冯其庸先生1962年所作《回乡见闻》手稿

《红楼梦学刊》封面

帕米尔石头城,冯其庸先生摄于 2005 年

帕米尔高原明铁盖山口,冯其庸先生摄于 2005 年

明铁盖立碑照

胡杨树，冯其庸先生摄

昭怙厘寺,冯其庸先生摄于1998年

龙城,冯其庸先生摄于2005年

罗布泊(1),冯其庸先生摄于2005年

罗布泊(2),冯其庸先生摄于2005年

罗布泊(3),冯其庸先生摄于 2005 年

罗布泊(4),冯其庸先生摄于 2005 年

楼兰残存的房屋木构架，冯其庸先生摄

楼兰三间房，冯其庸先生摄于 2005 年

冯其庸先生绘画:《富春一隅》

冯其庸先生书法(草书　五言联 人烟寒橘柚 秋色老梧桐)

楼兰残存的房屋木构架,冯其庸先生摄

1998年8月24日,冯其庸先生在帕米尔高原之徙多河畔,此为玄奘所经之河,急流如海倒河倾

目　　录

序一 …………………………………………………… 冯其庸(1)

序二　度尽劫波见光明 ………………………………… 冯其庸(1)

凡例 …………………………………………………………… (1)

年谱 …………………………………………………………… (1)

 1924 年　甲子　1 岁 ……………………………………… (1)

 1925 年　乙丑　2 岁 ……………………………………… (4)

 1926 年　丙寅　3 岁 ……………………………………… (4)

 1927 年　丁卯　4 岁 ……………………………………… (4)

 1928 年　戊辰　5 岁 ……………………………………… (4)

 1929 年　己巳　6 岁 ……………………………………… (5)

 1930 年　庚午　7 岁 ……………………………………… (5)

 1931 年　辛未　8 岁 ……………………………………… (5)

 1932 年　壬申　9 岁 ……………………………………… (6)

 1933 年　癸酉　10 岁 …………………………………… (7)

 1934 年　甲戌　11 岁 …………………………………… (8)

 1935 年　乙亥　12 岁 …………………………………… (8)

 1936 年　丙子　13 岁 …………………………………… (9)

 1937 年　丁丑　14 岁 …………………………………… (9)

 1938 年　戊寅　15 岁 …………………………………… (12)

 1939 年　己卯　16 岁 …………………………………… (14)

1940 年	庚辰	17 岁	(16)
1941 年	辛巳	18 岁	(16)
1942 年	壬午	19 岁	(17)
1943 年	癸未	20 岁	(19)
1944 年	甲申	21 岁	(23)
1945 年	乙酉	22 岁	(24)
1946 年	丙戌	23 岁	(26)
1947 年	丁亥	24 岁	(31)
1948 年	戊子	25 岁	(34)
1949 年	己丑	26 岁	(41)
1950 年	庚寅	27 岁	(44)
1951 年	辛卯	28 岁	(44)
1952 年	壬辰	29 岁	(46)
1953 年	癸巳	30 岁	(46)
1954 年	甲午	31 岁	(46)
1955 年	乙未	32 岁	(50)
1956 年	丙申	33 岁	(52)
1957 年	丁酉	34 岁	(56)
1958 年	戊戌	35 岁	(58)
1959 年	己亥	36 岁	(59)
1960 年	庚子	37 岁	(61)
1961 年	辛丑	38 岁	(62)
1962 年	壬寅	39 岁	(71)
1963 年	癸卯	40 岁	(75)
1964 年	甲辰	41 岁	(80)
1965 年	乙巳	42 岁	(83)
1966 年	丙午	43 岁	(86)
1967 年	丁未	44 岁	(92)
1968 年	戊申	45 岁	(92)
1969 年	己酉	46 岁	(93)
1970 年	庚戌	47 岁	(93)

1971 年	辛亥	48 岁	(95)
1972 年	壬子	49 岁	(98)
1973 年	癸丑	50 岁	(98)
1974 年	甲寅	51 岁	(103)
1975 年	乙卯	52 岁	(107)
1976 年	丙辰	53 岁	(113)
1977 年	丁巳	54 岁	(117)
1978 年	戊午	55 岁	(126)
1979 年	己未	56 岁	(132)
1980 年	庚申	57 岁	(142)
1981 年	辛酉	58 岁	(149)
1982 年	壬戌	59 岁	(158)
1983 年	癸亥	60 岁	(169)
1984 年	甲子	61 岁	(174)
1985 年	乙丑	62 岁	(191)
1986 年	丙寅	63 岁	(212)
1987 年	丁卯	64 岁	(224)
1988 年	戊辰	65 岁	(232)
1989 年	己巳	66 岁	(243)
1990 年	庚午	67 岁	(250)
1991 年	辛未	68 岁	(259)
1992 年	壬申	69 岁	(264)
1993 年	癸酉	70 岁	(269)
1994 年	甲戌	71 岁	(278)
1995 年	乙亥	72 岁	(284)
1996 年	丙子	73 岁	(294)
1997 年	丁丑	74 岁	(304)
1998 年	戊寅	75 岁	(313)
1999 年	己卯	76 岁	(326)
2000 年	庚辰	77 岁	(338)
2001 年	辛巳	78 岁	(353)

2002年	壬午	79岁	(369)
2003年	癸未	80岁	(387)
2004年	甲申	81岁	(403)
2005年	乙酉	82岁	(421)
2006年	丙戌	83岁	(452)
2007年	丁亥	84岁	(472)
2008年	戊子	85岁	(488)
2009年	己丑	86岁	(504)
2010年	庚寅	87岁	(514)
2011年	辛卯	88岁	(519)
2012年	壬辰	89岁	(523)
2013年	癸巳	90岁	(526)
2014年	甲午	91岁	(530)

后记…………………………………………………………………(534)

序 一

冯其庸

予今八十又八,得君远弟为作年谱,稍加翻阅,不觉感慨系之。叹岁月之飘忽,伤故旧之零落,回思当年耕牧之初,如同隔世,几疑身在梦中矣。

若以当年之耕牧为梦,则故家乔木尚有存者,而同时耕作之人犹存一二,皆萧萧白发,尚能说当年耕牧事也。是则往昔之耕牧是真而非梦也。再念近昔,自20世纪50年代以后,直至"文化大革命",伤痕泪痕,宛宛在目,又岂能是梦耶?

尤以近三十年改革开放以来,万象更新,春风和谐,国运昌隆,众心归一,科学发展,跻于世界之先,凡此种种更是真而非梦也!

由是而知,予所历之八十又八年,实中国历史之最大转变期也。在此巨变中,予亦由一耕牧之童,渐次而厕身于学术之伍矣。

予曾三上帕米尔高原之最高处,因深知天之高也;予又曾深入罗布泊,至楼兰,经龙城、白龙堆、三陇沙入玉关而还。予在罗布泊、楼兰宿夜,中夜起步,见月大如银盆,众星璀璨,四周无穷无尽,唯知予置身于一大而圆之无际广漠之中,庄子云"其大无外",予于此星月满天、茫茫无际之罗布泊,乃深悟庄生之意矣!予故谓,凡身经罗布泊者,终不敢自以为大矣,于是予方知天之高而地之宽也。予置身罗布泊之际,觉自身只一微尘耳,又何敢他言哉!

今君远弟为予作学术年谱,青岛出版社又为予出《瓜饭楼丛稿》,皆自其小者而观之也。自其小者而观之,则芥子可以称丘山而野马可以作鹍鹏也。

因念悠悠之天地,五千年历史之长河,仰观前贤,俯察自身,自为野马,为微尘,则心之所安矣!

总之,昔日之我即今日之我也,昔日之牧童耕夫,今日之学界野马微尘，皆一也，无他异也。其所异者，昔之苍苍，今皆化而为白矣，昔之登山涉水皆如平地，今则步履艰难，视听茫茫矣！

返视予之心路历程，内而自省，则予之心依然故我也，所有宠予之各种称谓，自知皆溢美也，不可以为荣，更不可以自认也。

其实者，予所作之文皆不敢虚言，予之心，依然当年故我也，其余则皆不足论也！

2010年6月6日夜10时于瓜饭楼

序二　度尽劫波见光明

冯其庸

我是一个贫苦农民家的孩子，我从小就经过饥饿的日子，我的母亲和祖母，经常因为看着孩子受饥饿而哭泣。我二十岁前一直在农村种地和放羊割草，虽然上了农村初中，但每到农忙季节，就停课做农活。所以我一直认为自己是一个真正的农民。

我说的这些，只是说明我是一个贫苦农民家的孩子，经历过多年长期的秋荒饥饿，并不是说这就是我经历的劫难。因为当时农村的贫困家庭很多，这是常见的社会现象。

现在我要说我所经历的劫波了。

我经历的第一个劫波，是抗日战争时期，1939年我从日本鬼子的刺刀尖下躲了过来。1939年日本鬼子搞清乡大扫荡的时期，有一天，突然有人急急忙忙地来告诉我母亲，说我三舅父被日本鬼子捆起来吊在树上毒打，快去想法子救他。我母亲听后，二话没说，拉着我就往舅舅家浮舟村跑。当时我还是一个孩子，我母亲是想身边有一个孩子，可能要安全一些（因为日本鬼子宣称不杀学生）。我自己也极想去看三舅父。因为他极喜欢我，鼓励我勤奋读书。当我和母亲赶到舅舅家时，只见舅舅被吊在门前的大树上，日本鬼子刚走。我母亲立即与在场的几个人把舅舅放下来，拔出打进舅舅嘴里的一把毛竹筷子。拔出来时，舅舅嘴里和筷子上尽是鲜血。在擦舅舅嘴里的血时，发现舅舅嘴里还塞有三个煮熟的鸡蛋，再把鸡蛋扣出来时，舅舅早已经死了。为什么日本鬼子要打死他，因为他坚决不肯说游击队的行踪和驻地。我母亲正在整理舅舅的遗体时，突然传来鬼子又来了的消息，母亲立即把我拉到外祖父家的一间茅草房前，里面堆满了稻草。母亲把我塞进稻草堆的最深处，又把稻草堆整理了一下，使它像是多年未动的样子，然后嘱咐我，没有她来叫我，任何人来叫都不能答应。之后，她就自己躲藏起来了。不一会儿，我听到"托""托""托"的皮鞋声，我知道日本鬼子来了，他们走到草屋前，就停了下来，只听日本鬼子说里面有没有人？翻译说不会有人。日本鬼子却用刺刀向草堆捅了几下，日本鬼子的刺刀每次捅进来时，都离我只有几寸，我幸亏一声不吭，鬼子觉得是没有人，转身就走了。我还是不敢动，直到傍晚母亲来叫我，我才敢出来。我总算从日本鬼子的刺刀下躲了过来。

但是，在这一场大屠杀中，我的堂姑妈梅秀，为了保护她的女儿，用粪勺猛打了正在强暴她女儿的鬼子的头，打得鬼子满头是粪，以为是游击队来了，转身就逃。梅秀自知闯了大祸了，她立即让她的女儿和全村的老百姓赶快撤离村子，她一个人在村子里等鬼子，任凭鬼子屠杀，以保全村村民的性命和房屋。村里的人也毫无办法，只好大家撤离。不多久，日本鬼子的大队人马来了，撤离的老百姓在远处瞭望，但看不到什么动静，直到傍晚，眼看鬼子都走了，村民才偷偷地回去，只见梅秀已被砍成四块，还开膛破肚。梅秀用自己的生命，保住了全村人民的安全和房屋未被烧毁，村民们无不痛哭，梅秀以身饲虎的精神，正足以惊天动地，光耀日月，彪炳史册。

与此同时，我的一位小友，他比我大好几岁，已参加了游击队，因为他的家乡是在游击区，这次大屠杀，他不幸被鬼子抓住了，被绑在石塘湾火车站的电线杆上，让日本狼狗咬，咬到心肺都被咬出来。

以上就是我度过第一次劫波的真实情况。

我度过的第二次劫波，是1957年反右期间，我被学校定为第三名右派。这事我原先一点也不知道，这是多年以后，当时任人大教务长的李新同志告诉我的。

当年开始是整风运动，后来发展到大鸣大放，几天后教研室支部书记通知我参加全校的发言大会，说因为我的发言好。我信以为真。到时就到铁狮子胡同一号人大的大礼堂，礼堂里人坐得满满的。实际上是一次最后决定右派的会议，故由中央领导王若飞的夫人李培之来听发言。第一个发言的是葛佩琦，他的发言我已记不起来了。第二个发言的是王德周。我后来才知道他们都是早期的地下党员，当年与周总理单线联系，他们的资历比当时人大校长的资历要高得多，所以他们发言毫无顾忌。王德周发言愈来愈激动，最后说："我手里没有机关枪，要有机关枪，我就对着你们干！"这话一说出来，全场为之震惊，我也为之愕然，正在惊疑之间，忽然上面点名叫冯其庸发言，我被排在第三名，正好是王德周发言以后。我就说，我不同意上面这位同志的意见，这是整风运动，不能用机关枪，机关枪是对敌人的。接着我就说，我的意见很简单，建议总支书记和支部书记都不要专职，都应该上课。否则他们只抓政治学习，政治学习的时间占据很多，弄得任课教师没有时间备课，而他们却算完成了任务。我说完了这个意见后，想不到李培之同志就立即讲话说：这位同志讲得很好，大家都要像他那样，既要敢提意见，又要出于爱护党，我看这位同志就是这样。李培之同志讲话后，当时人大的校长连忙就从右派名单里把我勾掉了，我又度过了一次劫波。

我的第三次劫波是1963年我发表了《彻底批判封建道德》一文以后，毛主席看到了这篇文章，极为赞赏，把康生叫去，问他有没有看到冯其庸的文章，康生说：没有。毛主席就叫他赶快去看。那时正是苏联赫鲁晓夫时期，中央发表九评批判赫鲁晓夫的修正主义路线，正写到第六评，还没有想好怎么写，毛主席对康生说：冯其庸的这篇文章分析封建道德的忠、孝、节、义，每个道德名词都包涵有复杂的内涵。他分析封建道德"忠"说：大宋王朝要臣民忠于大宋王朝，但梁山好汉的聚义厅叫"忠义堂"，却要好汉们忠于梁山结义兄弟而反对大宋王朝。可见一个"忠"字，却含有两种对立的内涵。毛主席对康生说，就用这个分析方法去分析修正主义的"和平共处"政策与马克思主义者的"和平共处"政策，词句虽相同而内涵却相反。当时第六评的题目就定为《两种根本对立的和平共处政策》。

事后，康生就一直找我。有一天，我在国子监中国书店专家服务部看书，忽然进来两个人，第一个是阿英（钱杏邨，鲁迅时代的作家），我认识。只听阿英对后面的人说：您要找的人就在这里。那人问是谁？阿英说：冯其庸。阿英连忙给我介绍说：这是康生同志。我连忙站起来，康生也连忙走过来与我握手，一起坐到座位上。康生叫中国书店的人泡了茶来，随即就告诉我毛主席称赞我的文章的事，并说他要调我到他的办公室去工作。我说我担任三个班的课，走不开。他说那好办，到暑假以后再来。他随即给我两个电话，一个是他办公室的，另一个是他家里的，并且说："就此说定了。"我当时不能再说什么，他又说他知道我能画，要我画一幅画送给他。我就说："我知道康老的书法好，求康老写幅字。"他马上说："那好办，你给我画画，我给你写字。咱们交换。"说罢就分手。当时我与康生的对话全是阿英翻译的，他的满口山东诸城话，我一句也听不懂。

虽然当时似乎说定了，过了暑假我就到他办公室去工作，但我却没有去。我自己想我到这么高的位子上去不合我的愿望，我只愿当一名教师，所以我既没有给他打电话，更没有给他画画，就这样拖延过来了。看起来，这似乎算不上什么劫波，倒是高升的好事。但你如果再往后看，三年后"文化大革命"中的康生，和最后康生的结局。我如果到他办公室去，"文革"中我将会怎样？最后我又会怎样？所以从根本上说，我确是躲过了一劫。

我的第四次劫波，是1966年5月"文化大革命"爆发前，"中央文革"发调令调我到"中央文革"去工作，这当然又是康生的主意。当时人民大学接到这个调令后，立即开党委会讨论，一致同意我去"中央文革"工作，由副校长孙泱来告诉我。我与孙校长较熟，我就说："我不懂'文化大革命'，怎么去工作？"他说："为了人民大学你也得去，何况这对你是一个极大的荣耀。"我说："我现在担任三门课，我一走，学生就空坐，这怎么行！"他说："你赶快把课程重作安排。"说完他就走了。我实在不愿去"中央文革"，所以我就以课程不能空着为理由，拖延着不去报到。过了足足二个多月，郭影秋校长忽然找我，问我去不去"中央文革"，如果不去的话，愿不愿意随他一起到北京市委去，因为彭真被打倒后，成立了新市委，李雪峰任书记，人大校长郭影秋任文教书记。郭校长说："你如果去北京市委，就负责写北京日报的社论。"我想北京市委比"中央文革"小得多，即使有问题也总比"中央文革"小，何况郭影秋是我的校长，我信得过，所以我连忙说我跟您去。郭校长也很高兴。这样我就算摆脱了"中央文革"的调令。到了新市委，第一篇社论就是我写的。我写好初稿交报社领导后，就报中央审批。据说很快就通过而且一字未改。还问，这是谁写的，说文笔好，对"文革"认识好。第二天社论就发表了，获得一片好评，郭校长也很高兴。不想一周后，康生、江青看到了，说是右的言论，加上北京市委其他几件事都没有紧跟"四人帮"，所以新北京市委立即就被打倒了。但我却幸亏北京市委的调用，躲过了"中央文革"调用的一劫，因为当时的"中央文革"，实际上就是"四人帮"，我不去"中央文革"，实际上就是无意中没有上"四人帮"的贼船。这就是我度过的第四次劫波，试想当时我如去了"中央文革"，其后果是不堪设想的。

我的第五次劫波，是以"文化大革命"初，我在人民大学与胡华二人最早被打倒开始的。在造反派批斗郭影秋校长时，我总要陪斗，另外还有单独对我的批斗，那批斗的次数就数不清了。当时加给我的罪名一大串：反动学术权威、刘少奇的黑线人物、周扬中宣部的黑线人物、吴晗三家村的人物等等等等。一时也记不清许多。

有一次，我在铁一号大门外西边的大石狮子前碰到胡华，他是教革命史的，是从延安来的。他对我说："我们两人太冤枉了，我们怎么会是反革命呢？"我就对他说："千万要冷静，这场'文化大革命'不是为我们两人发动的，我们是被这场飓风卷进去了，早晚会尘埃落定的，我们千万不能去参与任何活动，由他们批不还手，我们决不去批别人。这样，最后就没有我们的事。"胡华听了，说："您说得对。"说完就马上分开。

整个"文化大革命"中，我一直是这个态度，王蘧常先生当时十分挂念我，曾向故宫的唐兰先生和中国青年出版社的周振甫先生打听我的消息，周振甫先生回答说我"独立乱流中"，王老师知道了非常高兴，就写信告诉我。

"文革"开头几年，我几乎天天挨批斗，还被关押了一段时间。记得1966年6月，第一次在广场上批斗我时，造反派正在声嘶力竭地叫喊，却忽然天降暴雨，一场批斗，刚开始就只好收场，我心想这是天哭，同一天全国不知有多少人在受蹂躏摧残，这是老天爷不准他们横施暴行。我当时在心里就默写了一首诗："漫天风雨读楚辞。正是众芳摇落时。晚节莫嫌黄菊瘦，天南尚有故人思。"

还有一次批斗我时，宣布我的作品全是大毒草，造反派大声狂叫地批判我。对他们的批判我根本不听，却默默地在心里做诗："千古文章定有知。乌台今日已无诗。何妨海角天涯去，看尽惊涛起落时。"当时形势愈来愈紧张，我眼看着两派武斗愈来愈凶，一夜之间，就用长矛捅死了两个学生。前面说到的来劝我到"中央文革"去的孙泱副校长，也被折磨得上吊自杀了。当时险象环生，最先是老舍自杀、陈笑雨自杀，后来是我的老同学朱梦周用剪刀剪断了喉管自杀，我天天在惊涛骇浪中，但我发誓决不自杀，我要看到底。我连续被抄了三次家，郭沫若、谢无量等著名学者前辈给我的信，还有不少重要的东西都被抄走了，因为我被关押在西郊，我夫人在另一学校上班，家里只有两个小女孩，所以造反派如入无人之境，想拿什么就拿什么，名义上是"革命"，实质上是公然抢劫。面对着这样混乱凶险的环境，我没有改变我的意志和决心，警告自己，要安如盘石，不为横流所动。我自己觉得我的头脑很冷静清醒，我还想老舍如果和我在一起，他决不会自杀，可惜当时我与他不在一起。我一直坚持着要冷静地看到底的态度，所以到1967年12月，我开始用毛笔抄写《庚辰本石头记》，因为我收藏的影印本《庚辰本石头记》被抄走了。造反派把它当黄色书在学校展览，我生怕此风刮向全国，《红楼梦》会遭灭顶之灾。我要为曹雪芹留此一点心血。我就偷偷托好友借来一部影印庚辰本《红楼梦》，从1967年12月起，每到夜深人静的时候，我就开始抄《红楼梦》，规定每夜必须抄完若干页，当我正在抄这部《红楼梦》的时候，也正是人大两派武斗最激烈的时候，这两派都是我的学生，我眼看着他们自相残杀，心里真正难受。因为我毕竟还是他们的老师啊！每到武斗最激烈的时候，我就在书页的装订线外，用蝇头小楷写"昨夜大风撼户，通宵不绝""昨夜大风雨"之类的话，以留作记录。写在装订线外，将来一装订就看不到了，因为我的这个举动，若被造反派知道了，我就将不知是何结局了。到1968年6月12日，经过7个月的深夜，我终于抄完了这部书。抄完后，我随即题了一首诗："红楼抄罢雨丝丝。正是春归花落时。千古文章多血泪，伤心最此断肠词。"

最令我不能理解的是，当时中文系的先后几位总支书记与造反派都混在了一起。

最具有讽刺意味的是有一位与造反派混过好长一段时间的总支书记，1973年"文化大革命"基本落潮时，他又以总支书记的身份出现，宣布"文化大革命"中强加给我的种种罪名，经校党委复查，全部推翻，还我"文化大革命"前的清白。但当时造反派抄走了我十多年的日记本，共有十多本，他们在我的日记本上加了许多反革命语言，逼我签字承认这些反革命语言都是我自己写的，被我严词斥责拒绝。现在落实政策，这些日记本理应归还我。但这位总支书记却又为造反派说话了，说这些日记本全丢了，就算了吧。我明白如果这些日记本还给我的话，那末，日记本上他们写的大量反革命语言就成了他们的罪证。所以这位站在造反派一边的书记又为造反派消灭罪证说话了。因此，"文化大革命"的另一面，使人们看清了许多人的真面目，看清楚了他们的种种变相。

我的第五次劫波，是十年浩劫中，1973年以推翻"文革"中强加给我的一切罪名，还我以原本的清白结束的。

我今年已93岁了，我生平经历的劫难实在太多了，以上所说五次劫波，只是就最大的五次说的，其余的小劫，就不能一一细述了。

从以上所说的五次劫波度尽后。直到现在，我真正是"度尽劫波见光明"了！

　　我90年的艰难岁月，可说是历尽风浪，尝尽人间的苦味，但我却并不觉得不幸，我反而觉得是时代给我的考验，是老天激励我的意志。最后，我想引用2005年8月14日作的一首诗。那一年，我83岁，第三次登上昆仑之巅，刚入山口，即遇特大山洪暴发，公路为之冲断，我和先行的几辆车，都困在洪水里，我在车中赋诗，今即以此诗结束我的文章：

　　洪水滔滔失要津。千峰壁立上昆仑。
　　平生不怕风波险，要从险处见精神！

2015年3月5日，旧历乙未年
正月十五夜，元宵节灯火
爆竹声中写毕于六梅草堂

凡 例

一、冯其庸先生一生经历甚丰，本谱为了着重反映先生成长为一代学术、艺苑大家的艰苦奋斗过程，以记录其求学、治学和文学创作、书画创作活动为主，其他方面行迹则仅做简略交代。

二、先生治学，除强调将书面文献与出土文物互相印证外，还格外重视地面调查。其一生游历多与学术考察相联系，故本谱于此方面活动记录较详。

三、先生喜收藏，其所收藏多用于学术研究，故本谱亦择要述及其藏事。

四、先生自青年时代起，即每日记日记不辍，然"文化大革命"初期被迫中断，1972年下放"五七干校"时方始恢复。其1966年以前日记在"文化大革命"中悉数被毁，故1972年以前先生之行迹主要依据其文章和其他材料，此后则以日记为准。凡见诸日记者一概不再注明出处。

五、先生一生交游甚广，为有助于读者通过交游了解先生立身行事、人生志趣，故对于与先生交往较密切者，均附以极简略之介绍。介绍材料见于该人物与先生开始发生直接关系的那一年谱文中。

六、谱文中择要附录了各界人士致先生的一些书信，目的不惟是可以借以更多了解先生之交往，对于保存当代学界、艺苑之故实或亦有所助益。有些书信没有标明具体撰写时间，则以邮戳所标示的时间为准。

七、为便于了解先生生活与创作的时代背景，在每一年谱文的前面都简要记有重要时事，包括该年所发生的学术界、艺术界之大事。

八、本谱暂止于2014年，其后先生之行迹，容后续补之。

年　　谱

1924 年　甲子　1 岁

[时事]　1月，中国国民党在广州举行第一次全国代表大会，确定了联俄、联共、扶助农工的三大政策。9月，齐燮元与卢永祥之间的江浙战争爆发，曹锟、吴佩孚与张作霖之间的"直奉战争"爆发。11月，曹锟被迫辞去总统职务。12月31日，孙中山扶病入京。

是年2月3日，农历癸亥年腊月二十九日，先生生于江苏无锡北乡前洲镇冯巷。原名宗炎，小名三男，后改名迟，字其庸，号平斋，晚号宽堂、种玉堂、墨翁、乐翁、古梅老人、解厂老人、梅翁、瓜饭翁。

曾祖父原名锡瓒，改名蕙芳，字兰晦、秬香。生于清道光十一年（1831年），卒于光绪二十九年（1903年）。国学生，未仕。

《瓜饭集·稻香家世》：

听我祖母讲，我的曾祖父算是有功名的，但是什么功名，是秀才还是举人？则不清楚。我小时还见我家老屋的屏门上和柱子上贴了不少报录，据说这就是考中后由报子送来贴上的。但那时我年纪小，看了也不懂，所以分不清楚是秀才还是举人。但也有人说，这是捐的，不是考中的，是秀才，不是举人。究竟如何，谁也说不清楚。

我的曾祖父名锡瓒，字秬香。我读中学的时候，还从家里的箱子里找到一篇秬香公70岁的寿序，只剩了开头几页，封面也没有了，文章的后部也没有了，但印得很讲究，是用红色的八行笺印的。文章是四六骈文，读起来琅琅上口，那时我还能背出来，可惜现在我竟一个字也记不得了。至于这篇断尾巴的文章，则经过六七十年的风风雨雨，早就不存在了。作为先人的遗泽，我家老屋大厅上，还有三块匾额，一个是"馨德堂"，是谁写的已记不清了，但书法堂皇而端庄，是极具典范性的。另一个是"谊笃桑梓"，是当时的知县裴大中写赠的，这块匾一直是家里的传家宝。据说这块匾是光绪五年（1879），知县裴大中捐资兴修水利，以杜绝家乡的水患，秬香公也出资出力，助成其事，乡里皆传颂，所以由裴大中写赠的。另有一块匾，是"宾筵望重"。是谁写的，是什么来历，我已经不清楚了，但其辞意，也是称赞秬香公好接宾客，望重乡里的意思。

祖父济瀛，为秬香公长子，过世早，先生未及见。
父祖懋，字畏三，粗通书札，喜书画，善吹笙、笛，善养蟋蟀。
母顾氏，勤劳能干，家中生计均仗母亲操持。
先生祖上世代业农，曾祖之后，家境每况愈下，至其父亲时，家益落。
《瓜饭集·稻香家世》：

　　我没有能见到我的祖父，也没有见到我父亲的哥哥，即我的伯父。他们都死得早。但前面说过，我祖父是一直种田的，到我父亲手里，家里只能靠种田过活，所以我很小就下地干活了。但我父亲抽鸦片，把家里的田地卖掉了一大半，本来一共才十多亩地，卖掉了一大半，只剩几亩地了，田里的收获养不活全家，所以债台高筑，有的还是高利债。

《冯其庸书画集自序》：

　　父名祖懋，字畏三，母顾氏。予父读书甚少，仅通书札，而喜书画，善吹笙，善养蟋蟀，不事耕稼，嗜鸦片，遂至家产荡尽。

又《瓜饭集·我的母亲》：

我的母亲姓顾。我们家，除了父亲以外，谁也不知道她的名字，所以至今我仍不知道她的名字。姨母和舅舅，都叫她大姐，因为她在姐妹兄弟中是老大。村里人都叫她某某妈。这某某就是我们弟兄三人的名字。

长兄宗燮12岁，仲兄宗勋8岁，姐素琴7岁。
《冯其庸书画集自序》：

予上有两兄一姐，两兄皆小学后去锡沪学徒，予姐名素琴，至二十二岁未嫁而病卒。

吴玉章47岁。苏局仙43岁。谢无量41岁。盖叫天37岁。褚健秋34岁。朱屺瞻33岁。郭沫若33岁。叶圣陶31岁。周信芳30岁。刘海粟29岁。朱东润29岁。冯振心28岁。王蘧常25岁。周贻白25岁。张伯驹25岁。俞平伯25岁。唐兰24岁。白云生23岁。朱国梁22岁[①]。顾廷龙21岁。张正宇21岁。松枝茂夫20岁。王传淞19岁。林同济19岁。周怀民18岁。赵朴初18岁。钱仲联17岁。吴世昌17岁。周扬17岁。吴恩裕16岁。郭影秋16岁。谢稚柳15岁。唐云15岁。季羡林14岁。周振甫14岁。启功13岁。周传瑛13岁。端木蕻良13岁。林默涵12岁。张光年12岁。姚奠中12岁。叶盛兰11岁。杨仁恺10岁。虞逸夫10岁。顾景舟10岁。张娴10岁。刘知白10岁。杨宪益10岁。许麟庐9岁。袁世海9岁。周策纵9岁。侯北人8岁。饶宗颐8岁。柳存仁8岁。田汉7岁。陈从周7岁。周汝昌7岁。冯牧6岁。李少春6岁。陈伯华6岁。张颔5岁。唐德刚5岁。江辛眉3岁。厉慧良2岁。

金庸生。杨廷福生。叶嘉莹生。邓云乡生。卞孝萱生。

[①] 浙江昆剧团：《梦回录》（昆曲表演艺术家张娴口述往事）中讲到朱国梁，说："关于朱国梁的情况，知道得不多。只知道他是属兔的，浙江镇海人，生日可能是7月份。"朱国梁大于张娴，似当生于1903年（癸卯）。以此推之，本年22岁。

1925年　乙丑　2岁

[时事]　3月12日，孙中山先生在北京逝世。5月30日，在上海由于日本资本家枪杀工人代表顾正红等人，引发"五卅"血案，全国各地掀起反帝高潮。

同年10月，故宫博物院成立。

祝肇年生。伊藤漱平生。

1926年　丙寅　3岁

[时事]　7月1日，广东革命政府发表《北伐宣言》；9日，国民革命军正式出师北伐。

同年，私立无锡美术专门学校创办，主要创办人有胡汀鹭、褚健秋、贺天健等人。

1927年　丁卯　4岁

[时事]　4月，上海发生"四·一二"惨案，大批共产党员被杀。同月18日，蒋介石在南京成立"国民政府"。8月1日，周恩来、朱德、贺龙、叶挺等在南昌发动起义。

本年，创办于1920年12月之无锡国学专修馆更名为无锡国学专门学院。赵尔巽主编的《清史稿》付印。《脂砚斋重评石头记》甲戌本在上海出现，被胡适收买。

李希凡生。

1928年　戊辰　5岁

[时事]　4月，国民党召开四中全会，改组国民党政府和中央党部，

蒋介石任军事委员会主席兼中央政治会议主席。5月3日,济南日军寻衅,枪杀我军民。7月,全国反日大会在上海召开。

同年3月,蔡元培、林风眠在杭州创立国立艺术院。

关肃霜生。欧阳中石生。赵燕侠生。

1929年　己巳　6岁

[时事]　3月,蒋桂战争爆发。5月,粤桂战争爆发。
同年3月,在上海举办了"第一届全国美术展览会"。

蒋和森生。巫君玉生。

1930年　庚午　7岁

[时事]　11月,历时7个月的"蒋冯阎"战争结束。12月,中央苏区击破蒋介石第一次"围剿"。

本年,无锡国学专门学院改名为无锡国学专修学校。参照当时国立大学中国文学系各项规章办理,实行学分制,学制三年。

陈毓罴生。余英时生。

1931年　辛未　8岁

[时事]　9月18日晚10时,日本关东军制造"柳条沟事件","九·一八"事变爆发。19日晨日本关东军进至皇姑屯,20日占领南满、安奉两线沿路各地。沈阳《四库全书》被日本人劫去。

范敬宜生。

1932年　壬申　9岁

[时事]　1月，日军攻占锦州，东北三省全部沦陷。28日，日军大举向上海进犯。蔡廷锴率十九路军在上海人民支持下奋起抗敌。3月1日，在日本帝国主义策划下，伪满洲国成立，溥仪为傀儡皇帝，以长春为伪都，改称"新京"。9月，日寇在辽宁平顶山凶残屠杀3000多名中国同胞。12月，宋庆龄、蔡元培、鲁迅等发起组织中国民权保障同盟。

同年，《脂砚斋重评石头记》庚辰本在北京出现。

先生开始上小学。母亲常为筹措学费发愁，但宁可举债也要供其读书。《瓜饭集·我的读书》：

我出生在江苏无锡北乡前洲镇后面的一个农民家庭里，家境贫寒，我虚龄九岁上小学。记得第一天上小学是我的堂姐带我去的，堂姐叫冯韵华，在小学里当老师。校长是刘诗堂，大家习惯叫他诗堂先生。诗堂先生办事认真而又和蔼可亲，大家都很尊敬他，我至今还能清楚地记得他的面容。

《瓜饭集·我的母亲》：

我9岁上小学，在镇上，离家约2华里，每天背着书包上学，中午还回家吃饭，饭后再去，傍晚回来。每到交学费的时候，也总是我母亲最为难的时候。我那时还不能尽知母亲的苦，所以每到学校催交学费的时候，我也回家催，母亲总是好言安慰我，说过不了几天就能交了。但是母亲到哪里去找这两块银圆的学费呢？有一次，我看到母亲为拿不出学费而哭了，我幼小的心灵突然也悲痛起来，竟放声痛哭，母子俩竟哭在一起。但我不是为母亲不给我学费而哭，我是为母亲而哭。我觉得我的母亲太苦了，太没有人疼惜她了！我对母亲说，我就不上学吧，在家里多干点活，还可稍稍减轻家里的负担。我母亲坚决不答应，她说，再过几天就能想到办法了。其实，当时亲友家也都借过钱了，前债未还，不可能再借新债了。后来还是母亲回娘家找我外祖母弄到的钱，交了这次学费。所以，这次交学费的事，是我毕生难忘的事。

刘世德生。

1933年　癸酉　10岁

[时事]　1月，日军侵占山海关。3月，日军继续向长城各口大举进攻，中国军队奋起进行长城抗战。本月，热河沦陷。5月，察哈尔民众抗日同盟军在张家口建立。日军大举进攻冀东，对北平形成三面包围。蒋、日签订停战协定于塘沽。11月，蔡廷锴的第十九路军在闽发动反蒋事变，成立革命政府。

同年2月，北平故宫文物2000余箱运抵南京。

先生开始下地干活，此后劳动十多年，凡田间农事，无一不能。
《冯其庸书画集·自序》：

予十岁即下地耕作，历十数年，凡田间农事，如插秧、割稻、翻地、种麦、戽水、担肥、收割种种，无一不能，故双手皆结厚茧。左手手指及手背，镰刀割痕累累，至今尚存，此予当年割稻、割草之遗，亦苦难之印痕也。

然虽艰辛劳碌，仍不失童心童趣。
《秋风集·大块假我以文章》：

有一年，家乡发大水，水漫到我的家里，床底下，桌子底下，都有四五寸深的水，大人急得不得了，我却坐在春凳上当作乘船，玩得很带劲。水稍稍退后，我就光着脚到水沟里去捉鱼，那一回竟被我捉到半桶鲫鱼，全家大吃了一顿，真是乐不可支。

我幼时，最爱捉蟋蟀，而且也颇懂此道，不仅能识别蟋蟀的优劣，还能做很好的蟋蟀草，用来引逗蟋蟀搏斗。每到秋天晚上，篱豆花开，我拿了一盏灯，钻到篱畔屋角，循声而往，乐此不疲。有时翻开砖瓦，却爬出来蜈蚣，即使这样也不退却。我清楚地记得当时我有一誓，誓曰：儿时一切可玩之事，将来长大了可能就不感兴趣了，就要抛弃了，但唯独这捉蟋蟀、斗蟋蟀的乐趣，我发誓不能抛弃！现在想想当时的这些誓愿，真有点好笑。

邓绍基生。吴新雷生。傅璇琮生。

1934年　甲戌　11岁

[时事]　1月，福建人民政府失败。10月，中国工农红军开始长征。

夏荥涓生。蔡义江生。

1935年　乙亥　12岁

[时事]　1月，中共中央政治局在遵义召开扩大会议，确立了毛泽东的领导地位。8月1日中共中央发表《为抗日救国告全国同胞书》，号召建立抗日民族统一战线。10月，中央红军胜利完成二万五千里长征，与陕北红军会合。12月，"一二·九"运动爆发。

本年起，先生家境愈益困窘，往往饔飧不继。
《秋风集·大块假我以文章》：

还在我十二三岁的时候，家里穷得无米下锅，也无钱买米，母亲好容易借到一点点钱，最多只能买一斗米。那时米店里卖米，都是几担几担地卖的，你去买一斗米或几升米，真是羞于启齿。母亲每次都叫我去买，有时买一斗或二斗，买了米不敢走街上的大路，因为怕碰见熟人，不好意思，母亲就教我走街后的田间小路；又怜惜我年小瘦弱，背不动二斗米，她自己往往跑到半里路外去等我，等我买了米回来，她就接着背回家去。

1936年　丙子　13岁

[时事]　1月，东北抗日联军成立。8月，中国共产党决定放弃红军称号，联蒋抗日。10月，红军一、二、四方面军在甘肃会宁会师。12月12日，东北军张学良将军和西北军杨虎城将军在西安扣留了蒋介石，迫使其停止内战，联共抗日，是为"双十二西安事变"。

吕启祥生。韩美林生。林冠夫生。

1937年　丁丑　14岁

[时事]　7月7日，日军炮轰宛平城，卢沟桥事变起，北平、天津相继沦陷。全面抗战开始。8月13日，日军大举进犯上海，上海军民奋起抵抗。是月，红军编为国民革命军第八路军，次月，开赴山西抗日，并取得平型关大捷。11月，国民党政府宣布迁都重庆。日军攻陷无锡县城，国民党最后国防线——澄锡国防线随即被攻破。12月13日，日军攻占南京，实行血腥大屠杀，中国军民被杀害30余万人。

先生读小学五年级时，抗日战争爆发，学校停办，就此在家种地。两兄皆失业归来，生活更加艰难，家人常处半饥饿中。稻熟前，日以南瓜果腹。先生每于半夜被母亲的啜泣声惊醒，知明日又将断粮。此先生最感痛心之事也。

《瓜饭集·我的读书》：

> 我小学上到五年级，抗日战争就爆发了。有一天我背着书包上学，忽然日本飞机在头上转，撒下来大批传单，捡起一看，上面印着"暴蒋握政权，行将没落"。走到学校里，学校却早已关门了，老师一个也不见了，我只得转身回家。可我书包里还装着一本《三国演义》，是学校图书馆的，也无法还了。这就成了我失学后的一本最佳读物。

《瓜饭集·我的母亲》：

抗战刚开始的时候，两个哥哥都失业回家，那时，哥哥都已成家，所以家里凭空增加了四五个人口，已是十口之家了，生活更艰难了。……到了秋天，我家真正的断粮了。记得有一天做早饭时，老祖母坐在灶前哭泣，因为锅里没有米，无法举火。而母亲还在张罗，最后只好用麸皮、青菜一起煮了一锅，还不能每人吃饱。

我这一段时间，生活很艰苦，家里常断炊，祖母、母亲、大嫂常对着空锅哭泣，没有东西给我们吃。每到秋冬，经常吃南瓜度日。

《瓜饭集·我的读书》：

每到秋天青黄不接的时候，全家人就常常挨饿。所以，每年秋天，等不及稻熟收割，为了解决全家的挨饿，不得不到地里将已熟的稻穗割下来，然后放在锅里焙干，再脱粒、去壳、去皮，勉强拿来煮粥。但这样的方式只能救一时之急，且谷穗未熟透，就有一部分谷粒不能去壳去皮，所以这个方式不能让我们度过整个早秋的饥饿。幸亏在地头、屋边的空地上种了不少南瓜，常常丰收，可以用南瓜来当饭吃。南瓜还有一个好处，长老了熟透的南瓜固然好吃，就是因为缺粮急于要吃，那么没有熟透的南瓜也一样可以充饥。所以一个秋天，在稻子登场之前，我们有一大半时间是靠南瓜来养活的。但我家人口多，自种的南瓜也常常不够吃。我永远忘不了我的邻居邓季方，他常常采了他家种的南瓜给我们送来，有时还送一点点米，这样我们才勉强度过了几个秋天。我现在给我的书房取名"瓜饭楼"，就是为了不忘记当年吃南瓜度日的苦难的经历，同时也是为了不忘记患难中给我以深情援助的朋友，可惜他不幸早已去世了。

《秋风集·大块假我以文章》：

我最害怕听到我母亲的哭泣声，因为我小时一直随着母亲睡，经常半夜以后，被母亲的啜泣声惊醒。我深知母亲因为明天又没有下锅的米了,或者明天又要有要债的来了!这样呜咽的声音,整整听了好多年,以至于形成了我心理的一种反应,只要听到类似的声音,我就会心跳,就会哽咽。

11月,日军占领无锡一带。先生曾亲见日本鬼子来村骚扰。
《秋风集·大块假我以文章》:

> 抗战时,我家实在穷,无力逃难,只是听说日本鬼子打来了,我眼望着无锡城里熊熊的火光,彻夜通红,虽然我家离无锡城还有三四十里,但火焰的气势,真是急如燃眉。隔了两天,有人说日本人已到了离我家十华里的青旸了。我们手无寸铁,更没有国家政府来发布什么命令或指示,只能在家坐以待毙。大哥为了弄清情况,壮着胆半夜里起身去青旸看个究竟。我那时虽然还只有十三岁(虚龄十四),但也不敢睡觉了,一直坐着等待消息。到天快亮的时候,大哥气急败坏地回来了。他说他到了青旸,只见满地是死尸,枪支也散了一地,日本人还在远处搜索,死的当然都是中国人,但也不是正规军,是当地的民兵(商团)。
>
> 这之后,我就哪里也不敢去。过了几天日本鬼子果然来了。我把大门紧闭,从门缝里看到了一个日本兵,肩上扛着枪,枪上刺刀闪亮,前面走着一个翻译,那时整个村庄像死一样静寂。我母亲从门缝里看到了日本鬼子,吓得不知如何是好,忽然去拿来一双鞋、两块饼,说赶快逃吧,鞋子走路要穿。我不知所措,拿了鞋,揣了两块饼,就从后门逃出去了。但十几岁的孩子,孤身一人,逃到何处去呢?我只好往我经常割草的荒坟堆里跑。我藏在一丛甘棵丛里,一直蹲到天黑,也不见动静。这时我好像冷静些了,我不知道父亲和两个哥哥跑到哪里去了,更不放心家里还有80岁的老祖母和母亲、姐姐。我决定趁天将黑的时候悄悄回家。好在我走得并不远,很快就到家里。此时全家人都已回家,正在惦记我不知藏在何处。我们庆幸这次总算没有大难临头。这是我第一次见到日本鬼子,也是日本鬼子第一次进我们村的情景。但这之后就惨了,村上的妇女被污辱,被劫走,我的堂房姑妈被惨杀。总之每隔一段时间,就要来劫掠一次,真是鸡犬不宁,人命危浅,朝不保夕!

张锦池生。

1938年　戊寅　15岁

[时事]　3月，国民党临时全国代表大会通过《抗战建国纲领》。4月，国民党军队取得台儿庄之战大捷，歼灭日军二万余人。5月，厦门、合肥、徐州相继沦陷。10月，广州、武汉失守。12月，汪精卫公开投敌。

同年初，无锡国专在校长唐文治先生率领下，历尽艰辛，迁至广西桂林。3月，中华全国文艺界抗敌协会在武汉成立。4月，国民党军事委员会政治部第三厅成立，郭沫若任厅长。西南联合大学组建于昆明。本年，苏州美专在校长颜文梁率领下迁至上海租界，在困难环境中坚持办学。

先生醉心于读书、写字、画画，农活之余，沉浸其中，此成为苦难中最快意之事。

《瓜饭集·我的读书》：

（失学后），我从《三国演义》开始，后来又借到了《水浒传》，看了真带劲。我看的是金圣叹的评本，仔细读金圣叹的评，启发我边读边品味。我读的《三国》也是带评的，是毛宗岗的评。可开始我急于看故事情节，往往把评跳过去了，后来才知道看评更能让你领会书中的意思，特别是让你注意欣赏文章的佳处，细微到用字用词，有时也有醒人的批语，这样我读得更入神了。就这样，我除了农活以外便沉浸在读书里，千方百计到处借书看。后来我又借到了《西厢记》，也是金批本。我一读《西厢记》的文辞，真是满口生香，尽管还似懂非懂，但越读越爱读，以至于拿来熟读背诵，有不少精彩的段落和词句，我都能背诵，《西厢》这部书也一直不离手。后来我又借到了《古诗源》，这本书连封皮也没有了，可能前半部分已经丢失了。我特别爱读里面的《古诗十九首》，虽然仍是半懂不懂，但觉得意味醇厚缠绵，可以味之又味。还有《孔雀东南飞》，即《古诗为焦仲卿妻作》。读后使我非常震动，恰好我舅父顾仲庆在芜湖工作，他到我家来，我问他芜湖离庐江有多远，他非常奇怪，问我为什么问这个问题。我告诉他我读了《孔雀东南飞》，上面写的是在庐江发生的事。他虽然没有读过这首诗，但觉得我小小年纪就这么喜欢读书，就这么喜欢追根究底，很是难得，因此就特别喜欢我，与我讲了庐江有周瑜墓，有小乔墓等等，更加引起了我的兴趣，可惜我至今也没有到过庐江。这段时间共约三年，我真读了不少书，连《论语》、《孟子》、《古文观止》、《东莱博议》、《聊斋志异》、《西游记》、《夜雨秋灯录》、《浮生六记》等等都读了。有一次，我二哥到苏州去，给我带回来《西青散记》、《西青笔记》，还有《陶庵梦忆》、《西湖梦寻》、《琅嬛文集》等等，还有叶天寥、沈宜修、叶小鸾的书，这一直是我想读而找不到的书，我开了一个书单给二哥，想不到竟能买回来，当时我如一夜暴富，天天夜以继日地沉浸在这些书里。……我幸亏有这些书，其他脑子里都不去想，一有空就读书，最好的时间就是夜间，我往往点着油灯或蜡烛，天天夜读到深更半夜，而且早晨还早起早读。这样几年中间，我把借来的和买来的书都读完了。我感到真是开卷有益，读书是能开启人的心灵的，虽然我对古书仍是半懂不懂，但我觉得比以前似乎多懂了一点了。

《墨缘集·学画漫忆》：

我虽生在农民家庭，但却从小就喜欢读书和画画、写字。小学五年级抗战爆发，我就开始失学，变成了一个真正的小农民，成日在地里种地和放羊、割草。也就是从这时开始，我喜欢读闲书，不论小说戏曲，或论、孟、左、史，只要能借到就拿来读。同时也就是从这时开始，喜欢书法和绘画，常常是下地回来，脚还没有洗（南方是水田），就进屋临帖和画画了。我的书法一直是学欧字，也写过石鼓、隶书和北魏，后来一直喜欢学王羲之，并围绕着学王，学习其他各家，主要是看他们是怎样学王的。至于绘画，当时就不知从何学起，记得曾买到过一部《芥子园画谱》，就照着学，以后只要碰到可学的画，我都拿来临摹。

《墨缘集·学书自叙》：

生活尽管这样艰难，但我仍喜欢读书，喜欢书法和绘画。书法方面，我找到了最普通的印本《九成宫》，我长久地临习它，后来又找到较好的拓本，继续临习。

李广柏生。

1939 年　己卯　16 岁

[时事]　1月，国民政府命令通缉汪精卫。3月，日军占领南昌。11月，日军对晋察冀边区进行冬季大"扫荡"，八路军将日军中将阿部规秀击毙，歼灭其所部第二混成旅主力。

姐姐素琴久病在床，复受到日本鬼子"清乡"之惊骇，终于不治。先生既为姐姐悲痛，又心疼母亲。此顷，堂房姑妈和三舅父也被日本鬼子残杀。
《瓜饭集·我的母亲》：

> 抗战进行到第三、四年的时候，我家里连续死了三个人。先是我姐姐的去世，她一直患严重的肺病。那一年日本鬼子清乡，到村里来抓女人，久病在床的姐姐，受到极大的惊骇，顿时就昏过去了，后来病势愈来愈重，终于不治。我母亲既无比的伤心，又要尽力筹措殡葬，最大的问题是买不起棺材，好不容易买了一口薄皮棺材把姐姐埋葬了。这对我的母亲无异是雪上加霜，既伤痛姐姐，又愁生活。我看她一天天消瘦……我除了心里着急以外，可就是没有一点办法！

《瓜饭集·我的读书》：

> 我的堂房姑妈因为日本鬼子强暴她的女儿，她拿起粪勺当头猛击日本鬼子，鬼子以为游击队来了，就逃跑了。她的女儿是一时得救了，她却被重来的大队鬼子开膛破肚，砍成四块，壮烈牺牲了！我的三舅父是小学老师，是当地有名的书法家。日本鬼子把他吊起来毒打，要他说出游击队的行踪，他就是不说，被活活打死了。

本年，祖母亦去世，先生悲思不已，因绘祖母像。

《秋风集·大块假我以文章》：

  我童年的时候，除伟大的母爱外，还有我的老祖母的特殊的慈爱。人们都说我很笨，那时我自己也觉得真是很笨，似乎我什么也不懂。但是，每当我遭到责骂或责打时，老祖母就会挺身而出，并且说我不是笨，是还没有开窍！那时我也不明白我究竟是笨，还是没有"开窍"，只是对老祖母的疼爱，真是刻骨铭心地不能忘记。……我当时正上初中，除了去地里干活外，就是上学。每天也总到祖母的床前看看，但我毫不懂得忧愁，只是痴痴地看着慈祥的祖母，这样不知不觉地过了三年。有一次，祖母听见我走过，就叫我过去，抚摸着我的手，叫我做农活时不要太重，要好好读书，说完她颤抖的手从枕头底下摸出两块银圆，说这是上海韵华姊姊给她的，一直舍不得花，现在用不着了，给你上学吧。祖母的话声仍是那么平稳，我当时竟笨得一点也没有想到会有其他变化。我接了这两块银圆，从祖母房里出来，将银圆交给了母亲。母亲叫我上学去，当我转身的时候，却看见母亲的眼泪簌簌地落下来了，我当时竟没有能觉察这潜伏着的悲剧，仍旧上学去了。哪知还没有等到放学，家里的人就来叫我赶快回去，祖母病危了。我顿时觉得如五雷轰顶，拼命地往家里狂奔，当我奔进大门时，只见满屋的人都在哭泣，我抢着跑到祖母的床前，她似乎已经没有知觉了，但她的眼睛没有完全合上，也许她是在等我，我多么希望她能看到我啊！

  祖母去世后，我的心神一直飘忽着。有一次，我忽发奇想，要画一张祖母的像，因为祖母只有一张二寸的照片。但是我从来没有学过人像画，居然相信只要虔诚，就一定能画像。我在房里默默地祝祷，向祖母的照片磕了几个头，紧闭房门，我真的开始画起来了，整整画了半天，总算画完了，自己端详着，觉得起码有七八分像，于是我把这张像一直珍藏着，直到家乡解放，我离开家乡后，也不知道怎么失落的。

胡文彬生。张继青生。

1940 年　庚辰　17 岁

[时事]　3月，汪精卫伪国民政府在南京成立。8月至12月初，八路军在华北发动有105个团参加的"百团大战"，毙伤日伪军2.58万余人。

上年2月，前洲镇创办青城中学。本年，先生考入该中学，读一年级。因读书多，领悟快，深得国文老师丁约斋器重。

《前洲镇志·大事记》：

民国二十八年（1939年），2月，青城中学创办。

《瓜饭集·我的读书》：

总算，我17岁那年，镇上办了中学，我得到家里的支持，就去考了中学，入一年级。国文老师叫丁约斋，十分器重我，说我书比他们读得多，领悟得快。

本年夏，大伯母去世。几年中，家中迭遭不幸，拮据困顿至极，全凭母亲竭力操持，才勉强度日。

《瓜饭集·我的母亲》：

哪里想到，第二年（指祖母去世后的一年）的夏天，我的伯母又因精神病发作，乘人不防时半夜里投水死了……于是我家又遭受一次意外的灾祸。只好把剩下的田地卖了一些，稍稍从优地殡葬了伯母……从伯母去世后，我们家真正已山穷水尽了，我不知母亲是如何张罗的，仍旧保持着以瓜菜代饭的生活。

1941 年　辛巳　18 岁

[时事]　1月，国民党制造了"皖南事变"。12月，日军偷袭珍珠港，

美国被卷入第二次世界大战。日军对中国民众之踩躏与掠夺更变本加厉。

读初中。

陈庆浩生。刘梦溪生。

1942年　壬午　19岁

[时事]　1月，国际反法西斯联盟正式形成。5月，日军对冀中根据地大扫荡，实行了野蛮的"三光"政策。毛泽东发表《在延安文艺座谈会上的讲话》。

先生酷爱戏曲，少时即常看演出。中学时，苏昆剧团长期在前洲镇演出，先生几乎天天观看，因与演员朱国梁、王传淞、周传瑛、张娴①相熟。《春草集·序》：

> 我的家乡无锡是戏剧相当盛行的地方，我小时候曾经经历过鲁迅先生所描写的看社戏的那种生活，而且这段生活经历比较长。我的家在农村，在我家前面不到三里地的一个地方，有一座规模很大的"孟将庙"，有人说是"猛将庙"。这个"孟将"或"猛将"，我小时候连他的名字和时代都记得很清楚的，现在却完全记不起来了。每到晚秋吃大红瓤西瓜的时候，庙前广场照例要演社戏，一般是演两个通宵，有时也有演三个通宵的。在我家的西边约六七里地的地方，有一座庙叫"七宝堂"，究竟供的什么菩萨我当时就不清楚，也是每年秋天吃红瓤西瓜的时候，同样也要演社戏，也是少则演两夜，多则演三夜。有时还有演"双台"的，就是在同一个广场上搭起两个戏台并列着同时演戏。每逢到演"双台"，那情形就更热闹了。那时所有这类的社戏都是京剧，这种戏班子是流动的，本地人习惯叫它做"草台班"。

---

① 朱国梁（1903？—?），浙江镇海人，曾任国风苏剧团班主，著名昆曲演员。王传淞（1906—1987），江苏苏州人，著名昆丑演员。周传瑛（1912—1988），江苏苏州人，著名昆曲演员。张娴（1915—2006），上海人，著名昆曲演员。

那时流行的戏目我还记得不少,例如《追韩信》、《斩经堂》、《借东风》、《卖马当锏》、《锁乌龙》、《投君别窑》、《四郎探母》、《霸王别姬》、《战黄袍》、《连环套》、《盘丝洞》、《金钱豹》、《拿高登》、《十字坡》、《狮子楼》、《打虎》、《夜奔》、《坐楼杀惜》、《活捉》、《走麦城》、《问樵闹府》、《打棍出箱》、《甘露寺》、《芦花荡》、《独木关》、《樊江关》、《王伯当招亲》、《铡美案》、《探阴山》、《逍遥津》、《长坂坡》、《目莲救母》等等。我们村里的人对京戏都是很喜欢的,每年演戏的时候,远到十里外的亲戚都要赶来看戏,于是我家就要热闹一番。每到太阳西沉,吃罢晚饭,凉风拂暑,远处隐隐有锣鼓声传来的时候,我们就急急忙忙赶去看戏了,所谓"锣鼓响,脚底痒",只要开台的锣鼓一响,附近的村民就都赶去了。

先生为《梦回录》所作序《云想衣裳花想容》:

> 张娴比我大8岁,我是在上世纪40年代初见到张娴的。那时抗战正在最艰难的时候,由朱国梁当班主的苏昆剧团,流落到了我的家乡前洲镇,镇上有几位热心人就请他们在镇上的小剧院里演出,一天只能维持两顿稀粥。我那时在读中学,我自小就酷爱戏曲,剧院离我的学校很近,所以每天下午课后,我就赶到剧院看戏,有时连晚饭也不吃,等看完了晚场再回家吃晚饭,所以他们当时演出的戏,我都看了。特别是王传淞、周传瑛的《访鼠测字》,王传淞、张娴的《活捉》,张娴、周传瑛的《长生殿·小宴·定情·惊变·埋玉》,《贩马记》的《写状》、《三拉》、《团圆》,《牡丹亭》的《游园·惊梦》等戏,看得印象最深。他们在前洲的时间不短,由于我天天去看戏,因此很快就与他们熟悉了,其中尤其是朱国梁、王传淞、周传瑛、张娴,更为熟识。

本年,先生获得蒋鹿潭《水云楼词》和万树《词律》,将《水云楼词》逐阕与《词律》对照断句识韵,遂将《水云楼词》全部读通,且多能背诵。此为先生钻研蒋鹿潭词之始,亦为先生读词之始。

《蒋鹿潭年谱考略·自序》:

还是在我初中读书的时候，大概是一九四二年，我的表弟薛玉麟在旧书摊上买到了一册《水云楼词》，是极好的曼陀罗华阁刻本。我们连断句都不大会断，但却爱不释手地读了起来，读得越多，似乎也就逐渐对鹿潭的词境有了些理解。从此它竟成了我幼年读词的入门书，竟然使我先学填词，后学作诗。

《瓜饭集·我的读书》：

我在旧书摊上买到一册《水云楼词》，曼陀罗花阁刊本，刻得很精，著者是蒋春霖，字鹿潭，是咸丰时期的大词人。……后来我又得知有万树《词律》，又是请我二哥去苏州时买到了，木刻书一大套，我好不喜欢，随即将《水云楼词》逐阕与《词律》对照断句识韵，至此，一部《水云楼词》算全部读通。我非常喜欢《水云楼词》，所以差不多整本词我大部分能背诵。这是我喜欢读"词"的开始。

暑假，先生在无锡《锡报》上发表《浪淘沙》词二首："一叶又惊秋。无限新愁。那堪独自倚高楼。几叠雁声人已去，恨也悠悠。　往事在心头。珠泪难收。斜阳脉脉水空流。从此相思频入梦，梦也难留。""时节又中秋。无限离愁。夜来独自怕登楼。一簟凉蟾清似水，思也悠悠。　且莫忆从头。锦字慵收。几时重与话风流。寄语征鸿为转意，冰雪同留。"

另一篇散文《闲话蟋蟀》也发表于《锡报》上①。

1943 年　癸未　20 岁

[时事]　9月，中、美、英在缅甸对日军开始反攻，日军逐渐陷入不利地位。11月，中、美、英三国发表《开罗宣言》，宣称必战至日本无条件投降。

---

① 《闲话蟋蟀》见于《秋风集》，其中注明发表于 1947 年 10 月，此日期可能有误。经查找《锡报》，发表时间当在本年，与前两首词发表时间相近。

下半年，先生初中毕业后，考入省立无锡工业专科学校染织科。选择此专业，全为就业计，然其主要课程数理化，先生素所不喜，唯印染图案画，先生成绩总名列前茅，语文课成绩亦最优。

《瓜饭集·我的读书》：

> 我初中毕业后，就考入无锡城里的省立无锡工业专科学校，录取的是染织科，功课以数理化为主。这可与我的爱好大大相反，所以我的数理化功课成绩很差，有时还不及格。可我的语文课的成绩总是最好的，作文尤其突出，常受老师表扬。还有我的图画成绩也是最好的，我也常常练习写字和作画。

语文课教师张潮象与顾钦伯为先生所钦敬，张潮象先生别号"雪巅词客"，是无锡名词人；顾钦伯先生善诗，先生从两位老师受教，获益良多。

《瓜饭集·我的读书》：

> 我的国文老师是张潮象先生，他是无锡有名的词人，别号"雪巅词客"，书法也很好。有一次，他在课堂上讲《圆圆传》，讲到吴三桂开山海关迎清兵入关时，竟痛哭流涕，大骂吴三桂叛国投敌。学生听了，非常感动，大家心里明白他是在骂与日本人合作的汪伪汉奸。但大家都为他捏一把汗，因为我们的课堂上，经常有日本人穿便衣坐在后排"听课"，老先生年龄已很大，根本不知道这些情况。幸好那一天没有日本人来"听课"，总算没有出事。当时学校有好多位著名的语文老师，还有一位叫顾钦伯，诗作得好，与张潮象老师也是好友。我是住宿的学生，顾老师也住在学校里，所以我常去请教他，听他讲诗。

《〈梦边集〉序》：

> 我的另一位老师顾钦伯先生，他却叫我去读史震林字梧冈的《西青散记》和《西青笔记》，还有《华阳散稿》。我真的找来读了，并且我真的被吸引住了。散文的文笔固然美极了，诗词我当时觉得都有"仙

气",那个农妇词人贺双卿的词,以及她的命运,多令人同情啊!那篇著名的叙,四六骈文,我现在还能背诵一段。

印染学老师范光铸见先生酷爱诗词,因劝先生去读《红楼梦》,说:"《红楼梦》尽是讲作诗的。"这是先生第一次听说《红楼梦》,遂借来一阅,然未终卷而罢。

《瓜饭集·我的读书》:

> 还有一位讲印染学的范光铸老师,写一手《麓山寺碑》,当时给我写了好多幅字,我一直珍藏着。是他告诉我,《红楼梦》里都是讲作诗的,劝我快读《红楼梦》,这是我第一次听到《红楼梦》的名字,也是第一次读它,但却没有能读完。那是1942年的下半年,我虚龄20岁。

此期间,先生得以拜识无锡著名山水画家褚健秋[①],并获其赏识,特许入其画室观其作画,还说:"看就是学。"自此,先生在褚先生画室观摩半年,由是略知山水画之门径。

《墨缘集·看就是学》:

> 我高中一年级是上的"工专",学的纺织,主要是学印染,课余的时间都拿来看书和写字画画。有一次与一位朋友在无锡公园喝茶,遇见了那位朋友的老师,他就是当时著名的画家褚健秋先生。褚老见到学生就坐了下来,无意中看到了他学生手中的一把纸扇,上面画了几笔山水。褚老拿过扇子仔细地看了,问:这是谁画的?我的朋友就指着我说,是他画的。哪知褚老随口就说:他比你画得好。于是就详细问了我的情况。他听说我家境贫困,就对我说,你如喜欢学画,就到我画室去看我作画,看就是学。我知道褚老的画室平时是不让人去打扰的,今天他特许我去看他作画,那真是格外地爱护了。从此我每隔一两天,就去他画室一次。褚老是山水画的名家,是已故大画家吴观岱先生的弟子。

[①] 褚健秋(1891—1965),江苏无锡人,曾师从吴观岱学画,善山水、人物画,新中国成立后曾任无锡文联副主席。

我第一次看作山水画，就是在褚老处看到的。我眼看着褚老画山石树木，小桥流水，人物房屋，笔笔有序地画着，而我也明白了一幅山水画是怎么一点点地在纸上凸现出来的。我连续看了半年，正在我看得入迷的时候，暑假到了，我要回乡间了，而且因为家贫，下半年就上不起学了，因此我也就不能再去看褚先生作画了。

张潮象先生与褚健秋先生组织"湖山诗社"，邀先生参加，并命作诗，先生于是写下平生第一首诗《呈湖山诗社张、褚二社长》："东林剩有草纵横，海内何人续旧盟。今日湖山重结社，振兴绝学仗先生。"张先生看后，批语说："清快，有诗才。"褚先生则以所画扇面赠之。

《梦边集·序》：

我虽然读了染织科，是工科，但我对此一点也不感兴趣，正是一窍不通，什么机械学、印染学，我一概不及格。只有印染科的印染图案画，我总是名列前茅。除此之外，我的作文总归是全班最好的。我的国文老师是张潮象老先生，别号"雪巅词客"。虽然是科举出身，但却是风雅之士，诗词俱臻一流。他与另一位吴观岱大画师的入室弟子褚健秋老先生组织了"湖山诗社"。大概因为我平时喜欢诗词喜欢得不自知敛抑了，被张先生主动吸收入了诗社。入社考试的一首诗我还记得，题目就是《呈湖山诗社张、褚二社长》，诗题是我临时自拟的，诗曰："东林剩有草纵横。海内何人续旧盟。今日湖山重结社，振兴绝学仗先生。"张先生看后大为称赞，批语说："清快，有诗才。"褚先生赠给我一把他画的扇面。于是此事传了开来，同学都叫我作"诗翁"。这当然是一种取笑和善意的揶揄。

《墨缘集·学画漫忆》：

这一年（1943）对我起着重要的作用，我的国文老师顾钦伯和张潮象，一位是诗人，一位是著名词人，张先生别号雪巅词客，组织了著名的湖山诗社，诗社还有一位著名山水画家褚健秋先生，他是吴观岱画师的弟子。这样我学诗词和学画都得到了名师指点。可惜那时正是抗战最艰苦的时候，我在无锡城里只上了一年学就失学回农村种地了。但这一年却在诗词和绘画上是启蒙的一年。

本年，在无锡公园饭店看到齐白石、吴昌硕画展，受到极大震撼，仔细揣摩每一幅画，以为取法。

《墨缘集·看就是学》：

> 记得有一次我在无锡公园饭店看齐白石、吴昌硕的画展，那是1943年，我第一次看到这两位大师的作品。当时给了我极大的震动，使我惊叹世间竟有这么震撼人心的艺术！屈指至今55年了，我仍然记忆犹新。那次参观，我就仔细寻求白石老人每幅画的下笔处，研究他每幅画的结构章法，乃至于题跋印章，从中寻求大师的轨迹，以求得入处，求得对他画的心悟。

本年，曾亲聆阿炳（华彦钧）演奏《二泉映月》和《昭君出塞》。
《秋风集·我所认识的瞎子阿炳》：

> 一九四三年正是抗战的时期，我好不容易考进了无锡工专，学的是染织科。有一次，学生会组织一场音乐会，最后一个节目，就是瞎子阿炳的二胡和琵琶演奏。演奏的曲子，就是他的名作《二泉映月》和《昭君出塞》。瞎子阿炳一上场，原来闹嚷嚷的会场，顿时就鸦雀无声，同学们（包括我自己在内）是十分喜欢他的演奏的。这一时期他身体还好，还是他经常在街头演奏的时候。所以这次的演奏，给我的印象特别深刻。

朱淡文生。

1944 年　甲申　21 岁

[时事]　4月，中国军队在缅甸大败日军。9月，中国共产党提出建立联合政府主张。11月，大汉奸汪精卫死于日本。
同年，苏州美专在宜兴开办分校。

先生在无锡工业专科学校仅一年，即因贫失学，本年夏回乡，此后边种地，边做农村小学老师，仍每天坚持读书、临帖和学画。

《瓜饭集·我的读书》：

我在无锡工专读了一年，就读不下去了，因为家里实在负担不起，加上我又不喜欢数理化。虽然我非常喜欢张老师、顾老师和范老师，但我无法继续下去，所以1943年的夏天，我又失学回到了家乡种地。不久，就被聘当小学老师，但仍没有脱离种地。……不过，还有一件事我始终没有脱离，这就是读书。

《墨缘集·学画漫忆》：

1944年因贫失学回农村种地，开始兼当小学教师，我仍像以前一样，每天临帖和学习作画。

按，两份资料所记年份不一致，前者似有误。

1945年　乙酉　22岁

[时事]　8月6日，美国在日本广岛投下第一颗原子弹，8日，苏联对日宣战，9日美国在日本长崎投下第二颗原子弹，中国军队举行大反攻，15日，日本宣布无条件投降。同月，毛泽东飞抵重庆与蒋介石举行谈判。9月9日，中国战区日本签降仪式在南京举行。10月10日，国共两党签订《双十协定》。

日本投降后，先生转到无锡城内孤儿院小学任教，亲见国民党军队接收无锡城之情景。

《冯其庸口述》（未刊）：

到第三年，临近的一个镇叫礼社镇，镇上有个小学，忘了叫什么名字了。专门慕名请我到那里去当教师，另外还请了原来小学的校长一起去。那里还有一个中学，缺少中学教师，问我能不能兼一点中学的课，我当时没有把握，说自己也只有高中一年级，怎么教中学。他们一定要我去试。我就去试，反正是教语文嘛。结果一讲，非常受欢迎，说讲的比某某人还好。当然这是后来才知道的评价了。一学期以后要我连聘，当时有工资，而且比较高了。这样我就同时在中学教书了。但时间也不长，因为那个地方有"忠义救国军"，还有老百姓组织的大刀队，是迷信组织，跟日本人也打，跟自己人也打。包着黑头巾，拿着大刀。我几次看见他们去杀人，哎呀，惊心动魄。在那里我觉得没办法待。刚好我二哥在无锡孤儿院小学教书，他就说你到孤儿院小学来吧。我就离开了农村，来到无锡城里。那是 1945 年，我记得在那里迎接国军开进无锡城，亲眼看见日本鬼子投降时的那种狼狈相。大家不可怜他们，因为他们作恶多端哪。好容易中国人舒了一口气。

在孤儿院小学任教期间，经常到书店去看书。
《冯其庸口述》（未刊）：

我就到了孤儿院小学。那时我更加喜欢读书了。在城里了嘛，离开崇安寺不太远，崇安寺一带有书店，一有空我就跑到书店去，书店成了我的图书馆。我买不起，就在那里看。特别好的喜欢的才凑了钱买回去，反复读。在那里有一年多吧。我跑书店的兴趣从那个时候培养的。书店是传播知识的地方，买不起可以在那里看嘛。

苏州美专暂时迁至无锡，先生报考被录取。然仅两月，苏州美专迁回苏州沧浪亭，先生再度失学。
《文艺研究》2006 年第 11 期《大哉乾坤内，吾道长悠悠》：

考上苏州美专是在 1945 年，但读的时间很短，因为美专迁回苏州，才又报考了无锡国专，那已经是 1946 年春天了。

1946年　丙戌　23岁

[时事]　1月，中国共产党代表与国民党政府代表达成停战协定。中国政治协商会议在重庆召开。2月，政治协商会议闭幕，通过政府改组、国民大会、和平建国纲领、宪法草案及军事问题等五项决议。3月，国民党召开六届二中全会，撕毁政协关于宪法原则及成立临时联合政府之决议。5月，重庆临时国民政府还都南京。6月，蒋介石撕毁停战协定和政协协议，发动了向各个解放区的全面进攻，全国内战因而爆发。

初春，考入无锡国专。
《秋风集·怀念我的老师冯振心先生》：

> 那时抗战刚胜利，无锡国专于一九四六年春天由广西迁回无锡招生，我就是这年初春考入本校的。

不久美专迁回苏州，先生又考入无锡国专。上学的经费，除了当小学教员所得外，主要靠上海的堂姐冯韵华和无锡一位画画的朋友的帮助，大哥冯宗燮也帮助他筹划了一些。

开学不久，教务长王蘧常先生[①]从上海来无锡处理校务，先生作为学生代表面陈对伙食和个别青年教师教学的意见，由是初识王蘧常先生，并顿生崇敬之意。蘧常先生应先生之请为书写两副对联，先生珍藏至今。
《翰墨结缘雅　读书养气深》：

> 当时学校伙食较差，费用还高，另外大家对个别青年老师上课也不满意，很有意见，就闹。我写了篇杂文，贴在墙上，批评学校。当时王（蘧常）先生是无锡国专上海分校教务长，兼无锡本校教务长。在王先生来无锡处理校务时，大家推举我为代表。我就去见王先生，原原本

---

① 王蘧常（1900—1989），浙江嘉兴人，字瑗仲，号明两，曾任无锡国专教授、复旦大学教授，著名学者、书法家。

地讲述了学生的要求，重点是教师问题，当时学生都是认真学习的，有些还很有根底，所以对老师要求很高。王老先生听了我们的意见，不但不责怪我们，还很同情，认为学生的要求是合理的，他表示要安排调整，同时又为年轻教师做了解释，说他们都很有学问，但毕竟年纪轻，口才不好，表达能力不够，不要去伤害他们。伙食问题他也讲了，账目上如有问题，要清理清查，伙食要改善。王先生给我留下很深的印象，他对我也留有印象。那天谈完以后，包括学校的老师，都请他写字，他是大书法家。大家早已把纸准备好。无锡有一家笺扇店，叫春麟堂，春麟堂的纸全部被学校的学生教师买光了。当我知道大家求他写字，王先生也答应给大家写字了，我赶去买，但好宣纸都已卖完，就剩下夹宣，我就买了几张夹宣带回来。后来王老先生还是给我写了几副对子，我一直保留着。

《墨缘集·读王蘧常先生的书法随想》：

> 那次瑗师给我写了两副对子，一副的对句是："天际数点眉妩翠，中流一画墨痕苍。"另一副的句子是："不放春秋佳日去，最难风雨故人来。"这两副对子，虽经历了40年的风风雨雨，但我一直珍藏到现在。当时瑗师到无锡来并未带笔和图章；瑗师写字是不择笔的，自然不影响他写字，但写完后却无章可盖，所以我的两副对子都未盖章。前些年我还将它带到上海，请瑗师补章，瑗师看了这40年前的手迹，不仅感慨系之，为我加盖了印章，而且还为我加了长跋。于是这副对子的对句是瑗师46岁时写的，而上下联的长跋，则是86岁时写的，这样的对子，岂止是弥足珍贵，恐怕在古今的对联史上，虽然不能说绝无仅有，至少也是很难得的罢？不知是什么缘故，自从第一次见过瑗师以后，我就深深产生了对他的崇敬的心情，就觉得他是一位有高深学问和才华出众的"老"教授，因为在我的印象里，好像瑗师那时已经是老教授了。其实现在算算，那时瑗师才不过46岁，而我是22岁。这种感觉，就好像在小孩子心目中，大人总是很"大"一样。

从本学期开始，陆续拜识了许多名师，领略了其讲课之风采，朱东润先生所讲《史记》和杜诗，冯振心先生所讲《说文解字》，周贻白先生所讲目录学和戏曲，吴白匋先生所讲"词选"，印象尤深，诸位老师治学之境界，使先生眼界大开。①

《冯其庸口述》（未刊）：

> 无锡国专的老师专家多，当然也有不太理想的教师，但后来就调整了。当时著名的教授像吴白匋、朱东润，朱东润就在无锡教课的，我听他的《史记》，听他的杜甫，印象比较多。朱东润先生有个习惯，一上课先要朗诵，讲《史记》他就朗诵《项羽本纪》，情韵非常好，同学一听就想读，感觉有味道，特别讲杜甫的诗，每一首诗朗诵的调子都不一样。到现在都想得起来当年他朗诵的情景，声调很低，但是情韵很足，一首诗经他一朗诵味道全出来了……吴白匋先生是教词的，词填得好。他一口镇江土话，有时听不大准确。可是我喜欢词，我的毕业论文《蒋鹿潭年谱》是他审核的，所以跟他接触特别多，后来慢慢听懂他的话。他会画画，画很工细的山水，不画大幅。当时还有新文化运动方面的向培良，是鲁迅周围的年轻作家，还有高长虹。但是他后来又反对鲁迅了。周贻白给我们讲目录学，讲戏曲，他正在写戏曲史，我经常到他家里去，看到他在写，私人关系很好。

《秋风集·怀念我的老师冯振心先生》：

> 大约是在这年（1946）的初夏，冯先生同俞钟彦先生一起从广西来到无锡……当时，冯先生先后开的三门课我都认真地听了，记得最先开的一门课是《说文解字》，我们的读本就是《段氏说文》，还有冯先生自己的著作《说文解字讲记》，冯先生就是一个字一个字地讲解，对于《段氏说文》上的每个字的字形写法和解释，冯先生要求我们能默写并

---

① 朱东润（1896—1988），江苏泰州人，曾先后任无锡国专教授、复旦大学教授，著名学者。冯振心（1897—1983），广西北流人，名振，字振心，曾任无锡国专教务长兼代理校长，新中国成立后任广西师范大学中文系教授，著名教育家、学者。周贻白（1900—1977），湖南长沙人，中国戏曲史家、戏曲理论家，新中国成立后执教于中央戏剧学院戏剧文学系。吴白匋（1906—1992），江苏仪征人，曾执教于无锡国专，新中国成立后任南京大学历史系、中文系教授。

熟记其疏解。许多同学对这门课感到枯燥无味，但我却特别感兴趣，巴不得冯先生每堂课能多讲几个字……经冯先生讲解后，我才初识字义，才知道这就是"文字学"，是治学的初阶。所以我越读越有兴趣，常常在课外到冯先生的书房里请教，冯先生每次都是不厌其烦地给我解释我提出的问题并指点我读书的方法。……当时我的《说文解字》课的成绩是全班最好的，所以冯先生特别愿意在课外单独与我讲解，我对文字学的兴趣，就是这时候打下的基础，至今仍然兴趣极浓。

此顷，曾听钱穆①先生演说。钱先生讲做学问要从大处着眼，用其话说叫"我见其大"，不要一开始就钻牛角尖，这番话对先生影响很大。

《大哉乾坤内　吾道长悠悠》：

> 学校还经常请名家讲座，开阔学生眼界。我听过钱宾四先生的演讲，哎呀，太吸引人了。他讲做学问要从大处着眼，用他的话说叫"我见其大"，不要一开始做学问就钻牛角尖。这对我影响很大，我以后治学就力图照着去做。

因同学汪海若②之介，获交诗人严古津③，从此，三人常聚于汪海若之"秋水吟馆"论诗作画。此顷，还与同学一起创办了"国风诗社"，出了诗词刊《国风》。这段时间，先生常学作诗词，发表在《国风》上。《国风》是油印刊物，今已不可得，当时所作诗词亦都散失，仅从旧纸中查得一首先生当时所作《调笑令》："休去，休去。且伴春风同住。夜来香满帘旌。怕见花间月明。明月，明月。何苦照人离别。"

《剪烛集·童稚情亲四十春》：

> 1946年春我考入无锡国专时，最早认识的就是海若。……当时海若一面早已从名画家胡汀鹭先生学画，一面又自己到无锡国专读书，而与

---

① 钱穆（1895—1990），江苏无锡人，字宾四，著名历史学家，先后在燕京大学、北京大学、清华大学、西南联合大学等校任教。
② 汪海若（？—1988），江苏无锡人，画家，师从胡汀鹭，工花鸟。
③ 严古津（？—1975），江苏无锡人，诗人。

此同时，他还主持着崇安寺的新万兴面馆。说起来这三件事似乎有点不协调，但这却是事实。而在海若，却又能把这三件事协调起来，基本上做得很好。在他的新万兴面馆楼上，有一间不大的房子，有一张不大的而且是颇为杂乱的画桌，还有一张小床和几把椅子，这就是他的"秋水吟馆"。这也就是我们经常登临、论诗作画的地方。我与严古津兄的订交，是在这座楼上；与张剑岳兄的订交，也是在这座楼上。……可惜海若在国专只读了一年，就因为工作关系无法继续了，但这个"秋水吟馆"，却始终是我与海若、古津聚会论诗作画的地方。

先生在无锡国专读书时，曾致力于文字学、目录版本学、诗词学以及《史记》、杜诗、老子、庄子等专书。先生特别喜欢诗词，后来还与同学一起创办了"国风诗社"，出了诗词刊《国风》。

经严古津之介，在无锡公园茶室，拜钱仲联[①]先生为师。

《剪烛集·忆钱仲联先生》：

> 回想往事，我是1946年春天拜见仲联先生的，那时我刚考进无锡国专本科，而仲联先生已不在无锡国专任教。我的好友，也是仲联先生真正的入室弟子诗人严古津，特地把仲联先生从苏州请来，约好在无锡公园茶室见面。我是以一个刚刚入学的青年学生来拜见这位鼎鼎大名的诗坛泰斗的。见面之后，我道了对先生的仰慕之忱，虽然仲联先生已不在无锡国专任教，但我是专程来拜仲联先生为师的！古津兄也代道了我的诚意，仲联先生莞尔而笑。这是我拜识仲联先生的开始。

此期间，得以继续在褚健秋先生画室看他画画，同时认识了著名画家秦古柳。[②]

《夜雨集·学画漫忆》：

[①] 钱仲联（1908—2003），江苏常熟人，号梦苕，著名文学史家，新中国成立前后历任大夏大学、无锡国学专修学校和江苏师范学院、苏州大学教授。

[②] 秦古柳（1909—1976），江苏无锡人，画家，师从吴观岱，工山水，新中国成立后曾任无锡市文联副主席。

在无锡国专的三年，是我学习文学的三年，也是我学习书画的三年，我得以继续到褚健秋先生画室看作画，同时还认识了著名画家秦古柳，对于无锡老一代的画家胡汀鹭、丁宝书的作品也有了认识。

二月河（凌解放）生。

1947年　丁亥　24岁

[时事]　5、6月间，全国各地学生掀起"反饥饿、反内战、反迫害"运动。

春节后数日，作诗送别张熙瑾学兄，诗云："春风几日草青青，十里奉君到短亭。晓月一鞭人去远，天涯何处不飘零。"①

仲春，严古津赠先生一副钱仲联先生亲笔新作《八声甘州》。先生始终珍藏。

《剪烛集·忆钱仲联先生》：

> 第二年，1947年岁在丁亥，古津赠我仲联先生的亲笔新作《八声甘州》词，词云："蓦桃花都傍战尘开，春风冷于秋。倚乱山高处，万松撼碧，如此危楼。望里浮云起灭，东海有回流。鬓底残阳影，红下昆丘。　携手江湖侣俦，念南征岁月，歌哭同舟。更梦肠百折，夜夜绕峰头。算余生阅残千劫，甚重来、不是旧金瓯。人双老，睇栏杆外，来日神州。　丁亥仲春，偕内子登虞山望海楼，调寄《八声甘州》。梦苕"这幅仲联先生的墨迹，我一直什袭珍藏着，前年我特地加以精裱，带到苏州去拜见钱老，我问钱老：还记得这幅字吗？他看后第一句话就说：这不是给你写的，这是给古津写的。我说真是这样，这是古津当时就送给我的，我一直珍藏到现在。他算算，说已经半个多世纪了，真是难得。

---

①　诗见《瓜饭楼诗词草》。此诗词集为先生亲手编订，收入作品一千余首，在笔者撰写此书时，尚未出版。

本年曾观看演剧九队所演《丽人行》，并经周贻白和向培良先生介绍数次前往拜见田汉与洪深先生①，并请田汉先生在签名册上题字，田汉先生为书写《题〈丽人行〉》诗。此墨宝先生一直珍藏，直到"文化大革命"被抄没。

《剪烛集·怀念我的老师周贻白先生》：

> 记得是1947年，当时的演剧九队到无锡来，住在秦淮海祠堂里，田汉和洪深也来了。演剧队在无锡演出了《丽人行》等剧，周先生曾同我们去看过田汉和洪深。

《剪烛集·我与汉剧家陈伯华同志》：

> 我与田汉同志1947年在无锡曾有数面之识，那时他在无锡排《丽人行》，我在无锡国专读书，我的老师周贻白先生和向培良先生是田汉同志的老友，所以我由两位先生的介绍，数次去秦淮海祠堂拜见过田汉同志，那时他们在秦淮海祠堂彩排。我带去的一本折叠式的签名册，展开来足有两米多长，田汉同志竟为我一口气全部写满，写了他当时题《丽人行》的诗。这真是一件墨宝，我一直珍藏着，直到"文化大革命"时才被抄没。

8月14日，为母校青城中学招生事赴江阴。招生事毕，即冒溽暑遍访当年江阴人民抗击清军有关之遗迹，如四眼井、明伦堂、兴国寺、观音寺、三官殿等，且按之《江阴城守记》，以考证那段可歌可泣之历史。前后凡八日，归来后撰成《澄江八日记》一文，发表于本年10月20日《大锡报》上。此为先生首次自觉运用实地调查与历史文献相结合之研究法，此一研究法后为

---

① 向培良（1905—1959），湖南洪江人，现代戏剧作家。田汉（1898—1968），湖南长沙人，著名戏剧家，中华人民共和国国歌歌词作者，新中国成立后曾任中国戏剧家协会主席。洪深（1894—1955），江苏武进人，剧作家、电影导演，新中国成立后曾任中国戏剧家协会副主席。

先生毕生服膺。[1]

先生因参加学生运动被当局注意，当年年底，地下党组织通知先生立即离开学校，先生遂写信向王蘧常先生求援。在蘧常先生安排下，得以转入无锡国专上海分校。

《墨缘集·读王蘧常先生书法随想》：

> 1947年下半年，我因参加学生运动而受人注意，党的地下组织要我立即离开学校，当时的苍茫大地，到处都是反国民党的斗争和国民党到处抓人，我究竟能到哪里去呢？我于急难中向瑗师求援，瑗师立即复信叫我到上海去，改入无锡国专的上海分校。

《翰墨结缘雅　读书养气深》：

> 接着1947年我参加了地下组织的活动，忽然我接到通知说：你不能在无锡待了，你已经上了黑名单，叫我连夜走。我想我到哪儿去呢？我一个农村的学生。我就连忙给上海学校的王先生写了封信。王先生很快给人捎信来说，别的不用管，你先来。我就和另外两个同学马上到了上海。上海无锡分校比较小，地名叫"麦特哈斯脱路"，很偏僻，大家都不太注意，所以他就叫我到那里去。

本学期"杜诗""词选"等课程先生均获90分以上高分，然因参加学生运动，其操行成绩仅评"丙等"。

先生在无锡国专第二学年第二学期的成绩报告单有幸保存至今，其"杜诗"课获93分，"词选"课获92分。"中国文化史"课也获得86分的高分，唯操行成绩为"丙"。先生自述，当时学校内有国民党所派专门负责学生政治工作的教员，对先生参加学生运动极为不满，先生几乎被开除。多亏些老师袒护，才免于除名，因此其操行成绩为"丙"也就不奇怪了。此成绩报告单下署日期是中华民国三十七年（1948）一月，可见先生已经修完本学期

---

[1] 详见《秋风集》附录《澄江八日记》一文。

在无锡国专所开设全部课程,其转入上海分校是在1948年春。

1948年　戊子　25岁

[时事]　11月,辽沈战役结束,东北解放。淮海战役开始。12月,平津战役开始。

本年春,先生在上海分校,听唐文治①先生讲《诗经》,王蘧常先生讲《庄子》,童书业②先生讲"秦汉史",均获得很大启示。

《翰墨结缘雅　诗书养气深》:

> 我1948年到上海,唐先生就在上海,他亲自给我们讲《诗经》。他眼睛都看不见了,他的秘书陆修祜老先生扶着他上课。他的膀胱还出了问题,一个口袋挂在腰上。

《墨缘集·读王蘧常先生的书法随想》:

> 老子说:"祸兮福之所倚,福兮祸之所伏。"我就应了第一句。到了上海,我首先听到了瑗师讲《庄子》,每逢瑗师讲课,我必须聚精会神听课,不敢稍懈。我们一学期只听了一篇《逍遥游》,而且还未讲完,然而我从瑗师的讲解中,已深深受到启示,渊博的知识和深厚的功力,尤其是瑗师惊人的记忆力,所有的引经据典的笺释,都是从记忆中随时背出来的。因此,每次听课,总会使我受到极大的压力,觉得自己努力太不够了!

《翰墨结缘雅　诗书养气深》:

---

① 唐文治(1865—1954),江苏太仓人,号茹经,清光绪进士,中国近代著名教育家,国学大师,曾任邮传部上海高等实业学堂和无锡国学专科学校校长。
② 童书业(1908—1968),安徽芜湖人,著名历史学家,曾任山东大学教授。

当时童书业先生给我们讲秦汉史……每位教师都有特色。王先生是从来不带书，随便讲却能一字不差。童书业先生只带一口袋粉笔，穿了长褂子，里面的褂子比外面长，外面褂子短了一大截他都不在乎，口袋里装满了粉笔。他讲课时左边一个学生，右边一个学生，在他前面给他记录。他随口讲随时拿起粉笔写，所引的古书都是他拿粉笔写出来的，记忆力让人佩服。而且他非常有意思，当时他和北京的唐兰先生在论战钟鼎文，每次在讲课以前先要讲一段他辩论的情况，兴冲冲地说，今天我又给唐兰先生写了辩论文章，《大公报》的文史专栏马上发表，我是讲某某内容，马上把唐兰先生驳倒了。过了一天又说，唐老先生反对我了，他是怎么怎么讲的。他们很友好，互相也很尊重。他经常这么讲，把我们也带入这种学术的气氛中了。

刘诗荪先生的《红楼梦》课先生仅听了开头几堂，未能坚持，因彼时他正着迷于词学，然《红楼梦》研究乃一门学问之认识由此得以确立。

《敝帚集·我与〈红楼梦〉》：

1948年我转到上海无锡国专分校……由刘诗荪先生讲《红楼梦》。这是我在课堂上正式听讲《红楼梦》的唯一的一学期。但那是听课很自由，想不听就不听，而我正着迷于词学，整天在顾廷龙先生的合众图书馆里撰写《蒋鹿潭年谱》和《水云楼诗词辑校》，所以刘先生的课，听了开头几堂就没有再听，但研究《红楼梦》是一门学问这一认识，这时算是确立了。

到上海不久，经王蘧常先生介绍，先生拜识了顾廷龙①先生，此后先生为撰写《蒋鹿潭年谱考略》几乎每天都在顾先生所主持的合众图书馆看书，得到诸多关照。先生亦常去福州路旧书店搜罗资料，苦心汇集到各种版本《水云楼词》以及其他相关文献。后他在合众图书馆完成了《蒋鹿潭年谱考

---

① 顾廷龙（1904—1998），江苏苏州人，著名版本目录学家，1939年与人共同创办上海合众图书馆，任总干事。新中国成立后，历任上海历史文献图书馆馆长，上海图书馆馆长，华东师范大学、复旦大学兼职教授。

略》初稿。

《墨缘集·文章尚未报白头》：

  1948年春我在上海无锡国专读书，王蘧常先生特为我写信介绍顾廷龙先生，让我在他的合众图书馆读书，顾老认真地为我做了安排。我基本上每天都去看书，一看就是一整天，我借的书一律不收回，只存放在图书馆的专柜里，第二天到馆后可以拿出书来就看，无需再办借书手续。我在合众图书馆写成了《蒋鹿潭年谱考略》初稿。

《蒋鹿潭年谱考略·自序》：

  三十五年前，我在上海读书，除上课以外，剩下的时间，绝大部分是在顾起潜先生主持的合众图书馆看书，有时我整天在图书馆，有时是半天在图书馆，当时我就是在撰写《蒋鹿潭年谱初稿》。使我十分感谢的是我时时能得到顾老的指点和关照，我读的书，图书馆单给我存置一个书架，每天到后就可以取书阅读，不浪费一点时间。除了在合众图书馆以外，余下的时间，就是在福州路的旧书店里。为了搜集有关蒋鹿潭及其《水云楼词》的资料，我把那里的几家旧书店的集部的书架，挨次翻检了一遍，有时晚上看书太晚了，就住在温知书店的楼上，书店的经理是王兆文，我们因此而成了好朋友，三十多年来，还不断相互存问。在福州路旧书店的这一番搜寻，没有白费力气，终于被我搜集到《水云楼词》的各种版本，其中有一部是钤有"水云楼"三字的阴文图章的，这有可能是鹿潭的自藏本，也或许是他用以赠人的，总之，这个图章是一个重要的标志，钤有这个图章的这部词集，当然就显得格外珍贵了。我在旧书店里，还同时收到道、咸时期其他一些词人的集子和年谱、日记等书籍，其中有一些是不经见的，如江都丁宝庵的《十三楼吹笛谱》（又名《萍绿词》），嘉禾周存伯的《范湖草堂遗稿》等等。

《我与上海图书馆》：

这时我正在写《蒋鹿潭年谱初稿》，我除了依靠合众图书馆的资料外，还到福州路上的旧书店去找书。……这样，我以合众图书馆作为我的基地，在那里开始写作，经过半年的时间，基本完成了初稿。

经王蘧常先生介绍，又得以拜识词学泰斗龙榆生[①]先生。
《墨缘集·关于先师王瑗仲先生的绝笔〈十八帖〉》：

那时我除正课外，特别喜欢词，为此他特地写信介绍我去看望词学的泰斗龙榆生（沐勋）先生。龙先生见到我是王老的学生，且有王老的亲笔介绍信，就非常热情地接待了我。龙先生是瘦高个子，当时胃病很重，面目清癯，谈话时时咳嗽，因此我不敢多烦劳他。龙先生还嘱我以后再去，可惜我不久就离开上海了。

此顷，曾至陈小翠[②]府上拜望和请教，先生的词作得到这位著名女词人的鼓励。
《冯其庸口述》（未刊）：

在上海期间……还认识了"天虚我生"的女儿陈小翠，女词人。"天虚我生"是个实业家，也是文化人，他的儿子叫陈定山，是画家，画竹子画得非常好，很有名气的，此人后来到台湾去了。陈小翠是当时有名的女词人，长得也很漂亮。我见她时她可能有四十岁了。到她家才知道什么叫书香门第，屋子收拾得很整洁干净，人穿得也非常讲究，看得出来是一个贵族阶级的人物。但是其词藻、仪态、待人接物，完全是标准的文人。她的词是非常精彩的。

《瓜饭集·从大医裘沛然想到施叔范和秦伯未》：

---

① 龙榆生（1902—1966），名沐勋，江西万载人，词学家，曾任教于复旦大学、中山大学，新中国成立后曾任上海音乐学院民乐系教授。
② 陈小翠（1907—1968），浙江杭州人，陈梦蝶之女，擅诗词，工绘画，新中国成立后曾受聘为上海画院画师。

唐老（唐云）除欣赏我藏的曼生壶外，无意中又谈到了诗。他问我读过陈小翠的词没有，我说不但读过，还崇拜得了不得，而且我还认识她，曾到她府上拜见过她，我习作的词，还得到她的鼓励，那次还见到了陈定山先生，还有陈小翠的女儿。唐老听我讲出这么多情况来，大出他的意外。我说当时我认为陈小翠就是当代的李易安。

是岁，白蕉[①]书画展在上海举办，先生帮助布展，因得与白蕉先生相识。布展时，捡到十几张用作衬纸的作废书件，先生如获至宝，据此揣摩其用笔，从而体认王右军家书五帖。

《墨缘集·学书自叙》：

再有一位是白蕉先生，他还是画家，画兰草极有名。他的书法，正是写右军家书五帖一路，我对他也非常尊敬和佩服。特别是1948年我在上海读书时，恰好碰上他的书画展，有一位同学与白蕉先生熟，就约我们去为白蕉先生布展、挂字画，因此在展厅与白蕉先生认识。白蕉先生的每一轴字画里，都夹有一张衬纸，是衬印章的。而这张衬纸上面写满了字，有的是三个字，有的是五六个字，都是从白蕉先生作废的书件上剪下来的，对我这个王字迷来说，非常有用。我可从他的这些字里，揣摩他的用笔，还可透过光线，研究他用笔的交叉和转折，所以我就把掉在地上的这些大一些的纸片捡了十多张。这十多张白蕉的"真迹"，我一直观摩了好多年。……我个人私心喜爱，认为写右军家书一路的王字书家，白蕉先生是最高的成就，我就是从研磨白蕉先生的墨迹，去体认右军五帖的。

此顷，购得郑午昌画册，喜极，既临其画，亦临其晋唐书法。

《墨缘集·山川钟灵秀　素手把芙蓉》：

---

① 白蕉（1907—1969），上海人，本姓何，名法治，后改名换姓为白蕉。精书法，擅画兰，曾任中国美术家协会上海分会会员，上海中国书法篆刻研究会会员，上海中国画院书画师。

予家贫，少年失学，终日于垄亩间。而于书画，天性酷爱之。曾得海上郑午昌画册，喜极，不仅临其画，且亦临其晋唐书法。

在上海期间，先生曾观看盖叫天①演出的《恶虎村》。
《春草集·争看江南活武松》：

十三年前，我在上海曾经看过盖老的杰作《恶虎村》，那时盖老已经是年过花甲的老人了。

为解救被国民党当局抓走的学生，先生作为学生代表面见唐文治先生，请唐老出面呼吁当局放人，唐老慨然允诺。
《翰墨结缘雅 诗书养气深》：

中间更为动人的一件事是，1948年解放战争打得非常厉害了，上海学生运动也风起云涌，国民党反动派抓了我们一批学生，大家就推我为代表去找唐先生，陈述学生爱国的心情，不应该把学生抓起来，希望唐先生出来呼吁，把学生释放。当时我们担心这么大年龄的老先生，怎么肯卷入政治中呢？我们几个同学到了唐先生家里，没想到唐先生大大地表示同意，由他来起草，写了一封给上海市长的信，请求释放青年学生。写好后唐先生还请当时社会名流来签字。信送上去后国民党政府受到了压力，就把学生都放了。

初春去上海时，过苏州，游虎丘。自虎丘骑马至枫桥。到沪后先生突遇车祸，受重伤。遂回前洲镇农村疗养。3月后伤愈，重返沪，再过苏州，因口占一诗云："大劫归来负病身，瘦腰减尽旧丰神。青山一路应怜我，不似春前跃马人。"此诗后来受到顾佛影②先生称赏。
《翰墨结缘雅 读书养气深》：

---

① 盖叫天（1888—1971），河北高阳人，著名京剧表演艺术家，有"江南第一武生"之称。
② 顾佛影（?），上海人，号大漠，现代著名诗人。

到上海后，因为有一个同学要被开除，他们要我去向王先生讲情，给他记过不要开除，因为他要毕业了。当时那个同学不太好，跳舞，老先生们非常生气。在去讲情的路上我被汽车撞了，汽车从我身上轧了过去。王先生知道这个情况非常关心，那个学生也免了开除。我在病床上写了一首诗，在上诗课的时候我把诗给顾佛影先生看，顾先生看后称赞得不得了，说"好诗好诗"，这给我写诗以很大的鼓舞。我的诗是这样写的，"大劫归来负病身，瘦腰减尽旧丰神。青山一路应怜我，不似春前跃马人"。

《墨缘集·关于先师王瑗仲先生的绝笔〈十八帖〉》：

可惜我在上海只有半年，后因车祸又回到了无锡乡下。

伤养好后，重回无锡国专，12月毕业离校。
《秋风集·怀念我的老师冯振心先生》：

到了一九四八年下半年，我又回到了无锡国专，重又与冯（振心）先生在一起，但也只是短暂的相聚，这年十二月，我就毕业离开学校，也离开冯先生了。

大约本年，经严古津介绍，与陈从周①相识，从此相交无间。陈从周后来成为著名的古建筑和园林艺术专家。
《秋风集·陈从周〈园林谈丛〉序》：

我与从周兄相交已经三十年了，他是著名的古建筑专家、园林艺术专家。我与从周相识，是由于另一位好友诗人严古津的介绍。古津是一个热心肠人，凡是他所钦佩的朋友，必使之相互都成为朋友，就这样我与从周真正一见如故。三十年来相交无间，除了他的古建筑学的专长我

---

① 陈从周（1918—2000），浙江杭州人，著名古建筑、园林专家，兼工诗词、绘画，新中国成立后任上海同济大学教授。

一无所知外，差不多他所爱好的也大都是我所爱好的，因此，我们俩不见面便罢，见面后就有说不完的话头。

按，此文作于1979年，逆推30年，约在本年。
与画家戴行之①相交亦大约在本年。
《墨缘集·丹青不觉老将至 富贵于我如浮云》：

戴行之先生是我的同乡老友，他原籍是常熟，但一直居住无锡，我与他相交已逾五十年。行之兄毕生致力于书画金石和文物鉴定，可以说，书画、金石篆刻、文物鉴定是他的三绝。

按，此文作于1999年，先生与之相交"已逾五十年"，逆推之，大约在本年。

1949年　己丑　26岁

[时事]　1月，北平和平解放。平津战役、淮海战役胜利结束。4月23日，南京解放。5月27日，上海解放。8月、9月间，福州、长沙、呼和浩特、乌鲁木齐相继解放。10月1日，北京举行庆祝中华人民共和国中央人民政府成立典礼。
同年7月2日，中华全国文学艺术工作者第一次代表大会开幕。

年初，在无锡前洲镇树德小学教书，并秘密参加党的地下活动。
《秋风集·艰难的历程》：

一九四八年毕业后，先生仍回到家乡前洲镇教小学，并秘密参加了党的地下活动。当时与先生直接联系的是树德小学校长孙默军，还有武工队的领导王鹏。王鹏当时在江阴活动，有一次曾特地秘密到前洲小学

---

①　戴行之（1924—），名学文，字行之，原籍常熟，落籍无锡，书画金石与文物鉴定专家，曾任无锡市博物馆馆员。

找先生商量地下工作。

2月，转到胶南中学任教。
《冯其庸口述》（未刊）：

  附近的一个中学（胶南中学）的一位老师，孙默军系统的，暴露了身份，敌人信息很快，马上要抓他了。组织上让他连夜走。胶南中学的校长叫孙荆楚，北大毕业的，是进步人士，马上让那位老师连夜走了，对外说他父亲病危。他走了，课要有人接替呀，想到我。我虽然没有入党，可是已经跟地下党有联系了，他们已经把我当做一个地下工作人员使用了。就和我商量能不能去接那位老师的课，就说我是刚从无锡国专毕业，没找到工作，天衣无缝，人家想不到我是地下组织派过来的。于是我当天就从树德小学到了胶南中学……我是（19）49年2月去的。

4月22日夜，解放军渡过长江，先生带领学生在锡澄公路上迎接。次日晨，先生到无锡，参加了解放军。
《秋风集·艰难的历程》：

  一九四九年四月二十三日无锡解放，二十二日夜里，先生带领胶南中学的学生在锡澄公路胡家渡一段迎接了解放军。二十三日上午，他在胶南中学接待了包厚昌同志（当时并不认识，只知道是解放军的干部），立即就步行到了无锡，参加了解放军。

入伍之后开头数月，参加学习班，学习马克思主义。
《冯其庸口述》（未刊）：

  在政教处首先是学习，第一是自己学习，学习新的形势，因为一个大的变动需要了解，学习政治经济学、社会发展史、马克思主义历史唯物主义辩证唯物主义。不久到了暑假，就举办暑期学习班，把全市的教师集中在一起，其中也有无锡国专的老师，上大课，经常是管文蔚和刘什么作报告，主要讲解放战争的形势、国家的前途。我们在那里待了一个暑假，把讲习班办完。我们一面学习，一面工作，小范围讨论时，我们作辅导，因为我们比一般的教师读的进步的书多一点，解放以前就已经读了一些，参加解放军以后又加紧读了很多。

8月，分配到无锡第一女中教书，任教导副主任。此后一直到1954年调到中国人民大学才离开女中。任教于女中时，曾当选为无锡市人民代表。

《秋风集·艰难的历程》：

（先生）原计划南下参加解放大西南的斗争，后来因工作需要，被组织上留下来，分配在无锡第一女中教书，并当了无锡市的人民代表。

《瓜饭集·我的母亲》：

（无锡国专）毕业后几个月，无锡就解放了，我也入了伍。不久又被留在无锡第一女中工作，这时我还常常能回家看母亲，我还把母亲接到无锡城里住过一段时间。

《冯其庸口述》（未刊）：

我们到无锡女中是八月份，还穿着军装，还是归部队管。……在女中，工作非常繁重，我担任教导副主任，管理学生，政治思想教育都是我的责任。还要讲几门课。

任教之余，坚持每天读书到深夜。

《冯其庸口述》（未刊）：

我在无锡女中得到的实际锻炼太多了，一个个具体事情要处理，要引导大家来作，自己要宣传，要讲出道理来，工作繁重得不得了，还要把课程教好，每天都要到夜里一两点，自己还规定每天读多少书，不读完不睡觉。《联共党史》、杜诗都是那时读的。

1950 年　庚寅　27 岁

[时事]　6 月，朝鲜战争爆发。10 月，中国人民志愿军出兵援朝。同年 10 月 3 日，中国人民大学成立，吴玉章任校长。11 月 27 日，文化部召开全国戏曲工作会议，讨论如何贯彻党的戏改政策以及帮助艺人学习和创作等问题。

在无锡第一女中任教。
本年加入中国共产党。
《冯其庸口述》（未刊）：

我是（19）50 年在女中入的党。之前，地下党公开身份的时候，他们建议我作为地下党员正式公布，我没有同意，说我还没有办手续，虽然党的活动我都参与了，但是没有履行手续，没有宣誓，如果这样公布，将来人家会议论，说你冒充。我说我们还是要实事求是。党组织觉得我讲的切合实际，在介绍我入党的时候说明我早已经参加了地下党的活动，是积极分子，而从现在起成为正式党员了。

先生父亲于本年去世。
《冯其庸口述》（未刊）：

紧接着（19）50 年我父亲去世，家里又花了钱，再度紧张。

1951 年　辛卯　28 岁

[时事]　5 月 23 日，中央人民政府和西藏地区政府签订《关于和平解放西藏办法的协议》。12 月，"三反"运动在全国展开。
同年 5 月，政务院发布《关于戏曲改革工作的指示》。同月 20 日，毛泽

东为《人民日报》撰写的社论：《应当重视电影〈武训传〉的讨论》发表，在全国范围内展开了对电影《武训传》的批判。教育部对全国高等院校进行了院系调整工作。

在无锡第一女中任教。

大约本年，先生曾寻求到白蕉先生的一幅条幅，成为临摹的范本。

《墨缘集·学书自叙》：

在无锡寻求白蕉先生的真迹，终于找到一幅条幅，下边是兰花，上边是小行书，写的是苏诗，这正合我的要求。这件作品，才真正是白蕉先生的真迹，更是一件精品，从50年代初，一直到今天，一直是我临摹的范本。

先生又曾寻求到王羲之五帖，奉之为行书的极则而加以临习。

《墨缘集·学书自叙》：

我个人最喜的行书，还是王羲之的书帖，如《丧乱帖》、《二谢帖》、《得示帖》、《频有哀祸帖》、《孔侍中帖》。上述五帖，我在50年代初就得到日本的精印本，装裱后如观墨迹，我一直把它作为行书的极则。

约在此顷，先生与顾景舟①先生相识。

《剪烛集·工极而韵，紫玉蕴光》：

我是50年代初认识顾景舟先生的，那时我在无锡工作，离宜兴很近，顾先生由几方紫砂壶上的印章，是我的老友高石农刻的，因此我们很早就认识了。

---

① 顾景舟（1915—1996），原名景洲，江苏宜兴人，紫砂壶艺术大师。

1952年　壬辰　29岁

[时事]　1月,中共中央发出开展"五反"运动的指示。6月,"三反""五反"运动在全国范围内先后胜利结束。

同年9月,俞平伯《红楼梦研究》出版。10月6日至14日,文化部举办第一届全国戏曲观摩演出大会。10月16日,《人民日报》发表社论:《正确地对待祖国的戏曲遗产》。

在无锡第一女中任教。
张庆善生。

1953年　癸巳　30岁

[时事]　3月5日,斯大林逝世。7月27日,朝鲜停战协定在板门店正式签字,至此,历时三年多的朝鲜战争宣告结束。

同年9月23日至10月6日,中华全国文学艺术工作者第二次代表大会召开。全国文联定名为中华全国文学艺术界联合会,郭沫若任主席,茅盾、周扬任副主席。全国文协改为中国作家协会。

周汝昌《红楼梦新证》出版。

在无锡第一女中任教。

1954年　甲午　31岁

[时事]　9月,第一届全国人民代表大会第一次会议召开。会上,通过《中华人民共和国宪法》,毛泽东当选为中华人民共和国主席,朱德为副主席,刘少奇为第一届全国人民代表大会常务委员会委员长,大会任命周恩来为国务院总理。

同年3月,《新建设》发表俞平伯的《红楼梦简论》。9月,山东大学

《文史哲》发表李希凡、蓝翎《关于〈红楼梦简论〉及其他》，批评俞平伯在《红楼梦》研究中的观点。10月16日，毛泽东给中央政治局和其他有关同志写了《关于〈红楼梦〉研究问题的信》，随后，全国展开了对胡适、俞平伯在《红楼梦》研究中的资产阶级立场、观点、方法的批判。

8月以前，在无锡第一女中任教。

8月，奉调到中国人民大学，住在西郊校区。新学年一开学，即开始讲授大一国文，感觉压力很大，为讲好课，每天总要读书备课到深夜。

《瓜饭集·自序》：

> 1954年我到北京时是30岁，实在是知识贫乏得很，我感到北京是一个大学校，我要不到北京来，我肯定不是现在这个样子。我刚到北京时就担任了大一的国文，那时压力真大。生怕讲不好课，就拼命读书，认真备课，天天总要到深夜一二点甚至二三点才睡。我当时孤身一人到北京来，背着这么重的压力，真有些凄然的感觉。那时我在西郊中国人民大学，为赶头班校车进城上课，早上5点必须起来。上校车时天还黑着，深秋的北京已经很凉了，头顶上的月亮却很亮。

10月，作《休将》诗："休将往事苦思量，流水落花各自伤。照我姮娥人万里，怀君诗句泪千行。梦因远别深深苦，话自久违细细长。秋雨凄凉肠断否，沈郎宽尽旧衣裳。"

按，诗见《冯其庸文集》卷十六《瓜饭楼诗词草》，青岛出版社2011年版。

深秋时节，倍加思念母亲和亲友，作《远别》诗："一别故乡三万里，归心常逐白云飞。酒酣始觉旧朋少，梦冷正怜骨肉微。月上高城添瘦影，风来塞北薄秋衣。茫茫南国秋风起，日暮高堂望子归。"

《瓜饭集·我的母亲》：

> 1954年8月，我被调到北京中国人民大学，这一下，我就与母亲离得远了。初到北京，人生地疏，我很不习惯，往往为了搭校车进城上

课，早晨四五点就要起床，那时月亮还在天上，秋末冬初的风已经刺骨的冷了，况且我只身一人远离家乡，举目无亲，更加增加我思念母亲，思念亲友的思绪。我有一首《远别》诗，就是抒发我的这种情绪的。

自本年始，每到10月，凡故宫举办历代书画名迹展览，常去参观，细心揣摩。

《墨缘集·学书自叙》：

50年代，故宫每到10月，总有历代书画名迹展览，书法方面我最爱看的，就是神龙本《兰亭序》、《平复帖》、《伯远帖》、《人来得书帖》等等，所以我常常去面对这些真迹，细心揣摩。

由王蘧常先生介绍，先生去故宫拜见唐兰[①]先生，从此经常向唐先生问教。

《冯其庸文集》卷二《逝川集·瓜饭楼述学》：

我刚到北京，由于王蘧常老师的特别推荐，就先去故宫拜见了唐兰先生，并建立了联系。

此顷，绘《墨竹》一幅，题曰："略拟清湘笔意。冯迟"
《冯其庸书画集》："此画为一九五四年初到北京时作。"
10月下旬之后，批判胡适、俞平伯《红楼梦》研究的运动在全国展开。运动中，先生认真通读了《红楼梦》，并研读了相关论文和理论著作。

《剪烛集·哲人其萎 我怀何如》：

我于1954年8月到京，不久就赶上了批判胡适、俞平伯先生的《红楼梦》研究的运动。那时，我对《红楼梦》尚无研究，也不能置一词；但"运动"却迫使我学习，除认真读《红楼梦》之外，就是读当

---

① 唐兰（1901—1979），浙江嘉兴人，著名历史学家、考古学家和古文字学家，曾任故宫博物院副院长。

时报刊发表的文章。

此顷，在灯市口一家旧书店买到一部原刻本《四松堂集》。
《秋风集·曹雪芹家世·〈红楼梦〉文物图录序》：

最出我意外的事，是一九五四年我在灯市口一家旧书店里，无意之中以八角钱买了一部原刻本《四松堂集》，这就是胡适费尽力气搜求，后来才收到的那部书。当时我不相信自己的眼睛，仔细看了书的内容和署款，又仔细看了定价，一点没有错，我就轻而易举地买了回来。

本年，与张光年、何其芳①相识。
《瓜饭集·忆光年》：

我记得我最早认识光年，可能是1954年批判俞平伯先生的《红楼梦研究》和胡适的新红学派的时候。那时，经常有大报告，记得杨献珍、孙定国、周扬等都作过报告。报告完后，就是分组讨论。我还记得我是和何其芳同志一组，光年同志也在这一组，我可能就是在这时认识他的。

经常与诗人、画家倪小迂②先生往来。
《剪烛集·云林高士旧家风》：

我们的相交也是从"诗"开始的……1954年，我调到北京中国人民大学，小迂先生在农科院工作，离我的住处很近，所以我一有空就去

---

① 张光年（1913—2002），笔名光未然，湖北老河口市人，著名诗人、文学评论家，早年从事抗日救亡文艺活动，新中国成立后历任文化部艺术局副局长、《剧本》月刊主编、中国戏剧家协会党组书记中国作家协会副主席、《文艺报》《人民文学》主编等职。何其芳（1912—1977），四川万县人，著名诗人、散文家和文艺评论家，抗日期间曾任延安鲁迅艺术学院文学系主任，新中国成立后历任中国文学艺术界联合会委员、中国作家协会书记处书记、中国社会科学院文学研究所所长等职。
② 倪小迂（1901—？），江苏无锡人，新中国成立后曾在农业部工作，擅书法、绘画，中国书法家协会会员。

看他，非常亲切。小迂先生的夫人诸继贤也特别慈和，我们在一起完全无拘无束，那时我才30岁，小迂先生已经54岁了，但我们在一起好像长兄和小弟一样，无所不谈。

唐文治卒，年90岁。

1955年　乙未　32岁

[时事]　1月开始，中央决定，开展对胡风思想的批判，以胡风为首的集团被定性为反革命集团。7月，在全国范围内展开了肃清暗藏反革命分子的运动。

同年4月，文化部、全国文联、中国剧协等单位在北京举办"梅兰芳、周信芳舞台生活五十周年纪念活动"。

与夏渌涓①结婚。

搬至城内海运仓中国人民大学宿舍居住，自此常与周贻白先生往来。《剪烛集·坎坷平生祝季子》：

说也凑巧，我在西郊中国人民大学住了一年后，就搬到张自忠路中国人民大学宿舍住了（按此处有误，当是海运仓中国人民大学宿舍，一年后才迁张自忠路中国人民大学宿舍。但两处相距甚近，步行只需十多分钟即到），那时周先生住在交道口棉花胡同，离我很近，所以我常到周先生家里去，加上周师母也是早在无锡就拜见和熟识的，所以到周先生家里特别感到亲切，而周先生也常常会突然跑到我家里来聊天。

4月间，看著名京剧演员厉慧良来京演出，并与之结交。《落叶集·无限沧桑哭慧良》：

---

① 夏渌涓（1934—），江苏无锡人，中国人民大学俄语系副教授。

回忆起慧良与我的交往，已经整整 40 年了。我是 1955 年看他的戏，并与他结交的。

按，据《梨园百年琐记》，厉慧良①于本年 4 月来京演出。
下半年，与同乡名医巫君玉②相识，自此常相往来，谈论诗书画。
《夜雨集·巫君玉诗集序》：

我与巫君玉兄是无锡同乡，但我们却是在北京认识的。那是 1955 年下半年，我住在海运仓，经过朋友的介绍，请君玉兄来给我看病，无意中在我的书桌上看到了无锡友人严古津的来信，原来古津也是他的朋友，这样我们不仅是同乡，而且更是朋友了。从那时起直到现在，我们相交已整整四十年。……君玉不仅是名医，更是诗人，他写诗很有功力，而且十分勤奋。所以后来，并非为了看病，往往为了诗，为了书画，也经常在一起。

11 月 28 日，长女冯燕若生。
大约自本年起，与画家周怀民③先生开始交往。
《墨缘集·〈周怀民画册〉序》：

周怀民先生，是我的同乡前辈，我们在 50 年代就交往了，至今已将半个世纪。

按，此文作于 1994 年，逆推"将半个世纪"，先生与周怀民交往大约在本年。
洪深卒。黄宾虹卒。

---

① 厉慧良（1923—1995），祖籍北京，生于江苏南通，著名京剧表演艺术家。
② 巫君玉（1929—1999），江苏无锡人，当代中医名家，曾任北京中医医院主任医师、北京中医药学会副理事长、北京中医药大学客座教授。
③ 周怀民（1907—1996），江苏无锡人，著名国画家，早年从事美术教育工作，新中国成立后任北京画院一级画师，擅长山水、花鸟，尤擅长绘芦塘、葡萄，有"周芦塘""周葡萄"之称。

1956年　丙申　33岁

[时事] 4月28日，毛泽东在中共中央政治局扩大会议上提出：艺术问题上的"百花齐放"，学术问题上的"百家争鸣"，应该成为我国发展科学、繁荣文学艺术的方针。8月24日，毛泽东对音乐工作者谈话，进一步阐明"古为今用、洋为中用、推陈出新"的方针。9月15日至27日，中国共产党第八次全国代表大会在北京举行。

同年4月27日，世界和平理事会宣布将1955年度国际和平奖金授予齐白石。

4月某日，先生接到浙江苏昆剧团朱国梁电话，告知他们携新戏《十五贯》来京演出，因担心北方观众听不懂南昆，故希望先生观看其彩排。先生看戏后十分激动，认为此戏必能打响，后果然引起轰动。

《梦回录·序·云想衣裳花想容》：

> 1956年，我已到了北京两年，忽然有一天，接到朱国梁电话，告诉我他们的剧团到北京来演出了，剧目是《十五贯》。他说明天晚上彩排，希望我去看看，能不能在北京打响，他担心的是南昆的语言和曲词北方人能否听懂。我立即答应他一定去，他极为高兴，并与我讲了别后他们班里的许多变动。彩排是在前门外广和剧场，我看完彩排后十分激动，我与朱国梁、王传淞、周传瑛说，这个戏肯定能打响，语言和曲词也不难听懂。在这个戏里，张娴是舞台监督，没有演出。过了没有几天，朱国梁又来电话了，他告诉我他们到中南海演出了，毛主席、周总理看了他们的演出，十分赞赏。接着是中央让公安干部都去看这出戏。再接着是由田汉老执笔的《从"一出戏救活了一个剧种"谈起》的《人民日报》社论出来了，于是《十五贯》红遍了全国。

按，据《梨园百年琐记》《人民日报》等有关资料可知，本年，毛泽东主席曾两次观看该剧演出，周恩来观看后于4月19日和5月17日两次发表谈话，肯定该剧。5月18日，《人民日报》发表社论：《从"一出戏救活了一个剧种"谈起》。

同时，先生还观看了该剧团演出的《长生殿》。

《梦回录·序·云想衣裳花想容》：

> 这次在京，还在广和剧场演出了《长生殿》，周传瑛的唐明皇，张娴的杨贵妃。剧目记得是《定情》、《赐盒》、《絮阁》、《密誓》，我恰好坐在较前排，看得十分真切。尽管以往我看过他们不少戏，但这次演出却大不一样，周传瑛的唐明皇风流潇洒，书卷气十足，而张娴的贵妃，从唱、念到做，真是丝丝入扣。

23日，先生写毕《关于古典文学人民性研究中的庸俗社会学》一文初稿，5月31日改定。文中通过具体事例，分析了当时在关于古典文学人民性研究中存在的将历史唯物主义的观点简单化、庸俗化的错误，例如将《西游记》说成"表现了资本主义萌芽要求冲破封建主义重重限制层层束缚的愿望"，认为《三国演义》"对一般争夺政权的统治者，曹操、刘备、孙权等都作了否定的描写"，将陶渊明定性为"中小地主阶层利益的代言人"，否认白居易在《长恨歌》中正面描写了唐明皇与杨贵妃之间的爱情的事实等等。文中指出"不研究历史的生动性和丰富性，不研究文学艺术的特点，不研究作品本身的实际内容，企图用几条抽象的社会科学概念，作为衡量客观事物的标准，使丰富的社会内容和文艺现象，变成死板的公式"，这正是"庸俗社会学的特点"。后此文发表于本年12月26日的《教学与研究》。

本年先生读到吴组缃[①]《论贾宝玉典型形象》一文，印象深刻。

《剪烛集·哲人其萎 我怀何如》：

> 那时，我对《红楼梦》尚无研究，也不能置一词；但"运动"却迫使我学习，除认真读《红楼梦》之外，就是读当时报刊发表的文章。在那么多的文章中，给我印象最深，深到至今不能忘记的就是吴组缃先

[①] 吴组缃（1908—1994），安徽泾县人，著名小说家、学者，抗日战争期间曾任全国文艺界抗敌协会常任理事，新中国成立后任北京大学教授，潜心于古典文学尤其是明清小说的研究，并历任中国文联与中国作协理事、《红楼梦》学会会长。

生的那篇《论贾宝玉典型形象》。我读到的是一个油印本子，时间大概已是1956年了。后来这篇文章在《北京大学学报》发表了，但我一直保存着这个油印本，虽经"文化大革命"也没有丢失。"文化大革命"前有时我还拿出来重读过。现在已将40年了，这个油印本估计还在我的书堆里。

经周贻白先生介绍，先生在王府井和平画店拜识了许麟庐①先生。许先生对先生画作多有指点，先生感到受益匪浅。许先生因见先生崇拜齐白石老人，便欲带先生去拜见，先生不敢贸然前往，遂作罢，后甚感痛悔。曾作诗云："京华初识竹箫翁，便欲提携拜岱嵩。可惜村童心胆怯，遂令交臂失真龙。"

《墨缘集·初到京华第一师》：

> 周先生在这方面也是朋友很多的，有一次，同我一起去看许麟庐先生，许先生是白石老人的得意门生，能得白石的真传。周先生说你崇拜齐白石，就先去看看许先生吧。这样他就带我去看许先生了。那时，许先生还在荣宝斋工作，但我记得那一次不是在荣宝斋而是在王府井，是在他创办的和平画店。与许先生见面后，周先生为我做了介绍，许先生一听我喜欢字画，并且特别崇拜齐白石，他就格外高兴，马上就要看我的画，我即将随身带的一张葡萄给他看。他端详了一回，就说画得不错，有书卷气。然后又说，你的葡萄藤蔓怎么都是往右边转的呢？可真正的葡萄不是这样的哟！这一句话，真是胜读十年书。因为我以前学画，只是学画本上的，而且也不是观察入微的学，而是粗枝大叶的学。许先生的这一句话，真是醍醐灌顶，牖我灵敏，从此我就懂得要仔细观察生活，细格物理。……那天，在许先生处，谈得很久。当然其中有谈周先生的事，但末了，许老一定要带我去拜见白石老人。这是我完全不敢想的。我虽然十分想去拜见白石老人，但自己觉得自己幼稚得不能再幼稚了，这样去看老人，不是凭空给他添麻烦吗？所以我终于不敢去，

---

① 许麟庐（1916—），山东蓬莱人，著名国画家，兼善古画鉴定，曾师从齐白石，新中国成立后任中国美术家协会会员、中央文史馆研究馆员。

我说等我苦学几年再去罢！我当时丝毫也没有想到白石老人的高龄，意识里只觉得他是长寿的，根本没有去想老人毕竟是要走的。过了一年，白石老人真的走了，那是1957年9月16日下午6时40分，消息传来，我悲痛万分，痛悔我没有去拜见他。……但我深感许老的深情厚谊，也成一诗。

本年8月，谢无量①先生被中国人民大学聘为教授。此后，先生负责谢老与语文教研室之间的联系。谢老曾为先生写过几幅字，先生珍藏至今。

《墨缘集·文章尚未报白头》：

那时，中国人民大学还没有语文系，只有一个向全校各系开课的语文教研室，那时谢老年纪已很高，学校没有再要他上课，只是在教研室开过几次座谈会，教师们都很认真地听谢老座谈。那时，我是年轻教师，负责与谢老联系，我的住处，又与谢老只隔一个楼门，来去都很方便。……谢老是著名的书法家，外面不少人向他求字，我却始终没有求他写过字。有一次他忽然问我：那你为什么不向我要字？我说：谢老年纪大了，我不好意思再烦劳谢老。谢老连忙说：那不要紧，我给你写。过了几天，他让人送来一幅条幅，写的是黄山谷咏白薯的诗。旁边还有跋文说：今年白薯丰登，回忆山谷山芋汤诗，为其庸同志书（大意）。我当时高兴至极，此件一直珍藏到现在。后来他又给我写过两把扇面。

为新闻系学生讲授中国古代文学课程，并自编《中国文学史》讲稿，油印后发给学生，至今油印本尚存。先生授课深受好评和欢迎。曾带领学生观看昆曲演出，并为他们讲解如何欣赏，给学生留下深刻印象。

俞乃蕴：《人生得一良师足矣》（《人物》2001年第12期）：

"师傅领进门，修行靠自身。"我清楚地记得，这是45年前，冯其

---

① 谢无量（1884—1964），四川乐至人，现当代著名学者、诗人、书法家，民国初期在孙中山大本营任孙中山先生秘书长、参议长、黄埔军校教官等职。之后从事教育和著述，任国内多所大学教授。新中国成立后，历任川西博物馆馆长、中国人民大学教授、中央文史馆副馆长。

庸在给我们上第一次课时讲的话。这是一把教导我们打开知识宝库的钥匙，也是勉励我们在漫长的人生道路上积极进取的启示，虽事隔多年，我仍记忆犹新。……当年，冯老在给我们讲中国古典文学，从先秦时期一直讲到明清小说，纵横五千年，可谓洋洋大观。给我教益最深的：一是，从中国文学史上，从当时的政治、经济的现状和文化的源流上，深刻剖析了历代文学的继承与发展，为我们清晰地勾画了一个轮廓，也为我们今后的学习、研究，架设了一台"望远镜"，这有助于把握中国古典文学的发展趋势。二是，从文化的底蕴上，结合讲解了文学与戏剧、绘画、金石、书法诸方面的艺术融会与渊源，给我的印象是：如入胜境，别有洞天。三是，他避免了烦琐的考证，做了许多纵横交错的对比、阐述，也概述了一些当时学术界争论的焦点，把最新的学术研究成果奉献给学生，扩大了我们的视野。

在学校里，有几次活动，至今还有些印象，偶一忆起，涛声依旧，恍如昨日。……在前门外的一家剧院看昆曲。我们班去了好几个人，冯先生边看边讲，既是剧情的讲解，又是精彩的剧评。我坐得离老师隔两三个座位，为了不漏掉"画外音"，耳朵真是忙不过来了。

1957 年　丁酉　34 岁

[时事]　2月27日，毛泽东在最高国务会议第十一次（扩大）会议上作《关于正确处理人民内部矛盾的问题》报告。4月27日，中共中央发布《关于整风运动的指示》。6月8日，《人民日报》发表社论：《这是为什么？》，此后，即在全国范围内展开了一场大规模的反右派斗争。

同年4月10日至24日，文化部召开第二次全国戏曲剧目工作会议。

1月30日（农历除夕）晚，与新闻系一年级三班同学欢饮，迎接新春，当场作《寒梅图》。

俞乃蕴：《人生得一良师足矣》（《人物》2001年第12期）：

丁酉除夕小酌辞岁。除夕那天晚上，班上几个同学在食堂打了菜，还上街买了一些卤菜和酒，邀请冯老师来小酌。冯老师在酒酣耳热之际，要了一张学校印的包书纸（当时，也实在找不到宣纸），作了一幅《寒梅图》。那遒劲的躯干，挺拔的枝桠，朵朵梅花，缀满枝桠。他在画上题道："一九五七年除夕，与一年级三班诸同志欢度寒夜，迎接新春，书此以志。"画面上留下一大片空白，让我们这群来自新华社、《湖南日报》、《黑龙江日报》、《湖北日报》、《工人日报》、《甘肃日报》、《中国青年报》、《大众日报》、《安徽日报》以及其他地方报社的16位同志，一一签名留念。

自本年起，经常去王府井和平画店和许麟庐先生家观赏书画作品，面对佳作，往往长时间默然领悟。有时得以观摩许先生作画。

《墨缘集·初到京华第一师》：

> 从1957年到"文革"前，我是经常去许老家的，那时他办的王府井和平画店还在，许先生是大行家，所以他的画店里经常出现一些好作品，我虽然买不起，却可以去看，一是看看许老，向他请教，二是看看那些画件，默坐静悟。……但是更重要的是我在许老家中所看到和学到的。我住处离许先生很近，所以我时常去许先生家，一是看他作画，二是听他闲谈有关书画方面的知识。

6月间，反右运动开始，先生险些被打成右派。不久，老同学沈绍祖[①]来信婉转讯问情况，先生作诗答复，诗云："浩浩长江水，悠悠隔两京。夕阳钟岳影，冷月夜窗情。鱼雁久沉寂，风云一变更。何须问消息，风雪故人心。"

《冯其庸口述》（未刊）：

> 听说我已经在右派名单里头了。那次在铁一号钟楼底下大礼堂开会，李培之主持，第一个发言的是葛佩琦，第二个是王德周，都是当时

---

① 沈绍祖（1926—），江苏无锡人，毕业于无锡国专，新中国成立后曾任无锡市教育局局长、市委宣传部副部长。

有名的大右派……第三个我讲……我讲完，李培之接着讲了，说这位同志讲得好啊，既要实事求是，又要有什么问题就批评什么，不要有任何顾虑，大鸣大放，就是要给党提意见么，我看这位同志立场、观点、方法都很好。……她这么一讲，原来右派名单里有我的么，这样，校领导就不好再把我放进去了。

8月16日，写毕《释陶渊明的"好读书，不求甚解"》一文。
按，此文最初发表在《人民日报》，后收入《逝川集》。
两次观看武汉市汉剧团陈伯华①演出的《二度梅》。
《春草集·三看二度梅》：

  一九五七年武汉市汉剧团来京演出的时候，我曾两次看了陈伯华同志主演的《二度梅》。

9月16日，齐白石老人去世，先生闻讯，悲痛万分，写长诗以悼念，诗云："千古奇才一阿长，百年又见老齐璜。画虾能睹虾须动，画酒直觉酒生香。凌波菡萏蜻蜓立，带雨牡丹粉蝶狂。种得芭蕉三两本，秋来听雨卧高堂。读公山水别有境，落日一点苍江冷。烟波森森片帆远，古木森森古寺近。寺中有僧不读佛，挥毫直写苍松影。闻公名姓二十年，欲拜门墙路万千。我今来时公已去，独对遗篇涕潸然。"
按，诗见《墨缘集·初到京华第一师》。

1958年 戊戌 35岁

[时事] 5月，中共中央提出"鼓足干劲，力争上游，多快好省地建设社会主义"的总路线，全国迅速掀起"大跃进"高潮。8月，中共中央发出《关于今冬明春在农村中普遍开展社会主义和共产主义教育运动的指示》，之后，在文化、教育领域展开了"拔白旗"运动。

---

① 陈伯华（1919—），湖北武汉人，著名汉剧表演艺术家，历任武汉汉剧院院长、湖北省剧协副主席、中国剧协理事等。

同年1月,"齐白石遗作展"在北京展览馆举办。6月13日至7月15日,文化部委托中国戏曲研究院召开"戏曲表现现代生活座谈会"。

1月,带领学生到北京展览馆参观"齐白石遗作展",并指点学生如何欣赏齐白石的绘画艺术。

周维敷:《不有艰难,何来圣僧?》(《湖北文传》1998年第1期):

记得1958年初,冯老师带领我们一些同学去参观北京展览馆举办的齐白石遗作展览。他不仅指点同学们欣赏老画家出神入化的绘画艺术,而且向我们讲述白石老人"业精于勤"的故事,印象最深的是他引白石老人诗句赠同学:食叶蚕肥丝自足,采花蜂苦蜜方甜。

俞乃蕴:《人生得一良师足矣》(《人物》2001年第12期):

到北京展览馆参观齐白石画展。冯先生边看边讲,从白石大师的画风、画技,谈到吴昌硕、八大山人、石涛等人的画派的形成与发展……冯先生站在这一幅幅画前,向我们讲述了国画的墨趣和书法、金石艺术的和谐统一、相映成趣的艺术。这是我第一次国画艺术欣赏,印象特深。

11月28日,写毕《试论革命现实主义与革命浪漫主义的结合》一文,该文发表于1959年1月31日的《教学与研究》。见《逝川集》。

1959年 己亥 36岁

[时事] 7月2日至8月16日,党中央在庐山召开政治局扩大会议和八届八中全会,开展了对彭德怀等人的批判。之后,在全党开展了一场"反右倾"运动。

2月14日至3月24日,写毕《司马迁的人物特写》一文,该文连载于本年4月16日、5月1日、5月16日、5月31日的《新闻战线》。

按，该文收入《逝川集》。

9月1日深夜，写毕《从古典文学中学习"简练"的技巧》一文，该文发表于本年10月13日的《新闻战线》。

按，该文收入《逝川集》。

10月，应《戏剧报》之约，再次观看武汉市汉剧团陈伯华主演的《二度梅》，并为撰写剧评《三看〈二度梅〉》。不久，该文在《戏剧报》上发表。之后，曾到旅馆看望陈伯华。

《剪烛集·我与汉剧家陈伯华同志》：

> 1959年国庆十周年，全国各地的剧种都到北京来汇报演出，《戏剧报》组织了一批剧评家撰写评论文章，我也是被邀请者之一，任务就是让我写陈伯华同志演出的《二度梅》的剧评……在写文章之前，我当然再次看了伯华同志的演出，这已经是第三次看了……文章发表后，《戏剧报》的同志告诉我，伯华同志就住在东四旅馆。我住在张自忠路，离我住处步行只要十来分钟，他们建议我去看望一下伯华同志，我也就真的去了。见面后一说我的名字，伯华同志就热情地接待，并且谦虚地说："我的戏还没有演到你说的那么好呢！"我就把那天台下观众热烈的气氛告诉了她，她在台上当然也感受到了那天的特殊热烈的气氛。当时伯华同志很忙，所以我稍坐一会儿就告辞了。

几天后，《戏剧报》告知，田汉先生极为赞赏《三看〈二度梅〉》，邀请先生吃饭，同席者还有吴晗[①]和翦伯赞[②]先生，以及著名越剧演员王文娟等。

《剪烛集·我与汉剧家陈伯华同志》：

[①] 吴晗（1909—1969），浙江义乌人，著名历史学家，新中国成立前曾任教于清华大学、云南大学、西南联大。新中国成立后任清华大学历史系主任、北京市副市长。

[②] 翦伯赞（1898—1968），湖南桃源人，维吾尔族，著名历史学家。新中国成立后曾任北京大学历史系教授兼系主任、北京大学副校长和中国科学院哲学社会科学部委员，中国史学会常务理事兼秘书长等职。

隔了一些天，我去《戏剧报》开会，会议结束前，忽然编辑部递来一张纸条，要我散会后留下来，说田汉同志要请我吃饭，他看了我写的《三看〈二度梅〉》，极为赞赏。……当天会议结束后，我坐了《戏剧报》的车就到了曲园酒家，这是一家湖南菜馆。我去时田汉同志已先在，后来来的有吴晗同志、翦伯赞同志，还有正在北京演出的王文娟同志，还有《戏剧报》的同志，一共六七个人。

同月，观看昆曲艺术家华传浩演出的《芦林会》，写毕《〈芦林会〉的推陈出新》初稿。此文改定后，发表于1960年一月号《戏剧研究》。见《春草集》。

12月7日深夜，写毕《卓越的性格描写——看柳子戏〈割袍〉》。此文发表于1960年第一期《戏剧报》。见《春草集》。

1960年　庚子　37岁

[时事]　本年，"大跃进"所造成的国民经济比例严重失调和带来的国民经济严重困难局面开始显现。

同年4月13日至29日，文化部举办现代题材戏曲观摩演出，齐燕铭在大会的讲话中提出"现代剧、传统剧、新编历史剧三者并举"的方针。11月19日，中国剧协邀请首都文艺界和史学界人士举行座谈会，讨论了历史剧的教育作用、历史剧的时代精神、历史真实和艺术真实的关系等问题。

2月，撰写《从"新诗改罢自长吟"说起》一文。见《逝川集》。

同月，观看云南花灯戏《游春》《山茶赞》《双采花》《探妹》《闹渡》《侬莱汗》等，撰写剧评《云南山茶映日红》，不久，发表于本年第2期《戏剧报》。据《梨园百年琐记》，云南花灯戏剧团于本年2月来京演出。《云南山茶映日红》一文见《春草集》。

6月，观看中国京剧院四团演出的《杨门女将》，撰写剧评《壮志凌云雄风千秋——看京剧〈杨门女将〉》，不久发表于本月29日《光明日报》。详见《春草集》。

10月27日,《戏剧报》发表先生的《评张庚同志对封建道德的错误观点》一文。

本月顷,观看中国京剧院四团演出的《满江红》,撰写剧评《赞京剧〈满江红〉》,不久发表于本年第19、20期《戏剧报》合刊。见《春草集》。

11月,戏剧界开始展开关于历史剧的讨论。此后,先生陆续阅读了元明清三代有关岳飞题材的剧本,并写出一批文章。

《秋风集·精忠旗笺注序》:

> 一九六〇年到一九六四年前后,戏剧界展开了一场关于历史剧的争论,争论的焦点,是历史剧创作中关于史实与虚构的关系问题。……因此,我就认真阅读了元、明、清三代的有关岳飞题材的剧本,计有:元剧《东窗事犯》、《宋大将岳飞精忠》,明传奇《精忠记》、《岳飞破虏东窗记》、《精忠旗》、《如是观》,清京剧《请宋灵》等七个戏,并写了《论古代岳飞剧中的爱国主义思想及其对投降派的批判》、《岳飞剧的时代精神》、《读元剧〈东窗事犯〉》和《读传奇〈精忠旗〉》等几篇文章。

本年,与冯牧[①]结交。

《瓜饭集·怀念冯牧》:

> 我与他真正认识并成为朋友,是他担任《文艺报》的副主编的时候,那是1960年的事。

1961年　辛丑　38岁

[时事]　1月14日至18日,中国共产党八届九中全会在北京举行,会议通过了对整个国民经济实行"调整、巩固、充实、提高"的八字方针。

---

①　冯牧(1919—1995),北京人,文学评论家。新中国成立前,曾在延安鲁艺学习和工作,后任《解放日报》文艺部编辑。新中国成立后,历任《新观察》主编、《文艺报》主编、中国作家协会副主席等职。

6月1日至28日，中共中央宣传部在北京新侨饭店召开全国文艺工作座谈会，讨论《关于当前文学艺术工作的意见》（草案），即《文艺十条》初稿。后经修改，定为《文艺八条》。

同年1月，《北京文艺》第一期发表吴晗新编历史剧剧本《海瑞罢官》。同月，京剧《海瑞罢官》首次在北京公演。8月，田汉的京剧剧本《谢瑶环》、孟超的昆剧剧本《李慧娘》等发表。同月31日，《北京晚报》发表廖沫沙的《有鬼无害论》。

2月4日，《光明日报》发表先生杂文《季生治鬼》。

15日，《戏剧报》发表先生《谈昆曲〈送京娘〉》一文。该文见《春草集》。

23日，《人民日报》发表先生杂文《怕鬼的故事》，文中说：

> 读了何其芳同志的《"不怕鬼的故事"序》以后，受到很大的启发。那些勇敢地与鬼怪斗争的人，如宋定伯、于公、姜三莽等，真可谓是正气凛然而又勇敢机智，善于战斗，值得人们学习。因此联类所及，又使我想起了几桩怕鬼的故事。我想事情总是相反相成的，读了《不怕鬼的故事》，固然可以增加我们克服困难的信心和勇气，但如果读一二则怕鬼的故事，看看过去有些人因为怕鬼而弄出来的许多笑话，也可以使我们引为前车之鉴，不至于犯同样性质的错误。我们在从事伟大的社会主义建设，我们一定会遇到很多困难，例如帝国主义和现代修正主义的捣乱，国内残余反革命分子的破坏、天灾以及科学技术上的困难等等，我们必须用对付魔鬼的办法来战胜这一切困难，因此，首先使自己成为一个彻底的唯物主义者，使自己具有革命的彻底坚定性，这样当这些困难像魔鬼一样伸出双手来与我们搏斗的时候，我们就能以大无畏的勇气、革命的彻底坚定性，顽强的战斗精神，英勇地战胜它们。

本月，撰写《谈文章的说服力》一文，大约此时前后，还撰写了《文章的开头和结尾》与《文章修改难》。三篇文章俱见《逝川集》。

3月23日，《人民日报》发表先生《历代对于伯夷叔齐的评论》一文。见《逝川集》。

26日,《文汇报》发表先生杂文《多算必胜》。

同月,先生的《谈昆曲〈送京娘〉》一文发表于《戏剧报》。见《春草集》。

同月,《文艺报》第3期发表了张光年撰写的专论:《题材问题》,使得长期以来关于题材的争论,即所谓"写重大题材"、"题材决定论"和"题材多样化"两种观点之间的交锋愈加激烈。先生密切关注这场讨论,不久写出了《题材与思想》一文,文中以古代作家为例,说明他们有一个基本的共同点:"就是善于发现适应于自己的题材,善于运用适应于自己的各种大小不同的题材,进行创作,以抒发自己的种种见解。他们往往能使你意想不到地从那些所谓小题材里提出重大的问题来。"因而,"那种过分强调题材的重要性,甚至强调到与作家的世界观并列起来的看法,是不恰当的。"当代作家应当把"不被题材限制自己的创作"与"善于选择题材来进行创作"辩证地结合起来,把"通过一些重大题材的创作来反映我们的伟大时代"与"通过多种多样的题材来反映我们伟大的时代"辩证地结合起来。此文后来发表在《文艺报》第6期上,该文见《逝川集》。

本年春,开始了《历代文选》的选注工作。此之前,教研室为教学之需曾编选过一本油印讲义,先生确定了该讲义的选目与体例。此讲义使用多年,后传到中国青年出版社,周振甫①先生决定出版。《历代文选》即在此油印讲义基础上进行增补与完善。不久,先生为《历代文选》撰写长序。撰写过程中,半夜突然晕倒,以致落下头晕病。

《〈历代文选〉前言》:

> 本书选注,开始于一九六一年春天。

据先生《大哉乾坤内　吾道长悠悠》(《文艺研究》2006年第11期):

> 当时最重的课是"文学史作品选",一周五次。每一篇作品,我一定化解透了才去讲,讲出心得,讲出精彩。《历代文选》就是在这门课

---

① 周振甫(1911—2000),浙江平湖人,著名学者,资深编辑家。毕业于无锡国专。新中国成立后先后在中国青年出版社、中华书局、人民文学出版社担任编辑。

的基础上编成的。当时编这本教材一无依傍，从选目到体例都是我定的，教研室的老师分头去注释，我来统稿，然后油印成讲义发给学生。讲义用了好多年，不知怎么后来这本油印教材传到了中国青年出版社，周振甫先生在那里当编辑，看了说好，又切合社会需要，于是决定出版。由我写了一篇长序，叙述中国散文发展脉络，加在前面。

《冯其庸口述》（未刊）：

> 这样一部大书，没有一篇系统的、贯通的序来叙述中国古代散文发展的整个脉络，读起来不会很顺，所以我来写序。我为那篇长序突如其来地晕倒了，晕倒在椅子上，在夜里，家人都睡了，不知道，好长时间慢慢醒来，头晕得厉害，从没有经历过，简直无法写，但还是坚持陆陆续续把这篇序写完。这以后落下一个头晕的毛病。

4月30日，《文汇报》发表先生杂文《脑子要复杂一点》。

大约5月初，闻知郭沫若[①]先生正在寻找有关《再生缘》作者陈端生的资料，遂致书郭老，提供了陈云贞的《寄外书》。不久，郭老约谈，因往郭老家中拜见，相与讨论《再生缘》作者问题。临别，郭老赠以新著《文史论集》。

《瓜饭集·回忆郭沫若同志》：

> 我与郭老认识，是在1961年5月。那时郭老正在研究《再生缘》并加以校点，他找不到《再生缘》作者陈端生的资料，有一次在文章里说相信国内总有人掌握这方面的资料的。我看了他的文章就想起我从小就熟读的陈云贞的《寄外书》来。……当时我们单位的罗鬐渔同志是郭老的老同事，我就写了一封长信交罗鬐渔同志转交郭老。郭老收到我的

---

① 郭沫若（1892—1978），四川乐山人，著名学者、文学家和社会活动家。早年留学日本，曾积极从事新文化运动。回国后参加过北伐战争和南昌起义，抗日战争中任军事委员会政治部第三厅厅长，后改任文化工作委员会主任。新中国成立后，曾担任政务院副总理、全国人大副委员长、中国科学院院长、全国文联主席等职。他在中国现当代文学史和中国历史学、考古学等领域都享有崇高的地位。

信后，就立刻派人来找我。我恰好不在家，来人就留了字条，要我到郭老住处去。我回来见到字条后，立即就去看郭老，恰好又碰上他会见德国友人，我就告诉传达室的同志我先回去了。郭老知道后，立即叫他的秘书留我，说他的会见马上就结束了，叫我不要走。果然不到几分钟，郭老就送客出来，见到了我就同我一起到他的书房，讨论起《再生缘》的作者陈端生即陈云贞的身世来了。那次谈的时间比较长，反复论证的是陈云贞是否就是陈端生，我当时觉得证据不足，郭老觉得可以确认无疑。临别郭老谢谢我为他提供的重要资料，还送我一本他刚出的《文史论集》。他在书上写了"其庸同志指正"，我说郭老是史学前辈权威，"指正"我不敢当。他说："在学问上不存在前辈和后辈，谁说得对就要尊重谁。"说罢一直把我送了出来。

该月10日，郭老来信，谓已反复读过先生长信，并再次对所提供陈云贞《寄外书》表示感谢。

《瓜饭集·回忆郭沫若同志》：

冯其庸同志：

您的长信，我昨晚返（反）复读了两遍。陈云贞的《寄外书》又提供了新的资料，谢谢您的帮助。

关于范菼遇赦之年恐怕还要推迟。在1790年乾隆八十岁大赦后，在1795年乾隆禅位给嘉庆时又有过一次大赦。范菼遇赦当在后一次。陈端生则活到四十五六岁了。

因有事在手，容缓再仔细研究。

《评点女子古文观止》能假我一阅否？（仍请寄我一阅）

敬礼！

郭沫若
一九六一、五、十

信中写到陈云贞的《寄外书》时，在旁边又加了两竖行："此信又见《香艳丛书》第十一集，较《女子古文观止》所录更详。可知后书系节录。

沫若又及。"

6月20日，郭老再次致信先生，告知关于《再生缘》作者的论文已经写好，即将发表。

《瓜饭集·回忆郭沫若同志》：

冯其庸同志：
　　惠借的两种书奉还。
　　经过研究的结果，我所得出的结论是：陈云贞《寄外诗》是真的，《寄外书》是假的。将有文在报上发表。
　　　此致
敬礼！
　　　　　　　　　　　　　　　　　　　　　　　郭沫若
　　　　　　　　　　　　　　　　　　　　一九六一、六、廿〇

6月25日和7月2日的《光明日报·文学遗产》连载了先生的《论中国古典文学中现实主义与浪漫主义的结合》一文。见《逝川集》。

7月1日，郭老又一次致信先生，征询对于考证《再生缘》作者论文的意见。

冯其庸同志：
　　谢谢您送来的《铜琶金缕》。我已经看过了，送还您。文章已在《光明日报》上发表，想已见到，愿听听同志们的意见。
　　敬礼！
　　　　　　　　　　　　　　　　　　　　　　　郭沫若
　　　　　　　　　　　　　　　　　　　　　　　七、一

按，信见《瓜饭集·回忆郭沫若同志》。

7月前后，两次观看京剧表演艺术家盖叫天演出的《武松打店》和《恶虎村》，为撰写剧评《争看江南活武松》，发表于本年7月23日《光明日报》上。见《春草集》。

同月的《大众电影》发表先生文章：《电影〈关汉卿〉的成就与不足》。见《春草集》。

近期三次观看河北省青年跃进剧团演出的《杜十娘》，8月20日，撰写了《激动人心的悲剧——看河北梆子〈杜十娘〉》一文，不久发表于本年第5期《河北文学》。见《春草集》。

9月27日，郭老又一次致信先生，告知关于《再生缘》作者的另一篇论文已经写好。

冯其庸同志：

　　大作看了一遍，奉还。

　　我的《有关陈端生的二三事》已经写好了。发现了白坚先生的出奇的错误。不久当可见报。

　　敬礼！

郭沫若
九、廿七

信见《瓜饭集·回忆郭沫若同志》。

约11月初，观看了袁世海[①]、李世霖主演的京剧《青梅煮酒论英雄》，当晚写成一篇八千字的剧评：《谈京剧〈青梅煮酒论英雄〉》，肯定了此剧成功之处，同时详析了"闻雷失箸"这一细节处理之失当。本月9日，《人民日报》以一整版刊出此文。此文引起中国京剧院的重视，袁世海亲自到先生家中，约请为演员们演讲。不久，先生专门为演员们分析了曹操这个人物形象。后来，《青梅煮酒论英雄》这出戏根据先生意见重新作了排练。

《冯其庸口述》（未刊）：

　　当天到人民剧场看袁世海、李世霖两个人演的戏，李演刘备，袁演曹操。演得很精彩，就是到了"闻雷失箸"的时候，完全弄反了，先打雷，然后故意把桌子一碰，筷子掉下去了。回来一想，这么一出好戏，

[①] 袁世海（1916—2002），生于北京，著名京剧表演艺术家，有"活曹操"之美誉。

关键细节弄错了，全部散掉了。……当天晚上到家已经十点了，马上就写，我怕忘了，一写写到早上，三四点钟吧，八千字左右，早上寄给《人民日报》。李希凡管文艺部，看过后来电话，说你这篇文章太精彩了，《人民日报》很快就发，结果一整版发了。京剧院袁世海他们都读了，引起很大震动，院里讨论，觉得非常在行，点到了要害。于是袁世海亲自到我家里，约我到京剧院，就这个问题再给他们讲一讲，而且由戏剧家协会出面组织。这样我就到作协礼堂连讲了两三个下午，专门讲曹操，"捉放曹"时的曹操，"煮酒论英雄"时的曹操，"阳平关"时的曹操，"赤壁之战"时的曹操，前后一路的变化，由于前后地位不同，权力不同，环境不同，所表现出来的心理、动作也就会有所不同。他们听了非常高兴，后来就根据我讲的全部重新调整了。现在演的这出戏就是根据我的文章重新排的。

按，《谈京剧〈青梅煮酒论英雄〉》一文收入《春草集》。

9日，次女冯幽若生。

从12月11日起，文化部举办周信芳①演剧生活六十周年纪念活动，此期间，先生观看了周信芳演出的《乌龙院》《四进士》《跑城》等，参加了麒派表演艺术座谈会，并撰写了剧评《麒派杰作〈乌龙院〉》。此文发表于本月29日的《光明日报》。

《落叶集·四十年梨园忆旧》：

令人难忘的是两次舞台生活纪念性演出，一次是周信芳，一次是盖叫天。他们纪念演出的戏我全看了，而且有的是看两遍到三遍，加上过去看过的，印象就更深了。周信芳的《乌龙院》、《四进士》、《跑城》和后来新编的《义责王魁》等戏，可以说是他的"极品"。我觉得剧本的完美性和演出的完美性合成了一个整体，应该说这是麒派的典范之作，我为这次演出写了分析《乌龙院》的长篇文章。那次还举行了袁世海、徐敏初两人拜周先生为师的拜师仪式，我参加了这次活动。后来还

---

① 周信芳（1895—1975），祖籍浙江慈溪，生于江苏清江浦，著名京剧表演艺术家，艺名麒麟童，京剧麒派艺术的创始人。

开了讨论周先生表演艺术的座谈会,周先生还亲自来参加我们的讨论。

按,《麒派杰作〈乌龙院〉》一文收入《春草集》。周信芳演剧生活六十年纪念活动的有关情况参见《梨园百年琐记》。

写毕《读传奇〈精忠旗〉》一文,不久发表于本年《戏剧报》第11、12期合刊。见《春草集》。

本年,撰写了《论北宋前期两种不同的词风》一文。后来夏承焘[①]先生读了此文之后,曾题一诗以示赞赏:"百年驹隙暗精魂。夜半兵权语吐吞。说与玉田应不解,陈桥驿下有词源。用冯君其庸北宋词风论。"论文见《逝川集》。夏承焘先生词为其《词问》三十首之一,1974年4月夏老以此诗代笺寄给先生。

大约本年,与老画家张正宇[②]相识。

《秋风集·忆老画家张正宇》:

> 我是哪一年认识张正宇同志的,现在竟有点记不清楚了,大概是六十年代的初期。那时,我们常从文联礼堂看戏回来,走在一路,因为我们是紧邻。有一次,他邀我到他家去玩,印象最深的是书房里挂的那副对子,联语是:"山随画活,云为诗留。"对句好,书法尤为别致,非草非篆,亦草亦篆,一种清新的气息扑人眉宇。我那时并不知道是他写的,脱口就说:"好字!"问是谁写的,他说是他写的。至此,我才知道他除了能画以外,还有一手好书法,他大概也因为我还能领略他的书法,颇有空谷足音之感。……从此我们就常来常往。

梅兰芳卒,年67岁。

[①] 夏承焘(1900—1986),浙江温州人,著名词学家。新中国成立前曾任浙江大学教授。新中国成立后任中国科学院文学研究所兼任研究员、中国科学院浙江分院语言文学研究室主任兼研究员;《词学》杂志主编、中国唐代文学学会顾问等。

[②] 张正宇(1904—1976),江苏无锡人,画家。新中国成立前曾担任《申报》画刊主编,新中国成立后任中国青年艺术剧院美术设计总顾问,长期从事舞台美术设计。在国画、书法、金石等方面亦有很深造诣。

1962 年　壬寅　39 岁

[时事]　1月11日至2月7日，中共中央召开扩大的工作会议，即"七千人大会"。3月2日，周恩来在广州作《关于知识分子问题的报告》，重申知识分子是劳动人民的一部分。9月24日，中共八届十中全会在北京召开，毛泽东在会议上提出了"千万不要忘记阶级斗争"的口号。

11月，文化部召开首都京剧创作座谈会。

1月16日，《新闻业务》发表先生《文章修改难》一文。

上年，浙江绍剧团来京演出，所演《斩经堂》，引发首都戏剧界争论。先生撰写了《漫论〈斩经堂〉》一文，对有人认为此剧表现出"一种朴素的进步的民主思想"进行反驳，通过对剧中人物的分析，指出此剧宣扬的乃是封建正统的历史观和道德观。该文刊载于本月16日的《戏剧报》上。又收入《春草集》。浙江绍剧团来京演出事见《梨园百年琐记》。

家乡发生大饥荒，母亲饿病。2月3日，先生赶回探望，次日抵达无锡。由无锡城乘船赴前洲镇途中，闻老乡议论贫苦饥饿惨状。抵家后，果然见到触目惊心的悲惨景象，遂对造成这种现象之原因做了调查研究。返回北京前，母亲嘱咐两件事，一是必须把解放前所借高利贷连本带利还清，二是不能眼看着嫂、侄饿死。先生谨记在心。

《重读〈回乡见闻〉有感》：

> 《回乡见闻》是我1962年2月24日向中国人民大学党委会写的一份报告，因为我在回乡之前，学校开党员大会，组织上通知，党员回家或外出（因正值放寒假），回来一定要向组织汇报见到的当地的真实情况，尤其是农村。因为这正是三年困难时期。我是因母亲病重才回去的，我于2月3日离开北京，2月4日到无锡。随即坐船回无锡县前洲镇冯巷农村老家。这篇文章就是真实地记录了我当时所见到的农村的情况，真是见到了我从未见到过的一片凄惨景象，饿死人的景象。

按，《重读〈回乡见闻〉有感》文见 2010 年 3 月 1 日《中国文化报》。另参见该报同日所发表的先生写于 1962 年 2 月 24 日的《回乡见闻》。

  一九六三年，家乡大饥荒，不少人饿死了，我母亲也病重，我立即从北京赶回家里，带了一点面粉和粮食。……这回，我在家一直耽了半个多月，直到母亲脸色有些好转，能吃粥饭了，能下地走了，我才离开。临别时，母亲对我说，我嘱咐你两件事：一是我为了抚养你们，解放前借了一些高利贷的债，现在政府是不许放高利贷了，可你仍旧要按当时言明的高利贷连本带利给我还清，否则我没有面目见人。因为他们也是劳动得来的钱，当时如果不借给我高利贷，你们就只好饿死。我是用高利贷把你养活的，现在长大了就不认旧账了，这样的事我不能做。你只要给我把全部债还清了，那么我死了也瞑目了，这就是你对我的真正的孝顺！到我死的时候，你不回来也不要紧，我仍然会很高兴的！二是你不能看着你嫂子、侄儿、侄女饿死。你们搞运动，说你大哥参加国民党，二哥参加三青团，你们要划清界线。但我一辈子种地，一辈子是与他们在一个锅里吃饭的，你侄儿、嫂子有什么罪？划清了界线就让他们饿死吗？为什么吃饭要划清界线？总之，你寄钱养活我，我只能与他们一起吃饭，我不能自己吃饱了让他们饿死！母亲的话，句句刺到我的心里。当时，我每个月都要给母亲寄生活费，因为家里人口多，大哥参加过国民党，早在 50 年代初就到香港，后来到了台湾，病死在台湾了；二哥因为参加过三青团被长期隔离审查，失去工作，于是全家人的生活，就只有指望我给母亲寄的一点生活费来维持了。也因为这样，我每月总是尽量多寄一些钱，然而，就是因为这件事，每逢政治运动，我就要受到批判，就说我划不清界限，甚至说我包庇反革命分子家属。我虽然不得不作检讨，但是心里却一直回答不了一个问题，就是我母亲提出的：难道划清界限让他们饿死吗？①

  回京后，2 月 24 日，先生写下《回乡见闻》，递交校党委，汇报了眼见

---

  ① 冯其庸：《秋风集·大块假我以文章》。本文谓回乡时间是 1963 年，先生记忆有误，当以《回乡见闻》所署时间为准。

耳闻的农村真实状况。这个报告，当时得到了人大党委和北京市委的表扬，但后来"文化大革命"中反而成了反党反社会主义的罪名。

《冯其庸口述》（未刊）：

> 三年困难时期，全国饥荒，我家乡也出了大问题……从无锡乘船到前洲镇30华里，晚上上的船，船黑，没灯，老乡聊天，一片叹息声，说谁谁谁又饿死了，我听的真伤心啊。老乡说现在比鬼子还凶啊，鬼子还可以留点粮啊，现在全被干部收走了。到家里一看，果然这种状况。……我想苏南这么好的环境，怎么会饿死人呢？没道理的，又无大灾荒。下去时，党委有指示，党员要敢于给组织反映真实情况，我们当时还不理解。回家看到这种凄惨景象，就想要赶快向党反映了。回京后写了一篇《回乡见闻》，把船里听到的老百姓讲的原话都说了，再加上亲眼看到的。报告最后一部分特别讲到相信党一定有办法克服这个困难。我说苏南是鱼米之乡，不应出现这种情况，只要认真执行党的政策，整顿干部，肯定会恢复过来的。文章送到校党委会，还称赞我汇报了真实情况，当时各地干部都隐瞒真实情况，虚报产量，按比例征收，刮光了。我被表扬了，北京市委也表扬了。后"文革"一来，却说我反三面红旗，罪名大得不得了。

3月，高盛麟来京演出，先生观看其演出的《洗浮山》《长坂坡》《连环套》。其后又观看了厉慧良的《长坂坡》《挑滑车》《拿高登》《闹天宫》《嫁妹》《火烧望海楼》。

《落叶集·无限沧桑哭慧良》：

> 我记得1962年慧良来京演出，在慧良之前，武汉高盛麟来京，剧目中有《洗浮山》、《长坂坡》、《连环套》。这几出戏我都看了。高盛麟是有名的杨派武生，常在南方，此次来京，形成了北京戏剧界的一个高潮。……盛麟这次在京演出，对后来慧良的演出，既是增加了气氛，更是增加了"压力"。慧良这次演出的剧目，有《长坂坡》、《挑滑车》、《拿高登》、《闹天宫》、《嫁妹》、《火烧望海楼》等。

按，高盛麟来京演出事可见《梨园百年琐记》。

此顷，撰写《再论绍剧〈斩经堂〉》一文，继续申论自己观点，批驳有些人肯定这出戏思想意义的看法。此文刊载于本年4月16日的《戏剧报》上。又收入《春草集》。

5月1日和16日，《新闻业务》分两期发表了先生《中国历代散文发展述论——〈历代文选〉序》。本文收入《逝川集》。

6月5日，《人民日报》发表先生《精湛的武生表演艺术——谈厉慧良的演出》一文。

7月，撰写《艺术风格的独特性和多样性》一文。见《逝川集》。

上年，北方昆曲剧院演出了孟超新编历史剧《李慧娘》。在戏剧评论界对该剧的热烈讨论中，先生于本年8月7日在北戴河疗养时撰写了《从〈绿衣人传〉到〈李慧娘〉》一文。文中叙述了李慧娘爱情故事在历代笔记小说和戏曲中的演变，肯定了新剧本改编的成功，针对一些人对戏剧中出现鬼魂的质疑进行了辩驳。该文刊载于本年9月《北京文艺》。又见《春草集》和《剪烛集·曲苑篇》。

9月23日，拟就《论罗贯中的时代》初稿。文中根据从医书和地方志中所发现的与罗贯中有交往的葛可久的有关材料，考证出罗贯中应当是元末明初人，否定了罗贯中是南宋人或者是宋、元间人的说法。该文见《逝川集》。

《麒派艺术的精华——看影片〈周信芳舞台艺术〉》一文发表于本年第9期《大众电影》。见《春草集》。

本月，《历代文选》上册由中国青年出版社出版。

11月26日，在校对完《历代文选》下册清样之后，撰写了《〈历代文选〉后记》。该《后记》见《历代文选》下册。

大约此时，吴玉章[①]校长召见先生，告知毛泽东主席在中央会议上称赞了《历代文选》，号召都来读一读。吴老还向先生赠送了自己的文集。

《冯其庸口述》（未刊）：

[①] 吴玉章（1878—1966），四川荣县人。无产阶级革命家、教育家、语言文字学家。早年留学日本期间，加入同盟会。民国初年，曾任参议员议员、大总统府秘书。1925年加入中国共产党，抗日期间任延安鲁迅艺术学院院长、延安大学校长。新中国成立后任中国人民大学校长，兼任国务院文字改革委员会主任、全国教育工会主席。

60年代初，有一次，是人大教务处，还是校长办公室，记不清了，打电话到教研室，要《历代文选》，说毛主席称赞这本书，李雪峰要这本书，他以为是中国人民大学自己印的。学校找我，我马上到青年出版社买了几部交到学校。没多久，吴玉章校长叫其秘书王宗柏来找我，我没有同《历代文选》联系起来，以为又有什么事了。那时候左得很，动不动就批判，我心想又有什么麻烦了，但也不能不去呀，就跟着王宗柏到了吴老住处。吴老住得很简朴，我一去，他在屋子中间躺在一张椅子上，面朝里边，当时他年龄已经很大了。王宗柏说，吴老，冯其庸来了。吴老就说，那好，坐吧，坐吧。安排了一个凳子，坐在他身边。他还躺着，说："好啊，你写了书也不送给我啊？"开玩笑的一种口气。我说："我没写书啊。"他说："《历代文选》不是你写的吗？"我说："那是我编的，不好说是我写的，都是古人的文章。""哎呀，你怎么那样咬文嚼字，编的就编的，那就是你弄得嘛。"我说："是是是，是我编的，编的不好，请您指教。"吴老说："谁说编的不好啊？你说不好啊，毛主席说好，你说不好啊？"这样我才知道毛主席称赞这部书。吴老说："我告诉你实情吧，主席在中央会议上表扬了这本书，要大家读读，还说这是中国人民大学的教师编的，我是中国人民大学的校长，当然很高兴，今天把你找来，把这个情况跟你说一下。"然后又说："你不是不送给我书吗，我先送给你。"就叫王宗柏取来他的《吴玉章集》，签好字，送给我，对我说："我跟你开玩笑啊，你们这么年轻，这么用功，做这么好的书，我很高兴。"另外建议再增加两篇《孟子》文章，把篇目告诉我。我说再版时一定加进去。

本年，撰写《伟大的现实主义诗人杜甫》一文。见《逝川集》。

1963 年　癸卯　40 岁

[时事]　1月，中共中央华东局书记柯庆施提出"写十三年"的口号。2月11日至28日，中共中央在北京举行工作会议，提出"阶级斗争，一抓就灵"的口号。3月29日，中共中央批转文化部党组报告，点名批评了孟超

创作的昆曲《李慧娘》和"有鬼无害论"。8月29日至9月26日，文化部、中国剧协、北京市文化局召开首都"戏曲工作座谈会"，讨论进一步贯彻"百花齐放，百家争鸣"的方针。12月12日，毛泽东在中央宣传部文艺处的一份材料上做了批示，批评"社会主义改造在许多（艺术）部门中，收效甚微。许多部门至今还是'死人'统治着。……至于戏剧等部门，问题就更大了"。

5月15日，改定《论罗贯中的时代》一文。见《逝川集》。

本月，撰写《义愤出诗人》一文。见《逝川集》。

大约7月中旬，先生得到中宣部林默涵①先生通知，不久将召开戏曲工作座谈会，要求先生为大会撰写一篇关于传统戏曲中的封建道德问题的理论文章，以作讨论之用。不久，先生住进翠明庄中央组织部招待所，整整写了一个月，到8月20日完成了《彻底批判封建道德》初稿，全文共三万字。文中从甲骨文的"孝"字写起，说到道德的产生，道德的内涵和作用，道德的阶级性，在不同情况下道德内涵的变异，还有如何看待清官问题和廉洁的道德等等。先生运用具体问题具体分析的方法揭示了阶级社会里道德领域的复杂性，指出"忠孝节义"这样一些封建社会道德概念，从根本上说，是为统治阶级利益服务的意识形态，必须彻底批判。但是，劳动人民对这些概念，也会有自己的解释，赋予它符合被剥削阶级利益的内容，所以，虽然是"同一个'词'，或者同一个概念，在不同的历史时期或者在同一历史时期的不同阶级的人们中间，它可以具有不同的内容"。另外，忠、孝、节、义这些观念本身与历史人物的具体行动既有联系又有区别，尽管历史人物的具体行动中包含着他们的道德观念，但行动本身不等同于道德观念本身。总之，"作为一种意识形态的封建道德忠孝节义，有它特定的历史内容，我们既不能随意地把它抽象化，也不能把它与历史人物的行动混为一谈。因此，我们既不能把它抽象继承，也不能把它具体继承。"该文收入《春草集》。

《瓜饭集·怀念默涵》：

---

① 林默涵（1913—2008），福建武平人，著名文艺理论家。抗日战争期间先后在《解放日报》《新华日报》工作。抗日战争胜利后，到香港参与编辑共产党领导的刊物。新中国成立后历任中宣部副部长、文化部副部长、全国文联副主席等职。

大约是1963年的下半年，中宣部筹划召开一次全国的戏曲工作会议，讨论传统戏的整理问题。……1963年的下半年，有一次，单位通知我到中宣部林默涵同志处去，我去后，他就告诉我，我与李希凡同志要参加戏曲工作会议，还要担任戏曲表现现代生活的样板戏的评论员。同时告诉我大会要讨论两个重点问题，一个是关于传统戏曲中的封建道德问题，另一个是关于传统戏曲中的鬼魂问题。对这两个问题如何分析，如何处理，要写出理论文章来，准备给大会讨论用。他说让我写封建道德问题，另一个问题请希凡同志来写。至于如何写，有哪些问题要解决，一概没有提，要让我写出初稿来以后他再提意见。之后，就安排我住在翠明庄中央组织部招待所。因为时间很紧迫，我对这个问题事先又没有研究，所以从准备资料到写成文章整整写了一个月。文章的题目叫《彻底批判封建道德》。……一共写了有三万字。

该文又见《春草集》。

写毕《彻底批判封建道德》一文后不久，奉林默涵先生指示，先生重写了一篇八千字的文章，题目为《不应当把糟粕当精华》，以作戏曲工作会议讨论之用。此文发表于9月14日《光明日报》上。

《瓜饭集·怀念默涵》：

《彻底批判封建道德》交给默涵同志后，过了几天，默涵就找我，说文章已看过了，文章写得很深入，说理很清楚，但太学术气，而且也太长。他说叫全国的戏曲演员如何能读懂。我被他一语提醒，才恍然大悟，自己只是从学术上和理论上考虑问题，根本没有考虑给谁看的问题。默涵说：你是文章快手，给你三天时间，重写一篇，要尽量通俗化，不能超过八千字，因为文章要交《光明日报》发表，报纸一整版就是八千字，所以最长也只能八千字。因为离开会的时间已经很紧了，我只好再回到翠明庄，大约用了三天时间写了一篇八千字的文章，题目叫《不应当把糟粕当精华》。默涵同志看后，表示满意，就发表在1963年9月14日的《光明日报》上，并与希凡同志写的鬼戏问题的文章一同作为即将召开的戏曲会议的文件发给与会者讨论。

从 8 月 17 日起三个月，"曹雪芹逝世二百周年纪念展"在故宫博物院文华殿举办，展品有上千件之多。此期间内，先生怀着极浓厚兴趣前往参观，尤其对隔着玻璃柜子看到的一部抄本《五庆堂辽东曹氏宗谱》留有深刻印象。

《曹雪芹家世新考·自序》：

> 大家知道，"文化大革命"前，在北京展出了一部《五庆堂曹氏宗谱》。这部《曹氏宗谱》在展出时，我曾隔着玻璃柜子看见过。

按，"曹雪芹逝世二百周年纪念展"展出时间见《红楼梦大辞典》。

《历代文选》下册于本年 8 月由中国青年出版社出版。

应《新建设》之约，10 月 12 日改定《彻底批判封建道德》一文，不久全文发表于该杂志本年第 11 期。

《瓜饭集·怀念默涵》：

> 我原先写的那篇三万字的长文，恰好遇到《新建设》杂志来约稿，我就交给了《新建设》。《新建设》拿去后就立即全文发表。

10 月顷，先生参加中宣部写作组，住进颐和园"云松巢"。自此，与林默涵、张光年、李希凡、谢永旺①、李曙光、陈默等朝夕相处近一年，共同写作批判苏联文艺路线的文章。

《瓜饭集·怀念默涵》：

> 第二件事是默涵同志调我参加中宣部的写作组，写批判苏联文艺路线的文章。上文已经提到，写作组是住在颐和园的"云松巢"。那是作协的休养所。……那时调去的人都住在颐和园，默涵、光年同志也一样

---

① 李希凡（1927—），祖籍浙江绍兴，生于北京，著名红学家。曾任《人民日报》文艺部常务副主任、中国艺术研究院常务副院长、中国红学会副会长等职。谢永旺（1933—），河北三河人。曾任中国作家协会党组成员、创作研究室主任、文艺报主编等职。

（只有水拍①同志没有来住），所以我们朝夕相处大约有将近一年的时间，我们的任务是批判苏联的电影，所以经常要进城去看内部播出的苏联影片，同时也看苏联文艺方面的资料，我们是在一个总题目下分头各写一部分，然后再由光年、默涵同志综合成一篇完整的文章。每到饭后或晚饭后，我们总要坐在一起聊天，聊天的内容非常自由随便，既谈写作的问题，也谈文艺界其他方面的问题。默涵和光年没有一点点架子，有时晚饭后，还一起到颐和园后山山冈上去散步，边走边聊。有时就到昆明湖边或长廊里散步聊天。这样相处一年的过程，相互之间，增加了不少了解。

在写作组，蒙林默涵先生告知，毛泽东主席读到《彻底批判封建道德》一文，非常称赞。当时中央正在写作"六评"（《两种根本对立的和平共处政策》），毛泽东主席认为可以按照该文分析问题的方法去说明同一个"和平共处政策"，马克思主义者与修正主义者的内涵的不同。

《瓜饭集·怀念默涵》：

> 《新建设》拿去后就立即全文发表，我已经觉得很意外了，没有想到还有更意外的事，这篇文章竟让毛主席看到了，并且作了重要的讲话。那时，我已由中宣部借调去参加批判苏联文艺路线的写作组，住在颐和园作协休养所，领导是林默涵和张光年，一起参加写作的有袁水拍、李希凡、谢永旺、李曙光、陈默等人。水拍同志因为事忙，只来了几次。一个星期一的早上，我刚到写作组，谢永旺就对我说，告诉你一个好消息，你的文章得到了毛主席的赞扬。他说一会儿默涵同志来，你就知道了。不一会儿，默涵同志到了，果然叫我到他办公室去，坐下来后就告诉我，康生到主席那里去商量写"六评"（《两种不同的和平共处政策》）的事，主席问康生，你看过冯其庸批判封建道德的文章没有？康生说没有看到。主席就说你去找这篇文章看看，这篇文章写得有材料，有观点，有分析，有说服力。文章说，同一个题目，不同立场不同

---

① 袁水拍（1916—1982），江苏吴县人，诗人。肄业于沪江大学，曾任上海《新民报》《大公报》编辑，1949年后历任《人民日报》编辑、文艺部主任、中宣部文艺处处长、文化部副部长等职。

阶级的人就有不同的内涵,比如"忠",大宋皇帝要求别人忠于他,忠于大宋皇朝,但水泊梁山的好汉却要求忠于梁山起义团体而反对大宋皇朝,所以,同一个"忠"字,就有两种对立的内涵。主席说,可以按照这个方法,来说明同一个"和平共处"政策,马克思主义者与修正主义者的内涵是不同的。

11月,《〈野猪林〉——戏曲片的新成就》一文在本年第11期《大众电影》上发表。见《春草集》。

12月,《关于文学遗产的批判继承问题》一文在本年第12期《新建设》上发表。见《逝川集》。

大约本年,吴晗先生主编《语文小丛书》,聘请先生担任编委。

1964年　甲辰　41岁

[时事]　6月5日至7月31日,全国京剧现代戏观摩演出大会在北京举行,毛泽东观看了《智取威虎山》、《芦荡火种》等戏。6月27日,毛泽东在《中央宣传部关于全国文联和所属协会整风情况报告》的草稿上批示:"这些协会和他们所掌握的刊物的大多数(据说有少数几个好的),十五年来,基本上(不是一切人)不执行党的政策,做官当老爷,不去接近工农兵,不去反映社会主义的革命和建设。最近几年,竟然跌到了修正主义的边缘。……"各报刊上相继发表文章,批判《北国江南》《早春二月》《林家铺子》《舞台姐妹》等等电影和《三家巷》《苦斗》《还魂草》等等小说,同时批判了"写中间人物论"和周谷城的"时代精神汇合论"。12月15日至28日,中共中央政治局召开全国工作会议,主要讨论农村社会主义教育运动问题,通过"23条",提出了"这次运动的重点,是整党内那些走资本主义道路的当权派"。

1月30日,写毕《解剖一部封建道德教科书——〈伍伦全备忠孝记〉——驳封建道德可以批判继承论》初稿。见《春草集》。

初夏前,一直在中宣部写作组。

《瓜饭集·怀念默涵》:

大约到1964年的4月，由光年署名的那篇大文章写出来了，但由于当时国际斗争的形势发展很快（中共中央的"九评"已发表到第八评，第九评于同年7月14日发表，10月赫鲁晓夫垮台），已不适宜用文艺批评的方式了，随着中宣部其他工作也紧张起来，所以到这年初夏，小组就停止了，但这一年左右与默涵、光年和其他几位同志的相聚，可说是我平生最难忘的事。

4月，先生《中国古代散文的发展——先秦到南北朝时期》一书作为《语文小丛书》之一种由北京出版社出版。

同月，动笔撰写《戏曲表现现代生活的几个问题》一文，5月10日写毕。文中明确说明现代剧、新编历史剧和传统剧三者不能偏废，表示了对戏剧只能"写十三年"的反对。

《春草集·序》：

> 正在一九六四年京剧现代戏会演的前些时候，我写了一篇《戏曲表现现代生活的几个问题》的文章。在此之前，正是华东会演的时候，有人提出了所谓戏剧只能写十三年（即从全国解放到一九六二年）的问题，认为只有写十三年才能出社会主义之新，其他一切如反映民主革命时期我党领导的革命斗争的戏，用马列主义、毛泽东思想新编的历史剧等等，都不能出社会主义之新。……我在《戏曲表现现代生活的几个问题》一文中明确说明反映我党领导的民主革命时历史的戏和用马列主义观点新编的历史剧都是可以出社会主义之新的，并且我还指出除此之外，传统剧目也要予以整理，这三者都不能偏废，而应以反映社会主义建设的生活和斗争为主要方面。我当时坚持这三点，目的就是为了表示我对这个戏剧只能写十三年、演十三年的口号的反对。

此顷，观看了赵燕侠①主演的《芦荡火种》，并多次观看阿甲导演的

---

① 赵燕侠（1928—），河北武清人，著名京剧旦角演员。曾任北京京剧团副团长、北京京剧院一团团长和艺术委员会主任。

《红灯记》的彩排。5月，写毕《京剧表现现代生活的新成就——看北京京剧团演出的〈芦荡火种〉》一文，发表于6月6日《文汇报》。

《春草集·序》：

> 收在这个集子里的那篇评《芦荡火种》的文章，是一九六四年五月写的，后来这个戏改名为《沙家浜》。……这个戏由北京京剧团的赵燕侠等同志于一九六三年十一月开始排起，到一九六四年三月排成并开始上演。在排演过程中，赵燕侠同志为创造这个角色，是下了很大功夫的，而且早在一九六三年底和一九六四年初，这个形象就已经成功地在舞台上树立起来了，直到后来也仍旧是这个阿庆嫂的路子。但是"文化大革命"一来，赵燕侠同志却被打成了"反革命"，戏也被公然掠夺去作为江青的功劳。与此同时，我还多次看了阿甲同志导演的《红灯记》的排演，李玉和这个角色一开始就是李少春同志创造出来的，我并且还多次在少春同志家里碰到他给钱浩亮说戏，但是转眼之间，阿甲同志也被打成了"反革命"，李玉和这个角色则成了钱浩亮的"唱而优则仕"的资本，而在戏剧界难得的文武全才的杰出演员李少春同志则被投闲置散，并加以种种迫害，最后终于与世长辞了。这是多么令人愤慨而又痛惜的事啊！

9月20日，《光明日报·文学遗产》第479期发表先生《关于古典文学研究中的阶级分析》一文。见《逝川集》。

27日，《光明日报》发表先生《论古代岳飞剧中的爱国主义思想及其对投降派的批判》一文。此日，先生开始作《精忠旗》笺证。见《春草集》。

10月中旬，先生到陕西长安县王曲地区参加"四清"，任工作队副队长。

先生参加"四清"的时间系据中国人民大学一些老师的回忆。

11月，先生与周红兴①在王曲地区北堡寨附近一土坑内发现一些陶片和石器，先生初步判断此属于新石器时代文化遗存。

《考古》1981年第1期冯其庸、周红兴《陕西长安县王曲地区新石器时

---

① 周红兴（1936—），辽宁沈阳人。中国人民大学文艺理论专业教授，曾任北京人文函授大学校长。

代遗址调查》：

1964年11月至1965年5月，我们在长安县王曲公社北堡寨村东的一个土坑内，发现了一些陶片和石器。

《冯其庸口述》（未刊）：

在北堡寨突然发现许多陶片，周红兴从老百姓那里找到不少。有一次他告诉我发现很多，不知有没有价值，拿几片给我看，我虽然不研究，但对早期文化特别注意。原来教文学史时有一个想法，想弄明白中国文学共同的民族性是怎么形成的，这就必须从文化的开头进行调查比较，所以一直注意新石器时代的文化，很多遗址陆续去调查，西安有仰韶文化博物馆，我专门去参观了。周红兴拿来陶片，我一看，就说这是五六千年以前的东西。他说，还有很多呢，都在地里，带我去看，果然有很多陶片。

同月，《岳飞剧的时代精神》一文在《光明日报·文学遗产》第487期上发表。又见《春草集》。

本年12月7日，谢无量卒，年81岁。

1965年　乙巳　42岁

[时事]　1月3日，第三次人民代表大会首次会议闭幕。大会选举刘少奇为中华人民共和国主席，宋庆龄、董必武为副主席，朱德为人大常委会委员长，根据刘少奇提名，会议决定周恩来为国务院总理。11月10日，《文汇报》发表姚文元的文章《评新编历史剧〈海瑞罢官〉》，揭开了"文化大革命"的序幕。

本年冬，山西侯马出土一批写有古文字的石片、玉片，后经考古学者张颔研究整理，诞生了一部考古学与古文字学的巨著：《侯马盟书》。

春节前后，利用休假登上终南山送灯台，遥望见渭北高原、汉家陵墓。

此后，工作之余还考察了玄奘法师灵骨塔和窥基、圆测灵骨塔、杜甫祠堂、香积寺等；还曾到西安，参观了唐大明宫遗址、汉未央宫遗址、秦阿房宫遗址等；到户县参观了鸠摩罗什当年译经的草堂寺，观看了寺内的鸠摩罗什舍利塔和圭峰碑；还攀登上华山峰顶；自谓"四清"中，意外地做了一次实地调查。

《冯其庸口述》（未刊）：

  春节期间，休假几天。我一直渴望看看山景，第一次没敢直接上终南山，到了山下的一个小山：送灯台，几百米高。渭北平原、汉家陵墓都能看到了。渭北高原上面土色都是发红的，所以刘禹锡诗云："紫陌红尘拂面来"。不到西北去，就不懂什么叫"紫陌红尘"，太阳光底下，红土都发紫了，吹起来的灰尘也是红糊糊的。后来又约好上终南山，我那时身体一直不太好，但游山兴致非常高，就兴致勃勃和大家一起上山。好几个人走了一半，怕苦，不肯上了。我一直往上走，走到峰顶。印象最深的是往南面看，秦岭像屏风一样，层层叠叠，颜色像碧蓝碧蓝的宝石一样，太漂亮了。我流连很久，要画画就可以用这种颜色，对我画画有很大作用。……这次"四清"除了执行当时领导安排的任务以外，借此机会做了很多调查。一个到了王曲埋葬玄奘法师灵骨的塔，窥基、圆测的塔也在一起。一个看了终南山下的杜甫祠堂。还有香积寺，在附近神禾塬上，假日里专门去了一次，一直在塬上走，"不知香积寺，数里入云峰"。心想，写得太夸张了，因为周围全是高塬，没有什么高峰。只读诗，以为寺在深山里。但是想想，周围高塬，远处看，还是很高很高，从这个角度看，还是有道理的。……在陕西有时间也到西安去，像唐大明宫遗址就调查了，还调查了汉代未央宫遗址，捡了一块汉砖。阿房宫遗址也找到了，墙至少还有这么高，还有一很高大石刻，石人。草堂寺在户县，鸠摩罗什舍利塔在寺内，还有好多早期碑刻，其中有一碑刻着一张图，是草堂寺一代代长老的谱系图，里边有唐代大诗人的名字，也就是说他们是信佛的。寺长老请我吃斋，我写了诗送他，聊了有半天时间。……还上了华山，直达峰顶，当夜住北峰，第二天过苍龙岭，上中峰、玉女峰，然后到南峰、东峰、西峰……陕西"四清"，意外的，又做了一次实地调查，没用很多时间，但还是有收获。

此顷，作《三秋》诗："三秋未获故人书，春到滆河忆旧居。细雨槐香当日梦，满庭月色尚如初。"

按，诗见《瓜饭楼诗词草》。

4月，先生与周红兴一起对北堡寨、南堡寨、藏驾庄一带又进行了一次调查和采集，获得了数百片陶片和近二十件完整的或复原的陶器，以及多种石器、骨器与蚌器，据此判断，北堡寨主要是仰韶文化遗物，南堡寨的遗存大体属于龙山文化，藏驾庄则为周代文化遗址。后来回到北京后，苏秉琦[①]先生专门到先生家中观看先生采集的标本，之后郭沫若院长也看了部分器物，都做了肯定。按，详细情况可见《考古》1981年第1期冯其庸与周红兴所撰《陕西长安县王曲地区新石器时代遗址调查》。

5月末，"四清"运动结束。在总结会上，先生受到表扬，地方干部和当地老白姓都对先生十分爱敬。总结会后，先生回到北京。

按：根据一些参加过"四清"的人老师的回忆。

9月，先生的《人民战争的颂歌——看电影〈节振国〉》一文发表于本年第9期《文艺报》。见《春草集》。

10月16日，写毕《读元剧〈东窗事犯〉》一文。见《春草集》。

24日，《光明日报》发表先生《元明戏剧史上的阶级斗争》一文。继续《精忠旗》笺证工作。见《春草集》。

26日，《光明日报》发表先生《粒粒皆珍珠——看中南区来京汇报演出随记》一文。见《春草集》。

11月5日，《人民日报》发表先生《大庆精神的赞歌——话剧〈石油凯歌〉观后》一文。

12月10日，改定《解剖一部封建道德教科书——〈伍伦全备忠孝记〉——驳封建道德可以批判继承论》一文。见《春草集》。

年末，先生还清了母亲当年所借全部高利贷。

《瓜饭集·我的母亲》：

[①] 苏秉琦（1909—1997），河北高阳人，考古学家。曾任北平研究院史学研究所副研究员，新中国成立后历任中国科学院考古研究所研究员，北京大学教授、考古教研室主任，中国考古学会第一、二届副理事长。

到 1965 年末，我终于把母亲的全部高利贷债还清了，为此，她老人家高兴地特地让大嫂给我来了封信，说她从此心里舒坦了，再也没有什么牵挂了！

本年，政治气氛越来越沉重压抑，先生曾感赋一诗："一枝一叶自千秋，风雨纵横入小楼。会与高人期物外，五千年事上心头。"见《墨缘集·学书自叙》。

褚健秋卒，年 74 岁。

1966 年　丙午　43 岁

[时事]　2 月 7 日，以彭真为组长的文化革命五人小组向中共中央提出《关于当前学术讨论的汇报提纲》（简称《二月提纲》）。《提纲》试图对学术讨论中"左"的偏向加以适当的限制，并指出："讨论要坚持实事求是，在真理面前人人平等的原则，要以理服人，不要象学阀一样武断和以势压人。" 3 月 28 日至 30 日，毛泽东发表谈话，说北京市针插不进，水泼不进，要解散市委；中宣部是"阎王殿"，要"打倒阎王，解放小鬼"。4 月 11 日，中共中央批准了《林彪同志委托江青同志召开的部队文艺工作座谈会纪要》。5 月 16 日，中央政治局扩大会议通过毛泽东主持制定的中共中央通知（简称"五·一六通知"），标志着"文化大革命"开始。6 月 1 日，《人民日报》发表社论，号召群众起来"横扫一切牛鬼蛇神"。同日，康生授意北京大学聂元梓等人写的诬陷、攻击北京大学党委和北京市委的一张大字报，经毛泽东批准，向全国广播。4 日，《人民日报》公布中共中央关于改组北京市委的决定。新成立的北京市委决定，改组北京大学党委，派工作组领导"文化大革命"。8 月 5 日，毛泽东写了《炮打司令部——我的一张大字报》，指责自 6 月上旬派工作组以来的"50 多天里，从中央到地方的某些领导同志……站在反动资产阶级立场，实行资产阶级专政，将无产阶级轰轰烈烈的文化大革命运动打下去"。从 8 月份开始，红卫兵运动遍及全国，掀起"破四旧"和抄家之风。著名作家老舍、叶以群，著名翻译家傅雷，著名京剧表演艺术家马连良等被迫害致死。

大约2月、3月间，参加北京市委组织的文化界和学术界的座谈会，讨论姚文元批判《海瑞罢官》的文章。先生认为姚的文章牵强附会，说不通。

《冯其庸口述》（未刊）：

> 批判《海瑞罢官》的文章刚出来，一般学术界仍从学术上看问题，对姚文元的文章不服气，觉得牵强附会，说不通。彭真召集了文化界、学术界的会，中国人民大学我、戴逸都参加了，戚本禹也参加了。当时类似讨论多了。我和其他同志基本都是否定姚的文章，不同意其观点，印象很深。

4月、5月间，中国人民大学校党委通知先生调往"中央文革小组"工作，先生考虑再三，未去报到。5月下旬，随郭影秋①校长到北京新市委，担任《北京日报》社论的写作。6月初，奉命撰写了新市委成立后《北京日报》第一篇社论《热烈欢呼中央的英明决定》。

《剪烛集·风雨艰难共此时》：

> 在1966年4月或5月，我忽然接到校党委的决定通知，通知我"中央文革"要调我去，经校党委讨论，一致同意并作了决定，通知我去"中央文革"报到。这个决定是由副校长孙泱亲自到我住处告诉我的，还带来了报到的介绍信。孙校长原任朱总司令的秘书，到人大后我与他有过多次接触，印象极好，为人极平和，所以他传达完党委的决定后又嘱咐我尽快去报到，说这场"文化大革命"谁也不清楚，心里没有底，你到"中央文革"后，至少可以多了解一些情况，免得跟不上形势。孙校长走后，我心里一直不平静，我心想我根本不明白什么叫"文化大革命"，怎么能去工作呢？但又是党委的决定，郭校长是书记，我当然是信任的，包括孙校长，也绝无别的意思，只是为了学校不至于在这场大运动中跟不上形势。我考虑再三，一直不敢去报到，拖了两个来

---

① 郭影秋（1909—1985），江苏铜山人。曾就读于无锡国专，抗日中投笔从戎，曾任湖西军分区司令员。新中国成立后历任云南省省长兼党委书记、南京大学校长兼党委书记、中国人民大学党委书记兼副校长等职。

月，这时以彭真同志为首的北京市委被撤销了，中央重新任命了新市委，郭校长任市委文教书记。很快郭校长就找我去，问我愿不愿到北京市委去，他任文教书记，让我去担任《北京日报》社论的写作。另外，也问到我想不想去"中央文革"。我向他说了实话，我说我心里没有底，不想去"中央文革"，还是跟您一起去市委吧，我可以心里踏实一些。他听了很高兴，这样就决定跟他一起去北京市委。去北京市委给我的第一个任务是写新市委的第一篇《北京日报》社论。这时郭校长给的任务，社论组一共三个人，各写一篇，内容由自己斟酌，总的意思是向党中央表明新市委的立场和态度，我写的一篇题为《热烈欢呼中央的英明决定》（大意），交上去后，与其他两篇送上面审定，很快，到夜里十二点左右，就来电话，要我速到报社看校样，说最后选定的是我写的一篇，并说了一些称赞的话。我立即就到报社，校对完到家已经深夜一点多了。第二天一早报纸就出来了，我也看了这篇赫然在目的社论，自己也很高兴，总算没有辜负郭校长的信任。郭校长见到我也很高兴，说审稿会上都称赞这篇社论的思想好，文笔好。

大约6月中旬，先生回到学校，学校已乱。先生被打成"三家村"中人物、中宣部"阎王殿"中人物和反动学术权威，遭到批斗。先生把所有发表过的文章目录抄成大字报，公之于众，以示对强加于自己的莫须有的罪名的抗议。

《剪烛集·风雨艰难共此时》：

> 但不想过了一个多星期（指先生所写的那篇《北京日报》社论发表之后一个多星期），形势就大变了。据说当时江青等人看了这篇社论，还有新市委上任后的一些举措，大为不满，说新市委是右的（具体罪名一直未弄清），立即就把新市委又打倒了。我很快就回到人大，一回到校里就是疾风暴雨的批斗。

新市委成立后即向大学派遣工作组，此举遭到毛泽东批评，江青说新市委是右的，好像主要指此事而言。但新市委是到第二年（即1967年）1月才被撤销，没有马上就被打倒，先生此处记忆有误。

《冯其庸口述》（未刊）：

"文革"已经处在高潮了，我觉得再在外面写东西，已经很不好处了，不知学校里怎么样了。听说学校里已经批判这人那人，我估计自己一定会受批判的，因为系里我的影响最大，所以我跟郭影秋校长讲我先回学校吧，离开运动太远了也不好。郭校长同意了。回去后很快作为批判对象了。那时不讲什么道理，所有文章都是大毒草。……我不贴别人大字报，因为太不正常了，我把自己文章目录公布了。

正当先生年富力强、写作力旺盛的时候，"文化大革命"爆发了，先生开始被打成吴晗"三家村"的人物，之后又升级为所谓中宣部"阎王殿"的人物。

《墨缘集·学书自叙》：

果然到1966年"文革"的风暴来临了，我被彻底批判打倒，但我并没有失去信心，他们批判我，说我的文章全是大毒草，我在心底里写了一首诗："千古文章定有知，乌台今日已无诗。何妨海角天涯去，看尽惊涛起落时。"

8月某日，郭影秋校长被造反派从市委揪回批斗，先生陪斗。

《剪烛集·风雨艰难共此时》：

我很快就回到人大，一回到校里就是疾风暴雨的批斗。而没有几天，郭校长也被造反派弄回来了，那是一个恐怖的深夜，我已经被禁闭在西郊系里，只听广场上的高音喇叭大声呼叫，批斗郭校长，很快我也被押到了广场。

按，据许多老教师回忆，郭影秋校长第一次被造反派揪回学校批斗是在1966年8月。

秋天某日，先生被批斗时，正值大雨滂沱，全身湿透，因念及全国被批斗者何可以数计，乃心谓曰："此天哭也"，默念"卫律之罪，上通于天"八字。而此日曾收到友人严古津来信，问候平安，先生感慨万端，遂默吟一诗：

"泼天狂雨道穷时。感子殷勤读子辞。岂有文章惊海内,漫因孔子似阳斯。东风已换人间世,五岳同歌语录词。寄意故人莫相忆,尧天舜日共光辉。"

《秋风集·记梁溪诗人严古津》:

"文革"初,古津念余之极,因来书问询,意谓余当无事也,岂知此时余早已被监禁批斗,罪名是所发文章皆"大毒草"。古津书来之时,正批斗余之日,时大雨滂沱,余顾念全国当时被批斗者,何可以数计,乃心谓曰,此天哭也。读古津书,不禁感慨万端,因默吟一诗。

全诗见《剪烛集·童稚情亲四十春》。
《秋风集·大块假我以文章》:

我第一次受大会的批斗是六六年的秋天,那天是倾盆大雨,我的衣服尽湿。我没有回答任何问题,听着那些声嘶力竭的批判发问,心里只觉得可悲、可痛。我知道那一天全国有不知多少知识分子在遭殃,中国的历史竟会逆转到如此程度,这是谁也想不到的。我心里认为这场滂沱大雨是天在哭,老天爷在为人民的大劫大难痛哭!我当时心想,有些人的名字,是永远也无法与这场置国家、人民于千古奇灾的暴行分开来了。我一直默默地念着"卫律之罪,上通于天"这八个字。这是它自动地从我的记忆里跳出来的。我认为即使倾长江之水,也无法洗清这场暴行对我们国家、民族、人民、历史所犯下的滔天罪孽。这真正是"史无前例"的,人民和历史将永远永远地记住这场空前的浩劫!

此顷,接到母亲去世的电报,却不被获准回家奔丧。
《瓜饭集·我的母亲》:

1966年的秋天,一个大雨滂沱的日子,红卫兵正在声嘶力竭地批判我的时候,却飞来了我母亲去世的电报,我几乎为此晕倒。我向红卫兵请假奔丧,他们是铁石心肠,断然拒绝了我的请求,只准我发电报回去,而且还要经审查!

秋末某风雨之夕，见到严古津寄来的怀念友人之作，先生写下一首诗以寄相思："漫天风雨读楚辞，正是众芳摇落时。晚节莫嫌黄菊瘦，天南尚有故人思。"

《秋风集·陈从周〈园林谈丛〉序》：

"文化大革命"中，我们各自天南地北失去了联系，而古津在无锡也不知道我们的信息，古津写诗忆从周，后来把诗寄给了我：伐木丁丁鸟自呼，湘兰楚竹画相娱。别来几见月当头，望断长天雁字无？因为从周不但是古建专家，而且是书画家，所以古津诗里第二句及之。我看到这首诗的时候，正是一九六六年秋末的一个风雨之夕，当时感触很多，随手写了一首怀念从周和古津的诗。

此顷，经常默念着老子所说"飘风不终朝，骤雨不终日"，坚信这场社会动乱终将会过去，也经常默念着司马迁所说"死有重于泰山，有轻于鸿毛"，坚定生活下去的决心。先生大书文天祥《正气歌》："天地有正气，杂然赋流形。下则为河岳，上则为日星。于人曰浩然，沛乎塞苍冥。"把它挂在书房的南壁上，用以抵制"四人帮"的邪气。当同乡好友自绝的消息传来时，痛苦地写下一首悼诗："哭君归去太匆匆，未必阮郎已路穷。绝世聪明千载恨，泰山一掷等轻鸿。"

《冯其庸口述》（未刊）：

我脑子里一直想着：这场运动早晚会过去，事实还会回到原来状态，社会不能总这样混乱，心里总念叨着老子的两句话："飘风不终朝，骤雨不终日"，对未来很有信心。

《落叶集·怀念朱东润老师》：

想不到二十年后的"文化大革命"中，这句话（指"死有重于泰山，有轻于鸿毛"）竟成为我可以挡"横逆之来"的精神力量。当我听到老舍先生自沉、陈笑雨同志上吊等等惊心动魄的消息的时候，我常默念这句话，从中得到了激励。有一次，突然听到了一位好友自绝的消息以后，我痛苦地写了一首悼念他的诗。这首诗，既痛这位朋友的死，又责备他不能如司马迁那样明生死，定去留。

12月12日，吴玉章卒，年88岁。

1967年　丁未　44岁

[时事]　2月，各地纷纷实行"夺权"，成立革命委员会。4月1日，《人民日报》转载《红旗》第5期戚本禹文章，开始批判刘少奇。全国掀起批判"中国的赫鲁晓夫""头号野心家""党内头号走资本主义道路的当权派""文艺黑线总后台"的大批判浪潮。戏剧舞台上只剩下八个"样板戏"。

上年，先生家被抄，《红楼梦》被抄走，当作黄色书展览，先生备感气愤。本年虽仍遭批斗，但改为以惩罚性"劳动"为主，监管稍松弛，于是悄悄借来影印庚辰本《石头记》，自12月3日起，每天夜深人静之时，完全依照原书款式，用朱墨两色抄写。见《论红楼梦思想·梦后的记忆》。

1968年　戊申　45岁

[时事]　10月13日至31日，中共八届十二中全会在北京召开，会议作出了把刘少奇"永远开除出党，撤销其党内外一切职务"的决定。

3月19日下午，先生抄迄庚辰本《石头记》上册，共四十回，先生写下一段题记："自一九六七年十二月三日起，至六八年三月十九日下午，抄迄上册，共四十回。用曹素功千秋光旧墨，吴兴善琏胡纯紫毫笔。"按，见《论红楼梦思想·梦后的记忆》。先生所借的是庚辰本影印本，精装上、下两册。

6月12日凌晨，抄毕庚辰本《石头记》，题一绝："红楼抄罢雨丝丝，正是春归花落时。千古文章多血泪，伤心最此断肠词。"

按，诗见《论红楼梦思想·梦后的记忆》。

翦伯赞卒。田汉卒。

1969 年 己酉 46 岁

[时事] 4月1日至24日，中国共产党第九次到表大会在北京召开。10月26日，中共中央发出《关于高等院校下放问题的通知》。此后，中央所属高等院校，全部下放地方管理，部分高等院校被撤销或合并。11月12日，中共中央副主席、中华人民共和国主席刘少奇被迫害含冤去世，终年七十一岁。

先生仍在监管下"劳动"。大约10月下旬，随全系师生到河北苏家坨农村劳动，劳动之余，仍常遭批判。

《冯其庸口述》（未刊）：

> 林彪第一号令下来，我们都到河北某地乡下，在乡下也不断批判，罪名很多，振振有词，当作日常工作。

按，查有关资料，林彪第一号令下达的时间是本年10月18日，其内容之一是下放知识分子和疏散文教单位。

吴晗卒。白蕉卒。

1970 年 庚戌 47 岁

[时事] 8月23日至9月6日，中共九届二中全会在庐山召开。

3月1日晚，乘车赴江西余江"五七干校"。

3日晚，抵南昌，翌日即参加挖南昌八一湖湖泥的劳动。

7日，趁休息参观赣江大桥，并寻访滕王阁。

12日，大雨中抵干校，落户于余江县刘家站李下基村。先生被编入第三连第二排第五班。此顷，曾赋诗一首："三月一日，余自京来江西干校，行前京中严寒，大雪盈尺，四望皆白。车过长江，则见荞麦青青，春在溪头矣。车入江西，更见碧桃含苞，垂柳摇金，已是春满溪山，喜而赋此。半世浮名误此身，今朝解羁踏征尘。冰天雪地方经过（来时京中方严寒大雪），桃李春风满眼新。白发偷闲初上鬓（余年来始见白发数茎），丹心百炼见真醇。问君南下意何似？誓作江西社里人。"

4月至8月，除政治学习外，几乎每天劳动，开荒平地，培育薯秧，抢插水稻，学习打石头，生活甚紧张，有时备感劳累，并且曾几次患病。然只要得暇，便喜作游览，曾利用休息日，往游贵溪等地，并有纪行之作数首，如《雨中过渡头吴家》："蒙蒙烟雨水平沙，处处山村绿交加。何处春光浓于酒？溪边花好是吴家。"再如《即事》："春到山村事事忙，点豆种菜又莳秧。夜深忽报风雷急，防水护田上土冈。"还有一首是初到贵溪所作："山城初到雨蒙蒙，一水西流竹径通。满眼风光何所见，群峰乱插碧波中。"

9月5日，返京探亲，6日至杭州，居停二日，游览了灵隐寺、西湖、虎跑泉、六和塔、石屋三洞诸名胜，对许多古代遗迹被毁甚感惋惜。

8日至无锡，之后三日，重游已经阔别八九年的太湖、惠山，并见到久别的巫君玉大夫，后先生曾写诗相赠："蓟门风雨与君同，湖海十年西复东。谣诼曾挥旧交泪，短笺每忆故人风。堂堂应向天涯在，落落何妨一壶中。细雨布帆彭泽路，五湖烟水恰相逢。"

《剪烛集·吟诗观月当头》：

1971年我探亲回北京，路过无锡，先在无锡停留几天。当我已买好回京车票，午饭后就要上车的时候，忽然听到邻居说，东圩来了一位名医，是北京来的，诊脉好得不得了。这三句话，顿时使我想到，这必定是他。我就问，你知道这位医生的名字吗？她说不知道，只晓得姓"巫"！这一下我高兴得跳了起来，连忙叫亲戚去退火车票，这顿饭也没有心思吃了，立刻就请亲戚陪同我去无锡郊区东圩。

经过不少周折，大概我们是下午二时多到东圩的，找到了医院，我就直接问传达室巫大夫的诊室，然后直奔目标。到了诊室门口，只见长长的候诊队伍，君玉正背向着我仔细地给病人诊脉。我好像突然得到了什么似的，反而放心了，不忙去惊动他。我耐心地等他看完了一个病人后，就轻轻走进去拍拍他的背，他毫不经意地回头一看，却忽然看到是我，真正是"乍见翻疑梦"，他一时竟说不出话来。停了一会儿，他方才说，我要看完这许多病号，请你先到家里坐一会儿吧。于是他立即把我引到家里，又匆匆赶回诊室。到傍晚的时候，他才下班回来。前后五年的睽违反而一时不知从何说起。他留我吃了晚饭，才匆匆让我赶回城里。回到北京，我写了一首赠他的诗（诗略）。此诗平仄多有未谐，只是记一时兴感而已。

此顷，又曾作《梁溪访旧友汪海若不遇》诗："不见故人又十秋，重来空对旧茶楼。夕阳萧寺人漠漠，细雨龙山客悠悠。天地已廻春极目，关河无际莫搔头。凭君试向昆仑望，满眼红旗是九州。"

按：诗《瓜饭楼诗词草》。

12日经泰安，登泰山，一路寻幽览胜，尤留意于石刻碑刻，如金刚经刻石、唐玄宗摩崖碑、传为秦始皇的无字碑等。翌日晨观日出。当日午抵达济南，游大明湖、趵突泉。

14日，回到北京。

10月7日，离家折返江西。经南京、芜湖，绕道至黄山。从汤口入山，在山上二日，饱览天都峰、莲花峰、鳌鱼峰、始信峰等，深为黄山胜景所陶醉。

15日，返回干校，继续劳动和参加政治学习。此顷，曾作《余江答严古津并示乙苍侄》："几叠云山相望中，一轮明月与君同。西风萧瑟欺头白，南菊飘零忆酒红。残房百年皆北去，衣冠万国尽朝东。关河四海俱飚发，好与长天作劲松。"

按，诗见《瓜饭楼诗词草》。

12月，全干校开展批判"5·16"分子运动。在此期间，先生多次便血，心情恶劣。

1971年　辛亥　48岁

[时事]　9月13日，中共中央副主席林彪叛国投敌，因飞机坠毁而死于蒙古境内的温都尔汗。国庆节后，全国开展批林整风运动。10月，第二十六届联合国大会以多数票通过恢复中华人民共和国在联合国一切合法权利的提案。11月15日，我国代表出席联合国大会第二十六届全体会议。

本年在陕西乾陵章怀太子墓发现大面积唐代壁画。

1月9日，从李下基搬家到茶厂。

25日开始放春节假，24日晚，即与丁浦、彭明等从鹰潭乘火车前往桂林，25日晚5时抵达。

26日，一早乘汽车去阳朔，下午2点坐木船由阳朔返桂林，沿漓江逆水而上，船行缓慢，两岸美景让人目不暇接，先生不时发出"美极""绝佳"之叹。船工示以水道图，先生将沿途所经险滩和山峰一一抄记。上岸后，冒雨上七星岩和芦笛岩，记录了一些题记和诗。

28日上午抵达桂林，下午即去广西师院看望无锡国专的老师冯振心先生，二十多年未见，老师欣喜之至，畅谈至晚，依依而别。

29日晨，抵长沙，前往船山学社、清水塘毛泽东湖南区委旧址、湖南第一师范等处参观，然后上岳麓山，至爱晚亭，寻至麓山寺，寺已将废，尤感遗憾的是李北海的碑文不知去向。

30日，赴韶山参观毛泽东故居。

31日晨返回鹰潭，天黑以后回到连队。

2月3日以后，依旧参加运动与劳动。

5月15日大休，下午即从鹰潭出发，晚上到浙江金华。翌日上午赴新安江、梅城，梅城即旧建德，亦即古严州。

17日晨，乘船去杭州，过严子陵钓台、乌龙山、七里泷，两岸大山夹峙，江流曲折，风景秀丽，过七里泷后山水尤美，先生以为正如《与宋元思书》所写者。当晚到达杭州。

18日，至灵隐寺游览。当晚返赣，次日回到连里。

本月，曾作《余江干校即事》诗："三年从事到江西，手植新桐与屋齐。门外青山对图画，屋前流水入梅溪。西崦日落锦为幔，东谷云生玉作蜺。最是村南行不足，红樱花映白沙堤。"（诗见《瓜饭楼诗词草》）。

7月1日，获假回京探亲。2日至庐山，步行四五个小时，始达山顶，当天游仙人洞、花径，住牯岭。第二天去含鄱口，远看鄱阳湖、长江，黄紫缤纷，云雾时时飞掠。复至白龙潭、乌龙潭、三宝树，随即下山，晚上到九江。

4日，在九江游，寻找名胜琵琶亭，然亭已废毁。见到了相传为三国时所建的烟水亭。

5日，经武汉、郑州，至洛阳。

6日，凌晨赴龙门，参观西山之潜溪寺、奉先寺，摩挲石刻，辨识碑文，其中有武则天捐资建造奉天寺碑。复往东山，寻白居易墓。

7日，回到家中。

28日，去故宫博物院参观"文化大革命"期间出土的古代文物展览，对中山靖王夫妇的两件玉衣和新疆吐鲁番发现的抄本《论语》印象格外深刻。

8月1日，离京回江西干校。

2日，上午到镇江，即前往北固山，参观甘露寺，随后登船渡江到焦山，觅瘗鹤铭残碑，游定慧寺，观赏彭玉麟梅花刻石，复至山顶吸江亭眺望长江，觉胜概无穷。

3日，上午游金山寺，复寻天下第一泉。晚至无锡。

4日，在无锡，访问故交严古津，久别重逢，畅叙甚欢。

5日，经上海，赴绍兴。次日晨抵达，随即去会稽山参观禹陵，然后往游秋瑾故居、东湖、越王台等处，又至蕺山寻觅王羲之遗迹。7日，前往兰亭，徘徊流连于九曲流觞处、鹅池亭。午后到青藤书屋参观，然已荡然无物。面对历史文物惨遭毁坏的情景，流露出无限怅惘和伤感。

8日，返回干校。

26日大休，赴弋阳，游览圭峰，当晚返回。

27日，赴铅山，本拟至永平访辛弃疾墓，限于时间未去成。28日至上饶，参观上饶集中营，之后返回。

10月6日补休，再赴庐山，晚上至南昌。

7日，上午到星子县，寻访陶村和渊明醉石馆，之后依次找到玉帘泉、王羲之墨池、秀峰寺，晚上住秀峰寺内，查阅《庐山志》。

8日，继续沿庐山寻访古迹名胜，在青玉峡欣赏米芾等人书法题刻，观看黄岩瀑、龙潭、香炉峰，之后往游相传为李璟读书处——读书台，再至万松寺、观音桥、栖贤寺、白鹿洞、海会寺，一路贪看香炉峰瀑布、五老峰巉岩雄姿、鄱阳湖浩渺气象等胜景，随笔记录下古人碑刻题记。从晨至暮，始终徒步跋涉，虽疲累，但始终兴致盎然。

9日，再至星子县，访周瑜点将台、周敦颐爱莲池、黄庭坚书写落星寺诗的落星墩等，然后乘轮船前往湖口，游览石钟山。

10日，赶回南昌。11日，重游东、西湖，见到黄庭坚诗中写到的徐孺子墓。次日，回到干校。

沈尹默卒。盖叫天卒。裘盛戎卒。

1972年　壬子　49岁

[时事]　2月21日，美国总统尼克松来中国访问，28日，中美双方在上海发表联合公报。9月，日本总理大臣田中角荣应邀访问中国，29日，中日两国政府在北京发表联合声明。

5月23日至7月23日，北京中国美术馆举办全国美展和全国影展。本年，湖南长沙市郊马王堆发现西汉早期墓葬，出土大量文物，其中帛画为我国美术史上罕见珍品。

9月前，依旧在干校劳动和参加运动。

9月21日，离开江西干校，至无锡治病，在锡一月有余。此期间，曾往镇江，再访焦山瘗鹤铭残碑；过扬州，访平山堂，游瘦西湖，并于古旧书店购得精拓怀素圣母帖残本。到滨海，访夏荽涟和故人汪海若。后自滨海经淮阴、高邮、扬州、镇江等地返无锡，此行往返一千余里。

11月27日，由无锡返京。次日抵达，自此结束了二年又七个月的干校生活。

此顷，作诗二首寄汪海若："小别于今又人春，聊将旧梦绕江滨。鱼书寂寞三千里，望断淮南一俊人。眺望长天雁字来，葭声涛影梦中廻。不知海角草堂外，几树梅花映雪开。"按，诗见《瓜饭楼诗词草》。

返京后至12月末，继续治病，余时则看书画画，或去琉璃厂中国书店，或去参观工艺美术展览会、故宫清代书画展、出土文物展。

1973年　癸丑　50岁

[时事]　8月，中国共产党第十次全国代表大会在北京召开。11月，"四人帮"制造"无标题音乐问题"事件。

是年，"评红热"兴起，据不完全统计，报刊发表各类评红文章120余篇，出版各种评红著作、资料汇编十余种。李希凡、蓝翎的《红楼梦评论集》亦于12月由人民文学出版社重新出版。是年，在长沙子弹库楚墓出土战国帛画。

1月1日，读《琵琶记》，此后数月，一直围绕《琵琶记》研读有关资料，得暇便作画。

2日，携王蘧常师信往访周振甫先生。

6日，中国人民大学全校召开干校三年工作总结大会，并宣布结束连队编制，仍旧回归各系。

11日晚，访张正宇先生，张先生是先生的右邻，只隔一家，往来甚便，先生请他评论近日所作画，从此成为其家中常客，从书法、绘画到戏剧、文学，无所不谈。

先生与张正宇先生交往可参见《墨缘集·忆老画家张正宇先生》。该文中说："1972年我从江西回来，不久，他也从农场回来了，从此我们又见面了。而且，我们大家都无事可做，这倒给我们带来了天天见面的好机会，我成为他家每天必到的座上客。我们无所不谈，从书法、绘画到戏剧，有时也谈点文学，还谈诗，实际上对我来说，是每天到他那里去学习。"

25日晚，读中国人民大学图书馆目录，查出有关《琵琶记》及《红楼梦》资料多种。

26日，得巫君玉来信，附严古津题先生画葡萄两首绝句："貌出绿珠倩影斜，披图稽古想流沙。当年万里封侯者，携得此君入汉家。""明珠掌上擎，紫玉画中闻。长倚青藤住，何须嫁魏君。"又巫君玉一首："笔底明珠个个圆，华林荫结纳凉天。星槎归后通西域，满散琼瑶到震川。"

2月9日，与李新见面，李新①欲将先生调到中国社会科学院历史所，参加通史组，续编范文澜《中国通史》，负责宋元明清有关文学的部分。然调动颇不顺，此后虽李新及黎澍积极联系，却延宕许久而不能落实。

12日、20日、21日、27日，3月10日，数次前往中国书店购买碑帖，购得《蜀素帖》《广武将军碑》、宋拓《定武本兰亭序》等。

此顷，戴逸表示希望先生能够到清史组工作，严文井则欢迎先生调到人民文学出版社古典组。

---

① 李新（1918—2004），四川荣昌县人，历史学家。抗日战争中，曾就读于陕北公学，后历任晋冀鲁豫中央局青委书记、华北大学正定分校主任等职。新中国成立后，先后任中国人民大学党委副书记、中国科学院近代史研究所研究员、中国社会科学院近代史研究所党委副书记、副所长等职。

3月18日，上午观看日本画展，下午观看北京工艺美术展览。

21日，去历史博物馆参观送往日本展览的出土文物以及画像、碑铭拓片。

6月2日，党支委会对先生的所谓历史问题做出维持原结论的决定，也就是说一切都已经调查清楚，没有问题。

12日，按照中央决定解散中国人民大学的决议和北京市委关于中国人民大学教师重新分配的方案，今天上级宣布，中国人民大学语文系分到北京师范学院。

13日上午，到北京师范学院报到，并与教学小组同志见面，从此，开始到师范学院上班。

22日、23日，读陈从周《梓室余墨》并为撰写跋文。

7月20日，作诗题画葡萄："点点淋漓墨未浓，枝头叶下影重重。黄蜂紫蝶漫欢喜，画里明珠涧底松。"

7月顷，曾两次致书钱仲联师，23日，获钱老复函。

其庸同志：

　　两次手教敬悉。尊诗格韵高绝，叹佩叹佩！放翁诗注事，姑俟一时间。原意欲存之于大图书馆，让人知有此书，得以查阅，不致区区苦心，湮没无知耳。瞿禅先生七十四高龄新婚，开古稀新例。古津曾约渠秋后游苏，未知其腰脚如何？古津同门为绘红绿梅为祝，命弟为诗，录奉粲正。

　　　　噀墨和香一写之，好春消息在高枝。
　　　　绿华新降红禅笑，正是孤山月上时。

　　匆匆即致
　　　　敬礼！

　　　　　　　　　　　　　　同门弟钱仲联顿首
　　　　　　　　　　　　　　七月二十三日①

---

① 冯其庸：《剪烛集·忆钱仲联先生》。

8月20日，先生被北京市委宣传部调至评论《红楼梦》写作组，住香山宏光寺，此后两个月，一直在此写作。

9月20日，完成《红楼梦是一部写阶级斗争的书》一文，并送审。

本月，收到钱仲联师来信，寄来为先生画作所题诗二首①。

其一为题画墨荷：

涨天十丈墨荷工，百草千花孰与同。
临水浑知珍惜意，不教摇落向秋风。

  其庸同志绘赠墨荷，小诗报谢，
  即请 是正。

            弟仲联呈稿
            八月二十六

其二为题画墨葡萄：

马乳龙须墨晕香，扶来倒架意何长。
分明璎珞诸天会，不待金茎肺已凉。

  其庸诗人同志画赠葡萄，小诗
  报谢，即请
  是正。

            同门弟钱梦苕

10月25日，先生从香山步行至正白旗38号舒成勋家，访问有关曹雪芹的遗迹。舒先生为介绍从其家复壁中发现曹雪芹题诗和一副相传是友人鄂比赠曹雪芹的对联的经过，先生判断这些遗迹大致当是乾嘉间的旧迹，故认为这是一次极为重要的发现。晚上研究抄回来的题诗。

---

① 冯其庸：《剪烛集·忆钱仲联先生》。

26日，先生再至正白旗观看新发现的曹雪芹的材料。同日，评红写作组搬回市委党校住。此后，先生曾多次到香山附近的正白旗、卧佛寺、樱桃沟等地，寻访曹雪芹遗迹。按，《秋风集·曹雪芹家世·红楼梦文物图录序》。

近日，先生赋诗三首以抒写访问曹雪芹遗址之感慨："千古文章未尽才，江山如此觅君来。斜阳古道烟村暮，何处青山是夜台？""秋风红树旧庭围，剥落粉墙余谎言。影里蚓蛇谁写得？依稀犹识'抗风轩'。""穷途落拓到山村，青眼高歌有二敦。呵笔问天天欲堕，满庭黄叶闭柴门。"

此顷，听到刘少奇被折磨致死的消息，深夜画泼墨葡萄，题词云："刘琨死后无奇士，独对荒鸡泪满衣。"

《秋风集·后记》：

> 我喜欢写字和画画，以此来作为研究工作的调剂，印在这本书里的那幅泼墨葡萄，是我在听到刘少奇同志被折磨致死的消息后画的，时间大概是在一九七二年或七三年的秋天的一个深夜，因为我知道这个消息已经很晚了。我在画上题了"刘琨死后无奇士，独对荒鸡泪满衣"两句陆游的诗，以寄托自己的感情，为了避免灾难，所以没有写时间。原诗是"独听"，我特意改了一个字，因为那时我们天天面对着的是"四人帮"的法西斯统治。荒鸡，天未亮就啼的鸡，意思是报晓的鸡说谎了。"四人帮"时期所有的消息都是欺骗人民的谎言，就像荒鸡一样。

11月2日，《北京日报》在第二版整版发表了《〈红楼梦〉是一部写阶级斗争的书》。

8日、9日，读曹雪芹家世档案史料稿。

13日至23日，多次与吴恩裕①先生通信，并互访，长时间晤谈。此期间，一直在撰写评论《红楼梦》的文章。

25日，写毕《二百年来围绕着红楼梦研究的斗争》长文。

26日，吴恩裕先生见示南京靖藏本《红楼梦》脂评抄本，此后先生连续三天用墨笔抄写脂评。

---

① 吴恩裕（1909—1979），辽宁西丰人，政治学家、红学家。毕业于清华大学哲学系，后留学英国。回国后历任北京大学政治学系教授、北京政法学院教授，1978年调中国社会科学院任研究员。

1974年　甲寅　51岁

[时事]　2月，"四人帮"组织的"黑画展览"先后在中国美术馆和人民大会堂举办，共展出18名画家的215幅作品。这些作品是有关部门根据周恩来总理的指示组织创作以供出口和布置宾馆的。

本年，"评红热"遍及全国，达到高潮。据不完全统计，各种报刊发表评红文章约500余篇，各类评红著作和资料汇编近40种。

本年，陕西骊山秦始皇陵东侧发现规模巨大的秦代一号陶俑坑，出土大批兵马俑。

元旦至4日，先生为《红楼梦》评论组集体写作的《阶级斗争的形象历史》一书撰写序言。

16日，先生检查出冠心病并发现胆固醇特别高，此后数月常为病痛所苦，有时夜不能寐。

21日，评红组集体创作的评红书全部完成，稿子送交人民文学出版社。

27日，要求离开《红楼梦》评论组，调往中国社会科学院历史所，中国社会科学院李新同志亦来催先生去中国社会科学院，市委则仍希望先生主持修改评红一书，因此市委同意先生先去中国社会科学院，但仍须参加改稿工作。同日，访问周汝昌[①]，谈至掌灯始别。

2月8日，自题墨葡萄诗："青藤一去有吴庐，传到齐璜道已疏。昨夜山阴大雪后，依稀梦见醉僧书。"

3月5日，评红书排印已毕，此日开始校改稿件。后此书由写作组定名为《阶级斗争的形象历史》。

10日，写毕《"天马行空"考析》一文。

本月，写毕《〈红楼梦〉的时代及其他》一文。按，《梦边集》。

4月18日前后，读中国社会科学院历史所编《中国通史》稿，19日，去历史所参加该稿讨论。

---

① 周汝昌（1918—），天津人，著名红学家。曾就读于北京燕京大学西语系，新中国成立后历任人民文学出版社古典部编辑、中国艺术研究院研究员等。

24日，卞孝萱①先生见访。

本月，写毕《曹雪芹的世界观和他的创作》一文。该文见《梦边集》。

本月，接到夏承焘先生亲笔诗笺。全文如下：

拙作《词问》三十首之一

百年驹隙黯销魂，半夜兵权语吐吞。
说与玉田应不解，陈桥驿下有词源。

用冯君其庸北宋词风论。
冯君通信之便，幸代致此，诗以当笺，敬

承焘
七四年四月

5月8日，与周雷、胡文彬②等到鼓楼附近访问曹雪芹后人。

20日晚，吴世昌③先生见访，相谈很久。

本月6日、22日、24日，6月1日，分别于北京大学、长辛店永定机械厂、中国社会科学院历史所、人民文学出版社召开座谈会，讨论《阶级斗争的形象历史》一书。

本月，《"天马行空"考析》一文在《文物》1974年第5期上发表。本文从"天马"一词的出处和演变，以及"天马行空"的思想渊源，剖析和揭露了林彪欣赏和鼓吹"天马行空，独往独来"的实质，是要篡夺政权，实现皇帝梦。

本年夏，林散之④先生书写一首自作诗以赠先生。

---

① 卞孝萱（1924—2009），江苏扬州人，南京大学中文系教授、博士生导师。

② 胡文彬（1939—），辽宁营口人，曾任人民出版社《新华文摘》编辑、中国艺术研究院红楼梦研究所副所长、研究员。

③ 吴世昌（1908—1986），浙江海宁人，著名红学家。毕业于燕京大学英文系，曾在英国牛津大学讲学。1962年回国，任中国社会科学院文学研究所研究员。

④ 林散之（1898—1998），安徽和县人，著名书法家，亦善画。曾任江苏省国画院一级美术师、省书法家协会名誉主席。

《墨缘集·分明元白唱酬诗》：1974年，散翁曾为先生写过一首他的自作诗。诗曰：

日长林静路漫漫。红叶如花最耐看。
我比樊川腰力健，不烦车马上寒山。

其庸同志雅属甲寅夏日　林散耳

这也是一幅大气磅礴的大草书，先生一直视同珍宝，经常观摩不已。

6月末，收到钱仲联师来信，内录《买陂塘》一词，并请先生书写一幅诗作相赠。

据《剪烛集·忆钱仲联先生》记载：1974年6月，钱老又给我一信，信云：

其庸同志史席：

　　手教奉悉已多日，知　尊撰《红楼梦》研究（指当时我写的《曹雪芹家世新考》）不日将修改告成，欣快无限，惟盼早日出书。贱恙天热后稍减轻，但发展到左臂剧痛，仍在服药中。五六天以前曾上一函，同时并邮呈《中国古代文学》第三册一本（未挂号，想不致遗失），此时谅达

　　左右。渴望

　　指正谬误。弟于小说戏曲都是外行，拟说中大胆妄论，自知未必是也。恩裕先生来时，弟曾赋《买陂塘》一词，兹录奉教正。

买陂塘

　　甲寅初夏（1974年）恩裕先生过访吴门，因同游织造局旧圃

蓟门西，苍烟乔木，馀春和梦归早。七襄当日机声里，曾记补天人到。钗凤杳。剩一角红楼，妆点沧桑稿。天荒地老。看水涸方塘，苔封败础，何况不周到。　　畸笏叟，逢尔定呼同调。零编收拾多少。飘然青埂峰头过（池有石假山一，花石纲故物也），犹有幻尘能道。歌好了。为稗史旁搜，踏遍吴宫草。巢痕试扫。正燕子飞来，不应还问，王谢旧堂好。

恩裕先生在苏时，曾面诺书一小幅相赠，晤及时恳代为催索为感。并求公也写同样大小的一张（像见赠葡萄画幅大小足矣）见赠，内容乞写尊诗，如与《红楼梦》有关的尤妙。无餍之求，尚希谅而恕之。匆复，敬

　　承　道履

同门弟仲联顿首

六月二十四日

　　7月1日，吴德接见评红写作组，提出许多问题，涉及《红楼梦》版本、曹家被抄史实等，由先生一一作答。散会后，先生即到中国社会科学院历史所报到，李新同志请先生自即日起开始工作，并处理好市委写作组余下的任务。

　　24日，完成为《文物》杂志撰写的《曹雪芹的时代、家世和创作——读故宫所藏曹雪芹家世档案资料》初稿。见《梦边集》。

　　8月8日，在北京出版局演讲，题目是《曹雪芹的反儒思想》。

　　本年，"四人帮"大搞所谓"评法批儒"运动，硬把明代李贽说成是法家，命令出版社出版李贽全部著作，并另出选本。

　　9月初，北京师范学院通过市委要求先生回校参加《李贽作品选》的写作。

　　8日，在李希凡处与袁世硕晤谈。

　　9日，上午在北京师范学院开会研究《李贽作品选》的编写，被委以撰写序言的任务，要求一个月后交稿。此后数周，先生将《焚书》《续焚书》《藏书》反复阅读多遍。

　　9月，《曹雪芹的时代、家世和创作——读故宫所藏曹雪芹家世档案资料》发表于《文物》该年第9期。不久，此文在香港《大公报》全文转载。

　　10月14日，写毕《〈李贽作品选〉前言》，题目为《战斗的思想家——李卓吾》，文中一字不提法家。

　　18日，参观故宫历代画展。

　　24日、30日，在北京师院讨论《〈李贽作品选〉前言》修改问题。

30日晚，国务院文化组副组长袁水拍同志见访，适先生外出。先生归来后即与之通电话，约好面谈《红楼梦》校订出版之事。

本月，《阶级斗争的形象历史》由人民文学出版社出版。（该书出版时间见《红楼梦大辞典》。）

11月1日下午，到袁水拍同志家中，与他和李希凡一起商谈关于《红楼梦》校订出版工作的计划草案。

18日，应石家庄市革委会邀请赴该市。次日为作《曹雪芹的反儒思想》的演讲。

20日，去真定参观大佛寺，该寺始建于隋代，原名龙藏寺，寺内藏有书法史上有名的"隋龙藏寺碑"。当日由石家庄返京。

12月下旬，历史博物馆发现一《红楼梦》抄本，是属于脂本系统的乾隆时期抄本，仅残存三个整回又两个半回。吴恩裕先生鉴定后，初步提出此残本可能是北京图书馆所藏"己卯本"的散失部分。此发现引起先生高度重视，亲往吴恩裕先生处，得见此书，并委托故宫明清部复印三部。

29日晚，先生为此本之发现撰写一简报。

1975年　乙卯　52岁

[时事]　1月，第四届全国人民代表大会在北京举行。7月，根据毛泽东的指示，《人民文学》《诗刊》等杂志复刊。8月，毛泽东就《水浒传》发表谈话。随后，全国掀起所谓"评《水浒》"运动，"四人帮"等借题发挥，将批判矛头直指周恩来、邓小平。

本年，故宫博物院明清档案部出版《关于江宁织造曹家档案史料》一书。

1月10日，对《曹雪芹的时代、家世和创作——读故宫所藏曹雪芹家世档案资料》一文作修改，之后发表于扬州师范学院所编《关于〈红楼梦〉研究问题》一书中。见冯其庸《梦边集后记》。

14日，在张正宇先生家遇见张仃[①]先生，谈画甚久。

---

① 张仃（1917—2010），辽宁黑山人，画家，书法家，曾任中国工艺美术家协会副理事长，中央工艺美术学院教授、院长。

15日，整日在家中作画。

17日上午，应吴恩裕先生之邀，同到北京图书馆善本室查核"己卯本"。吴先生负责核对历史博物馆的残抄本与"己卯本"笔迹相同之处。先生则提出，若在"己卯本"中找出"晓"字缺笔，则两本同避"晓"字之讳，可有力证明它们确实是同一个本子，因此着重查看"晓"字写法，结果发现数处"晓"字确有缺笔，并且还发现一处"祥"字缺笔。这些极端重要的发现不仅证实了历博残抄本确实是"己卯本"的散失部分，而且证实了"己卯本"为怡亲王府原抄本（因为避老怡亲王允祥的"祥"字之讳和其子弘晓的"晓"字之讳）。两位先生沉浸在发现所带来的喜悦之中。按，《梦边集·己卯本〈石头记〉散失部分的发现及其意义》。

18日，到吴恩裕先生家，商量文章写法，先生拟出一提纲：1. 最近发现的脂残本是"己卯本"的散失部分；2. "己卯本"是怡亲王府抄本，它是目前国内外已知的《红楼梦》抄本中最早的抄本，这个抄本很可能是根据原稿的直接过录本；3. 应该重新估价"己卯本"的价值。

20日上午，与吴恩裕先生再次同往北京图书馆查看"己卯本"。先生发现了《怡府书目》一书，凡四册，经查看，此书乃怡亲王府的原抄本，书中发现"玄""晓""弘"等字缺笔，与己卯本、历博残抄本完全相同，于是更加有力地证明了"己卯本"是怡亲王府之物。

2月6日，得友人书，惊悉严古津已于3日去世，不禁痛哭失声。本月13日，作《哭古津》诗四首：却怪邮人传噩耗，不疑蝶梦便为真。眼前景物黯然在，遥望故山忕怆神。　旬前遗我手书在，邀我笑语作燠温。不待春回风雨急，噩耗电报在三春早上冒雨送至，距君殁仅一周。断肠消息到柴门。生离死别续相催，未见故人入梦来。彼地彼苍不足恨，斯人斯事实堪哀。　三十六年事已非，予与君同庚，二十一岁为订交之始，至今三十六年矣。夜吟对榻梦依稀。一场大梦君先觉，我犹梦中泪沾衣。

按，见《瓜饭楼诗词草》。

不久，请张正宇先生为严古津画遗像，画成，极传神。后复请张老书古津诗一长卷。

15日，开始以"己卯本"对校"庚辰本"。

本月，曾致书钱仲联师，请为张正宇先生所绘严古津画像题诗。下旬，得钱老人日（阳历2月17日）来信及题诗。

  其庸同志：手示敬悉，知今春文旌有南来之讯，良为欣慰，扫榻以待。弟虽病足，尚能扶杖陪游，如有同来之人较多，则师院招待所亦可寄宿，虽□铺尚不恶。拙著承多方设法，深感不安。估计学报大概不大可能容纳此庞大体积，姑听之而已。公为古津制遗像，足征风义，率成题诗一律，附呈 教正 匆上敬颂
  新春万福

弟仲联顿首 人日

其庸同志请张正宇先生绘古津遗像

 为题一律，以当哀挽：

  讲肆逢君卅载前，侵寻羸疾到华颠。年来正喜耽长句，冬尽谁知叹逝川（君逝于立春前一日）。苦为佳儿伤葛陂（用任昉儿事），不堪遗像对蒲禅（君耽内学，苏诗"坐依蒲褐禅"）。平生风义犹龙子（冯梦龙字犹龙），遥想临风一泫然。

  其庸同志正

弟仲联呈稿

  按，见冯其庸《剪灯集·忆钱钟联先生》。

  后先生又请王蘧常师为古津遗像题一引首，复请夏承焘先生为遗像题词。装裱成卷，交给古津之子乙苍以作永久纪念。

  按，见冯其庸《秋风集·记梁溪诗人严古津》。

  3月3日，将执笔撰写并修改完毕的《己卯本〈石头记〉散失部分的发现及其意义》一文交吴恩裕先生过目，只改动一字。同日，接到通知，奉文化部调令，去参加整理校订《红楼梦》的工作。

  6日，上午开会讨论整理校订《红楼梦》的工作，参加者有袁水拍、李希凡、胡文彬、沈彭年、林冠夫等，决定由先生起草第一阶段工作计划。下午，到文化部干部科报到。

  24日，《己卯本〈石头记〉散失部分的发现及其意义》一文在《光明日报》发表。文中论证了中国历史博物馆所藏《石头记》残抄本是"己卯本"早年的散失部分以及"己卯本"是怡亲王府的原抄本，同时提出，由于曹家

与怡亲王允祥可能有较好的关系，因此，"己卯本"的底本很可能直接来自曹家或脂砚斋等人之手。

4月4日，《红楼梦》校订组开始工作。

21日，上午与袁水拍、李希凡等同去中国历史博物馆观看徐扬所绘《乾隆南巡图》和《盛世滋生图》，又看了一幅《王府图》，判断该图所绘当为怡亲王府。晚上观看关肃霜的演出。

5月19日，到前海西街新址开会，会上宣布文化部党组核心组批示：同意成立《红楼梦》校订组党支部，由袁水拍任书记，李希凡任副书记，沈彭年任支委；同意成立《红楼梦》校订领导小组，袁水拍任组长，李希凡和冯其庸任副组长。

本月17日曾与刘梦溪①、文雷致信郭沫若同志，征求他对于郑州博物馆所藏陆厚信所绘"曹雪芹画像"的看法。28日，收到郭沫若同志复信，对此画像真实性表示怀疑。

《梦边集·序》载：

> 关于郑州博物馆收藏陆厚信画的"曹雪芹画像"，吴恩裕同志认为有可能与王南石所画者是一人，我因两画都未看过原件，未敢置词。一九七五年五月十七日，我与刘梦溪、文雷同志曾写信问郭沫若同志的看法，很快就得到了他的回信，回信说：
> 冯其庸、刘梦溪、文雷三位同志：
> 17/V 信阅悉。
> 关于"雪芹"的画像，我也是怀疑派。扇面我看过，尹望山诗集刊本我也看过，我偏向于此一"雪芹"是俞瀚的别号。
> 《壶山诗钞》不曾见过，陆厚信亦不知何许人。
> 画像很庸俗？曹雪芹的面貌可从其诗文集中考见否？
> 敬礼！
>
> 郭沫若
> 28/5/1975

---

① 刘梦溪，原籍山东，生于辽宁，学者。历任中国艺术研究院研究员、中国文化研究所所长、《中国文化》暨《世界汉学》杂志主编。

7月13日，与李希凡等启程赴上海、苏州、南京、扬州、镇江、合肥等地征求对《红楼梦》新校本前五回的意见。

14日至18日在上海，除开座谈会外，曾几次探望王蘧常师，相谈甚欢；又曾访陈从周先生。

19日下午至苏州，到24日，居停5天，21日用一天时间召开座谈会，其余时间，曾游览虎丘、留园、寒山寺、枫桥、拙政园、狮子林、网师园，东山紫金庵等名胜，参观博物馆，并探望钱仲联师。

24日晚到南京，25日下午和26日上午分别在南京文化局和南京图书馆召开座谈会。

26日下午，参观鸡鸣寺、香林寺、明孝陵、汉府街织造署旧址及蒋介石总统府，这些景点多有与曹雪芹家族历史相关联者。

27日，访吴白匋师。

28日，到南京师大看《红楼梦》批本。之后，游览石头城、秦淮河与莫愁湖。

29日到扬州，30日在扬州师院召开座谈会，31日上午在第一招待所开会，听取工农兵对《红楼梦》新校本的意见。下午参观历史博物馆。

8月1日，参观平山堂、瘦西湖和何园、个园、小盘谷等园林。

2日参观高旻寺和文峰塔。

3日到镇江，当天在图书馆看了曹寅所藏《资治通鉴》。

4日游览金山寺。

5日至合肥。

6日、7日在省革委会召开座谈会。

8日，上午参观逍遥津公园和省博物馆。下午赴芜湖。

9日在安徽师大开会。

10日至宣城，白天开会，晚至泾县。

11日，参观宣纸厂，之后赴黄山。

12日，返回芜湖。

13日，经南京到无锡。14日至17日在无锡，曾访巫君玉大夫、张正宇先生，到严古津家中吊唁。

18日，回到北京。

10月间，与中国人民大学清史所李华教授一起在康熙二十三年《江宁府志》和康熙六十年《上元县志》中发现两篇《曹玺传》。此两传提供了曹家的世系、祖籍、家史以及曹颙、曹頫等人的表字等等宝贵材料。

此顷，友人鲁宝元见访，谈及《五庆堂曹氏宗谱》，告知先生除1963年曾经展出并已在"文化大革命"中丢失的抄本外，曹仪策先生手里还另有一抄本，且允诺帮助与曹仪策先生联系借出。数日后，鲁宝元陪同先生拜访了曹仪策先生。又过三四天，曹仪策先生亲自送来《五庆堂辽东曹氏宗谱》，希望鉴定此谱之价值。先生喜出望外。按，参见冯其庸《梦边集·〈五庆堂曹氏宗谱〉的重见和曹世祖墓的发现》。又，曹仪策先生系著名微型面塑艺术家。

初冬，开始进行考证《曹氏宗谱》真伪的工作。准备阶段，重读了已故的朱南铣考证此谱的文章，得到许多启示，同时觉得尚有待深入。经反复考虑，先生决定从查找谱中人物有关史料入手，以与谱文所叙内容相对照，从而确定此谱之真伪。

12月，连续多日细读《清实录》，从中发现近三十位《曹氏宗谱》中人物的有关记载，证实《五庆堂谱》完全可信。尤其是《清太宗实录》卷十八天聪八年甲戌（1634年，明崇祯七年）条："墨尔根戴青贝勒多尔衮属下，旗鼓牛录章京曹振彦，因有功，加半个前程"，为已发现的有关曹家上世材料中最早的一条直接史料，对于研究曹雪芹家世有特殊重要的意义。

本月中旬，先生将对于《五庆堂重修辽东曹氏宗谱》研究的初步意见告知曹仪策先生，并表示拟写一部专著，以充分论证此谱之价值。征得曹先生同意，遂开始抄录全谱。

按，以上均参见冯其庸《梦边集·〈五庆堂重修辽东曹氏宗谱〉的重见和曹世祖墓的发现》。

26日夜，根据新发现的两篇《曹玺传》，先生写毕《曹雪芹家世史料的新发现》一文初稿。

27日，查《清实录》，又得11条有价值的材料。

周信芳卒。李少春卒。华传浩卒。

1976 年　丙辰　53 岁

[时事]　1月8日，周恩来总理逝世。终年78岁。3月下旬至4月5日，北京市上百万群众，连续几天到天安门广场，用花圈、诗词，悼念周恩来，声讨"四人帮"。这一行动被宣布为"反革命事件"，遭到残酷镇压。7月6日，人大常委会委员长朱德逝世，终年90岁。28日，唐山发生强烈地震，波及北京、天津。9月9日，毛泽东逝世，终年83岁。10月6日，"四人帮"反革命集团被粉碎，"文化大革命"十年动乱至此结束。

本年，故宫博物院明清档案部出版《李煦奏折》一书。

元旦，抄完《五庆堂重修辽东曹氏宗谱》，不久将原件归还曹仪策先生。参见冯其庸《梦边集·五庆堂重修辽东曹氏宗谱的重见和曹氏祖墓的发现》。

4、5日，继续查找有关曹家的史料，查出曹頫的名字出自《易经》。

8日，改定《曹雪芹家世史料的新发现》一文。

此顷，开始寻找"文化大革命"中迷失的那部《五庆堂重修辽东曹氏宗谱》，经过辗转搜寻，终于在北京市文化局帮助下，查明该谱下落。不久从文化局借出此谱，同时还借出《浭阳曹氏族谱》和《曹氏谱系全图》。

9日晨，听到周总理逝世的消息，先生深感悲痛，不能做事。到单位，与同事相对悲泣。其后至张正宇先生家，两人沉默不语，簌簌流泪。

参见冯其庸《秋风集·忆老画家张正宇》。

11日，作画悼念总理，题诗云："和墨和泪写葡萄，泪珠墨珠一起抛。画成总觉无颜色，山川日月惨怀抱。"

13日、14日、16日，均去天安门寄托哀思。

27日，访吴恩裕先生，将两篇新发现的《曹玺传》抄给他。

2月12日下午，访周汝昌先生，告知新发现的两篇《曹玺传》，同时告诉他曹荃原名确是"宣"，因避康熙讳故改为"荃"，传文云"仲子宣"可证。周汝昌先生听后非常高兴，两日后，即来一信，并附诗一首。

周汝昌先生诗见先生《日记》："丙辰新正十三日，初得快雪，其庸同志再过寒斋，赋律句奉赠：'试灯风峭辗琼瑶，路转东华兴最豪。归棹曾怜寒诣戴，新春仍喜快谈曹。卅年一字名谁定（原注：有数氏撰文每反考宣之义），六世千纷事岂淆（原注：谓世选逮芹种种情事也）。赤水玄珠良未远，久迟高手出骊涛。'"

16日，再访周汝昌先生，示以新作《曹雪芹家世史料的新发现》。晚上，从《清圣祖实录》《八旗通志》《八旗满洲氏族通谱》等材料中查出曾任江宁织造的桑格的有关记载。

2月底，《文汇报》刊登文章，批判"黑猫白猫"，矛头直指邓小平，先生甚感愤怒，因建议张正宇先生画一有黑有白的花猫。画成后，先生题词云："尔貌如狮，尔性温如，尔口念佛，尔嘴嗜血食。猫乎狮乎？兼而得之。"按，见冯其庸《秋风集·忆老画家张正宇》。后两句语意双关，谓将来有朝一日，猫要变成狮子把"四人帮"这批祸国殃民的害民贼吃掉。

4月10日再次修改《曹雪芹家世史料的新发现》一文。

按，见冯其庸《梦边集·曹雪芹家世史料的新发现》。

本月，《文艺研究》第1期发表《曹雪芹家世史料的新发现》一文，其后《文物》第3期发表了此文的节选，两刊物均刊登了两篇《曹玺传》的照片。见《曹学叙论·关于曹雪芹的研究》注文。

《曹雪芹家世史料的新发现》发表后，收到辽阳同志来信，告知辽阳现存《大金喇嘛法师宝记碑》。

《敝帚集·我与〈红楼梦〉》：

> 1976年初，我在《文物》杂志上和《文艺研究》上，先后发表了《曹雪芹家世史料的新发现》一文，文中提到了《曹玺传》里明确记载曹家"著籍襄平"（即辽阳）的问题。之后就收到了辽阳同志的来信，告诉我辽阳现存的《大金喇嘛法师宝记碑》的事，我立即到辽阳去验看了此碑。

5月下旬，准备写作《曹雪芹家世新考》，同时将对《五庆堂重修辽东曹氏宗谱》研究的结果告知曹仪策先生。曹先生甚喜，因请先生为此谱写一跋文。25日，先生作跋，从该谱用纸、序言与题记、避讳、谱中三房各世全备而其余各房上世均断而不连、谱中人物与《清实录》所记大略相同、此谱所载曹氏与沈阳甘氏结为婚姻之事可与曹寅《楝亭诗集》及《沈阳甘氏家谱》互相印证等最重要的几个方面，论证了此谱的真实性，最后云："余以为即此可证此谱决为五庆堂上世遗物而重修者，无可动摇。抑又进者，此谱既坚实可靠，则曹氏真正之始祖实为曹俊，于明初移居沈阳者，明矣。夫然则曹氏籍贯非河北丰润无可疑矣。世之治红学者，于曹氏上世籍贯，皆宗丰润说。此谱出，数十年之争论可息，而曹氏上世之籍贯昭然明于世矣。故余以为此谱实为有关曹雪芹上世之至宝至贵之文献也。一九七六年五月廿五日冯其庸识于宽堂。"

按，《梦边集·五庆堂曹氏宗谱的重见和曹氏祖墓的发现》。

7月，得叶圣陶[①]老 21 日、27 日来信和为《红楼梦》校注稿所提意见。《秋风集·怀念叶圣陶老人》：

> 我从一九七五年起开始校订《红楼梦》，当时我去请他当校订组的顾问，他立即答应了。之后我们每校订完一部分，就给他送去，请他审阅。他与至善同志总是十分认真地在原稿上批注，写出详尽的意见，我们都尽可能地将他改动的地方再作修改。尽管这个校订本还有许多工作要做，而且在排印中，也还有一些排错的字和排错的标点符号（现在已陆续改正了不少），也还有失校的地方，但能够达到目前的样子，这与叶老和至善同志的亲自帮助批改审定是分不开的。至今我手头还保存着两封叶老写给我谈校订本的信，看看这两封信，读者就更可以清楚圣老是如何关怀我们的校注工作了：
>
> 一
>
> 其庸同志惠鉴：我与至善皆性急，嘱看稿到手即看，今日上午看毕。原文及注释各一册，意见记录一叠，顷已固封交邮挂号寄上。所提诸端自不能尽合，偏见妄揣难免，希公酌采之耳，即请撰安。
>
> 　　　　　　　　　　　　　　　　　　　　叶圣陶上
> 　　　　　　　　　　　　　　　　　　（1976）廿一日下午五点
>
> 前数日得从周书，言下月或来京，也好消息也。又及。

[①] 叶圣陶（1894—1988），原名叶绍钧，江苏苏州人，著名作家、教育家、编辑家和社会活动家。新中国成立前曾担任过教员、编辑等多种职务。新中国成立后曾任出版总署副署长、人民教育出版社社长兼总编、教育部副部长、中华文史馆馆长、全国政协副主席等。

二

　　其庸同志惠鉴：上周寄去稿件必承收览。昨夕与至善闲谈，彼提出两处点句之意见，似属可取，今为写录于另纸，作为前稿之补遗。至希察阅。余不一，即请撰安。

　　　　　　　　　　　　　　　　　　　　叶圣陶上
　　　　　　　　　　　　　　　　　　　　七月廿七日午前

　　28日夜，唐山爆发大地震。此后，与张正宇先生在马路边搭起防震棚，住在一起。先生吟庾信《小园赋》中句："落叶半床，狂花满屋。"张正宇先生非常喜欢，挥笔写就，亦篆亦隶，天真自然。冯先生复为此书法作品拟跋："丙辰地陷东南日，予与其庸结棚居门前马路侧，时槐花狂发，落叶满地，因书庾子山句，为它日记忆耳！正宇。"

　　按，见冯其庸《秋风集·忆老画家张正宇》。

　　10月8日中午，得知"四人帮"被抓，先生兴奋得热泪纵横，急忙到医院告诉患病中的张正宇先生。

　　按，见冯其庸《秋风集·忆老画家张正宇》。

　　此顷，尹光华自上海来京侍候张正宇先生，为出示朱屺瞻①先生《兰石图》，先生读后，觉如长江大河，有奔腾澎湃之概，遂应尹光华嘱为题《屺瞻老人兰石歌》："平生倾倒济道人，画石画兰皆入神。嶙峋骨突随意写，离披纵横得其真。此翁一去五百载，寂寞空山秋复春。昨夜尹君持缣来，谓是屺堂新墨本。开卷瑟瑟清风起，满室生香气氤氲。兰叶葳蕤自生光，磐磐巨石遗混沌。我谓尹君君知否，此是珍物慎勿损。当年灵均楚泽畔，亦曾滋兰之九畹。一从沉沦湘水后，遗踪千载竟隐遁。今君得此真不易，屺翁巨笔费搜寻。君闻此言重再拜，掩卷犹觉气森森。我对此图长太息，欲求生绡十万尺。拜上天南屺翁叟，画取湘江兰竹石。"

　　此顷，得陈从周书，喜极而泣，因赋一诗："思君万里转情亲，劫后沧

---

① 朱屺瞻（1892—1996），江苏太仓人，著名国画家。中年时期两次赴日本学习油画，20世纪50年代后主攻中国画。曾任上海艺术专科学校教授、西画系研究所主任、中国美术家协会顾问。尹光华，画家，国画大师朱屺瞻入室弟子。

桑剩几人？海上幸余陈夫子，书来赚我泪盈巾。"

《秋风集·与陈从周教授书》：

犹忆一九七六年，时"文革"初罢，海内故旧零落，甚或存亡未卜，弟正以兄为念，而忽得兄书，喜极欲泣，知兄仍在也。因口号一诗云：（诗略）。此实录也，不可不为兄言之。①

12月，作诗悼念严古津，诗云："小楼犹记识君时，落落风仪似牧之。卅载交亲秦塞月，一编遗墨楚臣词。岂知春去成长别，但觉秋来泪暗滋。遥想江乡烟雨处，吟魂又过青山祠。"

本年初，《红楼梦》校订组中专家多返回原单位，仅留先生和吕启祥、林冠夫②继续校对工作，工作时断时续。"四人帮"垮台后，文化部部长贺敬之指示校对《红楼梦》工作不能停，工作得以继续。

按，文见冯其庸《敝帚集·我与〈红楼梦〉》。

张正宇卒。

1977年　丁巳　54岁

[时事]　7月16日至21日，党的十届三中全会在北京举行，会议做出了恢复邓小平领导职务的决议。8月12日至18日，党的第十一次全国代表大会在北京举行，宣告"文化大革命"结束。8月13日至9月25日，全国高等学校招生工作会议在京举行，会议决定高校招生改变"文化大革命"期间的不考试的做法，采取统一考试、择优录取的办法。

本年2月，中国美术馆举办"全国美术展览会"。6月，举办"日本现代书法展览"。

1月2日，重读上年所写《五庆堂谱考订》稿，此后开始续写，定名为

---

① 冯其庸：《秋风集·与陈从周教授书》。
② 吕启祥（1936—），祖籍浙江余姚，生于上海。中国艺术研究院红楼梦研究所研究员、中国红楼梦学会常务理事。林冠夫（1936—），浙江永嘉人。中国艺术研究院红楼梦研究所研究员、中国红楼梦学会常务理事。

《曹雪芹家世新考》。

3日，《红楼梦》校订组成员一致同意继续开始校订工作。

9日和11日，两次到天安门，见广场上人流如潮，悼念周总理的花圈、花篮堆积如山，遂拍了许多照片。

13日，去人民剧场听报告，顺便看望曹仪策先生，才得知他已于上年12月18日去世。在对《五庆堂重修辽东曹氏宗谱》的研究即将完成之际，获此消息，倍感伤心。

按，参见冯其庸《梦边集·〈五庆堂曹氏宗谱〉的重见和曹氏祖墓的发现》。

15日，高二适①先生逝世。上年7月，高先生曾托人将手书的诗稿赠给先生。

《墨缘集·怀念高二适先生》：

  1977年3月15日夜，高老在南京去世，去世前数月，他在鼓楼医院，还将手书的诗稿托人送给我，在诗稿上还明确写着"给其庸教席"几个字。这首诗是答卞孝萱同志的，诗云：

  南京鼓楼病院答卞孝萱，喜君受调南归终养，故诗末及之。高二适待艿草

  岂意残年落病坊，每凭高枕梦匡床。

  老儒不作医国计，寒谷空留吹黍方。

  何必书名腾域外，却愁夭柱过天常。（原注：本大谢诗）

  羡君哺鸟投林急，未觉高飞有底翔。

给
其庸教席 七月十五日

现此诗稿先生已赠给高二适纪念馆。

  现在高老给我写的诗轴和这件诗稿，我都珍藏着，特别是这件诗稿，已是他最后的笔墨了，他老人家还念念不忘要交给我，我真正感到

---

① 高二适（1903—1977），江苏东台人，学者，书法家，曾任江苏文史馆馆员。

有一种知遇之感。

16日，赵燕侠、张钊请吃饭，李希凡亦在座。

本月，一直在为《红楼梦》校订组能够继续进行工作奔走呼吁和请示上级领导。27日，应文化部部长贺敬之①之约向其汇报校订情况。贺敬之指示，校订组应继续开展工作并加快速度。

2月5日晚，陪同上海人民出版社编辑看望张光年同志，已十年不见，相谈多时。

9日，到人民文学出版社与严文井②同志商谈《红楼梦》校订之事。

18日，旧历年初一，拜访叶圣陶老。

23日，尹光华代为寄来先生家乡出土的青铜器，计有大铜鉴一件，铜豆一件，铜匜一件，大铜鉴及铜豆均有铭文，初步判断为楚器。唐兰先生闻之后，来短函询问能否设法将这批青铜器归公。

其庸同志：
　　承嘱题画兰，久未动笔，甚歉。兹附上。战国铜鉴能否设法归公否？甚念，至少能得一拓本和照片为幸。致
　　敬礼。
　　　　　　　　　　　　　　　　　　　　　　　唐兰
　　　　　　　　　　　　　　　　　　　　　　　7日

24日，读朱屺瞻老寄来的《太湖图卷》，准备为其题诗。

3月5日，致书赵朴初③先生，感谢朴老惠赠诗稿。

23日，到中国社会科学院文研所访何其芳，谈《红楼梦》校注事。

27日，朱屺瞻老寄来《黄叶村著书图》长卷，复信感谢。

---

① 贺敬之（1924—），山东峄县（今枣庄）人，著名诗人、剧作家。16岁到延安，入鲁迅艺术学院文学系学习。新中国成立后曾任《诗刊》编委、中国戏剧家协会书记处书记、文化部副部长、中宣部副部长、文化部代部长等职。

② 严文井（1915—2005），湖北武昌人，著名儿童文学家、散文家，曾任中国作家协会党组副书记、《人民文学》主编、作家出版社和人民文学出版社社长等职。

③ 赵朴初（1907—2000），安徽安庆太湖县人，著名佛教人士、社会活动家、诗人、书法家。曾任中国佛教协会会长、中国佛学院院长、中国书法家协会副主席、全国政协副主席。

4月3日，赵燕侠、张钊请吃饭。

4日，与刘梦溪同拜访赵朴初老，携去为朴老所画葡萄，并携去《黄叶村著书图》，请朴老题诗。

5日，到朝阳门访夏承焘老。

13日，为李一氓①老作画。

14日，访叶圣陶老。

16日，访姚雪垠②，同访者有叶至善、周雷，又遇李准来访，遂一起交谈有关李自成的问题。

18日，《红楼梦》校订组开会，正式开始已经停顿多时的校注工作。

24日，得上海王蘧常师来信，信中甚表思念，并且称先生在"四人帮"的高压下能够"独立乱流中"。

30日，上午去北京师范学院讲《红楼梦》，下午访张伯驹③先生，请其为朱屺瞻老题句，并为《黄叶村著书图》题句。

5月2日，在家作画，自觉已变去成法，另得新意。

8日，分别找冯牧、贺敬之谈有关校注《红楼梦》事。得福建师范大学陈祥耀④来书。

11日，陈凡⑤寄来香港出版的先生60年代所编《历代文选》，上、下两册。

13日，拟编著《红楼梦版本图录》，已筹之数月。

15日，为写作《论脂砚斋重评〈石头记〉庚辰本与己卯本之关系》（后更名为《论庚辰本》），连日对校"己卯本"与"庚辰本"，今日所得材料尤多，先生认为论点完全可以得到证实。

19日，去故宫看明清画展。

20日，开始写作《论庚辰本》。原准备写一两万字，但随着问题的深入

---

① 李一氓（1903—1990），四川彭县人，1926年加入中国共产党，抗日战争中曾任新四军秘书长。新中国成立后，曾任中联部副部长、中纪委副书记、国务院古籍整理出版规划小组组长、中国国际交流协会会长等职。

② 姚雪垠（1910—1999），河南邓州人，著名作家。抗日战争期间曾任中华全国文艺界抗敌协会理事。新中国成立后，曾任湖北省作家协会主席、中国作家协会名誉副主席。

③ 张伯驹（1898—1982），河南项城人，著名收藏鉴赏家、书画家、诗词学家、京剧艺术研究家。曾任故宫博物院专门委员、国家文物局鉴定委员会委员、中央文史馆馆员。

④ 陈祥耀（1922—），学者、书法家，毕业于无锡国专。新中国成立后任福建师范大学中文系教授。

⑤ 陈凡，广东三水人，曾任香港《大公报》副总编辑。

与展开，后来篇幅不得不扩展。

按，文见冯其庸《论庚辰本》序和注释。

21日，访沈从文①先生，请他为朱屺瞻老画作题词，并为《黄叶村著书图》题词。

7月22日，十届三中全会公报发表，北京全市大游行。先生在一片庆祝声中继续写作《论庚辰本》，第二天凌晨写毕，凡五万五千字。本书否定了吴世昌先生认为"庚辰本"是由四个本子拼抄起来的、书上的"四阅评过"和"庚辰秋月定本"等题记是商人随意加上去的等等看法，通过"庚辰本"与"己卯本"对校，揭示了两个本子惊人的密切关系：其相同之处达到百分之九十六七，"己卯本"上的空行、缺字、衍文以及正文以外对抄手的提示文字，"庚辰本"也照抄不误，从而论断"庚辰本"系据"己卯本"过录，它实际上保存了"己卯本"的全部款式与文字。这是红学史上第一次发现两个珍贵的早期《石头记》抄本之间的这种特殊密切的关系。书最后对"庚辰本"作了概括性的评价：一、"庚辰本"是曹雪芹生前最后的一个本子，其最初的底本，是乾隆二十五年（1760）的改定本，这时距曹雪芹去世只有两年（曹雪芹卒于乾隆二十七年壬午除夕，即1763年2月12日）。截至目前，还没有发现比这更晚的曹雪芹生前的改定本，因此这个本子是曹雪芹生前的最后一个改定本，也是最接近完成和完整的本子。它是现存《石头记》乾隆抄本中最好的一个本子。二、"庚辰本"是据"己卯本"过录的，所以用庚辰本作为一个坐标，来纵向或横向研究《石头记》的各种早期抄本，特别是研究己卯本，它是一份十分珍贵的历史文献。三、在"庚辰本"上，保存了脂砚斋等人的不少珍贵批语，对探索此书的创作情况及曹家的史事，具有无比重要的作用。四、这个本子是一个遗留有部分残缺的本子，从作品的完整来看，似乎是缺点，但从研究曹雪芹作品的原貌来说，它却是一份最宝贵、最真实的记录，它有助于我们对照出后来许多完整的《石头记》的"完整文字"的增补性质。五、曹雪芹的《石头记》手稿至今早已不存在了，唯独在这个"庚辰本"上，保留着"脂砚斋凡四阅评过"和"庚辰秋

---

① 沈从文（1902—1988），湖南凤凰县人，著名作家、历史文物研究家。新中国成立前曾先后在西南联大、山东大学、北京大学任教。新中国成立后，历任中国历史博物馆和中国社会科学院历史研究所研究员。

月定本"这二条题记,从而使我们得知这个本子虽是过录本,但除错别字和极少几处抄漏外,却未经人有意篡改,所以它确可以说是仅次于作者亲笔手稿的一个本子。

8月4日,参加何其芳同志追悼会,见到周扬①、林默涵等同志。

16日,与李新同去看望郭影秋校长,商谈恢复中国人民大学、组建筹备委员会的问题。前几天已经去谈过一次,希望郭校长出面带头组建筹委会。

20日,连续半个月复抄《论庚辰本》,今日抄毕,共六万七千字。

9月3日,福建师范大学陈祥耀来晤。

5日中午,得朱屺瞻老人自北京饭店来信,告知已到京,拟于本星期日来访。先生喜极,遂于下班后即赴北京饭店看望朱屺瞻老,畅谈二小时,屺老出《梅竹图卷》属题,此画作于1946年,上有齐白石老人题字。

9日,到北京饭店访朱屺瞻老。

10日,将《论庚辰本》稿寄上海文艺出版社。

11日,上午去毛主席纪念堂,下午作画,之后看望许麟庐,并晤黄永玉②,告知他朱屺瞻老欲访他之事。

12日,与赵朴初先生同访朱屺瞻老,并晤唐云③、陈佩秋④、谢稚柳⑤等老画家。

14日,朱屺瞻老为先生作《兰竹图》,下午,与朱老同到后海西沿访张伯驹,相谈甚欢。复陪同访恭王府。晚同去叶道英家。

16日,陪同朱屺瞻老访问周汝昌。

18日,去北京饭店访朱屺瞻老,屺老为作《瓜饭图》。下午访许麟庐先生,欲找黄永玉,未遇。

---

① 周扬(1908—1989),湖南益阳人,文艺理论家、翻译家,新中国成立后曾任中国文联主席、党组书记,中国作家协会副主席,中共中央宣传部副部长。

② 黄永玉(1924—),湖南凤凰县人,土家族,著名画家。现为中央美术学院教授、中国美术家协会副主席。

③ 唐云(1910—1993),浙江杭州人,著名国画家,曾任中国美术家协会理事、中国美术家协会上海分会副主席、上海中国画院名誉院长、上海博物馆鉴定委员等职。

④ 陈佩秋(1922—),河南南阳人,国画家,上海大学美术学院兼职教授,上海中国画院画师。

⑤ 谢稚柳(1910—1997),江苏常州人,著名书画家,曾任中国美协理事、上海分会副主席,中国书法家协会理事、上海分会副主席,国家文物局全国古代书画鉴定小组组长,国家文物鉴定委员会委员。

20日下午,陪同朱屺瞻老至西城白塔寺畔访雕塑家郑可。郑可为朱老作浮雕。是日,朱老将重作的《瓜饭图》赠予先生。

25日晚,去北京饭店将《梅竹图卷》送至朱屺瞻老寓所,先生为此画卷题词云:"梅花竹里无人见,一夜吹香过石桥。此姜白石词境,予于起老画卷中得之。此卷画于卅年前,维时寇氛尚炽,神州陆沉,起老画此,冰心亮节,讽世之意存焉。予于起老,倾倒已数十年。曩予居梁溪,不得师事白石翁,长以为恨,今起老八十六岁高龄来京华,予幸得拜识,欲为门墙桃李,起老其许之乎?起老画笔,纵横超迈,清逸古拙,卓然于世,与古贤相接,此人所共识者也。其庸冯迟拜读于京华瓜饭楼中。"

26日,到清西陵参观,看泰陵、昌陵、穆陵,归途过易水,转道看荆轲塔,到家已是晚上。得上海文艺出版社来信,通知《论庚辰本》决定出单行本。

29日,陪同朱屺瞻老游长城。

30日,访叶道英,送去许麟庐先生为其所画巨幅紫藤。

10月1日,宴请陈祥耀、应必诚。

3日,陪同朱屺瞻老游览香山正白旗和白家疃。

6日,朱屺瞻老为作四尺整幅《兰石图》以为临别纪念。

8日,去北京饭店送别朱屺瞻老。晚访赵燕侠。

13日,往游北京房山风景区十渡。

16日,先生《喜看〈逼上梁山〉》一文在《北京日报》发表。

19日,与马彦祥、陶钝、郭敬同赴山西大寨参观,当天到昔阳。此后至23日一直在大寨。24日赴太原,25日参观杏花村酒厂,之后赴文水参观刘胡兰纪念馆。26日上午游览玄中寺、卦山,下午游览晋祠。27日晨返回北京。

28日,写毕《论庚辰本》序。

11月1日夜1时,写毕《论庚辰本》后记。先生在此书的序言和正文里,两次提到"实践是检验真理的唯一标准"。在"序言"里说:"我坚信科学上的是非真伪,不能凭个人的主观自信而只能由客观实践来检验,只有实践才是检验真理的标准。"在正文里说:"究竟是谁的意见比较地符合这些版本的客观实际的情况,这要由客观实践的检验来加以鉴定,实践是检验真理的唯一标准,除此之外,不能有第二个标准。"1978年5月,《光明日报》

发起了"实践是检验真理的标准"的讨论，其结论与冯先生在此书的"序言"和正文里写的完全一致。但先生的意见比这场争论早出六个多月。

9日，将《论庚辰本》序言与后记誊录一过，并增加若干图片，至此，《论庚辰本》全稿告竣。几天后，将序言、后记及补充图片寄往上海文艺出版社。

23日前后，香港《大公报》记者陈凡来京，此后几天，先生与之快谈数次，并赠予所画葡萄。陈凡见到《论庚辰本》稿，急索去欲在《大公报》上连载。

本月末，为解决1955年旧影印"庚辰本"在第六十六回回目下原有"以后小字删去"两行小字，而到了1975年新影印本中却不见了这两行小字的疑问，先生特意到北京大学图书馆查看"庚辰本"原本，终于发现这两行小字原来是写在一张小纸片上粘上去的，1955年影印之后，此书曾重新装订，小纸片脱落移位，移到装订线后边，结果致使1975年的影印本未印上这两行小字。幸亏先生发现装订线里侧露出一小角纸片，将此纸片夹出，居然就是"以后小字删去"的那张小纸片，于是这个不解之谜终算解开。先生同时发现第七回末的一段题记并不是直接写在抄本之上，而也是写在一张纸条之上，同"己卯本"上的"五回题云""六回题云"两个夹条是一样的纸张，一样的笔迹，一样的款式。此外，还看出"庚辰本"所用纸张与"己卯本"一模一样。以上这些发现，对于研究"庚辰本"都很有意义。

按，文见冯其庸《论庚辰本·再记》。

12月1日，先生根据查看"庚辰本"原本的发现，写下《论庚辰本》再记。

7日，开始作《大金喇嘛法师宝记》碑文笺证。

11日，访黄永玉，承惠赠《黄山天都峰图》。先生对此画极为欣赏，归来即作一绝《奉题黄永玉惠赠〈黄山天都峰图〉》："千金难买黄山图，满纸云烟人有无。料得山僧应拜倒，愧无巨笔扫天都。"

按，诗见《墨缘集·梦里青春可得追》：

记得"四人帮"横行的时候，他对我说，哪一天"四人帮"垮台了，我的第一张画就要送给你。说"哪一天'四人帮'垮台了"这句话本身就足够坐牢的，但这却是一句人人想说的话。所以我们自然也就说了。更有意思的是幸而言中，这句话后不太长的时间里，"四人帮"果然垮台了。我们正在热烈地庆祝"四人帮"垮台的时候，有人来告诉我，"四人帮"垮台后黄永玉的第一张画画好了，是送给你的，赶快去拿。我真的立刻到了永玉的家里，也真的拿到了那张非常值得纪念的画，是画的四尺整幅的黄山天都峰，并且作了长题，完全是传统的风格，实在好极了，我至今一直珍藏着。

此顷，先生在翻阅《五庆堂曹氏宗谱》时，看到曹德先名下写着："顺治九年壬辰，七月初七日，同定南王尽节广西省城。……诰授光禄大夫，葬顺天府房山县张坊镇西涞水县之沈家庵村北，铁固山阳，玉蟒河西。"于是决定寻找其地。

12日，与顾平旦①、林冠夫等前往河北涞水县调查，先到了张坊，找到农林局局长袁德印，由他带路，找到了沈家庵村，了解到确有五庆堂曹家坟地，即当地人称为"曹家大坟"者，并且寻访到看墓人言凤林老太太，其所述与谱文所载一一相合。13日、14日，在六渡、十渡一带游览。14日晚到家。

16日，参加周贻白老师追悼会，见到周扬同志，与交谈。同日，收到陈凡来信，告知先生已经同上海文艺出版社谈好，《论庚辰本》先在香港《大公报》发表。

21日，朱屺瞻老寄来《激楚回风图》长卷，先生叹为杰构，为之欣喜不寐。

25日，中央宣传部召开哲学社会科学、文艺、新闻出版界著名人士座谈会，张平化部长主持会议，先生前往参加。今天《人民日报》发表先生《一曲无产阶级的国际悲歌——谈京剧〈蝶恋花〉》一文。

28日，再度前往河北省涞水县之沈家庵村调查，发现一块五庆堂墓地的界石，上面一面刻"五庆堂"三字，一面刻"曹家茔地"四字。

29日返回家中。

按，参见冯其庸《梦边集·五庆堂曹氏宗谱的重见和曹世祖墓的发现》。

28日至31日，中宣部召开文艺座谈会。先生报到后，请假两天前往涞

---

① 顾平旦（1930—2003），江苏苏州人，中国红楼梦学会理事。

水调查，从30日起参加会议，作发言。会上一致同意早日恢复作协、文联和其他各协会。

31日，关良①先生惠赠画作。

本年，杨廷福②先生来京参与校注《大唐西域记》，到京，即持王蘧常先生书信来与先生相见，快谈竟夕，有相见恨晚之感。

按，见冯其庸《秋风集·书杨廷福、江辛眉教授二三事》。

1978年 戊午 55岁

[时事] 4月，中共中央决定全部摘掉"右派分子"帽子。5月11日，《光明日报》发表特约评论员文章：《实践是检验真理的唯一标准》。18日，《人民戏剧》编辑部召开全国戏剧座谈会，全国各地戏剧家近百人参加了座谈会。12月18日至22日，中国共产党十一届三中全会在北京举行。这次全会从根本上冲破了长期"左"倾错误的严重束缚，开始了系统的拨乱反正，成为新的历史时期的开端。

本年，中国人民大学复校，开始招生。

著名学者、中国文联主席郭沫若逝世，终年86岁。

元旦，获张伯驹先生所赠对联："其鱼有便书能达，庸鹿无为福自藏。"后来，又获赠一集句联："古董先生谁似我，落花时节又逢君。"

按，诗见冯其庸《墨缘集·文章尚未报白头》。

1月9日，看望林默涵同志，送交请求继续校注《红楼梦》的报告。

20日，与刘梦溪同去看望赵朴初老，取来其为朱屺瞻老画作题跋。

22日，看望周扬同志，畅谈两小时，周扬希望先生坚持把《红楼梦》校订工作搞完。

26日，校对完上海文艺出版社寄来的《论庚辰本》三校样。

27日，吴恩裕先生赠送在北京新发现的一对刻有"芹溪"上款的书籍

---

① 关良（1900—1986），广东番禺人，画家，曾任浙江美术学院教授、上海中国画院画师。

② 杨廷福（1924—1984），浙江鄞县人，生于上海，毕业于无锡国专，著名学者，唐律专家，曾任上海教育学院教授。

的照片四帧，分别拍的是书箧门上的兰花、题刻以及箧门背面的题字和一首悼亡诗，先生据此初步判断，此确为曹雪芹遗物。

2月1日，为鉴定新发现的曹雪芹书箧的真伪，文化部约请先生和王世襄①先生陪同林默涵同志，由吴恩裕先生带领一起到书箧主人家验看实物。经仔细验看，认为书箧及箧门上所刻兰花俱为乾隆时期风格，而非伪造。今天起，香港《大公报》开始连载《论庚辰本》。

6日夜11时半，写毕《二百年来的一次重大发现——关于曹雪芹的书箧及其他》一文，文中从书箧的质地与样式，书箧上面所刻兰花与题字的风格，左箱门五行墨迹的行笔、句法格局、墨色等等方面论说了书箧确为曹雪芹之遗物，文中特别对悼亡诗作了细致入微的辨析，指出其所反映的生活情况，无一条不切合曹雪芹的身世，且就用语和感情而言，只能出自其继妻笔下。文中还从反面，也就是作伪者可能有的动机和做法，反证这一对书箧之可信无伪。文中还将这一对书箧与1973年发表的曹雪芹佚著《废艺斋集稿》和1971年发现的香山正白旗38号舒姓家复壁上的题诗联系起来思考，认为由于书写笔迹的相同而使得书箧与《废艺斋集稿》发生了紧密的关联，由于共同署有"拙笔"这个奇特名称而使得书箧与复壁题诗发生了紧密的关联，因此它们之间互相构成了有力的证据，可以断定这一对书箧和《废艺斋集稿》的真实性与巨大价值是无可怀疑的，至于原来被怀疑和否定的复壁题诗也有重新研究的必要。又，本文完成的时间正值1978年2月旧历丁巳除夕，曹雪芹逝世213周年日。

按，该文见冯其庸《梦边集》。

13日夜1时半，写毕《〈大金喇嘛法师宝记〉碑题名考》初稿，18日做了修改。文中对此碑碑阴题名做了考查，从《清史稿》《满汉名臣传》《清史列传》等史料中钩稽出题名中10个人的材料，还从《清实录》中查到了另外11个人的活动情况，其中就包括被列于碑阴题名"教官"这个职衔下面的曹振彦，这使得对于曹雪芹上世的了解大大前进了一步。

按，该文见冯其庸《梦边集》。

19日，看望许麟庐。

---

① 王世襄（1914—2009），祖籍福建福州，生于北京，著名文物鉴定专家、收藏家、学者，曾任中央文史馆官员、国家文物鉴定委员会委员。

23日，青年出版社编辑来访，告知已同意再版《历代文选》。

3月5日，赴上海，翌日晨到达。转天，杨廷福、江辛眉①来访，之后同去访问王蘧常师与朱屺瞻老。8日，再访朱屺瞻老，在其画斋观画。

9日到无锡，在锡两日，与尹光华、巫君玉诸人游。

11日，经镇江到扬州。当晚，由卞孝萱先生陪同至天宁寺访陈从周。从周与扬州地委书记钱承芳②正在作画，与先生相见甚欢。从周谈及这座天宁寺，就是曹寅当年刻《全唐诗》之所，而门前的水码头和石阶，就是当年康熙南巡时停泊处，后来乾隆南巡，也在此停舟。

按，参见冯其庸《秋风集·陈从周〈园林谈丛〉序》。

12日，再去天宁寺，晤扬州画家吴砚耕，吴为画墨菊。之后至扬州市博物馆参观出土文物。又为扬州师院作演讲。当晚到南京。

13日，为南京师范大学作演讲，晤金启华。之后赴徐州。

14日，参观徐州出土文物，又参观了相传刘邦曾经住过的云龙山以及范增墓、项王庙、燕子楼、陶谦庙、华佗墓、吴季札挂剑台等遗迹。次日，在徐州师院作演讲。

17日，返回北京。

4月6日，香港《大公报》连载《论庚辰本》毕，凡62天。

本月，《论庚辰本》由上海文艺出版社出版。此为第一本研究《红楼梦》版本的专著。

5月12日，将《打碎枷锁，解放思想》一文送到《文艺报》社，在报社获知郭沫若老病危，心情沉重。第二天即从新闻中得知郭老去世消息，十分悲痛。

14日，收到上海文艺出版社寄来的刚刚出版的《论庚辰本》。

6月6日，著名学者、诗人、翻译家林同济③教授来访，相谈甚欢。次日，林教授来信，托先生收集叶帅的诗，并请帮忙约见周扬同志。

《剪烛集·林同济教授诗集序》：

---

① 江辛眉（1922—1986），浙江嘉兴人，毕业于无锡国专，诗人，曾任上海师范学院历史系副教授。
② 钱承芳，历任扬州地委宣传部副部长、副市长、市长、地委书记等职。
③ 林同济（1906—1980），福建福州人，著名学者、诗人、翻译家。新中国成立前曾任教于南开大学、西南联大、复旦大学。新中国成立后任复旦大学外文系教授。

我认识林老已经是很晚了,那是1978年6月。先是我为上海老画家朱屺瞻先生的画册写了一篇长序,后来又为屺老的画题了一些诗,林老看了我文章,感到我们同是屺老画的爱好者和崇拜者,我们在中国画方面,尤其是对朱屺老的画,有着非常一致的看法,所以林老不顾72岁的高龄,竟然要跑到我的五层楼上来会晤,等到我要说我去看他时,他已挂断电话,直到我处来了。那是1978年的6月6日。

林老清瘦而健谈,因为有了朱屺瞻先生的一层关系,所以我们一见如故,谈得十分高兴,而对朱屺老的画,我们的评价是很高的。第二天,林老即给我来了一信,信里托我办两件事。一是托我收集叶帅的诗,他要请他的妹妹林同瑞翻成英文向世界流传,二是他要请我约见周扬同志。

8月10日,专程赴辽阳验看《大金喇嘛法师宝记碑》,同时请辽阳同志查找是否还有第二块有关曹家的碑。之后游览千山,联系千山距离辽阳很近,先生悟到曹寅《楝亭诗钞》自署"千山曹寅"的道理。

按,参见冯其庸《敝帚集·我与〈红楼梦〉》和《梦边集·大金喇嘛法师宝记碑题名考》。

18日凌晨,改定《〈大金喇嘛法师宝记〉碑题名考》一文。同日写毕《曹雪芹家世新考》自序,此序草拟于3月5日,7月31日作了修改,至此始定稿,《曹雪芹家世新考》全书告竣。此书证实了《五庆堂重修辽东曹氏宗谱》的历史真实性和它的巨大价值。主要结论包括:一、证实了此谱所载始祖曹良臣和第二代曹泰、曹义都不是真正的五庆堂的始祖,而是撰谱人强拉入谱或讹传窜入的;二、证实了五庆堂的真正始祖是曹俊;三、证实了曹雪芹的上祖与五庆堂的上祖是同一始祖即曹俊,曹雪芹的上祖是曹俊的第四房,五庆堂的上祖是曹俊的第三房;四、证实了三房以下大批谱上的人物都是有史可查的,连五庆堂所载从龙入关的人员的墓葬地点都是真实可靠的;五、证实了曹家在天命、天聪、崇德之间,原是明朝的军官,他们是在当时的明与后金的战争中归附后金的;六、证实了曹家在天命、天聪时期原是汉军旗,后来才归入满洲正白旗;七、证实了曹家的籍贯确是辽阳,后迁沈阳,而不是河北丰润。在对此谱研究的过程中,冯先生发现了一批具有珍贵价值的历史资料,其中,书面文献资料主要有:《清太宗实录》卷十八关于曹雪芹高祖曹振彦的一条记录,这是关于曹雪芹上世的最早最可靠的直接的史料;康熙二十三年未刊稿本《江宁府志》和康熙六十年《上元县志》所载两篇《曹玺传》,它们透露出曹雪芹曾祖及其上世的许多事迹,并明确记载着曹氏"著籍襄平","襄平"即为辽阳的古称;《天聪七年孔有德投降后金书》,书中提到为孔有德送投降书之人正是曹家堂房老祖宗曹绍宗;康熙抄本《沈阳甘氏家谱》,此谱证实了曹、甘两家的姻亲关系,这对于研究曹雪芹上祖的家世至关重要。实物资料主要有辽阳发现的《大金喇嘛法师宝记碑》《重建玉皇庙碑》《东京新建弥陀寺碑》,其中前两块碑上都有曹雪芹高祖曹振彦的名字,后一块碑上有曹得先、曹得选、曹世爵的名字,他们都是《五庆堂谱》上的人物。这些珍贵资料和《五庆堂谱》互为印证,大大丰富了对于曹雪芹家世的了解。

本月末,收到陈从周先生来信,请先生为其《园林丛集》(出版时改名为《园林谈丛》)作序。陈从周先生来信全文如下:

其庸吾兄:

今日自亳州返,奉到《红楼梦》注两本及吉林刊,遍觅无函,未知有何相属也。北京电催要我去,我因《园林丛集》等事未能脱身。此书想最近将弄好交出版社。大叙请速赐。港刊及吉林刊,弟作未知何日可见,想港刊已出也。

从周

廿二日

9月19日,旧历戊午中秋后二日凌晨5时,写毕《关于曹雪芹的几个问题》。文中批驳了台湾杜世杰《红楼梦原理》否定曹雪芹其人真实性的说法和某些人认为《红楼梦》是曹頫所作的说法,提出曹雪芹对《红楼梦》的著作权不容否定。

按,该文见冯其庸《曹学叙论》和《漱石集》。

21日,撰写《曹雪芹家世新考》后记,云:"现在我呈送给读者的,就是这三年来我对此谱所作的调查研究的结果。这个结果是否正确,结论是否符合客观实际,不在于调查者自己对此具有多大的自信,而在于今后广大读者对这项结果的严格审查和检验,在于今后继续发现的有关这方面的可靠的史料是否能与这个结论符合,如果以后继续发现的可靠史料与我的调查结果是矛盾的,不一致的,那么,这个结论是否正确就要重新加以考查。总之,只有千百万人民的实践,才是检验真理的唯一标准,除此之外,没有第二个标准。"

22日,杨廷福先生为《曹雪芹家世新考》撰写后序,结合谱牒学的学术价值充分肯定了《新考》的成就,特别对作者的治学精神与态度给予了高度评价,云:"(其庸同志)从文献和实物中进行实事求是的考核,几年来于翻阅资料外,多次风雪载途,炎暑蒸人到河北省涞水县山区及辽宁辽、沈地区访问五庆堂曹氏祖墓和有关曹雪芹上世的历史文献,剔除苔藓,摩挲碑碣,进行调查研究,终于在沙漠中发现了绿洲,才写成《曹雪芹家世新考》。《新考》是其庸同志研究《五庆堂重修曹氏宗谱》的一部专著,通过大量历史资料的搜集和剖析,证明了曹雪芹上世的籍贯是辽阳(后迁沈阳)。作者用响凿的材料,证实了曹雪芹的上世与五庆堂上世是同宗。从而考定了曹雪芹的籍贯确是辽阳而不是河北丰润。于是几十年纷争的问题,得到了确切的结论。""其逻辑之严密,可以令人信而不惑。""凡此等等,都是物证俱全的铁案,也可说是不刊之论。""《新考》皮相地看来引文长篇累牍,似乎是一部资料书,其实则大不然。'在历史科学中,专靠一些公式是办不了什么事的','科学的态度是实事求是',必须从事实出发,充分地占有材料,这是稍具有马列主义观点的人都知道的。可是在'四害'肆虐时,这一马克思主义的科学态度早就被践踏了,流毒所及形成极其恶劣的学风和文风,那些大讲'儒法斗争'的所谓'学术论者',实际上是游谈无根,不学无术,引文则寻章摘句,截头去尾,随心所欲,以逞臆说。驯至人们不悦学,不读书,甚至只要所谓观点,无视资料与事实,还自以为是。'志士多苦心',《新考》有鉴于此,所以引文原原本本,以明真相,而能清楚说明问题,更何况所录的大都是罕见的资料,为读者和研究者提供了许多方便呢!""其庸同志治学严谨,据《五庆堂重修辽东曹氏宗谱》,参证大量文献和实物,考定曹雪芹的籍贯,为我们坚持马克思主义的科学态度,实事求是的研究方法提供了一个样式。"

11月11日夜12时,于上海锦江饭店写毕《怀念我的老师周贻白先生》一文。

按,该文见《剪烛集》。

12月9日午夜到10日上午10时,撰写剧评《含泪看〈赔情〉》。

按,该文见《剪烛集》。

17日凌晨写毕《忆老画家张正宇先生》一文,时距正宇先生逝世两周年又二十天。

按,该文见《秋风集》和《墨缘集》。

1979年　己未　56岁

[时事]　1月1日,美国与台湾断交,与中华人民共和国建立正式外交关系。2月26日,文化部党组决定,为所谓为资产阶级服务的"旧文化部""帝王将相部""才子佳人部""外国死人部"的错案彻底平反。决定指出,新中国成立后17年,文化部的成绩是主要的,根本不存在所谓"文艺黑线"和以周扬、夏衍、田汉、阳翰笙为代表的"黑线代表人物"问题,宣布凡是受到这一错案牵连和遭到打击、诬陷的同志一律彻底平反。4月3日,党的理论工作务虚会结束。会议对"两个凡是"和思想僵化现象进行了尖锐批评,对一些理论方面的重大原则问题进行了深入的讨论。6月29日,中共中央正式为所谓"三家村反党集团"冤案彻底平反,撤销对邓拓、吴晗、廖沫沙三位同志所作的错误结论,恢复他们的政治名誉。10月30日至11月16日,中国文学艺术工作者第四次全国代表大会举行。邓小平致祝词,提出社会主义现代化建设新时期的文艺工作方针。

本年5月,《红楼梦学刊》第一辑出版。11月,《红楼梦研究集刊》第一辑出版。

1月1日夜,写毕《〈红楼梦〉研究必须贯彻实践检验的精神》一文。该文见《梦边集》。

8日夜2时半,写毕《陈从周〈园林谈丛〉序》。该文见《秋风集》和《墨缘集》。

大约本月上旬,应中华书局某同志之请为其友人作画,其后,方得知画是赠给百岁老画师苏局仙①的。本月中旬,苏老致书中华书局该同志,称赞

---

① 苏局仙(1882—1991),上海人,书画家。长期从事教育工作,曾为上海文史馆馆员。

先生"书画气势磅礴，行笔横辣"，而"诗如其画，亦澎湃，天分高，非可强能"。苏老并作六绝句以赠先生。

《墨缘集·文章尚未报白头》：

> 我认识的前辈中年龄最大的是苏局仙老先生，我与他通信交往时，是在70年代末，那时他已将近百岁。事情有点偶然，记得是吴恩裕先生的夫人骆静兰女士，有一天告诉我，中华书局的一位朋友想求我为他的朋友作画，问我可不可以？我当时就答应了，画了几开册页，画的是葡萄，送给了中华书局的朋友，之后不久，就得到苏老先生的来信，信是写给中华书局的朋友的。那封信说：
>
> "千里先生左右：其庸书画气势磅礴，行笔横辣，非池中物也。承令弟求得，感甚。以后请勿再物色，因箧中填满，老眼又昏花，传之后人，未必能视如珠玉。埋没名笔，实不敢为，幸勿误会。小诗六绝，拜烦转致，明知不入其目，终算表谢忱也。所用名字，青藤徐渭，吴庐昌硕，齐璜白石，山阴王徽之，痴僧怀素。诗如其画，亦澎湃，天分高，非可强能。敬复，即颂教安　　养怡信烦面致　　弟苏局仙顿首　一·十八日"

信中提到的六首诗，是另写的一个小横幅，诗云：

奉酬
其庸大法家惠赠书画

一
天马行空不可羁，气吞河岳逞雄姿。
古人尽扫笔端外，只向阴阳造化师。

二
老来堪笑似顽童，犹识珍奇拜下风。
反快山斋瓦缝薄，宝光直射斗牛宫。

三
英流怀抱不寻常，一掷千金宁望偿。
敢告珍藏传后世，勿轻上市换壶觞。

四

十年错未结因缘,同感蹉跎离恨天。
可是今朝深识面,南田画笔句青莲。

五

天假残年逾九六,幸持晚节不羞竹。
自圭诗句久废吟,毛选五卷日三复。

六

静待无妨再十年,申江重过补因缘。
还丹九转凭君乞,同作长生不老仙。

一九七九年初月中浣
南沙苏局仙

先生得苏局仙老赠诗后,即奉答二首:"局仙老翁九十六,尚运兔毫喷霜竹。世上岂无谪仙人,此翁便是髯苏复。""闻公名姓十三年,三到申江未结缘。若识春风云水路,欲从海上拜苏仙。"

按,见冯其庸《墨缘集·文章尚未报白头》。

本月,中国艺术研究院红楼梦研究所正式成立。该所由原文化部《红楼梦》校订注释小组充实调整后建立。先生担任所长。

同月,作《〈朱屺瞻画册〉序》。该文见《秋风集》和《墨缘集》。

2月5日,曾致信日本友人松枝茂夫先生,请其撰文,叙述当年亲闻高见先生回忆借抄《废艺斋集稿》之详情。不久即收到松枝茂夫先生复信。先生致信全文如下:

松枝先生左右:辱承 惠函,拜诵再四。阁下于拙著谬加奖誉,愧不敢当。

先生是红学前辈,久仰 令名,他时如得问道,则不胜企盼之至。关于《废艺斋集稿》,此间真伪之争正在开展。先生昔年曾亲闻高见先生所述当年向金田氏借阅钩摹事,鄙拟恳阁下草一文,叙述高见先生回忆此书昔年借抄详情。如蒙 台允,则 大文可在此间发表。因事关此项文物之真伪,故敢驰函奉恳,千祈恕其冒昧,不胜感谢之至。又鄙与其他同人正在从事《红楼梦》校订注释工作,此次新注,较过去旧注增加一倍甚或二倍。目前初稿已成，上半年可以全部脱稿，明年出书。书出当以奉赠。拙著《文物》所发《家世考》是节文，另有详文，改日当寄奉请正。专此，不一一。顺颂撰安。

冯其庸拜上　2月5日

松枝茂夫先生复信全文如下：

冯其庸教授：

2月5日的惠函，今天奉收了。

1972年《文物》所载吴恩裕先生一文，惊动一时，连我们海外的人也异常兴奋，何况说那八卷珍书可能流落到日本。去冬，我看到陈、刘两先生的《曹雪芹佚著辨伪》（《中华文史论丛》七），所论的极是精确，字字中肯，很叫人联想到那古人论证《古文尚书》之伪的事。虽然吴先生还在那里写着《曹雪芹之死》（文艺丛书《十月》）哪。现在我才晓得自己这几年来做了一场好甜的春梦，白跑了一趟。我曾跟高见嘉十先生会谈一次，又找来找去竟找不到那姓田的诸事，于今说起来也恐怕没什么用处吧。

承先生下问，只得把我的经验略说一二吧。

1972年10月初，我的学生在东京美术学校（现改称为艺术大学）的毕业生名簿里，查得高见先生的住址。我就跑到富山县大沢野町（富山市南50公里），听得他还在此世，很高兴了。不过，人说，他现因老衰，在富山市内一个病院里疗养着。我就又转到富山市，在中川精神病院里竟找得到他。据院长说，病名是老年性脑性动脉硬化，恢复90%不可能的。得院长的许可，看护妇立会之下，我跟他交谈了十多分钟。他是较矮身干，生白胡的，两脚细瘦得跟南洋土人相像。不过，他那眼光炯炯，一见叫人觉得他为异人无疑。一交谈，我就知道他已经老衰，做了有点"恍惚之人"了（日本女作家有吉佐和子的小说名，现在成了一种流行语）。七八十岁的老人，所说的话，半懂不懂的，听不明白的地方太多了。那时我也有胡的（现在没有），好像"小胡见了大胡"一样的，两个有胡的聚头交谈，在旁看着很可笑的吧？我把文物志翻开，指着风筝图问他：这些图样您记得不记得？他就想了一想，略点一点头，回答说：记得，我还替他改一改了。我问：《废艺斋集稿》您看过么？他答：不记得。我问：姓金田的日本人您记得么？他答：不记得。一问一答，竟得不了要领了。而后他忽然谈及他的北京生活（他在燕七年多）：他常常被中国人认错了蒙古人；牡丹花的名字，中国人不知道的，他都知道；他的雕刻，定购的人很多，赚了好多钱等等，都是不关紧要的事。看护妇说：这老人从8月入院以来，初次说了这么许多话！听说他在病院，老得昼夜不辨，不摄常人食，这三天一粒不入口，终日默默无语的。那天（10月5日或6日）我返到大沢野町，在老人健康中心投宿，离他原居住的小屋逼近。这木造小屋在一个小小的植物园内。高见先生平生精通花木，也很爱攀山，日本Alps的诸高山，他说是无一座不攀登的。登山时，他常是赤足，不穿鞋履。几年前，他在立山（三千公尺以上）的大雪溪里跌倒，坠落下去，人事不省，险些儿死了。此后，他那老健的身体，眼见的衰弱起来的。他从山里搜集来的植物，凡八百种，三千棵（或说是二千）。大沢野町特别就给他造了一个植物园，又给他筑了这小屋，托他管理。町长要给他月钱，他说不要了，一文钱他都不收。天晴了就登山去，雨天在家里雕佛像，不吃粒米，只吃麦粉，偏爱喝酒。那酒是他自酿的蝮蛇酒和松叶酒（这松叶酒，我试尝了一口，好像是茅台酒的味儿）。无妻无子（他原来有离婚多年的妻子，还有儿子，现住在东京都丰岛区内），真是一个神仙似的人，虽然有些人讥笑谓他是一个乞丐。

10月6日那天，我过访了他那小屋里，点检一过，很期望着有什么证据物件。结果是，没有了，什么都没有了。只有的是：十几本笔记簿，都是关于花木的；几本水彩画帖，大概都是画山水、花木的。就中有三本北京画帖最引我的注意。还有一册是他壮年时的照相帖子。可是，那风筝图，半个影儿也没有了。跟我一同去的公民馆长说，他曾经看过风筝图在这里，现在可惜没有了。至于书籍呢，一本日本书都没有，何况是中国书，何况是《红楼梦》什么的。其外有的是他刻得还没刻完的佛像，还有他在山中发掘出来的许多石刀石斧之类而已矣！

关于姓金田的呢，我没有可说的。有人说，他可能是在北京收买古董的。我就跑到一个东京最有名的古董铺里，那掌柜（战争中在北京多年的人）说：那时北京有好几个日本古董商人，没有一个姓金田的。又有人说：姓金田的可能是个朝鲜人吧？当时日本政府强制朝鲜人改姓，朝鲜姓金的，大都被改称为日本式的姓金田。那么那八本书可能流落到朝鲜半岛去了。我们越发没有法子，只得束手了。

现在我这样揣想：高见先生跟一个姓孔的学生，把几叶风筝图样绘摹的事，大概真有的事实吧。但是，那绘摹的原本果真是雪芹的佚著？这很可疑的。至于那姓金田的，真有其人么？这也更可疑。孔先生绘摹的原本，莫非是孔先生他们造的一本亡是经？何苦来呢？

不自觉的缕缕说了些闲话，请您原谅吧。中文我平常写不惯，写得太不好了。意思不明白的地方恐怕太多了吧？

祝您健康！

松枝茂夫
二月十一日

再：七八年九月香港《明报月刊》（第一五三期）上所载，黄庚先生和孔祥泽先生说及我跟高见先生会谈之事，他们说的差些。关于《集稿》等等的话，老先生是一字不说的。

桥川时雄先生（在燕三十年的老学者）曾对我说，他在北京董康先生（已故）家里看过一部古抄本《石头记》，一卷厚大本，不分回的。真有其书的话，先生一定看过吧。十二日又及。

松枝茂夫[①]先生复信的有关情况可参见《梦边集·影印〈脂砚斋重评石头记〉己卯本序》。

9日，赴昆明参加全国文学规划会。

10日，上午参观圆通寺和吴三桂所造金殿。下午和第二天全天开会。晚写毕《春草集》序言。

12日，白天开会，晚上看关肃霜[②]演出的《铁弓缘》，开演前，曾到后台看望关肃霜。当夜写毕《春草集》后记。

14日，去西山风景区游览，依次参观了曹溪寺、龙门、太华寺、华亭寺

[①] 松枝茂夫（1905—1995），日本学者，中国文学研究专家，曾任日本东京都立大学名誉教授、早稻田大学教育学部教授，东方学会会员。

[②] 关肃霜（1928—1992），湖北江陵人，著名京剧演员，曾任中国戏剧家协会副主席、云南省京剧院院长。

和筇竹寺。

15日至20日，继续开会。其间，曾参观大观楼。

21日，到石林游览。

22日，大会闭幕，陈荒煤同志作总结发言。晚上应关肃霜约请，去看她演出的《打焦赞》和《白蛇传》"断桥"一折，演出前和演出后都看望了关肃霜。

23日，游览黑龙潭，晚上启程赴成都。

24日晚，抵达成都。翌日，参观杜甫草堂、武侯祠，晚上观看川剧四出折子戏。27日，往游道教圣地青城山，之后到都江堰参观，晚上再次观看川剧。28日，在四川大学作学术讲演。

3月1日，参观王建墓。

2日，到重庆，在此居停3日，曾参观白公馆、渣滓洞等。

5日乘船离渝，沿长江东下，经涪陵、奉节、忠县、万县、三峡等地，8日凌晨始抵武汉。当日参观了随县出土的编钟。

9日，上午游览归元寺和伯牙琴台，下午为华中师范大学和武汉大学作"关于《红楼梦》研究之现状和问题"演讲，10日，再为武汉师范学院作同题演讲，听众反应均甚热烈。

11日启程返京，12日抵达。

16日至24日，参加中宣部召开的文艺座谈会。

3月下旬和4月上旬，为筹备出版《红楼梦学刊》，多次请示有关领导，并与天津百花文艺出版社协商。

4月8日，参加《社会科学战线》召开的座谈会，与会者谢国桢、戈宝权、尹达、杨向奎、何兹全、吴世昌、吴恩裕等。同日夜1时写毕《〈五庆堂重修辽东曹氏宗谱〉考略》一文。该文见《梦边集》。

4月、5月间，曹氏后人曹仪简先生见访，详述了两部《五庆堂重修辽东曹氏宗谱》的收藏经过，先生请曹仪简先生将所述写成文字。5月9日，根据仪简先生讲述和文字材料，先生撰写了《曹雪芹家世新考·又记》。

本月，经王湜华之介拜访俞平伯[①]先生。见《剪烛集·悼念俞平伯先

---

① 俞平伯（1900—1990），浙江吴兴人，著名红学家。曾任北京大学教授、中国社会科学院文学研究所研究员。

生》。

5月20日，《红楼梦学刊》编委会在京成立，茅盾、王昆仑、叶圣陶、俞平伯、顾颉刚、吴组缃、启功、吴世昌、吴恩裕、周汝昌、张毕莱、端木蕻良等参加成立大会。茅盾、王昆仑担任该刊顾问，王朝闻和先生担任主编。

按，参见冯其庸《落叶集·语可诲人，光可鉴物》和《红楼梦大辞典》。

6月4日凌晨7时半，写毕《影印〈脂砚斋重评石头记〉己卯本序》。该文见《梦边集》。

本月下旬，收到日本学者松枝茂夫寄来的由他翻译的日文袖珍本《红楼梦》十册。

7月3日，为文化部黄镇部长起草给中央的报告，建议开放恭王府。同日接到美国赵冈[①]教授来信，告知他与周策纵[②]教授正在筹划1980年6月在美国举办国际《红楼梦》研讨会，拟约请先生参加。

4日，继续对校《红楼梦》"庚辰本"和"甲戌本"，此后数月得暇便抓紧对校，准备写作论"甲戌本"的文章。

7日，接美国威斯康星大学周策纵教授来信，约请先生第二年赴美参加国际《红楼梦》研讨会，并拟请先生就《红楼梦》早期抄本和曹雪芹祖籍两个问题作发言。

9日、15日和16日，应关肃霜之请，观看她在北京演出的《铁弓缘》、《扈三娘》《红梅阁》等。

13日，陈凡来信，寄来香港《大公报》，上面发表有先生《曹宣与桑额》一文。

17日，陪同刘海粟老观看李小春演出的《闹天宫》。

22日至承德，在避暑山庄宾馆与朱屺瞻先生相晤，客地相逢，备觉欢洽。

24日、25日，在避暑山庄写作《逝川集》序与后记，序中说："文学史的研究过程中，离不开考证，我认为应该为考证工作恢复名誉。其实，考证

[①] 赵冈（1924—），哈尔滨人，著名学者，先后任教于美国密歇根大学、加州大学伯克利分校、威斯康星大学。退休后曾任职于台湾中华经济研究院。

[②] 周策纵（1916—2007），湖南祁东县人，著名学者、红学家，美国威斯康星大学东方语言和历史系终身教授。

是一种手段,是学术工作上的调查研究,是研究工作的第一步。过去常常把考证工作与'烦琐'两字联系在一起,似乎凡考证必'烦琐',其实何尝是如此。考证就是调查,在调查一件事情的来龙去脉的过程中,要绝对避免烦琐,也是很困难的。如果烦琐的结果是弄清了问题,解决了问题,这总比说空话要好得多。"后记中说:"我认为一个人生活在社会上,一辈子消费了劳动人民创造的物质财富,对于我们这些从事精神劳动的人来说,应该把这些消耗的物质财富转化为精神产品。司马迁一辈子的消耗,转化为一部伟大的《史记》,杜甫一辈子的消耗,转化为一部《杜诗》,曹雪芹一辈子的消耗,转化为一部《红楼梦》,他们实在是无愧于劳动人民的供养,他们为我们伟大祖国留下了不朽的精神财富和无穷的精神力量。"

25日晚回到北京,拜访了美国赵冈教授。

29日,与赵冈同访周汝昌。

8月3日,陪同朱屺瞻老在京城访问张伯驹、夏承焘、赵朴初、王朝闻、李一氓诸先生,或遇或不遇。朱老为作立轴《黄叶村著书图》。见《朱屺瞻年谱》。

12日,雨中至许麟庐先生家,乘兴画一幅枯藤葫芦,题云"己未夏雨窗于竹箫斋漫笔,宽堂",许老为添加蚂蚱。见《墨缘集·初到京华第一师》。

22日,陪同赵冈教授游览香山和白家疃。

25日、26日,分别为日本松枝茂夫、伊藤漱平[①]和美国赵冈、周策纵作字画。

31日晚,宴请赵冈,与宴者有冯牧、吴世昌、吴恩裕、周汝昌、李希凡等。

9月,《红楼梦学刊》创刊号出版,先生《〈五庆堂重修辽东曹氏宗谱〉考略》一文发表于创刊号上。

16日、17日,观看关肃霜演出。

19日,参加邵荃麟[②]同志追悼会,作悼诗:"四海春回日,凄凉哭子时。

[①] 伊藤漱平(1925—),日本汉学家,国立东京大学文学部教授。

[②] 邵荃麟(1906—1971),祖籍浙江慈口,生于重庆,现代文学评论家、作家。新中国成立前在党的领导下从事文化活动。新中国成立后曾任中国文学工作者协会(后改为中国作家协会)党组书记、副主席,主编《人民文学》。

艰难奋直笔，世危识真知。风雨伤寥落，芳林剩几枝。凛凛风骨在，千载令人思。"

21日，到人民大会堂参加中宣部召开的座谈会，讨论文代会总报告。

23日，应苏一平①之嘱赴重庆验看一幅古画。24日、25日在重庆办事和游览之余，在招待所校订甲戌本《红楼梦》。

26日到成都，27日至广元，在广元文管所观看所藏出土宋代瓷器和青铜器。

28日，游览明月峡、清风峡、筹笔驿、千佛寺和皇泽寺。

29日游剑门关和剑阁。

30日离开广元赴西安。

10月1日，在西安观看秦始皇兵马俑和临潼文化馆所藏文物。

2日，在寓所校订甲戌本《红楼梦》。

3日游览大雁塔。

4日游华山，当夜宿于迎阳洞。

5日凌晨观日出，下午返回西安。

6日，参观碑林。7日，游昭陵。游览之余，仍校订甲戌本《红楼梦》，并阅读《红楼梦论丛》。

8日，返回北京。

17日，与四川大学齐傲同志同去拜访中国农业科学院陈善铭教授，其夫人是原藏"《脂砚斋重评石头记》庚辰本"的徐星署的女儿，经告，获知此书是北城旗人卖出的，由徐星署先生于1932年初在隆福寺的小摊上买回。新中国成立后，经郑振铎先生介绍，此书由燕京大学收藏，后归北京大学。②

24日，到沈阳。次日，在沈阳师院参加学术讨论会。26日去辽阳观看《玉皇庙碑》和《弥陀寺碑》。

本月，《春草集》由上海文艺出版社出版，此书收集了先生1959年到1966年"文革"前的部分剧评和戏剧方面的论文。朱屺瞻和王蘧常先生为本书题签。

10月28日至11月16日，参加第四届全国文代会，与孔罗荪、钟惦棐、朱寨同任文学第一组召集人。

---

① 苏一平（1913—1995），陕西西安人，曾任中国艺术研究院党委书记、副院长。
② 见《论庚辰本再版后记》。

11月30日，看望黄永玉。黄永玉朗诵所作诗歌。

12月12日和21日，两次召开《红楼梦学刊》编委常委会，讨论编务和其他问题。

23日，巫君玉协同老画家周怀民先生来访，沈玉成和杨廷福亦来，共进晚餐，相谈甚欢。

29日，收到周策纵教授寄来的请柬，邀请先生次年赴美参加首届国际《红楼梦》研讨会。

本年，与冯统一一起开始汇校《脂砚斋重评石头记》。此前，通过对"己卯本"和"庚辰本"所作对比研究，先生认识到研究《红楼梦》早期抄本，必须把它们联系起来作周密的排比考察，以揭示它们之间的内在联系；同时也要对各抄本作个别深入的研究，以辨明各自的独特性。只有这样从宏观到微观或从微观到宏观的全面考察，才有可能对这些抄本做出科学的接近客观真实的正确判断。按，见《漱石集·〈脂砚斋重评石头记〉汇校序》。

吴恩裕卒。邵荃麟卒。

1980年　庚申　57岁

[时事]　2月23日至29日，中共十一届五中全会在北京举行，会议决定，为已故国家主席刘少奇平反昭雪。5月17日，中共中央为刘少奇举行追悼大会。11月，最高人民法院特别法庭开庭公审林彪、江青两个反革命集团主犯。

同年7月30日，中国《红楼梦》学会正式成立。

1月4日，与冯牧同志一起会见了美国学者西里尔·伯奇。

13日至20日，将上海古籍出版社寄来的《曹雪芹家世新考》校样细细校对一遍，同时校对了再版的《论庚辰本》样书，撰写了《〈论庚辰本〉再版后记》。

31日，收到法籍华裔学者陈庆浩①寄来的增订本《红楼梦脂评辑校》。

2月4日、5日，赴天津与百花文艺出版社和天津师范学院等校开座谈

---

① 陈庆浩（1941—），广东澄海人，生于香港，学者，现任法国国家科学研究中心研究员，法国远东学院、巴黎第七大学教授。

会，讨论如何办好《红楼梦学刊》。

8日夜11时半，写毕《醉里乾坤大——论〈红楼梦〉的情节和细节描写》一文。该文见《梦边集》。

初春，因欲赴美国参加国际《红楼梦》研讨会，曾致信苏局仙先生，请为大会题诗并亲笔书写。不久，收到苏老复信和书件。

苏老复信见《墨缘集·文章尚未报白头》，全信如下：

其庸先生左右：

大札拜读，过誉处愧不敢当。局以入春来雨多晴少，寒气凝结不解，殊感欠适，委写件勉力涂奉，特异常拙劣，不足塞外人目，至期慎于去取，非关一人荣辱已也。局本不善书，不自料偶被选录，世人误采，浮名垒集，函索面乞，苦于应付。现眼已半盲，腕力又弱，从庚申年始拟弃笔墨，然日有数起，真有奈何之叹！拙作素不留稿，蒙先生见重，欲重行汇写，请将原稿寄抄，当再录奉，知己前决不作谎。纸暂留下，即请

撰安

局仙顿首

3月11日凌晨，写毕《论〈脂砚斋重评石头记〉甲戌本"凡例"》初稿。该文见《梦边集》。

20日前后，收到香港著名学者程靖宇[①]先生本月12日来信，对先生之《春草集》称赏备至，并奉告、奉恳数事。程靖宇先生来信全文如下：

其庸同志吾兄道鉴：

昨（三、十一）收到挂号大作《春草集》，今（三、十二）收到《红楼学刊》第二期及手书。《春草集》弟读到一半以上，通宵乐而忘睡。盖赵燕侠，海外无人不知，弟乃1946—（19）48年春，唯一捧她到三十天之北京大学研究院之程某也。她随马连良、君秋、裘盛戎来

[①] 程靖宇（？），笔名今圣叹，湖南衡阳人，学者，散文家。曾任教于南开大学，1951年参与创建香港崇基学院。

港，时为1963年，我与内子在台前谢幕时，与连良、君秋（他是战前拜李凌枫时结交的好友，1949年春在港相遇往还）、燕侠在谢幕时两见，犹如异国之人，彼此拱手。兄作有燕侠之相片，益令弟不胜沧桑之感。当（19）63年在台前燕侠谢幕见到弟时，她大惊失色，出乎意料。弟则只向君秋、连良表示同太太来看，并拍内子之肩表示"已结婚矣"。近见报刊君秋相，已花甲之年。连良八十纪念日在《大公》、《文汇》读到报道，真如隔世。兄之作，乃京戏之真知音也。京戏学问之大，超红学而过之，谈何容易哉！兄治学方面甚广，足见才不可羁，驰骋于文史之间不拘于一。盖为学者一怕胶执不化，第二怕泛滥无归。兄不胶执，亦不无归，庶几得之矣。《春草集》弟昨夜读至今晨四时，不觉饮泣者再也。今午收到手示，顷知挂号例多时日。红刊与尊函同时今日收到。京广直通车甚便，请勿忧虑。

昨函请转一函与平伯先生，当在近日可达座右（普通信七八日）。红刊港迄今只第一期，而其他书则反而先到。钱锺书先生之《管锥集》一二，去岁暮到，三集上周到，四集今买矣。

兹分条扼要奉告并奉恳下列数事：

一、红学刊第三集如出，乞平寄。

二、兄与汝昌先生出席会议，过港一定请给电话（以下电话号码，略）。

三、兄等行前，应先访钱锺书先生，请其介绍哥伦比亚大学夏志清。他是哥大正教授，东方学系主任，其英文《中国近代文学史》、《小说史》二书乃权威作，有专章论钱钟书。钱去岁访美，夏有详细描述，刊台北百零六万份第一大报《中国时报》，已收入集中，且刊出钱与夏合照。你们一定会到纽约，夏必见，宜先请钱交一介函。夏有汝昌1953年及新版《新证》及兄之《论庚辰本》，皆弟所寄（1953年夏地位没今日之重要，他当时尚在耶鲁刚得了博士，今则为东岸中国学者第一人）。对汝昌与吾兄早已神交佩服之至。钟书先生一函甚重要，即请一拜钱公。

四、弟所求者为凤霞女士之画而有其先生之题跋者。盖自她受灾后，弟等关切万分，知其大难得过，而"张五可"在港重演，弟每天（有一天两场）去看。见报载她访东北在船上照相，又读其在《大公报》之文（皆剪存），觉文体自成一格，有真正北方之文学口语特别"语趣"（鸠摩罗什译经，自梵入汉，重其"语趣"），佩服之至。战后1946—（19）48年12月，弟在天津南开教书，与当时青年先生，时去听凤霞之杰作。弟每礼拜四午后返北京，礼拜日下午六时返津，在京听燕侠、君秋、富英，余在津则惟凤霞女士。她的瓜瓞画得好，有白石、昌硕之笔意，盖天才不限于一方面。而祖光先生之行书功夫亦非等闲者也。

　　五、所求平伯先生之湘绮《圆明园词》自注，不知他有藏收否？"自注之文，不登巳集"，盖词作于同治十年，注只在后数日，时犯忌讳，故自注文仅至友得见。其第十女为桂阳陈士杰媳，外孙女即弟叔祖母，亲笔写自注词与弟，弟失之南开，今遍求港台美不得，故求救于平伯先生也。

　　光阴似箭，老辈日渐凋零矣。兄字对集王《圣教序》功夫不浅。弟藏有卅年来所有京沪所印集王《圣教》，惟神而游之，未能下功夫习之学之也。

　　《春草集》不日在此写书评，但市上尚未见。吴祖光伉俪，弟当另修一函致敬。

　　自吴裕老忽然别去后，弟迄今怅怅不乐。张行先生书箱，弟已三为文评考矣。甲戌本不避讳，不必重视。坊间钞胥，并不太重视皇帝讳也，例太多。惟己卯本讳"祥"，则因系府中钞手，与坊间是两回事。藏晖甲戌本弟见过（汝昌先生亦见过），确是旧抄。兄宜参阅他的印本末之一长跋。又刘铨福，北京荣宝水印陶渊明像，有刘之藏印，兄见到否？

　　甲戌本，或他抄本，雪片非一二三按序写，是显明的。第廿一回未完，却又写廿一之后，待到整理时，廿一回成为"此回未成而芹逝矣"。研究者多数无写小说经验，只是学者书生之见，相去远矣。

　　兄见过书箱，眼福不浅，佩服佩服。

　　汝昌先生新版《新证》，弟一次买十部，分赠美日台友人，今尚藏三部。港市上仍有得买。

　　匆匆草此，敬谢寄书。余续上，于此敬颂

　　著安

弟程靖宇拜
八〇、三、十二

4月，再致信苏局仙先生。月末，收到苏老复信。

苏老复信见《墨缘集·文章尚未报白头》，全信如下：

其庸先生左右：

手书读悉，拙句抄出奉上，字劣有负雅属，殊以为愧。前件至请郑重带出，恐被外人之所轻笑也。江南天气，一直阴多晴少，寒流时下，绝无花明柳暗春色，因之贱躯益见颓唐。先生赴美归来，当在初秋，时暑气未消，南下之约，不妨少缓，或到沪后时间局促，东来把晤，再待机缘。忝属知己，当不以俗礼相待。匆复，

敬请

著安

弟苏局仙顿首　四月廿八日

5月，《逝川集》由陕西人民出版社出版，此书收集了先生1956年到1965年10年间有关古代文学史和古典文学的部分论文。朱屺瞻和王蘧常先生为本书题签。

本月，经冯先生整理过的《脂砚斋重评石头记》"己卯本"由上海古籍出版社影印出版。见《梦边集·关于己卯本的影印问题》。

6月11日，偕周汝昌、陈毓罴[①]同赴美国参加首届国际《红楼梦》研讨会，先生任组长，负责带队和全部工作。当日乘飞机到广州，12日乘火车抵香港，翌日乘飞机经东京、芝加哥后抵达威斯康星大学。行前，先生曾请朱屺瞻和启功先生为大会作画，请苏局仙先生为题诗。并将五庆堂后人曹悦的面塑《红楼梦》人物、王少石的《红楼梦》印谱携往大会。

按，参见《墨缘集·文章尚未报白头》。

6月16日至20日，首届《红楼梦》国际研讨会在美国威斯康星州首府麦迪逊举行，与会者皆为各国第一流的红学家，如周策纵、潘重规[②]、赵冈、

---

① 陈毓罴（1930—），湖北武汉人，中国小说史专家，曾任中国社会科学院文学研究所研究员、中国红楼梦学会副会长。

② 潘重规（1907—2003），江西婺源人，台湾著名学者。南京中央大学中文系毕业，曾任台湾师范大学国文系教授兼国文研究所所长，新加坡南洋大学中文系教授，香港中文大学新亚书院中文系主任、文学院院长、台湾东吴大学中文研究所研究员等职。

余英时[1]、唐德刚[2]、伊藤漱平、叶嘉莹[3]、白先勇、浦安迪、周汝昌、陈毓罴等。先生在研讨会上宣读了《论脂砚斋重评〈石头记〉甲戌本〈凡例〉》，文中通过对甲戌本"凡例"内在矛盾的分析，认为这一"凡例"是后来伪造的。文中还第一次提出了"甲戌本"中"玄"字不避讳的问题，从而判断现存"甲戌本"抄定的年代最多只能是在乾隆末期或更晚。此外，版口的"脂砚斋"也是后加的，有些脂评也应出现于"甲戌本"问世以后，但除此之外，其余部分都是脂砚斋重评《石头记》甲戌抄阅再评本的文字，是现存曹雪芹留下来的《石头记》的最早的稿本。后这篇文章发表于本年第四期《红楼梦学刊》。参见《〈石头记〉脂本研究自序》。

首届《红楼梦》国际研讨会闭幕前一天晚上，台湾成功大学中文系主任和台湾"中央"图书馆善本部主任赶来参观"《红楼梦》文物与书画展"，先生陪同参观并作讲解，当时传为佳话。见刘作忠《周策纵和首届国际红学会》，《团结报》2000年7月18日。

从美国回程，于飞机上口占二首："暂上西天喜重回，梦多湖畔胜会开。多情词客如相问，也是青埂峰下来。与君万里喜同行，一语芹溪意气生。二百年来多少事，话到情深忘夜深。"

按，诗见《瓜饭楼诗词草》。

7月21日至30日，由《红楼梦》研究所、《红楼梦学刊》编委会、《红楼梦研究集刊》编委会和哈尔滨师范大学中文系、《北方论丛》编委会联合发起的首届全国《红楼梦》学术研讨会在哈尔滨召开。闭幕式上，宣布中国《红楼梦》学会正式成立，吴组缃担任会长，先生担任副会长兼秘书长。参见《剪烛集·哲人其萎 我怀何如》。

会后，与冯牧、刘梦溪等游镜泊湖，归途中留长春数日，作过两次演讲。又去通化石砚厂参观，作字画数十幅。至沈阳，再次去千山游览。

本月，《曹雪芹家世新考》由上海古籍出版社出版。

9月25日，写毕《〈五庆堂曹氏宗谱〉的重现和曹氏祖墓的发现》一

---

[1] 余英时（1930—），安徽潜山人，美籍华人学者，普林斯顿大学讲座教授，台湾"中央研究院"院士。

[2] 唐德刚（1920—2009），安徽合肥人，美籍华人学者，历史学家、红学家。

[3] 叶嘉莹（1924—），北京人，中国古典文学专家，加拿大不列颠哥伦比亚大学终身教授，加拿大皇家学会院士，南开大学中华古典文化研究所所长，博士生导师。

文。该文见《梦边集》。

10月7日，与北京大学王瑶先生同赴河南开封河南师范大学讲学，次日抵达。10日上午作报告，讲述在美国召开的首届国际《红楼梦》研讨会的情况。下午与教师和部分研究生座谈古典文学研究的问题。11日上午，在开封参观相国寺、延庆观、樊楼、卅桥等遗址，下午讲述近年来《红楼梦》研究的最新进展。12日，游览古吹台、繁塔、龙亭、铁塔等汴京遗迹，并去黄河大堤看黄河。

13日，离开封至郑州，下午到郑州博物馆，用放大镜仔细查看所谓"曹雪芹画像"，14日再去查看，并听取郑州博物馆同志讲述对此画出售者进行调查的经过，于是综合种种情况提出此画系旧画改伪的看法。参见《梦边集序》。

13日至16日期间，又曾参观商城遗址，并在郑州大学举行两次演讲和召开座谈会。

17日，前往嵩山，游览中岳庙、嵩阳书院、少林寺等胜迹，之后至洛阳师范专科学校。

18日，在洛阳师专作演讲。19日，上午参观龙门石窟、香山墓，下午参观隋代粮仓"含嘉仓"遗址、王城公园内的东汉墓、新发掘的北魏永宁寺遗址、汉魏故城和白马寺。

20日，返回郑州途中，经过巩县，参观宋陵，又参谒杜甫窑洞，凭吊杜甫墓。晚由郑州乘火车返京。

21日晨抵京，到家后即看到上海古籍出版社寄来的《曹雪芹家世新考》，极为高兴。并收到香港崇基学院教授程靖宇本月十四日来信，对《曹雪芹家世新考》深表称赏。

11月1日，观看苏州京剧团演出的《李慧娘》，归来赋诗三首："销魂一曲李慧娘，多少才人已断肠。今日红梅开未易，一枝撷取作心香。千秋浩劫暗京尘，一曲红梅耳暂明。演到情深意切处，满座清泪落纷纷。十年旧事已成尘，又见红梅一曲新。地下欲问孟夫子，九原可教起忠魂？"

此三首绝句发表于本月15日的《北京晚报》。

12日，参加全国红学会第一次常务理事会，讨论吸收会员、补选理事、来年预算及其活动诸问题。

14日晚，观看宋长荣演出的《红娘》。同日收到芜湖一读者来信，称过去看过一本诗稿,上面载有曹雪芹题敦诚《琵琶行传奇》七律一首。

林同济卒。

1981年　辛酉　58岁

[时事]　6月27日至29日,中共中央六中全会召开,胡耀邦当选为中国共产党中央委员会主席,赵紫阳、华国锋为副主席,邓小平为中央军委主席。

2月间,写毕《关于当前〈红楼梦〉研究中的几个问题》和《关于己卯本的影印问题》两篇论文。前者发表于本年三月份的《北方论丛》,后者发表于《社会科学战线》。两篇论文均载入《梦边集》。

2月23日夜1时写毕《梦边集》序。序中记叙了自己研究《红楼梦》的经过和体会,其中谈及对于郑州博物馆所藏相传为《曹雪芹小像》的意见,感觉此画有明显的改制痕迹,故"倾向于认为这张画是旧画改伪","画像极可能是俞楚江。尹继善是给俞楚江题小像,后人利用这张小像改伪为曹雪芹"。此文发表于《艺谭》本年第4期。后郑州博物馆写出关于此画的调查报告(发表于1985年10月出版的《红楼梦研究集刊》上),结论与先生的判断完全一致。

27日上午10时写毕《梦边集》后记。

本月,由先生执笔,与周红兴一起署名的《陕西省长安县王曲地区新石器时代遗址调查》一文在《考古》本年第1期上发表。文中报道了1964年11月至1965年5月期间作者在长安县王曲公社北堡寨、南堡寨和藏驾庄一带发现一新石器时代文化遗址的经过和文化遗存的状况。据《考古》编辑讲,这是迄今为止唯一一篇由非专业人士完成的考古调查报告。

3月1日,重新改写完《二百年来围绕着〈红楼梦〉的斗争》一文。见《梦边集》。

7日,编定《梦边集》,并寄给陕西人民出版社。

11日,校改完《历代文选》再版后记。

春天某日,与巫君玉、顾平旦、曾宝泉一起到通县张家湾一带调查曹雪芹的行踪和曹家的遗迹。

《漱石集·〈红学散论〉序》：

1981年春，我要到通县张家湾一带去调查曹雪芹的行踪和曹家的遗迹，承老友巫君玉兄为我解决了交通工具，我们一行四人一起出了朝阳门沿潞河逐段调查，到午饭时到达张家湾，查到了张家湾唯一的一家清代的当铺，看来这就是曹頫奏折里所说的"张家湾当铺一所，本银七千两"的那个当铺了，张家湾的通运河大桥，张家湾明代所修的旧城遗址以及运粮码头、盐场遗址等等都还存在，虽然样子已大大改变，但仍依稀可辨。我们感到很是欣慰。归途，我们还找到了"水南庄"、"庆丰闸"等处，这都是敦敏诗中多次提到过的地方。现在重读他们写的这一组文章，回忆起来倍感亲切。

23日，至南京，看望高涤云，与吴新雷[①]相见，商量拍录有关《红楼梦》遗迹以及文物事。

24日上午，于阴雨中到南京大学开会，与叶子铭[②]晤谈。会后，由吴新雷、侯镜昶[③]陪同察看石头城、随园旧址和袁枚墓，下午复至鸡鸣寺、台城、胭脂井和栖霞山一带察看。25日，仍由吴、侯二位陪同考察，上午去明陵、香林寺，之后寻访乌衣巷、桃叶渡、朱雀桥、长干桥等遗迹，下午再次去袁枚墓和台城，又到玄武湖和大行宫小学，大行宫小学盖即清代江宁织造府旧址也。每至一地，均拍摄照片以留作资料。

26日，去江苏省博物馆，商谈将自己所藏青铜器捐献给博物馆和拍摄博物馆所藏与《红楼梦》相关文献资料之事宜。之后，到明孝陵录像。

27日，在南京大学讲演。

28日，到云锦研究所拍摄织造云锦的情况，又到清代两江总督府署故址、大行宫小学拍摄。

29日，至扬州。翌日，由钱承芳同志陪同雨中游览徐园、何园、个园、瘦西湖和平山堂，晚上为作题为《〈红楼梦〉与扬州》之演讲。31日，到天

---

① 吴新雷（1933—），江苏江阴人，学者，南京大学中文系教授、博士生导师。
② 叶子铭（1935—2005），福建泉州人，现代文学研究专家。历任南京大学中文系教授、中文系主任、研究生院副院长。
③ 侯镜昶，江苏无锡人，曾任南京大学中文系教授、浙江大学中文系主任。

宁寺、御码头遗址、冶春、个园和瓜洲渡口拍摄。

4月1日，参观扬州博物馆和文物商店、古旧书店，又到国画院观看展览，且为国画院写字、作画各一帧。晚卞孝萱先生送来"东园图"临本。本日全天阴雨蒙蒙，因不能录像而甚感焦急。

2日，天放晴，大喜过望。上午至瘦西湖录像，又至曹寅巡盐御史衙门故址、石塔寺、隋炀帝墓等处参观。下午在扬州师范学院作学术报告。

3日，全天下雨，未能做事。次日，经瓜洲渡口到镇江转无锡。

6日，至苏州，晚观看昆曲著名演员张继青①演出的《烂柯山》。休息时，看望张继青，约南京再见。

7日，再至无锡。之后两日，在寄畅园和无锡泥人研究所录像，并邀约无锡国专同学汪海若、浦耀煌等同游寄畅园，品茗叙旧。

10日，再赴苏州，在苏州居停三日，曾先后到振华女中看瑞云峰和古碑，盘门看水城和旱城，博物馆看虎丘泥人，又去虎丘和怡园，或拍照，或录像。又曾为江苏师范学院讲演，并看望钱仲联先生。又曾与尹光华到蒋风白②先生家探望，一起写字、作画。

13日，到上海，看望朱东润先生和因病住在瑞金医院的郭影秋校长。见到老友杨廷福和江辛眉，畅叙甚欢。

14日和15日，又两次到朱东润先生处闲谈，并看望王蘧常先生。

16日，赴南京，与南京文化局领导商量日本学者松枝茂夫和伊藤漱平来访有关事宜。

17日，游览雨花台，复去南京博物院参观，与姚迁③院长相见。晚再次观看张继青演出的《烂柯山》。

18日，到江苏昆剧院座谈，先生谈了对《烂柯山》的意见，并为演员们题字。当天返回北京。

23日，收到中国人民大学党委做出的《关于冯其庸同志政治历史问题的复查结论》，明确说明维持1956年4月关于此问题的结论，也就是说"文化大革命"以来所加在先生头上的政治历史问题皆系不实之词，应予推翻。

---

① 张继青（1938—），上海人，江苏省苏昆剧团国家一级演员。
② 蒋风白（1915—），江苏武进人，书画家，中国诗书画研究院院士，中国美术家协会会员。
③ 姚迁（1926—1984），江苏如东人，曾任南京博物院院长、中国博物馆学会副理事长、中国考古学会理事、江苏省博物馆学会理事长、江苏省《红楼梦》学会会长。

24日，去机场迎接日本红学家松枝茂夫和伊藤漱平。次日，陪同松枝茂夫和伊藤漱平参观恭王府，并与红学界举行座谈会。在座谈会上，先生致辞欢迎两位日本红学家的来访，并且说："我国18世纪的古典作家曹雪芹和他的《红楼梦》确实是伟大的，曹雪芹是一位有深刻思想和高度的艺术修养的伟大作家，《红楼梦》的思想深度和艺术高度都是杰出的、无与伦比的。曹雪芹曾担心他的思想和艺术不被人理解，现在的情况是他的思想和艺术愈来愈被人们理解了，而且理解的范围扩大到了世界。这是曹雪芹当年所无从想象的。但是要使广大人民包括世界各国的人民都能理解他的思想和艺术，要使我们对他的思想和艺术了解得更深刻更准确，还需要我们做更多的努力！在这方面，我们希望所有的红学家，国内的和国外的，年老的和年轻的，共同来努力！"

5月5日、6日，去北京图书馆查阅"己卯本"《石头记》。

6月中、下旬，赴成都和重庆处理梁俊明的画，归来后又去沈阳和辽阳开会，重游了千山，并调查了东京城旧址以及沈阳的东陵、北陵和故宫，拍了一批照片。

26日，五件青铜器交给南京博物馆来人。近日连续校对《红楼梦》校注本二校样。

7月上旬，中国作家协会安排先生到北戴河休养。某天，同诗人徐刚①、画家周怀民游览老龙头。周怀老画了一幅山水扇面，先生为题诗："长空万里送高吟，一水盈盈见日生。独立苍茫何所见，风波远去接潮平。"

归京后，周怀老又画了一幅"老龙头"，要先生作题，先生题曰："神龙入海吞苍茫，巨尾摆动万里长。请看卧龙今跃起，九天风雨任回翔。"

8日夜，撰写《曹雪芹家世·红楼梦文物图录》序于北戴河中海滩宾馆。

11日，《人民日报》发表先生《写在屺瞻老人画展之前》一文，介绍朱屺瞻先生及中国美术馆举办的"朱屺瞻国画展览"。

17日，作《题苏东天画墨竹长卷》诗："与可画竹有成竹，东坡居士食无肉。兴到挥毫取灯影，风动凤尾森簌簌。与可曾传筼筜谷，至今士林重金玉。东坡亦有此君图，流向域外何处索。今见苏君作长卷，慰我长年久寂

---

① 徐刚（1945—），上海崇明人，诗人、作家。

寞。空谷幽兰亦多情，望美人兮天之角。"

诗见《瓜饭楼诗词草》。

20日，与冯牧同志同赴兰州。

22日至25日，连续为甘肃文化局举办的戏曲训练班讲授"关于古典戏曲的批判继承问题""关于'斩经堂'、'四郎探母'等的评价问题""当前《红楼梦》研究中的几个问题"等专题。空暇时参观了甘肃省博物馆。

25日晚，观赏著名京剧演员关肃霜的演出。

26日，游览白塔山公园。

29日，抵达敦煌。一路上，见到戈壁奇景，极兴奋。到敦煌后，看到数十年梦想的敦煌石窟宝库就在眼前，更是激动不已。当天便看了十几个洞窟，第二天继续参观。晚上改定《曹雪芹家世·红楼梦文物图录》序和凡例。

31日，到阳关故址考察。

8月1日，乘汽车由敦煌经安西赴嘉峪关，车行一天，沿途看到几座古城废墟，断垣林立。次日参观嘉峪关，并观看了附近的魏晋古墓。因大雨，火车已不通，几天后，始回到兰州。然后由兰州返回北京。

夏某日，刘海粟先生到北京，住国务院第一招待所。先生前往探望，晚上在中山公园露天剧场共同观看李小春主演的《闹天宫》。

《墨缘集·我与刘海粟大师》：

> 1981年夏天，海老来京开政协会议，住国务院第一招待所。我去看他，相见之下高兴极了，恰好晚上是中山公园露天剧场李小春主演的《闹天宫》。海老酷爱京戏，约我晚上看戏，记得还有沈祖安兄。

9月12日凌晨，写毕《曹雪芹家世·红楼梦文物图录》后记。

16日夜2时，写毕《红楼梦新论》序。该文见《漱石集》。

18日凌晨5时，写毕《徐刚〈诗海泛舟〉序》。该文见《秋风集》。

21日，应美国斯坦福大学亚洲系王靖宇[①]教授之邀，到美国讲学。启程前数日，事物丛集，先生抓紧时间，看完百二十回新校注本《红楼梦》二校

[①] 王靖宇，美籍华裔学者，曾任美国斯坦福大学中国文学、比较文学教授兼亚洲语文系主任。

样，编定《曹雪芹家世·红楼梦文物图录》目录，为刘梦溪《红楼梦新论》和徐刚《论诗小札》写好序言，为许多朋友写了字……飞机于本日中午12时起飞，在东京作短暂停留，当夜到达旧金山机场。

22日至24日，在王靖宇教授陪同下熟悉周围环境，并给亲友写信。

25日、26日，到斯坦福大学图书馆阅览，阅读高阳的《曹雪芹别传》和梅节《论己卯本》下篇。

27日、28日，阅读高阳《红楼一家言》和《简明清史》，并开始读金庸《碧血剑》。

29日，刘若愚①教授请吃午饭，王靖宇教授作陪，相谈甚欢。此后数日，或去图书馆，或在住处看书。

10月5日，晚上读《红楼梦新证》。

6日，开始为学生上课，讲曹雪芹家世。学生很感兴趣。晚读《射雕英雄传》。8日，继续讲曹雪芹家世。

10日，由王靖宇教授和夫人陪同游览加州胜地蒙泰雷。

11日，应邀出席旧金山领事馆举行的纪念辛亥革命七十周年招待会。

13日和15日，课上仍讲曹雪芹家世，并介绍了有关文物和遗迹。阅毕《射雕英雄传》。

16日，余英时教授来电邀请先生前往纽约讲演，先生颇感踌躇。王靖宇教授力促先生前行。

18日，唐德刚教授也来电约请先生去纽约讲演。

21日夜3时，改定《曹雪芹家世·红楼梦文物图录》序于斯坦福大学寓所。

22日，讲完在斯坦福大学的最后一课。本日，余英时先生来函告知先生所为安排在美国东岸之行程。

宽堂教授我兄：

前曾与靖宇兄通电话，知兄有意来东岸一行。弟已与耶鲁同仁及同事商议妥当，拟请 兄于11月10日至14日来此访问。其间除11日（星期

---

① 刘若愚（1926—1986），美籍华裔学者，长期在美国斯坦福大学担任中国文学与比较文学教授，曾任该校亚洲语言学主任。

三）下午与本校师生举行座谈（全用中文，题目不必严肃，以轻松闲谈为主）外，余则请兄在此略事参观，或偶与（研究院）学生谈话（私人交谈），俾彼等可得受益，节目甚为轻闲自由，可请放心，更不必担心英语问题也。又

兄在波士顿哈佛访问事，弟已与陆惠风先生（哈大助理教授）言及，彼愿招待先生住在彼寓，亦乞释怀。希行前由靖宇兄先与陆君联系为幸。

余不一一，相见在即，不胜兴奋之至。并请

旅安。

弟余英时叩
十、廿二

读金庸的《神雕侠侣》，26日读毕。

30日为西方的万圣节，王靖宇教授约同去阿美利加游览。

31日，得哈佛韩南①教授来信，欢迎前去讲学。又得夏威夷徐家桢②教授来信，约请前往夏威夷讲学。

11月4日，与斯坦福大学亚洲系教师座谈，由先生主讲中国文学研究现状。

5日，分别到高恭亿③和刘若愚教授家中做客，谈甚欢。

6日，到加州大学讲演，学生反应非常热烈。得夏威夷大学马幼垣④教授寄来的书信和论文，欢迎先生去夏威夷大学小住。

8日，晨起乘飞机远赴波士顿，傍晚抵达。陆惠风⑤和韦庆远⑥先生来接。晚饭后登上井山古堡俯瞰波士顿夜景。当晚宿于韦庆远先生处。

9日，上午参观图书馆和博物馆，下午在燕京学社演讲，介绍国内红学研究动态与成就。演讲会由韩南教授主持，哈佛的教授、副教授和研究生三

---

① 韩南（1927—），新西兰人，汉学家，曾任哈佛燕京学社社长。
② 徐家桢（1942—），生于上海，曾在美国夏威夷大学东亚语言系执教。
③ 高恭亿，1950年毕业于台湾大学外文系，后任美国斯坦福大学教授。
④ 马幼垣（1940—），广东番禺人，美国耶鲁大学博士，曾执教于美国夏威夷大学。
⑤ 陆惠风，美籍华人学者，执教于哈佛大学。
⑥ 韦庆远（1928—2009），广东顺德人，中国人民大学档案系教授，曾任美国哈佛大学费正清东亚研究中心客座研究员、哈佛—燕京学社访问学者。

十余人参加，国内来的学者汝信、乐黛云等也来听讲。大家称赞讲演非常精彩。结束后美国教授白彬菊和韦庆远、陆惠风、汝信、乐黛云、郑培凯等请吃晚饭。

10日，上午由韦庆远先生陪同参观哈佛校园，中午哈佛和燕京学社图书馆主任吴文津请吃饭。下午至纽黑文，余英时教授前来迎接。

11日，上午由黄伯飞教授陪同参观耶鲁大学校园，再至图书馆晤马敬鹏副馆长并参观藏书。下午演讲，由余英时教授主持，听众约四十余人，除耶鲁教授外，尚有作家郑愁予、沈从文先生的内姨等。余英时教授对先生作了介绍，并将先生所赠字画展示给听众。先生随后从新版《红楼梦》的校注谈起，一直讲到国内红学学术动态。听众反响热烈，马敬鹏副馆长当即表示邀请先生来耶鲁作一年学术研究。

12日，上午再次到耶鲁大学图书馆参观，并与哈佛大学图书馆馆长吴文津通电话，请他协助复印《懋斋诗钞付刻底本》。中午余英时教授请吃饭。饭后再到耶鲁大学图书馆，读日本人所编《文人画萃编》。晚上黄伯飞教授请吃饭，余英时教授夫妇作陪。本日读完了赵冈教授的《花香铜臭读红楼》。

13日，上午去耶鲁大学图书馆归还所借书，并请马敬鹏馆长协助复印赵冈、潘重规教授论"甲戌本"的文章。下午，余英时教授接先生到他家去住。晚饭后偕至郑愁予先生家喝茶，应主人之请为作书数纸。

14日，由马敬鹏馆长驾车送至纽约，宿于唐德刚教授处。

15日，唐德刚教授陪同参观西点军校，晚宴时与纽约市文艺界华人朋友见面。饭后拜会夏志清①教授，相谈甚欢，临别约再晤。

16日、17日，在哥伦比亚大学东亚图书馆阅书。

18日，上午仍在哥大图书馆阅书。中午夏志清教授请吃饭，席间先生谈及幼年至今求学经历，夏先生甚为惊讶，称先生为天才，并盛赞先生之学术研究，建议先生将游历写成游记，以增谈助。

19日，移住邢贲思处，上午即由邢贲思和其房主、原洛阳师范学校校长李名章先生陪同游览大都会博物馆、明轩和中国名画展。中午，美学者余珍珠女士请吃饭，余女士正在作《红楼梦》博士论文，席间多所请益。晚宿李名章先生寓所，当晚为李先生等作字。

---

① 夏志清（1921—），江苏吴县人，美籍华人学者，哥伦比亚大学中文教授。

20日，阴雨中唐德刚教授送至肯尼迪机场，夜 11 时飞抵旧金山。

12月5日，邵耀成先生陪同游览某峡谷和太平洋海岸。

11日，京剧程派名家赵荣琛①来斯坦福大学演讲，先生与之异国相逢，甚为高兴，为写海报。听其讲演之时，先生即席作《加州赠赵荣琛》诗五首："异国相逢旧知音，萧萧华发我与君。断肠一曲荒山泪，绝胜阳关第四声。御风我亦到天西，邂逅蓬莱弱水蹊。今日聆君一席话，落花似雪草萋萋。 犹记程公粉墨姿，新声一曲动京师。逝川不尽堂堂去，却喜遗韵出洋时。 绕梁百转有余思，举世风魔程派词。今日听君歌一曲，故园正是落花时。 阳关唱罢水东流，重约京华北海头。君到故园应忆我，一樽却话加州秋。

晚与余英时教授通电话，因前两天获知耶鲁大学邀请讲学半年之事，向余先生询问有关事宜。

听赵荣琛先生演讲之时与著名画家侯北人②先生相识，后侯先生从高恭亿教授处见到先生为赵荣琛所题诗，一定要再见先生，遂驱车至先生寓所。两人倾谈甚洽。此后侯先生数次来访，共同切磋画理，甚相得。并邀请先生至其家，先生于是成为侯北人先生画室"老杏堂"常客。参见《墨缘集·论侯北人的画》。

侯先生曾请先生为自己所绘几幅精品画作题诗，先生苦辞不得，即席挥毫。其题《竹林听泉图》云："平生爱着游山屐，五岳三山侧帽看。今日到君华堂上，千金直欲买范宽。"

题《山行图》云："神州梦绕几千回，红树青山信手栽。拂拭素笺看仔细，家山尽是旧莓苔。"

题《秋山图》云："万里飘蓬到海西，青山芒履一布衣。问君袖里何所有？一片故园好山溪。"

题《竹林高士图》云："华岳擎天石一柱，莲峰壁立万仞姿。凭君欲问谁家法，不是云林是大痴。"

题《桂林山水图》："梦想千翁四十年，忽从画里识神仙。漓江我昔轻舟去，恰入侯公蝉翼笺。"

---

① 赵荣琛（1916—1996），安徽太湖人，著名京剧程派演员。曾任南京京剧团团长、北京青年京剧团团长，1980 年起任教于中国戏曲学院。

② 侯北人（1917— ），祖籍河北昌黎，生于辽宁省海城，著名画家。毕业于日本本州岛帝国大学，曾任美国中华艺术学会首任会长和永久性名誉会长。

侯先生对这几首题诗大加称赏。见《墨缘集·论侯北人的画》。

25日，应祖炳民先生之邀，与王靖宇教授夫妇等一起到其家中过圣诞节。

本年，与尹光华合作开始搜集朱屺瞻先生资料以准备撰写年谱。据《朱屺瞻年谱·序》载：

> 我与尹光华兄，常得接屺老清芬，朱师母又复古道照人，深感屺老鼎鼎百年，承上启下，宜有年谱之作，庶得历叙老人之经历，其追求人所知甚少而先生之经历倍于常人，然又感到我两人实不足以当此重任。然而，转思此事实不能再事迁延，宁可先有一粗浅之作，以为引玉之砖，其有鸿著敬俟来者。因此，几经商量，遂于1981年开始搜集资料，至今忽忽三年，其间查阅报章杂志画刊，与老人及朱师母回忆旧事予以记录以至撰成初稿，皆为光华兄之劳绩，而人和兄多方协助，功不可没。

茅盾卒。

1982年　壬戌　59岁

[时事]　9月1日至11日，中国共产党第十二次全国代表大会在北京举行。邓小平致开幕词，第一次提出了"建设有中国特色社会主义"这一崭新的命题。

1月13日，离旧金山去夏威夷，抵达时，马幼垣、徐家桢教授到机场迎接。当晚宿于徐家桢教授家。

14日起，移宿于马幼垣教授家。在夏岛几天，会见了罗锦堂、李英哲教授，受到热情接待，并在马幼垣和张充和教授陪同下游览了夏威夷岛风光。

17日，启程返回国内，晚十时许回到北京。

2月，中国艺术研究院红楼梦研究所校注的新版《红楼梦》由人民文学出版社出版。新校注本《红楼梦》以"庚辰本"为底本，以各种早期抄本为主要参校本，以程本及其他早期刻本为参校本，有校记1033条、注释2318条，这是《红楼梦》版本史上前所未有的一项大工程。先生为此书付出大量心血。

2月15日，写毕《影印〈脂砚斋重评石头记〉甲戌本上被胡适删去的几条跋文》一文。该文见《漱石集》。

26日，参加张伯驹先生追悼会，会上见到周扬同志，约好去他家看他。

4月3日，中国艺术研究院和人民文学出版社联合召开座谈会，庆祝新校注本《红楼梦》问世，座谈会在恭王府举行，由先生主持。叶圣老、周汝昌、吴世昌、蒋和森①等先生与会。

22日夜，为邓云乡②《红楼梦识小录》作序。该文收入《漱石集》。

27日离京，带邓安生、胡绍棠、叶君远三名研究生往南方作学术调查，28日抵南京。当日下午应红楼梦学会江苏省分会邀请作讲演。

29日，上午参观南京博物院藏品，下午观看盱眙出土文物。晚观赏江苏省昆剧院演出。张继青来访。

30日上午，江苏省"《红楼梦》研讨会"闭幕，先生在会上讲述了在美国的见闻。下午游览雨花台。

5月1日，上午至扬州，下午游览个园、何园和普哈丁墓。

2日，上午游览平山堂、瘦西湖，下午参观扬州博物馆。

4日，由扬州抵兴化。参观了有关施耐庵的文物和郑板桥故居。之后经盐城赴大丰，抵达时暮色已重。

5日，上午到县档案馆看施耐庵墓志、家谱等，又到文化馆看了许多拓片以及施耐庵纪念馆的设计草图。在文化馆应主人之请先生为题诗："沧海横流日，书生意气稠。凭将三寸笔，风雨动神州。"并为作画。下午到海边参观。

6日，前往白驹镇参观施氏宗祠，复至施家桥，参观施耐庵墓。一路乘船，见水网交叉，先生联想起《水浒》中有关描写。午饭后返回扬州，途经草堰，参观了元末张士诚起义遗址——北极殿等。到扬州已傍晚7时。

7日，上午参观迷楼遗址和唐城，回车时寻到四望亭附近的西方寺，此为当年金冬心住处。下午，由钱承芳同志陪同参观发掘中的天山汉广陵王

---

① 蒋和森（1928—1996），江苏海安人，红学家，曾任中国社会科学院研究生院教授、博士生导师，中国红楼梦学会副会长。

② 邓云乡（1924—1999），山西灵丘人，红学家，曾执教于上海电力学院。

墓，一号墓已发掘清理，墓椁为典型的黄肠题凑；二号墓正在开发。归途中往游扬州西门外的金匮山，至山下时已暮色苍茫，钱承芳遥指一处山冈，谓是《浮生六记》作者沈三白之妻陈芸墓地，先生不胜低回久之。

8日，上午觅重宁寺，寺有殿三进，大殿八根方柱为极名贵之铁梨木，先生摄数影而归。下午被邀至扬州中国画院作画。西园宾馆编成《扬州现代诗钞》，嘱先生题诗，先生题云："寻梦到扬州，烟花四月稠。荒园抚残石，废寺仰层楼。风流当日事，凄断百年愁。古今情不尽，大江日夜流。"

之后乘车至镇江。

9日，游览焦山和金山。

10日至无锡。

11日，去锡惠公园，游忍草庵、贯华阁、弹指堂等。

12日至苏州，宿于画家蒋风白先生处。

13日，细雨中赴甪直镇保光寺看唐塑，寺中遇摄影家陈复礼。随后参观陆龟蒙墓。

14日，拜访钱钟联先生，谈一小时。

15日，中午至上海，住上海师范学院招待所。士则、江辛眉等来访。翌日，在师院开会，讨论10月份召开全国第三届《红楼梦》讨论会有关事宜。

18日，朱屺瞻先生在国际饭店宴请，同席有黄胄、唐云、应野平夫妇等。

20日，到医院看望郭影秋校长，并走访上海古籍出版社等几个出版社。

月底前返回北京。

6月，接老画家苏局仙儿子苏健侯先生来书，谓苏老时时念及先生，认为先生情厚才高，在交友中不可多得。苏健侯先生来信收入《墨缘集·文章尚未报白头》。

其庸先生大鉴：

岁月不居，疏通音问，倏已逾年。家君时时念及，以为情厚才高者在交友中不可多得。特为上年又遭倾跌，精神更退，眼力又差，小字已难落笔，缺于启候为此也。刻交新夏，蛙声阁阁，闹人夜寝，家君时动于怀，再四命弟仰问起居，务请详告为幸！家君饮食稍减而闭户不出，日看些报刊，怡然自得。客至尚健谈，有兴临写古帖，常说耽误一生，当从头学起，可愧又可笑云云。据以奉及，藉慰悬念。

敬颂

台安

弟苏健侯顿首

18日夜12时写毕《记老画家周怀民》。该文见《秋风集》，又见《墨缘集》。

此顷，上海图书馆向先生约稿，顾廷龙先生指定要先生当年所著《蒋鹿潭年谱考略》。先生复信上海图书馆，表示应允，不久即接到顾老亲笔感谢信。信见《墨缘集·文章尚未报白头》：

其庸同志：

昨奉手书，敬悉一一。

承许为敝馆纪念论文集撰文，光我篇幅，至深感荷！

大著《蒋鹿潭年谱考略》，甚好。希望得暇命笔。为荷！近阅杨殿珣君年谱目录，鹿潭年谱尚付缺如。尊作出，足弥此憾。

闻京中炎热，上海尚不过二十八九度。诸惟珍摄。匆复，不尽一一。

祇请 撰安

弟廷龙敬上
6、20

自奉顾廷龙老来书之日起，先生开始每天撰写《蒋鹿潭年谱考略》。此谱初成于1947年，由吴白匋师审阅，迄今已三十多年。原誊清稿已于"文化大革命"中遗失，幸所有资料及最早之初稿尚保存完整，因据以整理。

7月17日，重写《蒋鹿潭年谱考略》毕。

27日赴南京，翌日抵达。

29日，殷亚昭[①]来晤，谈关于中国古典舞蹈史问题，并谈及《红楼梦》

[①] 殷亚昭（1940—2002），祖籍江苏无锡，生于重庆，现代舞蹈活动家、评论家。曾任江苏省歌舞团舞蹈演员、教员，20世纪80年代，调入江苏省文化艺术研究所，专事舞蹈史论的研究工作，后曾任江苏省舞蹈家协会主席。

中的舞蹈,先生建议她写成论文。

30日,参加江苏省红学会召开的讨论会,就新发现的有关曹頫新材料发表看法。同日应安徽政协文化组、中国作协安徽分会之邀,赴合肥访问,下午启程,傍晚抵达,魏心一、朱泽、刘祖慈诸同志来晤。

31日,在安徽省政协礼堂作演讲,演讲会由安徽省政协文化工作组、中国作家协会安徽分会组织,省文联主席赖少其主持。先生演讲的题目是"关于《红楼梦》研究的几个问题",包括:一、新中国成立以来《红楼梦》研究的成就;二、如何看待"文化大革命"中的评"红"运动;三、要坚持马克思主义的研究方向,克服各种错误的研究思想和方法;四、《红楼梦》是百科全书式的书,应该多方面多角度进行研究,不应该有框框;五、高度的全面的理论综合只能在各个专题研究深入之后,将来必定有这样的人才和著作出现。要相信历史,历史既然诞生了曹雪芹这样的天才,历史也必然会产生解释曹雪芹这个天才的天才;六、坚定不移地走自己的路,克服"左"、右两种错误倾向。只有脚踏实地的实际工作,才是真正有意义的。演讲受到与会者的热烈响应。同日,访赖少其于稻香楼,见其所作巨幅山水。

8月1日,在住所为多人写字、作画。下午参观包公祠。

2日,参观安徽省博物馆。

3日,清晨赴黄山,同行者有袁廉民、王少石[①]等。中途经泾县,去小岭宣纸厂参观,在纸厂写了十几幅字,并作一张六尺大画。

4日,在小岭宣纸厂买纸,随后参观徽笔厂和宣笔厂。下午启程,傍晚到达黄山。

6日,晨起冒雨上山,经慈光寺、立马亭至半山寺,雨益大。在半山寺小憩,然雨仍不止,只得冒雨前行,过龙蟠坡、天门坎,至玉屏楼午餐休息。不久,雨止天晴,奋力登上天都峰,俯瞰群山。当晚宿于玉屏楼。

7日,游莲花峰、鳌鱼峰、飞来峰、西海门等景点,是夕宿北海散花精舍。

8日,晨起看日出,随后游始信峰、石笋矼、西海门、丹霞峰等景点。

9日下山,返回桃源宾馆。是夕访刘海粟老于小白楼,谈甚快。海老见

---

① 王少石(1940—),安徽宿县人,擅长书法篆刻,国家一级美术师,安徽省文史馆研究馆员。

先生所绘《秋风图》，大为称赏，谓画格甚高，因约先生合作一画。先生急欲离开黄山，未能应。

10日，因汽车故障未成行，闻海老在桃源亭作画，即往，适海老刚刚画完天都峰。海老见先生至，大喜，嘱题画，先生为题写四句："云海苍茫寄此身，纵横今古感微尘。任他岁月堂堂去，喜见江山日日新。"

晚饭后，复访海老，将为海老和那沙所作字画送去，海老见先生所绘葡萄，甚称赞，谓墨气甚好。时黄永玉女儿黑蛮亦看望海老，因与相见。

11日，离别黄山，下午到南京。

13日，自南京赴宿州，车中岑寂，因作《黄山歌》，诗云：（诗小序略）"我梦黄山五十年，黄山梦我亦当然。画图几识春风面，文字曾参笔底禅。我昔曾见梅瞿山，遗貌取神弃俗眼。嶙峋突兀清到骨，秀出天外两峰间。古松蟠屈如卧龙，欲待云雨飞上天。此老精神元不死，妙笔长留后人参。又有山僧名石涛，元气淋漓笔如椽。纵横捭阖个叮挡，变幻莫测如云烟。我昔见其山水幛，悬之壁间气森然。此画至今不能忘，闭目如对山人颜。又复见其汤池图，吟诗欲上莲峰巅。此翁一去五百载，巨名常令后人怜。近代画黄欲数谁？举世皆知黄黄山。宾老用笔如锥沙，瘦硬干枯透纸背。墨色黝然深且秀，此境得之晨夕间。世人看山取皮毛，欲赏黄画难更难。岂知山灵现神处，正在雨后夕照清风明月间。虹叟看山九十载，得此真意诚难哉。可惜世人都不识，今人千载发浩叹。当今画黄谁第一？毗陵老人刘海粟。九上黄山气如虹，巨笔扫出天都峰。泼墨泼彩皆随意，笔墨已同造化工。最难风雨雷电日，此老竟在最高峰。铺纸挥毫和雨点，烟云飞入画图中。忽见虬龙欲腾去，却是海老走笔泼墨所画之古松。我对此老钦且佩，纵横今古无与对。千年育秀谁之功？自是黄山七十二奇峰。我今游黄第五回，冒雨直上鲫鱼背。天公怜我痴且顽，顿开笑颜扫阴霾。莲峰露出半面妆，耕耘、玉屏肃相待。四顾茫茫皆云海，忽然身在缥缈间。次日复登莲花峰，极目欲尽东海东。苍山万重皆锦绣，青天削出瘦芙蓉。游山归过桃源亭，忽逢海翁作烟云。清风故人不期遇，相视而笑莫逆心。海翁命我题新图，挥毫我亦胆气粗。题罢掷笔仰天笑，世间痴人翁与我。千载此会难再得，唯恐天风海雨吹去无踪迹。归来濡墨不暇思，走笔吟此黄山诗。忆昔米颠只拜石，我与海老却拜山。愿乞海老如椽笔，画取双痴拜山图，留此惊世骇俗之奇迹。

一九八二年八月十三日自金陵赴宿州车中口吟

见《秋风集》。

14日，应宿州市委邀请作学术演讲。

15日，上午为人写字。下午与王少石、殷亚昭等去大泽乡，此即秦末陈胜、吴广起义处，尚存一古台，有碑，摄影而归。晚饭后，复为人写字、作画。

16日，上午去灵璧，先到灵璧博物馆参观，随后去虞姬墓。下午回宿州。

17日，去九女坟，路远难行，及至赶到，又值水淹，一无所观，废然而归。

18日，赴亳县，中午始到。下午参观县博物馆，看到一批陶俑，深感兴趣。是夕即宿于县招待所。

19日，上午在亳县博物馆观看曹操家族墓的墓砖拓本，先生认为这许多刻有行草字的墓砖完全否定了郭沫若先生认为《兰亭序》是伪作的观点。随后去曹氏家族墓参观。而后赴淮北市，参观了相山博物馆和相土庙。晚饭后返回宿州。

20日，启程返京。翌日抵达。归来后，即收到杨廷福本月7日来信，谓纂辑《全清词》有关蒋鹿潭词集之校订非先生莫属。杨廷福先生来信全文如下：

其庸我兄：

　　正殷渴望，奉手书，欢甚。弟目疾，荷兄关注，甚感。住院一月，手术良好。出院后休养一月，视力已回复85%，请释锦注。《红楼梦》新校注本，李一老认为注释繁简得中，颇有好评，除公开发表于《解放日报》外，并作内部通报，闻之欣慰。此皆兄之力抓成就。兄受械仓之毁，阴霾消除，一大快事。惟彼辈人还在，处处谨防为上。《全清词》之纂辑一大盛事，除由南京程千帆兄主其事外，另聘十五位顾问为：

　　李一氓　俞平伯　夏承焘　顾廷龙　徐震锷　施蛰存　钱仲联　唐圭璋　黄君坦　饶宗颐　叶嘉莹　潘天祯　冀淑英　张璋　杨廷福

　　兄于《春水楼词》（按，当为《水云楼词》）研究有素，蒐集版本亦最完备，故鹿潭之词集非兄莫属也。医戒百日内不得看书写字，诚苦恼。十月间中国唐史学会在成都召开，届时日本派一代表团来华。弟将参与。近日之敦煌学会、中国法律史学会均因目疾不便参与。

　　淡文时来，其工作尚未具体落实。又弟前放在兄斋中有一册页，便中

请挥毫。京中友好，亦请便中乞求书法与法绘耳。匆复，即请

  著安，并祝潭吉。

弟廷福上
八、七

9月25日夜，紫砂艺术大师顾景舟携弟子高海庚①来访，合影留念。据《剪烛集·工极而韵，紫玉蕴光》载：

  1982年9月，顾老又到北京来开展览会，9月25日晚上，他特地陪同他的学生紫砂一厂的厂长高海庚来看我。他郑重地向我介绍，说海庚是他最得意的徒弟，他的艺术和技术，都已传给海庚了，他完全能继承顾老的传统且会有更大的发展。说着他就让海庚把新作的一把集玉壶拿出来送我，并对这把新作给予了很高的评价。言下，顾老洋溢着对他的这位得意门生的无限深情，海庚与我正式订交当以这一晚始，虽然以前曾多次在展览会上见过，但都未及细叙。那天晚上，海庚带了一架相机，是拍快片的，拍完即可显影，我们三人一起拍了一张照，作为这次良晤的纪念。

10月4日，写毕《记陶壶名家顾景舟》一文。该文收入《秋风集》。

7日，赴杭州，翌日晚抵达。

9日，上午参观浙江省博物馆，观看了展出的杭州织造局的织物以及河姆渡文化遗址出土文物。下午参观了绍兴坡塘公社出土的大量玉器和青铜制作的伎乐厅等文物。

10日，下午再去省博物馆拍照，游览灵隐寺和岳王庙。

11日，至绍兴。次日上午参观绍兴文管会所藏文物，下午参观青藤书屋、鉴湖。

13日，经若耶溪去大禹陵，禹王庙已修复，岣嵝碑尚在。归途经投醪河，相传越王勾践复仇时曾投醪于此河与士卒共饮。下午去李家台参观太平天国壁画。

---

  ① 高海庚（1939—1985），江苏宜兴人，紫砂壶工艺家。师从顾景舟，曾任宜兴紫砂工艺厂厂长。

14日，上午再去青藤书屋拍摄，下午去兰亭。晚上开会座谈对于绍兴古建修复的观感，先生提出了一些意见，认为王羲之的雕像太过恭正，没有反映出他"坦腹东床"的风度；"鹅池"的竹子和"曲水流觞"之处的乌桕树应该再茂密一些，这样才会有"茂林修竹"之感；"曲水流觞"处的石头应该安排得可以坐；等等。

15日，到两溪参观大舜庙，途径陈老莲墓。

16日，赴湖州市，在当地文管会负责人陪同下参观了始建于唐咸通年间的飞英塔。

17日，参观铁佛寺，其内有北宋天圣三年所造的铁观音。

18日，上午去南浔小莲庄藏书楼调查有关《红楼梦》的藏书，然有关藏书已被浙江图书馆调走。下午参观千甓亭遗址，园后楼屋三间即为皕宋楼，然皆已无复旧观。

19日，乘长途汽车赴上海。晚在上海师范学院开会，检查《红楼梦》研讨会的准备情况。

20日，与上海师范学院领导开会商量《红楼梦》研讨会有关事宜，上海市委对此次会议很重视，指示要成立临时党组，由上海师院党委副书记阎毅千任组长，先生任副组长。大会同时设领导小组，阎毅千、李俊民、罗竹风、王元化和先生为小组成员，阎任组长，先生任副组长。

21日，上午，与孙逊①、陈诏②在上海文联举行记者招待会，介绍《红楼梦》研讨会的有关情况，到会的有上海各报记者和香港《文汇报》记者。赴会途中，先生突发心绞痛，服药后缓解。记者招待会之后看望朱屺瞻老先生。

22日，上午，由中国红楼梦学会、上海师范学院等单位联合发起的第三届全国《红楼梦》学术讨论会开幕，先生主持开幕式，阎毅千致开幕词。上海市委书记、副书记等有关领导出席。此次会议共进行了8天。会上，见到了朱淡文③同志，还见到了凌解放，即后来成为著名作家的二月河④，先生早先曾

---

① 孙逊（1944—），江苏丹阳人，现任上海师范大学人文学院院长、教授，博士生导师，中国红楼梦学会常务理事、副会长。

② 陈诏（1928—），浙江镇海县人，上海资深新闻工作者。曾先后在《新闻日报》、《解放日报》担任副刊编辑二十余年。业余时间从事古典文学研究，任中国红楼梦学会理事。

③ 朱淡文（1943—），江苏无锡人，中国红楼梦学会理事。

④ 二月河（1945—），原名凌解放，山西晋阳人，历史小说家，任南阳市文联副主席。

称赞他写的论文"想象丰富,用笔细腻,是小说的笔法"。会议期间,曾组织赴淀山湖参观新建大观园和青浦古建筑宋塔。

按,先生与二月河在此次会议上晤谈事见《光明日报》1999年6月11日靳晓燕《二月河告诉你:我的读书生活》一文。

26日,与上海师范学院中文系主任一起去机场迎接美国夏威夷大学马幼垣教授。

29日,第三届全国《红楼梦》学术讨论会闭幕,阎毅千主持会议,先生作会议总结。

30日,上午,与邓云乡、黄进德①、朱淡文、王运天②等游览玉佛寺。中午赴无锡,下午抵达,与二哥及诸侄相见,并晤尹光华等。

31日,上午回到老家,前洲镇和棠村已无复旧貌,唯先生原来住过的老屋子尚未拆除,因拍照留念。下午到浮舟村看望二舅父、二舅母和小舅母。

本月,《梦边集》由陕西人民出版社出版,朱屺瞻和王蘧常先生为该书题签。

11月1日,再去前洲镇,应前洲公社之请为作演讲。演讲前,见到已数十年不见的老同学郁如秀、张沪声、邓若烨等,分外高兴,有诗赠张沪声,其一:"老去相逢鬓已霜,豪情犹忆少年行。行云流水原无住,执手何须泪盈眶。"其二:"三十年来不见君,清风明月几沾巾。而今我亦垂垂老,头白难忘梦里情。"

2日,上午到鼋头渚无锡党校看望老同学沈绍祖,同到太湖边游览。绍祖请吃午饭,安怡荪、何莘耕、姚载熙等在座。下午与尹光华同游蠡园。

3日,到南京,晚看望陶白③同志,陶白请吃晚饭,王士菁同志亦在座。

4日,到南京博物馆商量第二年召开《红楼梦》学术讨论会有关事宜。

5日,晨起赴盱眙,中午抵达。下午参观汉东阳城故址,故址城墙尚在,城内外皆有汉墓群。东阳公社社员张造银家房屋根部砌有舞蹈图案的汉砖50余块,为拍照。

---

① 黄进德(1932—),上海崇明人,扬州大学中文系教授。
② 王运天(1951—),浙江杭州人,上海博物馆出版摄影部主任,精于书法篆刻。
③ 陶白(1909—1993),江苏江阴人,杂文家。青年时即参加抗日救亡运动,长期从事军队和地方的文化教育与宣传工作。新中国成立后历任苏南行政公署文教处副处长、江苏省高教局局长、中央党校文史研究室主任等职。

6日，上午在盱眙县文化馆观看文物藏品，并拍照。下午作学术演讲，听众反应热烈。

7日，上午参观明祖陵，陵上石刻大部完好。归途到第一山，观看宋代石刻，石刻甚多，然多剥蚀不易辨识，其中发现有贺铸、杨万里、米芾等人题名。下午与县干部、中学教师座谈。

8日，欲查看古盱眙，因往洪泽湖滨之老子山，相传此为老子炼丹处。下午赴泗洪，途经管镇和鲍集，两地之间旧有分金亭，相传即管仲、鲍叔分金处，然亭已废圮。复经"泗洪人"发现处，"泗洪人"是江苏最古老的原始人。中途在双沟酒厂吃饭，厂长强留在此过夜。晚上为众人写字。

9日，上午到泗洪，由泗洪图书馆同志陪同观看此地发现的古动物化石，主要有巨象化石、蚌化石等。之后采访泗州戏老艺人。

10日，上午去曹庙公社看东汉画像石，石皆线刻，有龙蛇、车马出行等图案。下午至宿迁，安顿好行李即去参观项王故里。故里有相传为项羽手植的大槐树，旁有老梧一棵，根部虬曲，相传项王住梧桐巷，此处即为梧桐巷云。

11日，上午再去项王故里拍照。下午去晓店公社青墩查看古文化遗址。晚上听老艺人讲落子。

12日，赴连云港。中午到达，下午即去孔望山看东汉石刻，复至将军岩看岩画。陪同者问岩画是什么时代所画，先生判断属仰韶时期。

13日，去云台山、花果山。山多巨石，甚古朴，先生题诗云："名山自有补天石，只在松根野草边。矗立苍茫人不识，只缘堕世已千年。"

晚上为人写字。

14日，上午去市博物馆参观，之后再去孔望山和将军岩看石刻与岩画，并拍照。下午为连云港市作演讲。晚再写字。

15日，赴徐州。翌日，先去徐州市博物馆观看汉代画像石，之后到龙山，山上有拓跋魏时所刻巨佛，旁有罗汉殿，塑像极传神。晚乘车赴郑州。

17日晨，抵达郑州，参观河南全省文物展览和省博物馆展品。

18日，上午到郑州市博物馆参观，再到大河村遗址，参观新发掘出的五千年前原始人居住的房基与残墙，以及大量陶片。下午再度参观全省文物展览，并拍照。之后为博物馆写字。

19日，去博物馆访周到同志。次日返京。

张伯驹卒。

1983 年　癸亥　60 岁

[时事]　4 月,《人民日报》发表社论:《坚定不移地贯彻执行百花齐放、百家争鸣的方针》。

2 月 11 日夜,《蒋鹿潭年谱考略》定稿,同时作后记和《水云楼诗词辑校》序。

23 日,旧历癸亥正月十一日夜十二时,作《蒋鹿潭年谱考略》自序。

3 月 8 日,收到陕西人民出版社寄来的《梦边集》20 本样本。

本年春,曾到上海,看望朱屺瞻先生,力赞朱先生访问美国。据《墨缘集·朱屺瞻年谱序》载:

> 1983 年 7 月,屺老应邀去美国,此年春天,我恰好因事赴沪,屺老和朱师母征询我的意见。我历次赴美,深知航行稳妥,又陪同屺老登八达岭,游香山诸地,亦深知屺老气吞河岳,关山健越,足可当此远行,因力赞他去美国。

4 月 15 日,作《水云楼诗词辑校》后记。

28 日,赴江苏大丰,先往南京。

29 日晨抵宁,下午访问陶白先生,陶老留晚餐。餐后即归,在招待所为吕启祥同志《红楼梦论集》撰写叙言。

30 日,上午到南京博物馆与姚迁同志相见,中午在陶老处午餐,下午在招待所接着撰写《红楼梦论集》叙。寻沈燮元,不值。

5 月 1 日,在招待所继续撰写《红楼梦论集》叙。

2 日,晨 7 时,大丰县备车来接。中途在扬州午餐,晤杨礼莘。傍晚抵达大丰。

3 日,上午与大丰县的同志谈施耐庵的研究问题,下午为人写字,甚感疲劳。

4 日,上午继续与大丰县的同志谈施耐庵的研究问题,下午为作讲演,谈治学方法兼及施耐庵问题。之后继续为人写字作画。周梦庄①先生来访，梦老已83岁高龄，晤谈甚欢。梦老称先生才大而气敛神清，洒脱不群，必将长寿而享大名。

5日，冒雨返回南京。次日，上午访吴新雷，与商量红学会事，甚洽。下午看望陶白先生。

7日，启程返京，翌日到达。

9日，作《访青藤书屋》。该文见《秋风集》。

16日，得刘海粟老来书。又得陈凡来书，知其住在华侨大厦，因即往访，谈甚欢。

18日夜，为马蹄疾作《水浒书录》叙。

19日，与李希凡、姜德明一同宴请陈凡。

20日，到许麟庐先生处，麟老见先生带去的巨幅行书"黄河之水天上来，奔流到海不复还"，称叹不已，誉为"全是二王，字在明代以上"。之后去建国门看望钟敬文②先生，不值。

21日，下午去左家庄见到钟敬文先生，请他写信推荐授予博士学位的授予权，钟先生立即允诺。晚拟草《终南山杂忆》。为马蹄疾所作《水浒书录》序已成。

25日，晚继续写《终南山杂忆》。

6月4日，得一小诗："小楼春昼雨如丝，知是同君相忆时。地老天荒江水竭，几曾明月失冰姿。"

13日，赴南京，车厢中甚热，夜不能寐。次日晨到南京，天气转凉，因感冒。上午安排住宿，下午即去看望陶白先生。随后与吴新雷见面，交换了《红楼梦》学术讨论会的准备情况。

15日，上午在南京博物馆开会，讨论了《红楼梦》学术讨论会筹备的有关事宜。下午至陶白先生处汇报讨论情况。

16日，早晨作书给吕启祥、邓庆佑③和冯统一，复在住处校阅《逝川集》。

---

① 周梦庄（1900—1998），江苏盐城人，词学家。曾任江苏文史馆馆员、盐城县政协副主席。

② 钟敬文（1903—2002），广东海丰人，著名民俗学家、民间文艺学家、教育家，曾任北京师范大学教授。

③ 邓庆佑（1929—），江西萍乡人，历任《红楼梦学刊》编辑部主任、副主编，红楼梦研究所副所长等职，中国红楼梦学会常务理事、副秘书长。

下午陶白先生来访，谈一小时。

17日，去陶白先生处，谈《红楼梦》讨论会事以及有关姚迁同志事和无锡国专之事。

18日，赴上海。次日上午，邓云乡和王运天陪同拜望王蘧常师，蘧老见先生至，喜极，固留午饭。下午，与王运天同访朱屺瞻先生，屺老急欲先生为题《太湖图》长卷，因诺之。

20日，衡山宾馆经理约见面，由王运天请吃饭，王蘧常师与师母、江辛眉同在座。饭后为衡山宾馆写字作画。

22日，与王运天、冯统一同访徐定戡①先生，不值。因去看望唐云先生。之后再到徐定戡先生处，稍候，徐先生归来，谈甚欢，即将校本呈交。

23日，徐恭时、徐扶明、孙逊、阎毅千、魏同贤、陈诏等先后见访。陈诏赠予他与孙逊合作的新著。

24日，上午去上海市博物馆看藏品，遇见从美国来华开会的丁爱博先生，甚为高兴。随后再次到徐定戡先生处，饭后，徐先生赠以陆微昭画一轴。下午与冯统一同到朱屺瞻先生处，屺老请吃饭。

25日，与陈从周相见，谈甚欢。下午回到南京。

26日，上午访吴新雷，吴告以《红楼梦》学术讨论会筹备情况。下午到陶白先生处，陶先生以柳亚子赠他的诗轴和两把紫砂壶见示。

27日，赴宜兴丁山，紫砂壶厂厂长高海庚来接，到紫砂壶厂晤顾景舟，欢甚。

28日，上午去紫砂壶厂，为作书画。下午参观灵谷洞，洞甚可观。归来后至紫砂壶厂为书壶坯数件。

29日，上午参观紫砂壶陈列馆，中午离宜兴赴镇江，晚五时抵达。

30日，上午在镇江博物馆看文物。之后回南京。

7月1日，再访吴新雷。无锡国专前辈学长邱宝瑞、陈汉文来访，为茹经堂事谈甚久。

2日，上午去陶白先生处告辞，下午返京。翌日抵达。

---

① 徐定戡（1916—2009），浙江杭州人，诗人，书法家。大学学习法律，曾任上海地方法院检察官。新中国成立后，曾到上海第一医学院卫生干部学校执教中国语言和文学。"文化大革命"后，受聘为上海文史馆馆员。

8日夜，撰写《逝川集》再版后记。

13日起，写作《千古文章未尽才——为纪念曹雪芹逝世二百二十周年而作》一文，25日凌晨写毕。后于8月31日改定，9月4日再改定。1996年12月16日至20日第五次作家代表大会召开之际，又作了一次修改。此文为先生研究《红楼梦》思想的早期的一篇重要文章。文中提出，曹雪芹是在一个特殊的历史时代和一个特殊的家庭中孕育成长出来的，他是在吸收了传统先进思想和传统文化的精神的基础上，自我造就为一个天才式的人物的。通过《红楼梦》这部小说，作者不仅对两千年的封建制度和封建社会进行了总批判，而且提出了新的思想，这种思想从性质上说，是属于资本主义萌芽的生产关系的民主主义思想。所以《红楼梦》既是一曲行将没落的封建社会的挽歌，也是一首必将到来的新时代的晨曲。

按，该文见《曹学叙论》，又见《夜雨集》。

8月间，杨廷福曾来访。据《秋风集·书杨廷福、江辛眉教授二三事》载：

1984年8月士则自沪来访，谓10月要去成都开会。

按，"1984年"应系笔误，实为"1983年"，因杨廷福先生1984年5月即已去世。

9月24日至29日，山西省红学会在临汾举办《红楼梦》学术讨论会，先生应邀参加。

10月9日，赴南京，于火车中拟就为朱屺瞻先生《山湖景转卷》所题长歌："忆昔东寇逞疯狂，千村万落生凄怆。河山半壁无颜色，日月黯淡失辉光。我年十二虽童稚，伤心满目几发指。北塘大火半天红，万户一夜尽灰土。可怜庚辰十月冬，贼寇扫荡我村中。我姑奋击碎贼胆，尸分四裂血染红。我舅坚贞不屈膝，悬尸村头被示众。我友击贼为贼俘，惨遭恶犬裂心胸。往事斑斑皆血泪，老来言之气犹涌。维时太湖马山隅，抗敌个个逞雄姿。数摧强寇惩凶顽，一时敌寇气如沮。岂知寇心即兽心，报复如鬼斯须至。全村老幼皆杀尽，血流成河山堆尸。大劫过后余三人，东西南北皆鬼邻。秋风习习陇上草，隐隐草中犹哭声。天回地转东风速，日月重光山河复。村头高筑英雄碑，千秋浩气后人续。娄东画师朱屺翁，两过马山寻遗踪。万顷太湖烟波阔，群峰壁立夕阳红。

犹听村叟说往事，闻者唏嘘肃动容。归来转辗不成寐，为作长卷记新容。昔日杜陵天宝后，吟诗皆作诗史留。屺翁此画即杜诗，千载后人慎宝之。屺老作太湖马山图长卷属题，因以俚歌咏其事，屺老此卷，盖史画也。一九八三年十月九日夜于京宁车中口占。十二月五日书于苏台旅次。江南冯其庸谨记。"

诗见《朱屺瞻年谱》。

15日，应吴县政协徐文魁之邀，抵苏州，寻访吴梅村墓。次日微雨中先至光福寺看清奇古怪四汉柏，随询寺僧梅村墓葬处，云在潭东高家前村顾鼎臣墓附近。至高家前村，得顾鼎臣墓，欲觅梅村墓，则渺不可得。因为诗并序云：1983年10月16日，予承吴县政协邀，偕雪简、文魁游横塘、石湖、光福诸胜，雨中复至潭东高家前村，访诗人吴梅村墓。尊者云墓在石嵝山南麓，与顾鼎臣墓邻，原有"诗人吴梅村之墓"石碑，盖诗人之嘱也。今山坡皆古梅及桂树，余至觅墓碑不得，墓地亦依稀仿佛，不复可辨，唯余桂香阵阵，沁人欲醉而已，因赋一绝："飘蓬万里觅君坟，百树梅花对旧村。呜咽犹闻太湖水，茫茫何处着吟魂。"

11月初，杨廷福来访，常咳嗽。据《秋风集·书杨廷福、江辛眉教授二三事》载：

> 约10月末，士则复从成都发来电报，告我即日到京，住北大留学生招待所。数日后，当时已是11月初，士则忽然到我书斋，兴致甚好而常咳嗽，谓患感冒，问我有无感冒药，我即给他两种。我看他穿衣甚少，问他要不要加衣，他说下午即飞上海，不必加衣了，语罢，即匆匆而别。其实此时咳嗽，已是他的肺癌开始发作，只恨当时无从知道耳。

9日晚，为侯北人画集作序：《论侯北人的画》。该文收入《秋风集》和《墨缘集》。

中旬某日，赴南京，留一宿，即往阜阳访沈徊廈。之后，为阜阳师范学院讲演一整天。再日，至亳县，观看曹氏家族墓砖及墓穴，复承李灿同志赠墓砖一块，甚宝爱之。再日，去商丘。21日，回到南京。

22日，参加第四届全国《红楼梦》学术讨论会领导小组预备会。

23日至28日，由中国红楼梦学会和江苏省文化厅等单位发起的纪念曹雪芹逝世220周年学术讨论会——亦称第四届全国《红楼梦》学术讨论会在南京举行。大会的最后一天，与会者去扬州参观，先生亦同往。

12月5日，由扬州至苏州。翌日，再到苏州邓尉、灵岩之间的高家前村，寻觅到吴梅村墓及墓石，并为守墓人拍得一照，为诗云："天荒地老一诗翁，独立苍茫哭路穷。千古艰难惟一死，伤心岂独属娄东。"后曾请朱屺瞻、沈子丞①先生为作访梅村墓图。参见《夜雨集·悼念百五寿星、画坛大师朱屺瞻》和《吴梅村年谱序》。

访梅村墓当天离苏州到上海。王运天请吃饭，拟约请杨廷福，忽然获知廷福大吐血，心甚忧。

8日，得杨廷福夫人电话，知廷福患肺癌，电话中不觉失声。立即赶往其寓处看望，并为作治疗安排。下午返南京。

11日，自南京回北京。

本月，《曹雪芹家世·红楼梦文物图录》由香港三联书店出版，此书共收照片770余幅，凡有关曹雪芹家世及《红楼梦》文物的主要方面，大致都已收入。

冯振心卒。

1984年　甲子　61岁

[时事]　1月24日，邓小平视察深圳等特区并题词。12月19日，中英关于香港问题的联合声明正式签字。

1月31日，旧历除夕之前，杨廷福于病榻上致信先生，情殷意苦，先生捧读来信，泪下。

《漱石集·无尽的怀念》：

　　1984年除夕前，已经告知他（指杨廷福）是癌症了，他在病榻上给我写了一封信，这封信书、辞俱好，但是却成了他的绝笔。我捧读这封信，泪涔涔下，不能终读。书云："宽堂我兄尊右　弟致疾（现已确诊为肺

---

① 沈子丞（1904—1996），浙江嘉兴人，画家，擅长人物、山水。早年就职于上海中华书局，后曾为上海文史馆馆员、上海中国画院画师。

癌）荷兄雅厚殷殷，胜于骨肉，铭诸五内而已。弟素达观，枕上默诵禊帖，于石火电光之身，一笑置之。惟五伦之内，朋友第一，此谭浏阳已先我言之矣，固不能忘情也。枕上拟一联语：向明独卧情怀远，忍疴自扶滋味辛。

春节后弟家迁居南市新寓，弟住院现在化疗中（第一疗程已了，进步不大），尚需住几何时，尚不可知。所拟联语，恳兄挥毫（三尺对联）示下，弟即付装池。俟弟出院后，病榻朝夕相晤何如？言不尽意，

即颂

著安，并祝

春节新禧

阖第迪吉

弟杨廷福于病榻
癸亥岁不尽二日"

本年除夕为公历2月1日，则"癸亥岁不尽二日"当为1月31日。

3月1日，为林邦钧《历代游记选》作序，题目为：《读书·游山·看画》，文中提出："行万里路，实际上也就是从另一角度，用另一种方式读万卷书，而且是读活的书，而不是死书。因为古人的书是死的，不会变动了，而历史是不断发展变化的，同一个地方我们可以看到古今历史的变迁，可以看到古代各个时期名人的题跋或记载，这就增加了我们的历史感，懂得了事物的变迁发展。"

按，该文见《秋风集》和《墨缘集》。

19日夜1时，写毕《精忠旗笺证》序。

按，该文见《秋风集》。

25日，率研究生李岚、徐匋、谭青、管士光等外出作学术调查，第一站到济南。

26日，参观趵突泉、李清照纪念堂、大明湖、千佛山以及山东省博物馆。晚山东大学殷孟伦和董治安教授来访，相见甚喜。

27日，上午游览灵岩寺，寺中古文物和碑刻甚多，正殿宋塑罗汉像尤可贵，生动传神，因拍摄数帧。午后往泰安，参观岱庙。庙中所陈列曹植使用过的砚台，引起先生浓厚兴趣。

28日，上午先往普照寺看六朝松，复至黑龙潭，随后再往岱庙，复看曹植砚。下午与当地文化局马局长相晤，提到曹植砚，马局长立即给文管会打电话，让从陈列柜中取出砚台，先生因即至岱庙细看，并拍照。下午5时到曲阜。

29日，游览孔府、孔庙、孔子故宅，对孔宙碑、五凤二年刻石和武梁祠石刻备感兴趣。

30日，上午参观颜庙和孔林，在孔尚任墓和孔子墓留影。归途过周公庙。下午去孔子出生地尼山游览，返回曲阜途经古鲁城东门，尚存部分城墙，为摄一影。

31日，上午复至孔庙看石刻。下午到邹县，先游孟府，见大殿内陈列文物甚精，尤留意于刻有秦篆之白陶豆与陶箭、西晋之围棋以及二组明代陶俑。随后至孟庙，见到断机碑、峄山碑和莱子侯刻石。在孟庙附近还见到北周摩崖刻经，以为字体如泰山经石峪金刚经而略异，且更为错落有致。下午5时赶回曲阜。晚乘车赴南京。

4月1日晨抵南京，学生去游览，先生到中华书店看书，购得《汉画像砖帖》《汉简的书法艺术》和吴昌硕画扇面等三种。晚重看《精忠旗笺证》稿，夜12时始就寝。

2日，在住处继续看《精忠旗笺证》稿。

3日，上午看稿。下午与学生赴扬州。晚黄进德来访，并转来朱淡文信，告知杨廷福病剧，欲先生速去上海商量，心内甚急。

4日，上午在朱家华陪同下游览平山堂、观音山和瘦西湖。下午看望任二北①先生，谈甚欢。

5日，至镇江，即去金山寺，看第一泉。下午到无锡。

6日，见到尹光华和二哥，随二哥回老家探望，并参观前洲镇西塘大队，见农村面貌大为改观，家中老屋已拆除，无复旧观。

7日，上午10时至常熟，随即参观钱谦益墓和柳如是墓，以及王石谷墓，下午参观常熟县文管会藏品，观赏钱牧斋书法真迹和王石谷中年所临山水册页，皆甚精。之后又去黄子久墓。此行感觉收获颇丰。

---

① 任二北（1897—1991），名讷，号二北，江苏扬州人，文史学家，曾任四川大学、扬州师范学院教授。

8日，中午抵上海。下午即同王运天去医院看望杨廷福，廷福紧握先生之手，谓"冯兄与我，情胜手足"。先生见廷福病状，心内惨戚，至晚饭不能下咽。晚将《精忠旗笺证》稿检点一遍，加入五条注文。

9日，上午看望朱屺瞻老，并应屺老之邀与唐云、应野平夫妇、吴青霞、沈之宜等同进午餐。下午看望杨廷福，恰值周谷城先生亦来看望，对先生说："士则（廷福字）是勤奋加天才，是不可多得的人才。"医生告知廷福已非常危险，先生闻之，实难为怀。然知事已至此，无可挽回，遂劝慰杨廷福夫人，并与之商量后事，主张一定要开追悼会。

10日，上午看望王蘧常先生，王师甚为高兴，赠以《顾亭林诗集汇注》。随后看望徐定勘先生，谈半小时。午饭时独自一人，不觉为杨廷福流泪不止。下午与王运天、朱淡文同去医院看廷福，为拍照并合影。医院今日正式下达病危通知，先生甚觉酸心。其后去朱屺瞻先生家看其新作山水，认为其笔墨变化无穷，较前又狂放甚多。

11日，返回南京。次日，与学生一起看南京博物馆馆长姚迁，随后到文物陈列室，为学生讲解了其中部分展品。

13日，天忽剧冷，患感冒，但仍与李岚一起去甘家巷看陈文帝墓，摄取照片而回。

15日，下午感冒始觉转轻。6时许乘船离南京赴武汉。在船上读朱淡文论文《曹宣小考》。

16日，在船上为学生讲自己读书经历。夜读王昆仑先生《红楼梦人物论》，准备为王老写文章。当夜梦上海发来电报，告知杨廷福逝世噩耗，悲恸不已，竟至哭醒。

17日，中午到汉口，稍安顿，即去参观博物馆，并看随县曾侯乙墓葬。

18日，参观博物馆。胡小伟来，相谈甚欢。

19日，上午为武汉广播电台讲电视剧《诸葛亮》观感，下午为人写字。晚观看汉剧老艺人折子戏演出，第三折是陈伯华所演《梅龙镇》，此戏还是新中国成立前所有。

20日，前往荆州。次日，上午由荆州地委宣传部的同志陪同参观荆州博物馆，对馆藏两具西汉古尸、战国时期丝绸和楚漆器、西汉时期一双麻鞋和一把篾扇、越王宝剑、刻有人物画的秦代玉梳以及楚兵器留下深刻印象，尤其对铜器上一对脚踩日月的人物造型，更产生浓厚兴趣。下午参观纪南城，即楚之郢都，由城南门进入，查看了楚宫殿遗址，复至北门查看。

22日，继续参观纪南城，查看了城西门。归来时经关羽点将台和太晖观，然后去荆州城北门、西门和南门参观，南门外为楚宫官船码头遗址。下午去沙市游览，观看了孙叔敖墓遗址。晚为荆州师专、博物馆、地委领导和招待所写字。

23日，上午听博物馆同志讲解纪南城发掘情况，下午为荆州师专作演讲。晚继续为人写字，甚感疲劳。

24日，晨起赴宜昌，途经当阳，去玉泉山游览，依次观看了玉泉寺、长坂坡、太子桥、糜夫人井和关陵。抵宜昌已是下午5时许。

25日，上午参观葛洲坝，随后由宜昌文化局陈立启局长陪同游览三游洞，洞中题刻甚多。洞旁有张飞擂鼓处等胜迹。午饭后为当地领导写字多幅。接着游览下牢溪，一路奇山异水，风景幽绝。晚乘船赴奉节。

26日，晨起在船甲板上观看三峡风光，并摄影。到奉节后，县委宣传部部长来访。

27日，晨雾弥漫。先去白帝城，参观了白帝庙，查看了庙中所陈列之石刻。其中有一件宋代摩崖石刻"大宋中兴颂"拓本，字大如掌，结体谨严秀逸，先生认为是楷书之精者，可称珍品。然后下从小路到瞿塘峡口，复寻少陵故居。下午参观永安宫遗址，又去看夔府之古城墙。晚与奉节县委宣传部部长等同去魏靖宇[①]家欣赏其创作的树根雕。

28日，游览巫溪，路上看到巴人的悬棺葬。

29日，拂晓即乘船前往小三峡，依次经滴翠峡、巴雾峡、罗门峡，一路上为奇山异水惊叹不已，以为昔日游历，无可与此比者。是夕宿巫山县招待所。

30日，乘船经瞿塘峡复至奉节县。

5月1日，寻访杜甫瀼溪故宅遗址，之后再次到魏靖宇处欣赏其树根雕，且为拍照，蒙其赠送木雕二件，及瞿塘石二品，其一出自八阵图内，其一出自瞿塘峡中，其势嶙峋，其状诡怪，甚喜爱之。晚乘船赴重庆。夜梦王蘧常先生告诉杨廷福已病故，竟悲恸而醒。良久复睡，又梦见江辛眉来北京，急询廷福病状，辛眉皆不答，复醒。睡后又梦，则见廷福亦到北京，谈笑一如往昔，颈

[①] 魏靖宇（1944—），四川云阳人，喜收藏与绘画，现为重庆市文史馆馆员。

上已无肿瘤痕迹，转瞬复醒，则再不能寐也。

2日，一路江行山色甚美，然昨夜梦境萦心，苦念廷福不置。在船中读书。

3日，中午到重庆。晚去枇杷山看山城夜景。

4日，参观重庆市博物馆，看到许多四川的汉阙图片和大足石刻照片。晚赴成都。

5日，晨抵成都。上午参观四川省博物馆。下午游览宝光寺，又去新都桂湖公园参观杨升庵（慎）故居，随后至成都佛教重地文殊院参观。

6日，参观王建墓、武侯祠和杜甫草堂。此数处以前皆曾游览，此次不过重游耳。

7日，至绵阳，参观子云亭、西山观、三国蒋琬墓，之后去碧水庵，此处有唐刻摩崖金刚经和唐宝应元年所雕石佛像，为摄影；复至平阳府君阙，查看阙身所刻佛教图像，亦为摄影。晚为招待所写字。

8日，赴江油参观李白纪念馆，午饭后游览窦圌山。

9日，上午8时与绵阳文管会的领导座谈文物工作，之后赴梓潼县。当天下午，冒着烈日到长卿山游览，山上有长卿石室，相传为司马相如隐居读书处。而后依次考查了贾公阙、李业阙、边韶阙等，复至七曲山大庙，参观了庙内铁铸佛像和唐明皇入梦处等。傍晚抵达剑阁县。

10日，上午游览鹤鸣山，查看了李商隐《重阳亭铭》石刻和颜真卿所书《大唐中兴颂》摩崖石刻。午后去剑门关，登上大梁山顶，在关口久久徘徊，依据地形遥想三国时邓艾破蜀攻关情景。在关口，得见姜维墓和姜维庙。黄昏时分抵达广元。

11日，游千佛岩、皇泽寺。从下午至晚饭后一直在招待所为人写字，深感疲惫。

12日，去昭化，将至时因嘉陵江水涨，折返广元。

13日，赴汉中，途经清风峡、明月峡，过筹笔驿、朝天驿、七盘关，在勉县参观武侯祠。至定军山，参观武侯墓和武侯祠。下午六时许始抵汉中。

14日，参观虎头桥，传此为三国时马岱斩魏延处。随后至净明寺参观东塔，传庞德曾养疴于此。东塔旁有饮马池，传为刘邦驻军汉中时之饮马池。又观看了李固墓。晚为汉中师院教师讲治学方法。

15日，参观汉中市博物馆。为汉中师院师生讲《红楼梦》。晚上为人写字。

16日，晨雨中去龙岗看新发现的原始公社遗址，盘桓有时。下午乘汽车赴西安。经留坝，参观张良庙。复经寒溪，桥边有碑，记萧何追韩信事。晚宿凤县。

17日，越秦岭至宝鸡县，参观金台观博物馆。午饭后经眉县，复经五丈原，参观武侯祠。傍晚抵达西安。

18日，整日参观碑林。

19日，参观兵马俑博物馆，游览骊山，复至大明宫遗址。

20日，赴洛阳。次日，参观龙门石窟，且为龙门博物馆写字。随后到关林看石刻。午后参观洛阳市博物馆。

22日，到南阳，凌解放（二月河）在车站迎接，相见甚欢。晚读其《康熙大帝》稿。

23日，上午参观卧龙岗汉画像石刻，下午雨中看古宛城遗址，衣服尽湿。晚身体不适，仍读《康熙大帝》稿。

24日，去新野，参观樊氏陂，此即庾信故里。复至汉桑城和刘、关、张议事亭等处游览。晚为人写字，甚感不适。

25日，上午参观医圣祠，即在医圣祠医院看病。下午乘车返京。

26日，早晨到京。中午接上海来电，得知杨廷福已于昨日去世，不禁痛泪直下。当夜忽发高烧，先寒后热，大汗淋漓。

27日，在家养病。王春瑜①来，谈杨廷福事，不禁相对而泣。发电报给上海教育学院吊唁杨廷福。顷又接江辛眉来信，望能南来临吊廷福。

江辛眉来信全文如下：

其庸足下：

士则于昨日（五月二十五日）下午三时二十分逝世。在弥留之际弟闻耗赶赴医院，相差十五分钟。追思在京华日，我三人云龙上下，谊同手足，今也人天遽隔，天实为之，谓之何哉！

兄离沪时嘱代办挽联花圈，当一一妥办。仍望兄能南来临吊也，是否请速电告。何日大殓，尚有事与教育学院折冲，未曾决定。定后当电

---

① 王春瑜（1937—），江苏建湖人，中国社会科学院历史研究所研究员。

告。匆此，即叩著安。

　　　　　　　　　　　　　　　　　弟江辛眉顿首
　　　　　　　　　　　　　　　　　五月廿六日凌晨

　　6月18日，侯北人自美国加州来京，先生当夜写作《欢迎侯北人画展》一文。

　　19日，到北京饭店看望侯北人夫妇，相见甚欢。

　　22日，中山书画社宴请侯北人夫妇，先生与宴，同席者有侯镜如、郑洞国、黄苗子、秦岭云、卢光照等。

　　23日，侯北人画展在中国美术馆隆重开幕，先生在美国加州为侯北人题过字的五幅画全部展出。

　　24日，到饭店看望侯北人。

　　25日，拟请梅节[①]吃饭，因其提前一人离京未果。

　　27日，天津百花文艺出版社来人谈《红楼梦学刊》问题，知百花文艺出版社想毁约，与邱恩达同志谈了一些意见。

　　7月2日，上午去周怀民先生处，商议明日侯北人画展拍电视事。下午陪侯北人夫妇访问许麟庐先生。归家路上口吟一诗赠侯北人，诗云："三十年来故国心，淋漓翰墨入丹青。看山总觉家山好，入耳动心是乡音。壁立众峰原旧识，参天万木皆亲邻。今朝笔意纵横处，聊作孟生游子吟。"

　　按，诗见冯其庸《瓜饭楼诗词草》。

　　晚读杨廷福去世时各家所送挽词，泫然泪下。

　　8月15日夜1时半写毕《瞿塘石歌》。诗见《秋风集》。

　　20日，乘飞机赴兰州参加唐代文学研讨会。晚晤周振甫、华钟彦、胡大浚等。次日，参加小组讨论。

　　22日，陈光、金行健来访，谈甚快，邀请先生去麦积山。下午参观博物馆。

　　23日，分别晤赵景瑜、胡国瑞、张啸虎等。青海民院叶元章索诗，抄旧作赠之。日来完成诗话一篇。

　　[①] 梅节（1928—），广东台山人，香港学者。曾为香港梦梅馆总编辑，业余从事《红楼梦》与《金瓶梅》研究。

24日，参观刘家峡水库。

25日，再至博物馆看文物，且对感兴趣者一一作记录。

26日，大会选举唐代文学理事会，并举行闭幕式。先生被邀去为人写字。

27日，赴敦煌，下午4时抵达，随即去敦煌博物馆参观。晚忽接兰州长途电话，说北京来电报，嘱速回，因不知何事，且此处交通不便，不知如何回去，心内甚急。

28日，去敦煌石窟参观，并拍摄。

29日，乘飞机返回兰州。本拟速回北京，然只能买到9月2日机票。此后两日，均在甘肃省博物馆参观，因不能拍摄，速记了部分文物，如两片六朝尺牍等。

9月1日，继续在博物馆参观，速记了部分文物。晚写毕介绍魏靖宇树根雕的文章。

2日，上午再去博物馆参观，复看了汉代毛笔、石砚等，并勾画了麦积山的两件塑像。先生认为此两件塑像已具唐风，唯脸形尚瘦。下午乘飞机返京，夜12时始到。

4日，得陈庆浩、侯北人来信。伊藤漱平寄来论文，拟请人译出刊入《红楼梦学刊》。侯北人先生来信全文如下：

其庸大兄如晤：

前上一函想已收到，兹将在京时拍得之照片寄上，请留为纪念。许麟老、周怀老、陆鸿老处弟已分别去函致谢，并将照片寄去了。如吾兄见面时，请再致谢意为盼。另已写就十七幅画寄交邵恒秋先生，请他转送下列各人（侯镜如、钱昌照、屈武、郑洞国、付学文、邵恒秋、陈文钊、张克明、尹文堂、常人聪、王祥庆、于允长、郭彬、潘承明、张廉云、贾以斌、赵世咸），其名单是中山书画社开来的。现弟正在为友谊出版公司霍宝珍、葛骞、陈勤卓三位作画，待下周完毕后，当即寄上不误。弟画册事，尚乞吾兄为审阅为盼。吾兄在港印的《红楼梦文物图录》，装订、编排都很好，不知友谊能否印出那样的水平。

特此，匆匆，敬请近安。嫂夫人面前问候。

弟侯北人　内子张韵琴　同拜

八月廿日

5日，复信陈庆浩、绍兴文管会等，并致信王运天等。

6日，晚读朱屺瞻先生《癖斯居画谭》，拟为朱老画册写序。《诗话》稿发给傅庚生先生。

7日，上午去红楼梦研究所，之后去看望周怀民先生。下午到文物出版社看书。晚继续读《癖斯居画谭》。

8日，到中华书局晤李侃①和沈锡麟②，了解赴苏联鉴定《石头记》早期抄本有关事宜。过《新观察》编辑部，晤丁正良和戈扬。复至王府井新华书店看书，那里已实行开架卖书，读者颇为踊跃，当晚即写了短文《开架选书》。

9日，晨起看《侯北人画册》序稿样，之后去看望冯牧，在冯牧处吃饭。下午为人写字、作画。晚准备为《朱屺瞻先生画册》写序。

10日，中秋节，下午到中国人民大学中文系开迎新会，晚为《朱屺瞻先生画册》写序。

11日，祝肇年③来访。陕西人民出版社王平凡来，告诉先生《逝川集》已经发稿再版，《梦边集》出版后反映很好，也可再版。晚继续写《朱屺瞻先生画册》序。

12日和14日，晚上继续写《朱屺瞻先生画册》序。

15日，《朱屺瞻先生画册》序写毕，文中围绕屺老在绘画艺术上所自觉追求的"独""力""简"以及"朴拙"等方面进行了阐述，总结说："我认为屺老在我国的山水画上，完成了近代的一次大变革。从而也就树立了他的独立不一的面目，开创了一个新的山水画派。"同日，收到香港《文汇报》刊发的先生诗稿。

16日、17日、18日，在家抄写《朱屺瞻先生画册》序。

19日，将《朱屺瞻先生画册》序寄给朱屺瞻先生。看望周怀民先生，始知他昨夜突发心脏病，已送医院。

---

① 李侃（1922— ）辽宁本溪人，史学家，曾任中华书局总编辑，中国史学会常务理事兼秘书长。
② 沈锡麟（1942— ），福建诏安县人，毕业于北京大学中文系。曾任国务院古籍整理出版规划小组办公室主任、中华书局副总经理。
③ 祝肇年（1925—1991），北京人，戏剧学家，曾任中央戏剧学院教授。

20日，收到朱屺瞻先生和王运天来信。读完季稚跃①文章，灯下复信给他，谈了对其有关"庚辰本"看法的意见。晚上作画。

21日，到中华书局，与李侃商量去苏联事宜。为二月河买到《左宗棠年谱》。致信王运天，请他代买《增补校碑随笔》。

22日，上午为《红楼梦学刊》发稿事到红楼梦研究所。下午看望刚刚出院的周怀民先生。

23日，给二月河寄去《左宗棠年谱》。给尹光耀寄去七幅字画，为他出国赠人之用。齐鲁书社周晶来信，告知《蒋鹿潭年谱考略》已发排。

24日，分别至李侃和周汝昌处，告知赴苏联有关事宜。到灯市口书店买书。

25日，到琉璃厂北京古籍书店为红楼梦研究所买《四部备要》，同时为个人购得《增补校碑随笔》和《古史论集》二书。作书寄侯北人、王少石、魏同贤②、朱淡文、彭靖③等。

26日，参加华国璋摄画展开幕式。得朱屺瞻先生来信，对先生所作《朱屺瞻先生画册序》甚为称赏。

28日，到王府井新华书店看书，又到文物出版社，购得《新中国的考古发现和研究》与《青海彩陶》二书。灯下读《津门大侠》至夜深。

29日，读完《津门大侠》。

10月1日，近两日一直在写《关于曹雪芹研究》一文，今晚在国庆节焰火声中基本完稿。

2日，上午看望周怀民先生，相谈甚欢。下午继续补充《关于曹雪芹研究》一文，至夜2时完稿。

3日，晨起修改《关于曹雪芹研究》一文，终于改定。上午去故宫博物院观看隋宋元明绘画展览和各省出土文物展览。

4日，晚改定为《朱屺瞻先生画册》所作序文。

5日、6日，重读《关于曹雪芹研究》一文，并复写两份。

---

① 季稚跃（1936—），江苏无锡人，曾任《上海建材学院学报》副主编，业余研究《红楼梦》，发表论文多篇。

② 魏同贤（1930—），山东滕县人，毕业于山东大学中文系。曾为上海古籍出版社编审、社长，中国红楼梦学会理事、上海红学会会长。

③ 彭靖（1923—1990），湖南涟源人，诗人，湘潭大学中文系教授，中国韵文学会副秘书长。

7日，为拍电视至中山公园来今雨轩，周汝昌同往。

9日，致吴新雷、谢光宁信，询问南京发现楝亭遗址事。晚俞筱尧陪同南京博物馆郭群来，谈姚迁遭人诬陷事。

10日夜10时，为顾平旦、曾保泉《红学散论》作序。该序见《漱石集》。

11日，读《大自然探索》所载陈景元题为《秦俑新探——俑坑的主人不是秦始皇》的文章。

12日，《红楼梦学刊》改由文化艺术出版社出版，文物出版社印厂印刷，故今晚在北京饭店宴请两单位同志。周怀民夫妇见访。

13日，去杭州知味观开会，讨论关于北京风物志的编写问题，会上见到罗哲文。

14日，为陈庆浩书稿所写推荐书已拟好。与冯牧通电话，得知其身体较前好转，甚慰。晚香港《大公报》陈明见访。

15日，上午去中华书局晤李侃，了解赴苏联事。下午访周怀民先生，商量去正定考察之事。今日《人民日报》八版头条发表先生短文《开架选书》。

17日，人民大会堂派车来接，去为人民大会堂写字。归来后，心脏颇不舒服。

19日，审阅《吴梅村年谱》草稿。

21日，与周怀民同赴正定，到达后，与正定县委领导习近平、刘日同志相晤，随即前往大佛寺，观看了著名的隋代龙藏寺碑，并为寺庙写字作画。

22日，察看了正定拟建的红楼梦一条街的位置，参观了唐临济惠照澄灵塔，九级，始建于后魏兴和二年，明正德十六年辛巳重修，有碑记。此塔之南，为广惠寺华塔，因门上锁，未能参观。返京途中，参观了著名的定县古塔。晚八时抵京。

24日，审阅《吴梅村年谱》草稿毕。

25日，去政协礼堂参加纪念吴晗同志大会。

26日，参加纪念梅兰芳大会。

27日，上海汤志钧与王兆海见访。

11月初，收到侯北人先生上月末来信。全文如下：

其庸兄嫂如晤：

9月15日函悉。知对弟拙画集如此关心，分劳校正、派对，万分感谢。如非知交，何能如此，实铭感五中也。关于索阅弟之文字资料等，因数十年来均未加注意收留，多已散失。不过弟尚可寻找出一部分，一待整理一些，当为寄上。拙作承兄抬爱，自当效命，并当仔细为之。一待完成，当奉上不误。沈鹏兄之画附上，希能代转，并请问候。朱宪民兄在美影展事，弟正进行，并已去函索取履历及成就（如获奖等、名誉等）还有作品数帧，以便向博物馆推荐，以促其成。请兄并转达此意。文件可用中文写，弟可在此求人译成英文。上海王运天兄处来函邀弟写《弟与张大千》一书，弟已回函，觉得此一题目，颇易引人误会，以为弟藉大千之名而自抬身价之意。故已去函，言如欲弟写与张大千交往及彼之轶事等，可以"老杏堂杂记"书名（封面为大千在世时画好，至今该书尚未集成）出之。尚不知运天兄如何处理此事也。

兄敦煌之行虽不尽兴，但弟羡煞万分，日后如许可，愿与兄结伴同行，以足宿愿。匆匆写此，并问嫂夫人好！

弟侯北人　内子韵琴拜
十月卅日

8日，得南京博物馆馆长姚迁儿子电报，告知姚迁于今晨非正常死亡，闻之深感悲痛，立即去找俞筱尧，商议为姚迁申雪事。前几天收到金庸寄来的《鹿鼎记》，今日即将读完。

12日，去夏承焘先生处，祝贺其85岁生日。贺寿者甚众。

13日，上午去《红旗》杂志社，与王忍之[①]同志谈为姚迁申雪事，忍之同意将有关材料呈交胡耀邦同志。中午收到姚迁儿子和南京画院一同志来信，下午即将来信复印件送到《红旗》杂志社交给王忍之同志。

15日，晚乘火车赴长沙，去参加湖南省《红楼梦》学术讨论会。

16日，到岳阳。翌日，游览君山，参观二妃墓、柳毅井、杨幺起义之飞来钟等，观赏当地之斑竹。午后参观岳阳楼。晚回长沙。当日题诗三首："洞庭木落楚天秋，湘水茫茫故国愁。我欲一杯酬屈子，诗人终古属潭州。平生未到岳阳楼，望里君山只卧游。却怪涪州黄别驾，看山犹说不浮沤。满川风雨倚

---

① 王忍之（1933—），江苏无锡人，毕业于中国人民大学研究生班。历任国家计委政策研究室主任，《红旗》杂志社副总编，中央宣传部部长，中国社会科学院党委书记、副院长等职务。

阑时，正忆涪翁绝妙词。万死投荒供一笑，人间毕竟要好诗。"

19日，湖南省《红楼梦》学术讨论会开幕，先生被选为主席团成员。下午任大会执行主席。

20日，参观马王堆出土文物，且观看马王堆原址。

21日，上午感冒严重，未与会。下午为湖南师范大学作报告，讲关于古典文学的研究问题，听众情绪始终热烈。报告前曾到岳麓书院观看麓山寺碑。晚召开主席团会，讨论理事名单。大会秘书组推举先生为夏承焘词学奖金评委会第一副主任，万云骏先生为主任。

22日，飞赴上海。

24日，与朱淡文、王运天等同去看望杨廷福夫人。之后拜望王蘧常先生。邓云乡请吃晚饭。饭后为延安宾馆写字。晚朱屺瞻先生来电话，约明晨见面。

25日，先后看望朱屺瞻先生和徐定勘先生。午后赴无锡。

26日，上午至无锡教育学院，晤姚载照、陈其欣。下午回家乡，为乡里写字、作画，当日始作泼墨荷花，甚觉有意。

27日，继续为人写字、作画。

28日，到南京，安顿后即去大行宫看新发掘的假山石以及瓷片等物，此为曹家织造府遗址之明证。晚徐湖平来，详述姚迁不幸逝世之情况，闻之泪下。

29日，在座谈会上发言，讲35年来考古发掘成就对我国学术工作的推动。指出考古的新发现使得学术上的许多旧论点都要更新，例如中国文化黄河流域起源的一元论，就已不符合实际，实际上中国文化的起源应该是多元的；此外，对楚文化、夏文化、秦文化和吴越文化也都应该有新的认识。先生还特别举例讲了考古发掘对古代文学与古代艺术研究的积极意义，如亳县曹墓的发掘与《兰亭序》真伪的争论，楚地文物的发掘与楚辞的关系，等等。最后提出对于传统文化的研究必须注意四个方面，即书面文献、地下发掘、地面调查和民间传说。与会者对先生发言反映甚好。

30日，参观紫金山天文台、栖灵山、徐达墓、萧景和萧憺石刻，之后与史念海、吴新雷等同去麒麟村看刘裕墓石刻，再去阳山看明朝永乐时之碑材。

12月1日晨，江苏古籍出版社吴明墀、陆国斌来，告知《吴梅村年谱》已列入出版计划，《红楼印谱》正在制版。之后赴扬州。

2日，去瘦西湖抄录联语。下午写字、作画。晚扬州市市长请吃饭。

3日，上午作画。下午回南京。

4日晨，殷亚昭来谈其《孔子与乐舞》一文，先生给她提了不少意见，嘱她再改。然后到南京美术馆观看周怀民画展。下午到江苏古籍出版社看望吴明墀等。晚李厚永与殷亚昭同来，谈古代舞蹈史的研究。

5日，上午去古籍书店买书。下午乘车返京，在车上独自沉思姚迁逝世之事，十分悲痛，至晚不能入睡。

6日晨到家，即有民主德国《红楼梦》翻译者史华慈①来访。

7日，《侯北人画集》样本送来审看。得知香港《文汇报》刊登了赠赵荣琛的四首诗。

8日，文物出版社俞筱尧与先生约定，要先生编辑《中国古代作家文物图录》。

9日，得陈庆浩、史华慈、那宗训等来信。彭靖与周笃文②来访，告知先生已被选为全国韵文协会常务理事。

13日，得上海百三老人苏局仙先生所寄诗幅，诗云："长沙集会聚文雄，鼓吹汉家大国风。不意京都红学士，多情垂念白头翁。"先生即用原韵答诗一首："百年难遇百三翁，何况诗酒称两雄。周浦牛桥明月夜，高吟想见大苏风。"

14日，到中华书局李侃处开会，并领赴苏联护照和机票等。

16日，应苏联科学院东方学研究所副所长宋采夫的邀请，偕同周汝昌、李侃前往苏联科学院东方研究所列宁格勒分所，鉴定《石头记》的一个早期抄本。先生任鉴定小组组长。晨起乘机，中午抵达莫斯科。苏方国家出版局局长和著名汉学家李福清③到机场迎接。先生与之同车到大使馆，遂与大使杨守正见面。

17日，上午苏联国家出版委员会副主席宴请。下午即乘火车赴列宁格勒。

18日，晨抵列宁格勒，随至冬宫博物馆参观，观看了西夏出土的壁画、文书以及敦煌壁画等。午饭后去东方研究所，苏方召开了简短的欢迎会，孟列

---

① 史华慈，德国汉学家。

② 周笃文（1934—），湖南汨罗人，原中国新闻学院教授，中国韵文学会常务理事、中华诗词学会副会长兼秘书长。

③ 李福清（1932—），俄罗斯汉学家，俄罗斯科学院通讯院士。

夫（原名缅希科夫①，孟列夫是汉名）、索罗金、李福清等出席。之后参观了其所藏黑水城文书和敦煌卷子等，最后看了《石头记》早期抄本。先生对此抄本形成了几点初步看法。考虑到明天看完书后，中方三人不可能有机会在东方研究所开会商量，所以今天看完抄本回到住处后，先生即提议召集会议，请周汝昌、李侃以及许恒声同志（驻苏使馆秘书，翻译）一起到茶室去商量（为防窃听，不能在住房内谈）。先生首先通知了周汝昌，告诉他明天要会谈，我方要准备意见，因此征询他的看法。不料周汝昌竟说："我已有我的看法了，现在我不说。"（周的原话）先生说现在就要商量，怎么可以不说？周就沉默不语。先生无奈，将此情况告知李侃。李侃想了一想，说："还是把周汝昌请来，他不肯说，你就把你的意见说给他听，问他是否同意。如果同意就照此发言，如不同意就再讨论。"于是约上诸人一起到了茶座。先生首先谈了自己的看法：一、此抄本之底本是脂砚斋本系统的本子，是一个好的底本。二、抄定时间约在乾隆末年和嘉庆初年，以后者的可能性为大。三、苏联学者对此本的发现报道并发表研究文章，是有贡献的，文章也是有见解的。四、此书值得影印。先生讲了此四点意见后，周汝昌仍一言不发，既不说同意，也不说不同意。当时茶座里还有别的国家的人，无法长时间认真讨论，李侃就说："既然没有意见或不说意见，明天就照这四点意见发言。"周汝昌还是不表态。

按，以上情况参见冯其庸、李侃答复政协第323号提案：《关于赴苏考察列藏本〈石头记〉事实经过情况》。

19日，早饭后，阿芙乐尔出版社邀请座谈，提出希望今后互相交流，合作出版书籍。上午10时再至东方研究所看抄本，看到下午3时，随后即与苏方专家会谈。我方四人（包括翻译许恒声），苏方有东方研究所所长、汉学家孟列夫、李福清，外事局副局长以及另外一些人共十四五人。首先由先生代表我方发言。先生说明我们只是匆匆看了一下，一共不到五个小时，看得很简略，意见不可能很正确，请大家原谅，之后即讲了他的四点看法。苏方听了其发言，情绪非常兴奋活跃，孟列夫说，冯其庸的发言非常好，非常正确，他说只看了五个小时，但也只有真正的专家才能在这几小时内做出这

---

① 缅希科夫（1926—2005），汉名孟列夫，俄罗斯汉学家，俄罗斯学院东方学研究所圣彼得堡分所教授。

样精辟的判断（大意）。接着先生说请我们的周先生发表意见。周汝昌当即谈了看法：一、这是一个白文本（即不带任何批注的本子）；二、这个本子上的批语没有任何价值，全是后人写上去的，不是脂批；三、这个本子抄定的时间是道光年间。此时，会场气氛非常紧张，会议几乎要陷入僵局。先生与李侃、许恒声都很着急，一再向周汝昌示意，周也看到这种局面，才连忙说这只是他个人的意见，大的方面，他同意刚才冯先生的意见。当周汝昌说完这句话时，会场气氛和情绪才开始缓和。东方研究所所长表示十分盼望能与中方合作出书。李侃代表中华书局讲了影印出版此书的意见。会上口头决定由中苏双方联合出书，由中方的红楼梦研究所和苏方的东方研究所共同署名，并由双方专家各撰写一篇序言，中方由先生和周汝昌撰写，苏方由李福清和孟列夫撰写。晚先生去庞英同志家看望。

按，关于会谈的情况参见冯其庸、李侃答复政协第323号提案：《关于赴苏考察列藏本〈石头记〉事实经过情况》。

20日，参观冬宫博物馆和俄罗斯博物馆。晚乘车折返莫斯科。

21日，晨抵莫斯科。向大使馆汇报会谈情况。下午在苏联国家出版委员会会议室由李福清介绍苏联汉学研究界情况。

22日，昨夜着凉，晨起即发烧。李侃起草了双方合作出版列藏本《石头记》协议书，先生抱病作了修改，随即交大使审定。次日，身体仍不适，打了退烧针。

24日，上午到列宁图书馆看书。下午在苏联国家出版委员会与苏方会谈，双方签署了协议书。由先生向苏方发出口头邀请，邀请他们三至四人在1985年访华一至二周。至此会谈取得了圆满成功。当晚乘飞机返回北京。次日中午抵达。

27日，上午到艺术研究院，与周汝昌一起向院领导简要汇报了与苏方会谈的情况。之后即到京西宾馆报到，参加全国作家协会第四次会员代表大会。

28日，全国作家协会第四次会员代表大会召开预备会，传达了胡耀邦同志讲话。次日，全国作家协会第四次会员代表大会开幕。下午听取张光年同志报告。再日，分组讨论，先生发言，谈了要与"左"的思想和行为作斗争，特别讲了南京博物馆馆长姚迁之死，引起大家重视。

本年，应王运天之嘱为《西湖》杂志题诗三首："西湖真好要题诗，柳陌荷塘月上时。一片凄迷芳草渡，阑珊人影忆当时。""小阁曾经听雨来，满川风雨失楼台。输他湖上东坡老，入眼烟云妙剪裁。""自从嫁与林和靖，只住孤山浅水前。虽有暗香人未觉，为因蜂蝶太无边。"

本年，观看厉慧良演出的《长坂坡》，为题诗三首。

1985年　乙丑　62岁

[时事]　2月，英国议会下院通过香港法案，规定自1997年7月1日起，英国对香港的主权和治权结束。4月10日，香港特别行政区基本法起草委员会成立。6月4日，中央军委主席邓小平宣布我国政府裁军一百万。

10月9日，河西走廊出土两万多枚汉简。

1月1日，作家代表大会休息。夜12时先生改定《瞿塘石歌》并补作小叙："一九八四年三月二十五日，予率研究生李岚、徐匋、谭青、曾上光外出作学术调查，历济、泰、邹、鲁至南京，访六朝遗迹，四月十五日去武汉，二十日到荆州，访纪南城遗址，盖即楚之郢都，亦即屈原《哀郢》之'郢'也。屈子《离骚》，光照日月，衣被千载，百世而下，予尚能得其踪迹，徜徉其故城，不胜低徊留恋之感。二十五日至宜昌，参观葛洲坝，游三游洞。晚登轮去奉节，即古夔州也。二十六日，竟日行三峡中，两目几不暇给。时值暮春，夹岸山色如青螺，如翠黛，恍如置身于画图中矣。薄暮抵奉节，留五日，遍访杜甫所居地，登白帝城，探瞿塘峡之险，睹滟滪堆之遗迹，复环奉节沿江城堞，其南门今仍曰'依斗门'，盖取杜甫'每依北斗望京华'句意也。在夔识胡焕章君，胡君治杜诗甚细。复识三峡树雕作者魏靖宇君，承赠树雕二件，及瞿塘石两品，其一出自八阵图内，其一则出自瞿塘峡中。予观其势嶙峋，其状诡怪，如经鬼斧神工。因念此石实造化之所遗而世人之所弃也，感而为长歌，以抒积怀云尔。"1985年元旦之夕，其庸补记于京西宾馆中国作家协会第四次会员代表大会会所：

魏生遗我瞿塘石，色似青铜声如铁。叩之能作古钟鸣，以手摩挲瘢千结。我昔三过瞿塘门，双崖壁立半入云。昼无日色夜无月，唯觉天风海雨挟鬼神。仰视悬崖几欲倒，怪兽下扑势啮人。对此不觉心胆裂，轻舟如箭犹嫌钝。俯视雪浪如山立，奔腾万马作坚阵。忽然怒吼阵脚乱，巨浪搏击双崖根。崖根怪石如蹲虎，或起或伏状狰狞。雪浪过处万头动，咆哮如雷裂夔门。我幸轻舟疾如电，倏忽已过白帝城。回看双崖合一线，惊定犹有未归魂。昔闻太古之初众水西来会瞿塘，一山横截难东行。千村万落成泽国，蛟龙鱼鳖皆相庆。忽然大禹经此过，一斧劈开瞿塘门，群山见之骇目惊心皆辟易，从此大江东去奔腾澎湃万里无阻梗。当年大禹斧凿处，遗迹斑斑尚可寻。君不见，瞿塘峡口滟滪堆，乃是禹斧溅落之遗痕。我今得此瞿塘石，扪娑拂拭贵奇珍。忽睹石上瘢痕处，隐隐尚可辨斧斤。始知此石亦是神禹之所遗，今我何幸得此亿万斯年之奇品。只恐俗世难久留，夜深还作蛟龙遁。

2日至6日，继续参加作家代表大会。

24日，为蒋风白画兰题诗二首："我是三生杜牧之，寻春只道过芳时。岂知岩壑阴寒野，雪葩花发可怜迟？空谷幽兰自发时，斜风细雨不胜悲。岂知犹有骚人在，欲写孤芳入楚辞？"

为王运天画了一幅果蔬图卷，写了一副对联。为大丰县题写了一首诗："英雄归水浒，壮志托龙泉。四海蜩螗日，乾坤浩气传。"

26日，读《敦煌学辑刊》第四期所载牛龙菲论"马踏飞燕"的文章，觉得甚有说服力。

28日，上午教育部来人征求先生对中国人民大学校长人选的意见。晚吉林人民出版社社长迟达明宴请先生等，表示决定要办《中国古代文学研究》杂志，请先生全权负责筹划，并担任主编。

29日，顾平旦来，商讨如何办好《中国古代文学研究》的具体细节。先生拟定办刊缘起、顾问名单、特约撰稿人名单和编辑部人员名单。

30日，看望许麟庐先生，许老为作荔枝图。午后到文物出版社买书。得庞英同志从苏联寄来的信件和照片。

31日，收到友谊出版社所印行的侯北人画册四本，此顷，亦收到侯北人先生来信。全文如下：

其庸大兄如晤：

十二月廿六日函早已收到，惟因身受感冒，一直拖延到今方能执笔，迟迟致复，万分抱歉。由报上知莫斯科有红学之会，由信中始知为吾兄主持鉴定版本，甚为可庆。闻将有合作影印之举，不知确否？弟画册事得兄协助，万分感谢。印出后希能用航空寄下一册，以为先睹为快也。画历尚未收到，如果他们确有稿费，请兄收下可也。不过弟实在希望友谊能寄弟数本，以为留存及赠送友人之用。

前秦岭云兄来函，邀弟参加中山书画社于三月在香港之展出，弟存在吾兄府上拙作，是否可由其中由吾兄作主选出三幅（多少由兄与秦岭云兄决定）以为参加展出之用。弟已向秦岭云兄去函，言明此意。我想他可能与吾兄联络。他来府上取去，或吾兄分劳送交中山书画社，可与秦岭云商量。他家地址是：海淀区双榆树南里二区三—六—402号，特此拜托。五月初弟可能率领部分学生回国，将到北京，然后去桂林、昆明、成都、峨眉、三峡等地。如确定，希望能在京会晤也（五月十日前后）。特此，敬颂春节快乐！

嫂夫人前问候。

北人拜叩
一月廿日

2月1日，中国红楼梦学会常务理事会在北京举行会议，与会者有李希凡、蓝翎、陈毓罴、胡文彬、周雷、刘梦溪和先生。

2日，先生给金庸[①]写信。近两日重读《天龙八部》，又已入迷，读至夜深一时半始睡。同时又读余英时《方以智年谱》（此年谱为余英时所赠）。

3日，为湖南友人写字约二三十幅。读《方以智年谱》。

4日，写《赴苏通讯》，编入本年《红楼梦学会通讯》第一期。

5日，上午去钓鱼台看望朱屺瞻先生和周怀民先生。得王运天信，知《朱屺瞻年谱》已发排。

6日，上午到作协见张光年和冯牧，请他们出任《中国古代文学研究》顾问，均欣然允诺。下午国际广播电台记者来采访先生访苏情况，并录音，准备对苏广播。给苏联汉学家李福清去信。

---

① 金庸（1924—），原名查良镛，浙江海宁人，当代著名武侠小说作家、新闻学家、企业家、政治评论家、社会活动家，中国作家协会名誉副主席。

7日，去中华书局，与李侃谈办《中国古代文学研究》刊物事。李侃转告李一氓同志所嘱，请先生为《中华内参》写一篇文章，介绍列藏本《石头记》。

8日，在艺术研究院开会，由先生做访苏汇报。

10日，应美国使馆一秘斯里昂及夫人邀请，参加午餐会，席间见到京剧名演员叶少兰、吴祖光的儿子吴欢和老友张苍江（张是美国问题专家，在美驻华使馆任职）等。近两日审读完四篇关于《红楼梦》的论文。

12日，上午到红楼梦研究所开会。晚祝肇年来，请先生做其研究生毕业论文的评审人，先生突发心绞痛，数次服药后始缓解。

14日，出席人民文学出版社举办的座谈会，讨论《古典文学论丛》出版问题。李一氓、许力以、边春光、余冠英、林庚、顾学颉、王利器等参加座谈会。会议休息时，与李一氓同志谈及筹备出版《中国古代文学研究》季刊事，李一氓同志表示支持。

16日，第二遍读完《天龙八部》。

17日，范敬宜①和于廉来访，共进晚餐。范、于皆为无锡国专同学，谈及往事，甚欢洽。

18日，上午去琉璃厂书店买书。下午约请张苍江、蒋风白夫妇、巫君玉、林邦钧等来吃晚饭，因今日为先生61周岁生日。晚读《梦苕庵专集二种》，至夜1时始睡。

19日，旧历除夕，大雪，到琉璃厂书店购得《清代九百名人传》《藏园群书经眼录》《吴梅戏曲论文集》等书。读完《红楼梦学刊》积稿五六篇。作书致王贵忱、杨礼莘、谭青、徐甸等。

20日，旧历正月初一，看望朱屺瞻先生，朱老为作《岁朝图》留念。晚到巫君玉家吃晚饭，蒋风白夫妇同去。蒋风白告知荣宝斋要收先生字，嘱写数张云云。晚作字画，至夜2时始就寝。

21日，看完所有《红楼梦学刊》积稿。继续读《梦苕庵专集二种》。

22日，看望白美清、苏一平和冯牧。晚为宋振庭撰写挽联。

23日，乘飞机到成都。次日，坐汽车一天到达自贡，晚看歌舞剧《燕

---

① 范敬宜（1931—），苏州人，早年毕业于无锡国专，新中国成立后从事新闻工作，曾任《人民日报》总编。

市悲歌》。

25日，上午参观自贡市博物馆，博物馆设于西秦会馆之内，此为乾隆时代建筑，很有气势。在博物馆，观看了恐龙遗骸和自贡井盐史展览。下午在自贡市某礼堂作报告，讲述赴苏联鉴定列藏本《石头记》之经过。晚再次观看《燕市悲歌》。

26日，上午再作报告，讲当前文史研究中的几个问题。下午再去博物馆，补看盐业展览。晚大雨，在住处读《梦苕庵专集二种》。

27日，上午与自贡市歌舞剧团座谈《燕市悲歌》，先生对剧本提出若干意见。下午天气放晴，到硅化木现场和恐龙发掘现场参观，之后又去参观盐井。晚看川剧《岁岁重阳》，感觉动人之极，一直为之流泪，决定为其写一篇评论文章。

28日，赴乐山，途经荣县，参观二佛，登至真如岩顶。下午4时许到达乐山，随即游览大佛，并为摄影。

3月1日，晨起去乌尤寺，一路风景幽绝，襟怀为之一清。从乌尤寺出，上轮船，观看大佛全景。之后往眉山，游览三苏祠。回到成都已是傍晚。次日，乘车返京。

7日，连续几天读李岚论文，并备课。

8日，为无锡金三角艺术公司题诗："三十年前判袂时，故园桃李未芳菲。如今重踏湖山路，飞絮落花满春衣。"

9日，撰写《列宁格勒藏抄本〈石头记〉印象》一文。蒋风白先生送来荣宝斋为先生两幅字支付的稿费。

12日，到三联书店《读书》编辑部，参加关于当前通俗文学的座谈会，作发言。与会的还有蒋和森、刘再复、李泽厚等。连续几天撰写《列宁格勒藏抄本〈石头记〉印象》，今日写毕。

13日，撰写自传六千字，至深夜2时始就寝。

15日，到西郊中国人民大学上课。得习近平同志和苏联李福清来信。

16日，收到侯北人寄赠的两幅画。

17日，为汲古阁、采石矶太白楼诗画社和上海潘景郑[①]先生写字作画。

---

① 潘景郑（1907—2003），江苏吴县人，著名版本目录学家，金石学家，藏书家。曾任上海图书馆研究馆员。

晚周怀民先生见招，即去，周先生告知无锡鼋头渚苍鹰嘴的石碑题字，已选取了先生写的"苍崖积雪"四字，即日要刻碑。

18日，上午为苏伟堂《徐文长》一书作序，又为《红楼梦学会通讯》写一通讯。去灯市口书店和琉璃厂书店看书。

20日，应中纪委之约，去谈南京博物馆馆长姚迁冤案问题，中纪委同志表示，一定认真处理。

21日，到民族饭店参加《曹雪芹研究》编委会。

22日，为姚迁事给中纪委写材料。

23日，张锦池[①]、邹进先等来到红楼梦研究所，一同商量由哈尔滨师范大学和美国威斯康星大学联合举办国际《红楼梦》学术讨论会有关事宜。湖州两同志来，嘱为碧浪碑廊写字。

24日，重抄《列宁格勒藏抄本〈石头记〉印象》一文。南阳二月河寄来画像石拓片一本。

25日，到王府井新华书店买书。晚为哈尔滨师大写信给国外朋友，告知将召开国际《红楼梦》学术讨论会事。读《地方戏艺术》杂志所载《河南出土的汉代戏楼》一文，认为极为重要。

30日，审阅《红楼梦学刊》稿件。沈锡麟来电话，告知李一氓先生已看过先生《列宁格勒藏抄本〈石头记〉印象》一文，并写了一首诗以赠，沈锡麟建议此诗和文章一起在《红楼梦学刊》发表。晚撰写介绍蒋风白绘画的文章。

31日，致信李福清与庞英。下午到北京饭店参加《中国古代文学研究》编辑部成立会，先生报告了刊物筹备经过和办刊宗旨。

4月1日，去中华书局，从沈锡麟处带回李一氓先生3月20日为引进列藏本《石头记》一事所题诗：

《石头记》清嘉道间钞本，道光中流入俄京，迄今已百五十年，不为世所知。去冬，周汝昌、冯其庸、李侃三同志亲往目验，认为颇有价值。顷其全书复印件，由我驻苏大使馆托张致祥同志携回，喜而赋此诗。是当急谋付之影印，以饷世之治红学者。

泪墨淋漓假亦真，红楼梦觉过来人。瓦灯残醉传双玉，鼓担新钞叫

---

① 张锦池（1937—），江苏靖江市人，哈尔滨师范大学教授，中国红学会副会长。

九城。价重一时倾域外,冰封万里识家门。老夫无意评脂砚,先告西山黄叶村。

李一氓
1985 年 3 月 20 日

返回途中,先生于电车上步其原韵口占一首:

世事从来假复真,大千俱是梦中人。一灯如豆抛红泪,百口飘零系紫城。宝玉通灵归故国,奇书不胫出都门。小生也是多情者,白酒三杯吊旧村。

2 日,看徐匋论文。深夜 1 时写完介绍蒋风白绘画的文章《湘兰楚竹寄高情》。

3 日,看徐匋论文和《红楼梦学刊》稿件。

4 日,买《五灯会元》《明季北略》。收到河南寄来的《史学月刊》合订本。

6 日,召开《中国古代文学研究》编辑工作会议,讨论第一期组稿和出刊事。

7 日,为盐城、常州、奉节、自贡等地作书画。

9 日,到琉璃厂书店买书。看研究生论文。

13 日,为黄山吕秋山诗集作序。为江南书画院作巨幅字二件,为阜阳界首冯子襄、湖州雪浪轩作字各数件。

14 日,到文物出版社买《敦煌》第二卷。为人民美术出版社审阅完陈建赓所写《杜甫小传》。马国权来访,邀请先生去锦州开会讲学。

16 日,乘车赴南京。翌日抵达。再日,去医院看望唐圭璋①先生,谈甚欢。又到南京师大,见到吴调公②先生。向两位先生约写文章,均允诺。之后在住处看南京图书馆送来的批本《红楼梦》,并作了大量摘录。

---

① 唐圭璋(1901—1990),南京人,文史学家,词人,曾任南京师范大学中文系教授、博士生导师,兼国务院古籍整理出版规划小组顾问,中国韵文学会会长、中华诗词学会名誉会长。

② 吴调公(1914—2000),江苏镇江人,文学史家,曾任南京师范大学教授。

19日，早晨去看程千帆①先生，告之创办《中国古代文学研究》刊物事。程先生表示支持，并答应赐稿。临别，赠给先生其近著两部：《闲堂文薮》和《古诗考索》。回宾馆后，江苏古籍出版社陆国斌陪同《吴梅村年谱》责任编辑来访，约请先生撰写唐宋词鉴赏文章。

20日，赴扬州，经六合，寻见查铮弘［查良镛（金庸）的胞兄，抗战时，查铮弘在前洲镇青城中学教书，先生时在无锡工业专科学校读高一，回家后与查相识，往来甚密。查离前洲镇后仍与先生通信。新中国成立之初，查困极，先生曾为其安排工作］，阔别数十年，一旦相逢，不胜感慨。忆及新中国成立之初，查穷途来投，先生曾有一诗云："十年离别已销魂，岂意相逢满泪痕。君自伶俜我多病，无言相对到黄昏。"中午1时到达扬州，与杨礼荦相见甚欢，晚饭后与之聊至夜2时始就寝。

21日，到扬州师范学院看望任二北先生，相谈甚欢。任先生答应为《中国古代文学研究》撰写论文。之后到扬州师院图书馆看台湾所出百卷本《敦煌宝卷》。从扬州师院出，即去平山堂和瘦西湖游览。

22日，到镇江。由此地出发往丹阳陵口乡和荆林乡参观萧梁陵墓旧址，其地面上之石刻一如南京栖霞山附近之萧梁遗刻，雄伟壮观。傍晚到无锡。

23日，与尹光华晤谈《朱屺瞻年谱》事。

24日，回前洲乡参观地方新建工厂，并听取乡干部对当地经济发展情况介绍，感觉家乡变化甚大，唯有当年的猛将庙尚在，两棵大白果树仍旧矗立，其他一切都已无复旧貌。

25日，参加江南书画院成立大会。随后赴宜兴，见到紫砂工艺厂厂长高海庚和紫砂工艺大师顾景舟，谈甚欢。别时取走已烧制好的前年亲笔写刻的陶壶。晚上返回老家。

26日，为无锡县委干部作访苏报告。

27日，上午为无锡教育学院作访苏报告。下午赴上海。

28日，在住处审阅随身携带的四篇论文。

29日，由王运天陪同看望朱东润先生，请其担任《中国古代文学研究》顾问，朱先生欣然答应，并允为写文章。再去看陈从周和沈子丞先生，皆相见甚欢。沈先生还出示所作山水人物仕女画。将题厉慧良戏的三首诗修改后

---

① 程千帆（1913—2000），湖南宁乡人，文史学家、教育家，曾任南京大学教授。

寄《新民晚报》。三首诗如下："二十年来不见君，依然蜀汉上将军。秋风匹马长坂上，气压曹营百万兵。" "豪气多君犹似云，沙场百战见精神。当阳桥下秋风急，跃马横枪第一人。" "熟读春秋意气高，汉津渡口待尔曹。莫愁前路风波险，自有青龙偃月刀。"

30日，到上海古籍出版社晤魏同贤，将《精忠旗》图片交给他，并商谈办《中国古代文学研究》刊物事。之后与邓云乡同去看望王蘧常先生，王先生喜极，谈甚久。

5月1日，看望朱屺瞻先生，徐政委同去，为朱老与众人合影，并为拍摄朱老室中景物。朱老请吃饭。

2日，到上海师范学院，与孙逊同去看望马茂元①先生，谈及办《中国古代文学研究》事，马老很高兴，并允为写文章。下午去关良先生处，谈厉慧良戏，甚洽。关先生答应为先生作画。之后到上海书店买书。宜兴紫砂工艺厂来沪举办展览，顾景舟亦来，请吃晚饭。

3日，上午去华东师范大学看望苏渊雷②和马兴荣先生，皆允为《中国古代文学研究》写文章。再去沈子丞先生处，送以不久前写就的《侯北人画册序》，并请他为《吴梅村年谱》作"邓尉访吴梅村墓图"，沈老允诺。之后又访施蛰存③先生，施老允做《中国古代文学研究》顾问和写稿。下午由邓云乡陪同访黄裳先生，不值。再转至陈兼与④先生处，陈老已九十高龄，谈甚欢。

4日，为撰写《朱屺瞻年谱》，与尹光华、王运天同赴朱屺瞻先生故乡太仓调查，参观了人民公园，公园内"墨妙亭"三字为朱老手书。复至张溥故居。然后到浏河镇寻朱老故居"梅花草堂"，到浏河口码头观看旧炮台原址，复至天妃宫，一一为拍照。事毕回上海。

5日，与尹光华、王运天等同至上海南市朱屺瞻先生最为困难时期所居斗室拍照，再至朱老在沪之"梅花草堂"旧居拍照，此旧居改为幼儿园，唯

---

① 马茂元（1918—1989），安徽桐城人，文学史家。毕业于无锡国专，曾任上海师范大学教授。
② 苏渊雷（1908—1995），浙江苍南县人，学者、书画家。曾任华东师范大学教授、中国佛教协会常务理事。
③ 施蛰存（1905—2003），浙江杭州人，作家、翻译家、学者。新中国成立前曾任教于云南大学、厦门大学等。新中国成立后为华东师范大学中文系教授。
④ 陈兼与（1897—1987），福建闽侯人，书法家。曾任上海文史研究馆馆员、中国书法家协会会员。

当年之油画室和国画室尚存。事毕，即去徐定勘先生处，承赠从青海塔尔寺携来的残瓦藏文朱拓裱本一轴。下午为宾馆和太仓多人作字画。晚与关良先生等一起到人民大舞台观看厉慧良演出的《长坂坡》《汉津口》。演出过程中，观众喝彩声自始至终不绝。演出完毕，谢幕达数十次之多。先生与关良等走上舞台与厉慧良合影，关良将为厉慧良和先生所作绘画当场赠送。

6日，乘车返京，翌日到达。

9日，在《红楼梦》研究所，与贵阳的同志商量召开第四次全国红楼梦学术讨论会之事。之后，到民族饭店看望侯北人，再与侯北人同至冯牧处谈天。

10日，金庸欲在大陆出版其小说全集，先生积极为之联系吉林出版总社。本日晨，作书复金庸，告以联系出版进展情况，并对全集排印、装帧以及版税、稿费如何处理提出建议。上午，吉林出版总社驻北京之全权代表即来与先生商量出版《金庸全集》之事。

11日，致信陈其欣，谈及评《石头记》所当采用之底本和如何排版等问题。

12日，去周怀民先生处，送去侯北人的画和自己的画各一轴，以供展览。夜十二时半，重编《红楼印谱》毕，编辑此书已花去一周时间。

13日，重新改写《〈红楼印谱〉序》毕。晚乘车赴锦州。

14日，晨抵锦州，下午为锦州师范学院作关于古典文学研究的演讲，晚上报告赴美国和苏联考察的情况，听众反应均很热烈。下午讲演之前，锦州师院院长宣布聘请先生为该校兼职教授。

15日晨起赴北镇，此即明金战争时期之军事重镇广宁。途经大凌河，亦为当年重要战场。到北镇后，游览了医巫闾山和山神庙。后来又观看了双塔、钟鼓楼和李成梁大石牌坊，均为摄影。晚乘车返京。

16日晨到京，随即到北京大学参加高教部召开的审核博士点科研基金的会议。下午，中华书局戴燕与赵伯陶送来列藏本《石头记》前四十回照片，立即审看照片，与"庚辰本"对读。

17日、18日，继续将"列藏本"照片与"庚辰本"对读。

19日，为王少石编定《红楼印谱》，并写好序言。

20日，梁恒正拿来一刀宣纸，嘱写字数幅以送日本。晚校"列藏本"第三回讫。

21日、22日、23日、24日，连续数天校读"列藏本"。

25日，召开《中国古代文学研究》编辑部会。

26日，继续校读"列藏本"，晚上终于看完。但还要复看1至60回的首尾，与"庚辰本"对校，以确定此本渊源。闻王蘧常先生日前生病，心内甚急。

27日，读"列藏本"照片，为排定次序，且查出其缺漏。

28日，继续整理"列藏本"，与"庚辰本"对校。

29日，中华书局来人把"列藏本"照片取走。随后开始写叙言，至晚十一时写毕。叙言中提出这个本子是脂本系统的抄本，但是一个拼抄本，底本不是一个，其中有庚辰本的部分。这个抄本抄定的年代，应当是在乾隆末年，更可能是嘉庆初年。给哈师大校长写信，谈国际《红楼梦》学术讨论会事。

30日，读祝肇年送来的关于戏剧争论的材料。

31日，将为"列藏本"所写叙言交给中华书局，并请他们复印送交周汝昌。

6月1日，去美术馆参加环境卫生美术展览会揭幕式。夜里写毕《对于传统戏曲问题争论的旁白》一文。

2日，晨起重读《对于传统戏曲问题争论的旁白》一文，将稿件留交祝肇年。为高教部审阅博士点科研基金申请材料，留送高教一司。之后乘机赴兰州。当夜读西北师范大学研究生论文。翌日继续读研究生论文，准备意见。

4日，全天参加论文答辩，先生任答辩委员会主任。晚甘肃省文化厅厅长邀请观看传统戏汇报演出。

5日，为西北师范大学中文系学生作报告，学生情绪热烈。

6日，在招待所撰写《朱妃瞻年谱》。晚为兰州大学学生演讲，历三小时，听者甚踊跃。

7日，为西北师范大学学生演讲，大礼堂座无虚席。晚继续写《朱妃瞻年谱》。

8日，上午到书店看书。晚乘火车去天水。

9日晨抵天水，市委书记、副书记皆中国人民大学毕业生，知先生来，十分高兴。下午参观元朝大德年间所建玉泉观，又参观了纪信庙和雕漆厂。晚为写字、作画数十幅。

10日，上午为天水市委干部和教师作学术讲演，下午到天水师专作讲演，听者情绪均甚热烈。

11日，游览麦积山，归途经双玉兰堂、西枝村、东柯谷并见赞公土室，此皆杜甫当年所居之处。晚为写字、作画数十幅。

12日，晨赴秦安，途经北山、渭水，北山山梁之上可见隗嚣故城。从山顶四望，丛山莽莽，道路则羊肠九曲，先生谓到此才始悟"陇头流水，流离山下"和杜甫"莽莽万重山，孤城山谷间"句意。抵秦安后，即刻去大地湾考古发掘现场参观，之后到陇城看娲王庙，此地又是李将军李广故里。晚为天水师专演讲。

13日，赴西和县，先经赤谷，复过铁堂峡，至盐官镇，此皆杜甫当年经行之地，当地人谓杜甫曾当过盐工，挑过盐水。之后经过寒峡，游览了法镜寺。

14日，参观文王庙、伏羲庙后，至南郭寺，此寺左偏殿塑杜甫像，左、右分别为宗文、宗武像。归途经石马坪，看李广墓。归来后为天水师专讲演二小时。夜乘火车返京。

16日拂晓抵京。下午邓庆佑陪同贵阳的同志来谈《红楼梦》学术讨论会之事。

18日、19日、20日、21日、23日，连续几天写作《朱彝瞻年谱》，并审阅研究生毕业论文，准备答辩。

24日，举行李岚、徐匋、管世光、谭青四位研究生论文答辩会。晚继续写《朱彝瞻年谱》。

25日至30日，继续写《朱彝瞻年谱》。30日，民主德国《红楼梦》译者史华慈来访。

7月1日，收到王运天寄来的沈子丞先生所画《邓尉访吴梅村墓图》。写《朱彝瞻年谱》，感觉甚累。

9日，《朱彝瞻年谱》告竣，接着写《年谱》凡例和序言，夜二时完成序言初稿。

10日，写《朱彝瞻年谱》跋。

11日，补写《朱彝瞻年谱》最后三年之时代背景。

15日，改定《〈朱彝瞻年谱〉序》，至此《朱彝瞻年谱》全部就绪。

16日，召开《中国古代文学研究》编辑部会。

18日，《朱屺瞻年谱》装订成上、下两卷，请朱老阅后自存。另装订一份，寄出版社。晚与梁恒正、韦江凡夫妇及夫人夏菉涓同赴大同。

19日晨抵大同。下午参观辽代古刹下华严寺，随即到上华严寺，此寺为明代建筑。之后又观看了九龙壁。此时突遇大雨冰雹，急回宾馆。

20日，去云冈参观，逐洞细看，并摄影。

21日拂晓即出发赴五台山。经怀仁、应县、繁峙，进入五台山。先游显通寺，然后拾级而上至菩萨顶，此两寺均十分壮观。然后又游览了罗睺寺和塔院寺。

22日，自台怀镇出发，去唐代所建佛光寺参观，然后又游览了金阁寺和碧山寺。返回大同途中，参观了应县木塔。

23日晨从大同启程，至恒山悬空寺游览。

24日，再至下华严寺游览。凡几日游历之处，皆为摄影。

25日，上午去善化寺，因寺门尚未开，先至鼓楼旁一茗酒家，据云此即京剧《梅龙镇》故事发生地。之后到善化寺游览。中午乘火车返回北京。途中暑不可耐，口吟《屺瞻老人歌》，到家后急记之，歌云："娄东画师朱屺翁，雪巅霜髯颜似童。有笔如椽绘天地，有墨如海戏苍龙。画师知己属齐璜，姓名早上寄萍堂。七十石印论交久，梅花一卷寄心芳。艰难时世丁丑年，社稷妖氛天地缠。志士仁人血成海，六亿黎元沸鼎煎。画师对此吞声哭，誓将清节砺修竹。万里驰书借山翁，勒之金石矢幽独。是时寇氛炽且殷，山河半壁已沉沦。白茆浏河陷贼手，草堂梅树摧作薪。画师飘零到沪渎，避居南市市之角。陋室三间遮风雨，百本子梅草堂续。画友邻曲时时来，共话时世伤心目。疮痍满眼民困矣，奈何不见山河复。霹雳一声天地惊，捷报飞过石头城。元凶授首国贼死，普天同光万民庆。最喜故人天上来，八五齐翁真壮哉。笔墨已令鬼神泣，怀抱复向真士开。从此剪烛西窗下，淞滨夜话共几回。我识屺翁丁巳秋，拄杖同上雄关头。四围青山入怀抱，一关残阳为我留。登临纵目生感慨，俯仰古今亦何有。长城万里人安在？富贵于我如蜉蝣。又曾携杖到山村，为寻故侯曹雪芹。古树空村山寂寂，何处荒原有诗灵。归来抚几长太息，孤村高城有画魂。去岁翁年九十三，御风飞到旧金山。万里重洋飘然过，古来列子亦为难。彼邦人士乍见之，疑是神仙入梦思。及见挥毫挟风雨，始识眼前老画师。我与屺翁相识久，杖履追随得优游。得之于心寓之目，万壑千岩见一丘。翁之画参造化多，元气淋漓是所求。杜子篇终接浑茫，韩子纤云天无河。两者皆难不可得，我于翁画见之稠。要之天地造化在，翁画与之共长久。"

按，诗见《秋风集》。

27日，去宣武区南菜园参观大观园。

8月2日，上午到中国美术馆参加周怀民、许麟庐、黄苗子①等八人书画展开幕式。下午召开《中国古代文学研究》编辑部会，讨论如何处理稿件等问题。

4日，作《画中八友歌》并序："京中书画家萧劳、周怀民、黄苗子、许麟庐、秦岭云、潘素、卢光照、王遐举等八人为八友画展，因效杜工部体作画中八友歌，聊记一时之胜而已。萧书瘦劲似修竹，临风潇洒筋胜肉。王书点画生波桀，力透纸背韵胜绝。纵横更推苗子书，浓淡干枯皆由之，以字作画画亦字，无怪世人迷如痴。山水独绝周怀老，马远夏珪信笔扫，云生于山波生水，看画却比看山好。平生最爱麟翁画，纵笔萧疏无所戒，超以象外得其神，一尺翁画千金价。水墨淋漓秦岭翁，苍茫浑朴亦空蒙，看画顿觉翠扫空。篱豆花开是卢老，信手挥洒随意好，有笔快如并州刀，剪取秋光入画稿。古雅独绝是潘公，一幅烟雨见惠崇，飒飒堂上松风起，不觉身在画图中。"诗成即寄《人民日报》。今日南京博物院院长姚迁冤案平反事终于得见《光明日报》，冤案虽平，人已不能复生，且《光明日报》于姚迁事，亦不无干系，读平反报道，不胜感叹。

6日，赴秦皇岛，火车中作《苦姚迁诗》四首："十年相识石头城，一夕匆忙万里行。我到金城惊恶报，君居白下遭鬼倾。苍天自信非无眼，地狱岂知反有情。欲向穷途问阮籍，为何阡陌旧纵横。"

"半世交亲茶一尊，论文每到月黄昏。六朝文物归书册，八代精英聚白门。岂有文章成大狱，从来寒士只毛存。抚膺我欲放声哭，泉下怕惊屈子魂。"

"十月凉风故国秋，殷勤感子说红楼。九州才士会虎踞，一部雄文到石头。谁料文星聚会日，竟成鬼蜮伺人候。长天遥酹三杯酒，不信元凶不系囚。"

---

① 黄苗子（1913—），广东中山人，漫画家、书法家、美术评论家。曾任人民美术出版社编辑、中国美术家协会理事、中国书法家协会常务理事。

"八月四日天地春，惊雷忽报黜逸臣。奇冤千古终须白，大狱岂容久沉沦。自有乾坤正气在，何妨肝胆独轮囷。神州豪杰今堪望，欲起冤魂与共论。"

不久，又作《读庞瑞垠所作〈姚迁之死〉有感》："万里开君一卷书，悲怀我自忆当初。江头已织天罗网，塞上还飞地狱符。笔有千钧冤得白，心惟一寸赤于朱。大招读罢同声哭，地下冤魂稍慰无。"

后一首诗见《瓜饭楼诗词草》。

7日，上午水浒学会开幕，先生讲话。下午游览山海关。

8日，在秦皇岛作关于中国文学研究的演讲。晚上回到北京。

9日，收到任二北先生和法国陈庆浩来信。

12日，去文物局古文献研究所，与所长韩仲民谈甚洽，提出欲看阜阳汉简中的楚辞简。韩仲民告以银雀山汉简中有唐勒、宋玉赋，宋玉赋名为《论驭赋》，先生甚感兴趣。叶元章来访，晤谈甚欢。

15日，在红楼梦研究所讨论编纂《红楼梦大辞典》有关问题，并立即与文化艺术出版社商谈出版事宜，出版社当即拍板列入第二年出版计划。

17日，湖南人民出版社社长梁绍辉与李恕基来商谈《红楼梦集评》出版的有关问题。梁社长还提出希望先生搞一部《中国古代文学家大辞典》。

18日，任二北先生寄赠《唐戏弄》。

20日、21日，写作《〈吴梅村年谱〉序》，21日夜一时写毕。

23日，赴南京。25日，在住处抄写《〈吴梅村年谱〉序》。翌日将稿子交给江苏古籍出版社。

27日，到上海，看望朱屺瞻先生。上海书画出版社副社长来，商谈《朱屺瞻年谱》出版问题。

28日，看望王蘧常先生，王老为先生改定《哭姚迁诗》四首。朱屺瞻先生和夫人一起来宾馆，与先生商量关于《朱屺瞻年谱》事。

29日，上午到上海古籍出版社，买《杜诗引得》一部。随后去沈子丞先生处，感谢其为《吴梅村年谱》所画《寻梅村墓图》。下午回南京。晚南京电视台台长徐慧征来，谈电视剧《秦淮梦》的拍摄，邀请先生出席明日的开拍典礼并作发言。

30日，去瞻园出席《秦淮梦》开拍仪式，并讲话。

31日，去南京电视台参加《秦淮梦》座谈会，谈了人物塑造、导演、道具、化妆等问题。下午看脂评的有关材料,准备为陈庆浩的著作写序。

9月1日,到无锡。翌日为无锡教育学院讲课。

3日,去苏州,晤蒋风白先生,且为人作画。

4日,回无锡前洲镇老家,看望二哥和邻居。当晚乘车去宿州。翌日到达。

6日,考察固镇濠城霸王城,此即垓下之旧址。其处遍地皆汉砖瓦碎片,拾得汉砖两枚。

7日,到阜阳,参观博物馆,观看汝阴侯墓出土文物和原始大象牙化石,对一件东汉陶戏楼尤感兴趣。

8日,晨起即去博物馆拍摄陶戏楼,之后发车去寿县。抵达后即去观看新发现的楚宫遗址,再往八公山观看汉淮南王刘安墓。从楚宫遗址到八公山途经淝水之战古战场,见到一桥基,据云为当年秦军和晋军隔河相持之遗物。晚为寿县博物馆书写匾额。

9日,早晨观看寿县博物馆所藏陶器,之后折返宿州。

10日,乘火车返回北京,翌日下午到达。当晚将《朱屺瞻年谱·后记》改好。同日,接到侯北人先生8月19日来信。全文如下:

其庸大兄如晤:

京中一别,忽忽数月,时光速逝,令人心惊。弟等自京走后,经西安、桂林、昆明、成都、重庆,而乘船过三峡至武汉,后由上海飞返美国。这一路有对外友协安排,一切妥适。惟因所走地方太多,故较劳累,以致归后,即患咳嗽感冒,月余始愈。所以未能早日修函,此亦一因也。尚乞见谅为盼为望。

此次桂林、漓江、石林、青城山以及草堂各地景物大都看过,收获颇多,尤以漓江及三峡适值微雨,景色颇为动人,他日试以拙笔写之,以求吾兄教正也。

在京时,因时间匆促,又必要照看团体,以致不能登府拜访及晤嫂夫人,实深罪过,尚希见谅为盼。

关于弟之画册事,不知友谊公司最后如何安排?弟以为如果改订精装或重印都有困难,则不如一切照旧日所言——即由该公司所付之全部稿费(他们来信说共一千八百元)用以购买画册及邮费,能购多少本,即请该公司负责包装邮来，以求顺利解决，以免该公司为此事为难也。此事使兄代劳奔走，弟实日夜不安，因弟深深感到，在国内办事，一切实在太辛苦太不易。此事如果能早日解决，弟也觉心安一些。前所言求他们早寄下二十册，至今并未收到。是否寄出，也无来信。在香港已大量出售，反映及市场销售均尚不坏。弟在上海及北京也均买到，带回数册，赠给友人了。是否请吾兄有暇同他们谈谈，以求一解决。如何解决都可，弟无任何要求，请吾兄全权代办为盼为望。此外，《中国书画》第十五期所印之拙作，承蒙吾兄宏文赞奖，万分感谢。该画册弟已由香港和平画店购到二十册，分赠友朋。北京方面并无一点消息，也无画册寄来。好在弟已有此画册了，请兄也不必再去追问，千万千万。

弟在上海时，因只停留一日，故未能去拜会王运天兄，实在抱歉。昨接运天兄来函言及吾兄所写朱屺老之大著已完成，十分可贺。出版后尚希能寄赠一册，先睹为快。前曾允运大兄写一杂记，至今未能着手，实在汗颜，有失运天兄之厚意。不日应下决心完成此书，以不负友人之爱意也。

昨得周怀老来函，并寄来一奖状，系参加"祖国环境美"展出所得者，见怀老时，请代致谢为盼。

前嘱弟代购之幻灯片映像机，请将所要的牌子及机种写来，因如有可靠官方人员回国，可求他们带去。有一种是柯达大型者，需用小银幕放映；一种小型者，有一英尺高，放在桌上放映（为自己放映，研究用者）。不知吾兄需要哪一种，请来信告知为盼。一待有便人，当可求其带去也。请不要客气为盼。好了，下次再谈，并问近安。

弟北人叩拜
八月十九日

19日，到机场迎接陈庆浩。次日陪同他到友谊出版社商谈其专著出版事。

25日，赴山西离石县，翌日下午5时始抵达。再日，去北武当山游览，山势极险峻，先生奋力登上峰顶，一路佳景纷至沓来，觉大快心目。自峰顶环望，群峰罗列，形状奇特，以为皆画中妙品，先生徘徊久之，不忍离去。

28日，上午在离石县文化馆看汉画像石。下午到太原。

29日，早晨去山西省博物馆参观，其所陈列之石刻甚精致，先生尤其对一座唐代大历十三年之妒神碑深感兴趣，因为闻所未闻。晚返回北京。

10月4日，读《董小宛传奇》毕。

8日，陪同陈庆浩到吉祥剧院观看全本《钟馗》京剧演出。为准备参加贵阳召开的全国红楼梦学术讨论会的有关事宜，夜二时始就寝。

9日，乘飞机至贵阳。

10日至12日，为会议做准备工作。

13日，全国红楼梦学术讨论会开幕，先生代表全国红学会致词。

14日，大会发言，先生讲了两点看法。次日，参加分组讨论。

16日，游览龙宫和黄果树瀑布，归途看地戏脸谱，买四件。晚回思本日游览所历境，神为之旺，至夜一时始就寝。

17日，上午继续开会，下午游览黔灵公园。晚大会召开联欢会，先生赋诗五首，请人朗诵。其诗有二题，一为《在贵阳参加一九八五年全国红楼梦学术讨论会感赋》三首："万里长风到筑城，青山绿水处处春。更添一部红楼梦，千载风流说后人。塞北天南万里程，红楼一卷细论评。金钗十二从头说，恨不九泉起雪芹。天公着意接佳宾，十月丽阳贵似金。多感山城贤地主，殷勤醉我鸭溪春。"

二为《看贵州省京剧团卢小玉主演〈红楼二尤〉率题二绝》："一曲红楼断肠声，二尤身世最酸辛。古来多少寒门女，强半鸳鸯剑下人。莺声呖呖意象新，前后二尤称绝伦。最是吞金横剑处，满堂清泪落纷纷。"

18日，上午开大会，由先生主持。下午召开全国红学会常务理事和理事联席会议，讨论新一届红学会领导的改选和调整问题。晚观看自贡市京剧团演出的《燕市悲歌》。

19日，全国红楼梦学术讨论会闭幕，先生致闭幕词。大会通过全国红学会新一届领导选举名单，先生被推选为红楼梦学会会长。晚去博物馆看彝族陶罐，上有刻文，据说是彝族初期文字。

20日，去织金县打鸡洞游览，溶洞极为壮观，先生赋诗云："玉树琼花别有天，非虚非幻亦非烟。分明月里广寒殿，移到黔南第几年。"当晚即宿于打鸡洞旁职工宿舍。次日，返回贵阳。

22日，赴施秉县，途经龙里、贵定、凯里、黄平，一路细雨重雾，山水奇丽。在黄平，恰遇苗族数千人观看斗牛，遂停车观看，并为摄影，因知今日乃重阳节。至施秉已是傍晚。

23日，早晨去舞阳河，乘船游览，一路风景佳胜，如在画中。换乘汽车后，经镇远、三穗、羊坪，到达岑巩，时已晚。饭后灯下阅读有关吴三桂与陈圆圆之历史资料。

24日，晨起去陈圆圆墓，沿龙江河西行，蜿蜒于重山之中。车行至离陈墓尚有8公里时，不能进，先生毅然下车步行，过大树林村，至陈墓，为摄影。大树林村居民皆姓吴，自称系吴三桂后人。从陈墓出，即赴玉屏。在玉屏午饭后，赶至芷江渡口，作一诗与送行者赠别："千里感君送我行，舞阳水色碧如春。多谢渡口三杯酒，此去天涯好自珍。"夜10时许至怀化。

25日，向湖南省红楼梦学术讨论会报告访问苏联的情况。

26日，去张家界。后两日，在张家界游览，至黄狮寨和金鞭溪。28日下午回怀化。

29日、30日，赴凤凰，并游览凤凰山城。之后回怀化。

11月1日，到长沙。再日，至汨罗，游览屈子祠、屈原故居遗址和骚坛。

4日，由长沙乘车返京。翌日晨抵达。此顷，收到侯北人先生上月末寄来的信函。全文如下：

其庸大兄如晤：

十月八日来函敬悉。知为拙画集事，奔走多次，并获得友谊公司同意，改装120本精装，万分感谢。情系知己，非一言两语所能表达感念之情也。昨日弟又接友谊公司编辑部来函，言已与吾兄谈好，改装120册，费用再计，与吾等所谈者相同。如此，则画册之事已算落实，敬候改装后寄来了。如弟接到他们的清算账单，当即将款项寄上不误。

又日前也得人民美术出版社一函，言依沈鹏先生之嘱，将《中国书画》内载有兄文弟画之一期寄来二十本（九月寄出），我想早晚也会收到，以便寄赠友人。此事请勿念为盼。

至于弟精装本画册，一待装好后，颇欲奉赠京中诸友，如怀老、鸿年、吴作人、冯牧等等诸友。如果画册到此后再由弟邮去，一者来往时间太长，二者邮资再费，不知是否一待画本改装成后，由友谊公司送交吾兄处若干册，先为分赠友好。惟无弟之签名，是否不成敬意，此点希兄给弟一意见，如何处理才妥当，希下次来函时告知为盼。来信附诗弟甚为倾倒。武当圣地，希望日后一游之也。如去上海，希能代弟向运天大兄道歉，拙书（老杏堂杂记）仍在整理中。希明年能再到京中一晤。特此，匆匆，嫂夫人安好！

弟北人拜
十月廿八日

6日、7日，均去中华书局商量出版列藏本《石头记》事。

14日，写毕《〈新编石头记脂砚斋评语辑校〉序》。序见《漱石集》。

15日，赴南京参加姚迁追悼会，在火车上重读金庸《书剑恩仇录》，准备写文章。

16日晨抵南京。读殷亚昭文章，为改动数字。下午到书店买钱牧斋《初学集》等书。

17日，探望唐圭璋先生，向他祝贺华诞。

18日，到南京博物院参加姚迁追悼会。姚迁平反事，由先生直接上书胡耀邦总书记，并附大量事实材料。胡总书记看过材料，立即派调查组到南京做调查，予以彻底平反。晚上观看赵燕侠演出的《玉堂春》，谢幕后，到后台看望赵燕侠。

19日，中午到上海，王运天来接。晚上看望杨仁恺[①]先生。

20日，分别看望王蘧常先生和陈从周。

21日，上午为人写字，并作一幅大画。下午到上海博物馆参观画展和石刻展览，画展上展出了巨然、董源等原作。之后乘车返京，在车上阅读《书剑恩仇录》。翌日抵京。

12月2日，中华书局宴请李福清和高尔基文学研究所所长彼得洛夫，先生出席。席间将为"列藏本"所撰写的序言交给李福清看，并且谈了他们的序言翻译的情况。

11日夜11时，写毕《红学的展望——邸瑞平〈红楼梦艺术撷英〉序》。按，该序见《漱石集》。

---

① 杨仁恺（1915—2008），四川岳池人，著名博物馆学家、书画鉴赏家、书画家、美术史论家。曾任中国古代书画七人鉴定小组成员、辽宁省博物馆名誉馆长等。

18日，应无锡市政府邀请，赴无锡参加唐文治校长纪念馆揭幕典礼。在火车上阅读李长之的《司马迁的人格与风格》，并作《江陵纪游诗》五首。

19日，抵达无锡。翌日参加唐文治纪念馆揭幕典礼。当晚到上海。

21日，看望朱屺瞻先生，朱老为《吴梅村年谱》题字。

22日，早晨与尹光华同到朱屺瞻先生处，三人合影，以作《朱屺瞻年谱》插页。朱淡文、邓云乡等来访。晚上返京，翌日抵达。

24日，去国际俱乐部参加与李福清等苏方人士的会谈，商量有关苏方叙言适当压缩字数之问题。

25日，对苏方"列藏本"序言如何压缩字数提出方案，晚去和平宾馆与李福清具体商量，大体取得一致意见。

26日，修改苏方"列藏本"序言，感觉甚难措手。

27日，为数日前赴无锡时车中所作《江陵纪游诗》五首补写短序。其序文并诗作如下：

> 癸亥（1983年）四月廿日至廿四日，予在江陵，与李岚、徐匋、管世光同游纪南城，观郢城之遗址。此楚大夫屈原所哀之故城也。其毁距今已二千二百六十一年矣，予低徊其间，诵《离骚》、《哀郢》诸篇，不胜今昔之感。时因事促，未有吟咏。今忽得江陵县委来书索诗，时予正南行，因于京沪车中口占五绝。（一九）八五年十二月二十七日晨忆记。一、江上荒城故国哀，千年又吊屈原来。怀王失道进群小，空负先生百世才。二、经天日月是离骚，山鬼哀啼起怒涛。我到江陵更悒恻，依稀犹见郢城高。三、荒草离离旧郢城，高行千里拜先生。荣华富贵当年事，哀郢一篇万古情。四、多才惟楚复多兵，四海何愁一暴秦。只恨怀王愦愦甚，直臣不用用谗臣。五、百代风流在楚多，虞兮歌接大风歌。请君百尺高楼望，壮气依然满山河。

本年，先生《曹雪芹家世·红楼梦文物图录》一书由台湾台北里仁书局出版。

王昆仑卒。

1986年　丙寅　63岁

[时事]　3月25日至4月12日，六届全国人大四次会议在北京举行。大会原则批准《中华人民共和国国民经济和社会发展第七个五年计划》；通过《中华人民共和国民法通则》《中华人民共和国义务教育法》等。

1月初，用近十天时间修改苏方为"列藏本"所作叙言，然后交给中华书局，复送外交部，发往苏联。

2月2日夜，致信陈从周先生，从周先生即以此信代为其专著《帘青集》之序言。信见《秋风集》和《墨缘集》。

3日，中宣部贾培信来，带来从苏联携回的李福清交转的稿子，苏方表示完全接受先生为苏方"列藏本"叙言所作修改。翌日，将苏方稿子交给中华书局。

8日，旧历除夕，忽接王运天来电，告知江辛眉去世，心甚痛悼，至夜二时半始寝。

11日，凌晨，写毕《读金庸》一文，并作《赠金庸》诗："千奇百怪集君肠，巨笔如椽挟雪霜。世路崎岖难走马，人情反复易亡羊。英雄事业春千斛，烈士豪情剑一双。谁谓穷途无侠笔，依然青史要评量。"诗见《瓜饭楼诗词草》。

15日，为《电视报》写毕评论电视剧《诸葛亮》的文章。

16日，前几天，刘亚明来，说拟邀请先生出任中国戏曲学院院长。今晚再来，详谈情况，极力动员先生应聘。又，前数日，获接安徽寿县所寄西晋元康元年砖拓本，嘱题字，因题诗与跋如下："古甓元康实可珍，真行点画见精神。遥领兰亭六十载，谁道王书不是真。此元康元年砖也，元康为西晋司马氏代魏后第二十七年。是年正月至三月为永平，三月改元元康，下距东晋永和九年王逸少作《兰亭禊序》六十二年。此砖书法真行结合，并稍存隶意，可与马鞍山出土东晋墓砖同参，再参亳县曹氏墓字砖，则兰亭之书必真无疑矣，故此砖可宝也。丙寅岁朝冯其庸题并识于京华。"夜读护花主人本《红楼梦》，查出回前诸家评语出处，决定编著《八家评批〈红楼梦〉》。夜一时始寝。

17日，晚应刘亚明之约看京剧《四郎探母》。开始为《大众电视》写评论电视剧《诸葛亮》的文章。

18日,《集评红楼梦》开始誊录。

19日,写毕电视剧《诸葛亮》剧评。

20日,上午到中华书局,嘱发邀请信给苏联孟列夫,承中华书局赠送姜亮夫专著《敦煌学概论》及《沧州后集》。夜抄写评论金庸小说的文章,2时始就寝。今日作《赠柯文辉》诗:"飘然来去一真仙,何处春江抱月眠。把笔不知年月日,欲寻踪迹问云烟。"

21日,誊写《读金庸》毕。获李一氓先生赠精装本《存在集》。灯下重抄《〈徐文长书画艺术〉序》一文,《朵云》和《美术史论》均拟发此稿。

22日,将《〈徐文长书画艺术〉序》寄王运天。审阅《红楼梦学刊》稿件。读姜亮夫《敦煌学概论》至夜1时半。

26日,与卜键①同赴济南,当天抵达。

27日,去齐鲁书社,得知《蒋鹿潭年谱考略》已发排。之后去趵突泉观赏徐澎绢塑,为题词曰:"凌波微步,罗袜生尘,妙手传神,呼之欲应。"

28日,到聊城,参观山陕会馆展出的曹植墓出土文物,其中一件有铭文的墓砖尤其引起先生注意。参观后即为会馆写字,连写十余幅。然后参观光岳楼和铁塔,复至鱼山参观曹植墓。回到济南已是傍晚。

3月1日,赴章丘,途中参观李开先祖茔及李开先墓,且至东鹅村中学内观看李开先墓志石刻,皆为摄影。到章丘后,即到博物馆观看李开先画像和砚台等文物,随后去中麓山李开先隐居处,并参观了李清照出生地。晚回济南。

2日,与卜键同去曲阜。次日,由刘乃昌陪同参观孔府孔庙,拍摄了孔子像、大成殿和部分汉代碑刻。下午为曲阜师院同学讲《红楼梦》研究现状,深受欢迎。

4日,上午去邹县,先至孟府参观出土文物,之后到孟庙拍摄莱子侯碑以及元代古藤。复至铁山观看北周摩崖石刻。回到曲阜,即去周公庙以及鲁故城遗址、灵光殿遗址参观。下午继续为曲阜师院学生演讲。

5日,去嘉祥县参观武梁祠石刻,久闻石刻盛名,今得见,且为拍照,

---

① 卜键(1955—),江苏徐州人,毕业于中央戏剧学院文学系,现任《中国文化报》总编、中国对外文化集团副总经理兼中国对外艺术展览中心总经理,中国艺术研究院特聘教授。

甚感快意。之后到济宁参观太白楼和铁塔寺，复至兖州访兴隆寺塔。

6日，赴徐州，到达后即去博物馆参观汉画像石和徐州历史展览，复至狮子山下观看出土汉代兵马俑。

7日，去九里山楚汉相争之古战场参观，又寻访樊哙狗肉店，惜皆已无复旧貌。

8日，上午再次参观徐州历史展览，觉甚有益。王少石来，因同赴宿县。中途参观闵子骞墓和祠堂。抵达后，为求字者写字，并为王少石作朱色葫芦。

9日，到南京。

11日，到江苏古籍出版社，晤陆国斌和王步高，谈《吴梅村年谱》发稿事。承陆国斌赠送《胡小石书法》一卷。

12日，到无锡，晤亲友。次日，回到老家参观昔日曾学习与工作过的中心小学、塘村小学和前洲中学。下午去梅村参观泰伯庙，之后到县党校，为同学讲读书问题。晚在无锡教育学院与院领导和部分教师座谈办国学专修班的问题和科研问题。

在无锡，本欲到宜兴看望紫砂艺术家高海庚。朋友告知，高海庚已去世。先生甚悲痛，当天晚上，反复不能入睡，写下一绝《哭高海庚》："一春未得君消息，噩耗初闻涕满裳。停箸凄然不能咽，为君双泪落深觞。"

按，参见《剪烛集·工极而韵 紫玉蕴光》。

14日，到上海，与王运天相晤，朱淡文送来其专著《曹寅小考》，嘱写评论。

15日，与上海书画出版社同志谈《朱屺瞻年谱》出版的有关问题。又与魏同贤商谈《精忠旗笺证》稿事。

18日，赴合肥，下午抵达。次日，参观安徽省博物馆所陈列的全省新出土文物。

20日，拜会百岁老画家萧龙士①，老人为画兰花，先生题词云："俊逸人中龙"。

见《秋风集·百岁老人萧龙士画册序》。

---

① 萧龙士（1889—1990），安徽萧县人，书画艺术家和美术教育家。曾任中国美术家协会安徽分会名誉主席、省书画院名誉院长、省文史馆馆员。

21日，为友人写字、作画。晚乘车返回北京。

25日，收到二月河寄来的《康熙大帝》第一卷和聊城博物馆副馆长寄来的曹子建墓砖文拓片。

27日，王运天来京，送来《朱屺瞻年谱》校样，开始校稿。

28日，整日为南京博物馆的同志作字画，又为江苏古籍出版社的陆国斌和王步高写字。并托人给陆国斌带去《李德裕年谱》一册，请依此样排印《吴梅村年谱》。

29日至31日，看《朱屺瞻年谱》校样。

4月4日，去故宫观看传为唐代乐器的大小忽雷，复观看吕凤子画展和碑刻展览。

24日，早晨接魏同贤等来恭王府参观，之后去北京饭店与金庸相晤。金庸同意其小说由文化艺术出版社出版，委托先生全权处理此事。他希望先生多写一些游记，可以借《明报》发表，同时邀请先生赴香港讲学。两人还谈到金庸大哥查铮弘的有关情况。先生将自己的《梦边集》《逝川集》《论庚辰本》《红楼梦文物图录》四种以及手书条幅《题金庸小说诗一首》赠送金庸。

5月初，齐鲁书社送来《蒋鹿潭年谱考略·水云楼诗词辑校》清样，整整校对了十天才告竣。江苏古籍出版社送来王少石《红楼梦印谱》清样，云6月可出书，先生为此事曾颇费心，感觉至此"亦可告慰矣"。先生《读金庸的小说》一文已在香港发表，又在《中国》杂志上发表。读者反映很好。江苏董欣宾、王孟奇、朱建新等九人画展近日在中国美术馆展出，先生看了两次，并为拍照。

10日，中华书局送来《列藏本石头记叙言》校样，嘱校对。二月河《康熙大帝》第一卷已出，先生快读一过，感觉甚好。出版社邀请先生赴郑州参加该小说座谈会，允之。又，日前深圳大学计算机系来京展示其开发的"红楼梦检索"软件，先生参与鉴定。新闻连日报道陕西凤翔秦公墓之发掘有惊人发现，先生谓恨不能立即飞去一观。

21日，与周远廉①、邓庆祐、冯统一同赴郑州。

---

① 周远廉（1930—），四川资中县人，清史研究专家。毕业于四川大学历史系，后任中国社会科学院历史研究所研究员、北京满学会副会长。

22日，早晨抵达郑州。下午去荥阳，考察鸿沟。在当地老人指引下，见到霸王城、汉王城和鸿沟。鸿沟，亦即广武涧。驱车回到郑州已晚8时。

23日，游览中岳庙、少林寺和嵩阳书院。

24日、25日，黄河文艺出版社召开座谈会，讨论二月河小说《康熙大帝》，先生发言，充分肯定其成就。

26日，赴新郑参观郑国和韩国故城遗址，数千年前之土筑城墙残留部分仍觉甚为雄伟，登临四顾，城址宛然。城墙有一高墩，名曰望母台，据云即郑庄公望母处也。下午乘车赴宿州，晚上抵达，梁恒正、王少石等来迎接。翌日休息。

28日，去亳县，途经闵子骞故里，往吊之。晚为亳县华佗纪念馆写字。

29日，晨起赴鹿邑，出亳县西关后，先至唐丛林寺遗址参观，据云此寺僧人卞律曾为黄巢治病。抵达鹿邑后即往老子庙参观，庙已圮其大半，尚存殿宇数间以及铁柱、古井圈等物。先生对左近所存之若干唐、宋、元、金诸朝碑刻甚感兴趣，为拍照。回到亳县后，到曹氏家族墓地，看了四孤堆和曹腾墓，再至魏武故里、魏文帝庙、魏文帝大飨台和魏武帝大飨台参观。复至花戏楼看新出土之字砖，认为曹墓出土之砖文，与今春在鱼山所见曹子建墓铭文同一风格，因可知子建墓确实可靠。下午离亳县赴蒙城参观庄子故里，复至博物馆看苏轼题写的"庄子故里碑"和其他碑刻。晚回宿县。

30日，赴定远，调查《史记》等古籍所记之"东城"。到定远之二龙乡，看到嗟虞墩，眺望东城位置，仅数里之遥。亦观看了蓝玉井，明代蓝玉家即在此处。

31日，拂晓由计正山①等同志陪同赴古阴陵城调查，城在定远西北120华里。到达后，导者指点阴陵城河尚存，旁有项王庙，已废。在附近麦陇中和村中，见古陶片和汉砖甚多。之后，经滁县，到南京。

本月，《朱彝尊年谱》由上海书画出版社出版。此书承王蘧常、夏承焘、顾廷龙、俞平伯、俞振飞诸老题签，潘景郑先生赐"长生无极"瓦当拓片，陈从周先生赐序。

6月2日晚到达上海。在沪期间，曾看望王蘧常先生，带去1946年王老为先生所题对联，请补钤印章，王老感慨系之，钤印并为加写长跋。

---

① 计正山（1951—），安徽定远人，曾任安徽定远县文化局局长。

按，参见《落叶集·读王蘧常先生书法随想》。

由王运天陪同拜见朱东润先生，时恰逢朱先生九秩大庆。

按，见《落叶集·怀念朱东润老师》。

曾与画家关良一起在天蟾舞台观看了厉慧良演出的《长坂坡》。

《落叶集·四十年梨园忆旧》：

> 他的《长坂坡》（带汉津口）我曾多次看过，1966年以后，他停演了20年，1986年我在上海又看了他的这出戏，我是与关良先生一起去看的，在天蟾舞台门口，重重叠叠地站满了等退票的观众。戏在演出过程中，彩声一直不断。戏结束后，我与关良先生一起上台看望慧良，同他合影，关良先生还当场赠他一幅他的《长坂坡》赵云，慧良当然高兴极了。

此顷，还观看了袁世海演出的《龙凤呈祥》，并为题诗："逝水流年四十春，芦荡又见旧时人。张飞不与人共老，喝退周郎十万兵。"

《落叶集·四十年梨园忆旧》：

> 1986年我在上海，碰巧世海在天蟾舞台演出《龙凤呈祥》，世海饰芦花荡的张飞。演出结束后我到后台去，见了面非常高兴，我问他40年前上海名伶大会演时，记得他也是这出戏里的张飞，世海说确实如此。现在40年后，还是在天蟾舞台，还是这出戏，还是这个张飞，然而当年同台的主要角色除世海外，其余一概都已作古了，因而我题了一首诗。

13日至19日，由哈尔滨师范大学和美国威斯康星大学联合发起的国际《红楼梦》研讨会在哈尔滨举行，先生与会。会上曾题诗云："大哉红楼梦，浩荡若巨川。众贤欣毕集，再论一千年。"会议期间，曾为哈尔滨师大举办的国际《红楼梦》研讨会文学讲习班做专题讲演。

按，参见《夜雨集·快读红楼梦王蒙评》和《红楼梦大辞典》。

7月15日，赴宿州，翌日晨抵达，宿于王少石处。再日，重新调查垓下，循残存城墙城内城外细细踏勘，以求更清楚地了解垓下的地形地貌和方位环境等。傍晚回到宿州。

18日，赴和县，经固镇，过五河，向嘉山，走滁县，抵达乌江。然此乌江已是后来开凿者，旧乌江几经改道已湮塞无迹。过乌江后，参观霸王祠，祠在高阜上。而旧乌江即在此高阜东南。当夜三时因暑热不眠，吟诗四首，月下凭栏书于日记之上："叱咤风云百世才，八千子弟过江来。可怜辜负重瞳子，不见神州要独裁。兵围垓下苦途穷，四面楚歌一笛风。空有乌骓千里马，横行不得过江东。君王气短妾情长，一曲悲歌欲断肠。无可奈何花落去，惟将一剑报君王。轻车今日过乌江，一掬心香祭大王。非战之罪谋之罪，当年悔不重韩张。"

19日，上午在和县参观刘禹锡之"陋室"。下午到南京。

20日，江苏古籍出版社陆国斌来晤，谈甚久。

21日、22日，到无锡老家访亲友，重到胶南中学，为写字。22日下午赴上海。

23日，拜访朱屺瞻先生。到上海古籍出版社买《史记会注考证》。

25日，返回北京。此顷，收到杨宪益[①]先生来信，感谢赠送黄河石。全文如下：

其庸同志：

　　昨天有人提起黄河石，想起半年前你托东东给我带来几块。当时我出门去了，事后也忘了写信谢谢你，请原谅。石头很受外国朋友欣赏，已送走两块，还珍藏了一块作为纪念。东北红楼梦会议我也没去，想你一定去了。望你身体健康，多写些文章。祝好！

弟杨宪益
七月二十四日

8月，调任中国艺术研究院副院长。

5日，《光明日报》发表先生文章：《高山仰止——看朱屺瞻画展》。

6日，收到侯北人先生来信，商量其作品在国内义卖事。全文如下：

---

① 杨宪益（1915—2009），祖籍安徽盱眙，生于天津，中国著名翻译家、外国文学研究专家、诗人，曾与夫人戴乃迭合作翻译全本《红楼梦》、全本《儒林外史》等多部中国历史名著。

其庸大兄如晤：

　　来教敬悉，近况颇佳，深慰远怀。屺老即在京举行画展，惜不能参加，深为憾事。乞兄看到屺老时代为敬致祝贺之意为盼为望。

　　前言拙作捐赠义卖一事，得兄同意，弟颇愿进行。兄所提之残疾人基金会及长城基金会两者都合弟意。所提议展前之定画及邀人购买诸细节，如无吾兄安排及奔走，恐不会成功。画件无人买，对基金会及弟都无意义。所以弟诚恳与兄商量，因兄熟悉京中情况，可决定可否进行也。

　　弟接天津美术学院来函邀弟开画展，弟已答允。定在明年五月初，画约百件，大都为新作。弟想依照上次办法，将画件寄去，在国内装裱，如此可节省运费及麻烦，国内又可有些收入。前兄言有一裱画师手艺颇佳，是否可烦其装裱，弟负担装裱一切费用。

　　一俟这批画在津展出后，弟愿即叫义卖，不再带回美国。前邓林（美协，小平同志女儿）在舍下小聚，洽谈颇欢。义展事是否可同她商量，兄可决定也。

　　　　　　　　　　　　　　　　　　　　　　　　弟北人拜
　　　　　　　　　　　　　　　　　　　　　　　　七月廿八日

9日夜1时，写毕《重议评点派——〈八家评批红楼梦〉序》一文，本月31日改定。文中提出需要重新评价清代的红学评点派，应该肯定他们的研究成果。文中具体列举出十一个红学重大专题，指出这些都是评点派早已研究并提出了正确的或接近正确的看法的。先生还指出评点是传统的文艺批评方式，这种方式是可取的、行之有效的。有些人评点得不好，并不是这种方式不好，而是评点的人本身水平的问题。最后先生还呼吁说："我敢断言，现在如果有哪一位红学大家，他确实具有很高的鉴赏力和很高的文字功夫，他对《红楼梦》具备了评批的条件，如果由他来评批一部《红楼梦》，那么，这部《红楼梦》肯定会受到人们的极大欢迎。"

　　按，该文见《漱石集》和《红楼梦概论》。

　　本月17日，写毕《书杨廷福、江辛眉教授二三事》一文。该文见《秋风集》和《瓜饭集》。文末原署："一九八六年七月十七日为悼念杨廷福、江辛眉两兄而作宽堂记。"据此以及《秋风集》中另外三篇文章：《记梁溪诗人严古津》所署"一九八六年七月十八日于瓜饭楼",《我所认识的瞎子阿炳》所署"一九八六年七月廿日夜于瓜饭楼"和《百岁老人〈萧龙士画册〉序》所署"1986年7月23日草于京华瓜饭楼",则本年7月17日至23日,先生人在北京。然据先生日记,先生此期间人在安徽。因怀疑《书杨廷福、江辛眉教授二三事》等四篇文章皆作于本年8月。

18日,写毕《记梁溪诗人严古津》一文。见《秋风集》。

20日,写毕《我所认识的瞎子阿炳》一文。见《秋风集》。

23日,写毕《百岁老人〈萧龙士画册〉序》。见《秋风集》和《墨缘集》。

27日,写毕《红学随想》一文。见《漱石集》。

9月11日,应新疆大学之邀前往讲学,飞抵乌鲁木齐。此为先生首次到新疆。

12日至19日,为新疆大学、新疆教育学院和职工大学讲学,讲授杜甫诗歌和文史研究的有关问题。其间,曾参观新疆维吾尔自治区博物馆。

21日,到天池游览。游毕,为题字:"若非群玉山头见,会向瑶台月下逢。"又为题"迎仙亭""瑶台""听松"诸匾。下山时于车中作诗云:"群玉山头见雪峰,瑶台阿母已无踪。天池留得秋波绿,疑是浮槎到月宫。"下山后赴吉木萨尔,唐代北庭都护府即在此地。见古城残存西门、北门,断垣林立。城西新发现西大寺,尚存八佛龛、卧佛及壁画。遥思盛唐诗人岑参曾活动于此,感慨系之,遂口占一绝:"荒城故垒尚依稀,相见嘉州寄语时。我亦故园东向望,漫漫长路接天迷。"

回到乌市已深夜12时。

22日,为新疆大学讲授《红楼梦》。

23日,赴吐鲁番,抵达后,参观交河古城,在城中徘徊甚久,不忍离去。晚上即宿于吐鲁番。

24日,晨起去高昌古城参观,之后游览阿斯塔那古墓。再去葡萄沟。返回乌市途中,至火焰山柏孜克里克千佛洞参观。

25日,去昌吉师专讲学。

26日,乘公共汽车从乌市出发,经柴窝堡、达坂城和托克逊,之后进入三百里长的干沟,再经库米什,傍晚到达焉耆。是夜满天星斗,兴奋得很不能不睡,以赏此良夜。

27日，晨起从焉耆启程，先经开都河（俗称流沙河），据云是唐僧所经处，再过库尔勒和轮台，抵达库车。

28日，驱车80公里，去参观克孜尔尕哈千佛洞。沿途山色奇丽，不可名状。到达后，连看八个洞窟，时即已近傍晚，归途中又参观了一座烽火台，并拍照。感觉收获颇丰。当夜枕上作《题克孜尔千佛洞》诗："流沙万里到龟兹，佛国天西第几支。古寺千相金剥落，奇峰乱插赤参差。曼歌妙舞归何处？西去圣僧亦题辞。大漠轻车任奔逐，苍茫唯见落晖迟。"

按：诗见《瀚海劫尘》。

29日，去昭怙鳌大寺亦即苏巴什古城参观。此寺为魏晋时期佛教遗址，分布于库车河两岸，佛塔、千佛洞、殿堂等保存完好，错落有致，先生认为此为研究古龟兹政治、经济、民族、宗教、文化艺术的珍贵实物资料。因库车河阻隔，仅在河西游览，眺望河东，亦如河西一样墙垣林立。沿河上行，山势雄伟奇险，且五色焕然，先生一路观之不足。之后登临古龟兹城墙，取一碎土而归。当日作《题龟兹山水》诗："地上仙宫五百阛，赤霞遥接北天门。平生看尽山千万，不及龟兹一片云。"

和《再题龟兹山水》："看尽龟兹十万峰，始知五岳也平庸。他年欲作徐霞客，走遍天西再向东。"1986年9月于龟兹。

30日，去森木塞姆洞窟参观，共看10洞，乃自汉至隋时期之建筑，洞中壁画丰富。之后前往库木吐喇洞窟群，洞在渭干河对面，无舟楫桥梁，因涉水而过。过河后须爬坡，满地碎石，刺入脚底，如行刀山，先生强忍之，行甚久，始至，参观了新一和新二两窟。归来时过察哈土尔古遗址，为摄一影。

本月，《蒋鹿潭年谱考略·水云楼诗词辑校》由齐鲁书社（济南）出版。

10月1日，乘公共汽车自库车启程返回乌鲁木齐，当晚到达焉耆，住定后，立即至开都河摄影，此河即为流沙河也。翌日拂晓起身，傍晚始到乌市。

3日、4日，再为新疆大学和新疆师范大学讲课。

5日，到乌鲁木齐南郊唐轮台故城参观，故城城墙和城内房屋遗址尚在，旁为乌鲁木齐河，据云岑参诗"一川碎石大如斗"之"川"，即此河也。

6日，飞抵北京。

7日，开始办理由中国人民大学调转中国艺术研究院的手续，并交接工作。

11日，闻范钧宏①逝世，作诗哭之："万里归来接讣词，惊心旧雨忽长辞。从今龙虎风云日，都是梨园哭子时。卅载相交未尽杯，知君心疾亦相哀。何期讲学山庄去，竟是长行不再来。哭君我亦自思量，多少才人已断肠。正是春风时雨日，梨园哪可失江郎？"

29日，在吉祥剧院观看辽宁京剧团迟小秋②演出的《探监》，认为唱腔美极，是十足的程派。为题一诗并序："听辽宁省京剧团迟小秋唱《探监》，其行腔音色宛转缠绵、宽厚顿挫，酷似砚翁，求之当世后起，诚为难得，因赋一绝。珠走玉盘莺啭树，哀猿啼切最高枝。探监一曲肠堪断，疑是销魂梦里时。"

31日，参加邮票设计讨论会，讨论《水浒》题材问题。晤苏联学者李福清。夜写《西域纪行》"天池"一节毕。

11月3日，开始写《西域纪行》"北庭都护府"一节。

8日，致殷亚昭信，谈太湖流域古文化问题，认为夏王朝文字即在殷周甲骨文、金文之中，最近太湖流域良渚文化中有近似甲骨之文字出土，距今约四千年，则正当夏之世也。

10日，收到江苏古籍出版社寄来的《红楼梦印谱》。晚到吉祥剧院看福建莆仙戏。六小龄童来访，因去看戏，未晤面。

12日，晚到吉祥剧院看莆仙戏《晋宫寒月》，认为剧本片面追求性格的复杂化，结果造成人物性格的分裂，这种写法是对典型化法则的破坏。

13日，下午仍到吉祥剧院看莆仙戏几出折子戏。观后认为从舞台形制、演出形式、表演动作以及脸谱等因素来看，莆仙戏来自傀儡戏，是比梨园戏更为古老的剧种。

16日，昨得柯文辉来信，谈广西花山古壁画，今晨于枕上口占一绝："南来消息一江秋，古壁花山惹梦游。千载谁凭椽大笔，青岚作纸画神虬。"奉节魏靖宇送来一汉砖，其边部刻有文字："元初五年造后子孙富贵寿。"获

---

① 范钧宏（1916—1986），浙江杭州人，剧作家、戏曲理论家。历任中国戏曲研究院京剧组组长、中国京剧院文学组组长、编剧，中国戏剧家协会常务理事。

② 迟小秋（1965—），辽宁阜新人，著名京剧程派演员。现任北京京剧院青年团团长、北京戏剧家协会副主席。

马力所增《金学丛书》。

19日，乘机飞抵厦门，参加文化部召开的"文化与商品经济"讨论会。

20日，大会开幕式，之后参观郑成功遗迹和郑成功博物馆。此后会议连开数天，其间曾应邀到厦门大学讲学，游览南普陀。

26日，会议闭幕后即赴泉州，当晚观看高甲戏丑角邀请赛。

27日，先至洛阳桥游览，此桥又名万安桥，始建于北宋皇祐五年，嘉祐四年建成。桥头有"万安桥"大字刻石，另有一亭，亭中碑刻甚多，还有石塔、石刻像等，皆宋时故物，先生甚感兴趣。然后去灵山参观伊斯兰教圣墓，墓后有半圆形石廊，系唐代故物，非常可贵。再往清源山看瑞像岩，在此题诗一首："清源山色翠重重，参罢瑞像第几峰。我到泉山初识路，开元拜后拜犹龙。"午饭后参谒弘一法师墓，旋即去老君像处。老君像为北宋石刻，栩栩如生，先生因题一诗："清源山色郁葱葱，紫气南来有旧踪。举世何方非佛地，南天独坐一真龙。"之后又相继参观了开元寺、海交馆、清净寺及李贽故居。

28日，返回厦门，在宾馆住定后，即去拜郑成功雕像。

29日，返回北京。在飞机上口占一诗，题为《题鼓浪屿郑成功故寨及海边郑成功巨像》，诗云："江山万古将军寨，日月千秋国士风。留得千秋正气在，海潮夜夜拜英雄。"

本月，由谢铁骊担任导演的六集电影《红楼梦》开拍，先生担任顾问。

12月5日，得王运天来信，获知关良先生去世，不胜痛悼，作《悼关良先生》诗："彩笔辛勤八十年，曲坛画苑两神仙。忽然一夜乘风去，只怪钟馗要作传。"

11日，为王同书著作作序，题为《走自己的路》。

12日、13日，写作《绿杨城郭忆扬州》一文。

14日，作《题文物出版社三十周年》诗二首："欧阳之后赵归来，文物精华入图裁。千载人称金石录，君家事业继高才。三十年来事事新，秦坑汉墓世无伦。奇珍尽入珊瑚网，夜半灯前好细论。"

又作《题秦始皇陵》："百万雄兵六国平，诏书昨夜下郢城。至今喷喷骊山下，万国衣冠拜一秦。"

19日，齐鲁书社送来《蒋鹿潭年谱考略》一书。

20日前后，收到侯北人先生来信，谓将根据先生游龟兹所题诗作设色山水。全文如下：

其庸大兄如晤：

十一月来教敬悉。裱画之事承蒙分神，万分感谢。年来懒散，所作之画也皆不如意。此批画中如有吾兄所赏者，自可选留以为教也。吴新华兄也可致送一幅，请兄决定。信中所言瞿塘峡文物馆事，弟不日画一幅寄至兄处，并请兄合作题句为盼。信中所言西域山水之胜，令人向往，而吾兄之题龟兹诗令人爱读，不忍释手。弟想试作一幅，依信中所言设色，并题吾兄诗句，成后自当呈上，以求教正也。北国冬寒，珍重珍重！嫂夫人前问候，并贺新春。

弟北人拜叩
十二月五日

29日，袁世海送来戏票，遂前往观看由袁世海、叶少兰、李长春、孙岳演出的京剧《群英会》《借东风》《华容道》。夜作《题石壶石》诗："遗我天然一石壶，霜藤屈曲醉僧书。夜深忽觉诗情急，频叩石壶问有无。"

30日，中央电视台来红楼梦研究所播放新近拍完的电视剧《红楼梦》，观看一天。晚读谭树桐所编、日本出版的《新疆の壁画》。

本年，中国曹雪芹研究会所编《曹学论丛》创刊。先生《关于曹雪芹的研究》一文发表于创刊号上。

吴世昌卒。关良卒。

1987年　丁卯　64岁

[时事]　1月16日，中共中央政治局召开扩大会议。会议决定，同意胡耀邦辞去党中央总书记职务的请求，推选赵紫阳代理党中央总书记。4月，中葡两国政府草签关于澳门问题的联合声明。13日，两国政府总理在北京正式签署联合声明，确认中华人民共和国政府将于1999年12月20日对澳门恢复行使主权。10月25日至11月1日，中国共产党第十三次全国代表大会举行，大会通过《沿着有中国特色的社会主义道路前进》的报告。

1月2日，乘飞机赴广州，参加在肇庆举行的全国韵文学会。

3日，在广州参观中山纪念堂、六榕寺、光孝寺和南越王墓。

4日，到肇庆。全国韵文学会开幕，苏渊雷、吴白匋等老先生出席，会程四天。其间，曾参观七星岩，观赏天柱峰下题刻。肇庆地委在七星岩酒楼宴请与会学者，先生当场赋诗云："星移斗转落人间，风物妍于阆苑仙。山色湖光人已醉，那堪酌我巴戟天（巴戟天，名酒）。"又曾参观端溪砚厂，为题一诗："米老藏真有紫金，坡翁欲夺苦无因。襄阳妙帖传天下，千载书林作秘珍。"

8日，返回广州，翌日到上海，曾看望王蘧常和朱屺瞻先生。

13日，返回北京。

17日，到昌平参加美术史讨论会。

28日，旧历除夕，访问周怀民先生。晚整理《八家评批〈红楼梦〉》稿。是夕满城灯火，花炮连天，因口占一绝，题为《丙寅除夕看火化感怀》："火树银花不夜天，满城爆竹是新年。儿童那解人远去，犹抱慈亲要岁钱。"

29日，旧历正月初一，接朱淡文来书，附《减字木兰花·咏水仙》一首，即用原调唱和："亭亭玉立，翠袖生香寒恻恻。几度相逢，缥缈惊鸿只梦中。　万千幽恨，浅淡眉痕黄一晕。欲去凌波，脉脉无言泪自多。"此词实伤胡耀邦同志之去职也。

2月8日，连续数日整理《八家评批〈红楼梦〉》稿，今日整理完前60回。

3月11日夜深3时，写毕《怀念我的老师冯振心先生》一文。见《秋风集》。

21日至26日，《红楼梦学刊》编委会邀请部分学者在扬州召开红学座谈会，先生作题为《红学无止境》[①]的发言。31日，回到北京。

4月19日夜12时，写毕《〈丝绸之路诗词选集〉序》。见《秋风集》。

本月末，侯北人先生来信，委托先生就其画集出版、邮寄有关事宜与友谊出版公司交涉。全文如下：

---

① 《红学无止境——在扬州红学座谈会上的发言》见《漱石集》。

其庸兄嫂如晤：

　　信悉，知近来颇忙。您到处奔走，时将夏季，注意身体为盼。前有友人返京，曾托带去裱画款，嘱其代为奉上，想不会有误。上周接到友谊出版公司霍宝珍经理来函，言拙画集精装本将于月底装订完毕。如吾兄方便，有时间的话，请您同霍宝珍经理见面，代弟解决两件事：（1）精装本共装订多少本？每本定价？除扣去稿费外，尚欠该公司多少钱？请总结为一下，以便将款汇去，清结此账。（2）来信问及精装本如何交付问题，弟意留下五十本，存在兄处，九月弟到京后，以便分赠友好留为纪念。其余请该公司妥为包装（可分数包），由海运寄出，运费由我负担。这事好在已近结束，最后务请吾兄同霍宝珍经理当面解决一下为盼（因来往信中总是讲不清楚），千万千万，拜恳。同时我也去信给霍宝珍经理，希望她同你联络。友谊公司的地址已迁至阜成路60号，电话81-3254（办公的），76-1709（宿舍）。

　　九月下旬前后，弟如无意外事件，定能到京，希望能把晤。此次系个人行动，较有时间话叙也。上次你所要的幻灯机是否仍需要？当设法带去。如需要其他物品，请来信告知，请勿客气。

　　特此敬问近安。

弟侯北人拜
四月廿六日

5月2日，到上海。翌日，看望王蘧常先生，王师母刚刚去世，王老甚为伤感。先生劝其节哀，与之谈论秦史，稍能引开其思绪。当天下午乘船去温州。

5日，南戏学术讨论会在温州开幕，先生在会上致辞。

6日，雨中赴戏剧家高则诚故里——瑞安县仙降乡参观。本日作《题兰溪新建李笠翁芥子园》诗："顾曲精奇数笠翁，名园小筑亦神功。只今移向兰溪去，好品秋江一笛风。"

按，诗见《瓜饭楼诗词草》。

7日，参观温州城中公园，内有池上楼，为当年谢灵运写"池塘生春草"处，因感赋一诗："池塘春草谢家诗，千载人称绝妙词。我到江边寻旧迹，春池草绿楼影移。"

又参观九山湖，据说南戏《张协状元》即作于"九山书会"。下午乘船返上海，船中撰写《周怀民藏画馆叙》。

8日，到上海。翌日去无锡。

10日，参加《美术报》与无锡市文化局联合举办的画展，先生代表艺术研究院致辞。

12日，到宜兴，与紫砂名家顾景舟、周桂珍①等相晤，并为书写紫砂壶坯数十把。

13日，到南京。翌日赴合肥，经过全椒，参观吴敬梓纪念馆，为题四字："百代文宗"。

15日，在合肥参加安徽省政协举办的萧龙士先生祝寿会。翌日，参加萧老画展开幕式并参观画展。

17日，到淮阳，参观太昊陵。复参观平凉台，此为新近发掘的一龙山文化遗址，出土有下水道陶管和铜车马等。随后参观曹子建墓和弦歌台，弦歌台传为孔子在陈绝粮处。最后参观相传为伏羲画卦之处——八卦亭。当晚到宿县。

19日，到徐州。

20日，至沛县参观歌风台和泗水亭公园，复至丰县看新出土的明代碑刻。晚回徐州。

21日，参观新发掘的汉墓，又到徐州博物馆看出土文物。次日，回到北京。

31日，作《老少年图》，题曰："谁道人生无再少，君看流水尚能西。丁卯端午之夜漏已三鼓，宽堂大醉之后。"

6月10日，经数天整理，审完《脂砚斋重评石头记汇校》前60回样稿。数日后，剩余20回亦审阅完毕。至此，历时七年，由先生担任主编的《脂砚斋重评石头记汇校》终于完成，全书总装四十卷附录一卷，共一千万字左右，聚集了当时已经知道的12种乾隆抄本，是迄今最完备的《红楼梦》汇校本。本月，写毕《脂砚斋重评石头记汇校·序》。该序见《漱石集》。

11日，收到侯北人先生来信。全文如下：

---

① 周桂珍（1943—），江苏宜兴人，紫砂壶制作名家，曾获全国工艺美术大师、紫砂大师称号。

其庸大兄：

　　由柏进禄先生转来吾兄所示各项事宜均已知悉。关于南京博物馆方面有意邀弟展出拙作，弟甚为高兴。弟在天津之画展日期现已定妥，自九月十日起至九月二十五日止。如果天津展后移去南京也可，总之请兄与南京方面商议决定一切。辽宁方面留在下一次也可，兄可视一切情况办理。欣闻吾兄所作朱屺老年谱现已出版，实为可贺，将对研究艺术史者提供可贵资料。上月弟为屺老的公子（在纽约）朱人和画家写了一封推荐信，来信甚为高兴。弟大约于九月六、七日左右到北京，这次大概民盟中央代为安排住宿处，希望彼时吾兄能在京中，以便畅叙也。

　　特此敬复，并问嫂夫人好！

弟北人　内子一同叩拜
六月五日

12日，赴杭州。翌日，看望昆曲表演艺术家周传瑛和张娴，为各作一幅画，并各题诗一首："论交犹是少年时，垂老相逢鬓已丝。五十年来风兼雨，寒花幸在最高枝。故交零落半秋云，犹记张娴一曲新。婉转绸缪长生殿，梨花院落最销魂。"下午至余姚。

14日，上午赴河姆渡参观发掘现场，在库房里看到不少陶器、骨器，还有谷粒，认为极为珍贵，拍摄多帧照片。归途经过陆埠黄宗羲墓，因往访。下午到龙泉山参观龙泉书院，此为当年王阳明讲学处。在书院为书写王阳明《险夷原不滞胸中》一首和黄庭坚《题严子陵钓台》"平生久要刘文叔"一首，并为书写车中口占《题黄宗羲墓》一首：

　　琅玕十万翠葱葱，中有盘盘盖世翁。
　　地解天崩当日语，人间万古一真雄。

15日，到慈溪上林湖古窑址参观。

16日，上午到浙江博物馆拍照，下午考察反山遗址。

17日，考察瑶山和反山遗址。翌日返回北京。

7月6日夜一时半，写毕《读王蘧常先生的书法随想》一文。该文见《落叶集》《秋风集》和《墨缘集》。

12日，近日忙于《脂砚斋重评石头记汇校》影印事，今日大体就绪。

21日，与文化艺术出版社商量《脂砚斋重评石头记汇校》图版问题。重新整理该书图片。

24日，开始整理《秋风集》稿。

25日，到文化部开会，参与讨论《当代中国文化》的编写问题。会后至文物出版社，请出版社推荐为《红楼梦大辞典》撰写有关家具条目的专家，恰值河南裴李岗遗址送来新出土之龟甲两片和一支骨笛，先生甚感兴趣。

8月10日，作《题胡阿寿〈夏熟图〉》诗："阿寿农民也，朴质少言而画笔清逸，因为俚歌以志相识。阿寿今年三十六，一幅杨梅红且熟。树下更有摘梅人，茜色罗衫卷双足。意态悠闲神情朗，具见衣食皆丰乐。吁嗟乎，近世画工万千多，只知梦见张与仇。阿寿画笔迥且独，自向农村寄所托。我识阿寿是俊人，画史他年为君续。"

诗见《瓜饭楼诗词阜》。

11日，飞赴连云港，参加"孔望山造像学术讨论会"。

12日，"孔望山造像学术讨论会"开幕，先生致辞。开幕式后即开始热烈讨论，先生担任会议主持。

13日，与会人员到孔望山做实地调查，先生经过仔细观察，认为造像应为汉代所刻。

14日，赴南京。几天后返回北京。

22日，第二次赴新疆。在飞机上审阅《红楼梦大辞典》稿件。晚9时许抵乌鲁木齐。

23日，在招待所继续审阅《红楼梦大辞典》稿。

25日，参加新疆艺术节开幕式，并观看画展。先生的一幅泼墨葡萄亦被展出。

27日，去吉木萨尔重访北庭都护府故城，独自在城内徘徊两小时，并拍摄照片，十分惬意。之后重游西大寺。

28日，为宾馆作大张横幅字画。

30日，返回北京。

本月，由中国艺术研究院和中央电视台联合拍摄的大型文献艺术纪录片《曹雪芹与〈红楼梦〉》开拍，先生担任该片总监制。

9月初，收到侯北人先生来信，商议在天津、南京举办画展有关事宜。

来信全文如下：

其庸兄嫂如晤：

　　此信到京时，想其庸兄已不在京了。接兄八月廿日信，知兄为弟画展事由连云港到南京，一路受了那些苦头，闻之实在不安久之。国内交通情况及饮食问题之不易，弟闻之颇久。不料吾兄为弟事奔走，身受其苦，真是内心感念无以言达。至于来函所言各事，（一）由安徽送来之画件，弟已去函天津美术学院夏明远教授，他会到府上去取。（二）此次送画件多赖朋友帮忙，方得安全运到北京，一定要致谢。弟到京后与兄面商，如何去酬谢。（三）弟在天津之画展全由天津美术学院夏明远教授安排，故在津展出之一切活动，展出之宣传、招待、主办等等事项均系由该院出面安排。闻天津政协、民盟、文史馆等均参加赞助。故所写之介绍文章等均由天津美术学院办理。弟不甚详细实际情况。但是弟九月五日夜到北京，已函托民盟中央办公室金若年先生洽北京饭店住宿事，但是否决定，有无可能，则不得而知，只好到北京时看运气如何了。兄如在五日前回北京，可用电话同金若年先生联络，便知弟之确切住处了。（四）这次画展，民盟、民革，弟均未去函要求邀请，不过民盟中央（叶笃义、高天诸友）均知此事，所以正式邀请函，只有天津美术学院有，附函寄上邀请函副本，请嫂夫人阅此信后，是否可火速转去南京博物馆。（五）此次南博及省文化厅主持弟之展出，全在吾兄鼎力推介之故，对弟之艺途非常重要，铭心感激。至于南博所提之赠画事，多少幅均可以，由吾兄决定安排一切，弟无不遵命。其他之应酬者，应赠画者，应宴请致谢者，因弟在南京无至友，故请吾兄仔细安排一下，弟应如何去做，一一指导为盼。前言亚明先生（弟画展在京举行时曾与亚明先生结识）弟已绘就一幅山水，待到南京见面时奉上。同时前数日弟与旧金山中华文化中心（想吾兄去过此处，前曾展出中国当代画家如李可染、吴作人、亚明等人作品合展）商量，该主持人已答应，可为亚明先生安排一画展，详细办法，弟到南京见面时再详谈。此事吾兄可否先与亚明先生谈一下，看他是否愿意。（六）在南博方面如果认为只是天津美术学院的邀请函不够，弟到京后，可请民盟中央或民革（邵恒秋、贾以斌）支持邀请，我想问题不大。（七）天津的展期是自九月十日起至廿五日结束，南京如何安排日期展出，是否要在十月初?总之,时间关系,弟到京后,立即打电话,以便见面商谈一切。

特此,匆匆,近安。

弟北人拜叩　内子一同拜
八月廿四日

8日凌晨,枕上口占《怀侯北人大兄》:"一别秋风两度吹,堂前老杏几新枝。前身我是青门客,种得黄瓜赠故知。"

按,诗见《瓜饭楼诗词草》。

19日,参加北京师范学院中文系举办的"《西厢记》学术讨论会"开幕式,并讲话。下午赴上海。

20日,上午看望王蘧常先生,见到王运天编辑的王蘧常先生的书法集,认为老师的书法确在唐人以前,当世无可与并比者。而王蘧常先生极赞先生所写文章,说是不同凡响,迥不犹人。下午看望朱屺瞻先生,观赏了屺老所绘"梅兰竹菊"四长卷,以为远迈青藤。

21日,去南京。翌日,到宜兴,晤紫砂名家顾景舟、唐伯年和周桂珍,为写紫砂壶坯二十几把。

23日,到南京博物馆参观画展,并与馆方协商举办侯北人先生画展事。

25日,回到北京。翌日,参加中央电视台电视中心举办的"《红楼梦》知识竞赛",担任评委。南京寄来《中国当代诗词选》,内收先生诗作12首。

10月7日,旧历中秋节之夜,写毕《邓安生①〈陶渊明年谱〉序》,文中再次提出:

> 调查研究,也是我自己读书治学的一个基本的原则和方法。我认为书本上的东西,如果不能与实践、与调查结合起来,它总是片面地孤立地存在,在你的脑子里总是一些比较模糊、抽象的概念。……不看实际的东西,光看书本,是很危险的,至少是会有片面化的毛病的。看了曹植的墓葬,我深悟曹植当年,实际是一个政治囚徒而已,这比起一般地读他的诗,读他的"煮豆燃豆萁"的诗,来得更要亲切,更要感性化、

---

① 邓安生(1944—),湖南祁东县人。1979年考取中国人民大学中文系研究生,师从冯其庸先生。后为南开大学古籍与文化研究所研究员、副所长。

形象化得多。所以，在文史研究中，调查是必不可少的，而且，往往许多新的思想，新的发现，是来自实地调查。

按，该文见《秋风集》。

28日夜一时，为周书文《〈红楼梦〉配角塑造艺术》作序。见《漱石集》。

11月17日，飞赴上海，当天即去看望王蘧常先生，快谈不已。

18日，观看上海博物馆举办的"四高僧画展"和白蕉先生书画展。

19日至22日，为拍摄文献片《曹雪芹与〈红楼梦〉》，在南京和扬州等地考察，或与有关方面联系。23日回到北京。

27日，第三次读完金庸的《书剑恩仇录》。继续修改《红楼梦大辞典》诗词部分条目。

29日晨，枕上作《陈从周兄修复上海豫园，为题玉玲珑二绝》："名园难得拥双峰，积玉堂前玉玲珑。想象东坡老居士，平生不及陈梓翁。可惜名园画里逢，千秋万壑想陈翁。他年我若淞滨去，先拜东南第一峰。"

按，诗见《瓜饭楼诗词草》。

本月，《八家评批〈红楼梦〉》已发排。

12月10日至13日，身体不舒服，仍每天写作《曹雪芹与〈红楼梦〉》一文到深夜，13日夜二时写毕。该文见《漱石集》。

本月，《脂研斋重评石头记汇校》第一册由文化艺术出版社出版。20日，去王府井新华书店参加该书发行仪式，情景殊为热烈。

25日，继续审阅《红楼梦大辞典》稿。

30日，飞赴香港。翌日早餐时，与台湾吴宏一[①]教授等晤谈甚欢。晚金庸先生请吃饭。

王传淞卒。

1988年　戊辰　65岁

[时事]　4月，海南省设立并建立海南经济特区。11月，中国文联第

---

① 吴宏一（1943—），历任台湾大学中文系教授、香港中文大学中国语言及文学讲座教授、香港城市大学中文、翻译及语言学系讲座教授。

五次代表大会在北京举行。

1月2日，金庸先生在其住宅再次宴请先生。此后三天，先生多次与香港、台湾学者和朋友欢宴快谈。

6日，返回北京。

12日，近日连续审阅《红楼梦大辞典》稿，今日一直看到夜深。

19日，飞赴沈阳。翌日，去辽宁省博物馆看古画，所观赏者皆世间难得之宝。

21日，由辽宁博物馆徐秉琨馆长陪同去沈阳故宫博物院，协商拍摄文献片《曹雪芹与红楼梦》事，并参观博物院。晚杨仁恺先生宴请。翌日返回北京。

25日，看《红楼梦学刊》稿件，为《红楼梦大辞典》撰写部分条目。

2月23日，新加坡《联合早报》发表先生《屺瞻老人歌》。

本月，《脂砚斋重评石头记汇校》第二册由文化艺术出版社出版。

3月10日，飞赴深圳。翌日，深圳举办的"《红楼梦》新书展"开幕，先生参加签名售书。13日，接受东湖宾馆经理热情邀请，移往彼处住宿。

14日，参观梧桐山弘法寺。

15日，乘飞机经广州到南京，由深圳至广州途中，口占一诗："东湖一宿胜西湖，槛外青山列画图。最喜粼粼春水绿，扁舟独往钓银鲈。"

16日，往宜兴。翌日，与顾景舟和紫砂工艺厂厂长唐伯年相晤，商量编写《宜兴紫砂》一书事。之后为题写紫砂壶坯百余把，并为写字、作画。

23日，回到北京。

24日，处理《脂砚斋重评石头记汇校》勘误事。

25日，为卜键《论文集》写序。

28日、29日，为张惠仁[①]《论文集》写序。

4月2日、3日，为廖奔[②]《宋元戏曲文物与民俗》一书写序，题为《关于中国文化史的几点随想》。文中说：

[①] 张惠仁（1932—），福建惠安人，毕业于厦门大学中文系，历任中国人民大学中文系讲师、北京市社会科学院文学研究所研究员。

[②] 廖奔（1953—），河南南阳人，戏剧理论家和戏剧史家，中国文联书记处书记。

我们今天所处的时代，对于学术研究来说，实在是千载难逢的盛世，这样的时代，王国维没有福气赶上，郭沫若赶上了一点，但仍然是逝去得太早了。尤其是近十多年来考古学上的重大发现，其意义却是十分难估计的。我个人认为，由于大量的地下文物的被发现，我国的学术研究，将出现一个巨大的划时代的变革，许多过去认为是空白或薄弱的环节，现在一下子就变成了资料特别丰富的环节。……我十分喜欢作实地调查，我一向认为我们除了应该读书架上的书外，还必须读保存在地面上、地底下的各种历史遗迹和文物这部书，从某种意义上来说，这地底下和地面上的书，可能更为真实和更为丰富。

3日，刘海粟先生自钓鱼台致信先生，谓政协会议结束后，当"趋访畅谈"。据《墨缘集·我与刘海粟大师》载：

从1982年黄山别后，我却有长时间与海老没有见面，直到1988年4月，海老来北京开会，住钓鱼台国宾馆，他忽然给我来信说：

其庸教授友爱，黄岳一别，于今六年，云何不思。得惠书，欣慰无量。山东摄影艺术基金会尽全力支持，贵州人美印的《花溪语丝》已经送来，便中掷下看看。我们的好友江辛眉物故，殊可痛怀，人之不可期也如此！政协会议结束，我打算在此休息数天，届时当趋访畅谈，草草具答，余惟珍爱，不宣。

刘海粟
八八年四月三日

5日，先生与贵州人民美术出版社的张幼农一同到钓鱼台国宾馆看望海粟老，带去了部分书画习作，海粟老看后，大加称赞，说皆是青藤笔意，是诗人之画，学问人之画。并提出以后合作作画。据《墨缘集·我与刘海粟大师》：

我接到了海老的信件，就偕同贵州人美的张幼农同志带了《花溪语丝》一起到钓鱼台看望海老，我还带了我的一部分书画习作，请海老指点。那天海老精神极好，夏师母为我们安排好谈话的地方后，就去处理别的事情。海老先看了《花溪语丝》，非常高兴。接着就看我的画，海老边看边谈，大加称赞，他说从前我只知道你的书法好，今天才知道你的画也那么好，是真正的文人画。当时他说了不少鼓励的话，我自知是老人的眷爱，但他却对张幼农兄说，他说的是实话、真话，我从不说假话、敷衍话！他还约我一起合作画画，而且他还风趣地对张幼农说："是我约他，不是他约我！"

6日，在红楼梦研究所为研讨班作学术讲座。下午收到海粟老自钓鱼台来书，甚喜。作《赠王少石》诗："十年辛苦刻红楼，一石磨成历几秋。独有痴人王少石，大荒山下待曹侯。"

12日夜，作《明两老人歌》并小引："瑷仲王蘧常先生，予之师也。其书室曰：'明两庐'。予自丙戌岁拜先生于梁溪，翌年复负笈淞滨以就先生教。十时，先生为授诸子学。经岁，授《逍遥游》术竟，余者读先生所著《诸子学派要诠》。而予于诸子之学，始得略窥其大略。先生工诗，与常熟钱梦苕师并称'江南二仲'。盖梦苕师字仲联也。惜予鲁钝，未得先生授诗学，然日侍先生之侧，熏之陶之，亦深受教矣。回首往事，去今忽忽四十二载，每一追思，辄为神驰。今岁，吾师九十大寿。夫人生百岁，古今能几？吾师乃臻此遐龄，岂非盛德之所致乎？乃不自顾其陋，为此长歌，少抒衷怀。高明之士，不必以诗视之，亦知其孺慕之意云尔。戊辰春暮，宽堂冯其庸并记，时四月十二日夜一时于京华瓜饭楼。先生有道出羲皇，先生有笔迈晋唐。我拜先生五湖畔，维时日寇初受降。明年负笈淞江浔，绛帐新授诸子学。茫茫坠绪三千载，指点纷纶别清浊。仲尼论道贵在仁，孟轲前后踵相躅。暖暖春暄仁者言，纵横捭阖波相逐。别有老聃一家说，独倡自然排众逐。非攻兼爱子墨子，有怀徒托空言耳。战国纷纷强并弱，虽有仁义何所市。我爱庄生逍遥游，至人无待得自由。姑射仙子冰雪姿，千载令人轻王侯。绛帐春风违已久，眼看白日去悠悠。四十年间如过隙，公登大耋我白头。忆昔侍讲梁溪滨，先生挥毫取长鲸。退毫宛对陆平原，新颖初发王右军。如今老笔更纷披，散盘爨碑信手而。隶书直过张与曹，正书相看上下碑。吁嗟乎！书道久已叹凌替，世人不识王羲之。作字无求点与划，但教小儿学画蛇。我侍先生四十年，直节堂堂气摩天。吟诗曾教鬼神泣，著书积稿埋双肩。至今仍好作榜书，挥毫犹如扫云烟。我颂先生寿而康，为留正气满坤乾。"

15日，新加坡周颖南①来书，嘱题其友人秀廷所绘达摩像，因赋一绝："少林石壁有遗痕，飞锡雁山何处村？为问禅师东渡后，袈裟收得几灵根？"

16日晚，到钓鱼台国宾馆看望刘海粟先生，且带去字画数件，海粟老看毕，称赏说另具一种独创风格。

17日，赴济南。翌日，游览四门亭，其幽谷中有汉柏和塔林，最早之龙虎塔建于唐显庆年间。缘山道而上，为一古寺，内数十尊摩崖造像皆为初唐时物，先生感觉此行收获颇丰。

19日，返回北京。

20日，为一位篆刻的朋友题一绝句："铁笔丹青几十年，后来谁与子争先。秦金汉石知多少，撷古开新别有天。"

25日，夜一时写毕《〈浮生六记〉德译本序》。见《剪烛集》。

29日，开始撰写《大块假我以文章》一文，5月2日写毕于上海淞滨旅馆。文中自述童年和青年时期所经受的苦难，最后说：

> 我常常这样想：从另一个意义来说，每一个人的经历，也就是自己写的一篇文章。或者甚至是别人或别种社会原因强使他写的文章。当然，有的人是欢乐的文章，有的人是苦难的文章，有的人是富贵的文章，有的人是飞黄腾达的文章，有的人是帝王将相的文章，有的人是侠客义士的文章，有的人是坎坷终生的文章，有的人是含冤莫白的文章，也有的人是甜酸苦辣，尝尽人间各种苦味的文章，甚至有的人是漆黑一团的文章，有的人是负罪累累的文章。至少我的眼里已经看到了各种各样的人的文章了，已经看到了我的不少有才华的朋友，写完了他们的心酸的文章、含冤的文章或者五彩缤纷的文章、奇功殊勋的文章，或者像戏剧一样的文章，像诗一样的文章，像梦一样的文章而交了他们的卷了。至于我自己呢？现在还在写这篇充满艰难困苦、甜酸苦辣和充满人生的热情、人间的友情和爱情，充满着学术上的探奇和幻想精神的文章。

---

① 周颖南（1929—），福建仙游县人，新加坡华侨，企业家，亦能文，出版了十几种文集。受聘为厦门大学中文系兼职教授、扬州大学兼职教授，华东师范大学顾问教授等。

按，该文见《秋风集》和《瓜饭集》。

5月4日，于吴门旅次撰写《秋风集》自序。不久返京。

12日，无锡市书画家来京举办书画展，嘱题诗，为赋一绝："故园山色久相违，每见青螺忆翠微。难得诸公椽大笔，五湖烟水到京畿。"

翌日再赋一首："梅园月色蠡湖水，才到春来动别情。那禁满堂风兼月，乡思如酒醉离人。"

17日，作诗题林黛玉画像："花魂不是是诗魂，点点湘江旧泪痕。冷月孤芳清到骨，前身合是楚灵均。"

又题香菱画像："灵犀一点通诗心，卿本灵山会上人。悟到依依墟里语，千金好句梦中寻。"

18日，晚撰写《秋风集》后记。

26日至30日，第六次全国红楼梦学术讨论会在芜湖安徽师范大学召开，先生与会，在致辞中肯定了红学研究的成绩，倡导实事求是的学风。

本月末，在宜兴，赋诗赠顾景舟先生："弹指论交四十年，紫泥一握玉生烟。几回夜雨烹春茗，话到沧桑欲曙天。"

又作二诗题《宜兴紫砂》画册："天下名壶第一流，曼生老供顾景舟。世间尤物真难得，一卷晴窗眼底收。我到荆谿第几回，论壶常共顾翁杯。江山代有才人出，又见群英济济来。"

诗见《瓜饭楼诗词草》。

回京后，收到刘海粟先生本月28日寄来的信和赠画。据《我与刘海粟大师》载：

> 到了5月底，我又收到海老一信，同时还收到海老给我画的一幅水墨葡萄。信说：
> 其庸教授友爱，国际摄影艺术基金会筹备完成，欣慰无量。"艺海无涯"已书就，但笔札荒芜，恐不可用。又水墨葡萄一幅，祝贺老兄访新加坡播扬红学成功，草草具答，余惟珍爱，不宣。
> 　　　　　　　　　　　　刘海粟　一九八八年五月二十八日

同信，又附了另纸写的海老赠我的一首诗，诗云："一梦红楼不记年，须弥芥子如长天。饭瓜换得文思健，无痴无怨即神仙。"

在那幅葡萄上，海老题曰："骇倒白阳，笑倒青藤，惟有其庸，不骇不笑。刘海粟乱书，九十三岁。"

6月13日，《红楼梦》文化艺术代表团飞赴新加坡，先生担任团长。

14日，上午访问中国驻新加坡商务代表处。下午参观新加坡报业中心，并出席记者招待会。

15日，检查"中国《红楼梦》艺术展"布展情况。

16日，参加新加坡国立大学举办的"《红楼梦》学术研讨会"。

17日，上午访问《新明日报》社。下午继续检查布展情况。夜11时，再去检查，已全部就绪。此次展览展出了大量实物与图片，其中有红楼景观的工艺造型、红楼民俗模型、天津泥人张彩塑红楼人物，还有红楼灯品、红楼生活服饰以及以《红楼梦》为题材的戏剧、曲艺、影视等剧照，内容非常丰富。

18日，上午参加"中国红楼梦艺术展"开幕式，参加者约有万人。下午，率红学家、电视剧《红楼梦》演员与观众见面，解答问题，场上爆满。

19日，与新加坡作协、书协同人聚会，晤潘受和刘抗先生，两位先生皆已八十高龄，为新加坡书画界名人。再去"红楼梦艺术展"展览场所，那里已人山人海，拥挤不堪。之后数日，同各界人士开展广泛的学术和文化交流，曾应邀去新加坡大学讲演。

按，参见《漱石集·大哉红楼梦，再论一千年》。

28日，圆满完成在新加坡文化艺术交流任务，返回北京。

7月18日夜3时酷暑中写毕《振衣千仞冈 濯足大江流——〈傅抱石先生画册〉序》一文。该文见《秋风集》和《墨缘集》。

8月8日，收到杨仁恺先生来信，感谢先生允诺将为辽宁省博物馆建馆四十周年撰文。

28日，陪同中宣部部长王忍之到大观园参观赴新加坡"中国红楼梦文化艺术展"回国汇报展，并将申请出版《金瓶梅》全校本的报告递交给他。本日校对完《八家评批〈红楼梦〉》前40回一校样。

30日，到南京。翌日，与南京博物馆商议拍摄电视片《曹雪芹与红楼梦》事。在南博，看王孝田评本《红楼梦》和库藏康熙、乾隆御用朱墨及黑墨，并摄影。

9月1日，到扬州，当天即去瘦西湖、平山堂以及木兰院等处拍摄。

2日，到南京。去江苏古籍出版社，晤陆国斌等同志，谈《金瓶梅》全校本出版事。下午赴宜兴。

3日，去紫砂厂，晤顾景舟先生，并为题写壶坯数十把。

6日，到上海，晤王蘧常先生。翌日，看望朱屺瞻先生。9日返回北京。

11日，与台湾王汝安先生商谈，并签署两份协议，商定将由台湾蓝灯文化事业股份有限公司出版先生主编的新校注本《红楼梦》和先生专著《曹雪芹家世新考》。

13日，阅《新民报》，获知刘海粟先生在上海举办"十上黄山画展"，为赋三绝："黄岳归来两袖云，人间一笑太纷纷。多公又奋如椽笔，挥洒清风满乾坤。十上黄山不老翁，九三犹自战秋风。山灵应识神仙客，彩笔几番写险峰。百岁海翁不老松，莲花峰顶接苍穹。低声悄向青冥语，明日为君写新容。"

19日，阅石壶（陈子庄）画册，为题一诗："潦倒穷途老画师，胸中丘壑几人知。可怜一管生花笔，待到花开已太迟。"

25日，中秋节，写毕《怎样读〈红楼梦〉》一文。

27日，上午在红楼梦研究所开会，谈《〈红楼梦〉汇要》编著要点和纲领。下午去北京师范大学中文系给研究生讲课。晚撰写《〈红楼〉要籍解题》。

29日，得河南越调表演艺术家申凤梅①来电，邀请参加其舞台生活五十周年纪念活动，因欲赴银川，不能前往郑州，为赋二绝，以为祝贺："羽扇纶巾五十年，风流曾仰卧龙贤。过江一哭周郎后，申派孔明红满天。往昔曾看天水关，卧龙风义世无前。几疑千百年之后，又见孔明落人间。"

复书成四尺整幅以赠。

30日，得金庸来书，同意其小说授权文化艺术出版社出版。

10月1日，在艺术研究院值班，就便作画，试作扁豆两帧。

4日，飞赴银川，因故降落于太原，翌日始抵。

6日，上午至贺兰山麓参观西夏皇陵。下午为宁夏大学中文系学生讲课，历史系、政治系学生均废课来听，教室拥挤不堪。晚读宁夏志书。

---

① 申凤梅（1927—1995），河南临颍人，越调表演艺术家。曾历任中国戏剧家协会理事，中国戏剧家协会河南省分会副主席、主席；河南省越调剧团团长、名誉团长等职。

7日，赴固原，途经须弥山，参观山间弥勒佛和相国寺中北周造像。傍晚抵达固原师范专科学校。

8日，上午赴三关口游览，经开城、瓦亭口而止，此处地势险极，因停车在隘口仔细观察，并摄影。下午为固原师专作演讲。晚去当地博物馆参观。

9日，晨起折返银川，中途见到秦长城蜿蜒于崇山峻岭之间。之后过同心、中宁、吴忠，到灵武，参观了此地的镇河塔寺。下午5时许返抵银川。

10日，上午为宁夏民族艺术研究所作关于"红楼梦研究"的演讲。下午参观宁夏博物馆。

11日，赴贺兰山麓拜寺口参观西夏双塔。

12日，上午游览海宝塔和位于老城的玉皇阁。下午为宁夏教育学院作演讲。

13日，上午与宁夏大学中文系古典文学教师座谈。下午再去西夏皇陵，看发掘过的遗址，归后作《戊辰十月十三日重访贺兰山下西夏王陵》诗："独立天西二百年，贺兰山下冢巍然。至今留得遗文在，犹待时贤仔细研。"

晚乘车返京，翌日抵达。

16日，飞抵南京，即去栖霞山拍摄六朝石刻资料。当天下午和第二天参加在南京博物馆举行的学术会议，并讲话。

18、19日，在宜兴，与顾景舟先生快谈，晤周桂珍等，并为题写壶坯。作一诗："昨夜论心酒一杯，百年怀抱为君开。高山流水何人赏，自有钟期识曲来。"

21日，至扬州。在此两天，先后游览茱萸湾、隋炀帝陵、廿四桥、片石山房等，为拍摄。22日折返南京。

23日，在宾馆写作《怀念叶圣陶老人》一文。晚乘车返京，车上读《蒋碧薇生死恋》。翌日抵京。

28日，由《红楼梦学刊》《文艺报》《文学评论》三家刊物联合发起的"《红楼梦》与当代意识"学术讨论会在北京大观园举行，先生为会议主持人之一。

31日，夜12时半写毕《天末怀海翁——为沈祖安兄所作刘海粟〈存天阁谈艺录〉一书而作》一文。该文见《秋风集》和《墨缘集》。

11月8日，赴扬州参加"全国《金瓶梅》学术讨论会"。

9日，到何园、个园、金冬心故居、西方寺等处补拍录像。复至新华中学观看一断碑，上有一节文字尚可辨识，先生认为据此可证此处确为当年曹寅盐院旧址。晚卜键、刘辉等来访，夜读《康熙大帝》。

10日，参加"全国《金瓶梅》学术会议"开幕式，并讲话。此顷为刘辉所著《金瓶梅及小说戏曲比较研究》撰写读后随想。该文见《落叶集》。

11日，再至瘦西湖、廿四桥、文峰塔等处摄影。参观博物馆，见到汉代说书木俑。

12日，赴宜兴。行前，在宾馆看望谷牧同志，相见甚欢。到宜兴后，与顾景舟先生晤谈甚久。再到周桂珍工作室为南京博物馆题写紫砂壶坯。第二天继续题写壶坯，近闻瓜饭楼壶已为港台所重视矣。

15日，在南京，拍摄石头城、中华门、长干里、秦淮河、桃叶渡、淮清桥、随园、明孝陵、鸡鸣寺、胭脂井、台城、西花园、燕雀湖六朝古城等处景观。

16日，到徐州。翌日，去丰县看小凤凰剧团演出，觉甚精彩，后为剧团题字："雏凤清于老凤声"。

19日，到郑州。翌日，赴南阳，经过许昌，参观当地博物馆。傍晚抵达南阳，二月河前来迎接。

21日，去汉画馆参观。

22日，上午参加二月河小说《康熙大帝》第三卷的讨论。下午参观张衡墓和建于隋人业十三年之砖塔。

23日，再至宛城旧址参观，拾得鱼鳞纹瓦片一件，甚珍之。翌日，返回北京。此顷，收到苏联汉学家孟列夫来信，感谢先生寄赠《红学辑刊》。孟列夫来信全文如下：

冯其庸仁兄有道：

您的太太来列宁格勒，介绍我家，又交给我您所寄的《红学辑刊》2号，感谢您。中载文章都很有用，可惜，会看只有一号，还希望看见另外的期号。不见这些书，继续研究《红楼梦》，参加红学太难。因为今年买不到飞机票，我不能到北京去参加敦煌吐鲁番学术讨论会，也没见中国学兄们，还希望明年参加。不宣。

请向红学研究所的同志们替我问候。

至此敬礼

孟列夫
一九八八年十一月三日　在列宁城

您所写的李白一首诗，您太太也交给我了，准备挂上屋子里，每天见您的华翰，感谢。

28日，读《碧血剑》。试治印一方。

12月3日，率摄制组至东陵，为电视片《曹雪芹与红楼梦》拍摄有关镜头。

5日，去昌平参加全国汉画学会筹委会，并讲话。被与会者推举为会长，先生表示等学会正式成立，有一定基础之后，希望立即改选专门研究汉画的同志担任此职务。

9日晚续写《〈红楼梦〉要籍解题》，今日写完王府本《石头记》提要。此顷，收到苏联华侨、学者庞英来信，告知列宁格勒成立"《红楼梦》爱好者学会"事，并请先生予以指导与支持。庞英来信全文如下：

冯教授文席：

一九八九年元旦即将到来，请接受我在遥远异国向您的祝贺，愿新的一年给您带来更多的成就。

前次回国承蒙您各方面的照顾，感激不尽。来日方长，敬候您有日再来列城一游，当尽全力接待大驾。

十一月三日我们成立了一个"列宁格勒市《红楼梦》爱好者学会"，发起人是我，学会主席我推荐列宁格勒大学东方系汉学教研室主任谢布利考夫教授担任，我与孟列夫为该会理事（常务）。学会的基础是列大、东方研究所、艾尔米塔什、第五寄宿学校。本年十二月末我们将举行一次大型集会，估计将有五六十人参加。成员除了汉学家外，尚邀请社会文化界人士参加。列城的总领事张震同志亦决定到会发言。这是在国外的第一个红学组织（起码在苏联和欧洲部分当为首倡）。今后我们还预定邀请先生来讲学，并举行有关《红楼梦》方面的展览。我们已经行动起来，等待您的指导与支持。

祝先生福祉。

（夏老师在这儿生活得很好，勿念）

庞英

十一月廿二日

13日，率摄制组至西陵，拍摄雍正陵。

14日，参加武侠小说学会筹备会。晚继续写《〈红楼梦〉要籍解题》。

20日，夜一时，写毕《〈红楼梦大辞典〉序》。见《漱石集》。

22日晚，开始读甲辰本《石头记》，准备撰写影印本叙。

24日，经过郑州、许昌，到淮阳。经许昌时，参观汉魏故城。

25日，参观汉墓发掘现场，见到石刻建筑和细腰玉舞人等出土文物，为拍数照。

26日，参加县志评稿会，作发言。之后赴南京。

28日，到宜兴，之后两日或与紫砂工艺厂厂长商谈明年在北京举办艺术节展览事，或为厂里题写壶坯。

30日，到扬州，翌日晚，去大明寺参加迎接新年的撞钟活动。

叶圣陶卒。朱东润卒。周传瑛卒。

1989年　己巳　66岁

[时事]　4月15日，胡耀邦逝世。之后，北京和一些大城市出现学潮。5月20日，北京开始实行戒严。6月23日至24日，中共十三届四中全会在北京举行，全会选举江泽民为中国共产党总书记。11月6日至9日，中共十三届五中全会在北京举行，全会同意邓小平辞去中共中央军事委员会主席职务，决定江泽民接任。

1月1日，到南京，翌日返京。

4日，开始校对《八家评批〈红楼梦〉》排样，因错漏太多，殊觉艰苦。此后四个月内，得暇即校对，每至夜深。

13日，周怀民先生来电话，嘱为黄河碑林题诗，得句云："黄河一泻万斯年，阅尽沧桑世事迁。依旧滔滔东海去，还将波泽遗人间。"

到北京师范大学看望苏联学者李福清。

16日,去新闻出版总署谈金庸小说出版事,并谈及筹建武侠小说学会事。

17日,夜1时,撰写完《深刻的思想　激烈的冲突》一文,从艺术上分析《红楼梦》第33回。该文见《漱石集》。

21日,去通县张家湾拍照,惜曹家当铺已拆掉,大桥更形败落,无复旧貌矣。归时到通县寻见李贽墓。

24日,致信金庸,告知出版总署已同意出版其小说事。

25日,开始为影印甲辰本《石头记》作序。

27日,旅游出版社来谈为《小说词典》作序事。

2月4日,旧历戊辰岁小除夕,近日赶写影印甲辰本《石头记》序言,今夜1时写毕,题为《论梦叙本——为北京图书馆影印〈红楼梦〉甲辰本而作》,指出这个本子既是从脂本系统走向程本系统的一个桥梁,又是保存着脂本的某些原始面貌的一个具有独特面貌的本子,就是说,无论研究脂本还是研究程本,都用得着它。该文见《漱石集》。

28日夜2时,写毕《"芦雪广"辨正》一文。该文见《漱石集》。

本年春天,曾至上海,与王运天一同看望王蘧常先生,闲谈中谈到,日本盛传一句话,叫作:"古有王羲之,今有王蘧常。"于是向蘧常先生建议,说王羲之有《十七帖》,老师应当写一部《十八帖》。蘧常先生笑而不答。

4月20日,到丽都饭店接刘海粟先生,同游大观园。

21日,去会计司胡同悼念胡耀邦同志,写一短信给胡德平同志,并书"一身正气,两袖清风"八字,以表达沉痛哀思。

26日,到丽都饭店看望刘海粟先生,正值学生游行队伍经过楼下,先生题诗于海老画上:"百岁海翁不老身。红梅一树见精神。丹心铁骨分明在,不信神州要陆沉。"

27日,因事至西华门,正值学生游行。晚闻人讲,学生游行队伍极整齐严肃,提出反贪污、反官倒等口号,因感赋一绝,题为《四月廿七日感事》:"天上忽惊动蛰雷,九州生气亦壮哉。中华万古英雄地,又见群贤济济来。"

后来,文化部派人了解先生对学生游行的意见,先生说,学生是我们的未来,是我们的希望,学生从来是爱国的,也是爱党、爱社会主义的。但需要正确理解学生、引导学生。先生还说,我从小学教到中学、大学,教了40

多年书，我理解学生，也爱护他们。我相信他们是爱国、爱党、爱社会主义的。

5月3日，再次看望刘海粟先生，正值有人为海老播放其在黄山作画的录像片，因得见海老泼彩及作赤松图，深受启发。

5日、6日，作赤松图。

7日，下午5时半，刘海粟先生到恭王府参观，看到墙上所挂先生画，大加赞扬。当日，为先生留下所书"红楼书画社""瓜饭楼""寒碧居"三幅字。

12日，到丽都饭店，送刘海粟先生返沪。

14日，全天校对《八家评批〈红楼梦〉》，至夜2时，终于完成一校。

17日，全市大游行，先生从家步行至天安门广场，见到已绝食数天的学生许多昏倒，被急送医院，忧心忡忡。

18日，上午与故宫博物院土树卿副院长晤谈，经过大安门广场，见到游行队伍更多，忧心事态要不可控制。下午参加国际艺术研究会筹备会。

19日，去宣武门图片社，路上学生游行队伍仍极多，车不能行。得知学生决定停止绝食，心稍安。今天开始考虑撰写《八家评批〈红楼梦〉》后记。

20日，全市军事戒严，外省军队进城。先生去宣武门途中，见到每个路口都有大批群众拦截军车。

24日，近几日先生忧心事态发展，每天到大街上观察和了解情况，每至夜深始眠。今天开始撰写《〈八家评批红楼梦〉后记》。

26日，写毕《〈八家评批红楼梦〉后记》，文末自署"天风海雨之夜于京华瓜饭楼南窗"。作《怀加州侯北人》诗三首："不见侯公又十年，百梅堂上聚高贤。遥知彩笔纵横处，细酌琼醪不夜天。平生知己数侯公，不见来书意忡忡。料想草堂风月夜，诗人高唱大江东。相思万里隔云天，夜尽酒酣忆当年。想得百梅堂外月，婆娑竹影更纤纤。"

诗见《瓜饭楼诗词草》。

28日，与美国尼尔逊会谈国际艺术研究会的活动项目。

29日，收到香港陈耀堂先生所寄《读史方舆纪要》。得知《曹雪芹家世新考》已由台湾蓝灯出版社发排。

31日，为许自强《新二十四诗品》作序。

6月3日，彻夜未眠。此后数日，彷徨不安，不能安睡。

16日，赴徐州参加"《金瓶梅》国际学术讨论会"，翌日抵达。

19日，"《金瓶梅》国际学术讨论会"闭幕，先生致辞。之后数日，在宿县、南京和扬州等地，或参观博物馆，或访问亲友，或为人作书画。

27日，至宜兴。翌日，为紫砂工艺厂题写壶坯一整天。

30日，寻游梅村墓、泰伯墓和梁鸿墓。

7月1日，连日来于旅途中读石楠小说《寒柳》，颇多感触。

2日，到上海，拜望王蘧常先生，谈甚久。

4日，拜望朱屺瞻先生，谈及时事，感慨万千。读《寒柳》毕，感赋一诗："读君新著意难平，一树垂杨万古情。我亦虞山访柳墓，短碑荒草卧纵横。"

7日，返回北京。

21日，自上周开始看《八家评批〈红楼梦〉》二校样，每晚至夜一时之后，虽暑热难耐，仍不敢稍懈，今日始完成。

24日，赴常州参加"滑稽戏会演及研讨会"，翌日抵达，当晚即看滑稽戏《望夫成龙》。

26日，钱小山先生见访，赠以《名山诗集》刻本，快谈一小时，然后同至苏东坡去世之地"藤花旧馆"参观。回住处即题一诗："己巳七月廿六日，于常州城中访东坡辞世处，今尚有藤花旧馆篆额，屋内尚有藤花一本，盖当日坡翁赁居处也。藤花旧馆尚离披，一代文宗在此辞。想见平生风雨日，奇才绝世百无宜。"晚看滑稽戏《小小得月楼》，因又作一诗以题滑稽戏，云："古来一笑值千金，今日相逢笑语深。莫道世情多可喜，笑颜开处也伤心。"

27日，上午至常州市郊区淹城遗址考察，穿过外城与内城，复至陈列室看出土文物。下午游览毗陵驿，此为《红楼梦》后部所提及之地。

30日夜2时，在宜兴，为周中明①《红楼梦——迷人的艺术世界》作序毕。该文见《漱石集》，文末署："一九八九年七月三十日夜二时，写于荆溪寒碧山庄。"

31日，折返常州，为众人写字，累甚。

---

① 周中明（1934—），江苏扬中人，安徽大学中文系教授，中国红楼梦学会常务委员。

8月1日，参观瞿秋白故居。其余时间在住处抄写为周中明《红楼梦——迷人的艺术世界》所作序言。

4日，返回北京。开始为《宜兴紫砂名人集锦》作序，此书已在海外出版。

9日，连日大热，今天午夜三时写毕为《宜兴紫砂名人集锦》所作序，题为《关于中国的陶文化、茶文化及其他》。该文见《落叶集》和《剪烛集》。

12日，为俞平伯先生《重圆花烛歌》作跋。

15日，得王运天来信，知王蘧常先生已允诺为作《十八帖》，以为是天大喜事。

21日，写毕《〈八家评批红楼梦〉再记》。

26日，到定县看东坡雪浪石，石在解放军医院内，坐落一亭之中。亭内还有一巨大白石莲花盆。面对此石此盆，先生低回不忍去。之后又到博物馆看东坡手植槐和馆藏文物，复至石刻陈列馆，看汉墓出土石刻，认为其刻字风格宛如《石门颂》和《鄐君碑》。王运天来信，谓王蘧常先生不久即可完成《十八帖》。先生因请王运天为刻"宝瑷斋"及"十八帖馆"两章。

27日，尽一日之功，将《八家评批〈红楼梦〉》前24回再校一过。

30日晚，为杨光汉《红楼梦：一次历史的轮回》作序。该文见《漱石集》。

9月3日，赴郑州，翌日上午抵达，下午即赴商丘。

5日，全国汉画学会成立大会开幕，先生致辞。随后被大会推为会长。

6日，上午召开汉画学会工作会，会后即去永城芒山镇参观梁郑王墓和梁孝王墓，复参观夫子避雨处、夫子崖和斩蛇碑。

7日，在商丘文化局同志导引下，到归德府旧城南城之外，寻旧睢阳城南门遗址，此即当年雷万春中箭巍然屹立之处。之后，寻觅至汉梁孝王之梁园内南湖所在地，并遥望见明末侯方域之父侯恂所居之村庄。复至兔园遗址、阏伯台、八关斋、三陵台、清凉寺参观。从南湖出，曾口占一诗："好赋梁王到日边，风流枚马亦神仙。我今来作梁园客，十里南湖绿胜烟。"

8日，再去归德府旧城，参观侯方域壮悔堂遗址和六忠寺。

9日，经定陶、菏泽、钜野等地到济南。

10日，去山东工艺美院查看纸扎艺术展准备情况。

11日，去孝堂山参观汉代郭巨石室，有残碑，为摄数影。复至灵岩寺游览。回济南途中，经黄茅岗，参观东坡经行题咏处，此处有石亭，颇可观。

12日，参加纸扎艺术展开幕式，并致辞。

14日，返抵北京。当天与维也纳大学里夏德教授晤谈。

26日，《红楼梦学刊》迎接90年代座谈会在中国艺术研究院举行，许多著名学者与会，先生担任主持。

29日，到徐州，参观戏马台和兵马俑坑。

30日，徐州汉画馆开幕，前往剪彩并致辞。下午参观北洞山和小龟山汉墓。小龟山汉墓尤为壮观，其较大石室皆有中心柱。世之论敦煌建筑者皆谓中心柱来自印度，先生认为，小龟山西汉墓中有此宏大之中心柱，可证中心柱乃为我民族建筑形式之固有者。

10月1日，到扬州。翌日，与吴戈一起乘舟游览瘦西湖，自小金山出发，经五亭桥、廿四桥到平山堂，为赋三绝："秋在扬州廿四桥，青山绿水也魂销。夜来只待嫦娥到，万里轻纱一曲箫。我是寻秋杜牧之，扬州月满恰来时。箫声莫怪太幽咽，廿四桥头玉女吹。行到听秋廿四桥，芦花翻白蓼花娇。秋声秋色知多少，一路诗情满画舻。"

3日，晚饭后，秉烛观赏西园琼花，后作二诗以记之："己巳十月三日夜，闻平山堂侧琼花忽然枯死，而西园琼花却结子满枝，有异于此，于青山乃秉烛导予与丁章华、朱家华、吴戈、许毓成诸君往观，诗以记之。零落琼花有几枝？西园忽报绽新姿。飞琼也厌高寒处，移向人间乞好诗。秉烛看花有几人？风流苏李古仙真。而今我也笼纱去，为照飞琼睡态新。"

6日，到无锡。翌日参观新建成的锦绣园，之后为作《锦绣园记》。

10日，到上海看望王蘧常先生，蘧常先生已书写完《十八帖》中十六帖，先生认为乃世之重宝。

11日，分别看望朱屺瞻先生和王蘧常先生。

18日，为王蘧常先生所作《杨仁恺先生传》手卷撰写跋语。

19日，再与王蘧常先生见面，蘧常先生郑重地将《十八帖》交给先生。《十八帖》每帖谈一事，或谈家常，或谈学问，亲切有味，不落常套，如第一帖云："十八日 书悉。屡欲我书十八帖，何敢续右军之貂，但以足下情辞恳款，又不忍拒。此书首有十八日字，置之卷前，即谓之十八帖可乎，一笑。其庸弟 兄蘧"第三帖云："近郑逸梅先生索弟与我长笺，将入名人尺牍中，兄不能割爱，特报足下一笑。"第六帖云："运天弟言 足下有米癖，得之黄河两岸及秦陇，大至数十斤，小亦数斤，古人所作归装，无此伟观，令人欣羡。"第十二帖云："中夜不能寐，起读太史公书，至《孟子传赞》，抚然自语曰：利诚乱之始也。上下交争，国将奈何，不觉涕泗交颐，无可告语，遂作此简与弟，知老人心苦也。泪痕隐约可见。"先生盛赞此《十八帖》书法可与《平复帖》媲美，而文章亦酷似《十七帖》，称为"文章太史氏，书法陆平原"。该文见《墨缘集·关于先师王瑗仲先生的绝笔〈十八帖〉》；亦见《夜雨集》。

21日，王运天将先生为《杨仁恺先生传》所作手卷跋文请王蘧常先生审正，蘧常先生甚为满意。先生当日返京。

25日，夜11时一刻忽接王运天电话，告王蘧常先生今日下午去世。先生痛苦得彻夜不眠，因撰挽联曰："五十年相随左右，是师是父是长兄；十八日忽然永别，如梦如幻如惊雷。"并赋一诗："欢笑平生五十年，忽然归去渺云烟。是真是幻谁能辨，毕竟先生是上仙。"

30日，晚作《哭王蘧常老师》一文，至午夜2时。

11月8日，到上海，与王运天同去王蘧常先生家中，与蘧常先生家人相见黯然，泪不能止。

10日，去上海博物馆参观冒鹤亭收藏文物展，先生于冒辟疆小像、董小宛之澄泥砚、冒襄之六面印等等文物格外留意。曾作《题如皋冒辟疆后人捐赠上海博物馆文物》三首："风流浊世佳公子，纸贵洛阳忆语辞。难得一门高气节，满江烽火独吟诗。词场应数小吾亭，黄菊东篱挹德馨。淮海几多飘泊客，独凭橼笔留姓名。百年文物雄江左，翰墨书香继武初。赖有冒家佳子弟，图书万卷到石渠。"

诗见《瓜饭楼诗词草》。

12日，参加王蘧常先生追悼会，代表同学致悼词。

21日，在扬州，撰写《王蘧常先生遗著整理启事》。

23日，写《秋游扬州》一文。此文发表于《人民文学》1990年第三期。

26日，赴宿县，途经滁县，游醉翁亭。

28日，在宿县，参观九女坟，此墓建于汉建安年间，墓中画像石甚富。两天后返京。

12月6日，到中日友谊医院向祝肇丰遗体告别。此顷，收到杭州大学教授周采泉①先生来信，告知已寄出《柳如是诗集》和《柳如是诗话》，并请先生为其文稿《重谐花烛话旧》联系发表。周采泉先生来信全文如下：

其庸同志：

　　长沙一别，屡更裘葛，遥想风仪，时萦怀抱。夏初承惠书，适弟卧病医院，因倩素子（陈朗夫人）代复，谅荷台洽。嘱购《柳如是诗集》业已为购得，不日当寄奉也。以足下爱读柳诗，兹寄奉拙作《柳如是诗话》，希指正，在原诗未到前或可作一脔之尝耶？弟病瘥在床，今后恐不能再从事耕砚。有旧作《重谐花烛话旧》一稿，为去年所作，文体仿《浮生六记》，忠于历史事实，全长二三万字（当然还可削刈）。若此等文字，不知以哪种刊物投稿为对口？乞赐介绍。又弟明年虚度八十，奉上素笺，可否请惠赐一诗为幸！勿复，即颂

　　撰祺！

弟周采泉叩 89.11.20

7日，作《草堂梅花老更香》一文，此为《朱屺瞻传》所作序。

9日，收到《脂砚斋重评石头记汇校》第五卷样书，至此，此书全部出齐。

10日、11日，校《八家评批〈红楼梦〉》二校样。

25日，赴广州。三天后，"红楼文化展"举行开幕式，先生致辞并剪彩。年底返京。

1990年　庚午　67岁

[时事]　1月10日，北京市解除戒严令。4月4日，第七届全国人民代表大会第三次会议通过《中华人民共和国香港特别行政区基本法》。9月，《中华人民共和国著作权法》公布。10月，中国与新加坡建交。

同年12月20日，北京纪念徽班进京200周年振兴京剧观摩研讨大会开幕。

---

①　周采泉（1911—1999），浙江鄞县人，文史学家。杭州大学教授，浙江省文史馆馆员。

1月，与李希凡合作主编的《红楼梦大辞典》由文化艺术出版社出版。

24日，旧历己巳年小除夕前一日之夜，揾泪为好友汪海若《百尺楼诗选》作序，题为《童稚情亲四十春》。该文见《剪烛集》。

2月2日，收到美国加州侯北人寄来为陈耀堂所作画，因思念北人不置，得诗云："十年不见故人面，一夕相思梦几回。想得百梅堂外月，清光依旧逐人来。"近日开始学齐白石画螃蟹，画一幅盘中之蟹，题诗云："笑君归去太仓忙，半世横行此下场。纵使通身都是赤，无那肚里尽金黄。"最近向文化部提请退休，但未获批准。

4日，昨日文化艺术出版社来人商量《梦边集》版面，要补图四幅，今天重拍照，将图补齐。

13日夜，作《天末怀海翁》诗，时刘海粟先生在台访问已月余。诗云："鲲鹏展翅西复东，人间难得有此翁。百年弹指一瞬间，朝昆仑兮暮穹窿。九州万国纷扰扰，此老两袖挟清风。长安残棋局未终，此老具眼识穷通。富贵功名何足道，此老白眼未一中。世间至宝是何物？三寸柔毫酒一盅。酒浇胸中之垒块，笔写万古之长松。巍巍太华何其高，其巅尚有摩天盘曲之虬龙。悠悠百年何其哀，一醉能消万古痛。我识海翁已半世，相对每如坐春风。去岁长安一为别，悠悠浮云何处踪。闻道扶桑日生处，此老大笑惊儿童。归去来兮百岁翁，故园墨池浪汹洶。待公巨笔一挥洒，扫尽阴霾贯长虹。"

该诗见《墨缘集》。

3月5日，夜1时半，写定为朱屺瞻先生百岁画展所作长歌，题为《庚午三月十二日寿朱屺老百岁画展》："百年难得百岁翁，此老况是人中龙。八五曾上雄关顶，九三御风到白宫。如今百岁开画展，生绡十丈列群峰。观者万人光照壁，犹如金陵瓦棺寺中顾虎头，妙笔初开维摩容。亦如长安大同殿上李将军，三百里嘉陵山水金碧相辉一扫空。吁嗟乎！今之视昔昔犹今，此老乃是今之荆、关、马、夏、董、巨与王蒙。我对此老敬且崇，心香一瓣朱雪翁。昔日齐璜老白石，愿作走狗青藤雪个吴缶聋。此意于今我能同，但恨此身营营终岁南北与西东。今日高会欣恭逢，满座佳士尽名公。共祝寿翁更添寿，好共麻姑桑海东。"

6日，飞赴常州。翌日，看望顾景舟先生，小坐，即同去紫砂工艺厂，为周桂珍、汪寅仙①等题写壶坯。

9日，赴上海，途经苏州，看望蒋风白先生，见面甚欢。风白先生立即为作画四幅。傍晚抵沪。

10日，上午看望朱屺瞻先生，屺瞻先生将画好的《马山图卷》第三卷交予先生，嘱为题词。下午访谢稚柳先生，稚柳先生赠以新出画集。

11日，上午读悼念朱东润先生文章。下午看望已九十五高龄的郑逸梅先生。

12日，上午到上海博物馆观看冒鹤亭所藏文物，受到马承源馆长接待，因得以饱看沈三白所绘《水绘园图》，禹之鼎所绘、旁有曹冲谷题记的《张建阳画像》等。以上各件，马馆长均为摄片以赠。下午参加"朱屺瞻先生百岁画展"开幕式。

13日，到扬州。翌日起，召开红学讨论会，共三天。此期间，曾赴泰兴永安州食河豚，因记以诗："俚语云：不食河豚，不算诗人。东坡有'正是河豚欲上时'之句。故予每恨不得食河豚也。顷来扬州，适当其时，承章华、家华、为民诸君之盛意，于庚午三月初一驱车赴泰兴永安州食河豚，一路细雨霏霏，菜花满畦，桃花亦灼灼迎人矣。州濒长江，予所至处为一小菜馆，额曰'迎客楼'，临槛可以俯瞰江水，隔江村舍皆在烟雨中。正惠崇春江烟雨图也。须臾此味登席，依俗同席皆不让，唯自食而已。然章华念予初不识此味，仍破俗为予布菜，予乃得食二味，其味之美，无与伦矣。此予平生食河豚之始，虽未可以此充诗人，却不可不记之以诗。庚午三月初二日记于西园。浪迹江湖六十春，放翁老去更销魂。此身合是诗人未？细雨春江食早豚。"

按，诗见《瓜饭楼诗词草》。

14日，《人民日报》发表先生《草堂梅花老更香——读百岁艺术大师朱屺瞻传》一文。

18日，参观三汊河高旻寺，之后赴瓜州古渡，下午到无锡。

19日至22日，在无锡游览鼋头渚、蠡园、梅园、锡惠公园、寄畅园和马山等处。

---

① 汪寅仙（1943—），江苏宜兴人，紫砂工艺家。曾任宜兴紫砂工艺厂副总工艺师、宜兴紫砂研究所副所长等职，获中国工艺美术大师称号。

23日、24日,在宜兴,为紫砂工艺厂题写壶坯,并参观东坡书院。

27日,在扬州住处,夜二时写毕《怀念朱东润老师》一文。

按,该文见《落叶集》。

30日,返回北京。

4月1日,为安徽固镇袁梅《寿字研究》作序。

7日,台湾高阳①宴请,同席者有吴祖光②、单士元③等。

9日,重读《〈精忠旗〉笺证》稿。

11日,李一氓先生在钓鱼台国宾馆宴请台湾学者潘重规,先生作陪。同席者有张光年、周绍良④、任继愈⑤、李侃、王蒙⑥等。先生带去商丘梁孝王墓的照片给李老和潘重规看。

12日,国家教委宴请潘重规,先生再次前往作陪。翌日,将《脂砚斋重评石头记汇校》送给潘重规。

17日夜一时,为在台湾出版的《春卓集》撰写序言毕,题为《四十年梨园忆旧》。文中说:"人们常说中国是一个诗国,但我认为还应该认识到,中国还是一个戏国。我们的戏剧历史的悠久和丰富,是一般人难以想象的。……应该看到,如此丰富的戏曲遗产是我们一大笔取之不尽、用之不竭的财富,我们是戏曲遗产的百万富翁、亿万富翁!前几年,有人竟然大叫戏曲要灭亡了,而且是希望它灭亡,而不是害怕它灭亡,这种对待戏曲遗产的态度,至少是浅薄和无知的表现。"

22日,纪峰⑦来,欲从先生学文,允之。纪峰年十七,擅塑像。

29日,夜2时作《辛苦追求到百年——屺瞻老人百岁画展读后》。该文

---

① 高阳(1922—1992),浙江杭州人,台湾小说家,尤长于历史小说。曾任台湾《中华日报》主编和《中央日报》特约主笔。

② 吴祖光(1917—2003),原籍江苏武进,生于北京,剧作家。曾任北京京剧院编剧、中国戏剧家协会常务理事、副主席等。

③ 单士元(1907—1998),北京人,文物专家。毕业于北京大学研究所国学门,新中国成立前曾任故宫博物院编纂。新中国成立后任故宫博物院研究员、副院长。

④ 周绍良(1917—2005),安徽建德人,著名红学家、文史学家、敦煌学家、佛学家、文物鉴定专家,曾任国家文物鉴定委员会委员、中国佛教文化研究所所长。

⑤ 任继愈(1916—2009),山东平原人,著名哲学家、宗教学家、历史学家,曾任北京大学教授、国家图书馆馆长。

⑥ 王蒙(1934—),河北南皮人,生于北京,著名作家。曾任《人民文学》主编、中国作家协会副主席、文化部部长。

⑦ 纪峰(1973—),安徽界首人,青年雕塑家。

见《落叶集》和《墨缘集》。

本月末，收到潘重规先生来信。全文如下：

其庸先生文席：

　　京华邂逅，宿愿得偿，饫聆雅教，何快如之！返港后曾电万有图书公司徐炳麟君，谓并未收到。

　　尊寄书籍（公司地址为香港机利文街17号二楼），惟有听之而已。匆颂著安！

　　弟潘重规手上。

　　九〇、四、十四。

　　承赠《红楼汇校》巨著，小婿带到，附此致谢！规又上。

5月11日，在北京大观园举行《红楼梦大辞典》首发式，先生作为该书主编参加发行仪式，并为购书者签名留念。

14日，出席在大观园举办的贵州铜仁"傩文化展览"开幕式。

26日，到徐州。翌日，参观茅村、白集和北洞山汉墓，复参观汉画博物馆以及小龟山、驮蓝山和楚王山汉墓。之后返回北京。

本月，《吴梅村年谱》（与叶君远[①]合作）由江苏古籍出版社出版。

6月6日，参加在大观园举行的"傩文化讨论会"。

7日，为马来西亚书法家黄石庵先生书法展题诗三首："天岸开张气势雄，俊遒原是此中龙。九州万国康南海，溯本还应到褒中。椽笔纵横老石庵，千秋心法几人参。何期海外归来日，笔底居然带夕岚。都是炎黄旧子孙，故家乔木亦温存。何妨水隔三千里，月到中天共此情。"

诗见《瓜饭楼诗词草》。

12日，应邀到北京大学演讲，谈中国文化问题。

19日，访问画家韩美林[②]，谈甚洽。蒙韩先生赠予两件古陶器。近日作牵牛条幅，颇得意趣。

---

① 叶君远（1947—），北京人。师从冯其庸先生研究古代文学，中国人民大学文学院教授、博士生导师。

② 韩美林（1936—），山东济南人，画家。现为中国美术家协会理事。

24日夜1时，写毕为《中国古舞与民舞研究》所作序，题为《关于舞蹈文化》。文中说："假定说伟大的中华民族所创造的光辉灿烂的全部历史和文化可以比喻为天地间的一部最最伟大的'巨书'的话，那么，我们古往今来所有的学术著作和学术论文，就是对这部'巨书'所做的大大小小的种种注解和阐释。当然，有的著作是为这部'巨书'又增写了辉煌的篇章。……由于这部'书'是如此的巨大，由于我们的注释只可能是这部'巨书'的极小的一部分，因此，我们更没有任何理由可以自满和骄傲。自满和骄傲，只能说明他的心胸中还没有能放进这部天地间至大至深、至敬至博的'巨书'。"该文见《落叶集》。

7月6日，到宜昌。翌日，至秭归寻访屈原故里，行至索桥，弃车步行。一路景色幽绝，然崎岖难行。先至乐平里，参观屈原庙，再至香炉坪，看屈原诞生地。当晚即宿于附近之屈原招待所。

8日，折返秭归，参观屈原纪念馆。随后乘船到青石。此处本无码头，船长允为停靠，遂下船登岸。江岸壁立，攀援一小时，始觅得道路。缘道而行，至村店投宿。

9日，拂晓起身，到江边，坐对神女峰，观之良久。

10日，乘船经巫山赴奉节，翌日抵达。再日，去白帝城。

14日，经宜昌返京，翌日抵达。此行共十一日，收获颇丰。

19日，夜2时写毕《怀念牛维鼎同志》一文。该文见《剪烛集》。

本月，《美术》杂志发表先生《辛苦追求到百年——屺瞻老人百岁画展读后》一文。

夏天某日，纪峰来访，告知欲报考中央美院，先生劝说他不要放弃传统雕塑，坚持走自己的路。见《剪烛集·永无止境的追求》。

8月19日，始画荷花，以小箕山所摄照片为粉本，题诗云："最是芙蓉出水时，一枝浓艳带雨思。新荷初绽春先透，那禁萧郎触手持。"

21日，参加与台湾"红楼之旅"旅游团的座谈，该团领队、台湾"中央"大学康来新教授代表台湾著名文学家台静农先生向先生问候。

9月14日，为朱屺瞻先生《马山图》题词云："马山古称夫椒，为吴越间战守之地，抗日战争时日寇屠岛上居民殆尽，伐岛上古木亦殆尽，岛上有古银杏，阴蔽半天，腰可数十围，不可知其年也。日寇欲伐以逞凶，正砍伐间，忽有巨蛇腾飞而出，寇惊以为神，遂不敢伐，以故此树得与二三岛民共存也。屺老感其民守土卫国之正气，愤敌寇之无道，乃三作此图以致意焉。予因亦至马山瞻仰，至则海天空阔，茫茫无穷，而全岛树木耸翠，郁郁葱葱，返观屺老此图，则苍茫空阔与夫葱茏郁勃两皆得之。噫，屺翁其仙笔乎？其神笔乎？因再拜而记之。后学宽堂冯其庸敬观记，时庚午九月十四日。"

本月，《春草集》由贯雅文化事业有限公司在台湾出版发行。

25日，因拍摄"中国古丝绸"电视片，第三次去大西部。首站为西安。

26日，到西安当天，即去大明宫麟德殿、含元殿等遗址录像，复至汉长安城未央宫遗址拍摄。

27日，晨起先至上天台和阿房宫遗址，下午去太液池，此即汉代昆明池遗址，又至建章宫遗址。

28日，去临潼，经浐、灞二桥，到秦始皇兵马俑坑和华清池拍摄。

29日，至大兴善寺遗址参观拍摄。

10月2日，先后去兴教寺和香积寺拍摄，此两寺皆先生22年前曾游览者。随后又往户县草堂寺，抵达时，已月出东山，不能拍摄了。

3日，上午再至草堂寺，拍摄鸠摩罗什舍利塔和圭峰禅师碑，先生于禅师碑和寺内碑廊所陈列之21通古碑格外留意，一一检读，并录其碑目。先生与该院住持释宏林交谈甚洽，当时口占三首，题为《庚午中秋游鄠县草堂寺留题兼谢宏林大师斋宴》："我到草堂八月中，团栾明月照圭峰。逍遥园里当年事，千载令人想什公。名碑宝塔共流芳，万里西来拜草堂。多谢上人殷勤意，一瓯麦饭有馀香。终南佳气郁葱葱，此际盘盘有卧龙。烟雾草堂千百载，什公灵塔密公钟。"

下午到大小雁塔拍摄，至晚方归。

4日，去碑林拍摄。

5日，去乾陵和永泰公主墓拍摄。

6日，去霍去病墓拍摄石刻，复至茂陵拍摄全景。

7日，去汉景帝阳陵拍摄。作《游神禾原香积寺》诗："此寺廿二年前予曾游过，时寺左原头有唐槐一树，古拙可喜，树下一老僧垂肩打坐，询之已九十八岁矣。此景二十年后仍在目前，今日重到，古寺老僧，俱已不见，感而赋此。二十年前此寺游，老僧古树水长流。今朝重到香积寺，古树老僧两悠悠。"

诗见《瓜饭楼诗词草》。

8日，赴天水，晚10时到达。翌日，游览玉泉观、伏羲庙、马跑泉，到北道看新出土秦简。

10日，去麦积山拍摄外景。次日，再去麦积山，拍摄七佛阁等几个主要洞窟的壁画和佛像。登上七佛阁后，先生赋诗云："仰视悬崖万仞梯，群山俯瞰若青荠。泠泠忽怪天风起，始觉身高白云低。悠悠麦积是祖庭，千载犹存劫后身。我到名山礼七佛，心香一瓣护斯人。"

12日，经秦安至大地湾遗址拍摄。

13日，经秦安、通渭县等地赴兰州，一路山形奇险，黄叶照眼，作《庚午秋自天水至兰州，车行丛山中，一路秋色如画，黄叶满山，过碧玉村，风光更浓，过马营，昔日戍边屯兵之马营也，因赋一绝》："黄叶漫山碧玉村，秋风匹马到前屯。匆匆行色皋兰道，千里高原销客魂。"

诗见《瓜饭楼诗词草》。

16日，去临洮看哥舒翰碑，碑文为唐玄宗亲书隶书，尚存数十字可见。复至临洮古渡头，昔日张骞、玄奘法师去西域，皆从此过渡。

18日，到炳灵寺参观并拍摄。

19日，为西北师范学院讲演。

20日，乘车返京，翌日抵达。

29日至31日，校对《八家评批〈红楼梦〉》样稿至深夜。

11月2日，再赴兰州。次日，赴临夏，参观博物馆中彩陶，并到文物商店购买石斧、玉斧等物。

5日夜，写毕《悼念俞平伯先生》一文，时客兰州，方从临洮归来。该文见《剪烛集》。

9日，经双城、土门关到夏河，参观拉卜楞寺。是日天大冷，手脚均冻。

10日，赴临洮，拍摄秦长城起点——杀王坡。

12日，从兰州出发赴武威，途经乌鞘岭，岭上有汉代及明代长城，因停车拍摄。至武威已天黑。武威即古凉州，先生赋诗云："轻车昨夜到凉州，千里关山一望收。忆得王翰诗句好，葡萄美酒不须愁。"

13日，到武威博物馆拍摄藏品，此处藏品甚富。先生对于一内画着伏羲女娲像的魏晋陶盆尤感兴趣，认为其画像与汉画像砖石均不同，而与马王堆帛画类似。

14日，去武威北30公里腾格里沙漠中考察汉代方城，作一绝句："大漠孤城雁字横，红河东去杳无声。汉家烽火两千载，我到沙场有余温。（温字借韵）"

之后至大云寺、罗什塔、雷台参观。雷台即为铜奔马出土处。

15日，自武威赴张掖，途中长城逶迤不绝，先生曾在水泉子、绣花庙滩、揣庄等处调查拍摄。

16日，去黑水国古城拍摄，作诗记之："凉州游罢到甘州，芦荻萧萧故国秋。黑水苍茫西逝去，黑城依旧卧荒丘。将军功业三千岁，烈士沉冤未白头。我到边关增感慨，男儿何事觅封侯。"

17日，经酒泉至嘉峪关。次日，风雪中登上嘉峪关城楼拍摄。

20日，早晨赋诗一首以记前日之胜慨，题为《庚午十月初二（十一月十八）风雪中登嘉峪关城楼感赋》，诗云："天下雄关大漠东，西行万里尽沙龙。祁连山色连天白，居塞烽墩匝地红。满目山河增感慨，一身风雪识穷通。登楼老去无限意，一笑扬鞭夕照中。"

上午赴安西，下午抵达。次日，穿沙漠到锁阳古城，之后又到破城子参观拍摄。

22日，到敦煌。次日，拍摄敦煌古城，复去白马塔，此塔系鸠摩罗什葬白马处。

24日，参观莫高窟，之后去阳关遗址拍摄。

25日，考察位于敦煌西北90公里的汉玉门关，今俗称此城为小方盘城。再至河仓城考察，此城俗称大方盘城，其下为疏勒河故道。

26日至29日，在莫高窟选择有关丝绸之路内容的洞窟进行拍摄，并拍摄鸣沙山和月牙泉。

30日，辞别敦煌，行前一夜大雪，三危山、千佛洞皆银装素裹。因临时决定停下来再拍敦煌雪景，因而拍得一批难得的镜头。事毕后，再向哈密进发，中途经星星峡，再次停车拍摄。傍晚抵达哈密，天冷甚。

12月1日，发车向吐鲁番。次日，从吐鲁番赴乌鲁木齐。两日行程，虽很辛苦，但先生对沿途奇特风光始终充满浓厚兴趣。

3日，在宾馆作《珍惜和发扬京剧艺术——迎徽班进京二百年》一文，并赋诗三首。后此文载于本月22日《人民日报》。该文见《落叶集》。

4日，参观新疆博物馆。

5日，去吐鲁番。后两日，在交河和高昌古城拍摄。

8日，去伯孜克里克千佛洞参观拍摄，洞在悬崖之上，路极险，先生攀援而上，见到少量壁画。

10日，到阿斯塔那古墓和艾丁湖拍摄。归途车损坏，不能行，气温在零下数十度，人几不能支。幸得乌鲁木齐友人备车来接，始获救。

11日，折返乌鲁木齐，途经沟通天山南北的自然通道——白杨沟，古称白水涧道，做律诗一首："古道一线开混沌，天山莽莽此为门。雪练九曲羊肠白，红柳百丛鸟路昏。万马奔腾来谷底，千驼踟蹰过险巇。我今吊古心犹怯，绝巘横空欲断魂。"

诗见《瀚海劫尘》。

14日，上午赴米泉县考察唐轮台古城。下午为新疆师范大学作演讲，漫谈丝路文化。

15日，飞赴上海。翌日，看望朱屺瞻先生，谈起西北之行，朱老甚为欣赏与高兴。再日，去上海博物馆看瓷器。上海市文化局局长设午宴宴请先生，席间突闻刘海粟先生去世，不觉失声泪下，是夜不能寐。

18日，晨起犹念刘海粟先生不已，忽得诗云："大鹏一日忽垂翅，四海风云为凝迟。坎坷平生一百岁，惊涛起处有吾师。"

事后才得知海老逝世消息系误传。是晚抵南京。

24日，返回北京，总结此次西北之行，历时三月，经行两万里，所获甚富。

俞平伯卒。钱穆卒。

1991年　辛未　68岁

[时事]　5月，中国炎黄文化研究会在北京成立。6月，陕西历史博物馆开馆。

1月2日，重到兰州。次日，赴临夏。再日，驱车前往丝绸之路上之积石关遗址考察。黄河从丛山中流出，出积石关，经小积石，出刘家峡，始入黄土高原，水色渐黄。是日天极寒，指僵不能屈。先生车过积石关，沿黄河继续上行。此处往上，黄河河道极窄，两山壁立。车沿左山壁前行，黄河窄处仅丈余，似一步可跨，水色碧青。车前行入深山，此路可直溯河源。但因严寒，司机说不能前行，若熄火，则不得归矣，因从司机言折回。然亦已溯黄河而入山甚深矣。

7日，回到北京。回程中作《积石行》诗："黄河落地走东海，初临积石第一关。吁戏乎！巍巍积石何险哉！群峰壁立如剑排。飘渺云雾似束带。仰视不可见其巅。皑皑雪岭横空出，遮蔽西北天地间。银峰耀日生光辉，想见当年姑射仙。西南群山连绵走，中藏丝路两千年。闻道大禹治水时，对此重山发浩叹。幸得鬼斧神工来相助，刀斫斧凿亦三年。最是东头万峰重叠处，摩天巨石相钩连。众神束手鬼告退，黄水奔流盘旋四溢不得出此关。大禹一怒奋神威，巨斧挥处此关开。至今留有禹王石，千载令人生惊叹。我与京都二三子，为寻丝路涉间关。车行万山深谷底，历尽艰险到河源。吁嗟乎！黄河之水天上来，千回百折出此关，从此奔腾向东去，洪涛滚滚生波澜。吁嘻嘻！中华文化五千载，要由此水来灌溉。我今寻源到积石，愿溯源头上星海。"

诗见《瓜饭楼诗词草》。

15日，夜一时为朱淡文《红楼梦研究》作序毕。该文见《漱石集》。

31日，作《西域吟》诗，诗中云：

"西域，我们伟大祖国的西部/至今，你尚未脱去你神秘的面纱/我怀着儿子般的虔诚，来向你巡礼/我不怕烈日，也不怕风雪/我深入腾格里沙漠，寻到了汉城的遗迹"。

"西域，伟大祖国西部/我至今还只走了你的一半/等着吧，我会再来的/我发誓要走完你的全部/……"后此诗作为序言收入大型摄影集《瀚海劫尘》。

本月，先生的散文序跋集《秋风集》由文化艺术出版社出版。

2月10日夜1时，写毕《语可诲人，光可鉴物》一文，此文为纪念俞平伯先生而作。该文见《落叶集》。

3月12日，开始写作《曹学叙论》，此乃为新加坡"汉学研究之回顾与前瞻"国际会议而作。

16日，彭城马波生为先生作《风雨夜读图》，先生题诗云："彭城画怪马波生，有笔如锥墨似鲸。风雨为我一挥手，如闻万壑松涛鸣。一灯如豆光五寸，此公夜读眼有神。琅琅之声满天地，布衣素食傲公卿。五十年来如一日，得君逸笔写其真。吁嗟乎！君子忧道不忧贫，此公道富黄金尽。四壁萧然惟图籍，饥来抱膝一长吟。"

诗见冯其庸《瓜饭楼诗词草》。

4月6日，完成《曹学叙论》，全文7万字。文中指出：

> "曹学"的诞生是一种自然趋势，接着文中阐述了"曹学"的内涵，以及"曹学"与"红学"的关系，叙述了"曹学"发展的几个历史阶段，综述了当前有关"曹学"的几个争论的问题，并且对"曹学"的发展作了展望。

27日，开始写作《一个持续五千年的文化现象——良渚玉器上神人兽面图形的内涵及其衍变》一文，29日深夜2时30分写毕。文中提出"随着长江流域（重点是长江中下游）、太湖流域、华南地区独立的原始文化体系的发现，早先的中华民族文化起源于黄河流域的文化一元论观点，不得不被新冒出来的大量的客观事实所突破了。人们不得不重新更正自己的观念，承认中华民族的文化起源，是丰富多彩的多元论而不是单一的一元论。承认这一点是非常重要的事情，因为只有认识了这一点，才能正确地认识中华民族传统文化的丰富性和复杂性。"文中用作为良渚文化特有的玉琮及其纹饰，居然在河南安阳殷墟妇好墓出现，而且神人兽面图形被大量用到青铜器及其他器物上，论说了南、北两种文化交流的情况。该文见《落叶集》。

5月3日，赴南京。5日，由吴新雷陪同，参观万寿禅寺。

12日，到济南。次日，参观城子崖，感觉获益甚大。

14日，上午参观山东博物馆，之后发车去临淄。途经周村，参观丝织厂。到临淄后，即去该地博物馆观看齐国文物。参观毕，天色已晚，立即赶往青州。

15日，晨起再赴临淄，游览齐故城，参观排水道、二王坟、四王坟、桓公台以及车马坑。中午返回青州，午后去玲珑山观看郑道昭题名碑。晚赴临朐。

16日，到山旺参观。次日，去昌邑，意外发现曹雪芹祖母的村庄，庄名姜家寨，有清代碑刻为证，《姜寨镇志》亦载此事。午后去烟台。

18日，参观烟台丝织印染厂。次日，去蓬莱阁与文登县游览。后返京。

6月9日，写毕《关于侠文化》一文。该文见《落叶集》。

本月，"汉学研究之回顾与前瞻国际会议"在新加坡大学召开，先生应邀与会并作"曹学"专题发言。

7月15日，为吕启祥《红楼梦会心录》作序。该文见《漱石集》。

18日，写毕《宜兴的紫砂艺术》一文。该文见《落叶集》和《剪烛集》。

29日至8月2日，在辽阳参加并主持"纪念程甲本问世二百周年学术研讨会"。会议期间，同与会专家一起观看了刻有曹雪芹高祖名字的石碑和程伟元为王尔烈祝寿所绘《双松并茂图》，并考察了其他有关史料文物。

8月14日夜，写毕《读金庸笔下的一百零八将》一文。文中说：

> 金庸是当代第一流大小说家，他的出现，是中国小说史上的奇峰突起，他的作品，将永远是我们民族的一份精神财富！

该文见冯其庸《落叶集》。

18日夜，写毕《意在画外——论石壶》一文。文中说：

> 石壶是一位具有绝大才华、迥不犹人的卓越画家，他的作品，永远是一份珍贵的民族遗产，他的名字在历史上将与昌硕、白石、八大、石谿等并存！

该文见《落叶集》和《墨缘集》。

9月1日至3日，在上海参加"纪念程甲本诞生二百周年及海峡两岸红学家恳谈会"。以康来新教授为领队的37人组成的台湾"红楼梦旅游团"与会。这次会议是继1990年康来新所率"红楼之旅"到大陆参观访问之后，又一次两岸红学家的交流活动。会上，先生与台湾刘定广教授相晤，清谈甚欢，并以《曹学叙论》相赠。参见《〈曹学叙论〉叙言》。

7日，在彭城，作诗赠马坡生："我读坡生画，如中白堕酒。熏熏多醉意，茫茫不知走。岂在点画工，乃因真趣厚。古之善画者，高下失妍丑。君其勉之哉，要共云山久。"诗见《瓜饭楼诗词草》。

本月，《八家评批〈红楼梦〉》在文化艺术出版社出版，全书350万字，是对清代评点派"红学"的一个总结。

10月1日夜3时，写毕《艺术的生命在于真实——〈杨先让、张平良画册〉序》。该文见《墨缘集》。

15日，参加并主持"《红楼梦学刊》创刊五十期纪念暨编委会"。文联党组书记林默涵、著名作家王蒙、红学会前任会长吴组缃、中国艺术研究院原副院长苏一平、新加坡友好人士周颖南、德国汉学家史华慈及其他许多领导和知名人士到会祝贺并作发言。

18日，上午与台湾何恭让先生见面。中午乘车赴湖南吉首去参加"傩文化国际研讨会"。

20日，抵达吉首，参加"傩文化国际研讨会"开幕式。当天观看了傩戏和歌舞表演。之后两天，分别观看了古丈县土家山寨的傩戏表演和贵州安顺农民傩戏队表演的地戏。作《吉首题苗族歌舞》诗："苗家一曲风情多，依旧沅湘漾碧波。沧海横流今已歇，来听猛洞喊山歌。"

诗见《瓜饭楼诗词草》。

23日，在会上发言，提出如下观点：一、我国的原始文化是多元的而不是一元的；二、多元的原始文化经过长时间的交流融合，才形成丰富多彩的中华文化。只承认多元论而不承认融合论，则多元论就毫无意义；三、要研究中华文化，除了继续深入研究汉族文化外，还应该深入研究少数民族的文化。只有这样，才能解释中华文化之谜；四、良渚玉琮上神人兽面图像，是傩形象唯一之源；五、傩意识已经转化为普遍的群众意识，至今还存在。晚看傩戏表演。次日，主持大会发言。

25日，应邀到吉首大学讲学。不久返京。

11月4日，戏曲家祝肇年先生去世。先生非常悲痛，写下三首悼诗："十年夺我三知音，痛哭苍天太不仁。坎坷平生祝季子，一生受苦终终身。""论文促膝到论心，李子胸中太不平。拔剑长啸忽然起，痛哭神州要陆沉。""文章掷地有金声，身世悠悠草一茎。一曲西厢妙能解，君是王郎再世人。"

参见《剪烛集·无尽的怀念》。《无尽的怀念》一文又见《夜雨集》和《漱石集》。

14日，写毕《关于服饰文化》一文。文中说："伟大而丰富复杂的中华文化，并非仅仅是这许多原始的自生的文化，而是在漫长的历史时期中，由这许多原始文化交融发展而成的。在交融发展的过程中，又有一种作为主体的文化在起着主导的作用，这种主体文化，也就是华夏的文化或中原的文化。研究我国的原始文化或早期文化，这多元论、交融论和主体论是紧密联系的，三者缺一不可。仅仅承认其中之一或之二，都是不全面的。……历史是圆柱形的，不是平面的。那么，服饰史，也就是圆柱形的历史的一个重要组成部分。"

该文见《落叶集》。

22日夜，写毕《〈曹学叙论〉叙言》。

12月12日夜1时，写毕《论程甲本问世的历史意义——为纪念程甲本问世二百周年而作》一文。此文提出程甲本的问世乃是历史的必然，由于它的问世，保全了《石头记》前八十回的基本面貌，促成了《红楼梦》的第一次大普及，因此，其历史功绩是不能够抹杀的。该文见《敝帚集》和《漱石集》。

苏局仙卒。祝肇年卒。

1992年　壬申　69岁

[时事]　1月、2月，邓小平视察武昌、深圳、珠海、上海等地，发表重要谈话。10月，中共第十四次代表大会召开。

山西曲沃发现晋侯墓地，出土大量青铜器、玉器等珍贵文物，此后又进行了多次发掘。

2月12日，邓拓同志诞辰八十周年，丁一岚同志来信索诗，先生因赋三绝："廿年京国未相逢，雷报姓名欲耳聋。闻道先生多上客，一时俊逸尽云从。曾读燕山夜话来，曾同吴老接深杯。惊雷一日从空起，同获三家村里灾。（"文化大革命"中，予亦被定为"三家村"人）。往事前尘亦可伤，两公姓名自堂堂。试翻青史挑灯读，屈宋司迁底下场。"

诗见《瓜饭楼诗词草》。

20日，写毕《怀念朱彤兄》一文。该文见《剪烛集》。

3月14日，写毕《〈文艺源流辞典〉序》。该文见《落叶集》。

24日，写毕《〈漱石集〉自序》。

28日，写毕《无尽的怀念》一文。该文见《漱石集》《夜雨集》和《剪烛集》。

5月12日，乘车赴绵阳，14日抵达。次日，到碧水寺看新出土的说书俑。复至平阳府君阙和子云亭参观。

16日，参加"《红楼梦》与孙桐生研讨会"开幕式并致辞，此次会议由中国艺术研究院红楼梦研究所、《红楼梦学刊》编委会与绵阳市哲学社会科学联合会联合举办。

19日，会议闭幕，先生作了关于如何评价孙桐生的发言（此发言后收入《剪烛集》，题为《关于孙桐生》）。当天下午即赴九寨沟，途经江油县青莲乡，口占一绝："青衣似带束群峰，碧玉尖尖簇芙蓉。我到沧浪拟濯足，浪花飞起雨濛濛。"

又经沙湾，再占一绝："山径百转绕羊肠，转到沙湾挥一觞。地有黄金君莫怕，他年看建白玉堂。"

因当地产黄金，居民多以淘金为业，故云。晚宿平武。

20日，往游黄龙寺和雪宝顶，登上4200米高的岷山。此一路景色幽绝，先生兴致极高，得诗数首。如《到黄龙寺》："人到黄龙已是仙，劝君饱喝黄龙泉。我生到此应知福，李杜苏黄让我先。"再如《去黄龙寺循涪江西行口占》："涪江一路送吾行，白水青山无限情。我比涪翁缘分厚，寻源直到雪宝顶。"

21日，回平武住宿。次日，折返绵阳，途中游览窦圌山，参观李白纪念馆。

23日，到梓潼，参观李业阙、李业祠、七曲山大庙、五丁庙等，晚抵剑阁县。作《重过剑门关赠何兴明》诗："平生两到剑门关，满目青山喜我还。老去放翁诗兴好，为君题句满梁山。"

24日，晨起去鹤鸣山，看中兴颂碑和唐代造像。之后去剑门关游览，途经翠云廊，见汉柏苍劲挺拔，因题诗："拔地参天三百丈，沧桑阅尽风烟长。冰霜雨雪都经惯，留得此身更堂堂。"

25日，前往成都。途中参观觉苑寺的明代佛传壁画，作诗云："蜀道明珠觉苑寺，吴生妙笔遗斑斓。当年相见开堂日，百里神光照剑山。"复参观三星堆遗址。

26日，去文物保管所参观，得见青铜像、神树、金杖以及铜面具、玉器、陶器等大批出土文物。

27日，返回北京。

28日晨，枕上作《题平阳府君阙》诗："平阳府阙是何人？千载于今费思论。残照西风太白句，至今一读一销魂。"下午到香山饭店参加古籍规划会议，作发言。

6月10日夜1时，写毕《重论庚辰本——〈校订庚辰本脂评汇校〉序》。本文进一步申论了"庚辰本"的珍贵性和重要性，同时也纠正了在《论庚辰本》一书中的某些认识偏差。该文见《漱石集》。

7月23日，蒙端木蕻良夫人钟耀群告知，在北京东郊通县张家湾发现了曹雪芹的坟墓和墓石。25日，先生即往张家湾目验曹雪芹墓石，并到墓石出土地点和曹家当铺遗址作了调查，归来后，题诗四首："迷离扑朔假还真，踏遍西山费逡巡。黄土一抔埋骨处，伤心却在潞河滨。哭君身世太凄凉，家破人亡子亦殇。天遣穷愁天太酷，断碑一见断人肠。草草瘗君土一丘，青山无地埋曹侯。谁将八尺干净土，来葬千秋万古愁。天遣奇才一石珍，夜台不掩宝光醇。中宵浩气森森直，万古长新曹雪芹。"

《题曹雪芹墓石四首》见《曹雪芹墓石论争集》。

28日，写毕《曹雪芹墓石目见记》一文。先生根据墓石的材质和所刻字迹以及发现经过，结合相关文献，认为此墓石是可信的，因而修正了自己关于曹雪芹卒年的看法。文中说："关于曹雪芹的卒年，已经争论了几十年了，过去我是主张'癸未'说的，但现在看了这块碑上的'壬午'纪年，再联系甲戌本脂批，我想不能把写得一清二楚的字，硬是解释为记错的或写错的了。"

该文见《曹雪芹墓石论争集》。

8月1日，张家湾镇政府邀请专家们鉴定曹雪芹墓石，先生应邀参加。①

16日，《文汇报》发表《曹雪芹墓石目见记》一文。

9月28日夜，写毕《'92中国国际红楼梦研讨会开幕词》。该文见《曹雪芹墓石论争集》。

本年秋，唐云先生来京，住钓鱼台国宾馆，先生前往看望。后唐云先生与周怀民先生一起到先生家，赏鉴先生收藏的一把曼生壶。当看到曹雪芹墓石拓片

---

① 韩美林（1936—），山东济南人，画家。现为中国美术家协会理事。

后，唐先生称此为天下第一名碑，是无价之宝，并请先生一定为他弄一张拓片珍藏。唐云先生还与周怀民先生一起作画赠先生，并请先生作长题。"1992年，唐先生又到北京，住钓鱼台，我即去看他，唐先生见面就问这把紫砂壶，可不可以看一看。我说欢迎唐先生去看，这样就约定好时间，他与周怀民先生一起到我家里。唐先生首先就仔细看了这把曼生壶，久久把玩，反复看壶底的款式和题句，说："壶倒是很好格。"这时我的桌上刚好放着在张家湾新发现的曹雪芹墓石的拓片，唐先生看后，大为称赞，说这是天下第一名碑，是无价之宝。我说有人说这是假的，说不合墓碑的规格，唐先生马上就说，不要听他们的，他们不懂。你一定要给我弄一张拓片来，我要珍藏，并告诉我，不要与他们辩论，与不懂的人辩论没意思。"

见《夜雨集·怀念唐云先生》，亦见《墨缘集》。

10月间，谢稚柳先生来京开会，先生看望他，并带去曹雪芹墓石拓片，请为题跋。不久，谢先生将拓片题好送来，题跋云："此曹雪芹墓石，墓在通县张家湾，盖曹氏祖茔俱在此，冯其庸先生曾亲往察看，并撰《曹雪芹墓石目见记》，实有足征信。壬申（原件误书为'壬午'）十月，过北京，其庸先生见示此墓石拓本，率为题数语于左。谢稚柳"

见《墨缘集·临风怀谢公》。

不久，唐云先生亦来京，先生看望唐先生并带去曹雪芹墓石拓片，唐先生在拓片上题跋："雪芹晚年贫困，去世时至友草草殓之，碑石非当时流行馆阁体，而此字出于民间所书，朴拙可喜，其庸兄鉴定真不谬也。八十四翁唐云记。"

见《墨缘集·临风怀谢公》。

10月18日至22日，中国艺术研究院、中国红楼梦学会与扬州市外办在扬州共同举办了"国际红楼梦研讨会"，这是继1986年在哈尔滨召开的国际红学研讨会之后，海内外专家又一次的隆重聚会。先生参加并致开幕词。

此次会议之前不久，有人拿来谭凤嬛[①]的烙画《红楼梦》十二金钗，先生觉得很有味道，同意拿到会上展览。

《墨缘集·在艰难中奋进》：

---

① 谭凤嬛，河北滦平人，师从冯其庸、晏少翔，青年工笔画家。作品曾参加北京红楼梦文化展、台湾红楼梦文化展、第三届海峡两岸工笔画名家作品展等。

我认识青年女画家谭凤嬛,已经有十多年了,最早是老友巫君玉大夫拿来了她的剪纸,我对剪纸是外行,所以也没有提什么意见。1992年扬州《红楼梦》国际会议之前,有人拿来她的烙画《红楼梦》十二金钗,是一堂折屏,烙画的材料是木板。这一趟烙屏,无论从人物造型和构图布局、线条等等方面来看,都觉得很有味道,有人建议拿到扬州会上去展览,我也同意了。没有想到展览很受欢迎,扬州西园饭店的红楼宴厅决定把它买下来,作为红楼宴厅的一种陈设,最后真的被买下来了。这对于作者来说,当然是一种鼓励。①

本月,《曹学叙论》由光明日报出版社出版。

11月上旬,曾再至彭城一代调查,作有《蒙城赠王佑三》和《游下邳古城访圯桥白门楼遗址》诗。诗见《瓜饭楼诗词草》。

12月7日,收到澳大利亚著名华人学者柳存仁②来信,感谢寄赠《脂砚斋重评石头记汇校汇评》和《红楼梦大辞典》。柳存仁先生来信全文如下:

宽堂先生副院长尊鉴:

　　本月九日寄上拙稿修订本一份乞审正,想早登记室。本月又收到在扬州所寄《脂砚斋重评石头记汇校汇评》五册、《红楼梦大辞典》一册,俱系厚赐,领谢不胜感念!拙稿第十九页倒数第五行"又第五十五回大家搬入暖阁安座后"句中之"五十五"实系"五十四"之误,顷因用《汇校本》核对,乃发现此误(王梦阮并不错,弟笔误写错)。

至恳

　　便中就原稿上赐为改正是幸!又弟以前手边无汇校,拙文所言程甲本廿九回及五十五回两处贾母称贾珍为"珍阿哥",当时弟手边亦无程甲本,系远道函策纵兄乞为代查证实者。今得见赐汇校本,又作一番检查,发现汇校本记录:第五十四回程甲本确有"珍阿哥"之称,但第二十九回(汇校本第二册页一五三二)程甲本仍不作"珍阿哥",不无疑

---

① 冯其庸:《墨缘集·在艰难中奋进》。
② 柳存仁(1917—2009),祖籍山东临清,生于北京,华裔澳大利亚学者。获北京大学文学学士学位,伦敦大学哲学与文学博士学位。曾任澳大利亚国立大学中文讲座教授、亚洲研究学院院长。

念。尊处必有程甲本，未审能否赐为一查，如汇校本无误，拙文此处仍需略改正。甚盼能为见示，以免弟之谬悠至于离谱，则深幸矣！草此奉陈，渎扰清神，不恭之至。吾侯来岁有机会入京，当更面谢耳！遥颂近福！

弟存仁再拜
十一月廿六日

8日，写毕《〈曹雪芹墓石论争集〉序》和《〈曹雪芹墓石论争集〉后记》，并作《再题曹雪芹墓石》："身前受尽凄怆，身后还遭诬妄。真是真非安在，抚石痛泪浪浪。地下长眠卌年，忽然云破见天。反说种种不合，何如重闷黄泉。"

20日夜，写毕《〈中国一绝〉序》。该文见《落叶集》。

27日，为擅长画马的韦江凡先生画册作序，题为《爱君逸笔似龙腾》。以前曾赋诗赠韦江凡先生，云："爱君逸笔似龙腾，骏骨千金岂足俦。冀北已空千里马，燕南又见骨崚嶒。雷台踏燕追风疾，玄圃御龙逐电轻。韦偃韩干今在否，相看笔下又云生。"

本日又作一诗贺韦江凡七十生日："白发相看已上头，古稀虚实争一秋。愿公健笔如天马，倏忽骏蹄踏九州。"

诗见《墨缘集》。

30日，近来患前列腺增生症，痛苦不堪。今日赴保定治病。诊后去满城中山靖王墓参观。

关肃霜卒。

1993年　癸酉　70岁

[时事]　4月27日，"海峡两岸关系协会"会长汪道涵和"台湾海峡交流基金会"董事长辜振甫在新加坡举行会谈，史称"汪辜会谈"。同年5月，中国京剧院首次赴台演出。8月，经法籍学者陈庆浩先生倡议，香港及海外红楼梦学会成立。10月18日至22日，首届两岸红学交流会暨红楼文化艺术周在台湾举办。

1月5日，去中央美术学院参加"陈志农画展"开幕式并讲话。

14日，中国社会科学出版社总编辑王俊义见访，携来一册吴晓铃先生所藏抄本《金瓶梅》，询问其版本价值。先生根据其纸色和"玄"字不避讳等因素判断此当是清代中后期抄本。王运天、刘正成来晤谈，刘正成①送来《中国书法全集》。

17日，为张君秋②舞台生活六十周年题诗三首："妙舞翩跹六十年，歌声已绕地球圆。丹青老去年更少，雁字归来落素笺。阖府龙凤大吉祥，旦生净丑各当行。雏凤更比老凤好，三月余音自绕梁。家世梨园佳子弟，君臣将师一时齐。百年阅尽歌场史，竟是神州第一奇。"

18日，去民族文化宫观看张君秋全家合演《龙凤呈祥》，晤张君秋，并将亲笔所书赠诗手卷相赠。

20日，买到《中国敦煌学史》。

21日，红楼梦研究所同人为先生举办生日宴会，祝贺先生七十华诞。

26日，访韩美林。

2月5日，晤台湾魏成光，商谈《红楼梦大辞典》在台出版事。

7日，《光明日报》发表署名屠地（王春瑜）访问先生的文章，题目是《却顾所来径，苍苍横翠微》。

12日，去人民剧场观看郭汉城等改编的全本《琵琶记》。

13日，韩美林赠以画马，先生以诗谢之："多君赠我雪花骢，奋鬣长鸣气似虹。若使韩干今在世，也应夸说本家风。"又为唐云先生自画像题诗："巨笔如椽腹便便，书诗字画地行仙。若问此老云游处，不在茶边即酒边。"

14日，作《七十自题》："自怜忽忽已成翁，半世忧患半世穷。千里离乡游上国，百年一梦浪洶洶。眼看四海风云变，耳听八方杜宇同。长夜孤灯心耿耿，一樽还酹史迁公。"

诗见《瓜饭楼诗词草》。

16日，收到台湾寄来的《华夏千人画册》，内有先生一幅画。

19日，撰写评论《中国书法全集》的文章，至午夜3时始毕。

---

① 刘正成（1946—），四川成都人，书法家。曾任中国书法家协会副秘书长，《中国书法》杂志社社长、主编。现为国际书法家协会主席。

② 张君秋（1920—1997），生于北京，京剧表演艺术家，四小名旦之一，旦角张派创始人。

3月1日，马来西亚陈广才①部长来电话，邀请先生今年11月参加马来西亚大学三十周年校庆活动之一"国际汉学会议"。

5日，去中国美术馆观看"济宁青年书法家书法展"。

6日，为《倪小迂书画集》作序，并题诗："云林高士旧家风，画笔依然清闷翁。半世交亲如满月，清光无处不相同。"

7日，读萧兵《楚辞的文化破译》，认为此书极有新见，且言必有据。

20日，为《剑阁觉苑寺明代佛传壁画》作序毕，题为《中国古代壁画论要》。此序见《落叶集》和《墨缘集》。

22日，作书致赵朴初先生，请其为《剑阁觉苑寺明代佛传壁画》题签。

25日，《光明日报》发表先生题电视连续剧《三国演义》的三首诗，其一："如椽巨笔走惊雷，浪卷英雄又复回。天下三分茅屋计，祁山六出宰相才。长驱直下情何急，烟灭灰飞国士哀。今日永安宫下过，瞿塘浪打有馀哀。"其二："气压六郡八十州，东南坐拥有貔貅。何愁曹卒三千万，只要东风一日休。高致雅量周都督，生儿当似孙仲谋。吴宫旧迹今安在，尚有江城说石头。"其三："卖履分香实可哀，英雄事业亦壮哉。长驱河洛本初死，西走潼关孟起回。千里舳舻波浪阔，赋诗横槊一雄才。魏王留得诗篇好，岂止漳河有雀台。"

4月2日，参加中国艺术研究院举办的庆祝葛一虹八十寿辰及从事话剧工作六十周年纪念会。今日报载"黄帝陵基金会"成立，先生被聘为顾问。

6日，与徐邦达②、刘九庵③先生同行，至洛阳。翌日，参观汉墓博物馆及北魏皇陵。

8日，赴河南孟津参观王铎书法馆。次日，参加王铎书法讨论会，作发言，并作《题孟津王铎书法馆》诗："孟津一世雄，六合谁与同。振彼如椽笔，扫除鄙陋风。偶然有细疵，态势失从容。至若高浑处，登堂北海翁。"之后参观汉光武帝陵、龙马负图寺及白马寺。

10日，参观洛阳博物馆。馆内陈列有辟邪一件，体型健美，线条有力，

---

① 陈广才（1955—），马来西亚华侨，曾任马来西亚文化、艺术及旅游部副部长。
② 徐邦达（1911—），浙江海宁人，生于上海，著名文物鉴定家，任故宫研究室研究员，中央文物鉴定委员会常务理事、中国美术家协会会员、中国书法家协会会员、中国博物馆学会名誉理事。
③ 刘九庵（1915—1999），河北冀县人，当代著名古书画鉴定家，曾任国家文物局文物鉴定委员会常务委员。

据云是新从汉光武帝墓地下挖出。先生据此认为此种石刻早在东汉初年即有，六朝当以此为源。

11日，赴密县参观打虎亭画像石墓和塑像墓，复至巩县参观石窟寺。

12日，赴偃师参观商城博物馆。当日返京。

14日，购得上海古籍出版社出版的《敦煌文献》第一卷，灯下细阅甚喜。修改《中国古代壁画论要》一文。

20日凌晨1时半，写毕《曹雪芹小传》。该文见《落叶集》。

26日，赴南京参加南京博物院建院六十周年庆祝活动，昨晚曾作诗奉贺："驹隙光阴六十春，龙盘虎踞聚贞珉。六朝金粉文华在，两晋风流坠绪陈。白鹭洲前天接水，凤凰台上殿连云。中华自古多奇宝，端赖石渠为考存。"

28日，参加南京博物院建院六十周年庆祝大会。其后数日，曾到宜兴、扬州、镇江等地，或看望故人，或寻访古迹。之后返京。

5月7日，得雀舌黄杨盆景一盆，并两年前所得赤楠盆景，皆属奇材，因将书室命名为"双树书屋"，堂命名为"大树堂"。

10日，作《〈近代名人手迹〉序》。该文见《剪烛集》。

此顷，作《秋明翁墨迹卷书后》。该文见《落叶集》和《墨缘集》。

22日，赴邳县，晚宿泰安。次日，过邹县，参观孟庙、孟府。晚抵邳县。

24日，游览黄石公山，相传此山为黄石公隐居处，其前即为黄石公向张良授书之圯桥。次日起，先后至扬州、宜兴、无锡、苏州等地，然后返京。

本月，《漱石集》由岳麓书社出版。

6月2日，作《曹雪芹墓石论争集再记》。

6日，到劲松文物交流市场购得雍乾时制壶名家王南林壶和程寿珍汉扁壶各一件，又得画家陈师曾图章一枚以及一宋代磁州窑大酒坛。

18日，到辟才胡同内跨车胡同13号齐白石故居参观，因题一绝："来拜高居恨太迟，心仪半世失良师。画坛百载谁千古，只有湘潭放犊儿。"

26日，为《（19）92年扬州中国国际红楼梦研讨会论文集》作序。文中说：

我确信《红楼梦》是永远讨论不完的，它将与人类的历史并存。我也确信,在研究《红楼梦》的学术领域里不论有多少种见解,也不论其见解是否发自权威,历史只能选择一种,即真实的、符合客观实际的见解。在"红学"的领域里新的问题和老的问题很多,但不论是哪一方面的问题,我相信历史选择的标准只有一个。但我要声明,我这里所说的历史,不是指短暂的、可以由人的权利和意志左右的"历史",而是指永恒意义的历史。那时,争论的双方都早已不存在了,历史又向前推移了很远的路程了,任何争论一方的权利和影响早已消失了,那时,人们自然会看到历史的真实结论了。

该文见冯其庸《落叶集》。

7月30日,《老舍颂》一书编辑来信嘱题诗,因作《哭老舍》:"沉江屈子为忧国,忽死与辻娶者文。日月江河同不废,千年又哭舍予坟。"

本年夏日暑热中,为人民文学出版社重新影印《脂砚斋重评石头记》"庚辰本"作序。序中云:

余昔曾以己卯本与庚辰本对校,撰《论庚辰本》一书,揭示己卯、庚辰两本相同者十之九而有余,至其不同处仅一间之隔,余乃论断庚辰本系据己卯本过录,自此论公布后,庚辰、己卯两本惊人相同之真面目遂为学界重视,然此论尚有未精核处,夫庚辰本既据己卯本过录,则何以尚存一间之隔,是不可解者。是以红学界数君子乃有论难之作。余思之十年,心然诸君之说,盖己卯、庚辰虽亲如父子血脉而其间尚有毫发之差,固不能即以直接过录本视之也。由此可见学问之难而论辩之可贵也,诸君匡我不逮,心甚德之,书此以彰吾之失而谢诸君之助也。然则己卯、庚辰两本卷帙浩繁而仅一毫之隔亦已为学界所共识矣。

该文见《石头记脂本研究》。

8月5日,游庐山,与王士成访东林寺,因赋一诗:"客床相对卧庐山,欲访远公五百环。古寺东林声寂寂(东林古寺已无钟声),虎溪流水自潺潺。放翁去后何人到,彭泽归来可再还。解识东坡精妙句,只缘身已出庐山。"

诗见《瓜饭楼诗词草》。

11日,赴烟台龙口。次日抵达。

13日,游览蓬莱阁及北海海滩。次日,至荣成成山岛游览。

15日,在威海参观刘公岛,之后回烟台。

17日,在龙口参观莱子国故城遗址,作《自烟台至龙口,途经海头、潮水、蓬莱,一路碧海如天,风光似画,诗以记之》:"海头潮水到蓬莱,处处风光入画来。最是青天碧海夜,潮声万马铁蹄回。"

诗见冯其庸《瓜饭楼诗词草》。

18日,到莱州参观郑文公碑摩崖石刻,摄影而返。

20日回京。

26日,收到刘海粟先生从香港寄赠的画页,画的是两个大桃,上题:"琼玉山桃大如斗,仙人摘之以酿酒。一食可得千万寿,朱颜常如十八九。一九九三年五月二十日病臂初平信笔涂抹点划狼藉如三尺之童 九十八岁老人刘海粟"画页上还有一行题字:"其庸老友谠存 刘海粟"。次日,作《得海老香港书来感怀有呈》四首:"海老书来喜欲狂,相望隔海急挥筯。愿公健笔如天马,骏蹄倏忽过重洋。""翰墨淋漓老伏波,纵横挥笔似挥戈。平生写尽山千万,未及胸中一点螺。""临别依依在草堂,豪情原共作华章。匆忙一自分别后,夜夜梦魂到海棠。""倾倒平生是海翁,范宽马夏即今同。执鞭若许随骙后,我是奚囊一小童。"

9月1日,作《艺术永远是创新的——读任惠中的西藏生活画册》一文。该文见《剪烛集》。

5日,到劲松文物市场购得北魏普泰辛亥五月铜佛像一躯。

本月某日,收到潘景郑先生为曹雪芹墓石拓片所题《减字木兰花》词。

《墨缘集·临风怀谢公》:其后(指唐云先生为曹雪芹墓石题跋之后),潘景郑先生又为题《减字木兰花》一阕,词云:"红楼幻梦,妙笔风流千古颂。原野荒芜,寂寞孤魂形影孤。 精研高手,挥洒文章垂永久。星本留鸿,追步群贤惭寸衷。调寄减字木兰花 宽堂先生红学专家,比得曹雪芹墓石墨本命题,衰老伧荒,拙不成句,率成短阕报命,即请指正。癸酉秋九月,寄叟潘景郑题于沪上著砚楼,时年八十有七。"

9日,第四次赴新疆,下午抵达乌鲁木齐。飞机上口占一绝:"老来壮志未消磨,西望关山意气多。横绝流沙越大漠,昆仑直上竟如何。"

10日,抵吐鲁番,重游交河古城,感赋一诗:"千家万室尽摧隤,兀立斜阳有余哀。何处诗人留旧迹，教人踯躅复低徊。"

次日，参观并拍摄高昌古城和柏孜克里克千佛洞，又作《题高昌城二首》："故宫断壁尚巍峨，双塔亭亭夕照多。想见当年繁盛日，满城香火念弥陀。乘危远迈有孤僧，国主高昌亦可偶。难得焚香深结拜，西天一路足依凭。"

诗见《瓜饭楼诗词草》。

12日，游览南山，即白杨沟。

13日，为新疆师范大学作讲演，谈红学问题。

14日，赴呼图壁县康家石门子看岩画，山深路遥，许久始到。岩画面积不大，然极有特色。

15日，由新疆师范大学老师胥惠民[①]陪同乘汽车赴伊宁，当晚到达精河县。次日，沿天山继续前行，过赛里木湖、果子沟，到霍城，参观铁木尔汗墓。夜十一时始抵伊宁。

17日，参观乾隆二十六年所建清真寺和伊犁河大桥。

18日，乘公共汽车赴库车，一路沿巩乃斯河前行，景色绝佳。晚宿于天山上之巴音布鲁克，天气已甚为寒冷。次日，汽车翻越冰达坂，但见冰峰罗列，山势奇险。然后过黄叶沟，进入库车境内。赋诗云："天山看尽百千峰，碧绿橙黄俱不同。更有冰峰如列剑，森森寒气逼吾胸。"（癸酉九月十八、十九两日，自伊宁乘长途车赴库车，经两日始度天山，感赋）

诗见《瀚海劫尘》。

20日，在库车，参观克孜尔尕哈千佛洞、烽火台和昭怙釐寺。是夜，枕上作《题龟兹》诗："不到龟兹已七年，重来更觉山水妍。连天赤色峰如剑，匝地清清水似泉。万户千门天禄阁，琼楼玉宇广寒仙。奔腾万里层涛涌，落日苍茫古戍边。"（一九九三年九月二十日夜枕上口占，时宿四师宾馆，昔年旧住处也）

诗见《瀚海劫尘》。

21日，参观并拍摄库木吐剌千佛洞。

22日，拂晓即动身前往塔里木河原始胡杨林，穿过茫茫林海，几经曲折，才抵达塔里木河。林中胡杨千姿百态，塔里木河开阔平缓，所见景色与此地民

---

① 胥惠民（1940—），陕西蓝田人，新疆师范大学中文系教授，从事中国古代文学研究。

俗风情皆令先生兴奋不已。归途中，维族朋友在林中埋锅煮羊肉，味极美，另有馕，其大如铜锣，亦给先生留下深刻印象。返回库车已是次日拂晓。

23日，下午赴阿克苏。

24日，赴温宿县库尔米什阿塔木麻扎，此为伊斯兰教古墓地，海拔1700米。四围戈壁，唯此一片沃土。其林中皆千年古树，苍劲槎牙，莫可名状。先生回到宿地后为麻扎题字"神龙藏"，并题一绝："见首神龙不见尾，人间何处觅仙居。天涯行遍无踪迹，却遇盘盘在翠微。"

25日，乘坐公共汽车，经过一整天跋涉抵达喀什。宿于南疆军区总部，据云此即为古疏勒政府所在地，亦即班超当年之驻地。

26日，参观三仙洞和香妃墓，再去喀什大巴扎和当地最大的清真寺拍照。晚为南疆部队领导写字，并题诗赠屈全绳政委："千山万水不辞难，西上疏城问故关。遥想当年班定远，令人豪气满昆山。"

27日，经叶城、墨玉、到达和田。次日，参观和田文物馆，此馆内藏有部分尼雅出土文物。之后参观买利克瓦特古城。

29日，经洛浦、于田，到民丰，参观胡杨林，并进入塔克拉玛干大沙漠，看尼雅河落日景象。

30日，旧历中秋节。晨起经于田折返洛浦，在洛浦见到一株250余年树龄之葡萄王，又发现一架葫芦，所结葫芦硕大无比，均为拍照。晚餐时，主人请题诗，先生即席作《癸酉中秋月夜，洛浦来政委宴请，即席致谢，兼赠李吟屏同志》："万里相逢沙海头，一轮明月正中秋。殷勤最是主人意，使我欲行又还留。"宴方及半，和田雒胜政委来请到和田过中秋，于是再至和田，欢饮及旦。

10月1日，由和田军分区雒胜①政委陪同到墨玉县观看一株树龄800余年的梧桐王。蒙雒政委赠以一块青玉，赋诗以谢之："多君赠我碧琅玕，犹带昆仑冰雪寒。知是瑶台阿母物，千秋应作秘珍看。"

2日，参观千里葡萄长廊、枣园、核桃树王、无花果树王等，又见比斗还大的葫芦，求得一最大者。晚饭后即画葫芦十余幅，甚感得意。

4日，飞赴乌鲁木齐，临别赠雒政委诗一首："与君相见昆仑前，白玉如脂酒似泉。莫负明年沙海约，驼铃声到古城边。"三日后，返回北京。

---

① 雒胜（1941—），甘肃靖远县人。曾任新疆和田军分区政委，大校军衔。现任新疆军区军旅书画院副院长、中国美术家协会新疆分会会员。

8日，到中国历史博物馆参加中青年书法展开幕式。

9日，到中国美术馆参观油画展和沙孟海书法展。当晚撰成《论红楼梦的脂本、程本及其他》一文，此乃为马来西亚国际汉学会议所撰论文，文中主要观点是，不同意把程本拔高到《红楼梦》最早的本子的说法，也不同意说脂本都是伪本、只有程甲本才是真本的说法。同时提出，对程甲本的历史功绩也应作出应有的评价，不能一笔抹杀。

该文见《石头记脂本研究》，文末署："1993、10、9晚11时于京华古杨书屋，时访塔克拉玛干大沙漠归来第10天。"

10日，在潘家园购得铜佛一件，背书太和元年，又若泰和元年。

12日，接唐云先生讣告，不胜痛悼，因撰一挽联："一世交深，情同手足，何期小别成长别，那堪泪洒南天雨；十年相契，诗画论心，更兼品泉复品茗，从此湖海失知音。"与周怀民先生共同具名寄出。

25日前后，收到徐定戡先生来信，告诫先生勿过劳累。徐定戡先生来信如下：

宽堂吾兄都讲侍右：中秋寄发
　　手毕，拜承种种，知婴长吉呕心之疾。鄙见以为足下积岁劳瘁，久膺繁剧，触暑冲寒，旅途跋履，昼则宣讲酬对，夜则握管为文，焚膏继晷，形劳于外，神耗于内，心火旺，肺经热，际兹金天用事，烦渴尤与肺违和，应以滋养平息为尚。不妨日以上品西洋参煎汁代茗饮，益以天津正宗鸭梨滤汁，频频啜之，多多益善，持之以恒，必能收指臂之效。盖二物绝无副作用，可断定也。《诗》不云乎"民亦劳止，汔可小休。"愿足下三复斯言，倘能闭门却扫，颐养身心，不为外物所婴，东坡诗曰："心有何求遣病安，年来古井不生澜。"真可味也。南服已届暮春，山园玉兰、山茶、杜鹃已将次繁英凋落，遍地红绉如屬。日与老妻徘徊其下，始觉古人"山静似太古，日长如小年"，诚体验有得之语。弟明岁八十平头矣，放翁诗："老来匆次扫峥嵘"（八十岁作），总觉不易臻此。故国邈然，朋旧天末，临颖黯焉神伤。耑复，祇候痊吉，不一一。

　　　　　　　　　　　　　　弟徐定戡拜启
　　　　　　　　　　　　　　　　　九日

28日，经深圳赴香港，去主持"红楼文化艺术展"。次日，在香港举行记者招待会。再日，到香港电台为展览作新闻宣传。

31日，到海棠阁拜访刘海粟先生，畅谈甚欢。

11月1日，审查"红楼文化艺术展"展品。次日，展览会开幕，周南致开幕词，先生亦讲话。在会场见到饶宗颐①、陈复礼②诸先生。

4日，香港《大公报》王国华社长宴请先生。下午到海棠阁与刘海粟先生共同作画，先生以不久前在新疆和田所见树龄250年的葡萄王为范本，画泼墨葡萄，之后由海老"收拾"。完成后，海老题句云："泼墨葡萄笔法奇，秋风棚架有生机。一九九三年十一月四日 冯其庸 刘海粟合作。"

6日，举办红学讲座，由先生主讲。次日，返回北京。

12日，修改《中国古代壁画论要》一文。见《落叶集》和《墨缘集》。

18日，与刘梦溪同赴马来西亚大学，参加国际汉学会议。

19日，到《星洲日报》座谈。

20日，国际汉学会议开幕，先生在主会场作报告。次日，会议闭幕，先生致辞谈对大会感想。

22日，参观马六甲海峡。

24日，作红学演讲，听众反应热烈。次日，返回北京。

12月18日夜1时，在无锡为薛若琳《傩面具图册》撰序。该文见《剪烛集》。

本年，作《闻鸡起舞图》，题识："我亦闻鸡便起舞，浊醪三斗为君浇。宽堂酉年试笔"钤印之一："宽堂七十后作。"

唐云卒。

1994年　甲戌　71岁

[时事]　1月，《中华人民共和国教师法》正式施行。7月，八届人大

---

① 饶宗颐（1917—），广东潮安人，当代著名的历史学家、考古学家、文学家、经学家、教育家和书画家。

② 陈复礼（1916—），广东潮安人，著名摄影家，曾任中国摄影家协会副主席。

常委会第八次会议通过《中华人民共和国劳动法》等三部法律。10月，中国美术馆举办"傅抱石画展"。12月，首都举行戏曲大师梅兰芳、周信芳诞辰一百周年纪念活动。

2月2日夜1时，写毕《〈周怀民画册〉序》。见《落叶集》和《墨缘集》。

3月1日，程千帆先生来信，感谢先生赠予《漱石集》，盛赞之，并言及与杨廷福交往始末。程千帆先生来信全文如下：

其庸先生：

久疏笺候，忽得新书，春寒中快读数篇，真如饮醇，肠肚皆暖也。公治红学精专而久，海内外所共称叹，不俟赘言。弟独赏书中所附《无尽的怀念》一文，盖亦尝与杨士则兄交游之末也。解放前夕，以潘伯鹰之介与士则订交，相见恨晚。其后各以非罪获严谴，遂不相闻。平反后稍得闻而士则死矣。其人博学妙才，词章考据皆有可观，尤长于古刑律，近世学人中程树德先生后一人而已。其诗文似未付梓，不识公能为之刊布否？此亦盛业也。弟今年八十有一，目瞽耳聩，每诵坡老"山中老宿依然在，架上楞严已不看"之句以自解。仰慕 大疋之为道为学，日益愧负而已。

专此布谢，顺颂著安。

弟程千帆顿首
三月一日。

15日，到上海，下午即去衡山饭店拜望刘海粟先生，不遇。次日，参加庆祝刘海粟先生百岁华诞盛会。之后返京。

4月16日，到上海。次日，参观"日本大阪市立美术馆藏中国书画珍品展"。再日，出席该展览开幕式，19日凌晨2时于沪上旅次作《艺坛瑰宝稀世之珍——看〈大阪市立美术馆藏中国书画珍品展〉》一文。该文见《落叶集》和《墨缘集》。

5月6日，游济南南郊锦绣川口占一诗："锦绣好山川，风光处处妍。山深藏古寺，水碧养鱼鲜。梨花春满谷，红叶秋连天。游人若到此，忘返更留连。"

诗见《瓜饭楼诗词草》。

25日凌晨5时，写完《再论曹雪芹的家世、祖籍和红楼梦的著作权》[1]，30日改定。本文列举大量文献，驳斥了以杨向奎为代表的一些人提出的《红楼梦》的创始人是丰润人曹渊的观点。文末附了读杨向奎文章后作的一首诗："读罢新论意不平，才人自古多零丁。红楼一卷声天下，竟有人来换姓名！"该文见《敝帚集》。

6月10日至12日，由康来新教授倡议和发起，台湾"中央"大学文学院举办"甲戌年红学会议"，以纪念《石头记》"甲戌抄阅再评"本传世240周年。以先生为团长，十二位大陆红学家参加了本次大会，并在研讨会上宣读论文。会上，先生与周策纵唱和，用周先生诗韵题诗云："故国红楼到海边，论红何止一千年。人书俱老天难老，更有佳章待后贤。"

诗见《夜雨集·快读红楼梦王蒙评》。

7月6日，《人民日报》发表先生文章《四十年来第一春》，以祝贺全国昆曲青年演员交流会演。该文见《落叶集》。

同日，写毕《〈红楼梦〉校注本再版序》，文中说：

> 本书初版于1982年3月，距今瞬已12年。……这12年的岁月，使我们进一步认识到，我们当时确定的几个原则是正确的：一是我们所选择的底本——庚辰本，确是一个学术价值很高，是接近曹雪芹原稿的珍贵本子，我们以此为底本，就是这个校本有了很好的基础；二是我们确定的校勘原则（详见《校勘凡例》）也是正确的，这样就使我们的校勘工作做到了审慎和准确，不至于随意改动底本文字，从而较好地保持了原本的历史面貌；三是我们确定的注释原则（见《校注凡例》）也是切合实际的，对象适中，繁简得宜，因而使得本书避免臃肿繁琐之病。

该文见《落叶集》。

23日夜2时，写毕《〈瀚海劫尘〉自叙》。

8月7日，由南京经上海赴绍兴。次日晚，于电视中获知刘海粟先生去

---

[1] 见冯其庸《敝帚集》。

世,彻夜未眠,写下五首悼诗。回到北京后,痛犹未已,又作三首。"九月去年画竹枝,凌云万丈有余姿。凭公横扫千军笔,留得清风万古吹。海上相逢已暮春,豪情犹作黄山行。平生百劫千难后,一片丹心奉赤诚。传来(噩)耗忒心惊,恐是迷离误姓名。后约分明依旧在,清秋时节拜先生。记得淞滨话别时,重逢已订菊花期。岂知小别成长别,更向何方觅大师。晚岁相逢恨太迟,白苏才调作画师。风流高格何人赏,零落天南笔一枝。痛闻海老已仙游,从此江山空蔡州。最是伤心情未了,文章尚未报白头。大鹏一日忽垂翅,四海风云为凝迟。坎坷平生一百岁,惊雷起处有吾师。海阔天空老画师,江山万里一挥之。今来古往谁能似,只有富春黄大痴。"

诗见《落叶集·我与刘海粟大师》。

18 日,先生专程从北京飞到上海,参加刘海粟大师追悼会,始终沉浸在巨人的悲痛之中。

《夜雨集·我与刘海粟大师》:

> 在送别海老的时候,我专程从北京赶到上海。那正是酷热的时候,我是从友人家里步行往龙华殡仪馆的。整个殡仪馆挤满了人,根本无法进入灵堂。我站在灵堂前的院子里,几乎无立足之地,幸亏被海老的亲属看见了,想法硬是从出口处把我塞进去的。我终于最后看到了海老,也看到了沉浸在悲痛中的夏师母。我没有什么话可以安慰她,我自己也被沉重的悲痛压得喘不过气了。我向大师深深地鞠躬,但我觉得如在梦里。海老可能睡着了,说不定他也是在梦里!我沉浸在悲痛和幻觉里,木然不动。后面的人涌上来,幸亏刘芳小姐看到了我,赶忙把我扶出了灵堂。

本月下旬,赴山东莱阳参加全国第七次《红楼梦》研讨会。23 日,于莱阳旅次撰写《'94 莱阳全国〈红楼梦〉学术研讨会开幕词》。先生在开幕词里,提出了应该对红学研究中弄虚作假、毫无根据的乱立新说,甚至完全违背事实,专门为追求经济利益而说假话、造假证的荒谬学风进行批评,号召大家要与这种谎言和邪说作斗争。先生说:

> 红学也一直在不平静之中。不平静并不是坏事,而且多半是好

事。红学有发展,当然会不平静,红学有争论,当然更会不平静,但争论是发展的前奏或继续,这当然是好事。只有一种不平静,我认为是与红学的前进背道而驰的,那就是一种非学术和非道德的喧闹。前些时候,南京的欧阳健诬称刘铨福伪造脂本和妄论程甲本是最早最真的《红楼梦》本子,以及北京的杨向奎篡改曹雪芹的家世,剥夺曹雪芹对《红楼梦》的著作权和妄称《红楼梦》的原始作者是丰润曹渊就是这种例子。他们的文章,尽管报刊上大肆宣传和吹捧(两者宣传的热度几乎相等),但除了说假话以外,没有什么真正的研究成果。丰润发现曹鼎望、曹铨的墓志铭和墓碑看来是真的,但利用与《红楼梦》和曹雪芹毫不相关的真东西来歪曲篡改曹雪芹的家世和剥夺曹雪芹对《红楼梦》的著作权,难道能算作学术和算作道德吗?有些人,利用"百家争鸣"这个正确方针,来为弄虚作假打掩护,他们居然把说假话、编假材料也作为"百家"中的一家,党风、学风、文风被某些人在某些范围里已破坏得够严重的了,难道这还不值得与之抗争,不值得起来仗义执言吗?

对于种种歪论,我们不能退让,我们要为真理而争,要为扫除谬论而争,要为广大的青年读者,为广大的读者群不受蒙蔽而争!孟子说:"吾岂好辩也哉?吾不得已也!"我相信学术真理是在论辩中放射出自己的光芒的,希望大家不要掩蔽自己所涵藏的真理之光而一任邪说横行!我相信这一点将是中国红学会第七次全国会议的主要内容之一。二是指出红学要深化,要深入研究曹雪芹在《红楼梦》中所寄托的深远思想。先生说:红学需要深化,正是我们今后主要努力的方向。关于《红楼梦》的时代、曹雪芹的家世和《红楼梦》的版本这几个方面,近二十年来已经有了较多的成果,正是这些成果,使得欧阳健、杨向奎等人不能得其逞;也正是这些成果,说明《红楼梦》研究的资料研究工作已足以使《红楼梦》进入深化研究了。深化研究,主要是指对《红楼梦》本身的思想、艺术内涵进行深入的研究。有不少同志在这方面已经作出了不少成绩,这是非常可贵的。但《红楼梦》是大海,它本身的博大精深,可以让你往深里去探索而不会穷尽。

曹雪芹是有很深远的理想的,那么他的理想是什么呢?

曹雪芹对人——对身边被迫害、被损害的人充满着仁爱之情。在他笔下所揭示的人际关系，也是：权势、相互利用、相互排斥甚而至于相互构陷。那么他的人的概念和人的理想究竟是怎样的呢？

曹雪芹笔下最最动人、最最哀感顽艳、最最万劫不磨的，自然是贾宝玉与林黛玉的爱情及其毁灭。这一对爱情典型的深刻的描写，包含着曹雪芹种种的社会理想，其中最主要的是对人的理想，对爱情和青春的理想，对人的自我造就、自我完善的理想，对人的社会关系的理想。研究曹雪芹通过《红楼梦》所展示出来的以上种种理想，我相信我们的《红楼梦》研究必将大大地前进和深化。

25日至29日，第七届全国红楼梦学术研讨会举行。大会对红楼梦学会进行换届改选，先生被推选为名誉会长。

《'94莱阳全国〈红楼梦〉学术研讨会开幕词》见《夜雨集》。

本月，先生主编的《曹雪芹墓石论争集》由文化艺术出版社出版。

9月17日，写毕《哲人其萎 我怀何如——沉痛悼念吴组缃先生》一文。该文见《剪烛集》。

10月30日前后，收到侯北人先生来信，请先生帮助安排后年将在北京举办的画展。侯北人来信全文如下：

其庸大兄：

手示拜悉，知兄近况，又见华翰，深慰远怀。弟回京举办拙作展出之事，承蒙相助，深为感激。如能得艺术研究院各方赞助，则更增光辉。不过此举无兄鼎力奔走支持，则不宜有成。

弟欲在一九九六年春四、五月间举行，该时适值弟七九贱辰，实欲与京中友好欢聚一番。场地当然以美术馆为最佳。弟离京多年，一切如何去办，均不知从何处着手。艺术研究院是否可为安排？一切尚希吾兄指点。场地能展出百余幅作品即可。一切作品当于九五年底寄到吾兄，由兄选择展出。

一九八七年南京之展出，由兄鼎力安排，因弟当时在美家中突有小变，故未克亲自出席。后得梁白泉先生函告盛况，至今仍感歉甚。十年已过，但未稍释憾意。

此地已金秋，天气清爽，园中桂花正开，惜不能与兄痛饮一番耳。

书此不尽欷歔。

弟北人顿首
一九九四年十月二十二日

11月17日夜一时，为卜键、白维国所校注《金瓶梅词话》作序。该文见《落叶集》。

12月，全国文联文学基金会举办"十作家书画展"，先生作品被邀参展。

20日起，文化部举办梅兰芳、周信芳诞辰一百周年纪念演出，先生为作八尺大画祝贺，题曰"青藤万古有余姿"。

此顷，作诗自题《瀚海劫尘》："瀚海微尘万劫波，天荒地老梦痕多。我来吊影沦漪促，留与沧桑劫后佗。"

诗见《瀚海劫尘》。

刘海粟卒。

1995年　乙亥　72岁

[时事]　10月，第七届国际反贪污大会在北京举行。11月，京九铁路全线贯通。

本年，新疆民丰县尼雅遗址考古发掘获得丰硕成果，尤其是大量丝织品，保存之佳实属罕见，其中"王侯合昏千秋万岁宜子孙"锦衾、"五星出东方利中国"锦护膊等均被定为国宝级文物。

1月，先生的中国大西部摄影集和西行散记《瀚海劫尘》由文化艺术出版社出版，元旦已出样书。此顷，曾作一诗自题《瀚海劫尘》出版："风雨平生七十年，关河万里沐云烟。天山绝顶扪星斗，大漠孤城识汉笺。已过昆仑惊白玉，将登葱岭叹冰天。天涯浪迹无穷意，更上冰川续后篇。"

2日，试作《梅花草堂图》，自觉甚佳，又作《牡丹图》。

3日，香港《大公报》发表长文，对先生之《漱石集》给予高度评价。

5日，参加炎黄文化研究会召开的座谈会。购得《殷墟书契》和《元和姓纂》二书。

8日，观看全国美术展览。

10日，为首都博物馆书"黄河之水天上来"四尺整幅，被博物馆收藏。

17日，与周振甫、柴剑虹①一起飞赴韩国汉城。次日，到成均馆和孔庙参观，复至韩国故宫。与韩书画家徐世钰、高丽大学教授崔溶澈②等相晤。

19日，作学术讲演，谈关于《红楼梦》研究。之后去徐世钰家，参观其画室及藏书。晚餐席上口占一诗赠徐先生。

20日至22日，参观汉城博物馆、金焕基油画馆以及汉城市容和书店等。

23日，到香港，看望刘海粟先生夫人。次日，应饶宗颐先生之邀共进午餐，席间谈甚快。下午看望金庸，商谈出版其小说评批本事。晚至黄永玉宅，谈甚久。蒙永玉赠送一幅画和其新著《这些忧郁的碎屑》。

25日，返回北京。

2月1日，旧历正月初二，京剧著名演员厉慧良和夫人来访，相见甚欢，并为其夫妇拍照。

4日，开始重评金庸小说《书剑恩仇录》，此后两个月内得暇即点评此书。

11日，到炎黄艺术馆参观黄苗子、郁风书画展。

28日，作画并自题诗："生小东门学种瓜，老来橐笔走天涯。砚田活水无穷乐，画到青藤更著花。"

3月1日，从报纸惊悉厉慧良逝世，随即给其家打电话，得到证实，不胜悲痛，作《哭慧良》诗："霹雳惊雷报，伤心泪雨纷。从今长坂上，不见汉将军。"

并在不久前给厉慧良所摄照片上题诗："匆匆过客喜盈门，慧良夫妇来寒舍正值旧历年初二。摄得梅花已断魂。予为慧良摄影，比洗出，而慧良已逝矣。无限浮生沧海意，为君洒泪到黄昏。"

晚赴沈阳。

2日，凌晨到沈阳，随即赶往辽阳。抵达后，参观了修复的白塔。此塔乃辽代所建。

---

① 柴剑虹（1944—），浙江杭州人，现任北京中华书局编审，汉学编辑室主任，中国敦煌吐鲁番学会常务理事兼秘书长。

② 崔溶澈（1953—），韩国学者。毕业于高丽大学中文系，获台湾大学博士。从事中国古典小说研究，现任高丽大学教授、研究处处长，东方文学比较研究会会长。

3日，辽阳红学会成立大会开幕，先生讲话，谈关于红学研究的情况。

4日，返回沈阳。次日，看望杨仁恺先生，欣赏其册页。

6日，回到北京。是日取回一千余本《瀚海劫尘》。

12日，到潘家园文物市场购得北魏石刻一座和三立佛。

15日，收到金庸寄来《金庸全集》36册。

18日，到潘家园文物市场购得一汉代空心画像砖。写毕《关于传统文化中的道德观念——从电视剧〈三国演义〉谈起》一文。文见《剪烛集》。

20日，去中国社会科学院文学所参加电视剧《三国演义》研讨会。

26日，与尹光华、工藤贤司①等同至潘家园文物市场，购得汉代方砖柱一件。

29日，去中国社会科学院参加首都红学界"关于曹雪芹家世、祖籍和《红楼梦》著作权"座谈会，与会专家周绍良、刘世德、陈毓罴、邓绍基、杨乃济、张书才、周思源等均对中央电视台本月14日所播放的电视片"红楼梦与丰润曹"作了认真的分析与批评。先生在会议开始和结束时都讲了话，认为"曹雪芹的祖籍问题，是一个实事求是的学术问题，不是可以毫无根据地编造的"。"同样，《红楼梦》究竟是曹雪芹写的，还是那个丰润曹渊写的，也是要以历史事实为依据的，而不是可以任意编造的。"又说："我觉得学术界要有正气，不要被邪气吞没了。……另外，要说实话。曹雪芹祖籍丰润说，不是考证，大家不要把它跟考证搅在一块。严肃的科学的考证决不是这样的。"

4月2日，去房山看商周遗址，并到云居寺看藏经。归途经昊天塔，下车细看并拍照。

3日，将《瀚海劫尘》寄赠新疆农四师师长房峰辉②、和田军分区政委雒胜、洛浦人武部政委来光礼等。

5日，历时两月，《书剑恩仇录》今日全部评完。

6日夜，为《巫君玉诗集》作序，题为：《吟诗又见月当头》。该文见

---

① 工藤贤司，日本画家，痴迷于汉代画像。
② 房峰辉（1951—），陕西咸阳彬县人，中国人民解放军高级将领，中将军衔。曾任中国人民解放军新疆军区副参谋长，第21集团军军长、广州军区参谋长等职，现任北京军区司令员。

《剪烛集》和《夜雨集》。

8日，将《书剑恩仇录》全部回后评复印寄金庸。夜一时，写毕《吴梅村墓调查记——〈徐文魁诗集〉序》。该序见《剪烛集》。

12日，应约到北京师范大学讲演，题目是"我是怎样研究《红楼梦》的"，500人大教室座无虚席，学生反应非常热烈。

13日，为朱屺瞻先生百五画展题诗二首："风雨纵横百五春，沧桑阅尽眼更新。江山万里如椽笔，卓立乾坤第一人。移山有腕笔生花，四海烟岚聚一家。画到匡庐飞白玉，无边清气满中华。"

18日，得钓鱼台国宾馆同志电话，告知新建成的11号楼挂上了先生的画。晚11时，为将于5月5日在上海举办的"朱屺瞻百又五岁画展"写毕《画苑神仙 人间寿星——祝朱屺老百五画展》一文。

20日，《人民日报》发表先生文章《关于传统文化中的道德观念——从电视剧〈三国演义〉谈起》。

25日，到中国美术馆参加"周怀民先生九十画展"开幕式，并讲话。

27日，到北京图书馆查阅黄正甫刊本《三国志传》。

5月1日，连日来审读启功先生两位博士生论文，今日写完评语。下午读《重返喀什噶尔》一书。晚绘"十年不到香雪海，梅花忆我我忆梅"图。

2日，《文汇报》发表先生祝贺朱屺瞻先生百五画展文章《画苑神仙 人间寿星——祝朱屺老百五画展》。

3日，到上海。次日，看望朱屺瞻先生，赠以《瀚海劫尘》，朱老看得津津有味。再日，出席朱老百五画展开幕式及朱屺瞻艺术馆落成典礼。

6日，到苏州，与陆德健畅谈去楼兰之事。

10日，由扬州至泗洪，参加泗洪县红学会成立会。

12日，在扬州，是夜为尹光华画展撰写《淡烟疏雨里 山色有无中》一文。翌日返京。该文见《落叶集》和《墨缘集》。

16日，到郑州。次日，为郑州大学作讲演。再日，到开封，为河南大学作讲演，听者甚众。

19日，由郑州去嵩山，参观少林寺，与素喜禅师相见。随后去法王寺、嵩岳寺，观唐塔、"嵩门待月"诸景，复至启母阙、开母石。

20日，到临汝，参观风穴寺之唐塔、宋钟楼以及金代二道殿。当晚返京。

22日，到北京师范大学，主持启功先生两位博士生答辩会。

23日，到中国美术馆参加尹光华画展开幕式及座谈会。

25日，与山西赵建斌同去北京图书馆善本室看己卯本《石头记》。晚去民族宫观看北昆侯少奎演出的《水淹七军》。

27日，到潘家园文物市场购得一宋代磁州窑碗和一山西窑黑釉大坛。

6月6日，至沈阳，到鲁迅美术学院，参加座谈会，并观看藏画。次日，鲁迅美术学院举行仪式，授予先生名誉教授证书，然后先生为作讲演，题目是："中国大西部的文化艺术考察"。

10日，返回北京。

21日，到中国美术馆参加孙璘书法展开幕式。

22日，读朱淡文和周文康论文。午夜三时写毕为天津夏明康画册所作序。

28日，去文采阁参加座谈会，讨论王蒙的《红楼梦》评论、李国文的《三国演义》评论和高晓声的"三言二拍"评论。

7月2日，到潘家园文物市场购得宋代铁铸观音头像一件、北齐天保五年刻字砖一块。

15日，写毕《快读〈红楼梦〉王蒙评》。该文见《夜雨集》。

18日，去北京图书馆参加敦煌学会议，得知北图最近清理书库，发现两大箱敦煌重要资料，乃清末从敦煌运来，迄未公布，今已编目，并拟出书。

26日夜，写毕《世界文库本〈红楼梦〉序》。该文见《落叶集》。

31日夜12时，写毕《汉画漫议》。文中将汉画比喻为"敦煌前的敦煌"，指出汉画"是未受佛教文化影响的中华民族本生文化。如果要认识中华民族未受外来文化影响之前的文化，从艺术的范围来说，就只有汉画以及比汉画更早的原始艺术。"文中还提出了汉画的四个基本特色：一、运用线条表现客体；二、采用鸟瞰的视角来布置景物；三、画上开始加题记；四、重视画中人、物的神态和动势。该文见《夜雨集》和《墨缘集》。

8月2日，至乌鲁木齐，此为第五次进新疆。

3日，与王炳华①等同去吐鲁番。次日，参加敦煌学与吐鲁番学学术讨论会。

---

① 王炳华（1935—），江苏人，著名考古学家，曾任新疆文物考古研究所所长、研究员。

5日，到交河古城高地拍摄交河全景。次日，到高昌古城拍摄全景，复至胜金口千佛洞。

7日，经16小时跋涉，抵库车。后几日，先后参观克孜尔尕哈千佛洞、库木吐剌千佛洞、昭怙釐寺等，并到盐水沟和独库公路康村段拍摄。几乎每晚皆为部队同志作字。

12日，到阿克苏。次日，去乌什城，城内有燕子山，上有清代勒铭："功迈汉唐"。再前行，去别迭里山口，直到烽火台和一桥，此处两山夹峙，形势奇险。先生认为，观此山口及烽火台，证之以《大唐西域记》，可断定此为玄奘当年出境处，因作二诗以记此行："西来万里拜孤城，燕子山高有勒铭。此去关山多峡路，烽台犹扼迭里门。西去圣僧过此城，当年想见远孤征。我来峡口寻遗道，山险峰高鸟路横。"

14日，至喀什，宿南疆军区司令部。次日，检查身体，医生说最好不要上红其拉甫，但先生不愿失去这个机会，恐以后愈不可能上去，遂决定按原计划前往。

16日，与陆德健、朱玉麒①、孟宪实②等赴红其拉甫，经乌帕尔，入盖孜峡谷，车行于万山丛中，可清晰望见公格尔山和慕士塔格山山峰，皆高耸入云，白雪皑皑。复前行，过海拔4000米的苏巴什大阪，抵达塔什库尔干，石头城遗址即在此地。当夜宿于当地部队。先生作《题塔什库尔干石头城》："高原万古羯盘城，负笈东归有圣僧。我到西天寻旧迹，白云半掩土墙横。"

17日，至海拔4733米之红其拉甫，同行的年轻人有的出现剧烈的高原反应，先生则一切如常，唯觉寒冷。次日，去石头城考察，此即唐代之羯盘城，昔玄奘所到处也，之后下山。是夜为军区同志写字约30幅。

19日，考察盘橐城，此处尚存一段古城墙，其旁正在修建班超纪念馆。

20日，到莎车，与十二木卡姆整理者相晤，之后参观某王妃陵和清真寺，复至大巴扎游逛。

21日，参观东汉万年台遗址、东晋法显和尚布施之地，复至叶尔羌河畔黑水营遗址，河对面即香妃故里。

---

① 朱玉麒（1965—），江苏宜兴人。曾任新疆师范大学中文系教授、西域研究中心主任，现为北京大学历史系教授。主要从事中国古代边疆史地研究。

② 孟宪实（1962—），黑龙江讷河人。中国人民大学国学院副院长、教授，主要从事隋唐史和敦煌吐鲁番学研究。

22日，到叶城，参观可汗城，据云成吉思汗西征，曾屠此城，至今仍可见散落之骸骨。随后去棋盘山，在戈壁之后突然出现一块绿洲，景色奇佳。其西崖上有石窟，即棋盘千佛洞。据云此地即是《大唐西域记》中记录的朱俱波，昔年玄奘、法显均曾经过。

23日，到和田，与军分区雒胜政委相见甚欢，作《赠雒政委》诗："三年离别意如何，重到昆仑白发多。痛饮狂歌趁今夕，明朝万里又征驼。"

24日，参观汉于阗国古城遗址。次日，应和田教育处之请去作报告。晚为作字20余幅。

26日，至民丰。次日，赴且末，一路沿塔克拉玛干大沙漠南缘前行。至则寻访且末古城遗址，此处尚遗留少许残垣和陶片。

28日，赴若羌，过瓦石峡，进去调查，其地貌甚奇，地面遗存大量陶片。晚抵若羌。

29日，进入沙漠寻访米兰古城，道路极难行，历时数小时始达。古城尚存佛塔和一些建筑残余。

30日，雒胜政委从和田一路送到若羌，今日返回，先生临别赠以诗："相送楼兰古国前，长亭一曲路三千。多情最是胡杨树，泪眼婆娑在路边。"之后先生赴库尔勒，晚上抵达。

31日，上午游览博斯腾湖。下午参观铁门关，此为当年玄奘西行取经必经之路，形势险要，两山夹峙，一水中流，道路极仄，关门雄跨于两山之间，确有万夫莫开之势，先生留题一首："万山重叠铁门关，一水东流去不还。唯有千年古丝路，依然绝壁危峰间。"

9月1日，深入沙漠一百多公里，沿路可见大面积枯死的胡杨，景象甚奇，因为赋诗："千年独立足风标，沙压风吹不折腰。我向胡杨深礼赞，将军大树数君高。"晚宿轮台。

2日，先至库尔勒，然后赴巴轮台，途经焉耆县境内一大寺庙遗址，伫足考察。傍晚抵达目的地。晚饭后为部队同志写字。

3日，起身后先至巴轮台黄庙参观，然后直赴乌鲁木齐。汽车翻越天山，经老虎口、一号冰川站，所过冰峰罗列，形势奇险，时风狂雪大，云气升腾，极其寒冷。至夜十时始抵乌市。

6日，在乌鲁木齐休整两天后，今天返回北京。至京忽闻苏一平和冯牧去世，不胜痛悼。

9日，与王运天、钟银兰、刘一闻诸人同到琉璃厂文物店观看瀚海的一批名画，其中尤以北宋词人张先的《十咏图》为剧迹。

10日，上午到中国美术馆观看画展，中午参加"武侠小说研讨会"筹备会。是夜不能寐，起作诗，题为《过天山绝顶老虎口至冰川，风雪大作，云生双袖，感而有作》："弯环九折上苍穹，风雪如狂路不通。虎口遥看穷碧落，天门俯视尽迷濛。身经雪岭知天冷，人到冰川见玉宫。最是云生双袖里，欲寻姑射问行踪。"

13日，开始校对庚辰本《石头记》。此后数月，得暇便做此项工作。

20日，参加冯牧同志遗体告别仪式，深感伤痛。之后到北京图书馆参加炎黄文化学会正副会长会议。

21日，去人民美术出版社参加汉画学会常务理事会。

22日，到卧佛寺参加"武侠小说研讨会"，台湾卧龙生、柳残阳、于东楼等与会，先生作发言。

24日，去人民大会堂参加"武侠小说研讨会"闭幕式及发奖会。

26日，去河北固安县参加"民间鼓吹乐研讨会"，代表中国艺术研究院讲话。晚为多处求字的人作字十余幅。

28日、29日，连续两晚观看赵燕侠舞台六十周年演出，即席题诗四首："又见红楼一曲新，廿年旧事已成尘。绕梁三日行云遏，赵派新声妙入神。""莺啭燕鸣六十春，声容绝世只斯人。鹡鸰已去秋翁老，寂寞歌场仗有君。""当年犹记说芦塘，一把茶壶客满堂。八面玲珑谁敌手，留得典型老板娘。""绿衣人是白头人，满座谁凭却是真。依旧声容当日盛，梨园君是藐姑身。"

10月7日，继续校对庚辰本《石头记》，近日清理各抄本上之回前题诗，得出规律：凡早期抄本上之题诗，皆有"题曰"或"诗云"等字。

8日，得金庸来信，获知其病重加剧，心念之，灯下作长信复之。睡不能眠，复起题诗以赠："一纸书来泪满眶，知君大劫得安康。吉人自有天相助，百福辑臻万吉祥。"

10日，去中国社会科学院参加庆祝《文学遗产》发刊四十周年纪念活动。

14日，饶宗颐先生来京，与先生通电话，盛赞《瀚海劫尘》，表示要为此书写长诗，并希望先生继续出第二本、第三本。

15日，读常书鸿先生《新疆石窟艺术》排印稿，准备为其作序。之后数日，或读此排印稿，或读有关石窟艺术的资料。

17日，《光明日报》发表先生祝贺赵燕侠舞台演出六十周年的诗作。

19日，作《蒋风白先生画展序》。文见《落叶集》和《墨缘集》。

20日，去第一历史档案馆参加唐文治先生手稿捐赠仪式，先生因谈及自己所藏明正德九年《罪己诏》原件。此件为"文革"中先生家乡前洲镇冯巷村民平坟时出土，无人知其价值，由先生之侄冯有责寄来，一直保存至今。先生表示愿无偿捐赠给第一历史档案馆。档案馆领导极为高兴，不久即来先生住处办理受赠手续并取件。后经档案馆专家研究，此为全国博物馆所藏唯一一件真正皇帝的《罪己诏》，以前从未见过实物，所以此件实为国宝。档案馆为此发表了消息。

25日，参加荣宝斋举行的《中国书法全集》讨论会，顾廷龙、季羡林①、李学勤②、金维诺③诸先生均与会。

27日，到中国美术馆参加"蒋风白先生八十画展"开幕式，并剪彩。

31日，到人民大会堂参加京剧录音配像发布会。

11月1日夜11时，写毕《对新疆石窟艺术的几点思考》一文，这是为常书鸿先生专著所作序。后两日又对此文作了修改。该文见《落叶集》。

5日，到故宫观看晋、唐、宋、元、明、清书画展。蒋风白先生见访。为老友江辛眉作《〈阮堂诗词选〉序》。该文见《落叶集》和《剪烛集》。

10日晚，书写杜甫《秋兴八首》，甚觉尽意。

11日，到人民剧场观看李维康、耿其昌演出的《四郎探母》。

16日，近来心脏病严重，在友人催促下，今日赴上海诊治。

17日，《人民日报》刊载先生文章《〈蒋风白先生画展〉序》。

19日，在上海居处读王蘧常先生书法集和所著《梁启超诗文选注》，又读上海博物馆《鉴赏家》所刊《上虞帖》及考证文章。

26日，抵扬州，到四望亭西观看新近发掘出的宋城遗迹和唐城遗迹。当

---

① 季羡林（1911—2009），山东临清人，著名文学家、语言学家、翻译家、教育家和社会活动家。曾任中国科学院哲学社会科学部委员、北京大学副校长。

② 李学勤（1933—），生于北京，历史学家、古文字学家。曾先后担任中国社会科学院历史研究所所长、清华大学思想文化研究所所长、清华大学历史系教授、国际汉学研究所所长等。

③ 金维诺（1924—），湖北鄂州人，擅长美术史论。历任中南工人日报美术组组长，民族研究所助理研究员，中央美术学院美术史系主任、教授。

晚返京。

29日，到北京大学考古系听齐东方教授介绍当年10月尼雅考古发掘情况。

12月5日，为《红楼梦学刊》撰写短论《谎言掩盖不了事实》。

8日，第三遍读完《天龙八部》。

13日，到文物出版社购得《石涛全集》。在中央美术学院攻读博士学位的韩国学生李东泉见访，请为其所写千字文题字。

16日至20日，再次对《千古文章未尽才》一文作修改。见《石头记脂本研究》。

17日，为韩国学生李东泉作《李生学书歌》："李生好古嗜且笃，负笈京华苦求索。初临郑公上下碑，继以二爨笔有角。池水尽墨笔成冢，夜半犹以指画腹。竭来三月不相见，使我炯然惊刮目。示我新书千字文，用笔深透如切玉。我谓李生且细听，学书贵在精与博。十年一碑何足论，腹有书诗气自馥。江山满目钟灵秀，笔参造化神始足。论书终极在于神，有形无神徒走肉。君不见，山阴道上王右军，千年神气破华屋。又不见，长安酒肆醉张颠，笔阵剑气两籔籔。君今正当在盛年，愿奋长途万里足。"

21日，与张庆善①同到武汉，参加"第七次当代红学研讨会"。张国光、唐富龄教授等来住处晤叙。

22日，至汉川。由武汉红楼梦学会和武汉大学、武汉教育学院等十余所大专院校联合发起的"第七次当代红学研讨会"开幕。先生在学术报告中谈了对当前红学争论的看法，强调了培养实事求是学风的重要性。

23日，上午回武汉，参观黄鹤楼，作《登黄鹤楼感赋》："十年初上黄鹤楼，三楚风华眼底收。滚滚长江东逝去，苍苍烟霭尽西流。祢衡鼓点声悲壮，钟子琴声咽不酬。我欲因风乘黄鹤，不知何处有高丘。"

下午为武汉大学作讲演，谈如何治学与研究。次日回京。

27日，去中央电视台梅地亚参加电视剧《水浒传》开拍新闻发布会。

厉慧良卒。冯牧卒。苏一平卒。申凤梅卒。

---

① 张庆善（1952—），辽宁大连市人，中国红楼梦学会会长、中国艺术研究院副院长。

1996年　丙子　73岁

[时事]　1月，中国共产党纪律检查委员会召开反腐败工作会议。10月，中共十四届六中全会审议通过《中共中央关于加强社会主义精神文明建设若干重要问题的决议》。12月16日至20日，中国作家协会第五次全国代表大会在北京召开。

本年，山东青州龙兴寺出土大量北魏至北宋的佛教造像，为研究中国佛教美术史提供了极为重要的实物资料。

1月3日，夜不能寐，起读北魏史。

7日，到潘家园文物市场购得一古石砚和一黑釉辽代陶罐。

8日夜2时半，写毕《我与刘海粟大师》一文，然仍不能入睡，起读金庸的《倚天屠龙记》。

16日，与蒋风白、黄云等几位书画家同赴扬州。后两日，为扬州作书画。

19日，参观汉墓。当日返京。

22日，作《〈史秋鹜画册〉序》。见《落叶集》。

27日，读《倚天屠龙记》毕。

30日，与李希凡、张庆善等同赴哈尔滨参加"海峡两岸《红楼梦》研讨会"。次日，会议开幕，先生代表全国红学会致辞。

2月1日，在会上发言，题目是"红学的争论和红学的未来"。晚上观看冰灯，感而有作："江城三度话红楼，满眼青山未白头。雪地冰灯新境界，烹鸡炙鹿旧嬉游。宏论四海嘉宾集，妙义千层细细求。但教微茫能所见，何妨名列第九流。"次日返京。

4日，先生得金庸来信。信中情辞恳切，称与先生为"生死之交"。

5日，徐城北①送来1961年郭沫若致先生四封信的复印件。信是在"文化大革命"中被抄家抄走的，不久前在天津发现。晚王炳华送来尼雅考古的文稿和照片。

---

① 徐城北（1942—），生于重庆。中国京剧院编剧，后转入学术研究，曾任该院研究部主任。

6日，与刘世德①、陈熙中②、杨乃济③、吕启祥、林冠夫、朱淡文等到农工民主党机关座谈《红楼梦》。

8日，朱淡文、林冠夫、杜春耕④见访，谈甚久。

9日，参加出版社会议，并讲话。到文物出版社买《吐鲁番出土文物》第一集和其他几种书。

10日，参加《中国摄影家》创刊八周年纪念会，陈复礼、吕厚民等与会。

15日，得饶宗颐先生来信，盛称《瀚海劫尘》，并称欲以西域山水为本开创一新皴法。

17日，看望启功先生。复去看望苏一平同志老伴。同事来家祝贺先生七十四岁生日。

20日，旧历年初二夜，为魏子晨《厉慧良传》作序，题目是《无限沧桑哭慧良》。该文见《落叶集》《剪烛集》和《瓜饭集》。

21日，看望叶嘉莹教授，赠以《瀚海劫尘》。

24日，看望季羡林先生。

3月5日，叶嘉莹教授见访，一起观看尼雅考古发现的录像带。

7日，在京红学会常务理事会召开扩大会议，与会百余人，对周汝昌最近的文章和新的索隐派提出了尖锐的批评。先生也发表了意见，并讲了拟于次年召开《红楼梦》国际会议的想法。

10日，审阅《红楼梦》校订本排印稿。晚写《多心经》数条幅和全文。

12日，请人同到通州张家湾拓曹雪芹墓石。晚去工人俱乐部观看"敦煌古乐"演出，席间赋诗一首："一曲敦煌古乐新，千姿万态茜罗裙。纤腰那更临风舞，吹彻宁王玉笛春。"

夜11时，写毕《〈中华艺术辞海〉序》。该文见《落叶集》。

13日，到中国美术馆观看妙云法师画展。晚观看西藏歌舞剧《大雁

---

① 刘世德（1932—），生于北京，著名学者，现任中国社会科学院文学研究所研究员、中国红楼梦学会副会长。

② 陈熙中（1940—），江苏无锡人。北京大学中文系教授，从事中国小说及古代文论研究。

③ 杨乃济（1934—），北京人。毕业于清华大学建筑系，北京旅游学院教授，主要从事中国古代建筑史研究。

④ 杜春耕，1964年毕业于南开大学物理系，高级工程师。1994年开始研究《红楼梦》，现为中国红楼梦学会常务理事。

颂》。

14日，到新华社参加"田汉学术基金会"成立典礼。

15日，去文采阁参加炎黄文化研究会会议。夜一时写毕《怀念苏一平同志》一文。该文见《夜雨集》。

16日，应香港电视台采访谈金庸。晚开始修订《曹雪芹家世新考》，自此至5月中旬，得暇便做此工作。

18日，到人民大会堂参加"黄帝陵基金会"成立大会。

23日，叶兆信①见访，聘请先生担任大众书画院名誉院长。

31日，题曹雪芹墓石拓片数件。薄暮，德国学者史华慈见访，相谈甚欢。

4月12日，到郑州，当天即去越秀饭店演讲，谈《红楼梦》研究现状。

13日，到巩县参观石窟寺并拍照。之后赴洛阳。

14日，去龙门参观莲花洞、药方洞以及奉先寺。

15日，去郑州郊区郝寨村，据云此处为春秋时共叔段之封地，其城墙尚残存数百米，离此不远，尚有郑庄公掘地见母之地道遗址。晚返回北京。

17日起，连续数晚到人民剧场观看京剧之星推荐演出。

20日，获知朱屺瞻先生去世消息，万分悲痛。

23日，写下《悼念百五寿星、画坛大师朱屺瞻》一文。该文见《墨缘集》。下午忽然又获知蒋和森去世，十分伤心。晚读有关李煦的材料，细研李鼎、沈宜士等人供词，更明确了李煦之亏空，实际上是不成立的，以此可知曹家败落之根本原因，拟写一文。

24日，写下《悼百五寿星朱屺老》二诗："悲音海上动九州，举世人伤失屺侯。画笔曾惊天地外，胸怀淡泊似澄秋。耆年百五人间少，玉轴千秋策府稠。最是长城城上望，江山万古笔端收。画史长年第一人，纷披彩笔泣鬼神。江山有待翁生色，天地无翁不氤氲。百草千花为翁发，千岩万壑为翁鸣。骑鲸今日归去也，留得千秋万岁名。"

5月3日，到沈阳，参观辽宁省博物馆。回京时，携回辽阳所藏有关曹雪芹家世诸多材料之复印件。

---

① 叶兆信（1959—），山东夏津人，画家，山东画院高级画师、中国当代工笔画会会员、山东工艺美术学院客座教授。

6日，到济南。次日，参观九顶塔、小龙虎塔、四门寺塔以及唐代石刻造像。再日，看新发掘汉墓，据云是济北王之王陵。复至千佛山后山看北魏石刻。晚返京。

12日，《曹雪芹家世新考》完成修订，此后两日，整理此书之图版。

15日、16日，到炎黄艺术馆检查"《红楼梦》文化艺术展"布展情况。并撰写开幕词。

17日，"《红楼梦》文化艺术展"开幕，先生致辞，观众对展览反映较好。

18日，凌晨起身修改杨泽田和周文康投给《红楼梦学刊》的稿子。晚上修改《曹雪芹祖籍"丰润说"驳论》一文并定稿。该文见《敝帚集》。

19日夜1时，写毕《巨笔如椽 丹青不老》一文，此是为《侯北人先生画册》所作序。该文见《墨缘集》。

20日，至康复中心看望周怀民先生，周老甚喜。

23日，率中国宗教音乐团飞赴德国法兰克福，抵达后即乘汽车前往德国南部小城马克沃勃道夫音乐学院。次日晚，开始演出。参加此次活动的大约有十几个国家的宗教音乐团体。先生看到肯尼亚的歌舞，联想到我国古代的葛天氏之乐和青海大通县的原始舞蹈彩陶盆，认为初民之文化各民族均有相通处。

25日、26日，在寓所读《李商隐诗集》。

27日，随团到另外一小城市演出。晚作《哭蒋和森》诗四首。

29日，去阿尔卑斯山古堡参观。

30日，到海德堡。晚上改定《哭蒋和森》诗："四十年前解梦时，新笺初罢即相疑。孤灯夜半商量后，深巷月斜独自归。""论玉一篇初问世，洛阳纸贵忆当时。千金何老雕龙评，从此蒋郎是砚脂。""雨暴风狂六月初，神州一夜尽焚书。才人千古穷途哭，楚泽行吟是大夫。""闻君卧病欲探君，忽听噩耗泪满巾。千古文章才不尽，九泉先报曹雪芹。"

6月2日，赴慕尼黑。次日，到巴黎，陈庆浩教授来接。随即到凯旋门广场、塞纳河大桥游览。再日，游览凯旋门、协和广场、埃菲尔铁塔等，之后乘游船浏览塞纳河风光，复至巴黎圣母院、索邦尔大学、伟人祠等处。

5日，参观凡尔赛宫、罗丹博物馆和罗浮宫。

6日，经陈庆浩教授联系到巴黎图书馆借看敦煌藏卷：《丑女缘起卷变文》和《大目连犍变文》，又浏览了已经出版的敦煌卷子法藏部分 5 卷、上海博物馆藏 2 卷和俄罗斯藏数卷。

7 日，返回慕尼黑。次日，回到马克沃勃道夫。

9 日，上午读《北朝石窟艺术》。下午随团到德国边境小城林顿贝尔克演出。

11 日，在寓所读两种佛书，甚有得。之后几天，都读佛书。

15 日，至汉诺威。次日，音乐团在圆觉寺大雄宝殿演出。再日，在汉诺威城中游览。

19 日，到汉堡。次日，到柏林。

21 日，到德国国家图书馆看敦煌吐鲁番出土文书，皆为手抄经卷，其中几卷书法极精，先生谓在国内尚未见到此类风格的写经精品。

  特别是我在德国看到的一批敦煌写经，其中有几卷的字迹简直是米字，书法极精，我在国内还未看到这类风格的写经精品。我从地下室出来后，与德国图书馆的朋友说起，他希望我第二天再去，拍下照片，把号码记下来，因为他们不懂中国的书法，根本不知道好坏，所以极希望我去再多看一些，可惜第二天的日程已有安排，不能再去了。

参见《墨缘集·学书自叙》。

22 日，参观印度艺术博物馆。次日，再到印度艺术博物馆重看此处所藏吐鲁番文物，且补拍照片。之后到裴家门艺术馆，观看古希腊和古罗马的雕塑艺术品。

24 日，到德国国家图书馆与这里的专家及负责吐鲁番文书编目的人员座谈，为介绍尼雅出土文物和敦煌文献整理出版情况，以及《中华文化画报》。

25 日，乘飞机回国。次日上午抵达北京。

7 月 7 日，去金堂饭店祝贺徐邦达先生 85 岁寿诞。

8 日夜 12 时半，灯下改写完《〈曹雪芹家世新考〉增订本自序》，文中总结自己奉行的学术道路，"一是重视文献。凡与论题相关的文献，我必定尽力搜求到。""二是将文献资料与实物对证。""三是实地考察，周历全国的名山大川和历史文化遗迹。"该文见《落叶集》。

11 日，开始写《我是怎样研究〈红楼梦〉的》一书。之后得暇便写作此书。

15日，参观内蒙古赤峰来京举办的"辽墓壁画原件展览"，并买得一本《北朝佛道教造像艺术》。回家后仔细阅读此书，见道教造像龛额上有飞天造型，认为判定丹阳萧宝卷墓中的飞天应当是道教飞天，又多了旁证资料。

19日，去香山参加曹雪芹纪念馆揭幕式，并讲话。为天一中学五十周年纪念写祝贺词。

20日，受凉感冒，全身发冷。晚上继续写《我是怎样研究〈红楼梦〉的》，近几日一直在写作此书。

26日，应嘱为书"长乐宫"额。

29日，工藤贤司、阿部澄子和邵春风来访，商量工藤贤司画展事。

本月，《哭厉慧良》一文在《炎黄春秋》发表。

8月4日，撰写《哭蒋和森》一文。该文见《夜雨集》。

7日，立秋，为蒋风白先生《兰花百图》作序。该文见《墨缘集》。

此顷，作《秋风图》，题识："秋风图。宽堂冯其庸七十又四"。该画见《冯其庸书画集》。

10日，读《八旗通志》。改毕贾穗寄给《红楼梦学刊》的稿子。

11日，为山东新闻书画院作四尺整幅墨葡萄。

15日，去农工民主党会议室参加纪念蒋和森的学术讨论会。

16日，去中国历史博物馆参加"敦煌艺术展"开幕式，接着去人民大会堂参加"敦煌学术基金会"成立仪式，日本著名画家平山郁夫[①]亦来参加。晚到北京饭店与平山郁夫晤谈，并赠以《瀚海劫尘》。平山郁夫对此书非常喜欢，回赠以自己的画册。

19日，接受电视台采访，谈曹雪芹祖籍和家世。

20日，飞赴黄山。次日，游览黟县塔川、宏村、西递等古村落，车中口占一诗，云："阔别黄山十五年，重来更觉山水妍。此身幸有余龄在，付与黄山餐紫烟。"

之后到工藤贤司寓所，看其新作画，认为深得中国画之神味，实为难得。

22日，与邵春风同去溪头砚山，觅得一巨大砚材。此材新从唐砚坑中取

---

① 平山郁夫（1930—2009），日本著名画家，曾任日中友好协会名誉会长。

出，是唐代取石所遗，为一制砚匠师所得，适为先生所见。即由邵春风出面购得，带回屯溪，然后请专人琢成砚台。

23日、24日，访问友人，参观墨厂。撰写砚石题记："丙子七月初九日，予与邵春风同游婺源之龙尾山，于溪头砚山村获此奇石，识者云：此唐坑遗珍，龙尾之精也。昔蔡君谟所云肯要秦人十五城者也。春风乃为巧旋琢磨，成此神品。宽堂冯其庸识于屯溪煮石斋时年七十有四。"又作砚铭："黝而墨，皱而韵。万点金星，几湾眉痕，一片晕。君得我而获知音，我得君而扣君长鸣。悠悠天地，离合前因。"

25日，游览绩溪山水，参观胡氏宗祠。复至工藤贤司寓所为邵春风等人写字。

26日，经南京赴扬州。获知周怀民先生已于昨日去世，甚为悲伤。

28日，在扬州作《哭周怀老》诗四首。次日返京后改定。再日，到周怀民先生家悼念。

9月1日，又作悼念周怀民先生诗一首，连前日所作共五首："彩笔辛勤七十年，大名谁与子争先。忽然一夜乘风去，定是琳宫缺画仙。""与公论道海西陬，满架葡萄一院秋。怪道先生马乳好，青藤长到笔尖头。""与公论道太湖边，落日苍茫荻影天。怪道先生秋水好，浪花飞到小窗前。""与公论道在京华，风雨平生愧屡夸。古道照人高谊厚，送公远别泪如麻。""与公论道梁溪滨，马远夏珪皆奇珍。玉轴牙签归天禄，先生爱国心比金。"

晚撰写《关于弥陀寺碑的发现》一文，然后继续写《我是怎样研究〈红楼梦〉的》。

2日，改《历代文选》稿。

4日，到八宝山送别周怀民先生，心中凄然。晚赴沈阳，去参加沈阳故宫博物院成立七十周年庆典并国际书法史研讨会。

6日，第二节国际书法史研讨会开幕，先生致辞。晚改定《'96辽阳全国〈红楼梦〉学术研讨会开幕词》。

该开幕词见《落叶集》和《夜雨集》。然《夜雨集》此篇末署："1994年8月23日于莱阳"，时间地点均有误。

7日，到辽宁省博物馆参观晋唐和宋代法书，复至沈阳故宫博物院参观书法展，见到王铎、八大山人作品。

9日，参加沈阳故宫博物院成立七十周年庆典。

10日，应辽宁教育出版社之请去中国医科大学礼堂讲演，题目是"关于曹雪芹的祖籍问题"。

11日，到辽阳。两日后，全国第八次《红楼梦》研讨会开幕，先生致辞。并在下午的会议上发言，讲述曹雪芹祖籍"辽阳说"的根据，批驳"丰润说"。

14日，辽阳曹雪芹纪念馆揭幕，先生致辞。

15日，参观东京城、东京陵和辽化。

17日，自沈阳乘车返京。

20日，到政协礼堂参加郭汉城先生八十诞辰祝寿会。

21日，《光明日报》发表先生《哭周怀民先生》诗五首。

22日，写毕《送别周怀民先生》一文。《送别周怀民先生》和《哭周怀民先生》（又名《哭周怀老》）均见《墨缘集》。

24日，晚写毕《汉画的新生》一文，介绍日本青年画家工藤贤司汉画展。该文见《落叶集》和《墨缘集》。

25日，上午参加中国邮票总公司举办的水浒邮票设计讨论会。下午至晚上，撰写《〈南阳汉画论文集〉叙》。

28日，近日次第搬家至通州张家湾，连日整理书籍。今天海宁王敬三①来，聘请先生出任"金庸学会"名誉会长，并请为《金庸研究》季刊题字、写叙。晚先生作《赠金庸》诗："奇才天下说金庸，帕米东来第一峰。九曲黄河波浪阔，千层雪岭落霞重。幻情壮采文变豹，豪气连云笔屠龙。昔日韩生歌石鼓，今朝寰宇唱金庸。"

30日夜12时，写毕《〈金庸研究〉叙》，文中对于金庸小说给予极高评价。该文见《落叶集》。

10月1日，王敬三、严家炎②见访，先生将为《金庸研究》所作叙和诗交给他们。

4日，题写周怀民先生墓碑。题陈兼与先生手卷。晚为《历代文选》第

---

① 王敬三（1932—），浙江海宁人。现为海宁市王国维研究会副会长、海宁市金庸学术研究会会长。

② 严家炎（1933—），上海人。北京大学教授、博士生导师，主要从事20世纪中国文学史研究。

三版撰写后记，并修改若干条注释。

8日，在家作画。晚作"工藤贤司画展"开幕词。拟定《落叶集》目录。

9日，到中国美术馆参加"工藤贤司画展"开幕式，讲话并剪彩。然后参加工藤绘画的座谈会。

11日，到上海。次日，参加上海博物馆新馆建成揭幕仪式，然后参观展品。

13日，与杨仁恺先生等去天马山拜谒先师王蘧常先生墓，然后去看斜塔，塔为宋代砖塔，倾斜度比意大利比萨斜塔还大。晚作《丙子十月华亭天马山拜先师王瑗仲先生墓》诗二首："七年一拜先生墓，双泪婆娑感遇多。我本农家贫子弟，得公指点学吟哦。当年犹记说南华，妙义纷披欲雨花。一卷逍遥未竟业，重来已是隔天涯。"

14日，再次参观上海博物馆。当天返京。

15日，到中国美术馆再次观看工藤贤司画展。

19日，《人民日报》发表先生《汉画的新生》一文。

20日，应钓鱼台国宾馆之邀，与何海霞、秦岭云、田世光、白雪石、史树青等同过重阳节。

26日，到香港。次日，饶宗颐先生来寓所晤谈，甚欢，蒙赠画册一、著作两种。

28日，与金庸先生会面。见金庸先生大病已愈，心为大慰。将为《金庸研究》所作叙交给他，并与之商谈有关其小说评点本之事宜，金庸表示全部由先生做主。晚，中国武侠文学学会举办向金庸颁奖仪式，先生代表学会向金庸授予金剑奖并讲话。同时向梁羽生授予金剑奖。

29日，上午与罗孚相晤，蒙赠杨宪益先生诗集和聂绀弩先生诗集。下午与萧晖荣先生同去看望黄永玉，相谈甚欢。

30日，回到深圳。晚在冯晓鸿处为朋友写字。次日返京。

11月1日，到中国美术馆参加工艺美术学院四十周年院庆，同时观看张汀画展。之后看望金庸，赠以《瀚海劫尘》。收到《曹雪芹家世新考》新排印稿。

2日，经济南到临沂。晚灯下观看李雪辉所绘《孙子十三篇人物》长卷，感觉甚为壮观。

3 日，参观王羲之故居。

4 日，上午，第五届汉画学会年会开幕。先生发言，讲了汉画研究的主要内容，认为汉代的绘画是中国传统绘画诸原则确立的时期。下午参观银雀山汉墓，对出土的孙子兵法竹简和孙膑兵法竹简尤感兴趣。

5 日，到沂南参观汉墓和诸葛亮铜像。然后至莒县参观定林寺，此昔为刘勰故居，寺内一巨大银杏树，先生说是所见古树之最。随后至位于沂水畔之诸葛亮故里。三日后返回北京。

7 日，《人民日报》发表先生《送别周怀民先生》一文。

10 日，与严家炎、陈平原同赴海宁。次日上午，去盐官镇参观海神庙，然后观看海潮。下午参观陈阁老故居与王国维故居。归海宁后，参加金庸小说研讨会，作发言。晚金庸请吃饭。

12 日，经临安赴绩溪。次日参观胡适故居、胡开文纪念馆及一制墨厂。然后到屯溪。

14 日，游览太平湖，之后参观宝纶阁，此为明代建筑，内有董其昌所书巨匾。又去参观黄宾虹故居。

16 日，上黄山玉屏楼游览并摄影。晚到工藤贤司寓所作画。

18 日，参观歙县太白楼碑园。晚上回到北京。

20 日，去艺术研究院交接工作，从今日起离休。

21 日，继续编辑《落叶集》，终于完成。

23 日、24 日，分别写作《落叶集》序和后记。

25 日，到中国社会科学出版社交《落叶集》稿。夜 12 时半写毕《回忆郭沫若同志》一文。见《落叶集》。

12 月 4 日，到中国人民大学讲演，题目是："红楼梦研究现状"。学生反应热烈。

8 日，连日来校对《曹雪芹家世新考（增订本）》，今日全部完成。

9 日、10 日，将《曹雪芹家世新考（增订本）》复校一过，并稍作增补。

11 日，参加悼念端木蕻良先生座谈会。之后到红楼梦研究所座谈红研所今后工作。

14 日，到京西宾馆报到，去参加全国第五次作家代表大会。

16 日、17 日、18 日，在人民大会堂分别听取江泽民总书记、翟泰丰同志、钱其琛外长和朱镕基总理报告。之后讨论。

20日，参加作家代表大会闭幕式。

21日晨，写毕《曲海说山忆吴敢——〈曲海说山录〉序》。该文见《剪烛集》。

23日夜1时，作《痛悼端木蕻良[①]先生》诗三首，以寄哀思："二吴（指吴恩裕、吴世昌）送罢忒伤情，又送端翁只暗声。红事纷纷期卓定，如何一梦不回程。《雪芹》半部传天下，四海同人拜德熏。可是九泉曹梦阮，与公相约订遗文。相与研红二十年，高风共仰我公贤。虚怀直似凌云竹，一片春阳玉蕴烟。"

诗见《夜雨集》。

30日，夜里修改完《千古文章未尽才》一文第三部分并誊清。

31日，读启功先生《论书绝句》。

朱屺瞻卒。周怀民卒。端木蕻良卒。蒋和森卒。吴甲丰卒。赵荣琛卒。

1997年　丁丑　74岁

[时事]　2月19日，中国改革开放的总设计师邓小平去世。7月1日，中华人民共和国恢复对香港行使主权，成立香港特别行政区。9月12日至18日，中国共产党第十五次全国代表大会在北京召开。

本年，新疆尉犁营盘发掘出一百余座汉晋墓地，是迄今罗布淖尔地区出土文物最为丰富的一次考古发现。8月7日至10日，"97年北京国际红楼梦学术研讨会"在北京举行。

1月2日，读完启功先生《论书绝句》。

3日，参加敦煌学理事会，季羡林先生等与会。

4日，为上海刘一闻书画篆刻集作序。

5日，到潘家园文物市场购得汉代龙虎砖一块、佛像砖二块。

6日，到红楼梦研究所开会，讨论即将举办的"北京国际《红楼梦》学

[①] 端木蕻良（1912—1996），辽宁昌图人，小说家，尤以长篇小说《曹雪芹》影响卓著，曾任北京市作家协会副主席。

术研讨会"有关文件。之后到文物出版社购书。

7日,参加关于评批金庸小说的会议。与金庸的合同已签订,即日准备开始工作。

9日,近两日撰写文章,谈读了江泽民同志在全国第五次作家代表大会上讲话之后的感想,今天写毕。

10日晚,写毕评论王康乐先生绘画的文章。

13日晚,写毕《"扬州红楼宴"叙》。

21日,校对《落叶集》样稿。

2月3日夜2时,写毕《评点本金庸武侠全集·序》。该序见文化艺术出版社1998年8月出版的《评点本金庸武侠全集》。

2月18日,到炎黄艺术馆参加"张正宇画展"开幕式,并讲话。

20日,写毕《博学宏通 显幽烛微——拜读启功先生〈论书绝句百首〉》文。该文见《夜雨集》和《墨缘集》。

3月23日,近一个月忙于评金庸《书剑恩仇录》,今日全部评完。近日还写毕为辽阳所编《曹雪芹祖籍在辽阳》一书的序言,题为《大争论 大收获》。今天到潘家园文物市场购得北魏早期石刻交脚弥勒佛像一尊、北魏造像残碑三块、宣德瓷砚一件和明代青花瓶一件。

24日、25日,查阅有关资料,准备写《书剑恩仇录》总论。次日开始动笔撰写。

29日,到潘家园文物市场购得铁佛一尊、旧墨一锭。为王蘧常先生《十八帖》作释文。

31日,到南沙沟看望黄永玉先生,黄永玉先生为画一幅荷花。

本月,《落叶集》由中国社会科学出版社出版。

4月2日,写毕《书剑恩仇录》总论。文中称"庄周式的汪洋恣肆,浩瀚无际的气质",都已经在金庸第一部武侠小说《书剑恩仇录》显示出来,所以,先生认为这部小说:"是金庸的一个伟大的起步!"该文见《夜雨集》。

4日夜12时,写毕评批《书剑恩仇录》后记,题为《既是武侠的 更是文学的》。该后记见《夜雨集》。

此顷,作《满园春图》,题曰:"曾是洛阳花下客,一篮携得满园春。宽堂冯其庸七十又五。"

11日，开始评《笑傲江湖》。

19日，经济南赴临朐。次日，到青州看新发现的窖藏佛像，并为龙兴寺博物馆题写匾额。下午至老龙湾参观明代散曲家冯惟敏隐居处。再日返京。

5月3日，到南京，看望程千帆先生，赠以《瀚海劫尘》。之后到扬州。

7日，近两日为扬州国宾馆写字、题额。今日凌晨作《怀念唐云先生》一文。该文见《夜雨集》和《墨缘集》。

8日，经芜湖到屯溪。次日，赴景德镇，参观瓷器博物馆，观看了陆履峻的青花瓷创作。陆履峻赠给先生一件画有黄山山水的青花瓷。再日返京。

12日，枕上作《青花歌赠陆履峻》："十年不见陆履峻，隐姓浮梁作瓷人。画笔新开青花径，挥毫落墨生氤氲。忽如石田庐山瀑，忽如石涛黄山云。忽如倪迂秋林晚，忽如大痴富江春。烟霞万变无穷意，坐对净瓷生峨岷。瓷片入手化作纸，墨分廿彩犹未竣。嗟乎履峻何太苦，世途坎坷笔有神。十年崚嶒登峻极，返顾苍苍所来津。元明青花俱往矣，请看新花满园芬。"

15日，起草"红雪勒铭碑"成。

21日，与叶兆信等一起去看望许麟庐先生。

23日、24日，校对《曹雪芹家世新考（增订本）》排印稿，将被删文字一字一句补抄恢复。

26日，到宁波，参观天一阁。

27日，去普陀山，游览佛顶山、潮音洞等。次日游览普济寺。

29日，为报社讲演，讲述西域之行、金庸研究和红学研究。

30日，去溪口参观蒋介石老家、雪窦寺，复至白云庄参观黄宗羲讲学处，此处原是万斯同故居。又到梁祝公园。次日返京。

6月1日，到潘家园文物市场购得北魏时期佛头一件、石刻造像一尊和辽代马蹄壶一件。

5日，赴上海，参加上海博物馆与日本书艺院联合举办的中日书法名家邀请展。晚与杨仁恺先生一起到谢稚柳先生家吊唁。五天前，谢先生刚刚过世。

6日，中日书法名家邀请展开幕，先生作为贵宾参加典礼。

7日，参加谢稚柳先生追悼会。次日返京。

9日，评《笑傲江湖》。调整评论《书剑恩仇录》开头一段文字。

10日，赴杭州参加金庸小说研讨会。次日，会议开幕，先生在会上发言。下午游览保俶塔。

12日，参观金庸云松书舍。下午返回北京。

24日，近日一直在评《笑傲江湖》。今天上午到红楼梦研究所参加"北京国际《红楼梦》学术研讨会"筹备会。晚赴郑州，去参加汉画研究评奖会。

25日，汉画研究评奖会召开，先生在会上讲了话。次日，继续开会。晚上乘车返京。

30日，观看香港回归的电视转播，心情畅快，赋诗云："国耻百年一旦消，山河万里入衿袍。长城绝顶望乡国，佳气神州日日高。"

7月2日，访韩美林，请他为"北京国际《红楼梦》学术研讨会"画画。

4日，徐邦达先生在南京举办画展，不能前往祝贺，寄诗一首："书画鉴评第一流，丹青墨妙是俊俦。文章本在馀兴外，更仰词名满九州。"

9日，为美术史专家吴甲丰①先生文集作序，题为《怀念吴甲丰先生》。该文见《夜雨集》。

31日，写毕《清水出芙蓉 天然去雕饰——记青年陶瓷家高振宇》② 一文。该文见《夜雨集》。

8月4日，写毕《石头记脂本研究》自序。

6日，到北京饭店报到，去参加"97年北京国际《红楼梦》学术研讨会"。周策纵、伊藤漱平、陈庆浩、杨启樵等皆与会。次日，在人民大会堂举行会议开幕式，先生在开幕词里特别指出，曹雪芹不仅仅是批判现实主义的作家，也是有新的人生理想的。先生还指出曹雪芹是超前的思想家，他的理想是属于未来的。先生说：

  红学有争论，这是正常的，争论是学术发展的动力，除了说假话、造假材料我们反对外，我们欢迎正常的争论，欢迎有历史证据的争论。

---

① 吴甲丰（1916—1996），浙江海宁人，西方美术史专家，中国美术研究所研究员。
② 高振宇，江苏宜兴人，青年陶瓷工艺家。曾师从于紫砂壶工艺大师顾景舟，后在东京武藏野美术大学工业设计系陶瓷专业学习，获硕士学位。回国后在中国艺术研究院建立陶瓷艺术研究室。

红学要发展，就必须争论。

以往研究《红楼梦》，较多地侧重于研究曹雪芹对封建时代的批判。曹雪芹对封建时代的批判是深刻的、全面而广阔的，因而这种侧重也是必要的、自然的。

但曹雪芹是一位超前的思想家，他的理想不属于他自己的时代。他的批判是属于他自己的时代的，他的理想却是属于未来的时代的。所以他只给贾宝玉、林黛玉以美好的理想而且让这个理想在他的时代彻底毁灭，这就表明他的理想是属于未来的世纪的。

曹雪芹在《红楼梦》里是寄托着很美好的理想的，而且这个理想还要经过若干世纪才能逐步实现。

现在新的世纪即将来临了，曹雪芹对未来的理想，也应该引起红学家们的高度重视了。

会程四天。其间，周策纵先生曾示以诗作《曹红——为'97北京国际〈红楼梦〉学术研讨会作》："平生最服蒙庄达，却为曹红每怆神。乐极早知悲逾甚，情深翻窘意难真。东风负尽芙蓉约，北国追迷木石因。胜会于今过五度，秋声谁共吊荒磷。"

先生步原韵奉和一首："耇年一会红楼梦，回首沧桑倍怆神。乔木世家无剩迹，荒冢短碣存遗真。奇文四海争研析，怪事九京出有因。愿与诸公勤著述，一篇聊以慰秋磷。"

先生又有赠辽阳傅克诚诗："一梦红楼二百春，重来已是隔年人。感君意气浓于酒，一片高情比紫金。"

缘傅克诚两度支持红学会议，故有此作。

按，先生《97年北京国际红楼梦学术研讨会开幕词》见《夜雨集》。又，先生与周策纵先生唱和以及赠傅克诚[①]诗俱见《剪烛集·此情成追忆》。

27日夜11时，写毕《〈笑傲江湖〉总论》，题为《人性的展示》。文中称金庸的文章"发源于庄周，也得力于东坡。他是我们时代的文章大师，是我们时代的光荣和骄傲"。该文见《夜雨集》。

---

① 傅克诚（1946—），辽宁海城人。历任辽宁省辽阳市市委书记、江西省委副书记、江西省政协主席等职。

本月，《曹雪芹家世新考》（增订本）由文化艺术出版社出版。

30日，第六次赴新疆，当日飞抵乌鲁木齐。次日，新疆师范大学薛天玮①、胥惠民等见访。又与王炳华、新疆军区司令方登华等相晤。

9月1日，到伊宁。参观林则徐纪念馆、古清真寺等。晚读介绍当地历史文物之资料。

2日，去惠远城，参观将军府，复至霍尔果斯口岸和铁木耳巴扎。欲寻阿力麻里古城而不果。

3日，发车至野马渡，此为当年成吉思汗西征召开军事会议之地，今尚存一大土墩。复前行到昭苏。此处四围皆山，中间为一广阔无比的大草原，即古乌孙国之地。复登上与哈萨克斯坦共和国接壤的格登山，参观乾隆二十年所立平定准噶尔叛乱记功碑亭。下山后见路边连绵并列之巨冢，即乌孙墓。是夜宿于当地部队。

4日，参观圣佑庙，之后到大草原看突厥族遗物草原石人，石人旁为广阔无垠之天然牧场，昔细君公主、解忧公主、冯嫽均在此生活。乐府《乌孙歌》亦出于此。午后伊犁地区史志办同志为介绍伊宁历史和弓月城，然后即去古弓月城考察。此遗址甚巨，尚可见当年台地、墙垣等。晚为当地同志写字。

5日，由伊宁出发赴博乐，途经赛里木湖。抵达后去阿拉山口参观。次日，到怪石沟游览，此沟绵延数公里，两边皆奇石，千姿百态。

7日，由博乐出发赴克拉玛依，途中再次见到乌孙墓群，且有碑，因下车拍照。到达克拉玛依后，参观黑油山，此为历史上出原油处，复参观解放后最早出油之第一号井及其市容。到寓所后为当地同志写字。夜1时尚不能寐，作三首诗，《题格登碑》："十年梦想到乌孙，万里来参国士魂。今日格登碑下过，残阳似血马如云。"

《题草原石人》："千里荒原一石人，当风仗剑气犹神。遥知血战玄黄日，一剑曾降百万秦。"

《题乌孙墓》："荒草离离十丈高，解忧不是是冯嫽。武皇当日多深虑，异族通婚万世豪。"

---

① 薛天纬（1942—），陕西宜川人。现任新疆师范大学副校长、教授，西北大学国际唐代文化研究中心兼职研究员。

8日，赴阿勒泰，经过魔鬼城，前往参观。晚为部队同志作书画。

9日，由阿勒泰前往哈纳斯湖游览，但见湖水从山涧淙淙流出，远看宛如青玉。复至观鱼亭。当晚宿于哈巴河畔边防连，有诗云："西行万里到边州，一宿戍楼百感稠。窗外繁星疑入户，枕边归梦绕红楼。平生行役今称最，他日相逢话昔游。明早扬鞭纵马去，直奔哈八过滩流。"

10日，返回阿勒泰。次日参观博物馆，看到鹿石和岩画。傍晚回到乌鲁木齐。

12日，到吐鲁番。次日，参观博物馆新建的巨犀陈列室。当地史志办同志钟兴麒、储怀贞等为介绍坎儿井、新疆钱币，并谈及地方志修纂问题。

14日，再度到交河城，特意围绕交河城走了一圈，在城东边台地北部，看到两千年前车师贵族墓葬。之后去五道梁看古坎儿井。下午去无半城。此城初见于《隋唐嘉话》，后失载，无人知其地。吐鲁番同志编写地方志，认真查考，新知荒漠中有此城。其遗址甚大，废墙林立，皆夯土而成，东南部之城墙尤高大，建成之年代似在唐或在唐以前。

15日，去阿拉沟考察塞人古墓，经过一古烽火台，寻见一古城堡，几经周折，始找到古墓群。

16日，旧历中秋节，为《吐鲁番市方志》作序，题曰：《玄奘西天取经的第二个起点》。文中说："我这次是第六次来新疆，第五次到吐鲁番，我感到新疆的学问做不完，吐鲁番的学问也做不完。丝绸之路的南、中、北三路我已重复了几遍，玄奘取经之路的甘肃、新疆部分，我也重复了几次，但总觉得认识不尽，特别感到吐鲁番地区是丝绸之路和玄奘取经之路的重要地段。"文中还提出了吐鲁番是玄奘西天取经的第二个起点的观点，因为"名僧玄奘西行时曾在此停留一个月，在高昌王鞠文泰的大力帮助下，遂得以继续西行，成其正果"。该文见《剪烛集》。

17日，回到乌鲁木齐。为新疆军区方登华司令作画。次日返京。

21日、22日，修改《石头记脂本研究》稿。并重抄《笑傲江湖》回后评。

25日，将《石头记脂本研究》稿送交人民文学出版社，《笑傲江湖》稿送交文化艺术出版社。

26日，与柴剑虹同去拜访启功先生，相谈甚欢。

28日，为高振宇陶瓷作品展而邀请启功、王世襄、张仃、朱家溍①诸先生与宴。

本月，《〈书剑恩仇录〉总论》在本年第5期《北京师范大学学报》上发表。

10月1日，参加高振宇陶瓷作品展览开幕式。夜里撰写《评批〈笑傲江湖〉后记》。该文见《夜雨集》。

6日至9日，为叶兆信修改文章，并整理在新疆所摄照片。

10日，日本学者大野修作见访。

11日，为《中华博览》杂志题诗："中华文物五千年，博览神州事事妍。一册图书天下遍，江山万古有俊贤。"

22日，改定《八家评批红楼梦重校》横排本序言。

24日，应卓琳②同志之请，与吕启祥、张庆善、杜景华等同到原小平同志办公室，漫谈《红楼梦》。卓琳同志对红学界情况非常熟悉，对曹雪芹祖籍之争，她表示赞成辽阳说。对先生说："你那个五庆堂谱的研究材料那么丰富，证据充足，丰润说却毫无根据。"卓琳同志还表示尽可能请人帮助《红楼梦学刊》解决办刊经费等一些困难。先生还向卓琳同志提及朱淡文的病情，请求帮助。最后与卓琳同志合影而别。

25日，到潘家园文物市场购得三方铜印，其中两方为官印，一刻于金章宗泰和七年（南宋宁宗开禧三年），文曰："易县尉印"；一刻于辽道宗大安三年（北宋哲宗元祐二年），文曰："越王寇文学印"。

29日，收到卓琳同志来信，谈请人赞助《红楼梦学刊》之事。卓琳同志来信见2009年8月11日《文汇报》发表的先生文章：《一位平凡朴素的老人》，全文如下：

冯其庸同志：
　　前几天与你及诸位红学家晤谈后很高兴。上海朱淡文同志的事，接信后，我即托人打电话请关照一下此事，希望能住院治疗，如果费用有

---

① 朱家溍（1914—2003），浙江萧山人，著名文物鉴定专家，曾任故宫博物院研究员。
② 卓琳（1916—2009），云南曲靖人，邓小平夫人。1937年到延安参加革命，新中国成立后曾任国务院办公厅机要秘书、中央军委办公厅顾问等职。

困难，我可以解决。你的信第二天我就转去了。

　　天气渐凉了，大家都年纪大了，望各自珍重为上，谨祝各位平安！

卓琳谨上 97.10.29

　　本月，《中国书法》本年第五期发表先生作品数件。

　　11月7日，接卓琳同志电话，再次去其家里，谈朱淡文之事。

　　8日，到潘家园文物市场购得北魏石刻两件。

　　9日，为周绍良先生作画。

　　11日，卓琳同志来信，说已经打听到几种药可以治疗朱淡文之病。

　　18日，晨6时，写毕《〈林同济教授诗集〉序》。该文见《剪烛集》。

　　19日，写好为《水浒邮集》所作题词。

　　22日，到中国历史博物馆参观"十大考古新发现"展览。

　　26日，经数日工作，将《笑傲江湖》回后评及总论清样全部校对一遍。

　　12月2日，夜12时，写毕《分明元白唱酬诗》一文，这是读罢林散之和邵子退的《种瓜轩诗稿》之后所作。该文见《墨缘集》。

　　4日，为北京大学百周年校庆书写两副对联。

　　5日，到上海。次日，参加在刘海粟艺术馆举办的"林散之书画艺术展"，在开幕式上致辞，并在研讨会上讲话。

　　7日，由王运天、邓云乡陪同看望刚刚病愈的朱淡文。

　　9日，参加在刘海粟艺术馆举办的"王蘧常先生书法展"，先生致王蘧常师的信札也全部展出。晚返北京。

　　13日，到人民大会堂参加电视剧《水浒传》首发式。

　　15日，读《林散之书画集》。

　　16日，为卓琳、王世斌同志作画。

　　20日，到济南。次日，至邹县参观新发掘的汉墓，此处为王粲和仲长统故里。两天后返京。

　　24日，去故宫参观沈周与文征明书画展。

　　岁暮，作《昨夜黄山大雪飞图》，题曰："昨夜黄山大雪飞，故人约我上翠微。我今天寒脚力薄，空望清溪雪满衣。含毫且作袁安图，梦里依稀雪掩扉。他日相逢把酒看，不知当时是耶非。丁丑岁暮，黄山大雪，故人约作天都之游，予不克行，乃为此图。宽堂冯其庸"

谢稚柳卒。张君秋卒。

1998年　戊寅　75岁

[时事]　7月至9月，长江发生全流域特大洪水，松花江、嫩江、珠江流域也发生百年一遇的特大洪水，中共中央、国务院组织军民抗洪救灾。

9月12日至10月11日，中国艺术研究院筹办的"《红楼梦》文化艺术展"在台北市国父纪念馆举行。

1月1日，凌晨2时，写毕《梦里青春可得追——怀念华君武、黄永玉、张正宇、关良、刘旦宅、戴敦邦诸先生》一文，这是为谢春彦《春彦点评录》所作序。该文见《夜雨集》和《墨缘集》。

5日，为《高二适先生文集》作序，题为《怀念高二适先生》。又为《生活报》作《寅年说画虎》一文。《怀念高二适先生》一文见《夜雨集》和《墨缘集》。

13日、14日，连续读《溥心畬画集》，且临其山水一幅，深有所会，认为"北溥"（溥心畬）胜过"南张"（张大千）。大千之画，自是超凡，然终未完全脱俗。而溥心畬画，无论山水人物，皆超凡而脱俗矣。

15日晨，作《关于〈化度寺碑〉的补记》一文。该文见《夜雨集》和《墨缘集》。

16日，应全国文联之邀，为"二十世纪书法大展"作字。

25日，夜不能寐，4时起身，起草论文提纲，又作题《雪中芭蕉图》诗："窗外芭蕉绿荫多，潇潇夜雨听鸣珂。忽然一夜朔风紧，却是王维旧雪图。图字借韵"。

27日，作《牡丹图》，题曰："丁丑除日醉后。宽堂"农历丁丑除日，阳历为本日。

29日，旧历正月初二，学作《观瀑图》一幅。近日读吴昌硕、张大千、傅抱石画册，学作山水，略得其意。

30日夜1时半，改毕《关于〈石头记〉脂本研究》一文，作为北京大学国际会议的论文。

2月1日，看望叶嘉莹教授。晚画《葡萄》一帧。

2日、4日，作山水图一帧，又作《雪景山水》，题曰："予辛未年（庚午）冬去大积石山调查河源所见之景。"又作《胡杨树图》。

6日，作《忆太湖图》，并题诗："一别故乡五十年，梦魂常绕太湖边。蠡园月色梅园梦，又似春云到眼前。"

7日，夜不能寐，看李永祜①《校水浒序》至2时。

8日，晨作题画诗一首："一曲清溪是我家，孤松绝巘两无邪。闲来抱膝溪边坐，心逐流泉到海涯。"

10日，到中国美术馆参加"二十世纪书法大展"开幕式，之后到中央电视台参加电视剧《水浒》讨论会，作发言。

12日，与叶兆信同去看望黄永玉。

14日，上午到中国美术馆参加"二十世纪书法大展"讨论会。下午与叶兆信、吕启祥同去看望启功先生，相谈甚欢。从启老处借归日本人所印敦煌本《化度寺碑》。

19日，去中华书局参加汉学研究室成立会，晤李学勤。

21日，到劳动人民文化宫参加淮阴市委举办的"周总理诞辰100周年纪念会"。

23日，飞赴香港。当日看望金庸。次日，金庸请吃饭。

25日，萧晖荣和庄世平先生见访。

27日，卜少夫先生请吃晚饭，相谈甚欢。

28日，看望方召麐②先生。与于东楼先生相晤。

3月2日，接饶宗颐先生电话。下午返京。

4日、5日、6日，作"丹阳胡桥齐东昏侯墓羽人戏虎拓本"、"曹子建墓砖拓本"和"安徽寿县博物馆藏东晋元康元年墓砖拓本"跋文。并在元康元年墓砖拓本上题诗："谁道兰亭不是真，元康一砖亦晨星。楷行实比兰亭早，六十年前已报春。"为曹子建墓砖拓本所作题跋、题诗，或感慨子建之身世，如："黄河一曲水东流，八斗才高半土丘。我到鱼山倍怅触，诗人

---

① 李永祜（1935—），山东昌邑人，中国人民大学中文系教授。曾任中国人民大学古籍整理研究所所长、中国《水浒》学会常务理事、北京《水浒》研究会会长等。

② 方召麐（1914—），江苏无锡人，香港画家。曾师从钱松嵒、陈旧村习山水、花鸟，多次在海内外举办个人画展。

终古一穷囚。""鱼山陈思王墓极简陋，随葬之器多为瓦器，一如平民。若非此墓砖刻文，则几不可认矣。是知曹子建才高八斗，位为陈王，而实一楚囚也。此历史之真相，得此墓发而更白。"或论述我国书体之变迁："此砖文书体多作楷隶，而其上祖亳县墓所出土砖文已多为行草。而其后元康元年砖，马鞍山太元元年之孟府君志皆具楷行之意，是故知汉晋之季，固吾国书体之变革时期也，岂可执一而论哉。"或由此墓葬之形制联系到对通县张家湾出土曹雪芹墓石之考定："按此墓随葬简陋，若无此墓砖文字，几不可认矣。而此墓砖刻字亦简陋至无可再简者。昔年通县张家湾出土曹雪芹墓石，论者以种种不合为辞，予以否定。然则此墓砖如此简陋，岂能合陈思王之身份？侪辈当更予否定矣。殊不知历史乃生动活泼之事，非可以格式衡一切也。盖历史有常有变，知其常而不知其变，安可论历史哉？执其常而否其变，直如痴人之说梦矣。"

8日，开始校对《〈石头记〉脂本研究》排印稿。

11日，作《策杖访友图》，题曰："杖藜独自过板桥。戊寅元夜宽堂写终南山所经。"

17日，校毕《〈石头记〉脂本研究》。

18日，读《俞平伯全集》。次日，为《俞平伯全集》出版撰写文章以表祝贺。

20日，为马建钧书法篆刻集作序。

22日，昨天夜半忽然想到祝贺《俞平伯全集》出版的文章又有新的内容，凌晨起床写定。上午与吕启祥同去启功先生家，奉还《化度寺帖》。启老又拿出有李后主题签的韩幹《江行初雪图》和日本所印欧阳修《集古录》跋尾等一起欣赏。

23日，为上海博物馆汪庆正馆长、徐祖国、孙立川等作字。重题曹子建墓砖拓本。晚为即将举办的个人书画展编写目录卡。

25日，去中国社会科学院参加《俞平伯全集》出版座谈会。

27日，读宁夏罗英、丁力所著小说《满江红》初稿，感觉极有深度，随即与罗英通电话，告知他准备为介绍出版，建议他把岳飞故事写完，不能缺少风波亭这个悲剧结尾，小说名字可改为《风波恨》。

28日，继续读小说《满江红》。为艾青纪念馆题词。

30日，写毕《关于先师王瑗仲先生的绝笔〈十八帖〉》一文，认为此

《十八帖》是王瑗仲先生书法之极致，而其文字则与王羲之书札相似。该文见《夜雨集》和《墨缘集》。

31日，赴上海。次日，去上海博物馆参观尼雅文物展览。

4月2日，到常州。4日，参观天宁寺，复至清凉寺看谢稚柳画展，又看常州文物精华展。之后寻找黄仲则故居，多方问讯，始找到，然其故居刚刚被房地产商拆掉，至感遗憾。

5日，参加刘海粟美术馆揭幕仪式，见到亚明、蒋风白、黄若舟、谢海燕、新加坡刘抗诸先生。下午参加刘海粟绘画研讨会，作发言。旅次中，读完小说《满江红》初稿，感觉写得甚好，应当帮助其出版。晚返回北京。

7日，作两幅八尺条幅山水，各题诗云："玉堂想得老东坡，一叶扁舟万顷波。宦海远胜沧海险，清风明月小舟多。""万松撼碧有危楼，百丈高峰接天浮。中有幽人世未识，挑灯夜夜看吴钩。"又为谭凤嫒《临唐寅四美图》题诗："依然学士旧风流，翠黛簪花雪满头。一捻腰支花比瘦，弓鞋细步惹人愁。"

8日，复作八尺条幅山水两幅，一为雪景，一为夏山图。

9日，到杭州，陆俨少弟子沈明权①来接，随即到其画室为题字。次日，去浙江省博物馆参加"陈鸣远紫砂研讨会"，作发言。会议之间，由柴剑虹陪同，与饶宗颐先生同去浙江省图书馆古籍部看敦煌卷子。

11日，至富阳，参观蒋放年古籍印刷所，为书一联："江上清风，山间明月；壶中玉茗，楼里奇书"。随后赴绩溪。次日，赴屯溪。

13日，登黄山，由索道至白鹅岭，过始信峰、黑龙松、北海、西海，由原路返回。今日晴空万里，诸峰历历可见。

14日，与蒋放年通电话，告知为古籍印刷所撰写对联改为："江上清风，山间明月；壶中雀舌，楼里典坟"。次日返回北京。回京后，即收到卓琳同志本月11日来信。

按，卓琳同志来信见2009年8月11日《文汇报》发表的先生文章：《一位平凡朴素的老人》，全信如下：

---

① 沈明权（1947—），浙江杭州人，画家。曾师从陆俨少，现为杭州西泠书画院国家一级美术师、中国美术学院客座教授。

冯其庸、张庆善、蔡义江同志：

　　今年年前年后，我因忙于其他杂事，后又患眼疾，治疗些时候，本来早就想写信给红学会诸君约谈的，今天接到蔡义江同志来信，我很抱歉，请谅解。这两天，天也暖和了，请你们下周方便的时候来这里（我家里）。我因为有腰腿疼的病，不能走远道，所以也不能再自己去红学会了，你们定在哪天，请呼叫王世斌同志，告诉你们来的日期即行，祝

　　大家好！

卓琳 1998.4.11

　　16日，到和平宾馆参加张伯驹先生诞辰一百周年纪念会。启功、王世襄、朱家溍诸老均到会。

　　17日，为山东新闻大厦书写大匾，为《人民日报》书画院作四尺中堂书法。下午有望启功先生，相谈甚欢，启老将写好的"春风草堂"几个字交与先生。

　　19日，作《远峰缥缈图》，写黄山所见。又将日前所作《居庸叠翠图》修饰加工。

　　22日，陪同孙博看望启功先生，赠给启老石头一块。同日在且住草堂院内竖起一湖石，此石玲珑剔透，周身是洞，拟取名为"镂云"。

　　24日夜2时半写毕《学画漫忆》一文，此乃为即将举办的个人书画展所作。该文见《夜雨集》和《墨缘集》。

　　25日，看望黄永玉。

　　26日，撰写《冯其庸书画展巡礼》一文，作为新华社发布之统稿。又为汉画会议《摇钱树讨论论文集》撰序。

　　27日，作诗咏新得湖石，云："题新得湖石，取名镂云峰，亦名万窍岩，以其玲珑剔透，周身万孔，孔孔相通，不可名状也。镂云裁月是何人，万窍和鸣只片唇。玉女窗虚延夜月，桃源洞邃待奉民。春风吹出涡窝密，夜雨同奔百窦困。待得先生挥画笔，一齐收取入图新。"

　　29日，到国家图书馆参加炎黄文化研究会正、副会长会议。

　　30日，与张庆善同去看望卓琳同志，谈及电视剧《水浒》和先生书画展等，另，先生又提及罗英、丁力所写岳飞题材小说之出版问题，卓琳同志说没有地方出，可以交由残疾人联合会所属华夏出版社出版。

5月5日，到香山饭店报到，参加北京大学百年校庆汉学国际会议。次日，会议开幕，先生在分组会议上发言，谈"庚辰本"与"己卯本"《石头记》问题。

8日，去人民大会堂参加《范仲淹全集》首发式。下午去启功先生处，送上个人书画展开幕式请帖。

11日夜，校毕《〈石头记〉脂本研究》样稿。写毕《看就是学》一文。按，《看就是学》一文见《夜雨集》和《墨缘集》。

18日，与周绍良先生通电话，周先生表示将出席书画展开幕式。

23日，选好准备展出的书画作品。中央电视台来拍电视，将报道书画展。

25日，到中国美术馆布展。晚上宴请顾廷龙、杨仁恺等诸位老先生。

26日，"冯其庸书画展"在中国美术馆开幕，顾廷龙、张中行、杨仁恺、王世襄、任继愈、周绍良、史树青①、许麟庐、袁世海等著名学者、书画家、鉴定家以及各界名人出席。开幕式上，曲润海②、刘广东、杨仁恺等致辞，先生讲话答谢。顾廷龙先生为剪彩。观众甚多，对书画展反映极好。中午举行书画展座谈会，专家发言踊跃，对书画展评价很高。

27日，启功先生莅临书画展，边看边赞，尤其称道《芭蕉图》《云山图》等几幅作品。

28日，刘曦林告知中国美术馆拟收藏先生的四幅作品。

31日，书画展闭幕。

6月2日，为《人民日报》五十周年社庆作四尺整幅《牡丹图》。

10日，天津《书画报》拟发表先生书画作品和水天中的评介文章，嘱寄去照片。昨晚草就给金庸长信，谈评批本《金庸小说全集》之事。今晚严家炎来电话，表示赞同先生关于评批本《金庸小说全集》的意见。

20日，孙立川陪同池田大作先生的几位助手见访。

22日，写毕为张锦池论文集所作序。设计好《〈石头记〉汇校本》稿纸格式。

27日，《团结报》载文介绍先生书画展，并摘引研讨会上专家之评论：

---

① 史树青（1922—2007），河北乐亭人，著名文物鉴定家、史学家，曾任中国历史博物馆研究员，国家文物鉴定委员会副主任委员。

② 曲润海（1936—），山西定襄人，曾任中国艺术研究院常务副院长、党委书记。

中国艺术研究院院长曲润海说,冯其庸先生的山水、花卉、人物画,造诣深,富有文人气质。历史博物馆文物鉴定家史树青说,冯其庸的山水画是文人画、学者画,是心到笔随,给人以宁静感。辽宁省博物馆文物鉴定家杨仁恺说,冯其庸书画吸收了中华民族的优秀传统,他走了千山万水,把它溶化在书画中,因此他的画挥洒自如,极富意境。①

30日,到中央美术学院参加薛永年博士生的论文答辩。

7月1日,到炎黄艺术馆参加书画赝品展开幕式,并晤杨仁恺先生。收到银川罗英、丁力寄来的《风波恨》修改稿。

2日,开始整理《西行散记》,此后二十余天,只要得暇即进行此项工作。

22日夜,写毕《此情成追忆——〈八家评批红楼梦〉重校后记》。该文见《夜雨集》《剪烛集》和《瓜饭集》。

24日,到商务印书馆,签订出版《中华艺术百科辞典》合约。

27日,与柴剑虹、吕启祥同去看望启功先生,祝贺其86岁生日。

29日,到王府饭店,出席为方召麐先生画展召开的记者招待会并讲话。两天后,方召麐先生画展开幕式在中国美术馆举行,先生出席。

8月1日至5日,编《夜雨集》,3日夜12时写毕该书序言,4日写毕后记。编成后题诗云:"旧日文章似故人,重温倍感别情亲。眼花更作千秋定,莫教瑕疵误后津。"

9日,韩国李东泉夫妇见访,看他带来的倪元璐书画原作和伪作,感觉极有意思。读《玄奘评传》。拟定《我的红学观》一文提纲。

11日,中央电视台"东方之子"栏目播放介绍先生的专题片。

14日,连日读《玄奘评传》,并作其他方面赴新疆准备。

15日,飞赴乌鲁木齐,做第七次新疆之游。胥惠民等到机场迎接,雒胜、袁振国等到居处相晤。

16日,参观亚洲中心。中午新疆师范大学薛天纬校长宴请,王炳华等在座。晚飞抵伊宁。

17日,参观惠远城、伊犁大桥、维族清真寺、回族清真寺和林则徐纪念

---

① 刘诚:《红学家冯其庸书画展誉京城》,《团结报》1996年6月27日。

馆等。

18日，晨起为武胜魁司令员等写字。随后赴则克台，游览天马之乡，此处景色甚美，因拍照。当晚宿于那拉提。

19日，乘汽车赴库车，途经巴音布鲁克、巩乃斯草原、大小龙池等，傍晚抵达农四师师部。

20日，上午游榆树沟。下午参观昭牯鳌寺，复至克孜尔尕哈烽火台。

21日，至克孜尔石窟，翻越后山，找到207窟，即俗称的"画家洞"。后山绝少人去，几乎无路可走，等于是在危岩绝壁上攀行。幸得千佛洞的几位朋友前后牵引，方始到达。先生访画家洞是因读日本羽田亨的《西域文明史概论》（1931年商务印书馆出版）说，画家洞壁画有一骑士，腰悬短剑，一手执笔，一手执一小壶，在画壁画。先生从羽田亨书中照片辨认，感到羽田亨的解释不确。实际上作画的不是武士而是画工。腰间所悬是装笔的笔橐，因画壁画的笔杆长，画家随时要换笔，故腰间悬一笔橐（盒）。画完一种颜色，换笔时，即将原笔插入笔盒，再抽另一支笔。另一手所拿的也不是壶，而是装颜色的色杯。羽田亨还说：在"别洞中，亦有描写画家的壁画，亦同样的带剑"。这更说明作画的是画工而不是骑士，腰间所挂的是长方形的装长杆笔的笔盒而不是短剑，因为绝不可能是西方的骑士来画壁画。图中画工所穿的翻领服装，也可能是当地吐火罗人的服饰，因新疆尤其是库车（古龟兹）、焉耆一直到河西走廊一带，中世纪居住的都是吐火罗人。吐火罗跨越欧亚，故其服饰和发式有西方式样。所以先生认为这幅壁画实为反映古代吐火罗族画工在作壁画，而不是西方骑士挂着短剑到东方来作壁画。先生原想到画家洞验看原画，不想洞中原画早已被剥去，无可对证。但羽田亨书中的照片是很清晰的，也足可证先生的论证是合理的。此外先生还参观了205洞和航海洞等，摄得数帧照片。

22日，赴库木吐剌，先至拓厥关，此为汉唐旧关，尚有残壁三处。至水电站，车不能行，步行10华里，始到库木吐剌石窟，参观保存尚好的几个洞窟，拍摄其壁画。晚抵阿克苏。

23日，至喀什，宿于南疆军区军部。次日，早晨天阴，远处有雨，然仍按原计划上山，10时后，天放晴。至卡拉库里湖，南望慕士塔格峰，北望公格尔峰和公格尔九别峰，皆清晰如在眼前。下午5时抵达塔什库尔干，稍事休息，即去石头城拍摄。当晚宿于塔什库尔干驻军团部，因在海拔4000米高原之上，不能成寐。

25日，早起即上明铁盖，先至海拔3600米的喀喇其库边防站二营六连连部，地当喀喇其库河与红其拉甫河交汇为塔什库尔干河处。塔什库尔干河对岸即为著名的公主堡，因河水深且急，原有桥梁已断，只好望河兴叹。从断桥处返回时，见路边一指路牌，上写"瓦罕通道"，先生大喜，知此是通向"瓦罕"的通道，因玄奘当年正是从"瓦罕"地区回来的。随即继续沿河滩而行，由边防战士带路，至驻防于明铁盖之边防七连，此处海拔3995米。七连指导员介绍说，明铁盖之"明"字的意思是一千，明铁盖意为一千头羊。相传古代有前往波斯之商人至此遇大雪绝粮，即将财宝藏入隐蔽之山洞，而所携羊、骆驼和全部人员均冻饿而死，因此人们常传说到明铁盖找寻藏宝洞云云。七连指导员引路到明铁盖达坂，此处四围皆高山，山顶终年覆雪。明铁盖达坂之高处已达海拔4700米，再往前则进入克什米尔，即印度与巴基斯坦争议的地区。巴基斯坦境内。玄奘当年即由此达坂下来，循向下的峡谷河流而行，此道亦是自古以来东西交通的通道之一。先生与朱玉麒、俞宏理等在此停留约半小时，然后返回七连前哨班。应班长之请，先生在哨所墙壁上题字："一九九八年八月廿五日，冯其庸、朱玉麒、俞宏理寻玄奘古道至此路口。"前哨班全体战士热情留先生等人吃饭，饭后即与前哨班合影留念。当天下山，至塔什库尔干驻军团部已是夜晚9时。次日雨中回到喀什。

27日，在当地袁振国陪同下参观香妃墓，墓旁有"和田文物展"，展品中汉唐时期泥塑人物及织物，为外间所难见，因拍得数影。复至清真寺参观，在寺旁购得一本地特有之古代铁制灯具。晚与家中通电话，得知顾廷龙先生已于22日去世，不胜痛悼。

28日，为喀什领导及宾馆写字十余幅。晚乘飞机回到乌鲁木齐。次日返回北京。

9月5日晚，写《玄奘取经东归入境古道考实》一文至夜里1时半，次日晨继续写，中午写毕，凡六千字。该文见《剪烛集》。

7日，柴剑虹送来《大藏经》。

8日，到东四八条参加关于《中华艺术百科辞典》编写与出版有关事宜的会议。

9日，为赈灾作字画数幅。

10日，飞赴台北，抵达后即去国父纪念馆中山画廊展厅检查"《红楼梦》文化艺术展"布展情况。这次展览是应台湾财人法团沈春池文教基金会的邀请，由中国艺术研究院筹办的。

12日，"《红楼梦》文化艺术展"开幕。下午举办学术研讨会，先生作第一讲。

13日，学术研讨会继续进行，先生担任主持。下午拜访潘重规先生，潘先生赠以其诗词集。晚刘昭湖先生见访，且一同吃饭。饭后饭店主人请求写字，为写一横幅。

14日，访问台北"中央"电台，为题词："抽刀断水水更流。两岸交流，情深手足。"随后作演讲，讲《红楼梦》和此次展览。

15日，参观台北故宫博物院和张大千居士故居，之后游览阳明山。

16日，远流出版社王学文经理见访，并赠送《佛光辞典》。

17日，去台北故宫博物院购买《宋人画册》第一册及其他几种书籍。作《双溪拜大千居士故居》诗："重到双溪拜故侯，髯仙还是旧风流。江山万古西川笔，卓立昆仑最上头。"

19日，返回北京。途经香港时，孙立川约为校评《红楼梦》，且为池田大作和方召麐先生画册《澄心 天籁》作序，允之。

21日，重校《〈笑傲江湖〉总论》。次日，将文章寄给台湾远流出版社王学文，并赠书法一幅。

26日，作长卷《古国神游图》，以写龟兹山水。

29日，飞抵兰州。次日，参观兰州博物馆，并到考古所看居延汉简原件。

10月1日，经武胜驿、庄浪河、乌鞘岭，中午抵达武威。下午到天梯山观看石窟，此石窟为北凉时期所凿，仅剩大佛一尊、小佛六尊。

2日，到武威博物馆和雷台参观，之后到罗什塔。下午赴张掖，途经绣花庙滩，下车拍照。抵达张掖后，即去大佛寺参观。

3日，上午先至千佛洞，再至马蹄寺。之后去金塔寺，寺在祁连山深处，汽车开至尚余两公里处，不能再开，因即步行。此处海拔3000米，步行甚艰难，但终于走到。其四周皆雪峰，寺矗立于百丈悬崖之上，崖壁赤红似火，景色奇丽，为他处所未见。回到张掖暮色已重。晚9时去高台，以便明天去居延可以缩短路程。

4日，晨起从高台出发，赴酒泉金塔县参观汉代肩水金关，在大漠中行走甚久，终于在戈壁中看见一雄伟古城，城外南北各有一座烽火台。河对岸另有一座规模更大的古城，后查资料，得知此即为地湾城遗址。之后再前行，总共奔驰800多公里，深夜12时始抵达内蒙古额济纳旗。

5日，旧历中秋节，由当地文管所派导游陪同前往居延海，行60里始到。居延海经干涸已分成几个水区，唯湖心尚有一片大水，还望不到边际。先生在此停留多时，并摄影多帧。之后奔往黑水城，穿过原始胡杨林，涉过两道河，再行甚久，始抵达。黑水城范围很大，四周城墙完好，外城为元代所筑，中间则为西夏遗迹。先生捡得一元统三年缸片，上有题记。其后返归。晚宴后，为人写字数十纸方罢。同日作《却勒塔格山群峰图》。见《冯其庸书画集》。

6日，去当地文管所参观文物陈列，随后到甲渠侯官看当年发掘汉简的遗址，此处曾出土汉简一万多枚。其后返回酒泉。晚再为部队写字，累甚。

7日，早晨去嘉峪关，先看悬壁长城，之后参观长城博物馆。下午看魏、晋、唐古墓三座，最后到丁家闸看魏、晋墓，其墓壁画甚为奇丽，其中有一飞天，完全是世俗服装，且其内容为西王母、东王公等，属于道教，无一丝佛教思想。此飞天更加证实了先生原先所提出的中国自己有飞天的论点，因此先生格外兴奋。当天累甚，夜不成寐，起步回廊，对皓月吟成《题金塔寺二首》："马蹄参罢寻金塔，百转羊肠绕雪巘。黄叶丹崖共一径，寺门高挂碧霄垠。""千峰踏遍到禅门，飞阁悬崖百丈巘。谁遣山僧关禁闭，心香一瓣且先燔。"

8日，赴敦煌，途经双塔堡，看双塔堡水库，唐代玉门关即在水库内，已沉入水底。下午抵达敦煌市，到石室书轩买书。

9日，早起去莫高窟，敦煌博物院樊锦诗[①]院长已在大门外等候。经其安排先参观了465窟，此为元代密宗洞窟，之后参观了45窟和其他几窟。后几窟先生曾经看过，并拍有照片，然再次看，仍有初看时的新鲜感。参观毕，到常书鸿先生故居，在常老骨灰埋藏处献花。随后由樊锦诗院长陪同参观敦煌博物馆，馆内陈列着一些敦煌文物真品，极为难得。告别后，前往榆林窟，参观了所有主要洞窟，其中西夏数窟和中晚唐各窟为别处所少有，且

---

① 樊锦诗（1938—），浙江杭州人，考古学家、敦煌学家，任敦煌文物研究院院长。

特别完好，其壁画中有四处绘有玄奘西天取经内容。晚宿安西。

10日，参观安西博物馆，随后赴酒泉。经布隆吉，参观老城，城已废，遗址甚大。先生认为不像汉代建筑，联系"布隆吉"为蒙语，意为"美丽的大草原"，且其建筑与黑水城外围有相似处，故疑其为元代所建。下午抵达酒泉，途中作《题瓜州》诗："轻车今日到瓜州，千佛榆林宝绘多。东洞更存无上笔，圣僧夜渡葫芦河。"

11日，乘火车赴天水，大雪寒甚，且车行甚慢。次日下午4时方抵达。

13日，去麦积山，参观其重要石窟，43、44、60、72、78诸窟看得格外仔细。44窟主佛像或传即西魏文帝后乙弗氏像，其神情流动而含蓄，肌肤如生，生动之极，先生更反复细看。之后游览仙人崖。

14日，参观南郭寺和伏羲庙。下午为部队和政府领导写字。晚乘车返京，次日傍晚抵达。

17日，读有关居延和黑水城之材料。

18日，上午到天津师范大学，参加首届全国中青年红学家代表会，并讲话。晚上回到北京。

19日，为辽阳傅克诚书记写字，为蒋风白先生生圹撰写墓碑。夜一时写毕《坎坷平生祝季子》一文，这是为《祝肇年戏曲论文选》所作序。该文见《剪烛集》。

21日，读雷奈·格鲁塞《东方的文明》一书。

24日，在潘家园文物市场购得北魏佛像碑一件。夜1时写毕为雷奈·格鲁塞《东方的文明》所作序，题曰《〈东方的文明〉初读》。文中对雷奈·格鲁塞在"西风压倒东风"的背景下，毅然从事《东方的文明》的研究和写作，表示了称赞，对东方文化特别是中国的传统文化与艺术作了充满激情的简略介绍，并且说："历史毕竟是要继续向前发展的，前一个半世纪右脚跨在前面，而之后直至现在和下一个世纪，却是左脚跨在前面了。近半个世纪来的历史现实难道不是这样吗？"该文见《剪烛集》。

28日，枕上作《自题瓜饭楼校红砚》诗一首："团栾一轮海上月，中有玉兔捣灵药。画栏桂树发秋香，诗魂鹤影两清绝。研硃且续脂斋翁，黛梦钗痕俱恻恻。终古苍苍有至情，千秋万世芹溪笔。"

29日，开始作《瓜饭楼重校评批〈红楼梦〉》，此后相当长的时间内，得暇便做此工作，先作文本的重校，然后再作评批。

31日，飞抵济南，去山东工艺美院参观叶兆信线描图案画展。

11月1日，晨起为叶兆信线描图案画展撰写赞词。看刘广东画作。下午到叶兆信办公室为人写字。次日回到北京。

3日，作画两幅。原无锡国专同学符束明寄来诗集，为题一绝："一别风仪五十年，飞来诗句冽于泉。沧桑历尽千千劫，犹有冰心碧玉坚。"

5日，重校完《红楼梦》第2回。

7日，为方召麐和池田大作先生画册《澄心 天籁》作序。该序见《墨缘集》。重校完《红楼梦》第3回。

10日，作《祁连霁雪图》，并题诗云："祁连高入碧云端，霁雪千峰彻骨寒。我到名山悟佛意，人生无处不安禅。"

11日至13日，写作《曹雪芹与红楼梦》一文。且作重彩《金塔寺前图》。

14日，晚选出西行的照片30余幅，并写毕《流沙影语》一文。夜一时半始就寝。

20日，看望启功先生。

22日，画《玄奘取经东归入境古道考地图》。

25日，为叶兆信线描画作《万千涟漪一线成》一文。该文见《墨缘集》。

12月1日，为罗英、丁力小说《岳飞传》作序，题为《气壮山河写忠魂》。该文见《剪烛集》。

2日，到中央戏剧学院参加《祝肇年戏曲论文选》首发式，并讲话。

6日，为宁波梁祝公园题诗："梁祝姻缘旧，红楼岁月新。百年终暗夜，寥落几星辰。化蝶原绮思，焚稿亦怆神。明朝新世纪，蝶梦栩栩真。"

7日，从20天前起，开始撰写《我与〈红楼梦〉》一文，而几乎同时，开始犯头晕病。今天终于将文章写完，凡3万字。头晕仍未愈。

8日，重读《我与〈红楼梦〉》一文，稍作修改。见冯其庸《敝帚集》。王运天、郑威带来新得沈石田长卷，为石田晚年精品，甚欣赏之。

10日，《学林春秋》将发表《我与〈红楼梦〉》一文，请先生写几句格言，连同文章一起发，先生拟了如下几句："我钦佩玄奘精神，为求真理，不辞千难，不畏万辩。我更相信历史，一切权势，一切虚伪机巧，总逃不过历史的大关。"

13日，与李希凡、张岂之、龚书铎、陈平原等同机飞抵香港。

15日，"中华文化与21世纪"国际学术研讨会开幕，先生作"玄奘取经东归入境古道考实"报告。会后，与方召麐先生相晤。

16日，与天地图书公司签订"《红楼梦》校注评本"草约。之后到徐展堂展览馆参观冯叶画展。又与金庸晤谈。

17日，到创价学会参观。之后参观埃及文物展览。次日返京。

22日，到文物出版社购买《郭店汉墓楚简》二册。

26日，作《梅花草堂图》，题曰："春来一事夸韵绝，乱开梅花到草堂。"

30日，《人民日报》发表通讯，报道先生去帕米尔高原明铁盖达坂找到玄奘取经东归入境山口的消息，并配有照片。

31日，《光明日报》发表先生《气壮山河写忠魂》一文。

本月，《〈石头记〉脂本研究》由人民文学出版社出版。

本年冬，作《深雪赏梅图》，题曰："前村深雪里，昨夜梅花开。杖藜匆匆去，折得一枝回。戊寅雪窗，宽堂冯其庸写"。

顾廷龙卒。

1999年　己卯　76岁

[时事]　3月，第九届全国人民代表大会第二次会议通过《中华人民共和国宪法修正案》。11月，中央经济工作会议部署，抓住时机，着手实施西部地区大开发战略。12月20日，中国政府对澳门恢复行使主权，澳门特别行政区成立。

11月，李少春诞辰八十周年纪念演出举行。

1月2日，重校完《红楼梦》第5回。

4日，为山东淄博王渔洋纪念馆题字。校评完《红楼梦》第6回，至夜2时始就寝。

5日，重校完《红楼梦》第7回。为人作四尺整幅《荔枝图》。

7日，到国家图书馆参加《世纪之光》大型图书首发式。

8日，晚邱嘉伦来电话，说赵朴初先生看到《玄奘取经东归入境古道考实》一文，大吃一惊，说只知道先生是红学家，不知道还做这方面的研究。

于是立即给先生写信，因不知通信地址，故托邱嘉伦来问。

9日，到兆龙饭店参加中华书局召开的关于《学林春秋》座谈会。《生活时报》发表先生文章：《此情成追忆——重校〈八家评批红楼梦〉后记》。

12日，石童年定居加拿大，将远行，为作一画以送别。所画为梅园一角，万顷太湖，扁舟数点，题句云："五十年前分袂时，故乡风物正如此。"又作小楷长跋："童年欲移居加拿大，书来道别，予为作此图赠别而不忍书其名氏。然而不书名氏何由知此图之作，乃为此跋以当江淹之赋。江淹云：'黯然销魂者，唯别而已矣。况秦吴兮绝国，复燕宋兮千里。'则何况加拿大乎。则予此画岂但《别赋》也哉。宽堂冯其庸七十又六。"

14至16日，重校完《红楼梦》第9、10、11三回。

17日，收到赵朴初先生本月8日写就的信，信中感谢惠赠《玄奘取经东归入境古道考实》一文，赞誉先生"跋涉艰辛，考察周详"，表示"不胜感佩"，并希望此文能够在佛协会刊《法音》上发表。

赵朴初先生信见《剪烛集》和《墨缘集》，全信如下：

其庸先生：

　　承惠 大作《玄奘取经东归入境古道考实》，具见跋涉艰辛，考察周详，不胜感佩。窃拟转载佛协会刊《法音》，不知能见许否。如荷慨允，更愿赐予有关照片，以满足佛教信众之瞻慕，功德无量。

　　顺颂 吉祥如意，并贺

　　新禧。

赵朴初拜伏
1999.1.8

18日，看望卓琳同志，赠以《石头记脂本研究》、小说《岳飞》和《东方文化画报》。卓琳同志回赠以其三姐妹的传记一册。

19日，收到伊藤漱平寄来的其所翻译的日文本《红楼梦》。

20日，重校完《红楼梦》第12回。

21日至24日，校《夜雨集》清样毕。为黑龙江游寿书法集题词。

25日，为重庆红岩书写《正气歌》。

26日，为辽宁大黑山森林公园题字。重校完《红楼梦》第13回。

28日至30日，分别参加炎黄文化研究会召开的关于编写《炎黄汇典》的会议、《红楼梦》座谈会和关于小说《岳飞》的座谈会。

2月4日，与邱嘉伦一起到医院看望赵朴初先生，赵朴老听说先生七次去新疆，终于找到并考实玄奘归国的山口古道，连连翘起大拇指说："了不起，了不起！"先生还带去谭凤嬛的白描观音像，画得十分精细，赵朴老看了又看，赞不绝口。参见《剪烛集·千秋常怀赵朴翁》。

6日，上海图书馆馆长陈燮君[①]见访，属题字。

8日，作设色山水和水墨山水条幅各一。晚刘正成、朱培尔见访，送来《中国书法全集》，并邀请先生参加当年9月举办的"京华十老书法展"。

12日，作《高山流水图》。

14日，旧历小除夕，《红楼梦学刊》同人为先生庆祝生日。

15日，旧历除夕，作四尺整幅山水，题曰："梦中时忆故园春。戊寅除日，宽堂作"。又作《观瀑图》，题曰："画到匡庐飞白玉，无边清气满中华。戊寅腊尽日，宽堂不寐，夜三时挥毫"。

16日，旧历正月初一，作《玄奘入境古道图》，题曰："唐圣僧玄奘大师于贞观十七年癸卯自印度取经东归，越一年始入国境，时为公元六四四年。其入境山口即今帕米尔高原之明铁盖达坂山口。予于一九九八年八月二十五日中午抵此山口，高四千七百米，时距玄奘入境已一千三百五十四年矣。至此玄奘古道始重彰于世，予乃恭写此图，以纪盛事。己卯岁朝宽堂冯其庸写并记，时年七十又七。"又："玄奘大师入境处，即图中右侧山坡，其下古道即瓦罕通道，其后雪山即喀喇昆仑山，中有朱红苔藓之巨石，予曾坐其上摄影。大唐西域记中所记之奔穰舍罗，汉译为福舍，应即在此附近。宽堂又记。"

18日、19日，重校完《红楼梦》第15回。读《玄奘传》。

20日，叶嘉莹教授见访，相谈甚欢。

21日，作四尺整幅《岳阳楼图》。

22日，重校完《红楼梦》第16回。

---

① 陈燮君（1952—），祖籍浙江宁波，生于上海。现任上海市文化广播影视管理局党委书记、上海市文物管理委员会常务副主任、上海博物馆馆长、上海市美术家协会理事、上海市书法家协会常务理事等职。

23日，上午画山水一幅，题陶弘景《山中何所有》一诗。为春风草堂作对联一副："春风试砚题新诗，夜雨烹茶研古墨"。作诗祝贺《文艺研究》复刊20周年："风雨艰难二十年，梅花一树别样妍。今年又值春来早，千里香融丽日天。"

27日，邱嘉伦送来赵朴初先生为《朱屺瞻年谱》所书题签。

3月1日，为福建长乐冰心文学馆书写题词："我从中学时代起就读冰心老人的作品，接受她的教育。80年代我还有幸得与朱屺瞻老人一起同冰心老人见面座谈。冰心老人是我们时代的文学之母。我们时代的作家和学者，没有一个没有受过冰心老人的哺育的。衷心祝愿冰心老人健康长寿、百福骈臻。一九九九年三月一日后学冯其庸敬颂"。另为常州市第五中学题字。

3日，晚为新版《朱屺瞻年谱》作序，称：

> 朱屺老之画，为古今卓然独有之画，自足千秋不朽。如以画史论之，在唐则为王维、李思训，在五代则为荆浩、关仝、董源、巨然，在北宋则为郭熙、李成、范宽，在南宋则为马远、夏圭也。此非论其画风之相似也，乃论其画史地位之相类也。

5日，王士杰见访，谈及西藏当雄县有天湖，景色极美，因为题一绝云："人到当雄已自雄，千峰头白一湖葱。欲寻仙界在何处，更上布宫三万重。"

7日，晚填《霜天晓角》一阕，喜庆澳门回归，词云："金瓯敲缺，历尽千千劫。今日重圆明月。喜与泪，何时极。　望中神州热，春潮晓更急。请听芳林莺曲，几阵妙，几阵切。"

8日，重校完《红楼梦》第17回、18回。傍晚接受中央电视台采访，谈古典小说改编为电视剧问题。

12日，重校完《红楼梦》第19回。夜不寐，于枕上填《霜天晓角》："青山似碧，银瀑飞冰屑。独倚危楼凝望，栏干外，风正急。肝胆皆冰雪，飘零知己绝。醉拍腰间长剑，几声幽，几声裂。"

词后附语："予数经当涂采石矶，寻太白捉月处，欲觅谢家青山，渺不可得。噫！太白去矣，少陵云杳，东坡、稼轩、放翁、于湖、白石皆不可见，问天上明月，尚留其影否？明月无言，予为之掷笔三叹！己卯春夜三时不寐，时距脂砚评石头记已二百四十年矣。夜四时题"。

14 日，重校完《红楼梦》第 20 回。

15 日，为《红楼梦学刊》创刊 20 周年撰写文章。

18 日夜 2 时，为《谢伯子画册》作序毕，题为《山川钟灵秀　素手把芙蓉》。该文见《墨缘集》。

19 日，到纪峰处，看其所塑刘海粟先生像，感觉比以前进步很多，因让他再塑一形同真人之像，以求效果，且嘱其放开做，以求将海老艺术家之气质表现出来。

20 日，飞抵咸阳机场，旋赴铜川。次日，参观耀州窑博物馆。

22 日，晨起去玉华寺，过孟姜女庙、翻倒山、金锁关，抵达后即上山到肃成院，此为昔日玄奘译经处，亦为唐太宗写《圣教序》处，遗址尚存，然房屋已荡然无存。下山后在路侧见到玄奘手植娑罗树，原树已毁，此为再生者。其后到新建玉华寺博物馆，参加玄奘国际学术研讨会开幕式。下午研讨会开始，先生被安排首先发言，作《玄奘取经东归入境古道考实》报告。次日，会议闭幕。

24 日，上午参观黄帝陵。下午到西安，参观药王庙，此为孙思邈当年活动处，庙内有孙思邈手植柏和大批北魏碑刻，其中不少造像碑很有特色，因为拍照。

25 日，参观秦始皇兵马俑、华清池、大雁塔和陕西省博物馆。

26 日，发车去宝鸡，途中先到马嵬坡参观杨妃墓，之后到法门寺，参观博物馆展出的地宫出土文物，并游览地宫。傍晚抵达宝鸡。

27 日，上午游览大散关，回程至新建成之炎帝陵和青铜博物馆参观。下午去凤翔看秦公一号墓，墓坑尚存，实物已取走。复至东湖，此湖为苏东坡所辟，今尚存其手植柳树。

28 日，由当地驻军房峰辉副军长陪同到磻溪姜太公钓鱼处参观，钓鱼石上足印，郦道元《水经注》曾记载，至今仍在。之后到仙游寺，寺在深山中，为昔年白居易写《长恨歌》处。寺内宝塔下发现地宫和舍利石函，石函上有隋碑一通和唐开元十三年碑一通，皆甚精，复有吴道子石刻画一幅，作兰叶描，笔致生动。从寺出，复至楼观台参观，苏东坡《楼观诗》所咏即此处也。楼观台西有大秦寺，为景教碑所在地，昔冯承钧曾作《大秦景教流行中国碑》一书，先生今尚存，故先生于此碑特感兴趣，因驱车前往。参观毕返回宝鸡。次日回到北京。

30日，草跋仙游寺文，并书写成八尺长卷。另题一诗云："千峰错落列锦屏，曲水萦回碧玉青。想见当年白学士，一篇长恨满旗亭。"

31日，为谭凤嬛新画作题跋。夜1时写毕《〈戴行之画册〉序》，题为《丹青不觉老将至 富贵于我如浮云》。该文见《墨缘集》。

本月，《夜雨集——冯其庸散文随笔选》由中国友谊出版公司出版。

4月5日晨，写毕《廿年摄得黄山魂》一文，此乃为袁廉民①《黄山摄影集》所作序。该文见《墨缘集》。又作《赠袁廉民》诗一首："雨雪冰霜二十年，黄山摄得雾云烟。前朝借问梅瞿老，枕石可曾抱月眠。"开始读叶君远《吴伟业评传》草稿，此后至9日，均读此稿。

10日、11日，为《吴伟业评传》撰写序言，题为《一个真实的历史人物》。该文见《剪烛集》。

13日夜，写毕《临风怀谢公》一文。该文见《墨缘集》。

14日，去紫竹院席殊书屋参加关于"西部探险丛书"座谈会。

15日、16日，为人写字、作书画。

20日，到火车站接杨仁恺先生，然后同到嘉德拍卖行看所拍一批明朝人信札，有张溥、周顺昌、高攀龙信札，亦有倪元璐、陈继儒、石涛之信札。觉后几种书法甚佳。

21日，晨起写毕《苏氏族谱序》。

22日，与杨仁恺先生同赴合肥。下午和次日，为曹六合看画作题跋。抽暇到包公祠和墓园游览。

24日，到扬州。次日，到宜兴，与杨仁恺先生一起为紫砂工艺厂题写壶坯。

26日、27日，在苏州，晤蒋风白先生，为人写字、作画。再日，返回北京。

30日，到故宫博物院参观二玄社复制古画展览会，启功、徐邦达、任继愈诸先生皆来参观，与叙谈。

本月，与尹光华合著之增订本《朱屺瞻年谱》由学林出版社出版。

5月4日，小楷书写顾贞观《金缕曲》、纳兰性德《金缕曲》和吴梅村

---

① 袁廉民（1932—）浙江慈溪人，摄影家。现为国家一级摄影师，中国摄影家协会理事、安徽摄影家协会名誉主席。

《悲歌赠吴季子》作一长幅。

6日，到中国美术馆参加韩美林工艺美术展开幕式。

7日、8日，重校《红楼梦》。陪李广柏[①]去看曹雪芹墓石。

9日，到中国作家活动中心报到。参加红楼梦学会正、副会长和正、副秘书长会议，商量调整机构等事宜。

10日、11日，《红楼梦学刊》创刊20周年庆祝大会暨学术研讨会在作家活动中心会议厅举行，先生致开幕词。此次会议一致肯定了《红楼梦学刊》20年来所取得之成绩，并对今后学刊工作和未来红学发展提出建议。会议还通过了新增补的中国《红楼梦》学会副会长、秘书长、副秘书长、常务理事名单。

12日，重校完《红楼梦》第22回。

14日，北京大学学生成立红学会，与张庆善、蔡义江、胡文彬等同去祝贺，并讲话。

15日至19日，重校完《红楼梦》第23回至26回。

22日，到中国美术馆参加黄永玉画展开幕式。

23日至27日，重校完《红楼梦》第27回至31回。其间曾为魏靖宇作《瞿塘峡图》，题云："君自瞿塘来，为问瞿塘意。白盐与赤甲，还似旧时未？"

31日，到中国新闻出版总署参加《千家诗》新闻发布会，启功、季羡林诸先生亦与会。会上展出了先生四幅画作。

6月3日，重校完《红楼梦》第32回。闻巫君玉大夫病危，甚觉伤心。夜忽梦君玉从医院回家，其夫人谓已不能住院，悚然而醒。此梦境与杨廷福逝世前所梦极相似，甚怪异之。

4日，到北京中医院看望巫君玉大夫，含泪而别。

5日、6日，重校完《红楼梦》第33回、34回。其间曾为安徽亳州花戏楼题字。

7日，与李文如师傅商量采用蝴蝶装装订两部庚辰本《石头记》，以备校点评批之用。

9日，重校完《红楼梦》第35回。

[①] 李广柏（1938—），湖北钟祥人，中国红楼梦学会常务理事，华中师范大学文学院教授。

10日，孙立川、李刚寿见访，并带来池田大作先生所赠画册及礼物。

11日，到国家图书馆看《懋斋诗钞》原稿本，查《古刹小憩》诗题之下写有"癸未"两字之贴条底下究竟为何字。在灯下透视，发现底下其实是空白，请图书馆馆员透视，亦说底下无字。先生认为由此可见"癸未"两字并非原稿本所有，则曹雪片逝年"癸未说"更少证据也。

12日，重校完《红楼梦》第36回。

13日，昨晚读贵州刘白云①画有感，今晨枕上题诗一首："隐逸天南老画师，超超画笔绝人知。金陵只有髡残子，百载神交相与痴。"

夜闻巫君玉大夫逝世，不胜悲痛，久久不能平静。作《哭君玉》诗二首："风雨平生五十年，长安卖药夸神仙。忽然一夜风雷急，贬向蠡湖数浪尖。平生知己是巫公，半世忧患风雨同。才到太平新日月，那堪采药去无终。"

14日至19日，重校完《红楼梦》第37回至第40回。

21日，晨起，作《李兆志羊毫歌》："兆志羊毫妙入神，曲折随意如通灵。大字能书瘗鹤铭，小字可写黄庭经。古来侠士仗干莫，我辈书生唯秋颖。五湖四海汗漫游，腰佩羊毫无远近。年来亦作山水石，挥毫落纸凭管城。多谢兆志细擘理，一管在手敌万金。出匣龙泉生寒光，毫端可见笔花生。兆志兆志多珍重，书圣画师皆藉君，非汝不见王右军，非汝哪有李将军。"

22日至24日，重校完《红楼梦》第41回、42回。

28日，到人民大会堂参加王朝闻先生90岁生日祝寿活动，并祝贺《王朝闻文集》出版。

7月2日，近来天气大热，气温在40摄氏度。写毕介绍杨仁恺先生的《学问家、鉴定家、书画家——我所认识的杨仁恺先生》一文。该文见《墨缘集》。

6日凌晨，写毕《米山化作沈家山》一文，此乃读沈明权山水画之后有感而作。见《剪烛集》。并为题诗二首："不到西湖已十年，重来却识沈明权。羡君一派佳山水，坐我西湖雾雨边。生平绝爱米家山，一片空濛缥缈间。却怪西湖沈画士，米山化作沈家山。"

---

① 刘知白（1915—），号白云，安徽凤阳人，定居贵阳，画家，中国美术家协会会员。

又为贵州画家刘白云再题一绝:"二石超超画笔稀,天南又见白云飞。神州自古多奇逸,寂寂空山一布衣。"

8日、9日,两次去中国历史博物馆参观山东青州出土北魏石刻佛像展。

11日,晚为贵州刘白云画册作序毕,题为《丹青泼向黔西东》。该文见《墨缘集》。

17日,在绢本上抄写脂本《石头记》一段,脂批亦写毕。

20日,读《沈石田画册》,得诗云:"老去先生只自欣,此生未入俗流尘。杨江巫祝皆俊逸,目尽青天不见人。"

21日,重校完《红楼梦》第43回。

24日,到山东淄博。次日,为作演讲,讲三方面:一、红学研究中的几个问题;二、西域研究及玄奘取经入境古道的发现;三、关于书画问题。

26日,为当地写字。次日返京。

28日,天气依然甚热,暑热中将赴淄博之前所作八尺大幅山水补画完毕。

30日,用小楷抄写《红楼梦》中一段,以备"京华十老书法展"用。

8月2日,作山水一幅,题曰:"红树青山好放船"。

6日,在日前所作水墨山水画上题诗:"幽居前后村,青山横作垣。鸡犬亦相听,拄杖不可翻。白云自来去,时时得慰喧。偶然一放舸,直到海涯门。"

8日,到中国美术馆参观陈长芬摄影展。重校完《红楼梦》第44回。

9日,柴剑虹见访,将捐赠《敦煌吐鲁番学刊》的5万元委托其代转。

11日,为周红兴所藏天然石画集作序毕,题为《天然图画 无尽江山》。该文见《墨缘集》。

12日,作四尺整幅《葫芦图》。今天《安徽日报》发表先生的《廿年摄得黄山魂——〈袁廉民黄山摄影集〉序》一文。

14日,重校《红楼梦》至第47回。下午乘车赴上海,次日抵达。

16日,到上海博物馆参观埃及文物展。

18日,到苏州。次日,到邓尉山重寻吴梅村墓。

20日,游览周庄。晚回到北京。

21日,去潘家园文物市场购得一明代陶缸和一辽代酒坛。

23日,为上海博物馆馆长陈燮君画展题词:"神工墨韵两相契,画图妙绝更权奇。"

27日，看望启功先生，柴剑虹和纪峰同在。剑虹携来先生在天水所得小铜佛，启功先生鉴定后，认为是北魏时物。先生携去纪峰为启老所塑像，启老极为满意。

9月1日，近一周都在整理在西部所摄照片，几乎每天皆至夜深始睡，甚感疲劳。今日基本整理完，选出约400幅，以备明年（2000年）在上海举办"冯其庸教授发现·考实玄奘取经路线暨大西部摄影展"之用。

4日，为钓鱼台宾馆作四尺整幅山水，题曰《华岳擎天图》。

6日，校对完《〈笑傲江湖〉总论》清样，寄往台湾。

9日，为苏州老画家画作题诗云："秋江一曲晚风凉，酒罢犹闻玉笛长。吹到梅花三落处，高山流水忆钟郎。"

10日，为谭凤嬛临唐代《簪花仕女图》作长跋，又为其所临张萱《虢国夫人游春图》作短跋，复楷书杜甫《丽人行》于其后。

11日，为谭凤嬛临《八十七神仙卷》作长跋，且以小楷书于卷末。

14日，到苏州。与吴县县委书记谈修建吴梅村墓事。下午游石壁山、石壁寺，遇大雷雨。应寺尼之请为书写"藏经楼"和"念佛堂"等字。归途经玄墓山，谒融宗方丈，谈甚洽。

15日，看望钱仲联先生，钱老甚为高兴。谈及吴梅村，钱老说在某画卷之上发现梅村佚作《东皋草堂歌》。下午到上海。

16日、17日，与王运天、汪大刚一起选择西部所摄照片，并将某些照片接连。次日回京。

21日，杨仁恺先生见访，且惠赠增订本《国宝沉浮录》。

22日，重校《红楼梦》至第48回。为汪大刚、流萤书写"天下雄关"四字，后者供兰州刻碑用。

23日、24日，重校完《红楼梦》第49回、50回。

26日，到上海。后两日，皆去上海博物馆观看五十幅字画名迹，如王献之《鸭头丸帖》、巨然《万壑松风图》、怀素《苦笋帖》、东坡《祭黄几道文》、马远《雪屐观梅图》等，件件皆至为精妙。28日回到北京。

29日，到中国美术馆参加"京华十老书法展"开幕式，先生作品亦在其中，人们评论其书法具有强烈学术气息和文化内涵。

据《传记文学》2000年第11期耿毓亮《浮舟沧海 立马昆仑》一文

载：1999年10月，中国文联、中国书协举办了京华十老书法展，其中赵朴初、启功、冯其庸先生的作品最为夺目，人们评论冯先生的书法具有很强的学术气息和高深的文化内涵。

10月2日，校对《我与〈红楼梦〉》样稿。

8日和13日，分别重校完《红楼梦》第51回、52回。

15日，为友人山水画题诗："大同殿圮已千年，千里嘉陵渺野烟。今日重开新笔墨，满堂金碧忆前贤。"又为内蒙巴林石题句云："其洁如玉，其品如晶，其艳似花，其贵胜金。华堂清供，文房上卿，区区一纽，抵十五城。"

16日，上午去北京市第一中学为曹雪芹像揭幕，传说曹雪芹曾受学于此。下午到中国历史博物馆观看建国50周年出土文物展，在此遇见日本友人西林昭一和史树青先生，相谈甚欢。

18日，整理旧书信，检出王蘧常师书一封、谢无量先生书一封、沈裕君先生书一封及所写"宽堂""瓜饭楼"两额。作诗赠著名汉剧表演艺术家陈伯华："高山流水忆当年，一曲红梅结墨缘。汉上曾听龙凤曲，金陵又读鲤鱼笺。云山万里琴台下，风急天高玉关前。翘首南天频怅望，白云黄鹤自神仙。"

21日、22日，各作山水一幅。

23日，到北京师范大学参加启功先生学术成就研讨会。

24日，作题画诗一首："秋到山家事事新，似花红叶欲醺人。平生一事堪夸耀，家住江南黄叶村。"

25日，与启功、谢冰岩诸先生同赴盘锦。次日晨抵达，参加当地碑林开幕典礼。午后笔会，为写两幅字。晚返京。

28日，重校完《红楼梦》第53回。

29日，杨仁恺、蒋风白先生见访，冯鹏生、李祥瑞同志亦来，在京东且住草堂不期而会。

11月3日，重校完《红楼梦》第54回。

7日，飞赴杭州，傍晚到金华。次日，《红楼梦》学术讨论会开幕，作发言。再日，为浙江师范大学研究生作讲演，讲《红楼梦》研究和西域文化调查研究。当天抵达上海。

11日，去上海博物馆看董其昌画卷之上吴梅村手书的《前东皋草堂歌》，并与吴梅村所画《南湖春雨图》及其题跋相对照，从而断定此长篇歌行确为吴梅村所作。之后到苏州看望钱仲联师。次日返京。

15日，写毕《我与汉剧家陈伯华同志》一文。见《剪烛集》。次日，用四尺整幅书写《赠陈伯华》诗，以祝贺她八十大寿和从艺70周年。

20日，重校完《红楼梦》第55回。夜深作《高山流水图》。

21日，接受中央电视台采访，谈北京菜市口曹家住房问题。

23日，到文物出版社购得《景德镇出土元明官窑瓷》《楚文化》《中华人民共和国重大考古发现》《故宫50年入藏文物精品集》等书籍。

26日，应《文汇报》之约写作迎接21世纪之短文，题目为《东风浩荡迎新纪》。

30日，作水墨葡萄长卷，且试写蜡笺两幅。

12月4日，重校完《红楼梦》第56回。夜2时醒后不寐，作题画诗二首："百尺峰头夕照红，拄杖独立啸秋风。神州多少繁华事，都在纷纷烟雾中。独坐荒江是底人，烟云两袖弄冰粼。平生不设丝纶钓，只送清流到浊尘。"

5日，作八尺屏山水两幅，题昨夜所得二诗。

6日晨，枕上口占一诗："林下深居得自由，溪声伴我读庄周。逍遥读罢人间世，物外心游第一俦。"

8日，到中国艺术研究院参加学术研究颁奖大会，先生专著《曹雪芹家世新考》获二等奖，主编之《红楼梦大辞典》获一等奖。

9日，到人民大会堂澳门厅参加庆祝澳门回归书画笔会，此笔会由全国文联、美术家协会、书法家协会主办。笔会上，先生即席口占一绝并书写之："百五归来庆一家，故园处处发新花。神州寰宇遨游日，一曲凯歌到海涯。"又书写《霜天晓角》一首。是夜不寐，作题画诗一首："独立苍茫自咏诗，飞流天外壮吾思。缘何琢句清于水，只为流尘不到斯。"

次日，作八尺条幅山水，即将昨夜所作题画诗题于其上。

11日，晚乘火车赴上海，车中不寐，作诗二首。《题华山图》："危峰百丈一苍龙，老杜携藤啸晚风。韩子投书痛哭后，仰天太白吐长虹。"《东山赠亚明》："当年犹忆渡江时，意气风飞笔有姿。重见而今头俱白，东山已是石田师。"

12日，到上海后即赴苏州，到太湖镇与当地领导商量修建吴梅村墓事，初步确定修建方案。

13日，看望钱仲联师，赠以《瀚海劫尘》，且示以50年前钱老赠与先生之手书词作，钱老感慨万千，为题数语于旧作之旁，复为书"瓜饭楼"三字。

14日，到上海。次日，参观傅抱石画展。之后去上海古籍出版社购买《敦煌文献》。

16日，赴武汉。次日，参加陈伯华八十华诞暨从艺70周年庆祝会。研讨会上，先生第一个发言。晚与湖北教育出版社总编袁定坤等谈妥出版《红学史》事宜。次日返京。

19日，作八尺屏条《华山图》，并题诗云："拔地参天第一峰，莲花开到碧霄宫。黄河一抹天边去，渭水东来势走龙。百二关河秦塞险，擎天一柱太华雄。中华自古英风在，人到朝阳气似虹。"

20日，作八尺屏条山水，题诗云："幽谷深居客，松声洗耳清。青山皆旧友，黄鹂是前盟。日日看飞瀑，朝朝弄碧泓。纷纷名利客，岂识乐幽情。"

22日，作八尺屏条《天都峰图》，并题诗："横空出世一天都，步上鲫鱼挹丰枢。我欲乘风飞去也，莲花向我急相呼。"

24日，到齐鲁宾馆开会，商量红楼梦学会领导更换事。之后到文物出版社购得《走马楼吴简》两大册。

27日，到朝花社参加《学林春秋》发行会。

29日，为高振宇、徐秀棠①书写蜡笺两幅。

31日，作《黄山图》。

巫君玉卒。邓云乡卒。

2000年　庚辰　77岁

[时事]　2月20日至25日，江泽民视察广东期间提出"三个代表"思想。10月10日，美国总统克林顿签署对华永久正常贸易关系议案。

1月1日，晨起去中华世纪坛参加迎接新世纪撞钟活动，同时参加撞钟

---

① 徐秀棠（1937—），江苏宜兴人，紫砂壶制作名家，获"高级工艺美术师""中国工艺美术大师"称号，现任江苏省文史馆馆员、无锡市美术家协会副主席。

的还有季羡林、吴阶平、柴泽民、周巍峙、费孝通等民主党派或学术界著名人士。先生作诗云:"百年一巨钟,举世振雄风。从此炎黄子,齐心建大同。"

2日,写毕《云林高士旧家风——怀念倪小迂先生》一文。该文见《剪烛集》。

3日,到济南。次日,经泰安到岱庙,参观工藤贤司和范炳南画展。之后由汉画博物馆馆长刘辉陪同观看天贶殿壁画,先生怀疑此图与宋真宗东封泰山作《金桥图》有关,后世屡加修改或重摹,遂易旧观。复观看张迁碑、衡方碑、秦李斯刻石以及汉柏园之汉柏。然后折返济南。

5日,上午接受报社记者采访,谈工藤贤司与范炳南画展观感。下午由叶兆信、李学惠陪同于雾雨中赴临朐。

6日,上午去临朐博物馆观看新出土的北魏以来造像,不少造像均有题记,为拍照。之后去石头市场和莲花山看石头,购得一青海石人。然后赴德州,当晚即宿于此。今日《文汇报》发表先生短文《三点心愿》。

7日,经天津返京,一路冰雪塞途,车行甚缓,傍晚始抵。晚为《环境报》题词,为张颖画牡丹,并应李学惠之请为中国农业银行银卡题词。

8日,李学惠多年来要拜先生为师,今日始允之,赠之以《曹雪芹家世新考》等四种书。

10日,上午辽阳县委书记傅克诚见访,为写两横幅。下午作画,题诗云:"拄藤信步过桥东,欲觅邻翁醉一盅。不道邻翁山里去,看花不畏冒寒风。"

16日,连日来家中暖气损坏,画室、书房均成冰窖,殊不可耐,枯坐太冷,遂作画,并于夜12时写毕为柴剑虹文稿所作序,题曰:《〈敦煌吐鲁番学论稿〉书后》。

按,《剪烛集》中此文末署"2001年1月16日夜12时于京东且住草堂,时大雪严寒,零下14度也",所记年份有误,2001年1月16日先生人在海南,不在北京。当以日记为准。

17日,将昨日所作两幅画稍加增补完稿,一幅题诗曰:"黄山不到又三春,最忆莲花是故人。梦里依然云作雨(予第二次上黄山遇倾盆大雨),觉来惟见月华新。沧桑已换人间世,岁序难磨黛色青。多谢天公如有意,他年再结烟霞亲。"另一幅题曰:"画到双峰忆雁荡。"

21日，作《己卯除夕为予七十八岁初度述怀有作》诗，诗云："云海苍茫寄此身，纵横今古感微尘。沧桑阅尽人间世，百劫方知石友真。万里流沙临瀚海，千峰壁立上昆仑。平生壮旅今衰矣，奋翮犹思学大鹍。"为人作书画。

22日，作《纪梦》诗："2000年1月21日夜，忽梦'文化大革命'中老舍自沉，翦伯赞夫妇放煤气自杀，吴晗被斗死，北京师范大学某某自溺水缸中淹死，予因吾师周贻白先生故被拿审，周师被斗后脑血栓瘫痪而亡……凡此种种，历历如在目前，醒后凄然有作：枕上诗思梦里情，觉来历历事分明。伤心最是玄黄日，万国才人付一烹。"

为兰州张亚杰作字画。

23日，贵州刘白云之子与顾森①见访，送来刘白云画册。作山水画一幅，题曰："平芜尽处是春山，行人更在春山外。"重读何其芳《论红楼梦》。

25日，审看《炎黄汇典》诗歌卷，建议改为正编和二编两卷。读刘白云画册，题诗一首："画到如莲得几人，纵横点划率天真。请君试向天边望，云来云去岂有心。"

灯下作山水一幅，题曰"山中白云多"。

26日，读有关《红楼梦》之资料。作《荒村岁寒图》，题曰："荒村建子月，独树老夫家。己卯岁暮，宽堂写少陵诗意，时严寒大雪盈尺。"

27日，上午去中国历史博物馆参加"二十世纪收藏展"，领取收藏证和画册。下午作山水一幅，题曰："江南烟雨是吾乡"，并题诗云："画到家山笔墨亲，一花一草见精神。非关笔底添灵气，我本桑麻一老民。"

28日，作山水画，题曰"雨后青山铁铸成"。

29日，上午去炎黄研究会开会，讨论《炎黄汇典》有关事宜。下午参加《红楼梦学刊》编辑部本年小结会。

30日，陪同顾三官到沈鹏先生处。归来后为顾三官写字数幅。夜作山水八尺屏一幅。

---

① 顾森（1944—），祖籍浙江嘉兴，生于重庆，中国艺术研究院研究员。曾任中国艺术研究院研究生部美术系主任、比较艺术研究中心主任、书画研修部主任、建筑艺术研究所所长、中国汉画学会会长等职。

2月2日，读《明清启蒙学术流变史》一书。

3日，画胡杨树，题诗云："沙场直立一千年，倒地依然侠士眠。何物世间能似此？英雄只有胡杨先。"为沈鹏先生所书《唐宋名贤咏江阴》书帖题字。读《齐白石全集》，觉常读常新。

5日，旧历年初一，作《梦中黄岳图》，题曰："黄岳归来两袖云。宽堂忆写梦中黄岳，庚辰岁朝七十又八。"

6日，今日腰痛特甚，起坐均感疼痛。勉强作画，题曰"万象纵横不系留"。

10日，腰痛仍剧。修改邓安生所写《通假字汇纂》简介。

11日，日前接房峰辉电话，获知其已升任正军长，并兼任兰州军区副司令，赋诗以为贺。诗云："有唐伟相房玄龄，继起贤昆出巨星。万里安边霍去病，千军一律亚夫营。胸中百万种经略，指上三千汉孔明。华夏中兴逢大势，男儿誓不负平生。"

又为叶兆信藏石作诗，题曰：《题叶兆信藏珊瑚峰》："何人秘此玉珊瑚，曾入米家书画〈舟符〉。天意而今归叶氏，芳园一曲胜天枢。"

12日，书《题沈鹏书江阴颂诗帖》。

15日，与王俊义通电话，表示不能担任《炎黄汇典》诗歌卷主编，因为与编者根本不认识，又没有事先商量过如何编纂。而待书编好后去充当主编，此种学风极不好，故不能接受。继续读《明清启蒙学术流变史》。

16日，读李慎之先生文章《全球化与中国文化》，认为此文很有见解。

17日至21日，继续读《明清启蒙学术流变史》，甚有得。此间，收到江苏古籍出版社所寄"江苏地方文献丛书"一套，嘱写书评。

22日，读李卓吾书。用四尺整幅书写《赠房峰辉军长》诗和《黄山诗》。

24日，为钱金泉题蒋风白先生画，共15幅。

25日，去商务印书馆参加《中华艺术百科辞典》编辑会。

26日，读《明清启蒙学术流变史》和《王阳明全集》。夜1时半不能寐，起饮尽醉，乃乘兴作四尺整幅山水。

27日，读"江苏地方文献丛书"。

3月1日，写毕《乡邦要籍史学珍品》一文，此为介绍"江苏地方文献丛书"而撰。

3日至5日，读"陇文化丛书"，并为作评。为李经国题曹雪芹墓石拓片。

7日，写毕《吴梅村墓重建记》一文。该文见《剪烛集》。

9日，绘梅花数幅，并题诗："铁骨冰肌玉作姿，冲寒独发瘦纤枝。玄冰百尺何须怕，斗冷全凭好胭脂。"

10日，读尚钺《中国史纲要》和傅筑夫经济史著作中有关中国资本主义萌芽的论述。

13日，画大幅葫芦，并题诗："自小青门学种瓜，老来依旧是生涯。一枝秃笔随心写，雨雨风风收满车。"改定《怀念我的老师周贻白先生》一文。该文见《剪烛集》。

14日，去三联书店晤饶宗颐先生并听其讲座，之后去叶嘉莹先生家看望。

15日，为人作书画。给张光年同志打电话问候。

16日，赴上海。后两日，与杨仁恺先生晤谈，看望上海博物馆汪庆正馆长和卧病的方行先生，参加某画册首发式。

19日，到苏州，分别看望钱仲联和蒋风白先生。

20日，忽闻陈从周去世，甚悲痛，作诗三首，题曰《客中闻从周兄逝世，诗以哭之》："电掣雷轰八十年，先生健笔似神仙。一枝瘦竹千行泪，忆得坡翁曝画篇。名园不可失周公，处处池塘哭此翁。多少灵峰痛米老，无人再拜碧玲珑。千载名园到海西，碧瞳也识个中奇。至今亿万虬髯客，拜倒先生笔底痴。"

当日到无锡。次日，去丁山，到徐秀棠处，为题写紫砂壶坯。之后到扬州。再日返回北京。

26日，从本月11日起读吴新雷、黄进德合著《曹雪芹江南家世丛考》，今日夜2时半写毕为其所作序言，并题诗二首："新书读罢益加亲，事事曹家历历明。三百年来多少谜，两公巨笔一澄清。百年红学亦纷纶，几个书生乐苦贫。皓首穷经非易事，江头又见绝痴人。"

27日至29日，清理在西部所摄照片，编好目录，将底片寄给上海汪大刚。29日夜写毕《欢呼西部大开发》一文。该文见《剪烛集》。

4月1日，接受电视台采访，谈对叶兆信绘画看法。为上海古籍出版社《中国历代人名大辞典》撰写推荐意见。

2日，绘《金辉银彩金茂图》。

4日，先生接李希凡电话，云欧阳健等著《红学百年风云》，攻击许多人，建议红楼梦研究所应有所答复。联系欧阳健说"《红楼梦》是青楼梦、脂本是伪本"等毫无根据的谬论，枕上不寐，作诗云："世事撩人梦不成，参横斗转已三更。荒唐满纸凭空造，燕说郢书莫此能。天下从无邪道立，人间乱后即清平。十分纠缠休用解，留与先生好写真。"

写毕《等着他回来——怀贾穗》一文。文见《剪烛集》。

6日，读饶宗颐先生赠书《清晖集》，题诗一首："一卷清晖万古心，何人识得此中音。藐予未及程门立，多谢先生赐研寻。"

7日，为王士杰书"天阙象纬逼，云卧衣裳冷"，此联拟刻于当雄县山上；又为书"天湖"二字，拟刻于纳木错湖畔。

11日，应李希凡之请从5日起审读《中国艺术通史》中论述汉画稿，今日撰写读后意见。

12日，参加《红楼梦学刊》编辑部会议，讨论当前红学界学风问题。

14日，用重色绘八尺屏葫芦一幅，题曰："满纸云烟认不真，是藤是葛是荆榛。老夫不是丹青手，为有胸中逸气生。庚辰三月，宽堂"。

又题："自小青门学种瓜，老来依旧是生涯。一支秃笔随心写，雨雨风风载满车。庚辰三月，宽堂冯其庸七十又八"

15日，去潘家园，购得一立佛，状如炳灵寺165窟像，风蚀已较严重。又得汉瓦当一件，其文曰"千秋万岁"。深圳10岁小友吴诗妍两次寄来其画册，为题词云："艺海无涯，长途艰辛，勿易于成，勿躁于进，勿畏于险，勿骄于矜。书诗为本，艺亦随新，持之终生，始可有成。"

16日，绘八尺屏墨葡萄一幅，题曰："青藤一去有吴庐，传到齐璜道已疏。昨夜山阴大雪后，依稀梦见醉僧书。庚辰三月，宽堂冯其庸七十又八，录旧题于京东且住草堂"。

读日本杨启樵教授《揭开雍正的秘密面纱》一书，并致信杨教授。

20日，应黑龙江教育出版社之要求撰写《论红楼梦思想》一书简介。

22日，读俞平伯、刘大杰先生论红文章。初步拟好《论红楼梦思想》一书目录。

24日，接受南京电视台采访，谈对钱松岩先生绘画看法。

25日，绘八尺屏紫藤一幅，题曰："不到黄山已三春，最忆莲花是故人。梦里依然云作雨，觉来唯见月华新。沧桑已换人间世，岁月难磨黛色青。多谢天公如有意，他年再结烟霞亲。庚辰牡丹节园中牡丹盛开，趁兴作此，以催紫藤着花也。宽堂冯其庸七十又八"。

又题："生小青门学种瓜，老来橐笔走天涯。砚田活水无穷乐，画到青藤更着花。宽堂又记。"又题："云海苍茫寄此身，纵横今古感微尘。沧桑阅尽人间世，百劫方知石友真。万里流沙临瀚海，千峰壁立上昆仑。平生壮旅今衰矣，奋翮犹思学大鹍。此诗首两句三十年前在黄山天都峰所得，迄未足成，今春忽忆旧句，成此一律，非为题画也。'衰'误作'老'。桑麻老民记"。

26日，修改《论红楼梦思想》一书目录。晚读《老子校读》。

27日，去国际饭店参加"黄能馥①、陈娟娟②所著《中国历代服饰艺术》学术座谈会"，作发言。

29日，新疆军区吐鲁番军分区原政委邢学坤夫妇见访，相见甚欢。为作书数件。晚修改《欢呼西部大开发》一文。

30日，读徐利明《中国书法风格史》。

5月4日，近日撰写《学书自叙》一文，今日写毕，此乃为"中国书法家协会书法培训中心"讲课而作。该文见《墨缘集》。

7日，飞赴贵阳。次日，去黄果树瀑布观瀑，又去天星桥游览。晚与画家刘知白先生相见。

9日，上午参观贵阳市美术家协会画展，并参加座谈会。下午到刘知白先生家，看其作画。

10日，参加刘知白先生画展开幕式。午后在刘知白画展研讨会上发言。

11日，返回北京，时庭院中芍药已开，草坪非常茂盛，因得一诗："千载青藤已着花，小园春色酽于茶。请君望月峰前坐，绿荫遮天老树斜。"

回忆在贵阳看刘知白先生作画，有感而赋："参透苍苍笔底杪，萧萧风雨起六朝。辋川若见莲翁笔，应悟洪荒是寂寥。六朝谓唐宋元明清民国也，谓起六朝之衰也。杪读腰，急也，如翁画行笔极快，疾如风雨。"

12日，绘山水一幅。作题画诗："已到秋光十二分，小园黄菊待陶君。

---

① 黄能馥（1927—），浙江义乌人，中国服饰文化研究专家，中国工艺美术学院染织系教授。

② 陈娟娟（1936—2003），黄能馥夫人，中国织绣文物研究专家，曾任故宫博物院研究员、国家文物鉴定委员会委员。

芭蕉绿透芙蓉老,红叶满墙乱纷纷。"

13日,江西教育出版社社长周榕芳见访,商谈《八家评批〈红楼梦〉》有关事宜。

15日,昨日孙博送来四季桂一盆,今作诗谢之:"一瓯仙桂万金情,移到广寒月四更。怪道今宵秋气重,蟾宫已少半枝横。"又为书写"补天斋""逗雨轩"二匾。作山水条幅,仿龚半千,略得其意。

16日,去中国书法家协会书法培训中心讲课,听者甚众。晚修改《八家评批〈红楼梦〉》重校前言。

17日,撰写《八家评批〈红楼梦〉》重校再记,至夜1时半。

21日,忽闻赵朴初先生逝世噩耗,不胜痛惜。

22日,读卜键博士论文。

24日,赴南京。次日,去南京大学主持卜键和一韩国学生的博士生论文答辩。

26日,到无锡,参观恢复后的东林书院,为拍照,并题诗:"五十年前旧梦遥,东林重到认前朝。依庸得入添踪迹,独立风标仰顾高。"

次日,到苏州,去邓尉山看新建吴梅村墓,墓未按图纸做,极草率,然无可奈何。当晚到上海。

28日,去上海图书馆看计划举办的个人大西部摄影展所用场地。再到汪大刚处看放大的摄影样片。俞宏理约游黄山,因作诗云:"不到黄山又四年,春风约我白云边。松阴满地桃花落,碧草如茵随意眠。"次日返京。

本月,作山水画一幅,自题:"略拟龚半千,总不能似。庚辰四月 宽堂"

按,农历四月,阳历为5月。

6月1日,何长运送来《中国与世界》画册,内有先生在西部所摄照片和文章《欢呼西部大开发》。叶嘉莹先生从台北寄来其著作15册,内有其诗词集,读后为之击节、泣下。

2日,为兰州题写"黄河第一楼"匾额。作《放翁诗意图》。

3日,去潘家园,意外购得北魏太和十六年壬申四面造像碑一件,上有长篇铭文。又购得北魏正光二年墓志和白石造像、战国瓦当等。

4日,为谭凤嫚所绘《明妃图》题写小楷《明妃曲》。

5日,赴沈阳,车中为田禾题汉四吴拓片:"未央宫殿已成灰,风雨茂陵亦可哀。唯有龙蛇灵物在，千年阅尽海桑来。"

6日晨，抵达沈阳。当日为沈阳军区姜福堂政委作字画。次日，看望杨仁恺先生，然后去博物馆看《簪花仕女图》和《游春图》。

8日，看望画家晏少翔①先生，随后去鲁迅美术学院讲演。次日，在鲁迅美术学院参加座谈会，当晚返京。

11日，湖南浯溪一青年寄来明信片，请先生题词，先生因思浯溪崖壁所刻颜真卿《大唐中兴颂》，为作一绝："闻道浯溪尚有铭，中兴伟业继前驷。中华锦绣河山地，好待后贤奋雪翎。"从该日起先生开始读朱玉麒博士论文。

13日，为鲁迅美术学院和贵阳刘维湘作字，又为刘维湘题诗云："岱宗在屋前，日日见云烟。莫道寻常景，当磨铁砚穿。"

14日，去北京师范大学参加启功先生博士生朱玉麒论文答辩会。

16日，为沈阳军区政委姜福堂作字画。夜绘《云山读书图》。

22日，近来天气酷热，几乎不能做事。今天到首都师范大学参加敦煌藏经洞发现百年纪念会。周绍良、季羡林、任继愈诸先生均参加。

27日，写毕悼念赵朴初先生文章，题目为《千秋常怀赵朴翁》。见《剪烛集》。何长运来电话，告知本期《中国与世界》所发先生《欢呼西部大开发》文章和照片，读者反应甚好，人大会要评新闻奖。

29日，从昨日起，因肺炎住进朝阳医院。昨夜梦中忽得句云："万山云雾里，犹有六朝僧。"今日补成全诗："古木苍烟远，夕岚暮霭升。满山云雾里，犹有六朝僧。"

7月5日，张庆善来医院探望，与之商量《红楼梦学刊》和红学会有关事宜。

7日，病愈出院。下午参加徐邦达先生九十大寿寿宴。

9日，为徐邦达先生九十大寿作贺诗："华堂今日绮筵开，佳客云从大驾来。谡谡青松岩下水，萧萧修竹雪中梅。清言笑语如畴昔，醉墨留题信手裁。遥祝华嵩龟鹤岁，一尊敬奉百年杯。"

11日，开始动手编辑《墨缘集》。

14日，夜1时写毕《在艰难中奋进——看谭凤嬛的工笔画》一文。该文见《墨缘集》。

---

① 晏少翔（1914—），山东历城人，著名工笔画家，鲁迅美术学院教授。

19日，写作《沧海人生话红楼》一文。

20日，作《墨缘集》自叙。

21日，上午去海运仓总参招待所看望启功先生，相见甚欢。启老正在读先生《夜雨集》，对先生写金庸的两篇文章和为柴剑虹著作所作序非常欣赏。晚为沈阳军区政委姜福堂所藏描金佛像卷题"佛法无边"四字。

22日，看望周绍良先生，请其为沈阳夏景春的佛像画册作序。

24日，作《文章尚未报白头——怀念苏局仙、谢无量、张伯驹、顾廷龙、沈裕君先生》一文，夜11时，写毕《墨缘集》后记。《文章尚未报白头》一文见《墨缘集》《剪烛集》和《瓜饭集》。

25日，到青岛。之后连续几天，为人作字画。4天后返京。

30日，整理《墨缘集》图版。

本年夏，山东耿毓亮为《桓台书画院珍藏名家书画集》"冯其庸"卷作后记，曰："先生的作品或雄浑豪放，或高古典雅，或清奇旷达，或绮丽含蓄，法自然，师造化，具有强烈的艺术震撼力。因为先生是一个大学问家，对中西文化特别是中国的传统文化和西部文化研究颇深，书画作品凭借着深厚的文化底蕴，字外涵养，字内素养，集豪气、逸气、才气而成万象之气。……庚辰夏日后学耿毓亮拜记于万竹轩"。

8月1日，作《墨缘集》再记。

2日，寄给中国书法家协会三幅书法作品，义卖后所得款项作为西部地区建小学校之用。

3日，开始筹备即将在上海举办的"冯其庸发现·考实玄奘取经之路暨大西部摄影展"，今日画西行地图。

4日至6日，撰写"冯其庸发现·考实玄奘取经之路暨大西部摄影展"图片说明。

7日至9日，审看《墨缘集》校样，调整目录，并决定补写1篇记述许麟庐先生的文章。

11日，写毕记述许麟庐先生的文章，题曰：《初到京师第一师——我从许麟庐先生问艺的回忆》，并题诗："京华初识竹箫翁，便欲提携拜岱嵩。可惜村童心胆怯，遂令交臂失真龙。"

13日，修改黑龙江教育出版社所作《墨缘集》版式，重新设计《墨缘集》封面。

17日，忙碌3日，将"冯其庸发现·考实玄奘取经之路暨大西部摄影展"图片说明全部做完。

18日，到上海。后两日，与汪大刚一起将图片说明粘贴于每幅图之下。

21日，到苏州看望钱仲联师，告之以即将在上海举办摄影展之事。钱老即刻赋诗二首并亲笔书写一四尺整幅为贺，云"2000年秋举行'冯其庸教授发现·考实玄奘取经路线暨大西部摄影展'于上海，闻讯神驰，以屡躯病后不克亲往观光，爰赋诗二首志贺。一：'七踏天山天外天，楞严中有地行仙。慈恩归路君亲证，法相神光照大千。'二：'红学专门众所宗，画书摄影更能工。何人一手超三绝，四海堂堂独此公。'九十三叟钱仲联书于吴趋"。

23日，返回北京。

25日，与柴剑虹一起看望启功先生，启老为"冯其庸教授发现·考实玄奘取经路线暨大西部摄影展"题写"瀚海梦痕"四字。后与荣新江、朱玉麒、孟宪实等一起看望季羡林先生并请为摄影展题字，季老当即挥毫题曰"流沙万里行脚 其庸先生摄影展功德无量 季羡林 二〇〇〇年八月"。

26日，上午看望侯仁之①先生，赠以《瀚海劫尘》，与侯先生谈及七赴新疆之事，侯先生为之神往，欣然为摄影展题写"乘危远迈 杖策孤征"八字。下午拜访钟敬文先生，钟先生对先生说："你的晚年是辉煌的晚年。"之后为摄影展题字"万里山川，拨烟霞而进影 九八老人钟敬文"。

30日，为赵朴初先生手书《药师经》题写跋文。

31日，因肺病再次住进医院。次日，江西教育出版社送来本月出版的《八家评批〈红楼梦〉》（重校本）。

9月2日至15日，一直在朝阳医院检查治病，得暇曾做几件事：整理日记中诗稿，校对《墨缘集》清样。期间，收到马少波②先生为摄影所作贺诗《贺冯其庸同志发现考实玄奘取经路线暨大西部摄影展成功》"史诗书画皆精通，玄奘访查万里行。耄耋殷殷忘我意，仰君登上日观峰。2000年9月5日"。

16日，准备摄影展展品，手稿和著作装满两箱。

17日，赴上海。次日起数天，医生每日来为输液，继续治疗肺炎。同

---

① 侯仁之（1911—），山东恩县人，著名历史地理学家，中国科学院院士，北京大学教授。
② 马少波（1918—2009），山东莱州人，著名剧作家、文艺理论家，曾任中国艺术语言研究会会长、中国戏曲学会副会长、中国京剧院副院长。

时，做摄影展准备工作：整理展品；去解放日报社参加记者招待会；在再版的《秋风集》上签名等等。

19日，为《文汇报》撰写《曹家蒜市口的住房及其他》一文。该文见《剪烛集》。

21日，《新民晚报》报道"冯其庸教授发现·考实玄奘取经路线暨大西部摄影展"即将举办的消息。

22日，去朵云轩观看谢稚柳、陈佩秋画展。《解放日报》从即将举办的先生大西部摄影展作品中精选出一组予以发表，编者按称："由于冯其庸先生通晓史地，边考边摄，又有绘画之基础，互通性灵。他有史学家之洞察力，又有学者之内涵，诗人之灵感，散文家之抒情，故他的摄影作品能摄取魂魄，使之美不胜收。"

24日，《新民晚报》发表上海博物馆陈燮君馆长介绍先生的文章：《从红楼梦研究到玄奘取经之路考》。

27日，《解放日报》社、上海图书馆、上海大学美术学院联合举办的"冯其庸教授发现·考实玄奘取经路线暨大西部摄影展"在上海图书馆展览厅开幕，钱伟长、方增先、蒋风白等先生莅临，气氛热烈。次日，观展者踊跃，先生在展厅签名售书。

29日，以展览为主题的学术报告会并研讨会举行，先生报告了七次去西部考察的情况，之后，与会者发言。钱伯城、汤志钧、陈佩秋、葛剑雄、孙逊、应必诚、张庆善、吕启祥等均与会，发言甚热烈。

30日，上海地铁中心举行仪式，聘请先生为文化顾问。

10月1日，在网站上与网友交流。

2日，上午再到展厅为观众签名，下午展览闭幕。之后去无锡，在太湖宾馆晤北京市副市长汪光焘，一同晚餐，提出建立曹雪芹纪念馆，汪光焘表示完全赞成先生意见。

3日，去常熟，游览破山寺、黄公望墓、钱谦益与柳如是墓、王石谷墓等。两日后返回北京。

12日，去北京师范大学参加郭预衡①先生八十大寿祝寿活动并散文史研

---

① 郭预衡（1920—2010），河北玉田人，毕业于北平辅仁大学国文系和历史研究所。新中国成立后历任辅仁大学讲师，北京师范大学副教授、教授、中文系副主任，古籍研究所副所长。

讨会,携去为郭先生所绘葫芦以贺。校对完《墨缘集》清样。

13日,辽宁省政府授予杨仁恺先生"人民鉴赏家"称号,日前,先生绘《双松图》以为贺,今日又作二诗以赠杨老所在单位辽宁省博物馆,其一:"蟠屈峨眉不老松,先生百世一真雄。瀛洲方丈飘然过,万国户庭去来风。"其二:"千年故国旧珠玑,百载谁能定是非。绝世杨公沧海眼,开卷半尺识精微。"

16日,近几天继续整理诗稿,大体已毕。

18日,到沈阳。次日,参加杨仁恺先生《书画鉴定学》一书首发式并学术研讨会,作发言。再日返京。

25日,去全国妇联会议中心报到,参加炎黄文化学会举办的国际会议,见到赵冈、周颖南等先生。次日,会议开幕,季羡林、程思远、费孝通诸先生均与会,外国专家与会者很多。

28日,校对《墨缘集》图版。

29日,为汪大刚题《十二金钗图》,并为其所藏"沧海扬帆砚"题诗:"沧海扬帆万里程,波平风软好徐行。卿云金点繁星灿,扶槛遥看旭日升。"又应杨仁恺先生之托为罗启蒙所书"四体千字文"题诗:"人生识字忧患多,一字已甚奈千何。四体凭君精且熟,我从字里见风波。"晚写毕《永无止境的追求——记青年雕塑家纪峰》一文。见《剪烛集》。

31日,去齐鲁饭店参加关于西部大开发的会议,作发言。

11月1日,读王炳华的《吐鲁番的古代文明》一书。

3日,亳州颜语先生托人送来其画册,并赠诗一首,题曰:《敬致其庸教授》:"二十年前翰墨香,沁人依旧意情长。何时聚首再聆教,草舍迎师举寿觞。颜语于亳州华祖庵 庚辰中秋时年八十又一"。先生依韵作《答亳州颜语先生赠诗》:"岁月悠悠别梦长,南州依旧墨翰香。高情犹忆天涯客,待到榴花醉一觞。"

7日,开始撰写《论红楼梦思想》一书。

8日夜12时,写毕《走在世纪前列的艺术家——记紫砂工艺大师徐秀棠》一文。见《剪烛集》。

12日,为汪大刚《〈红楼梦〉插图集》作序,题曰:《形、影、神里读红楼》。继续读王炳华《吐鲁番的古代文明》,感觉此书写得甚好。

14日,为谭凤嬛画作题字,绘《太华夜碧图》。

18日，应辽宁人民出版社之约，修改《曹雪芹和他的〈红楼梦〉》一文，以作为该社所出《红楼梦》的导言。

19日，夜不能寐，凌晨枕上作诗一首："花溪又拟听涛声，月色遥望北海清。最是松阴寂寂夜，深深归梦不闻莺。"

22日，近日读邓云乡《水流云在丛稿》，今天为作序毕，题曰：《水流云逝人何在——怀念邓云乡兄》，并作一诗："水流云逝人安在？一尺遗书系我心。多少京华梦里事，天涯何处觅知音。"该序见《剪烛集》。

25日，枕上得《迎新纪》一诗："百年一瞬驹过隙，新纪长鸣到眼前。我欲披风追日月，千山万水着先鞭。"

去潘家园，购得上林苑瓦当等。

27日起连续数日，读有关明清社会经济状况的文章和《乾嘉考据学研究》《明清启蒙学术流变》等。

本月，《传记文学》发表耿毓亮文章：《浮舟沧海 立马昆仑》，介绍先生的治学与艺术成就。

12月1日，接受中央电视台采访，谈对徐邦达先生印象。应江西进贤县晏殊纪念馆之请，为书写晏殊《踏沙行》一阕，将刻入该馆碑石。

5日，为谭凤嬛新画《金陵十二钗》题字。

6日，喀什樊新和市长见访，嘱写字，约明年再去喀什。连日来继续读有关明清经济状况的论著。

8日，绘《黄海无尽图》，题曰"黄海无尽图。庚辰小雪宽堂七十又八"。

12日，午间绘画，题曰："不知秋色深几许，但见篱豆过墙来。"又作《南山松柏图》。晚为《水浒邮册》作序。

14日，读《英国文学史》。

16日，作《空山风雪图》。

18日，将希望辞去《红楼梦学刊》所有职务的想法告诉张庆善，庆善不同意，后即转告院里。王文章院长说商量后再说。与孙立川相晤，孙立川带来饶宗颐先生所赠书。

20日，近来一直在读明清史料。

22日，北京大学寄来《纪念建校一百周年汉学会议论文集》，内收先生关于脂本研究的文章。

25日，绘《夕阳山外山》。

26日，应汪光焘副市长邀请赴宴，携去为汪副市长所绘画。与宴者还有叶嘉莹先生、赵朴初先生夫人和邱嘉伦等。

27日，去张光年同志家看望，带去为他所作诗《赠光年同志前辈》五首："曾共名园把酒卮，清风明月细论诗。十年浩劫幸同过，老去相逢鬓已丝。""黄河一曲动神州，亿万男儿尽寇仇。誓掷头颅洒热血，中华自古不低头。""犹忆当年意态真，风生谈笑即成文。先生直是生花笔，我是程门立雪人。""平生遭际实堪伤，射影含沙未识防。多谢先生为指点，始知身后有魑魅。""名园景物最难忘，踏雪松冈意兴长。月色如霜良夜寂，唯闻佳语大河横。"

光年同志看后甚喜，赠先生书两种。

29日，到北京师范大学，先去吕启祥处，赠以《八家评批〈红楼梦〉》及字画。之后看望启功先生，携去为启老所绘葫芦。复去北京大学看望侯仁之先生，侯老甚高兴。晚绘《盐水沟群峰图》，题曰"此玄奘大师当年西天取经所经之古龟兹国盐水沟，此处山形奇特，如浪卷云奔，又如万仞刺天，千剑森列，予奇其山水，十余年间曾五至其地观之，仍不尽也。予曾有诗云：'看尽龟兹十万峰，始知五岳也平庸。他年欲作徐霞客，走遍天西再向东。'又有诗云：'流沙万里到龟兹，佛国天西第几支。古寺千相金剥落，奇峰乱插赤参差。曼歌妙舞归何处？西去圣僧亦题辞。大漠轻车任奔逐，苍茫唯见落晖迟。'庚辰十二月初吉，宽堂冯其庸并记"。

31日，晨起作《送旧迎新诗》三首："长夜沉沉一百年，迎来岁月是新天。中华大好佳山水，留待今贤写巨篇。""曾经岁月祸灾多，无数英贤付劫波。一盏清泉和泪洒，春秋史笔正气歌。""新开岁月自堂堂，记取前尘后事长。天下为公真至理，千秋万代不能忘。"

柴剑虹、王炳华见访，王炳华讲述罗布淖尔孔雀河下游小河五号墓地新发现，先生极感兴趣。上海汪大刚来，一起商量明年在中国美术馆举办先生的摄影及书画展有关事宜。

岁末，作《贯华阁图》，题曰："借得纪翁椽大笔，来写贯华阁里人。吾乡惠山之青山湾，有忍草庵，庵有贯华阁。昔康熙间词人纳兰容若与梁溪顾贞观去梯玩月填词处也。今其庵尚存，予曾数过其地。宽堂冯其庸并记，时庚辰岁末。"

本年，作《牡丹图》，题曰"总领群芳。冯其庸"。钤印之一"宽堂七十八岁作"。

赵朴初卒。陈从周卒。周振甫卒。

2001年　辛巳　78岁

[时事]　7月13日，北京赢得2008年奥运会的主办权。12月11日，中国正式加入世界贸易组织。

本年5月18日，联合国教科文组织授予昆曲为"人类口头和非物质文化遗产代表作"。8月12日至15日，"新世纪海峡两岸中青年学者《红楼梦》学术研讨会"举办。

1月1日，将已完成一半的山水条幅画完，题曰：《故山春思图》。

2日，作《忆写终南山马河滩图》，题曰："山围水绕马河滩，满眼春光欲画难。最是昨宵风雨后，桃花乱落碧溪间。终南山下马河滩，秦先世放牧之地也，予曾留其地一年，今忆写之。宽堂冯其庸写并记。二〇〇一年元月二日"。

见《冯其庸书画集》。

4日，为倪小迂先生书写墓碑。继续撰写《论红楼梦思想》。

6日，上午去图书大厦参加关于四部古典小说插图本座谈会。下午绘山水一幅，题曰："谁家扁舟，载一船明月；空江春冷，唯有清波自碧。"写毕《论红楼梦思想》中"西学东渐"一节。

7日，作山水一幅，题诗云："欲写江南淡荡山，踌躇举笔有无间。年来学得朱翁法，废叶丑枝一例删。"另作一幅，题曰："白云深处有人家"。

8日，到荣宝斋参观徐邦达先生画展，之后到中华书局柴剑虹处取来启功先生为即将在中国美术馆举办的书画展所题展标，复去美术馆协商有关书画展事宜。

9日，在启功先生为书画展所作题字下题诗云："伧荒一纸芜城赋，虚费先生大笔挥。欲将余岁供驱策，案边砚侧听精微。"应江苏姜堰高二适纪念馆之请为写字。

10日，写毕《论红楼梦思想》第一章"《红楼梦》的时代"。

12日，应屈兆田之邀到海南避寒，是日抵海口。次日到三亚，游亚龙湾，赋诗云："雪地冰天到海口，严冬依旧作春温。我来南海寻诗迹，海雨椰风大苏魂。"

14日，去天涯海角游览，到海边后忽感不适，即回。途中作诗云："天涯海角路迢迢，宦海风波胜夜潮。谁识椰林风兼雨，诗魂铸就继前朝。"

15日，到兴隆。次日，至博鳌。夜不寐，作诗云："人到海南不记寒，漫天浪卷碧云端。三千珍错皆无味，为有一盂鼠子餐。"

19日，开始撰写《论红楼梦思想》第二、三章："《红楼梦》时代的统治思想和社会思潮"。夜里枕上赋诗三首：《一月十九日夜二时不寐，枕上口占》："三千乱梦梦还真，梦里常寻渡海人。我到南荒添一岁，天涯赚得蜀翁亲。"《读〈东坡集〉，东坡海南被夺屋，念之愤愤》："一别坡翁九百春，大名依旧贯寰瀛。当年夺屋薰天者，粪土几经入秽尘。"《拟去儋州，题桄榔庵》："地北天南万里尘，冰天雪地到南垠。心香一瓣无他意，来拜桄榔庵里人。"

23日，旧历除夕，作诗一首，题为《庚辰除夕，予七十九岁初度，时客海南》："匆匆岁月苦催人，草草杯盘七九春。治史岂曾窥司马，研红差或通贾甄。天山七上寻阿母，葱岭两登遇上真。此去流年如有富，扁舟欲访海南滨。"

接张庆善电话，获知在北京师范大学图书馆意外发现一《红楼梦》抄本，极感兴趣。晚读《焚书》。

24日，旧历年初一，游览万绿园和西海岸，归途经海瑞墓，然未及参观。途中成诗三首："辛巳岁朝，海口同兆田贤伉俪、赵力兄同游万绿园即事 万绿丛中万点红，游人争放鸢飞空。冰封北国寒天地，谁信琼州夏更浓。《海口游西海岸》：海阔天空信有之，茫茫碧浪失边陲。欲宽胸次如沧海，万象纵横尽我师。《过海瑞墓》：南天一柱海刚峰，骇浪惊涛不动容。留得堂堂正气在，乾坤终古一真雄。"

25日，参观海瑞墓。继续撰写《论红楼梦思想》。

26日，去儋州中和古镇访苏东坡遗迹，先至东坡书院，东坡曾在此讲学，亦曾居此。然后参观桄榔庵旧居和东坡井。归途中作《儋州访中和古镇东坡书院并桄榔庵旧址》诗："天南万里拜苏仙，短碣犹题学士泉。牛粪西头寻旧路，桄榔庵在古泉边。"

27日晨，于枕上作《儋州访东坡故居》二首："投荒万死一诗翁，欲死先生海狱中。谁识先生心博大，天为穹室海杯盅。南荒蛮俗为吾化，诘屈方音让我通。千载黎民常奉祀，五峰山与大苏公。谁识天南笠屐翁，词名早播大江东。琼山有幸来文曲，沧海无心载笔雄。万死岂遂魑魅意，一生自有吉神通。乾坤留得诗仙在，拔地参天第一功。"

继续写《论红楼梦思想》。

29日，因昨夜病，整日不适。作诗二首，一首题曰：《辛巳正月初五日，海口严寒，降温至10°C左右。予京中所穿冬衣，尽已上身，犹觉不支，乃困卧重衾中，枕上口占，因初三日自儋州归，诗以及之》，诗云："严寒随我到天涯，欲访儋州学士家。载酒堂前花满树，桄榔庵里尽豆瓜。中和古集今犹昔，昌化军城一角遮。最是残年东坡老，千难万险意犹赊。"另一首题曰：《读东坡儋耳诗》："寂寂东坡一病翁，凌云健笔气如虹。儋州海曲南荒地，雄视中原一扫空。"

30日，仍不思饮食。作诗二首，其一为《中和即事》："中和初到似江南，半是水田半夕岚。牛矢鸡豨随处是，西头直到桄榔庵。"其二为《儋州东坡歌》："东坡与我两庚辰，公去我来九百春。公到儋州遭贬谪，我来中和吊灵均。至今黎民怀故德，堂上犹奉先生神。先生去今一千载，四海长拜老逐臣。人生在德不在力，力有尽时德无垠。寄意天下滔滔者，来拜儋州一真人。"

2月1日，上午参观苏公祠和五公祠，下午读书。

2日，到通什市游览，晚宿三亚。

3日，到南山，复至古崖州城。此处雉堞迤逦，古貌犹昔，离东坡桄榔庵旧址仅百步之遥，且此处亦为自唐至明如李德裕、赵鼎、胡铨、王悼诸贤流放之地。先生俯仰畴昔，低回不已，题诗云："春风万里古崖州，赢得千年国士稠。我到荒城怀往昔，一杯欲奠五公愁。"之后又到天涯海角游览。下午作诗二首，其一：《辛巳正月十二日访海南古崖州城，宋李纲、胡铨等流贬处也。自崖州再至天涯海角，海天无尽，低徊赋此》："平生梦想到天涯，欲访幽人处士家。万古忠魂归海域，一腔忧愤郁浪花。无边碧水吞天地，只柱擎空捍物华。我自低徊天尽处，微吟不觉日西斜。"其二：《海口谢屈兆田》："避寒初到海之涯，一诺感君意气赊。古道如今金不换，唯君厚德更无华。"晚与屈兆田在海滨广场晚餐，归后作《二〇〇一年二月三日予阳历七九岁初度，适屈兆田兄宴我于海滨，归后感赋》诗："天涯又见月当头，七九童心尚未收。万顷波涛天上下，一轮明月地沉浮。平生几度狂风里，此日方辞一叶舟。想得儋州苏学士，人生天地一沙鸥。"

5日，为屈兆田友人作字。

6日，晨起作《〈海南诗草〉序》，复作《二月四日立春诗》："南来不觉又逢春，满眼青山绿意亲。久住南海君记取，花开花落不知频。"上午再度到中和镇，参观古昌化军城墙，现尚存武定门和镇海门两座城门，当是东坡所出入之门也。归后作《中和寻东坡旧城》八首："重到中和觅故屯，千年犹有旧鸿痕。当年遥想东坡老，曳杖吟啸夜打门。投荒万死一诗翁，笑傲东篱菊更浓。百首和陶诗写就，酒尊应许宽十盅。大江东去意纵横，汲水烹茶取碧清。想得当年苏学士，荒城愁听短长更。惭愧当年玉糁羹，饥来驱我作雷鸣。蹲鸱幸有中和好，赢得佳名慰世情。渡海南来笔有神，前身本是谪仙人。千磨百折终不败，腕底波澜世绝伦。先生本是儋州人，流落眉山客寄身。五指山前人亿万，千秋常祀大苏神。太白雄才五柳身，此生只合作孤臣。光风霁月岩岩客，南海归来笔更神。九死南荒学士身，大名早已满寰瀛。儋州海曲黎苗地，正待公来著姓名。"

9日，中午屈兆田夫妇设宴送别，口占一首致谢："海南春到别离时，多谢高情满酒卮。别后前程多努力，天涯明月共相思。"

晚抵达北京。

10日，晨于枕上作诗云："梦里依然在海南，椰风细雨带烟岚。溪山难得黄金谷，此地宜修拜石庵。"

午间作八尺屏书法四幅。

11日，作《书画摄影展自叙》和《〈海南诗草〉跋》。

12日，晨枕上口占："南海归来笔更鲜，椰风淡荡一溪烟。丛峦最是寒江好，乱插群峰水底眠。"又应邱嘉伦之请为寒山寺题诗云："昔时曾宿寒山寺，来听千年夜半钟。渔火江枫两不见，钟声依旧动长空。"

13日，两天前《文汇报》发表先生悼念邓云乡之文章：《水流云逝人何在》，《人民日报》刊登先生西部之行照片，今日收到报纸。

18日，为谭凤嬛《琵琶行图》书写全篇《琵琶行》。

24日，柴剑虹、李经国陪同启功先生见访。启老兴致甚高，称先生画室是"瓜饭楼博物馆"，并对先生所绘《华山图》和《紫藤》十分称赞。同用午餐后始别。

25日，去中国艺术研究院参加已过世的香港红学家宋淇先生论红专著出版讨论会。

26日，作《高楼怀古图》，题曰"目尽青天怀今古，肯儿曹恩怨相尔汝。举大白，唱金缕。拟张元幹送胡邦衡贬新州贺新郎词意。宽堂涂鸦，辛巳春初"。

27日，应北京师范大学邀请，参加关于新发现的脂本《石头记》报告会，由博士生曹立波介绍发现经过，张俊教授讲述初步研究心得。之后即验看此抄本。此本用的是棉纸，非乾隆竹纸。此本大处均同庚辰本，连六十六回下"以后小字删去"亦照抄，十七回、十八回前"此回宜分二回方妥"等文字亦照抄，且款式亦一样，五十六回末"此下紧接慧紫鹃试忙玉"亦照抄，七十六回"冷月葬诗魂"迳作"诗魂"，未有任何改动。七十五回前"乾隆二十一年五月初七日对清"等字样，因看书人多，未及对，估计当亦相同。据以上各点来看，此书是庚辰本同一系统，极可能是庚辰本复抄本。六十六回下"以后小字删去"是小纸片，是北京大学本独有，而此本亦有此数字，足见极可能北京大学本是其底本。以上只是大概，抽暇当再细检。归来后作六尺整幅山水，至深夜2时始画成，题曰"杳杳天低鹘没处，青山一发是中原"，以纪念海南瞻拜东坡遗迹之行。该画见《冯其庸书画集》。

3月2日，作《东坡桄榔庵图》，并题诗。

3日、4日，各绘山水一幅，分别题曰："僧敲月下门"和"况属高风晚，山山黄叶飞。写王子安诗意。辛巳二月，宽堂"。

8日，作《写陶渊明诗意图》，题曰："鸟倦飞而知还。渊明之诗，旨趣遥深。予退老后，讽读其诗，始略有所悟。辛巳春日，宽堂"。

11日，写毕《〈周桂珍紫砂精品集〉序》，题曰：《工极而韵 紫玉蕴光》。该文见《剪烛集》。

12日、13日，为书画摄影展书写请帖，撰写介绍。作诗一首："元龙豪气未能除，酒罢疏狂只耽书。梦里常存山水意，烟霞觉后满吾庐。"

15日，分送书画摄影展请柬。作《结习》诗："结习少年已尽除，唯馀翰墨与诗书。老来只觉年光少，幸有青山伴敝庐。"

16日，分别拜访钟敬文先生和侯仁之先生，并邀请参加书画摄影展。

19日，分别看望张光年先生和马少波先生，送上书画摄影展请柬。

20日，在中国艺术研究院召开关于书画摄影展的记者招待会。

21日，拜访许麟庐先生，许老表示一定参加先生书画摄影展开幕式。

23日，庭院中玉兰盛开，作《高楼聚远图》，题曰："云山烟水苦难亲，野草幽花各自春。赖有高楼能聚远，一时收拾付闲人。辛巳仲春，园中花发，惜不能出游，画此寄意，并以清人诗为题。宽堂"

24日，看望黄能馥、陈娟娟和张仃。晚作山水一幅，题诗云："一片江南澹荡山，离魂几度到乡湾。如今始悟兰成笔，辞赋衰年动江关。"

25日，《人民日报》发表范敬宜撰写的评论先生书画摄影展的文章。先生的《海南诗草跋》日前在《文汇报》发表。

27日，与尹光华同去看望徐邦达先生，赠以《墨缘集》和为书画摄影展特制的紫砂壶。

28日，去人民文学出版社参加该社建社50周年庆祝会。

本月，《墨缘集》由黑龙江教育出版社出版。

4月2日，到中国美术馆布展。

3日，由中国艺术研究院、鲁迅美术学院、中国红楼梦学会等单位联合举办的"冯其庸发现、考实玄奘取经之路暨大西部摄影展"在中国美术馆开幕，启功先生为题写展名。钟敬文、季羡林、王元化、钱仲联、侯仁之、启功、周一良、杨仁恺、范敬宜、钱伯城诸先生为展览题字。徐邦达、启功、杨仁恺、季羡林、周一良、王世襄、黄苗子、任继愈、许麟庐、张德勤、王蒙、马少波、袁世海、朱家溍、蒋风白、张晨、杨新、汪光焘等参加开幕式。随后举行的座谈会气氛热烈，许多老先生对此次展览表示赞赏。

4日，徐邦达先生填词一首祝贺先生书画摄影展举办，调寄《木兰花慢》，云："余与冯公其庸，均年逾耄耋，而于六法、八法都乐之不疲。冯又擅摄影，则余所不能也。近日公又以法书绘画及摄影图一百余幅，张之中国美术馆展览，余与尹光华兄同往参观，浏览之后，谱此调一阕赠之，亦以为自励自勉耳。正京华丽日，看群客，趱高堂。仰四壁弥铺，书姿畅臆，图写风光。豪狂。透从纸背，喜名标嗅得翰墨香。岂限陈（白阳）徐（青藤）纵逸，别裁自出心肠。　　西疆。万尺高空，能胆壮，竟徜徉。几外械（摄影机也）收来，黄沙古道，边塞残阳。双双并浏览处，见无穷乐土应开倡。偕子挥衣同快，毋思耄耋逾将。"

6日，作《木兰花慢·谢徐邦翁赐词，即依原调并用原韵》："念少年岁月，遭倭寇，废书堂。只西抹东涂，书云子曰，凿壁偷光。荒唐。心慕李杜，更史迁，留得万年香。又拜陈、徐、董、巨，墨翰自诉衷肠。　边荒。仰望奘师，寻前踪，誓徜徉。万里尽龙沙，昆仑壁立，古道斜阳。十年七度来往，见汉唐旧业尚相望，千仞振衣欲呼，尽开大漠边疆。"

8日，书画摄影展闭幕。连日来观者甚众，反应热烈。

9日，作《自题拜石草堂》诗："望思峰上月如霜，一片停云坐对望。千载古梅龙蛰起，苍松偃蹇欲扶将。野园只合山人住，草舍聊供逸士狂。待得明年陶令节，东篱醉倒一千觞。"

17日，去中国美术馆参加乍启典先生画展开幕式。复美术馆收藏部函，同意赠给美术馆三幅画。晚作《程甲本补叙》。

19日，赴上海。次日上午，到上海博物馆观看藏画。下午参加朱屺瞻先生画展开幕式。

21日，在上海博物馆参加朱屺瞻先生画展研讨会，作发言。之后观看博物馆新收古书画，得见宋高宗所书《养生论》、沈周所绘长卷、南宋朱玉《上元灯戏图》和王蒙一幅作品等。随后赴无锡。

22日，到宜兴，在文物商店购得一唐代紫砂薄胎瓜棱提梁大壶和一墨晶图章。两日后返京。

27日，为《中国与世界》撰写书画摄影展报道。日本人森住和弘由泰晓阳陪同来谈到日本举办书画摄影展之事。

28日，到潘家园购得塞人青铜像、北魏正光二年铜造像及鎏金武士像等。

5月4日，读《儒林外史》有关论文。

5日，撰写回忆郭影秋校长的文章，题为：《风雨艰难共此时》。该文见《剪烛集》。

8日，作《危楼图》，题钱仲联先生旧作《八声甘州》。又作《万梅书屋图》。接王运天电话，说陈佩秋先生想请先生为其画册作序。

9日，《光明日报》发表丁亚平评论先生书画摄影展的文章。

12日，连日来读有关《儒林外史》的论文和材料。

13日，晚作画，题诗云："此生只合山中住，好与梅花作久邻。明月清风不须买，殷勤伴我得三人。"

15日，为《中原文物》一百期题词："中原文物是华夏文明之所聚，是中华文化传统之源,是华夏各民族文明交汇之点。研究中原文物,可以得中华文化之大、之要、之精。"

16日,杨仁恺先生见访,且赠以特大张宣纸。去荣宝斋参观金膺显书法展。

17日,去北京大学参加季羡林先生九十大寿祝寿活动,赠以所绘《梅花香自苦寒来》图。

18日,到百盛大厦参观周桂珍紫砂作品展。

22日,连日来读有关清代学术思想的论著。

26日,作山水一幅,题曰"秋风布帆即天涯"。

27日,作雪景山水,题句云:"几树梅花发,夕阳寒欲落。山村不见人,幽香满空谷。"近日仍读明清史料。

28日,作山水,题诗云:"平生身世等轻帆,过尽千峰又立岩。浪打青衫都湿透,新诗且向瘦囊缄。"第二天将到北京师范大学看新发现的脂本,灯下预作准备。

29日,去北京师范大学图书馆,将新发现的脂本《石头记》与北京大学藏"庚辰本"进行核对,凡北京大学本上所有特征,此本均有;北京大学本上改动之文,此本皆抄成正文,无改动痕迹;另脂批中有的文字此本较北京大学本正确,可见已将近人研究校点脂批的成果吸收。据此种种,先生断定此抄本是根据北京大学本复抄的一个本子,并且推测抄手是陶洙。之后到启功先生处,谈甚欢。

先生对北京师范大学本《石头记》的判断根据参见《影印北京师范大学藏抄本石头记序》。

30日,为杨仁恺先生照片题诗:"仆仆风尘雪满巅,九州万国识龙泉。浮沉国宝凭存录,真假荆关待眼穿。沐雨楼头笺百尺,栉风堂上轴三千。苍松岱顶云端里,千岁依然吐紫烟。"

6月1日,从今日起月余,得暇便继续写《论红楼梦思想》。

6日,拜访周绍良先生。

8日,作《梦中故园图》,题诗云:"一别故乡五十年,青山当户柳如烟。危楼百尺挑灯夜,问学难忘邻里贤。"

10日,到徐悲鸿纪念馆观看台湾杨名仪画展。

18日,去兆龙饭店参加西部开发研讨会,作发言,特别强调要抢救文化遗迹。晚为书法家协会、炎黄文化研究会等写字。

19日，作题画诗，云："四面青山里，梅花是故人。雪晴风暂歇，曳杖看嶙峋。"

22日，杨仁恺先生与屈兆田见访。

23日，去潘家园，购得良渚锥形玉器、唐木雕漆绘木奏乐俑等。

24日，开始编《剪烛集》。

25日，与钱仲联师通电话，是夜至次日晨写毕《忆钱仲联先生》一文。该文见《剪烛集》。

26日夜，写毕《〈剪烛集〉自序》，题曰：《寒灯相对记畴昔》。

29日，《剪烛集》已编好，题诗云："往事如烟费检寻，聊凭故纸系琴心。十年桑海寻常事，只有青山似故人。"

30日，读杨镰《人在天涯》。

7月1日夜至2日晨，写毕《〈剪烛集〉后记》。

4日，《剪烛集》目录数经调整，今日完全编好。读有关西部资料。

5日，整理《西行散记》，增补写麦积山的一篇。

7日，晨起去潘家园，购得唐代墓志和北魏造像各一件。随后去钓鱼台，参加政协主席李瑞环为启功先生九十大寿举办的祝寿宴会，与会者有黄苗子夫妇、王世襄夫妇、张仃夫妇、白雪石、朱家溍、王海容等。

10日，近日感冒，今略好。读陈佩秋画册，得二诗：《题陈佩秋山水》："近水遥山笔笔精，直追两宋到关荆。平生踏遍天涯路，都在先生画里行。"《题陈佩秋荷花》："仙子凌波彩墨香，横塘月色照霓裳。如何一管生花笔，竟比词仙意更长。"

11日，得二诗：《题陈健碧清溪泛舟图》："清溪一棹自回舟，曲岸丛林事事幽。依约此情何处见，分明宋院旧风流。"《题陈健碧》："健笔凌云不世才，烽火江关动地哀。百劫千难天作我，万象纵横笔底来。"

13日，尹光华来，与之讨论陈佩秋画，所见皆同。又作《题陈佩秋蛱蝶图》："翩翩粉蝶思蒙庄，梦里还疑是赵昌。不见当年齐白石，秋堂蝶影有花香。"

14日、15日，分别作诗题陈佩秋画册。《题陈佩秋鸳鸯图》："鸣禽纸上有崔黄，千载何人继胜场。今日映窗惊健笔，秋塘风细睡鸳鸯。"《题陈佩秋青峦山居图》："绿草如茵翠色浓，淙淙泻玉响玲珑。平生几度天山路，万叠青嶂数点松。"

16日，开始为陈佩秋画册写序。近日天大热，几不能支。

18日，写毕《〈陈佩秋画册〉序》。晚开始写《〈清代评点本红楼梦丛书〉序》。

19日，晨起续写《〈清代评点本红楼梦丛书〉序》，早7时写毕。开始读有关《圣教序》资料，准备为北京图书馆出版社撰写《〈圣教序〉南宋拓本跋》。

20日，将《圣教序》唐拓本、崇藏本、陕西本和北图本逐字对校，记录18处泐口略有差异，但大体一致，且北图本有数处无损或有少损，与其余三本未必有差。

21日，去新华社参加《炎黄春秋》创刊十周年庆祝活动。晚写毕《〈圣教序〉南宋拓本跋》。

22日，写《〈兰亭序〉跋》。

24日，开始为胥惠民《和青年朋友谈〈红楼梦〉》一书作序。

27日，北京图书馆出版社拟重出己卯本《石头记》，因为之修改原所作《影印脂砚斋重评〈石头记〉己卯本·序》。

28日，为山东范县郑板桥纪念馆题诗："画竹师清节，题诗勉古松。千秋天地间，要此板桥风。"又为大庆石油工人书画大学作水墨葫芦。

31日，写毕并改定为胥惠民《和青年朋友谈〈红楼梦〉》一书所作序，题曰：《论〈红〉三要》。该文见《红楼梦概论》和《解梦集》。

8月2日，去国家图书馆参观"名人手稿展"。晚继续写《西行散记》。

3日至11日，每天撰写《西行散记》，已完成有关炳灵寺部分。

12日，天津师范大学与中国红楼梦学会、《红楼梦学刊》杂志社及天津《红楼梦》文化研究会联合举办"新世纪海峡两岸中青年学者《红楼梦》学术研讨会"，先生赴天津参加开幕式，并致辞。

13日至23日，继续撰写《西行散记》，完成有关武威、张掖、嘉峪关、酒泉等部分。

24日，为钱仲联师作《〈八声甘州〉词意图》。

26日，到北京大学看望周一良①先生，晤谈甚快。周先生问及《红楼

---

① 周一良（1913—2001），安徽东至人，历史学家，曾任北京大学历史系教授。

梦》之研究，先生结合从明末到乾隆时期中国经济与思想发展的大背景，谈了自己对此书之理解，讲到曹雪芹是超前的思想家，其所描写的恋爱婚姻，绝非属于封建民主，而是属于资本主义性质的民主思想。周先生对先生之议论极感兴趣。

27日，与钱仲联师通电话，其家人云：钱老要为先生作一首长诗，两夜未能入睡，诗已写好大部分。先生闻之，决定速去苏州看望钱老。

30日，经上海到苏州，安顿后，即去钱仲联师家，见钱老满面红光，毫无病容，甚慰。钱老见先生去，非常高兴，坐谈很久，说已为先生作长诗，用卢仝体，已让学生去打印，等寄给先生看后，再书写。

31日，赴上海，径直到上海博物馆，观看吴梅村手卷《爱山台禊饮序》以及《梅花图》。次日返京。

9月2日，在家装订北京师范大学本《石头记》复印件。收到美国周策纵先生寄来的其论红专著。

6日，装订完复印北京师范大学本《石头记》。修改《论程甲本问世的历史意义》一文。

7日，开始用北京大学藏庚辰本《石头记》与北京师范大学本《石头记》逐字对校，此后十数天得暇便做此项工作。

8日，蒙周桂珍赠一把提梁壶，赋诗致谢，诗云："壶缘卅载结芳邻，抟埴声声月下闻。难得一门皆俊杰，顾翁含笑有传人。"

10日，收到钱仲联师寄来的长诗，题目为：《冯其庸先生辛巳年冬八十大寿参用玉川子体为长歌以祝》，诗云："风坛持大地，激荡物万千。人为物之灵，异才出其间。异才不世出，千载毓一焉。才中有特异，又与特异角。特异角特异，斯见才岳岳。求其特异之才而高寿，斯又前代偶逢近代亦罕逢。人生百岁称期颐，能臻此者有几翁？八十去百仅二十，到此称觞礼合隆。并世求其选，乃得冯其庸。冯君大名满天下，奚待戋戋者言致敬恭。聊择古今同岁客，一隅比附显高格。天水放翁当是岁，北伐败衄已多时。归卧三山寄后望，铁弹子歌农民起义翁能知。南明圣皇当是岁，诗坛推祭尊。阴为复明大计中心人，朝野多志士，为之周旋几历秋与春。我家东涧当是岁，曼殊盗我禹九州，貌为降臣盲敌目，反清复明志必酬。隐迹绛云楼、红豆庄，潜与南明永历延平、定国通声气。上书述政千百言，弟子东皋瞿公为陈帝座陨危涕。我家澄之当是岁，息影皖南几蹈艰危地。藏山阁集田间集，寿世上追浣花里。毛家西河当是岁，已非逊国旧遗臣。儒林文苑诗词骈散千载人，著作四百余卷真等身。复次数近代，香宋御史当是岁，清亡已历数十春。不为遗民为高隐，诗词戏剧无不精绝伦。下笔千言一刹那，横扫流辈石遗诗话状其真。此外不复计，八十高寿如君已无几。维君与我昔同侍听茹经唐师旧讲座，君来已后居在左，同门游夏辈，赐何敢望颜同座。沧桑有正道，神皋飘赤旗，君身居京师，进入新兴大庠坐皋皮。我身栖省庠，蛙鸣清浅池。唐门积薪后居上，君高我下奚容疑。君有巨著梅村谱，年谱学中畴与徒。我亦曾谱文廷式，小巫见大巫。差能写作梅村体，胡蝶两曲而已矣。而于梅村之生平，所知仅得君一二，两人度长絜短止于是。君才堂堂，亦狷亦狂，红学魁首星煌煌，挥笔作画追徐黄，两脚踏遍天山南北路，融入画与摄影兼文章。著作厚逾尺，倾佩惊倒千万客，九十四岁梦苕一翁那不俯首列其旁。何况君生寒冬腊月中，松竹梅者三友同。高举觥觫书寿笺，聊为期颐导其先，必将骥附雄视千百年。今冬君寿既八十，再阅二十便逾百，我老犹能举觥觫。高歌汉家乐府寿人曲，堂堂堂堂复堂堂。同门九十四叟钱仲联敬祝"

先生接此长诗，自云岂敢受老师祝寿，直令人愧煞。乃藏之行箧，不以示人。去年编《梦苕庵诗文集》，同人索此稿，不得已，才出此稿。

11日，到中国美术馆参加汤文选画展开幕式。下午接钱金泉电话，云钱仲联先生亲笔书写为先生祝寿长诗，用两小时，一气呵成。先生担心钱老手术后身体吃不消，非常担心。

13日，收到钱仲联师亲笔书写的长诗。

14日，为古吴轩周银龙书写长卷。

15日，去潘家园，购得永乐瓷片和六朝青瓷壶各一。

19日，连续将新发现的北京师范大学抄本《石头记》与北京大学本《石头记》逐字校对，发觉此抄本第一回至三十回，第七十一回至八十回这四十回抄手的笔迹非常眼熟。今日忽然灵光一闪，想起70年代曾反复看过的北图藏"己卯本"原抄本，上面有大量抄补的文字，其笔迹与此抄本相近。急翻寻"己卯本"复印本，两相对照，果然是同一人笔迹。而抄配校补"己卯本"之人为陶洙（字心如），50年代去世。而此点一旦确定，则此抄本即不能作为新发现之旧抄本看待了。

20日，携"己卯本"复印件到北京师范大学，先至吕启祥处，一起将北京师范大学本相关回目与"己卯本"上陶洙抄补之文字对照，一致认为，两者笔迹完全一样。再至启功先生处，适林邦钧亦在，少顷柴剑虹来，同看材料，亦觉是同一人所抄。启老看后，建议把问题提出，不必说死。下午，吕启祥来电话，说已是证据确凿，是陶洙所抄，可以确信无疑，应该写文章把问题说清楚。

21日，去中国社会科学院核对"程甲本"贴改文字，所检看处皆贴改无误。之后去国家图书馆，查"程甲本"数十处，亦皆贴改，甚至有改半字者，始悟"程甲本"实际只印过一次，未曾重改过，后来各本改动皆为活字贴改。在社科院还看了《红楼梦稿》本，即杨继振藏本。确是乾隆本，封面题签各本皆是"董々"两字，细看后先生认为是"董二"两字，不是"董々"两字。

23日，飞赴黄山。次日，登黄山，游览西海大峡谷，一路过石门、一线天等胜景。曾口占一绝：《题黄山松》："看遍黄山十万松，枝枝叶叶尽玲珑。江郎空有生花笔，输与天公雾雨风。"再日，待晨雾稍开，往游始信峰，觉别有风味。又日，到玉屏楼，饱览天都峰、莲花峰诸奇景。

27日，下黄山，飞返北京。

29日，开始撰写关于北京师范大学藏抄本《石头记》的文章。

10月1日，接叶嘉莹先生来信，蒙赠七绝三首："威州当日记相逢，三绝清才始识公。妙手丹青蒙绘赠，朱藤数笔见高风。原注：我与冯公相识于一九八〇年美国威斯康辛州红学会中，冯公曾当场手绘藤花一幅相赠。"研红一代仰宗师，早岁艰辛世莫知。惠我佳篇时展读，秋风一集耐人思。原注：一九九三年我与冯公再次相逢于马来西亚大学所召邀之汉学会议中，次年又与冯公在北京相晤，蒙冯公以大作多种相赠，读其《秋风集·往事回忆》一篇，始知冯公少年生活曾备历艰苦，而能有今日之成就，其精勤力学之精神可以想见矣。"一编图影取真经，翰海流沙写性灵。七上天山奇志伟，定随玄奘史留名。原注：此次来京与冯公相晤，又蒙冯公以其近日在上海展出之《冯其庸发现考实玄奘取经路线暨大西部图影展》之图影集一册相赠。冯公以三绝之才，余事摄影，探奇考古，迥不犹人，此一图集固当为传世之作也。"叶先生在信中还说待改订后，"再觅适当书法家写奉"。

4日，写毕关于北京师范大学藏抄本《石头记》的论文，文中提出如下一些看法：一、北京师范大学"庚辰本"是据北京大学"庚辰本"抄的，因为两书抄写的款式与回目完全相同，北京大学"庚辰本"上的一些特征，北京师范大学"庚辰本"同样具备。二、两书存在着文字差异，而异文大致有四类：1. 北京师范大学本转抄北京大学本时抄漏的。2. 北京大学本漏抄而北京师范大学本又据别本增补上去的。3. 北京大学本原来就没有，也就是说连北京大学本的底本"己卯本"上也没有的，北京师范大学本也据别本予以校补的。4. 北京大学本上某些文字有错误或断缺，北京师范大学本予以校正或订补的。三、北京师范大学本前30回和最后10回，其笔迹与"己卯本"补抄的文字笔迹相同，则此抄手，可断定为同一人，这个人就是陶洙。由此又可推断，北京师范大学本抄成的年代大约在1936年至1947年之间。后来又确知，北京师范大学本是1953年前后抄成的，周绍良先生曾参与其事，书上还有周绍良先生的笔迹，这是周先生亲自对李经国讲的，并让李经国转告先生。

5日，写毕评论陈复澄的文章。

7日，作《黄海云雾图》。

9日，修改《程甲本补叙》。

10日，开始看《柳子谷画集》，准备写文章。作《题秋瓜图》诗："秋风庭院忆当年，邻里难忘解馁贤。画到秋瓜增感慨，故山渺渺隔云烟。"

11日，广东教育出版社来电话，约请撰写《百年红学》稿，商之李广柏，广柏表示同意；再商之吕启祥，启祥愿将其新编的《五四以来之红学》重写编入此稿。

12日，作《题柳子谷画》诗二首："绝世才华绝世愁，有怀不得到壶头。英雄困死名驹老，一代奇才付沉浮。""万水千山笔墨精，中华儿女作天兵。凭公绝代无双笔，留得千秋万世名。"

13日，王扶林、罗立平、包明德等见访，谈电视剧《红楼梦》重拍问题。请先生介绍对这部小说的最新研究，先生着重谈了《红楼梦》所反映的思想。

14日，晚观看上海昆剧院演出的《班昭》，感觉此剧问题颇多，全剧唱腔不一致，剧情诸多不合理。

16日，写毕评论柳子谷画册的文章。

17日，到长安戏院看昆曲折子戏演出。

18日，南京昆剧院邵恺洁院长与林继凡见访，各为其书写一条幅。

19日，去中国历史博物馆参加饶宗颐先生书画展开幕式。开幕式后与饶宗颐先生晤谈，建议他所书写之《心经》刻于泰山或华山之上。

20日，为《红楼梦学刊》审阅两篇稿件。接受香港电视台采访，谈饶宗颐先生书画与治学。

21日，去国家图书馆报告厅作讲演，谈《红楼梦》研究。

23日，获知周一良先生去世，深感意外。开始撰写评论杜世禄画集的文章。

24日，参加汪寅仙紫砂工艺展开幕式。

25日，去钓鱼台参加重阳节晚宴，见到启功、王世襄、史树青、黄苗子夫妇诸先生。作《渔乐图》，题曰"江上渔舟美，出没风波里。辛巳重阳，宽堂七十又九"。该图见《冯其庸书画集》。

26日，写毕评论杜世禄画集的文章，题曰：《庄生晓梦迷蝴蝶》。北京图书馆出版社取走为影印北京师范大学藏抄本《石头记》所作序。

按，《庄生晓梦迷蝴蝶》一文见《瓜饭集》。《影印北京师范大学藏抄本〈石头记〉序》见《敝帚集》。

29日，去人民大会堂参加中国艺术研究院50周年院庆。

30日，写毕《名医邓南伟传》。

11月1日，段元祥在大三元酒家宴请二月河，先生参加。席间，将红楼梦研究所聘任二月河为特约研究员的聘书送交二月河。

2日，绘长条幅红梅一幅。读《洛阳名碑集释》，准备为之作序。

6日，写毕《〈洛阳名碑集释〉序》。作《月下寻诗图》，题曰："老僧夜半诗思急，来打三更月下门。辛巳立冬前一日，宽堂"。

8日、9日、10日，读《吴敬梓评传》。

11日，为陈佩秋《兰草手卷》和陆抑非《花卉卷》题跋。此后数日，读《戴震与中国文化》一书。

16日夜12时，写毕《我的读书》一文。该文见《瓜饭集》。

17日，为江西进贤县前塘小学书写白居易诗。读《竹叶亭笔记》，颇有所获。

21日，乘火车去苏州，次日抵达，随即到钱仲联先生处看望，快谈半小时。请钱老再写长卷，钱老慨允。

24日，回到北京。当天作《红梅图》，以祝侯仁之先生九十大寿。

27日，读有关清初社会的资料。

28日，应邀去南开大学，做"关于《红楼梦》的研究"学术报告，同时受聘为南开大学兼职教授。会后去南开大学图书馆看《陈维崧词稿》，此为康熙间抄本，有诸家评。

29日，读来新夏《结网录》。

30日，开始写《论红楼梦思想》中"《红楼梦》时代的社会现实"一章。

11月、12月间，作山水画《乱头粗服图》，题曰："乱头粗服是故山。辛巳十月，宽堂写意"。按，农历辛巳十月，阳历为11月后半月和12月前半月间。该图见《冯其庸书画集》。

12月1日，去人民大会堂参加《启功书画集》首发式。之后，到国家图书馆参加北京图书馆出版社出版的《中国国家图书馆馆藏碑帖精华》首发式并参观碑帖展览，再到清华大学参观海波艺术作品展。

3日，去北京大学参加侯仁之先生九十华诞庆祝会。

4日，去中国美术馆参加山鹏画展开幕式。

11日，韩国李东泉陪同韩国《世界日报》记者来访，商量采访诸老一辈学者有关事宜。

12日，陪同李东泉等去张岱年先生处采访，请张老谈21世纪中国哲学之展望。

13日，陪同李东泉等去国家图书馆采访任继愈先生。

14日，接受李东泉等采访，谈21世纪中国传统文化之展望，着重谈了三方面：一、当前全世界最需要和平。中国古代思想中，非常重视仁，仁就是"爱人"，就是"己所不欲，勿施于人"。现在科学发展了，却无限制地更新杀人武器，大规模地人类杀人类，而不是"爱人"。古代墨子还提出过"兼爱""非攻"的学说，这些古代思想，正是21世纪所需要的思想。二、文化艺术的发展，需要保持自己民族的传统特色，一味崇洋、迷洋，跟着洋人走，是没有出路的。三、了解中国的文化艺术，光从表面上看是看不清楚的，需要看得更深一些。浮在表面上的，并不一定是最好的。从本月2日起，经过十几天，今天写毕《论红楼梦思想》中"《红楼梦》时代的社会现实"一章。

15日，开始写作《论红楼梦思想》中"论红楼梦的思想"一章。此后十数天，得暇便做此项工作。

16日，为朱南铣红学论文集作序。作《红梅图》，题诗云："铁骨冰心玉作邻，寒崖百丈寄孤身。风霜雨雪周旋惯，要与乾坤一例春。"

21日，去文津街参加炎黄文化研究会举办的新年团拜会。下午，新疆雒胜政委见访。

25日，为雒胜政委书写八尺长幅。

28日，作扇面两页。

31日，见到《读书周报》上所发《〈剪烛集〉后记》一文。

本月，《人物》杂志发表俞乃蕴①文章《人生得一良师足矣》，回忆了50年代先生教授古典文学和与学生交往的情景，介绍了先生的书画与文史研究的成就。

周一良卒。

2002年　壬午　79岁

[时事]　11月8—14日，中国共产党第十六次全国代表大会在京举行，会议通过关于《中国共产党章程（修正案）》的决议，"三个代表"思想被写进党章。同月15日举行的十六届一中全会上，胡锦涛当选为中央委员会总书记。

同年，吐鲁番交河故城出土文书数十件。

1月1日，继续写《论红楼梦思想》，快要完成。作扇面数幅。

2日，晚写毕《论红楼梦思想》一书。次日，重读书稿。

4日，作《〈论红楼梦思想〉序》，序中自谓对《红楼梦》的研究，几十年来，只做了三件事：一是曹雪芹家世的研究，写出了《曹雪芹家世新考》，后来又出了增订本，篇幅增加了一倍；二是《红楼梦》脂本的研究，写出了《石头记脂本研究》和《论庚辰本》等；三是对《红楼梦》思想进

---

① 俞乃蕴（1931—），安徽繁昌人，1959年毕业于中国人民大学新闻系。从事新闻工作近二十年，后历任安徽省政协秘书处副处长、办公厅主任、副秘书长。

行了研究，完成了《论红楼梦思想》这篇文章。同日晚，作《〈论红楼梦思想〉后记》。

6日，校对《剪烛集》清样。晚作雪景山水一幅，题曰"雪满山中高士卧"，准备赠予任继愈先生。

7日、8日，继续校对《剪烛集》清样。

9日，写毕评论范敬宜画册的文章。

10日，作《金缕曲》一阕赠范敬宜："犹记当年否？正西窗、长歌激越，满眼神州。逐鹿中原天下事，虎跃龙腾狮吼。共奋袂，榆关燕幽。谁识风波划地起，有多少故人作楚囚。天地泣，鬼神愁。　丈夫不解记细尤。莽昆仑，晴空万里，可以遨游。急驾巨龙腾飞上，此其时，莫迟留。那顾得霜鬓雪头。我与轩辕曾一诺，纵粉身碎骨誓相酬。君与我，共驱驺。"校对完《剪烛集》，作《自题〈剪烛集〉》二首："剪烛西窗暗雨翻，怀人最是梦初温。荒村月落柴扉旧，只欠故人夜打门。　打窗急雨别离声，都是凄凄客子情。后夜灯残月半堕，问君何日是归程。"

11日，对《论红楼梦思想》作局部修改。

15日，读《启功丛稿》。

16日，到中国美术馆参加许麟庐先生画展开幕式。荣新江[①]赠以其新著一册。

17日，王春瑜见访，送来四川画家赵彬的画册。王少石亦见访，送来许麟庐画册和韩美林委托他代赠的画册。

18日，到八宝山参加钟敬文先生葬礼。读《启功丛稿》。

19日夜11时半，写毕《醉来挥毫天地窄》一文，此为参观许麟庐先生画展之后感言。

20日，接受中央电视台采访，谈紫砂艺术。傍晚为《五百罗汉画卷》作跋文。又作《赠许麟庐先生》诗二首："相识平生五十年，风急浪高到华颠。挥毫犹觉天地窄，为有胸中藏大千。我与先生结墨缘，竹箫斋里参画禅。由来六法皆末法，亮节高风是大坚。"

22日，与广东教育出版社签订《红学史》出版合同，将与李广柏合作

---

① 荣新江（1960—），生于天津，现任北京大学历史系教授、博士生导师。主要从事中西文化交流史、隋唐史、中亚史、敦煌学吐鲁番文献研究。

撰写此书。读《启功丛稿》。

23日，到商务印书馆参加《艺术百科辞典》发稿会。

24日，读《启功丛稿》，拟写文章，定名为《启功先生论红发微》。

28日，到国家图书馆看望任继愈先生，并赠送《雪满山中高士卧》画轴。之后到季羡林先生处，送去纪峰所塑季老像，季老极为满意。

29日、30日，开始写作《启功先生论红发微》一文。

31日，为李经国作《观雪斋读札图》毕。今日《人民日报》发表了先生评论范敬宜画册之文章。

2月1日，惊悉张光年同志逝世，不胜悲痛。续写《启功先生论红发微》，此后几天，得暇即写作此文。

2日，到钓鱼台国宾馆参加启功和许麟庐两位先生笔会，并送去一幅画。今天见到前儿天的《文汇报》，载有周汝昌文章，居然说1984年年底夫苏联谈判列藏本《石头记》是他带队去的，而且有什么重大发现等，完全是造谣，先生十分气愤。关于先生受命去苏联鉴定《石头记》抄本并与苏联谈判两国联合出书事，可参见先生文集《漱石集》：《列宁格勒藏抄本〈石头记〉回归记》及所附文件。

3日，晨起将昨日所作两幅画再加收拾。之后参加红学家的聚会。

7日，去八宝山参加张光年同志葬礼。纪峰开始为先生塑像，先生自题一绝云："独立苍茫一野人，风波万劫死还生。平生事业诗书画，一部红楼白发新。"

10日，文物出版社送来《中国画全集》，共30卷。作《梅花图》，并作《题自画红梅》诗："雨雪冰霜玉作姿，廿年幽谷少人知。自从识得春风后，花发千枝又万枝。"

11日，旧历除夕，继续写《启功先生论红发微》。

12日，旧历年初一，《启功先生论红发微》一文完稿，心情为之一松。后此文改题为《林黛玉、薛宝钗合论》。该文见《解梦集》。

14日，开始重校《红楼梦》。

15至18日，重校完《红楼梦》第57回至61回。

19日，为日前所画《墨梅》长卷题《浣溪沙》一首："依约江南旧梦痕，南枝花发可怜春，销魂最是月初沉。　记得那年湖畔路，青青黛色绿罗裙，如今往事已成尘。"

20日，作《浣溪沙》："一别孤山五十年，太湖春汛早梅天，何时重泛五湖船。记得寒花原有约，几曾瘦影到窗前，拈毫满纸是云烟。"

21日、22日、26日，重校完《红楼梦》第62回、63回、64回。

27日，到国家图书馆开会，讨论古籍重印问题。作《好事近》词，题曰《追忆明铁盖达坂喀喇昆仑山纪事》："昆极忒嵯峨，举手攀明月。万叠冰峰如剑，鸟飞难逾越。　惆怅千载一玄师，铮骨独奇绝。我到峰巅参拜，仰一怀冰雪。"重校完《红楼梦》第65回。

28日，重校完《红楼梦》第66回。此顷，作《空山风雪图》，题曰："空山风雪，柴门老树之村；破屋藤萝，石径荒苔之地。壬午初春，宽堂八十写西青词意。"

3月2日，重校完《红楼梦》第67回。先生《论红楼梦思想》开始在《红楼梦学刊》刊登。作《红梅图》。

3日、4日，重校完《红楼梦》第68回、69回。

5日，到中国美术馆参观四川赵彬画展。重校完《红楼梦》第70回。晚不能寐，忽思辽阳三碑中，有记载襄平者，如能查出此材料，当可驳李奉佐之谬论，因即披衣查找，结果发现在《重建玉皇庙碑》中写着："昔襄平西关西门外不越数趾，有玉皇庙焉，其来云旧……"这段碑文可有力驳斥李奉佐之观点，因随笔记下，以为后日撰论之用。

7日，中央电视台二频道播放先生和周桂珍等谈论紫砂工艺之专题片。

8日，拜访启功先生，柴剑虹等同在。将《启功先生论红发微》一文呈交启老，启老因谈及爱新觉罗姓氏之来源。

9日，重校完《红楼梦》第71回。

13日，读《炎黄春秋》所载吴江先生文章，为题一绝："千古文章万古情，篇篇掷地作金声。韩潮苏海当年事，又有吴江破浪行。"

17日，尹光华见访，送来钱仲联师所书手卷，手卷上有徐邦达先生题跋。

20日夜2时，思念远友，夜不能寐，遂成《论红楼梦思想再记》，此前几天，曾收到美国周策纵先生寄来的红学专著。参见《论红楼梦思想》。

22日，到中国美术馆参观"当代著名学者书法展"，先生作品亦在其中。

27日，近日先生身体一直不适，中医大夫谓脉象极不好，要先生停止工作，静心修养。然从 3 月 10 日起，先生一直在写作《曹雪芹的祖籍、家世和〈红楼梦〉的关系——对一个争论了半个多世纪的问题的梳理和透视》一文，今天终于完稿，凡 3 万字。该文见《红楼梦概论》《敝帚集》和《解梦集》。

29 日，《文艺报》发表文章介绍"当代著名学者书法展"，刊登了先生的照片和作品。

30 日，托叶君远购得《清人诗文集总目提要》三巨册。

本月，《红楼梦学刊》本年第二辑发表先生《启功先生论红发微——论红楼梦里的人与诗 敬祝启功先生九十华诞》一文。

4 月 1 日，新野县新甸中学教师李向阳患重病，求社会帮助，为其作一幅字以捐之。读《清人诗文集总目提要》。夜枕上作《题园中初发海棠》诗："初发海棠嫩燕支，娇红一点惹人思。徐熙落墨天下少，怎及春风澹荡时。我家庭院好风月，每到春来燕支雪。携酒独坐海棠下，忽忆东坡定慧日。斯人斯花不可见，空对嫣红坐太息。君不闻，抽刀断水水更流，莫对今花发古愁。不如更学东坡老，一花一饮消百忧。"

2 日，到中国美术馆参观齐白石画展。晚为《论红楼梦思想》图版作说明，题曰《梦后的记忆》。

6 日，为《启功书画集》写推荐信以参加评奖。

8 日，重校完《红楼梦》第 72 回。

10 日，接受香港阳光卫视采访，谈二月河及其小说创作。

11 日，重校完《红楼梦》第 73 回。

14 日，到中国人民大学参加"中国古代文体与文学"国际学术研讨会开幕式。重校完《红楼梦》第 74 回。

15 日，到中央电视台参加关于重拍电视剧《红楼梦》问题座谈会，讲了对《红楼梦》思想的理解。

17 日，到国家图书馆参加"《永乐大典》国际研讨会"开幕式，之后参观了《永乐大典》原本和仿制本。重校完《红楼梦》第 75 回。

22 日，写毕《列宁格勒藏本〈石头记〉回归记》一文。

24 日，接受北京电视台采访，谈启功先生学术成就。为当年无锡工业专科学校美术老师钱松岩先生山水画题诗："残水剩山一角珍，师门回看隔前尘。沧桑劫后何人在，独对遗篇泪满巾。"

25 日，校完《红楼梦》第 76 回。

28日，上海博物馆馆长陈燮君见访，谈甚欢。

29日，陆文虎与中央民族歌舞团的同志见访，请教如何编排舞蹈剧《红楼梦》问题，为分析《红楼梦》思想及其人物塑造。

5月1日至6日，重校完《红楼梦》第77回至80回。

7日，继续重校《红楼梦》，80回之后用程甲本作底本，参以程乙本，并参桐花凤阁批本。今日重校完第81回、82回。

8日，为钱仲联师铜像题句云："诗是昆仑郁苍苍，文是黄河万里浪。平生百拜虞山路，今日黄金铸子昂。"同时作书与钱老。

9日，到人民大会堂参加"续修四库全书座谈会"，被聘为集部顾问。重校完《红楼梦》第83回。

10日，重校完《红楼梦》第84回、85回。

12日，为耿毓亮书陶渊明诗一首，又为作《大荔图》。重校完《红楼梦》第86回。

13日，重校《红楼梦》至第89回。

14日，到科学会堂参加中央电视台举办的"重拍电视剧《红楼梦》座谈会"。

15日，重校完《红楼梦》第90回。写毕《释〈红楼梦〉里的真与假》一文。该文见《解梦集》。

16日，到中国艺术研究院参加"昆曲成功申报世界文化遗产座谈会"，作发言。会上见到任继愈、朱家溍、王朝闻、郭汉城、戴爱莲诸先生。作诗题启功先生法书，题目为《友人属题启功先生法书，勉成二绝》："临风玉树一枝斜，初笔兰亭意态赊。五百年间修禊帖，几人梦到启翁家。平生苦爱右军书，一帖兰亭卅载馀。今日新参元伯字，山阴却在市西隅。"

17日，得钱仲联师本月13日书。晚修改《曹雪芹的祖籍、家世和〈红楼梦〉的关系》一文。

钱仲联来信[①]如下：

> 我为先生的造像题了一首诗，诗云："诗是昆仑郁苍苍，文是黄河万里浪；平生百拜虞山路，今日黄金铸子昂。"因为此诗不守律，所以

---

① 冯其庸：《瓜饭集·哭钱仲联师》。

我先寄给先生看看，是否可以？先生随即回答说：

其庸学人撰席：久懒疏候，忽奉五月八日赐函，欣慰无涯。已入初夏，想贵恙当日趋康复。承赐铸铜像并惠诗，诗佳甚，受之实不敢当，感荷隆情在心，上月贱体亦卧床两次，挂盐水瓶，幸得痊愈，年事已高，势必如此也。匆匆，复谢。

并颂 撰安。

钱仲联顿首

二〇〇二、五、十三

19日，重校完《红楼梦》第91回。

20日，凌晨四时醒来，枕上作《送春》诗，云："园中新植铁杆芍药，枝叶皆紫色，花作墨紫色，名花也。今年始花甚艳。此花过后，春事尽矣，诗以送之。半是莺收半燕收，一春花事空绸缪，将离纵有燕支色，不系春光只系愁。"

为姜新生书写"墨缘草堂"匾额。

21日，朱振华送来钱仲联师所注《海日楼集》，因题一绝《读梦苕师校注海日楼集》："苍苍海日万峰冥，光耀千秋是此星。不有禹功疏凿手，那能九曲一泾清。"

23日，为上海图书馆作《我的第一篇文章》一文。

24日，看李广柏所作《红学史》绪论，并作修改。

25日，孙立川和陈松龄见访，看过批校《红楼梦》稿和谭凤嫒所绘插图，极为满意。与李广柏商议，决定将《红学史》绪论，另作《红楼梦概论》一书单独出版。

28日，为"华夏名家迎奥运"作字，又画一幅八尺条幅《红梅》，题诗云："闻道梅花是国芳，冰肌玉骨斗严霜。洪荒历尽千千劫，赢得人间第一香。"致钱仲联先生书。

29日，工春瑜陪同吴江先生见访，畅谈一个多小时。吴老以所著多种书籍见赠，先生回赠以十多种个人著作。

30日，重校完《红楼梦》第92回、93回。为徐州李天池汉画拓片题字。

31日，重校完《红楼梦》第94回。

6月1日，和平画店重张，前往祝贺，见到黄永玉、黄苗子夫妇、王世襄、陈大章、秦岭云、吴素秋、梅葆玖、刘雪涛、刘炳森等诸多友人。

2日、3日，重校完《红楼梦》第95回、96回、97回、98回。3日下午，开始写《风雨平生》一文，先写《我的母亲》一节，已近3000余字。

6日，到人民大会堂参加庆祝中华书局创立一百周年大会。写毕《我的母亲》。该文见《瓜饭集》。

7日，看望吴江先生，相谈甚欢。

10日，到南京，晚为东南大学作讲演，题目是《曹雪芹的祖籍、家世与〈红楼梦〉的关系》。

11日，到朝天宫昆曲艺术剧院，与著名演员张继青、胡锦芳、张寄蝶、林寄凡等相晤谈。下午到扬州。

13日，到无锡，约请季稚跃共同作《脂砚斋重评〈石头记〉汇校汇评》，季稚跃欣然同意。

16日，到苏州，由钱金泉等陪同看望钱仲联师。钱老极为高兴，赠以其著作《近代诗三百首》及其手书《水龙吟》词立轴，此词专为先生而作，词云：

飞天神女何来，明珰翠羽全身宝。东流不尽，一江春水，较才多少。红学专门，画禅南北，慧珠高照。看鹏图九万，风斯在下，有斥鷃，供君笑。　昆阆早曾插脚，下天山，气吞圆峤。碧霄下顾，苔痕帘室，几人来到。挹拍儒玄，步君趋尚，聆君清教。望所向，诗城蹴踏，踢千夫倒。

水龙吟　敬贻

其庸学人　两正　壬午夏钱仲联　时年九十五

其后即登车和钱老一起到邓尉石壁山拜谒清代大诗人吴梅村墓。归来后，钱老在松鹤楼设午宴宴请先生。下午，性空法师、秋爽和尚派车来接先生到寒山寺，见原为寒山寺所题诗已刻成碑，所书写抱柱对联亦已做好悬挂。

17日，到上海，晤王运天、汪大刚，随即到上海博物馆参观山西晋侯墓出土文物和马来西亚藏万里先生所捐书画。

18日，返回北京。晚修改《影印〈脂砚斋重评石头记〉己卯本序》。

19日、20日，修改《红楼梦概论》，并编成目录。

21日，邱嘉伦来电话，谓苏州寒山寺建寺1500周年，嘱为题词，因题一绝："一千五百年前寺，阅尽人间几海桑。古刹钟声两不变，共随盛世到永康。"

23日，到香山脚下杏林山庄参加"古籍再造研讨会"，递交了书面意见，建议将"甲戌""己卯""庚辰"等8种脂本《石头记》和《水云楼词》等列入再造目录。

25日，作书致钱仲联师。

27日，重校完《红楼梦》第99回。

28日，到中国社会科学出版社参加"口述历史座谈会"。写毕《〈红楼梦概论〉序》。

29日，重校《红楼梦》至第102回。

30日，改定《怎样读〈红楼梦〉》一文。本文改定稿见《红楼梦概论》。

7月1日，到纪峰处再次看其所塑季羡林先生像。纪峰根据先生上次意见做修改后，塑像变得极为传神。先生归途中口占一绝："学贯东西一寿翁，文章道德警顽聋。昆仑北海漫相拟，毕竟何如此真龙。"重校《红楼梦》至第103回。

3日，为池田大作书写一幅八尺条屏。

7日，近几天依次重校《红楼梦》至第109回。西安法门寺博物馆馆长韩金科[①]见访，赠以其专著《法门寺文化与法门学》以及其他书籍。

8日，修改《红楼梦概论》最后部分，并写毕《〈红楼梦概论〉后记》。又为东南大学"百年讲座"题诗："百年难得百家评，郁郁文哉动石城。虎踞龙盘今胜昔，千秋学术在金陵。"

9日，到305医院诊病，当即被医生留下住院。抽血交验后，即到北京图书馆出版社，将《红楼梦概论》稿交给社长郭又陵和责任编辑殷梦霞。随后回家取应用物件。折返医院途中，一路思考《红楼梦概论》相关问题，将近年来研究心得归纳为如下几点。一、明代后期出现资本主义的萌芽，中经甲申之变，社会经济遭到极大破坏，但到康乾时期，社会经济已经恢复并且大大发展了。当时大量商业城市的存在就是标志。只是相对于欧洲的大工业

[①] 韩金科（1946—），陕西扶风人，现任法门寺博物馆馆长，研究员。

经济，中国的工业经济还很薄弱。但经济形态确实呈现出由资本主义的萌芽到初期发展的状态。二、中国的社会发展长期停滞在封建主义，到康、雍、乾时期，经济上已经大大落后于欧洲。因此，中国虽然产生了资本主义的萌芽，但是已经不可能自然地发展成为资本主义的强国。列强包围着中国，这种自由发展的国际机遇已然丧失。三、曹雪芹的资本主义萌芽性质的民主思想是在中国的社会环境中自生的而不是外来的，包括李卓吾等人的思想也是自生的而不是外来的。为什么当时会产生这种思想？这是因为封建正统的程朱理学已经走到了极端，物极必反，所以自然就会产生它的对立面。中国初期的民主思想正是在同程朱理学的对立中产生的。四、当时的资本主义萌芽性质的民主思想是一种超前的思想，因为中国还是封建主义的黑暗王国，社会还不可能实现资本主义。但卓越的思想家已经提出了属于资本主义的民主思想，这就是历史的超前。

10日，开始治疗。次日，收到《论红楼梦思想》排印稿，立即着手校对，并决定补充写进"作者的立场"一节。

12日，《文汇读书周报》发表先生《我与上海图书馆》一文。

15日，在医院，写毕《论红楼梦思想》中"作者的立场"一节。

16日，收到钱仲联师来信，信中有钱老赠词一首，如下：

贺新凉　其庸诗人偕谒吴梅村先生墓，墓为君新考定核实，颇为壮观。

诗派尊初祖。数曼殊南侵年代，梅村独步。姹紫嫣红归把笔，睥睨渔阳旗鼓。彼一逝，早为飞羽。东涧曝书差把拍，问其他家数谁龙虎？输此老，自千古。　娄东家弄吴东旅，累声名淮上鸡犬，不随仙去。遗冢堂堂斜照外，赖有冯唐频顾。重树立丰碑隆处。我客吴趋随谒拜，仰光芒石壁山前路。伟业在，伟如许！

其庸方家两正　壬午夏九十五岁钱仲联未定草

先生接信后，即用原韵奉和。

18日，修改《贺新凉》。

20日，读《汉代丝绸之路的咽喉——河西路》一书。

22日，经十几天治疗，血糖、尿糖趋于正常，但医生仍不同意马上出院，并且告诫近期不能去新疆。改定《贺新凉》，云：

>壬午夏，从梦苕师谒梅村墓于石壁山前，墓为予考定后募资重建于原址之上者。梦师作《贺新凉》词赐寄，因用原韵勉成此阕。
>
>底事冲冠怒。为红颜，天惊石破，只君能语。魑魅魍魉同一貉，忍见故宫狐兔。天已堕，臣心如剖。故旧慷慨都赴死，问偃翁、何处逃秦土？天地窄，寸心苦。　一枝诗笔千秋赋。捧心肝、哀词几阕，尽倾肺腑。我叹此翁天丧尔，幸有文章终古。更认得松楸故堵。重树丰碑石壁下，仰词翁百岁来瞻顾。魂应在，感知遇。
>
>二〇〇二年七月十六日作，七月二十二日改定于三〇五医院

24日，写毕《梦苕师石壁山拜墓记》一文。陆文虎前来探望，送来饶宗颐先生签名赠送的画册和另一本书。《梦苕师石壁山拜墓记》一文见《瓜饭集·梅村四记》。

26日，血糖已正常，今天出院，随即到北京师范大学参加启功先生九十华诞庆祝会，并作发言，认为启功先生学术、艺术、道德三方面都是典范，最后朗诵了题启功先生法书的两首诗。

28日，上海图书馆寄来《新民晚报》，报上刊有先生的文章：《我的第一篇文章》，获二等奖。季稚跃寄来《脂砚斋重评〈石头记〉汇校汇评》第一回稿，做得甚好。先生见到自己所设计的汇校、汇评格式完全实现，极为高兴。此书完成后，则12种脂本《石头记》可以集大成矣。

30日，北京图书馆出版社送来《红楼梦概论》校样。

8月1日，校对《红楼梦概论》清样，因错排漏排甚多，眼睛看不清，深以为苦。上海图书馆寄来纪念文集，先生《我的第一篇文章》被选入。北京图书馆出版社社长郭又陵告知，先生推荐的"庚辰本"《石头记》和曼陀罗花阁本《水云楼词》均已列入古籍善本再造书目。

2日，到国家图书馆参加古籍善本再造工程会议。

3日，近日一直在校对《红楼梦概论》清样，今天终于校完。同时重新编好该书目录。

6日，应烟台同志之请为蓬莱景区会仙阁撰书两副对联，其一，"海市蜃楼，瞬息看仙山琼阁　青山绿水，百年可退老养生"，其二，"看空中楼阁

游海上仙山"。

7日，为周绍良先生书写"绍良诗艸"。近日重校《红楼梦》，今天已至第113回。

8日，应《中国社会经济发展报告》编委会之约，撰写个人简历。核校季稚跃所作《脂砚斋重评〈石头记〉汇校汇评》稿。

9日，校对黑龙江教育出版社所寄《论红楼梦思想》清样，"作者的立场"一节已补入。

12日，《论红楼梦思想》清样复校一过，《脂砚斋重评〈石头记〉汇校汇评》稿亦已核校完毕。孙亚荣、邓文宽见访，赠以金维诺先生新著《中国古代佛雕》。

13日，接受中央电视台采访，谈玄奘取经之路。

14日，台湾刘昭湖夫妇见访，作诗相赠："十载归来意太深，故园风物最关情。赠君一瓣庄生飑，浮海去来任意行。"

16日，重校《红楼梦》全书毕，开始评批工作。次日，评批完第一回。

18日，到中国历史博物馆参加"申奥成功诗书画展"开幕式。

22日，写毕《风雨平生》又一节《稻香家世》。该文见《瓜饭集》。

23日，北京图书馆出版社宴请香港学者梅节，先生与宴。王士东送来袁荃猷的剪纸集，为题一绝："浪说春风似剪刀，秋来已见叶先凋。袁家剪子真正好，雪后花开分外娇。"

《红楼梦学刊》寄来《曹雪芹的祖籍、家世和〈红楼梦〉的关系》一文清样，灯下校对一过。

24日，凌晨醒来，作《梦寻》诗："红楼一梦不知年，梦里寻他眼欲穿。寻到幽微灵秀地，繁霜不觉已盈巅。"

将黑龙江教育出版社寄来的《论红楼梦思想》改正稿清样校对完毕。

25日，晨枕上作诗赠冯鹏生，诗云："绝艺堪称第一俦，著书又封定远侯。平生高义云天外，醉后还同五柳游。"

开始修改在东南大学演讲的录音稿。

26日，到北京理工大学参加"敦煌学国际研讨会"开幕式。

27日，黑龙江教育出版社嘱为《论红楼梦思想》撰写本书简介和个人简历，今天写毕。

28日，晨枕上作题《早梅图》诗（该图又名《雪骨冰枝图》），诗云

"雪骨冰枝驿路边，风风雨雨自年年。天涯为慰伤心客，先报春光到眼前。壬午初秋，宽堂并题"。

29日，夜三时，忽然想到《红楼梦》讲演提纲，即起床记录，写完后心中一快。

9月1日，应约到现代文学馆作讲演，谈《红楼梦》思想，听众情绪甚热烈。

2日，昨起绘山水画《僧归云外寺》，今天完成。

3日，前往通州看望晏少翔先生，晏老方自沈阳来。许麟庐、刘继英、秦岭云诸先生都在晏老处，袁行霈亦在，相见甚欢。

4日，晏少翔先生见访。

5日，晨起作画，并作题画诗二首，一首为题梅花："铁骨冰姿玉作魂，严霜朔雪自温存。忽然一夜春风到，满树花开天地春。"

一首为题秋瓜："老去种瓜只是痴，枝枝叶叶尽相思。瓜红叶老人何在，六十年前乞食时。"

在东南大学讲演稿全部整理完毕。

7日，为晏少翔先生《五羊图》题词。杨仁恺先生见访。

8日，写毕《季稚跃文集序》。

9日，评批完《红楼梦》第2回。

14日，设计《红楼梦概论》封面。次日，设计《论红楼梦思想》封面。评批完《红楼梦》第3回。

16日，纪峰为先生塑像，先生自题一律《壬午八月，予已过八十生日半年有余，纪峰来为作塑像，因自题一律，壬午中秋前五日》："风雨相摧八十年，艰难苦厄到华巅。平生事业书诗画，一部红楼识大千。七上昆仑情未了，三进大漠意弥坚。何时重踏天山路，朔雪严冰也枉然。"

19日，评批完《红楼梦》第4回。

21日，旧历中秋节，用小楷书写3幅《心经》，一幅自留，另两幅分赠杨仁恺先生和周桂珍。

22日，黑龙江教育出版社寄来《论红楼梦思想》封面制作样，与原来设计完全走样，只得重做，并输入光盘以寄出。用朱砂书写《心经》一卷。

23日，飞抵上海，随即赴无锡。

25日，到苏州，即去看望钱仲联师。钱老兴致极高，谈及往事，滔滔不绝。之后看望蒋风白先生，蒋老请先生为其所藏文征明和王宠书法卷子题字，并请先生为写一幅字。蒋老则作一幅梅花相赠。

26日，早9时到苏州大学，参加钱仲联先生九十五华诞庆祝会，在会上发言。次日返京。

28日，到潘家园文物市场，购得辽代瓷梅瓶1件、汉画像砖1块。为八大山人纪念馆作字画数件。晚绘四尺整幅葫芦，题诗云："秋老西风叶半椴，霜藤满地走龙蛇。何人识得先生笔，只有青藤与苦瓜。"

29日，北京图书馆出版社送来《红楼梦概论》修改稿清样，阅后发现李广柏删去了1954年批判新红学派一段，先生作了恢复，并且增加了论析1954年批判运动之内容。

10月1日，邱华东见访，与之谈论有关《红楼梦》考证事。

6日，与柴剑虹一起到启功先生新居探望，启老谈兴甚浓，谈及清宫逸事、《红楼梦》所涉及旗人习俗以及对《论语》之研究等。晚为高振宇绘一幅八尺巨幅画作。

7日，李文合等见访，商量《中华艺术百科辞典》书法卷修改事宜。

8日，叶嘉莹先生见访。王俊义、郭沂纹来谈口述自传之事。

9日，为北京大学图书馆百年纪念题词。近日得暇便评批《红楼梦》第5回，今日告竣，并写毕回后总评。

11日，评批《红楼梦》第6回毕。

12日，飞抵屯溪，在花溪住定后，即去岩寺看木雕。其中一屏扬州木工所刻赵朴初先生写经，极精彩，然末尾尚空60厘米，先生建议俞宏理加跋，俞不肯，坚请先生作诗。先生因题一绝："御风今日到徽州，来拜瑞相五百俦。宝树神工千载合，金光满室照九州。"

13日，游览岩寺花山迷宫。之后到邵春风家，又到俞宏理家，看其近来画作。次日返京。

16日，香港胡从经来录像，请先生对香港青少年谈学习传统文化问题。

19日，河南汤阴来电，邀请先生出席次年3月举行的岳飞诞辰900周年纪念会。先生建议让罗英、丁力亦去参加会议。

20日，评批《红楼梦》第7回毕。为江西进贤西法华寺书"大雄宝殿"匾额及一副对联。

21日，香港梁通携来关于黄遵宪之长卷，请先生题诗，卷首是钱仲联先生题字。先生为题诗云:"诗界革命数此翁,百年诗国人境雄。至今感谢苕溪老,六十年来注度公。"

22日,评批《红楼梦》第8回毕。撰写口述自传的笔谈短文。

24日,作《红梅图》,题诗云:"嶙峋老干一枝斜,月影梦痕到我家。借得窗前清瘦影,挥毫直送到天涯。"

25日,到天津南开大学,在"《红楼梦》翻译国际会议"上作演讲,谈《红楼梦》思想,叶嘉莹和宁宗一先生均在座。之后返家。晚大同作家王祥夫[①]见访,邀请先生参加大同红学会成立会议,并赠以其文集《杂七杂八》及一古青铜鼎。

26日,到人民大会堂参加"陕西黄帝陵修复汇报会"。

27日,作诗题《红梅图》:"传家一本宋朝梅,铁骨冰肌玉作腮。雪压霜欺风雨打,丹霞依旧满枝开。"

28日,评批《红楼梦》第9回毕。用八大山人法,作《古梅图》一幅。

29日,为河南孟州书写韩愈《左迁至蓝关示侄孙湘》诗。晚写毕《怀念杨廷福》一文。

31日,作四尺整幅山水,以黄宾虹稿为摹本,画青城山丈人峰。画后题诗云:"天外奇峰一丈人,葱葱黛色入眉亲。十年曾过青城道,梦里犹存翠髻新。"

本月,《红楼梦概论》一书由北京图书馆出版社出版。此书扼要介绍了《红楼梦》思想艺术,曹雪芹的祖籍、家世及与《红楼梦》的关系,清代的评点派红学等。

《论红楼梦思想》一书由黑龙江教育出版社出版。此书分析了《红楼梦》时代的外部世界和内部世界,论述了资本主义萌芽在中国社会的产生和发展,指出了曹雪芹是当时思想战线上反程朱理学的先锋。提出曹雪芹是有先进的社会理想的,他对现实世界作了无情的批判,并在书里描绘了他的理想世界,却又让这个理想世界遭到毁灭,表明他的理想是属于未来世纪的,不是属于他自己时代的。曹雪芹对未来社会的先进理想,证明他是一位杰出的超前的思想家。

11月1日,晨枕上再作《题青城山丈人峰》诗:"闻道峨眉翠扫空,青

[①] 王祥夫(1958—),辽宁抚顺人,现为国家一级作家,中国作家协会会员,《小品文选刊》主编。

城山色更葱茏。丈峰壁立千仞外，佳气腾腾接碧穹。"

下午参加中国人民大学65周年校庆。

2日，将昨天所绘山水补画完成，并题诗："梦想林泉得幽栖，万峰重叠一清溪。飞尘不到浮声绝，只有松风与鸟啼。"

3日，到国家图书馆学术报告厅作讲演，题目是《怎样读〈红楼梦〉》，讲了三个问题：一、曹雪芹的时代和家世；二、《红楼梦》的文本；三、《红楼梦》的思想。讲演同时举办了《红楼梦概论》首发式。

4日，评批《红楼梦》第10回毕。

6日，作《平生一棹江湖趣图》，题识"木落天清作远游，溪山为我意绸缪。平生一棹江湖趣，欸乃声声唤白鸥。壬午十月，宽堂以渴笔作秋山图，欲见山灵之秀骨也。时年八十"。按，十月为农历，阳历当为11月。二月河和江西傅克诚书记来京参加十六大，均见访。

7日，接受中央电视台采访，谈启功先生和画家杜世禄。柴剑虹来，与之初步商量定拍摄《丝绸之路》电视片的顾问与学术委员名单。作山水一幅，题诗云："霜落蓟门万木秋，千山骨立老僧愁。年来识得其中味，坐拥群峰胜列侯。"

8日，评批《红楼梦》第11回毕。

9日，沈阳郭延奎送来多幅书画裱件。新疆王炳华寄赠其专著《沧桑楼兰》。

12日，评批《红楼梦》第12回毕。晚喀什袁振国见访，为作书画，又为大同王祥夫写字。

13日，重读《红楼梦》第12回评批，又增写一部分，觉更为充实深入。读中央电视台电视剧《红楼梦》新剧本。

14日，近日读王炳华《沧桑楼兰》，觉甚好，为作《赠王炳华》诗："瀚海沧桑觅梦痕，楼兰又见小河墩。君家事业传千古，卓荦群英是此人。"并且书写成四尺方对开。上海古籍出版社府宪展见访。

15日，凌晨忽忆日前所作《青城山丈人峰图》，枕上补题一绝："立地顶天一丈人，孤标傲世出风尘。一枝独秀南天外，赢得千秋自在身。"

作横幅墨梅赠王炳华，并题诗："龙沙万里是生涯，雨雹风霜意更赊。不向冰天炼奇骨，那能雪地作红霞。"

16日，在潘家园文物市场购得一砖，上有飞天形象，且中间下段有"天人"二字，先生认为此飞天造型与萧齐东昏侯墓室壁砖上飞天完全一致，为道家飞天，故可断定此砖应是东昏侯墓故物。应段元祥之请，为山西晋城陈廷敬府书写诗碑。

17日，大同王祥夫见访，送来新发现之曹振彦题名碑拓本。

18日，朱玉麒、孟宪实、李哲峰见访，商量重走丝绸之路事，并初步拟出一提纲。傍晚拟定明天《论红楼梦思想》首发式发言稿，提出红学发展要走出三个误区：一是把红学仅仅局限于曹家家史研究上；二是把红学说成仅仅是家世考证、抄本考证；三是长期纠缠于"丰润说"之争论。提出应把《红楼梦》放到其历史背景中去研究。

19日，《论红楼梦思想》首发式在中国艺术研究院举行，启功先生、王蒙参加并讲话，众多红学家以及相关单位领导亦来参加。先生致辞感谢。

20日，为谭凤嬛所画《红楼十二钗图》题词。大同红学会邹玉义、王祥夫见访。

22日，校对完评批《红楼梦》第5回打印稿。

23日，写毕《读容铁的篆刻》一文。

24日，京剧名演员迟小秋见访，先生将18年前听其《探监》一出所题诗相赠。

27日，到苏州，立即去看望钱仲联师。宿虹桥宾馆，得《闲情》一诗："秋月春花几日休，黄蜂紫蝶各悠悠。闲情一种无粘处，人自相思水自流。"

28日，到上海，去博物馆参观国宝展。下午接受上海电视台采访，谈国宝展观感。

29日、30日，参加上海博物馆组织的国际学术研讨会。会议期间，曾与启功先生晤谈。

12月1日，飞抵屯溪，次日，到休宁参观戴震故居。之后到花圃看古梅，作《休宁看古梅》诗："看罢徽州十万梅，清奇古怪尽仙胎。罗浮梦里何曾见，定是藐姑劫后来。"

两日后返京。

7日，去潘家园文物市场购得六朝砖、汉陶琴、瓦当等。下午与邱嘉伦同去看望杨绛[①]先生。

---

① 杨绛（1911—），江苏无锡人，翻译家、文学家、剧作家。曾与丈夫钱钟书一起留学英国牛津大学，新中国成立后任中国社会科学院外国文学研究所研究员。

8日，到潘家园，购得一对明代铁狮、3件北齐武士俑等物。

11日，晨枕上为许锦文《冬皇孟小冬传》题诗三首："沧桑一代称冬皇，绝世声容绝世狂。一自申江赏曲后，余音半纪犹绕梁。平生痴绝梨园心，荀尚梅程各赏音。只恨冬皇缘忒悭，申江一别影沉沉。冬皇一去杳沉沉，流水几人识雅音。多谢传神许郎笔，琴心得向纸间寻。"

邓安生来，商量《通假字典》有关问题。

14日，在潘家园文物市场购得唐木俑一件，其彩绘已脱落；又得汉俑一件，出自绵阳，有如说书俑而又不类，其神情姿态之生动有过之而无不及。

15日，看望启功先生。写毕为俞宏理画册所作序。

16日，电台记者来采访，问岳飞是否为民族英雄？先生正面回答，岳飞是民族英雄，我们需要爱国主义。

17日，晨枕上口占《为朱仙镇题民族英雄岳飞》："千古精忠一岳公，身经百战气豪雄。若非卖国君臣贼，直捣黄龙指顾中。"下午中华书局朱振华见访，带来余喆所赠线装列藏本《石头记》一部，并《唐五代文学史料长编》等书。

19日，到人民大会堂参加古籍再造会议，作发言。收到李广柏信，中有《贺宽堂先生八旬大寿》诗："誉满江南才子名，京华绛帐聚兰荪。坡翁妙手羲之笔，太白豪情五柳魂。百卷书成思梦阮，一鞭先著到西昆（先生提倡研究西北，曾七次考察丝绸之路至葱岭最高处）。汉唐文献明清史，来日期颐掌上论。"

22日，飞赴马来西亚吉隆坡。次日，接受《星洲日报》采访，谈红学研究。晚宴上，二月河发言，开头就讲到先生对他的帮助，说先生是把他从泥里拔出来的，因先生一再鼓励他写作，才有今天。先生发言则表示二月河的成就是他自己努力的结果，对他的一点鼓励是自己的责任，没有必要多讲。先生即席还赋诗一首："同气连枝骨肉亲，江山万里碧波情。十年三到众香国，赢得诗名又画名。"

24日，上午在吉隆坡市区观光。下午举行文学交流会，孙玉明[①]、二月河均作发言，先生讲《红楼梦》研究。马来西亚财政部长陈广才主持会议，

[①] 孙玉明（1961—），山东诸城人。现任中国艺术研究院红楼梦研究所所长、研究员、博士生导师，中国红楼梦学会秘书长，《〈红楼梦〉学刊》副主编。

听众多达2500人。

25日，游览马六甲。次日，拜会华人联合总会和《星洲日报》，先生均作发言。再日，回到北京。

29日，二月河、张庆善、孙玉明、田永清将军等见访。为作字十余幅。

31日，文物出版社送来《启功书画集》《杨鲁安收藏集》。读许锦文《冬皇孟小冬传》。

张光年卒。钟敬文卒。袁世海卒。

2003年　癸未　80岁

[时事]　3月，第十届全国人民代表大会选举胡锦涛为中华人民共和国主席，温家宝为国务院总理。4月，非典型肺炎在全球蔓延，我国亦受到严重威胁。10月15日，我国首次成功发射载人宇宙飞船神舟五号。

本年10月14日、15日，北京举办纪念曹雪芹逝世240周年活动。

1月1日，读许锦文《冬皇孟小冬传》稿。为汪观清《〈三国演义〉人物画》作序。

2日，为许锦文《冬皇孟小冬传》作序。

3日，《红楼梦学刊》送来《列宁格勒藏本〈石头记〉回归记》清样，校对一过。开始整理在现代文学馆所作讲演记录稿，记录谬误很多，整理等于重写，要改几天才能完成。

4日，看《通假字典》稿。

7日，李哲峰来，为先生书画作品摄影。

8日，为奇石收藏者周红兴题诗："铁骨冰肌玉作姿，洪荒太古发新枝。丹霞一片烂漫雪，开向人间颂好时。"

为沈阳部队书写王维《赠裴将军歌》。

18日，到文津街参加炎黄文化研究会迎新会。经过几天努力，先生终于将在现代文学馆的讲演稿整理完毕。

20日，到北京饭店参加《文汇报》社举办的座谈会，见到范用、王蒙、黄宗江等。

21日，到东方花园饭店参加黄能馥、陈娟娟《中国丝绸科技艺术七千年》一书的出版座谈会，作发言。

23日，购得一批再造古籍善本书，当晚即阅读其中的《秣陵春》等。

24日，写毕《读李一书法随想》一文。

25日，到潘家园文物市场购得"至正通宝""龙凤元宝""秦半两"各一枚。

28日，看望季羡林先生。评批《红楼梦》第13回毕。读黄能馥、陈娟娟《中国丝绸科技艺术七千年》，为题诗："两命相依复相濡，艰难苦厄病灾余。寒灯共对研经纬，风雪沈门托付初。万里关河寻旧迹，几间陋室写新图。从今不负丝绸国，照耀寰瀛有巨书。"

30日，评批《红楼梦》第14回毕。

31日，旧历除夕，画八尺横幅山水。

2月1日，旧历正月初一，评批《红楼梦》第15回毕。

2日，寻出旧藏无锡县令裴大中书赠曾祖父秬香公对联"秬香四兄大人家藏瑶草香延客　人与梅花淡接邻　浩亭裴大中"，为加长跋。

5日，读民国陈洵《海绡词》，觉甚有意境。评批至《红楼梦》第16回，查出多种史料，以和书中描写相印证。

7日，写毕《用生命写成的巨著——读黄能馥、陈娟娟合著〈中国丝绸科技艺术七千年〉》一文。

9日，评批《红楼梦》第17回毕。晚与黄能馥通电话，获知陈娟娟已于7日晚去世，而彼时正是先生写毕介绍黄、陈巨著文章之时也。于是次日，先生又补写陈娟娟去世一段，放在该文末尾作为追记。

11日，罗立平来接先生去前门饭店开会，谈《红楼梦》电视剧本的创作。先生谈了几个问题：一、时代问题。应该按照曹雪芹时代的生活状态来改编原著。黄梅戏《红楼梦》让贾宝玉与忠顺府长史吵嘴，这是绝对不可能发生的事，违背了那个时代。同一时代的同一个人物形象，会有两种不同的处理，如尤三姐，程本写成了贞洁的尤三姐，脂本则写成被损害的尤三姐。两种情况当时都可能发生，但是曹雪芹原意是要批判那个时代，批判当时的封建礼法对妇女的迫害，所以脂本中的尤三姐是曹雪芹的原意。二、思想问题。《红楼梦》的思想是社会转型时期新的民主思想。这个转型，是指封建社会内部出现新的经济因素以后的自然转型，是缓慢转型。曹雪芹是这个转型时期，也就是中国出现资本主义萌芽历史阶段具有民主思想的杰出代表。

《红楼梦》里还写了时代政治，一开始通过薛蟠打死人命牵出四大家族豪门集团势力。"弄权铁槛寺"揭露出封建势力内部的矛盾，大鱼吃小鱼的矛盾。尤三姐的故事又揭露出封建司法的黑暗。所以《红楼梦》的思想是丰富的，不仅仅表现了恋爱自由的思想。三、人物问题。一定要把主要人物写好写活，没有人物，故事便是空的。四、定格问题。电视剧是改编《红楼梦》还是弄成新编《红楼梦》，先生主张应该是前者，因此就要不离原著的基本精神和情节。要想出新，只有从思想内容上深深开掘，从人物塑造上下大力气才有可能，而不是靠胡编乱造。

12日，评批《红楼梦》第18回毕。

13日，经过考虑，觉得评批文字中选用部分脂批，对理解《红楼梦》有好处，于是决心返工，逐回重做一遍。

14日，到中华世纪坛参观印度古佛像展。

19日，为书法协会书法讲习班题诗："十年磨剑剑锋寒，秋水文章把臂看。看到公孙神妙处，满头白发即霜翰。"

20日，到中央电视台电视艺术中心参加《红楼梦》电视剧本的讨论，发言指出目前的剧本不具备修改基础。近一周返工重作评批《红楼梦》前15回，今天完成。

24日，为二月河作画。

25日，到中国艺术研究院参加民间艺术调查研究中心成立典礼。26日，评批《红楼梦》第19回毕。

3月2日，日前闻知线装书出版家、古籍善本再造工程印制负责人蒋放年患胃癌，已到晚期，十分挂念，今日与北京图书馆出版社社长郭又陵及张彦博同赴杭州看望。下飞机即直接去医院，见到蒋放年，给予安慰。次日，再到医院与之告别。然后返京。

6日、9日，分别评批《红楼梦》第20回、21回毕。

11日，致信孙立川，谈《红楼梦》评批本印制问题。

12日，读完李哲峰送来的《重走丝绸之路》电视片稿本。

13日、14日，评批《红楼梦》第22回、23回毕。《用生命写成的巨著——读黄能馥、陈娟娟合著〈中国丝绸科技艺术七千年〉》一文日前在《中华读书报》头条发表。

15日，接郭又陵电话，获知蒋放年已去世，不胜悼惜。

16至20日，评批《红楼梦》第24回至28回毕。

21日，写毕《成才之途在自学——有感于徐湖平》一文。

22日，评批《红楼梦》第29回毕。

23日，李哲峰来谈《重走丝绸之路》电视脚本问题，先生谈了五点意见：一、脚本中需说明这一专题之由来，即先生曾七赴新疆，弄清了玄奘取经回归之路，这才提出拍摄本专题片之设想；二、还需说明重走丝绸之路之路径，为什么从这里开始，又为什么要到那里等，总之，要有一条线索贯穿；三、对于丝绸之路上每个城市的介绍，重点应落在历史、文化、宗教、艺术、民俗等等之上；四、脚本叙述应具有一定情节，有可看性；五、以往所拍同类片子，只介绍丝绸之路的路径，而极少讲到丝绸。本片应该把有关丝绸的故事和文学作品写进去。

24日—28日，评批《红楼梦》第30回至33回毕。

29日，历时数月，高海英用电脑制作《通假字典》中奇难字1200余个，并制成奇难字表，先生一一审读。今日邓安生来，一起校读《通假字典》稿至晚12时。

30日，到芙蓉里参加古籍善本再造会议，在会上陈述了"庚辰""己卯""甲戌"《石头记》三个本子以及曼陀罗花阁本《水云楼词》的价值。

4月1日，评批《红楼梦》第34回毕。继续画完昨天所作《玄奘取经之路》一画。

2日，到世纪坛参观陕西不久前出土的27件青铜器，随后到中国历史博物馆参观新疆文物展。

5日，作《看尽龟兹十万峰》图，题识："看尽龟兹十万峰。癸未清明，宽堂冯其庸忆旧游写此，八十又一"。

4—8日，评批《红楼梦》第35回、36回、37回毕。8日晚，为天台山国清寺书写长联。

11日，评批《红楼梦》第38回毕。

13日，为扬州祝竹作《红梅图》，并题诗："细字金刀古鉴工，何人迂阔学黄公。扬州只有君子竹，秦汉归来问牧翁。"

14日，评批《红楼梦》第39回毕。画扁豆、牵牛各一幅。

15日，作《秋风图》，并题诗："自结秋瓜色最娇，嫣红胜过赤鲛绡。篱边屋角随君撷，置向案头慰寂寥。"

16日，评批《红楼梦》第40回毕。晚作"佛国山水图记"。

18日、19日，评批《红楼梦》第41回、42回毕。

20日，凌晨醒来，想起第42回中的两个问题。一是"皴搜"一词，查早期诸本皆作"皴搜"，唯梦稿本作"皴染"。程本以下各本亦均作"皴染"。先生以为，"皴搜"疑是"皴擦"之误，只是无版本依据。从梦稿本起始改为"皴染"。但"皴擦"实是山水画法之一种，用干笔作多次轻擦，使纸上起淡墨轻雾朦胧之效果，画山石亦可用此法。"皴染"是用浅墨水染，是常用的山水画法。先生疑是后人不懂此古法，故改为"皴染"。二是"兰言解疑癖"之情节，先生以为实际上非关爱情，实是黛玉酒令失言，引《西厢记》《牡丹亭》句，被宝钗捉住，施以训诫。但宝钗答应不说与别人，黛玉缘其不扩散之德，故感激无似。之后她便心情欢畅，俏皮话不断。因为封建时代，女子读《西厢》《牡丹》，被人闻之会以为是读淫书，黛玉怕此事扩散开来，影响其声誉。

21日，评批《红楼梦》第43回毕。

22日，凌晨不寐，应王运天请为王京盦先生书法篆刻题诗，云："铁画银钩世所希，斯冰千载有传遗。金刀直追嬴秦上，知己平生感砚糜。"

评批《红楼梦》第44回毕。

23日，作题画诗："昆仑西上郁葱葱，千朵莲花碧海中。到此几疑身是梦，一声低啸万峰同。平生踏遍天山路，几度曾参碧玉宫。此去藐姑无太远，他年绁马到阆风。"

评批《红楼梦》第45回毕。

24日，苏州蒋风白先生九十大寿，本欲前往祝贺，奈京城"非典"猖獗，禁止外出，因为作《红梅图》并题一诗以寄，诗云："一树梅花万古香，江南寄去路茫茫。唯将一片丹诚意，遥祝寿翁百岁长。"

准备好参加青岛海洋大学举办的王蒙研讨会论文。评批《红楼梦》第46回毕。

25日—30日，评批《红楼梦》第47回至50回毕。此顷，作《古龟兹国山水图》，题识："古龟兹国山水，宽堂五游其地所得"。

5月2日，评批《红楼梦》第51回毕。扬州瘦西湖建碑廊，请先生题诗，即题三首："西湖虽瘦好题诗，诗到西湖月上时。影里西湖分外瘦，飞燕不敢比新姿。绝世风流杜牧之，月明桥上乱题诗。至今留得名桥在，夜夜箫声月上时。十年不到瘦西湖，白塔红桥梦里呼。最是五亭桥下月，团栾还似旧时无？"

3日，重新审读并修改以前所评批各回。今日解决了第13回"忠靖侯史鼎"问题。"史鼎"所有各本均无歧异，但第49回又有"保龄侯史鼐"，各本多改为"史鼎"，此为误改。"庚辰本"仍作"史鼐"。查李煦二子，一名李鼎，一名李鼐，可见史家是用李煦材料。前徐恭时先生已提及，但未加详论。

4日，写毕《读王京盙先生书法篆刻集书感》一文。

5日，评批《红楼梦》第52回毕。

6日，完成数日前动笔之重彩山水《紫岫青峦图》，并将日前所作诗题于其上："七上昆仑亦壮哉，万山重叠雪莲开。夕阳西下胭脂色，爽气东来白玉堆。肃立千峰韩师阵，奔腾万马奚官台。问君曾到西天否，紫岫青峦逐眼来。癸未立夏宽堂冯其庸八十又一"。

评批《红楼梦》第53回毕。

8—10日，评批《红楼梦》第54、55回毕。此间，文物出版社来电话约请题辞并书写以表彰非典战线上之医护人员，先生作《白衣战士歌》，诗云："大疫天降举世惊，白衣战士鏖战尘。抗天灾，战细菌，救病人。前仆后继人人奋。不畏艰难不怕死，爱护人民胜自身。不灭瘟神不下阵，气壮山河振人心。惊天地，泣鬼神。白衣战士人人爱，白衣战士人人敬，白衣战士中华魂。"

11日，为老同学沈绍祖诗集《浪花集》作序，题为《风雨同舟六十年》。

12日，为新疆地方志办公室钟兴麒《西域地名考录》作序。为冯统一《饮水词校笺》写推荐信给辽宁教育出版社。日前《文汇报》发表先生为《孟小冬传》所作序。紫砂专家周桂珍荣获全国紫砂工艺和全国工艺美术双大师称号，为题诗一首："绝艺天工继顾公，人间赢得双师雄。寒梅历尽冰霜劫，一点丹砂便不同。"

13日、15日，评批《红楼梦》第56回、57回毕。

16日，为《红楼梦六人谈》作序，题目是《〈红楼梦〉——永恒的认识对象》

18—23日，评批《红楼梦》第58回至61回毕。此间，画完《邓尉访梅村墓图》。

27—31日，评批《红楼梦》第62回、63回、64回毕。此间，为梁白泉作《题雨花石》诗："漫天红霓倏星河，出世昆仑白雪多。咫尺匡庐风雨骤，梦成万象一青螺。"

6月1日、2日，评批《红楼梦》第65回、66回毕。2日半夜不寐，思考《红楼解梦》一文，列出提要。

3日，画室前园中老梅树桩前年长出一枚灵芝，渐大，色紫红，最近又长出一新芝，色嫩白微红。灵芝自生已为难得，忽又更生成双芝，愈见其奇，因晨起作"双芝草堂"四隶字，以为纪念。

3—6日，评批《红楼梦》第67回至69回毕。此间，作《题寻梦集》诗，云："卅年寻梦到侯门（予研红楼抄本，证实己卯本是怡亲王府抄本，为红学界所公认），寻到三生石上魂（1968年"文化大革命"中，张家湾农民发现曹雪芹墓石，未敢公开。1992年出此石，请予鉴定。予缔观绝无可疑，的为雪芹葬物。后史树青、傅大卣诸先生往考，皆定为真无可疑者。中国社会科学院刘世德、邓绍基、陈毓罴诸君，亦一致认同。今此石尚存镇政府，予得其拓本。上海谢稚柳、唐云、潘景郑、徐稼研诸公均有题咏）。解道无中原是有，何须着墨费争论。"

杜春耕来电话，云香港梅节欲重印"甲戌本"《石头记》，欲将先生所记遗漏五条批语印入，先生即同意，并表示还可以提供刘铨福墨迹。

7日，为重印"甲戌本"《石头记》作题记。

8—12日，评批《红楼梦》第70回至73回毕。

13日、14日，为重印"甲戌本"题诗二首："残墨飘零到海隅，沧桑劫后问何如。河间君子鸿痕在，更喜当年一纸书。半世飘零到海西，故家乔木路萋迷。一从灵石归来后，鸿爪渐渐辨雪泥。"

15日，又为重印"甲戌本"题诗二首："百年红学路正迷，古本烂然别一蹊。多谢脂翁来指点，漫漫长夜一声鸡。丽午身世两茫茫，留得伤心墨数行。千古不磨心底血，洪荒万劫断人肠。"

与美国唐德刚教授通电话，代中国社会科学出版社邀请他出任《口述历史》和丛书的顾问，唐教授表示完全支持。

17—23日，评批《红楼梦》第74回至78回毕。第78回之《姽婳将军歌》，先生认为以往皆未得确解。此诗实为应贾政制题而作，规定要表彰忠义，故不能逾此限。宝玉此诗，写得风流倜傥，哀感顽艳，且尽赞林四娘娇娆美貌，忠义报主，而朝廷自帝王到大臣个个惊慌失措。最后是作者太息彷徨。从表面上看，此诗是按照贾政之意表彰林四娘，实质上是说这些妖娆脂粉白白送死，只博一个忠义之名而已。此诗实是为衬下文《芙蓉女儿诔》之真情泣血。前者是命题敷衍，后者才是真情流露。

25日，写毕《雪泥辨痕——刘铨福墨迹小记》一文。

26—30日，评批《红楼梦》第79回至83回毕。并开始整理在国家图书馆报告厅所作讲演记录稿。

7月6日，评批《红楼梦》已至第88回。晚汪光焘部长来电话，谈先生所反映的关于购回"甲戌本"《石头记》的问题，说他已经向周和平部长反映，周部长将立即派国家图书馆领导来同先生商量此事。先生随即电告北京图书馆出版社社长郭又陵，郭说已经接到周部长指示，凡胡适所藏书统统可以买下。

9日，评批《红楼梦》已至第92回。重写"甲戌本"《石头记》题记。

10日，为甘肃张强民所藏清铁保《临争座位帖》作题跋。下午与杨仁恺先生同去参加嘉德拍卖公司成立十周年庆祝会，会上见到启功、徐邦达、傅熹年诸先生。

11日，上海汪大刚来，为先生拍摄书法绘画照片。

13日，写毕为崔川荣《曹雪芹的最后十年考》所作序言：《红楼沉思录》。应汪大刚请为贺友直①所作《上海风情画卷》题诗，此画卷皆写真之作，或写日寇侵华之暴行，或写新中国成立后种种运动，要之皆史诗也。先生题诗云："卅年旧事已成尘，一见斯图泪满巾。我与先生同岁月，披图哪得不伤神？"

14日，汪大刚拍摄完先生书法绘画作品，共400余片。

15日，作诗赠高海英，题曰《感事有赠　海英为予打评批红楼困难重重，诗以勉之》："风雨艰难感素心，由来绝巘苦攀寻。为君一语先论定，百尺峰头到碧岑。"

又作《题易水红楼砚》诗："补天遗石錾红楼，一部红楼返石头。鬼斧神工何处有，萧萧依旧易水流。"

---

① 贺友直（1922—），浙江镇海人，生于上海，著名连环画家，曾任上海人民美术出版社编审。

评批《红楼梦》已至第94回。

19日，到潘家园，购得战国时期小印4枚，汉印1枚。张庆善、孙玉明来商量《红楼梦大辞典》修订事。

22日，拟定《红楼梦解读》提纲，凡分13章，从作品产生时代背景、作者家世、小说思想内容，到脂批价值，均列入提纲中。

30日，评批《红楼梦》全书毕。

8月3日，作《摸鱼儿·题红楼梦》，词云："最伤心，百年家世，惊风急雨归去。荣华富贵寻常事，谁道转眼飞絮。君听取，老耄矣，冰天雪地还须度，馀生最苦。插市尽飘零，凄凉百口，一夜散无据。平生事，历历闺阁无数。姻缘木石前许。牡丹虽好终富贵，何况人生殊路。休凝伫，心底血，哀哀夜夜无人诉。岁华欲暮。快把笔挑灯，村言假话，写半世亲遇。"

4日，近日读徐邦达先生《李菴词草》，今日为作序毕。后徐老表示对这篇序言极为满意。

5日，张庆善、张书才①、丁亚平来，再次商量修订《红楼梦大辞典》事。

6日，去看望黄能馥先生，聘请他负责《红楼梦大辞典》服饰及其器用、建筑部分的修订。

9日，到中国艺术研究院参加红学会理事会，讨论纪念曹雪芹逝世240周年有关事宜。

12日，写毕《伟大作家曹雪芹逝世二百四十周年祭》一文。该文见《敝帚集》。

14日，上午李文合来商量《中华艺术百科辞典》问题。马来西亚李金友先生到京，下午前往其宿处看望。晚接贵阳刘维时电话，获知刘白云先生去世，久久不能平静，以致夜不能眠。

15日，晨起为刘白云写就挽诗《白云之歌》，之后与贵阳通电话，将挽诗念给对方听并请作记录，以在刘白云灵前烧化。不久，刘维时来电话，希望将此诗刻于墓碑上。先生遂将此诗传真给对方。

---

① 张书才（1938—），河北涿县人，明清档案专家、清史专家。毕业于南开大学中文系，后任中国第一历史档案馆研究馆员。

17日，致信新闻出版总署石宗源①署长，感谢他并阎晓宏②副署长协助处理《通假字典》事。临戴本孝册页第二幅。次日，临戴本孝册页第三幅。

19日，接受福建东南电视台采访，历三小时，甚疲劳。

20日，作册页二幅。

21日，去故宫博物院参加关于索靖《出师颂》之新闻发布会，并参观孙瀛洲捐赠瓷器展。晚王运天见访，请先生看其所印制《淳化阁帖》，先生感觉几可乱真，水平超过二玄社多多，为之欢喜。

24日，去启功先生处，商定《中华艺术百科辞典》封面，并带去两部以前所购买之《淳化阁帖》，请启老赏鉴，相谈甚欢。

25日，近日血糖忽高忽低，经常心慌，以致不能多做事。今日王运天来电话，聘请先生出任"二王书法竞赛"评委，并请先生代请启功先生做评委。先生请柴剑虹转请，柴来电说，启先生已应允，并告知昨日带去之《淳化阁帖》是著名绛帖。柴剑虹告诉启先生，先生昨日归去后就不舒服，启先生说你告诉他这两个帖是绛帖，他的病就好了。《红楼梦学刊》近期刊发文章，说"资本主义萌芽说"是误区。先生读后，作《题资本主义萌芽说为误区说》一诗，云："一梦红楼万众趋，几曾解梦到灵枢。我今探得桃源路，却道秦人是误区。"

今日又应徐邦达先生请为书写《李菴词草序》，因前为徐老所写徐老已找不到了。

26日，作山水册页1幅。

27日，作横幅墨梅，题诗云："疏枝低桠小窗寒，一树寒梅带雪看。不与夭桃争好色，寸心早比紫金丹。"

29日，新闻出版总署阎晓宏副署长见访，为其和石宗源署长作字。接无锡国专老同学张仁迪来信，信中有赠先生诗二首："风雨人生路，文章天下闻。才调非凡品，著作出精勤。情注红楼梦，笔钟曹雪芹。客观尊史实，一语重千金。注心红学风骚领，发现玄奘路亦奇。著述宏丰堪自慰，怡然有乐定期颐。"

---

① 石宗源（1946—），河北保定人，历任新闻出版署署长、党组书记兼国家版权局局长，中共贵州省委书记等职。

② 阎晓宏（1955—），宁夏银川人，毕业于北京大学哲学系。现任新闻出版总署党组成员、副署长，国家版权局副局长。

30日，去潘家园，购得银质汉印1枚，文曰"东江亭侯之印"，极精致。又得西夏印和有少数民族文字印各1枚。

31日，写毕《〈通假字典〉后记》。

本月，《中国宗教》本年第8期发表恒章文章：《一位红学家的宗教情怀》，记述先生对玄奘取经之路的考察和书画成就。

9月1日，邓安生来，同校《通假字典》。

3日，早晨枕上作《金缕曲·寿郭汉城老八十五大寿》："烽火连天赤。最伤心、国破家亡，山河泣血。百万男儿同敌忾，誓把强虏消灭。算只有红旗马列。最忆当年悲歌烈，便从戎、投笔关山越。路漫漫，志如铁。　　丈夫许国心潮急。到如今、苍颜白发，寸心如炽。满架书诗皆新著，赢得令名全国。仰山斗、宗风戏曲。鹤骨仙风飘然在，宛然是南山苍松柏。为公寿，寿无极。"

上午同刘广东、叶兆信到许麟庐先生新居，晤谈甚欢，随后与许先生合作绘画。

5日，去启功先生处，请为贺友直《上海风情画卷》题跋，先生并将自己山水画近作请启老指教，启老唯加赞誉。

6日，绘完昨日所作册页。

9日，继续修改《通假字典》，至晚10时，全部完成，并制成光盘。与辽宁人民出版社商谈《瓜饭楼重校评批红楼梦》出版合同问题。

10日，为谭凤嬛所绘《红楼梦》插图题字。收到上海古籍出版社府宪展寄来的《中国天主教编年史》。

11日，旧历中秋节，北京图书馆出版社郭又陵社长率人来访，取走《通假字典》光盘。开始考虑《通假字典》封面设计。

13日，飞抵上海。次日，参观界龙艺术印刷公司，看其所印制《淳化阁帖》。下午赴海宁，与徐邦达先生相见。

15日，参观徐志摩故居，故居牌匾为先生所书。之后，参加徐邦达艺术馆开幕典礼。午后去盐官镇观潮。随后到无锡。

18日，到宜兴竹海游览。接孟宪实电话，告知中国人民大学决定成立考古研究所，拟聘请王炳华为教授，并拟筹建博物馆。又接李文合电话，谈《中华艺术百科辞典》未了事。

19日，由邱嘉伦陪同去灵山祥符寺参观五百罗汉刻像。

20日，到上海，王运天、汪大刚来住处探望，大刚带来贺友直所送画作。购得新印《淳化阁帖》，灯下阅读，觉甚佳。

21日，府宪展来住处探望，谈甚欢。王炳华亦来，与之谈中国人民大学欲聘请其为考古所教授事。晚上海博物馆宴请来宾，先生出席。

22日，上海博物馆召开"二王书法与《淳化阁帖》祖拓本回归研讨会"，下午会议由先生和香港中文大学林业强教授主持。

23日，上午在上海博物馆参观历代印章展。下午参加《淳化阁帖》展览开幕式，并应邀与杨仁恺、陈佩秋、周慧珺诸先生为展览各书写四字。之后飞赴青岛。

24日，参加"王蒙文学创作国际研讨会"，谈王蒙之《红楼梦》研究。谢春彦携来民国初许景周《晚晴楼吟草》，请先生题句。次日返京。

26日，为孙熙春作横幅墨梅。收到澳大利亚柳存仁先生来信及论文，论文拟于《红楼梦学刊》上发表。宋广波寄来《胡适红学年谱》。

27日，去潘家园，购得古印15枚。为山东临沂题写"三品堂茶艺馆"匾额。

29日，为甘肃张强民所绘墨梅题诗："本是罗浮梦里身，无端仙影落凡尘。只怪多情张老笔，偷写瑶台玉女真。"

30日，作山水1幅。

大约在8月、9月间，拟戴本孝画风作多幅山水画。如《双溪图》，题曰："双溪。拟戴本孝黄山画册。宽堂冯其庸八十又一"。又作《杨干图》，题曰："杨干。拟戴本孝。予未至其地。宽堂"。还有《山水图》，题曰："略拟戴本孝。宽堂冯其庸八十又一，于京东且住草堂。"又《师戴本孝法绘山水》题识："师戴本孝法，未能得其十一。宽堂八十又一。"《临戴本孝山水》题识："临戴本孝而略变其法。冯其庸八十又一。"

10月1日，得知朱家溍逝世，给家属去电话表示悼念。打电话问候钱仲联师。画完第14幅《黄山图》。

3日，又作1幅《黄山图》，至此已得15幅，合成一册页。《莲花峰图》和《炼丹台图》均当作于此顷。《莲花峰图》题识："莲花峰。予曾登其巅，当于峰腹穿洞而上，登其巅，则极目东海矣。宽堂八十又一。"《炼丹台图》题识："炼丹台。予至今未能至也。冯其庸八十又一。"

4日，去潘家园，购得"长生未央"瓦当1件。为黄山册页写《黄山歌》和小叙。

6日，找到1970年第一次上黄山日记，以蝇头小楷写入册页。又作《题黄山诗》："画到黄山想海翁，先生浩气贯长虹。眼前七十二峰在，个个低头念此公。"

8日，黄山册页全部完成。拟定次年扬州《红楼梦》国际研讨会协议草稿。

9日，张庆善、孙玉明来，商谈北京市纪念曹雪芹逝世240周年活动有关事宜。

11日，读昨日罗立平送来的新《红楼梦》电视剧提纲，感觉很有深度。

13日，去中国艺术研究院参加张庚①同志追思会，作发言。

14日，去大观园参加北京市纪念曹雪芹逝世240周年大会，并作主题报告，报告中说："《红楼梦》的思想，概括来说，就是对当时现实社会的批判和对未来社会的理想和希望。《红楼梦》属于中国人民，也属于全人类。"新华社当天即对会议作了报道。

15日，到医院看望徐邦达先生，并请他看新画的山水册页。徐老看后立即说画风属于戴本孝画派。新闻联播报道我国载人飞船上天，先生极为兴奋，作《欣闻我载人飞船上天成功，喜极而赋》诗："神舟今日上青天，十亿黎元喜欲癫。正恨美人能灭国，难忘海盗起烽烟。中华奇男飞天出，一箭洞穿万仞坚。四海从今烽火息，和平永葆亿斯年。"

16日，应国防大学之请前往作《红楼梦》主题演讲。

17日，与孙玉明同赴南京参加南京博物院成立70周年庆祝大会，抵达后去古生物研究所参观。

18日，南京博物院成立70周年大会召开，会后参观文物陈列。下午到扬州。

19日，与扬州有关领导商谈明年《红楼梦》国际研讨会事宜。

21日，到苏州，由钱金泉陪同看望钱仲联师。钱老患癌症出院后身体虚弱，然知先生要来，一直坐等。见到先生既高兴又有些伤心，话娓娓不绝。

---

① 张庚（1911—2003），湖南长沙人，中国戏曲理论家。抗日期间，曾任延安鲁迅艺术学院戏剧系主任。新中国成立后，历任中央戏剧学院副院长、中国戏曲学院院长、中国艺术研究院副院长、中国戏曲家协会副主席等职。

因担心钱老身体，遂告辞。之后赴上海，途经昆山，参观侯北人美术馆。当晚宿上海，不能眠，念钱仲联师不置，作诗二首："二〇〇三年十月廿一日，重过苏州，再拜梦苕师，时师患癌症已扩散，甚清癯，犹兀坐待予至，低眉细语，予不忍闻也。秋老姑苏又一过，金阊门里拜维摩。拈花丈室凄然语，使我心头泪暗沱。先生老矣癯且清，兀坐低眉一古真。拜罢维摩洒泪别，重来能否见先生？"

次日返京。

24日，中国社会科学出版社郭沂纹送来《口述历史》第一期以及代买的四箱胡适著作。湖南刘汉辉送来虞逸夫①先生为先生撰写并书赠的两副对联，其一曰"身行万里取经路　天降双芝圆梦菴"。其二曰"其气浩然老游大漠　庸行卓尔瑞降神芝"。第一联并有长跋。

25日，凌晨吟成《寿虞逸夫老九十华诞》诗："逸夫老子如古松，雨雪风霜气更雄。思如惊风飘白日，笔似海涛走苍龙。世上岂有神仙客，此老便是真仙踪。御风他日汨罗去，岳麓山前拜仙翁。"

上午作《双松图》，并将上诗题于画上，以赠虞逸夫先生。邓安生来，商量并查核《通假字典》排错、排重之处。

29日，近来感冒发烧，虚弱无力。勉力读王昆仑先生《红楼梦人物论》，准备写序。今天为山西固关碑廊书写王渔洋一首诗。

30日，俞平伯先生书写的五言诗原件为一台湾人收藏，辗转找到先生，请在上面题诗。先生为题二首："当年犹记拜程门，跣足扶墙笑语翻。盛说梓翁园冶好，大观园倩再重论。平翁一去十三年，重睹遗篇思悄然。太息秦州诗句好，依稀犹是乱离篇。"

31日，撰写《〈红楼梦人物论〉序》，至傍晚完成。晚张庆善、孙玉明来，商量扬州《红楼梦》国际学术研讨会、《红楼梦学刊》创刊百期庆祝会、《红楼梦大辞典》重版等有关事宜。

11月4日，读文化艺术出版社出版的《茶之心》一书。

5日，上午朱振华与尹小林来，为安装《国学宝典》软件。赠尹小林《八家评批〈红楼梦〉》和《论红楼梦思想》。下午去中国艺术研究院，参加

---

① 虞逸夫（1915—），江苏武进人，早年毕业于无锡国专，文史学家、书法家，任长沙市博物馆顾问、省文史研究馆馆员。

日本茶道里千家千玄室大宗匠《茶之心》中文版首发式暨座谈会，作发言。

6日，为日前所作《双松图》题诗："三十年前见此松，盘盘偃卧一真龙。而今际会风云日，直破九天到雪宫。"

8日，二月河见访，张庆善、孙玉明陪同，赠以字画。

12日，近日校对评批《红楼梦》稿。今日中国驻马来西亚大使胡正跃见访。晚为田家友作字画。

13日，去中国艺术研究院，参加"中国古琴被联合国教科文组织定为世界文化遗产座谈会"，文化部孙家正部长到会，作长篇发言，先生亦发言。晚为一年轻画家所作山水画卷题引首。

16日，去中国政法大学作《红楼梦》主题演讲。

17日，去齐鲁宾馆参加山东淄博举办的成立"华夏文化传播中心"论证会。

24日，连日来肌肉、皮肤剧痛，服止痛药亦不见效，不能多做事，只继续校对评批《红楼梦》稿。今日到305医院诊治，确诊为带状疱疹，当即留下住院，通宵未能寐。其痛初时似灼伤，继而似千百毒虫咬啮，不可一时安。

27日，近两日因通宵不寐，起坐校对评批《红楼梦》稿，前60回全部校完。今日开始校对诗稿。晚孙玉明来汇报与扬州方面开会讨论签署次年举办《红楼梦》国际研讨会协议书有关事宜。

28日，钱仲联师儿子和钱金泉分别来电话，告知钱老已病危，并说钱老坚持要从医院回家，原因是说冯先生要来看我，必须回家接待。其保姆谓钱老梦中都在呼唤冯先生的名字。先生闻之恻然，然正在剧痛中，无法前往看望，愈感悲伤。

29日，红楼梦研究所举办《红楼梦学刊》创刊百期庆祝会，先生因住院不能参加。晚张庆善来电话，说会上代述了先生的意见，即希望建立一支正派的实事求是的学术队伍，开辟一条真正的科学的红学研究道路，团结大家一起努力。今日黄宗汉、徐菊英、叶君远等前来看望。

30日，扬州丁章华来探望，并告以与张庆善等商谈《红楼梦》国际研讨会协议事。杨仁恺先生由陈复澄陪同前来探望。校对评批《红楼梦》稿至第65回。

12月1日，出院回家，病痛略减轻。然从次日起，又疼痛如初。医生告以疱疹正在收缩。

4日，上午始终剧痛不止。下午2时，懵懵中忽得陈国安电话，告以钱仲联师已于今日中午12时18分去世，不禁哽咽。病榻上撰一挽联："梦苕吾师千古　噩耗飞来，正病榻支离疑是梦，梦也难收痛泪；流光倒去，算师恩半世般般真，真情万劫不磨。受业冯其庸病榻抆泪拜輓"。

日前王扶林来电话，说电视剧《红楼梦》播放20周年，要先生题词。先生为题诗："二十年前摄红楼，天机一片花半羞。而今重拾秦淮梦，花自烂漫人白头。"

并为题写一横幅："自有红楼梦以来，是最广大的普及。"

8—27日，为治病，移住于红庙。此期间，吴江、郭汉城等先生前来探望，王春瑜、王文章、张庆善等等许多人亦曾来探望。连日陆续写成《哭梦苕师》十首，小序云：

自十二月四日下午二时得知梦苕师去世消息后，病中身痛（予患带状疱疹）心痛，辗转不已，积数日，乃为悼诗十章。今病略减，稍加序次，不敢云诗，长歌当哭而已。其一："噩耗传来痛失声，先生从此隔音尘。师门六十年间事，回首沧桑泪满巾。"其二："日寇初降举国欢，先生接我五湖干。焚香先下深深拜，从此先生刮目看。"其三："艰难时势文革年，换米拟用陆子笺。我与先生勤擘划，终留全笺到人间。""文革"中，先生生活困窘，写信给我欲卖掉他笺注的《陆放翁全集》稿，我劝他万万不能卖，终于保存了此稿，今已出版。"其四："文革将收又评红，姑苏再拜梦苕翁。先生指点瑞云石，此是曹家旧影踪。"原苏州织造府花园中的瑞云峰，是曹家故物，今尚存，由先生带领我去参观。其五："天荒地老一梅翁，石壁山前得旧冢。我与先生同展拜，新词一阕祭诗雄。"吴梅村墓于十数年前查得，后加重修，去岁我偕先生展拜，先生作《贺新凉》词纪实。其六："去岁先生得恶症，三天住院即回程。谁知彻夜挥诗笔，赐我长歌气峻崚。"去岁，先生因癌症手术住院，手术后不数日即坚持回家，竟以一日夜之力，赐我七百字之长诗。其七："今岁先生病益深，秋间相见泪浔浔。谁知此别竟长别，噩耗传来泪雨淋。"其八："归去先生天地哀，江山从此失雄才。孟公一去蔡州空，五百年间不再来。"其九："先生归去天地秋，万木无声只低头。我识天公悲切意，奇才如此不可求。"其十："先生去矣万心春，花圈白幡接素龙。我在京都缠病榻，南天洒泪送苕公。"未定草2003、12、30日夜十二时，重加抄录于京东且住草堂，时去梦苕师仙逝已逾兼旬矣。此期间，又作《十二月廿五日午梦》诗："梦中喜见雪颠生，少解平生苦忆情。不识近来能饭否，缘何不似旧时声。"又为针灸王麟鹏大夫题诗一首，题曰：《谢王麟鹏大夫》："千经百络一针通，百病能除伏绝功。自古中华多逸士，神针奇绝叹王公。"癸未冬，予患带状疱疹甚剧，痛不能寐者兼旬，得王麟鹏大夫针灸治疗，霍然而愈，诗以为谢。宽堂冯其庸八十又一。又作《题横枝盆梅》："横斜喜见一枝春，几点花星最动人。已是嶙峋千载态，更成冰雪岁寒身。分明欲作龙腾去，回首犹恋往日亲。寄语孤山老处士，论心还是旧朋真。"

30日，疱疹基本已痊愈，但余痛未全止。上午中国人民大学中文系章安祺[①]、叶君远、杨慧林[②]等来看望，鼓励他们努力治学，以人才培养为第一。是晚写毕《哭钱仲联师》一文。该文见《瓜饭集》。

钱仲联卒。朱家溍卒。刘白云卒。张庚卒。陈娟娟卒。

2004年　甲申　81岁

[时事]　本年，中央启动振兴东北老工业基地战略。9月16日至19日，中共十六届四中全会召开，胡锦涛接任中共中央军事委员会主席。

本年10月，国际《红楼梦》学术研讨会在扬州举办，同时举行了中国红楼梦学会会员大会，选举出中国红楼梦学会新一届领导机构，通过了修改后的红楼梦学会章程。

本年，新疆罗布泊小河墓地重新被发现。吐鲁番阿斯塔那古墓和巴达木墓区均有文书出土。

1月1日，上海朱淡文来信问候，且寄来《福建通志》中有关兴廉之材料，证明兴廉和张宜泉不是同一人。她希望先生能写文章。读顾农考证阮籍

---

① 章安祺（1939—），河北泊头人，毕业于南开大学外文系。曾任中国人民大学中文系副主任、主任，文学院院长。
② 杨慧林（1954—），生于北京。现任中国人民大学副校长、基督教文化研究所所长。

《咏怀诗》的文章，甚感兴趣。认为《红楼梦》隐蔽部分，在当时背景下无法明言，只能闪烁其词，有同于阮籍《咏怀诗》之"厥旨渊放，归趣难求"。雪芹自号梦阮，正是予人以提示。因而愈加深信，要解开《红楼梦》隐蔽部分，必须从历史背景、思想文化背景、作者家世遭遇以及社会风气等等背景去解析，因此读《儒林外史》等同时代小说尤为重要。

3日，给钱仲联师家中打电话，获知钱老去世前一直在喊先生的名字，先生愈感难以为怀。

4日，与张庆善通电话，谈出版"甲戌本"《石头记》的意见，强调出版一定要通过正式手续，印书时要保持古籍原貌等等。

7日，清理印章，共百余方，找到遗忘多时的几方古印，如杨龙石、陈曼生的青田石印和明人的万莲室印等。

8日，为扬州《红楼梦》国际学术研讨会特制紫砂壶画画题字。与扬州大学黄进德联系，托他帮忙找到顾农所著《魏晋文章新探》。

9日，《中国书画》创刊一周年，请先生题诗，先生赋二首："九畹新栽屈子兰，香飘千里万人看。荒园今日多辛苦，会见他年一片丹。千年古国已更新，昨日飞船到北辰。自古中华多异宝，凭君一洗百年尘。"

开始校对《瓜饭楼重校评批〈红楼梦〉》评语。

11日，去钓鱼台参加《中国书画》创刊一周年庆祝会。收到上海蔡毅强为刻"双芝草堂"印章。

13日、14日，两次去香山饭店参加古籍善本再造会议。为无锡写毕《锡州大楼赋》。开始写《瓜饭楼重校评批〈红楼梦〉叙》。《锡州大楼赋》见《冯其庸书画集》。

16日，去香山植物园参加纪念曹雪芹逝世240周年会议，呼吁在香山建立曹雪芹纪念馆。

18日，《文汇报》发表先生悼念钱仲联师的文章：《师恩半世殷殷真》。晚给卓琳同志写信，向她问候。

21日，旧历除夕，拜年电话不断。夜不能眠，起来重写《瓜饭楼重校评批〈红楼梦〉》叙言提纲。

22日，旧历年初一，将《瓜饭楼重校评批〈红楼梦〉叙》重理一遍。

25日，晚写八尺屏3条赠王运天。

28日，近来时时腰痛，今日终于将《瓜饭楼重校评批〈红楼梦〉叙》

写完，题目定为《解读〈红楼梦〉》。见《解梦集》。

30日，开始修改《瓜饭楼重校评批〈红楼梦〉》打印稿，改完第1回。以后一月有余，得暇便做此项工作。

31日，韩美林见访，并参观先生画室和藏书。

2月1日，用八尺屏书写李白《梦游天姥吟留别》。

4日，故宫博物院副院长杨新偕其朋友见访，应其请求为这位朋友画作题字。

6日、8日，分别用八尺屏书写李白《襄阳歌》和《对酒问月》。

12日，从荣宝斋拍卖册子获知自己的一件八尺屏条拍出4万元。

13日，浙江富阳华宝斋张金鸿来，应其请求为题"藤花榭本红楼梦"，并让他带去《瓜饭楼重校评批〈红楼梦〉》样页和插图样页。

14日，开始读章诒和的《往事并不如烟》。

17日，北京图书馆出版社与先生签署合同，欲将先生40余种著作做成光盘。

18日，收到李新同志去世讣告，想起"文革"中李新想尽办法调自己去中国社会科学院历史所，先生表示此事永不能忘。

19日，张庆善嘱写一篇发言，以先生名义提出在香山植物园建立曹雪芹纪念馆之建议，随即写出。

20日，增补《解读〈红楼梦〉》一文。

21日，季羡林先生托秘书打来电话问候先生，先生告知带状疱疹已痊愈。季老在电话里插话，说一直得不到先生消息，十分挂念。患病是羊年的事，现在是猴年了，一切都会好了。晚读毕《往事并不如烟》，为题一绝："一片伤心画不成，千行泪墨写丹诚。百年欲问今朝事，往事非烟细细衡。"

23日，补写《解读〈红楼梦〉》另一节。

24日，《光明日报》发表先生文章，倡议建立国家级曹雪芹纪念馆。

27日，与香港天地图书公司经理陈松龄通电话，就《瓜饭楼重校评批〈红楼梦〉》一书的交稿时间、版权、排版校对等问题与对方商议。

29日，应李伟纶之请，为陈佩秋书法手卷题辞。

3月2日，昨日心脏病突发，经服药、吸氧，得缓解。然今日仍不适。晚饭时略好，即赶写《〈侯北人画册〉叙》，至晚10时写毕。

4日，上午到中央电视台，与上海博物馆汪庆正①副馆长对谈关于大克鼎的来历与价值等。中央电视台录制后将播放。下午红楼梦研究所宴请二月河，先生出席。日前董锡玖请先生为其舞蹈研究论文集作叙，先生苦辞不得，连日读其论文，今夜12时作叙毕。

5日，作书画数幅。

6日，中央电视台第10频道"大家"栏目来为先生拍片。

9日，用3张四尺整幅宣纸为钰煌书写《锡州大楼赋》。

10日，经数十天，终于将《瓜饭楼重校评批〈红楼梦〉》打印稿重新修改一遍。

11日，写毕《瓜饭楼重校评批〈红楼梦〉》的凡例与后记一。

12日，去今日美术馆参观二玄社所印传统书画。之后即去看望启功先生，启老甚为高兴。

14日，开始写《论甲戌本》一文，这是为纪念曹雪芹逝世240周年重印《脂砚斋重评石头记》甲戌本所作弁言。

15日，与张书才通电话，询问东陵出土康熙传位诏书事。书才谓并未听见此说。

17日，将为章诒和《往事并不如烟》所作诗书写成横幅，并在诗后加跋："读章诒和《往事并不如烟》，为之感慨万千，盖书中事大都为予亲历，章伯钧、储安平、张伯驹、罗隆基则素所心仪。张伯驹晚年予曾获交，伯老并赠予两联，其一云：古董先生谁似我，落花时节又逢君。下句盖指伯老与予之晚岁相逢也。今书中诸老皆历尽沧桑，化为云烟，幸得诒和此书为之作铭，则诸公皆复活矣，予读之能不泫然乎。宽堂冯其庸八十又二，甲申仲春于双芝草堂。"

18日，章诒和、张庆善、杜春耕见访，谈甚欢。将为章诒和所作诗赠予她。

20日，去潘家园，购得魏晋画像砖9块，画像内容有农耕、出行、扬场、神仙故事等等，色彩完好，至为难得。又购得骑马俑、大皮囊白瓷壶和良渚玉器各一件。

22日，写毕《论甲戌本》一文。该文见《敝帚集》。

---

① 汪庆正（1931—），江苏苏州人，文博专家，曾任上海博物馆副馆长。

23日，为王良旺将军《云天浩歌集》题诗："豪情满怀读君诗，我亦流沙七度驰。马上多君能杀敌，挥毫尽是琼琚辞。"

27日，去潘家园，购得汉画像砖若干块。晚中央电视台10频道"大家"栏目播放介绍先生的专题片。

28日，为张公者篆刻集题诗："师汉尊秦笔意醇，斓斑古墨率天真。当风吴带仙衣舞，又见宓妃是洛神。"

为庐山书写苏东坡《题西林壁》一诗，为洛南孔子基金会书写《论语·学而》。写毕为乌鲁木齐丝绸之路博物馆所提建议书。白帝城魏靖宇见访。

31日，去潘家园，购得汉画像砖若干块及两尊石刻佛像。

4月1日，中央电视台播放先生与上海博物馆汪庆正谈论大克鼎的节目。自本日起一月有余，再次校对《瓜饭楼重校评批〈红楼梦〉》打印稿。

8日，原青城中学老同学唐培初、唐九旭、邓云度等见访，已睽隔六十年，乍一相见，无不感慨万千。

9日，吴江先生赠以其新著《吴江论集》，先生回赠以魏晋时期墓砖一块。

11日，为王士杰父亲所临《兰亭序》作跋。

13日夜11时，复校《瓜饭楼重校评批〈红楼梦〉》打印稿毕，心情为之一松，即去画室饮酒一杯，用八尺屏书写杜甫《别房太尉墓》诗。

14日，去澳港中心开会，座谈重建江宁织造府问题。晚作画。

15日，先生得知杨仁恺先生患败血病，甚忧虑，催促纪峰速将杨老塑像做好。先生主编的《中华艺术百科辞典》近日由商务印书馆出版，今天商务印书馆送来样书，签名后准备赠给朋友。

17日，开始再次校看《瓜饭楼重校评批〈红楼梦〉》打印稿后40回。

19日，张庆善、孙玉明来，商量红楼梦学会改选事。王士杰与其父亲见访，谈书法。晚写信给辽宁人民出版社那荣利，为香港天地图书公司与他们签订合约事。

21日，再次校看《瓜饭楼重校评批〈红楼梦〉》打印稿后40回毕，改写了多回回后评，改得较为满意。为张公者友人书写"柳枝折尽"一诗。

22日，上午去香山植物园参加曹雪芹故居建馆20周年暨曹雪芹逝世240周年纪念大会，作发言。下午，参加全国红学会常务理事会，讨论红学会改选问题。会上一致同意红学会设名誉会长一人,张庆善担任下届红学会会长,孙玉明担任秘书长。

24日,与邢学坤政委同去潘家园,购得西夏印1枚及朱墨3方。开始再次校看《瓜饭楼重校评批〈红楼梦〉》打印稿前80回。

25日,读汤用彤著《汉魏两晋南北朝佛教史》。

28日,去商务印书馆参加《中华艺术百科辞典》首发式,史树青、范敬宜、阎晓宏等先生都来参加,先生作发言。

5月2日,改定《解读〈红楼梦〉——瓜饭楼重校评批红楼梦代序》一文,文中指出,《红楼梦》产生在18世纪中期中国的封建社会,这时的欧洲已经经历了资产阶级革命,文艺复兴以来的人文主义思潮已经遍及欧洲。而西学的东渐,也是当时不可阻挡的历史潮流。明清以来,通过西方的传教士,不断给中国输入不少西方的先进科技和人文思想。中国内部,自明代后期以来,资本主义经济的萌芽,一直在发生和发展中。古老的封建社会正在开始历史性的缓慢的转型。《红楼梦》正是产生在这样的历史环境中。它真实而生动地反映出18世纪中期中国封建社会上层的种种风习,如同一幅充满着历史气息的栩栩如生的历史长卷。这一时期中国封建社会缓慢转型的历史面貌,都被曹雪芹的生花妙笔定格下来了。从思想方面来说,无疑也是中国封建社会缓慢转型期的新思潮的真实记录。曹雪芹批判的是自己的时代,而他把希望寄托给未来。他的社会理想,如自由人生、婚姻自主、男女平等、废除等级、人与人之间的友爱等,无疑都只能是未来的意识,未来的现实。曹雪芹的时代,比起西方的现实主义作家,如司汤达、福楼拜、巴尔扎克、果戈理、列夫·托尔斯泰,都要早出一个世纪左右,所以从世界的现实主义文学来说,无疑曹雪芹是独领风骚的。

5日,获知蒋风白先生去世消息,为撰写挽联:"修竹千竿,劲节凌云到碧霄;艺兰百亩,幽香满地传万世。"

9日,去潘家园,购得1枚西夏印章、4支旧毛笔。晚用旧毛笔写八尺条幅,感觉甚合手。作《题山水册页》诗一首:"小桥一曲水东流,此地曾留客子舟。一别故乡五十载,故人相逢尽白头。"

10日,枕上得诗二首:"老去评红只是痴,芹溪心事几人知。惟将一把伤心泪,洒向苍苍问砚脂。一梦红楼五十年,相看白发已盈颠。梦中多少忧生意,老去方知梦阮癫。"

11日、12日，读《玄奘传》和《水云楼词》。

13日，从本月2日起到今天，得暇便绘山水册页，共得12帧，复选12首诗与之相配，题识所署日期为"甲申三月十四日"至"三月廿五日（旧历）"。日前《敦煌吐鲁番研究》上刊发了先生的《〈西域地名考录〉序》和《怀念杨廷福》两篇文章。

山水册页12帧见《冯其庸书画集》。

15日，作画册自序。

17日，临黄子久山水画轴。叶君远送来清代金和《秋蟪吟馆诗集》复印件，当晚即读此诗集，其中涉及太平军包围金陵史实很多，可与《水云楼词》相比较。

19日，拟就《瓜饭楼重校评批〈红楼梦〉》后记二，至此，《瓜饭楼重校评批〈红楼梦〉》全部完成，心情为之一松。为辽阳所编《曹雪芹祖籍在辽阳》续集作序。

20日，近日连续读《水云楼词》，又读《玉田词》，感觉水云楼词神似玉田，并有姜白石之清空。

22日，去潘家园，购得散氏盘铭拓片、数枚旧图章以及汉画像砖、佛像等。

23日，接受《矿业报》记者采访。完成近日来所绘山水条幅，并加题。

25日夜，改定《瓜饭楼重校评批〈红楼梦〉》后记一。后记中自谓前后五年多的评批《红楼梦》，"真正感到比登峰还难。这个难，就是曹雪芹的思想高度和文字深度，这个难并不是光靠鼓干劲，靠不怕困难能够解决的。这个难，须要更高的思想和更高的识力，更丰富的学识。""我要感谢玄奘法师的取经精神，是他的伟大壮举给我以无穷力量和信心，去克服种种困难。无论是我在西行途中遇到险阻，也无论是在批红中遇到种种疑义奥区，我都是用玄奘追求真经的意志和毅力去鞭策自己的。我坚持不妄语，不妄信，惟真是从。我感到《红楼梦》在某种意义上也似一部古经，其奥义须要真积力久，才能逐渐解悟。"

27日，《文艺报》发表先生书画作品。《文汇报》报道陕西周公庙遗址考古发现，引起先生关注。

29日，辽宁人民出版社那荣利来，与之商议《瓜饭楼重校评批〈红楼梦〉》封面设计。昨日作山水一幅，题为《绿水独钓图》，今天为题诗一首：

"青山绿水对门居，出没风波只打鱼。世上都知鲈味美，那知风浪险如斯。"

30日，张庆善与辽阳林正义、王宏胜来，商议续编《曹雪芹祖籍在辽阳》有关事宜。并告知，辽阳市人代会经表决，同意授予先生为辽阳市荣誉市民。中央电视台曲向东来，商议拍摄玄奘取经之路专题片事宜。

6月1日，近两天编好自选集目录，全书共计38万字左右。张世林见访，送来《学林春秋》，内有先生《我与〈红楼梦〉》一文。

2日，看望启功先生，谈甚欢，请启老看所绘册页，启老大加称赞，并称赞题诗甚好。

4日，绘完《崇山萧寺图》，题曰："崇山萧寺图。宽堂冯其庸八十又二作于双芝草堂，甲申四月。"此顷，又拟大痴笔意作《山水图》，题曰："甲申四月拟大痴学人笔意。宽堂冯其庸八十又二学。"

5日，作《群峰竞秀图》，题曰"纵横乱插群峰秀，壁立千寻绝蠛幽。不信人间真境界，定逢前代李营丘。宽堂"，又"昔年予曾两至湘西张家界天子山，于深谷中见此群峰乱插之奇景，藏之胸中三十年矣。今始一吐为快。甲申芒种节，予评批红楼梦始成，写此以换眼目。宽堂冯其庸八十又二"。读清初四王画册，从中寻求四王学习董源、巨然、黄公望的线索，进而上探董巨笔意。晚校毕《论甲戌本》一文。

《群峰竞秀图》见《冯其庸书画集》。

6日，去潘家园，购得一北凉石佛柱，上有铭文。铭文难以解读，然其中"大沮渠"三字可查。

7日，将自选集中几篇文章复印稿重校一遍。继续读四王画册。

8日、10日，各作山水一幅。又为叶兆信所作巨幅佛像题字。

11日，作《深山读书图》，题曰："深山读书图。半生碌碌困嚣尘，难得名山可结邻。一卷南华灯下读，始知身享（'享'误，应作'在'）太古（'古'误，应作'初'）醇。甲申四月廿四日，京中酷暑，写此清心。宽堂冯其庸八十又二。"近日，又作《深山读易图》，今日为题诗："一生好入名山游，此地宜修读易楼。世上浮名都是假，悬泉飞瀑共清流。第二行第三字为宜。甲申四月廿四日，宽堂冯其庸八十又二"。

以上二图见《冯其庸书画集》。

14日，将《瓜饭楼重校评批〈红楼梦〉》制成光盘，寄往香港天地图书公司。修改昨日所作山水立轴。枕上吟成《题赵朴老书札》二首："右军书帖渺凤星，海外流传徒影形。不及赵公亲笔札，钟王真法写兰亭。右军一去百千年，笔札神龙渺野烟。今日赵公书一卷，通天宝帖出人间。"

17日，上午去中国艺术研究院复印《瓜饭楼重校评批〈红楼梦〉》。下午张庆善、孙玉明、陈永生来，商量《红楼梦》国际学术研讨会有关事宜。

18日，将《瓜饭楼重校评批〈红楼梦〉》复印稿寄往香港天地图书公司。辽宁人民出版社来人，取走《瓜饭楼重校评批〈红楼梦〉》复印稿及光盘。灯下为宜兴所编《梁祝故事论文集》撰写序言，题为《带金翅的理想》。

19日，赴辽阳，次日抵达。再日，上午参加广佑寺大佛开光仪式，下午参加曹雪芹纪念馆和王尔烈纪念馆开馆典礼。晚，曹雪芹文化艺术节开幕，辽阳市政府正式授予先生荣誉市民称号，先生发言答谢。

22日，参加红学研讨会，作简短发言。随后到沈阳，与杨仁恺先生会面，协助中央电视台"大家"栏目拍摄关于杨老的专题片。次日回到北京。

24日，飞赴南京。与江苏省委书记李源潮相见，赠之以"庚辰本"《石头记》《论红楼梦思想》和书法一幅。

25日，参观云锦所，见到雀金呢织物。随后赴扬州，与丁章华等商议《红楼梦》国际研讨会有关事宜。

26日，去溱潼参观水云楼遗址，遗址在寿圣寺内，寺已废，周围皆居民，拆迁不易，拟在寺前湖内岛上选址重建。晚返京。

28日，扬州丁章华来，商量《红楼梦》国际研讨会请帖图案，并为题书签。

29日，应人文函大之请，去政协礼堂参加中国国学院成立大会，并作讲话。该学院聘请先生为名誉院长。开始作四尺整幅大画，拟用十天完成。

30日，改定为《梁祝故事论文集》所作序。

7月1日，《文艺报》发表先生为《许麟庐画册》所作序：《醉来挥毫天地窄》。本日和次日，继续作画，并作题画诗一首："平生两上昆仑顶，袖里时时吐白云。只觉青天摩我发，不知身在最高层。"

4日，完成日前开始的大幅山水画，题词曰：《秋山问道图》"西岳崚嶒疏处尊，诸峰罗立如儿孙。安得仙人九节杖，拄到玉女洗头盆。车厢入谷无归路，箭栝通天有一门。稍待秋风冷冷后，高寻白帝问真源。余七上昆仑，两登太华，穷天下名山之奥，此图写吾胸中之意，而以杜诗题之，余服膺杜公也，非专为题画也。甲申夏日冯其庸八十又二作。"

此图见《冯其庸书画集》。

5日，看望周绍良先生，并带去藏墨，请其赏鉴。周先生说只有3笏是后来仿造的，其他20多笏都是可藏之品。

9日，《人民日报》（海外版）发表先生为《侯北人画册》所作序：《夺天地造化之神功 尽宇宙绚丽之奇谲》。

10日，去潘家园，购得乾隆二十一年（丙子）墓志盘一件，有铭文，又得大黑釉梅花瓶一件，款署"天顺七年"。《人民日报》画家罗雪村来为先生作速写肖像，先生为作一短文。

11日，为张家湾乡政府作六尺整幅大画。《文汇报》报道上海图书馆发现《红楼梦》古抄本，引起先生关注。

13日、14日，上海汪大刚来，为先生自己选出的将要结集出版的书画作品拍照，共拍300多幅。先生准备好即将在荣宝斋展出的书法作品40幅。

15日，为黄良起所藏沈尹默小楷《回忆五四运动》题词："沈尹老为当代王书之第一，其精在兰亭、圣教。予昔尝见沈老临东坡寒食帖，几可乱真，始叹前辈之艺不可量也。此卷回忆五四，不惟史料可贵，而沈老之真书小楷尤为难得一见，则兰亭、圣教外又得黄庭矣，其宝也可知。平生得见此卷亦天赐眼福也。故书此志喜云尔。甲申长夏宽堂冯其庸病中拜题。"

19日，北京图书馆出版社送来重印《脂砚斋重评石头记》"甲戌本"序言清样，灯下校读。

20日，辽宁人民出版社送来《瓜饭楼重校评批〈红楼梦〉》封面设计和部分清样，开始校对。

21日，写毕重印《脂砚斋重评石头记》"甲戌本"后记。

23日，《解放日报》发表先生《读王京盙书法篆刻》一文。

25日，连日校对《瓜饭楼重校评批〈红楼梦〉》清样，至今日已将送来的部分复核两遍。

26日，去北京师范大学参加启功先生92岁生日祝寿会。

27日，开始作一幅6尺整幅大画。

28日，读《启功口述历史》。为张金禄书写六尺整幅苏东坡《念奴娇》词。

30日，为韦娜《洛阳汉墓壁画艺术》作序，题为《动人魂魄的汉墓壁画》。

8月1日，《瓜饭楼重校评批〈红楼梦〉》清样全部核校完毕。

2日，用时8天，六尺整幅大画基本完成，题曰《奇峰茅屋图》①，题词曰："群山簇簇忒嵯峨，百丈悬泉泻玉波。我欲奇峰结茅屋，焚香静对病维摩。予身经天下名山多矣，西至昆仑、华岳，中至嵩山、黄山、泰山，南至衡岳，北至恒山，观潇湘之奇景，阅流沙之瀚海，岂笔墨所能尽哉。甲申大暑宽堂冯其庸八十又二学。"

4日，为冯鹏生所藏元人《上清宫图》和黄宾虹画山水长卷题字。

6日，上午为饶宗颐先生书画集作序，完成三分之二。下午赴大同。

7日，上午大同市红学会举行报告会，张庆善和先生先后做演讲。下午参观云冈石窟。

8日，游览雁门关和悬空寺。

9日，去永固镇参观冯太后陵及孝文帝陵义冢。下午返京。

10日，写毕《饶宗颐先生书画集》序言，题为《乾坤清气一鸿儒》（文见《瓜饭集》），并题一诗："苍茫浑朴率真醇，万卷胸罗偶写真。赋得山川灵秀气，来弥笔下漏遗文。"

15日，孙立川见访，取走录有《瓜饭楼重校评批〈红楼梦〉》稿件的硬盘和软盘。

16日，为《克拉玛依日报》题写报名。读杨仁恺先生著作。

19日，开始为杨仁恺先生文集作序。查出"己卯本"和"庚辰本"《石头记》中皆因避乾隆讳，而将时宪历写作时宪书，决定在《瓜饭楼重校评批〈红楼梦〉》第62回加1条眉批，重新刻光盘，并重新打印两部样稿，供出版社校对。

21日，为杨仁恺先生文集所作序决定改变方式重写。去友谊宾馆参加扬州举办的红楼宴，与丁章华、朱家华等相晤。

23日，写毕为杨仁恺先生文集所作序。

24日，得孙立川电话，谓饶宗颐先生看了先生为其书画集所作序，很高兴，只是文章中所述情况已有变化，故对文章稍作改动。晚，杨仁恺先生见访。

---

① 该图见《冯其庸书画集》。

26日，为云冈石窟题写"云冈石窟"四字，为悬空寺题"画阁凌云，奇思浮空"八字。萧县刘辉见访，送来一批汉画像石拓片，为其中两张题字。

27日，读北京图书馆出版社送来的《再造古籍善本提要》。为《蔡毅强印存》题诗："金虬玉箸久荒凉，举世何人继李阳。难得江东蔡季子，银钩铁画溯汉唐。"

28日、29日，开始作又一幅六尺整幅山水画。为寒山寺书写一幅长联。

30日，去中苑宾馆参加《再造古籍善本提要》审稿会，发言指出一些不足之处。

9月2日，完成六尺整幅山水，题曰《凌云图》，题词云："湖光山色逐人来，烟霭纷纷拨不开。为欲长天展望眼，凌云直上最高台。甲申新秋七月十八日画并题于古枫堂。三日后即去新疆，倚装作此。宽堂冯其庸八十又二。"

《凌云图》见《冯其庸书画集》。又，题词落款"七月十八日"为农历。

5日，飞赴乌鲁木齐，第8次去新疆。飞机上寂坐无事，口占一诗，题为《（二〇）〇四年九月五日飞乌鲁木齐，机中悟雪芹撰〈石头记〉深意，诗以记之》："假语村言梦已荒，途穷阮籍缘底狂。伤心血泪何人识，岂止幽情痛断肠。"

抵达时，新疆军区职工部邢学坤政委、新疆师大胥惠民来接。朱玉麒等来住处看望，并商量行程。

6日，飞抵喀什，军分区袁振国来接。安顿后，即去大清真寺参观，复至盘橐城游览，东汉时老土城尚存一段可见，且新塑班超及三十六人像，为摄像。

7日，参观香妃墓和维吾尔族诗人、《福乐智慧》作者玉素甫陵墓。此时，忽接李文合夫人电话，告知文合已去世，为之伤心久之，几不能行。之后去逛大巴扎和维族工艺品一条街。

8日，去和田，途经莎车，参谒了十二木卡姆作者陵墓。傍晚抵达和田。次日，去朗如乡看奇石，复至玉市看玉。

10日，前往民丰，下午抵达。途经于田时，曾参观于田老街。

11日，走沙漠公路去库车，中途拍摄沙漠风光和原始胡杨林。次日，参观库车大清真寺，此寺为16世纪新疆依禅派始祖伊斯哈科瓦里创建，是新疆第二大清真寺。之后，到龟兹古城遗址摄影。下午，再度到昭怙釐寺之西大寺和东大寺参观拍照。

13日，经盐水沟到大峡谷，其山皆赤色，千姿百态，不可名状。又至阿艾石窟，拍摄了洞中壁画。晚为部队同志写字。

14日，赴库尔勒，中途游览了克孜尔尕哈烽火台。抵达后即去当地历史博物馆参观，馆中陈列很多罗布泊出土实物。之后去铁门关，重游旧地，感慨依旧。当夜不寐，夜2时半枕上作《题铁门关》三首，云："二〇〇四年九月十四日偕邢学坤、宁孝先、贾强、朱玉麒、常真及菉涓、海英重游铁门关，昔张骞、班超、班勇、郑吉、玄奘、岑参所过之关也，诗以纪之。六年重到铁门关，流水依然白草斑。欲上峰头舒望眼，汉唐故道尚弯环。苍山万叠铁门关，一骑当关万骑还。此处由来鏖战地，双崖壁立血犹殷。千古雄关此铁门，鸟飞不度马难行。古来多少英雄士，惊世奇勋第一程。"

15日，去罗布人村落游览，其地景色绝美，胡杨、沙丘亦甚壮观。次日，游览博斯腾湖。归来后为部队同志写字。

17日，晨起赴乌鲁木齐，过达坂城时参观了新整理出的唐代白水镇故址。

18日，上午与雒胜、王炳华到玉市看玉。下午由朱玉麒陪同到新疆师大与薛天纬、胥惠民、钟兴麒等晤谈。晚新疆军区李新光副司令宴请。

19日，到吐鲁番，参观高昌故城，王炳华为讲解，知城中心部分原是麴文泰宫城，外部则是西州回鹘时所建。对高昌故城作了细致的拍照和录像。下午拍摄交河古城。今日香港《大公报》刊载先生为《饶宗颐先生书画集》所作序。

20日，去吉木萨尔，首先到西大寺，参观壁画和上层的佛龛，后至北庭都护府遗址北门，一一为拍照。归来后参观刚刚建成的丝绸之路博物馆。

21日，到新疆考古所，看尼雅等地出土文物。下午到新疆师大讲演，讲"我与《红楼梦》研究"。晚为李新光副司令写字，李新光副司令赠以尼雅出土的纺轮和串珠。次日返京。

23日，到达济南。次日上午，参加叶兆信书画展开幕式，并讲话。下午游览趵突泉。《新民晚报》发表先生短文《看雅典奥运会后的随想》。

25日，回到北京。夜1时写毕《〈敝帚集〉后记》。

26日，为杭州武松墓书联。校对《瓜饭楼重校评批〈红楼梦〉》排印稿。

28日，旧历中秋节，作《墨梅图》，自题："疏影横斜水清浅，暗香浮动月黄昏。此两句为咏梅绝唱，然欲付之绘事实难也。不知此幅能得其万一否。梅翁画并记，时在甲申中秋，八十又二。"

按，该图见《冯其庸书画集》。

29日，将深圳送来的《瓜饭楼重校评批〈红楼梦〉》彩版样稿全部校完。准备好《敝帚集》所用图版。

30日，为新疆朋友写字20余幅。

10月1日，写毕扬州国际《红楼梦》研讨会开幕辞。

2日，写毕《怀念姚迁同志》一文。刘迺中先生见访，并以其书法篆刻集见赠，回赠以《论红楼梦思想》。

4日，为叶嘉莹先生80寿辰作梅花一幅。

5日，给周绍良先生写信，因周先生要将先生信札收入其朋友信札中，故特用毛笔书写。致信饶宗颐先生，寄去20张古龟兹山水照片。

7日，赴扬州，次日抵达。今日《文汇报》发表先生为韦娜《洛阳汉墓壁画艺术》所作序：《动人魂魄的汉墓壁画》。

10日，扬州国际《红楼梦》学术研讨会开幕，先生致开幕词。国际上一些著名红学家如美国赵冈、法国陈庆浩等都来与会。

11日，由扬州文化研究所韦明铧所长引导，去金桂山寻见《浮生六记》中所讲到的"芸娘"墓。晚当地举办红楼宴招待与会学者。先生作诗五首："江城两度话红楼，四海佳宾聚一州。多谢殷勤东道主，红楼宴罢论曹侯。红楼一梦假还真，世事烟云过眼尘。只有真情传万古，年年岁岁新复新。红楼盛宴古今无，陆海山珍亦枉诬。多谢主人神妙手，一盘茄鲞压天厨。红楼宴好淮阳秋，指点江山觅故侯。幸得天宁寺仍在，寺前尚有御码头。红楼一梦梦正长，梦里曹寅字里藏。忽报小金山下路，当年画石尚留墙。"

12日，上午去小金山，探寻曹寅画像石，无所得。复至大东门一带游览，当年《浮生六记》作者沈复即住在大东门桥对岸，石涛"大涤草堂"亦在此地。之后，到小东门，此为史可法当年殉难处。下午大会闭幕。会议期间，中国红楼梦学会举行了会员大会，改选了红学会组织，先生因为年事已高，改任名誉会长。

13日，到无锡。次日，由严乙苍陪同去解梦山馆看刻字。为兰苑写旧作一首。

15日，参观薛福成故居和东林书院。

16日，由上海飞抵青岛。次日上午，中国海洋大学八十周年校庆"《红楼梦》活动周"开幕，先生作第一讲：《我是怎样研究〈红楼梦〉的》，王蒙主持。下午，先生与李希凡、王蒙对话《红楼梦》。

18日，返回北京。夜修改郑雪峰所写对先生的访谈录。

20日，到南开大学，晚宴上与叶嘉莹先生、陈洪副校长相晤。次日，参加为叶嘉莹先生八十寿诞举办的祝寿会，先生发言对叶嘉莹先生所取得的学术成就表示祝贺。

22日，为苏州钱金泉作字画。为线装本《瓜饭楼重校评批〈红楼梦〉》后记之前增加一篇《我对〈红楼梦〉的解悟》。团结出版社出版了《冯其庸点评〈红楼梦〉》一书。

24日，澳大利亚柳存仁先生来信，述近况。为人写字。

26日，到浙江富阳。次日上午，去华宝斋核对线装本《瓜饭楼重校评批〈红楼梦〉》印稿。下午，在华宝斋写字。之后，进入大岭农村吃饭，得知此处即富春大岭，黄公望尝居此，其《富春山居图》即写此处。

28日，游览古龙门镇，此为三国孙权后人聚居之地。之后游览富春山，至黄公望故居处。

29日，到桐庐。次日，参观严子陵钓台，其半山处碑廊有先生书法碑。游览中，闻知钓台已被拍卖掉，甚惊讶，因口占一诗："青山好卖只须钱，手把印铃便是权。莫怪夜深闻鬼哭，钓台今已不姓严。"

31日，到屯溪。次日，游览宏村，复至岩寺看王金生老人，其所作木雕极好。再日，到绩溪游览新辟景点大峡谷。

11月3日，去歙县，看制墨专家丁荣华所制墨，并为其作字画。次日，去龙山寺参观。当晚返回北京。

5日，收到香港天地图书公司寄来的《瓜饭楼重校评批〈红楼梦〉》样书。与孙立川通电话，闻知此书立川已代先生奉赠饶宗颐先生，饶先生甚喜。下午，定远计正山见访，他曾陪同先生调查项羽死亡之地。

6日，收到《敝帚集》排印稿，待校。

7日，为尹光华画梅花，题上今夏所作诗："庭中老梅树，千年更著花。岂止色愈艳，暗香满天涯。"

9日，中央电视台曲向东来，商谈拍摄玄奘西天取经的专题片有关事宜。

11日晨，到沈阳，杨仁恺先生坚持来住处看望。然后一起去鲁迅美术学院，与院领导见面，且参观油画展。下午到辽宁省博物馆观看晋唐宋元绘画。

12日，参加辽宁博物馆举办的国际研讨会及新馆落成典礼。次日回到北京。

15日，发现《瓜饭楼重校评批〈红楼梦〉》序言《解读〈红楼梦〉》引文有漏字，遂紧急通知出版社，要其改正。

19日，荣宝斋欲刊出先生字画，先生为准备照片。是夜久久不能入睡，枕上口占一诗："夜半醒来梦不成，诗魔伴我听五更。星沉月落天光晦，只待邻鸡报晓声。"

21日，杭州顾宏来电话，告知先生为西湖武松墓亭书写对联已刻好。读有关塔克拉玛干的资料和日记。

25日，写毕《两越塔克拉玛干》一文。

27日—29日，重读《两越塔克拉玛干》，准备与之相配合的照片并画穿越大漠路线图。改定赴新疆师范大学的讲演稿。为张公者朱拓汉砖作跋。

本月，《中国书画》本年第11期发表先生书画作品若干以及常用印和书画作品拍卖记录，并以《翰墨结缘雅　诗书养气深》为题刊发本刊编辑对先生的访谈录。

12月2日，秦晓阳拿来藏墨请鉴赏，其中乾隆时期宫廷御墨极为精彩。

4日，原辽阳市委书记、后调任江西省委组织部长的傅克诚同志见访，多年不见，极为高兴。其后，叶嘉莹先生见访。各赠一部《瓜饭楼重校评批〈红楼梦〉》。今日忽闻陈省身先生逝世，不胜伤悼。想起一个多月前在南开大学开会，陈老讲李商隐《锦瑟》诗，认为是李商隐自序其诗集，感觉深有启发，本拟日后到南开专访陈老，不意陈老遽归道山，深为痛惜。

7日，看望启功先生，蒙赠天津印制的《富春山居图》和《诗文声律论稿》。张庆善陪同文化部人事司司长萧风来访，请为萧风书法集题字，先生读过其书法集后，为作诗二首："多君画笔兼诗笔，字里钟王字外馨。我亦含毫嚼墨客，可能携手日同行。羡君书记正翩翩，词笔春风画笔妍。更有兰亭新禊帖，山阴妙法得俊贤。"

近日先生读《沧桑楼兰》。

11日，到商务印书馆作学术演讲，讲《红楼梦》。晚观看昆曲《长生殿》，感觉改编并不成功，忽略了原作重心。

13日，中国出版集团从全国选拔优秀学术著作列入"中国文化丛书"，先生的《论红楼梦思想》被选。

16日，扬州丁章华见访，来重印《脂砚斋重评石头记》"甲戌本"10部。为刘汉辉友人《长沙窑》一书题诗："开天旧物认前朝，葡雨椰风舞绿腰。更有商胡诗句好，相思万里月轮高。"

19日，用陈佩秋先生所赠册页纸为谢稚柳先生册页配画，绘两帖，一为山水，一为古梅。得澳大利亚柳存仁先生来信。

21日、22日，读《再造古籍善本提要》。作小幅山水和墨梅图。

23日，去中苑宾馆参加《再造古籍善本提要》审稿会。

24日，夜大雪，凌晨4时即不能寐，起身作《幽谷飞瀑图》，题曰："甲申十一月大雪映窗，宽堂呵冻写此，时年八十又二于且住草堂"。此顷又作《山色有无中图》，题曰："山色有无中。予昔年曾游辋川，惜未能至华子冈，然此中山色已饱赏矣。宽堂四十年后追记。"晚作《唐双宁狂草歌》。

《幽谷飞瀑图》和《山色有无中图》俱见《冯其庸书画集》。《山色有无中图》题词"予昔年曾游辋川"云云，指先生1964年到陕西终南山脚下参加"四清"工作，曾作辋川之游，"四十年后"指今年。

25日，赴上海，次日抵达，随即去上海博物馆参加晋唐宋元古画研讨会。再日，继续开会，先生与单国霖主持第二场讨论。会后参观晋、唐、宋、元古画展览。

28日，晋、唐、宋、元古画展正式开幕，先生参加开幕式，见到国家文物局单霁翔[①]局长，告知以明年去楼兰的计划，单局长表示支持。当晚返京，火车上不能寐，作《十二金钗歌》，未能全部完成。次日晨抵达。

30日夜12时，续成《十二金钗歌》，诗云："金钗十二天仙样，玉为肌肤雪为肠。生成侯门金闺女，不同小家碧玉妆。料得花柳繁华地，春风丽日温柔乡。岂知寒冰朔雪摧，千红一哭万艳伤。金钗十二谁第一？闭月羞花林

[①] 单霁翔（1954—），祖籍江苏江宁，生于北京。现任文化部党组成员、国家文物局局长、党组书记。

姑娘。貌比西施胜十分，诗比易安叶琼章。笑语珠圆莲叶露，机锋百出醒愚妄。更有思飘云物外，截断众流独清狂。无怪顽石是知己，同秉二赋绝科场。愿共相守到白头，不负木石灵河旁。岂意仙质遭魔摧，柳折花萎空断肠。金钗第二数宝钗，雪塑冰雕冷气吹。更有幽香香细细，沁人心脾费人猜。娇痴婉转先人意，心事金锁锁更闭。闻道金玉是良缘，只怪侍婢旁多嘴。仕途功名原不废，男儿折桂是第一。虽然嫁得如意郎，青春只合守空房。金钗第三是元春，富贵荣华合一人。悟到繁华终是梦，欲劝爹娘早抽身。金钗第四是李纨，丈夫死后此生完。身如槁木心死灰，只知人间有辛酸。虽然盼得贾兰贵，霞帔凤冠也枉然。金钗第五是阿凤，彩袖辉煌八面风。承欢时得阿母乐，持家威声压群雄。贪财逼杀张金哥，弄色诱溺贾浑虫。更有阴毒连环计，笑面杀人有泪容。难得乡姆刘姥姥，承欢博得阿母容。竟为凤姐积阴德，留得贾氏一脉宗。金钗第六史湘云，酒量诗豪堪敌林。醉眠芍药韵胜绝，割腥啖膻亦豪俊。一句"寒塘渡鹤影"，引来"冷月葬诗魂"。可怜两句皆诗谶，湘云孤鹤黛诗魂。金钗第七贾探春，才自清明志绝伦。整顿乾坤心有余，无奈庶出女儿身。伦常恪守传家法，骨肉难逾礼律森。大厦已倾临末世，空负平生一片心。金钗第八秦可卿，艳冶独兼薛与林。赢得两府皆称好，阿母最喜可放心。海棠春睡惹梦思，梦里何人呼小名。迷离春梦梦更迷，总教后人空劳心。色相原本锁子骨，遗簪堕舄难掩真。更有焦大乘醉骂，人人心领不须问。天教侍婢泄玄机，回归仙籍一线引。箕裘颓败空怪卿，首恶原是袭爵人。金钗第九贾迎春，懦弱由来是本性。失去金凤不愿问，万事但求风波静。可怜终被虎狼吞，一别故园便销魂。金钗第十贾惜春，生自东府最不幸。只愿终老青灯畔，那管名园画不成。金钗十一是巧姐，狠舅奸兄皆欲欺。幸得刘妪施巧计，一顶布轿脱重危。岂是前生修来福，终因偶济刘氏饥。人生莫把事做绝，救人还是救自己。金钗十二是妙玉，独守空门甘孤独。心性本是半枯木，春风偶吹又生绿。一生孤僻复好洁，饮茶只用梅花雪。早已断绝世俗缘，奈何又送贺诞帖。原本洁来还洁去，岂料难逃污沟劫。十二金钗富贵家，镜里繁华梦里花。悟到人世浮生意，觉来已是晚天霞。"

蒋风白卒。李新卒。

2005 年　乙酉　82 岁

[时事]　3月14日，中华人民共和国第十届全国人民代表大会第三次会议通过《反分裂国家法》。4月29日，胡锦涛总书记与台湾国民党主席连战在北京举行会谈。10月15日，世界上海拔最高、线路最长的高原铁路——青藏铁路全线贯通。17日，中国神舟六号载人飞船返航，第二次载人航天成功。

本年，山西绛县横水西周墓地出土青铜器、玉器、陶器等大量文物，尤为特别的是在一号墓内发现了目前我国时代最早、保存最好、面积最大的荒帷（当时的棺罩），上有非常精美的刺绣图案。

1月1日，签名200部华宝斋所印《瓜饭楼重校评批〈红楼梦〉》。

2日，与辽宁人民出版社主编那荣利、红楼梦研究所所长张庆善商议《瓜饭楼重校评批〈红楼梦〉》首发式规划。之后去启功先生处，赠以线装《瓜饭楼重校评批〈红楼梦〉》。

3日，朱振华送来《中华遗产》杂志，上载有先生《两越塔克拉玛干》一文。

4日，去新闻出版总署，见石宗源署长、邬书林和阎晓宏副署长等，各送线装《瓜饭楼重校评批〈红楼梦〉》、精装《瓜饭楼重校评批〈红楼梦〉》一套。

5日，阎晓宏副署长来电话，说《瓜饭楼重校评批〈红楼梦〉》做得极好，国务委员陈至立等非常重视。出版署再索要三套以赠给相关领导。

9日，上午辽宁人民出版社张东平社长来商量关于《瓜饭楼重校评批〈红楼梦〉》座谈会有关事宜。之后去启功先生处，送去五箱医药。下午，中国银监会副主席、中国美术馆顾问唐双宁[①]见访，谈甚欢。临别时，唐双宁留下其讲演稿，请阅评。

10日，出版署阎晓宏副署长派人来取走准备赠给温家宝总理和国务院秘

[①] 唐双宁（1954—），辽宁北镇人。现任中国光大银行股份有限公司董事长、党委书记。业余喜钻研书法和诗词，为中国书法家协会会员、中国美术馆顾问、中华诗词学会顾问。

书局局长张崇和的两套《瓜饭楼重校评批〈红楼梦〉》，先生并致信温总理，表示敬意。读唐双宁的讲演稿。

11日，由辽宁出版集团、中国艺术研究院、辽宁人民出版社、中国红楼梦学会联合主办的《瓜饭楼重校评批〈红楼梦〉》座谈会在京西宾馆举行，先生前往参加。新闻出版总署署长石宗源、中共中央统战部副部长胡德平、国家图书馆馆长任继愈、《人民日报》原总编范敬宜、中华书局原总编辑傅璇琮①、《求是》杂志社原社长高明光诸先生以及红学界朋友李希凡、邓绍基②、刘世德、蔡义江、吕启祥等与会。与会者盛赞《瓜饭楼重校评批〈红楼梦〉》是凝集着先生研究《红楼梦》数十年心血的集大成之作，是全面阐释解读《红楼梦》深刻内涵的文化巨著，是宏观研究和微观研究相结合的成果，其所采用的评批的形式继承了传统，又有发展，内容上的发展更是以往评点派难以达到的，认为此书成为《红楼梦》的一个新的版本。本日收到文化艺术出版社送来的《敝帚集》。

关于对《瓜饭楼重校评批〈红楼梦〉》的评论可参见《红楼梦学刊》本年第2、3两期石宗源、王文章、吴江、李广柏等人的文章。

13日，整天作画，至晚成设色《寂寞山村图》。

14日，将昨天所画画重染一遍，觉效果更好，题词云："寂寞山村人罕到，有谁曳杖过烟林。甲申十二月初五，宽堂冯其庸八十又二，作于梅花书屋"。为吴阶平医生书写横幅："横空出世，莽昆仑，阅尽人间春色。"

16日，到王世襄先生新寓看望，谈甚久。

19日，上午到图书展销会参加辽宁人民出版社举办的《瓜饭楼重校评批〈红楼梦〉》出版发行新闻发布会，并讲话。下午参加青岛海洋大学举办的宴会，给王蒙送去一部《瓜饭楼重校评批〈红楼梦〉》。

20日，去炎黄艺术馆观看名人书画展，其中有先生作品。

21日，去香山饭店报到，参加"善本古籍再造工程2004年总结会"。为《红楼梦学刊》审阅来稿。

22日，在善本古籍再造工程讨论会上发言。

---

① 傅璇琮（1933—），浙江宁波人，著名学者，历任中华书局总编辑、国务院古籍整理出版规划小组秘书长、副组长，清华大学中国古典文献研究中心主任等。

② 邓绍基（1933—），江苏常熟人，著名学者，中国社会科学院文学研究所研究员、学术顾问。

23日，为丘挺所临黄公望《富春山居图》题诗："富春山色郁葱葱，无数奇峦烟雨濛。想得大痴萧疏笔，百年又到此图中。甲申十月予游富春江，觅大痴隐居处，茂林修竹，烟峦无尽。至夕，山气愈佳，几疑置身于大痴图中矣。归来忽见此卷，仿佛大痴第二图也。此卷笔墨尽得大痴神理，用笔潇洒简远，不减原作。展卷细读，不觉神往。宽堂冯其庸题于且住草堂，时年八十又二。"

又为黑龙江大学游寿先生小楷手卷题跋："介眉先生小行楷世所少见，此或为其中年所书。先生曾从胡小石游，尽得其笔意，即此小行楷中，亦可见胡公风范。予曾见游老晚年大书，则笔意纵横，自成面目，非复他人可以牢笼矣。盖书家自有性情，况游老本是学人，学之所至，书境亦随之，非缘强求，实自天成。世所称南萧北游，非虚语也。以此卷观照游老后期大书，则可悟其书之前后径路矣。甲申十二月宽堂冯其庸谨识。"

24日，去炎黄学会参加春节团拜会。溱潼来人求字，并谈水云楼重建事。

25日，收到刘辉所寄汉画像石《扁鹊图》拓片，甚完整。因即为作释文和跋。释文云："君者崔光被病□□□此年六十四岁，有四子，举孝廉，起□石室用钱两万六千，后□子纬□今知之 永元十年丙申朔日桃□ 以上有多处文字不易识。"跋文云："此石出徐州，为友人刘辉所藏，拓片亦刘辉拓赠。图中右下方为崔光之车，前导后从二骑，中间屋内正位为扁鹊，人首鸟身，右手持针。右边躬身者为崔光侍从，为光求治者。屋外第一人低首，亦为崔之侍从。第二人当是崔光，戴进贤冠，在室外俟治。后骑者为光之前从，佩剑。后即崔光之车。御者半露其身，车后为后从。按《史记·扁鹊仓公列传》载扁鹊为虢太子治病云：'扁鹊乃使弟子阳厉针砥石，以取外三阳五会。有间，太子苏。……故天下尽以扁鹊为能生死人。'此图中正持针前指，其下为一针盒。此图所示，正与《史记》所记合。永元为后汉和帝年号，时年为公元九十八年，距光武元年七十六年，为后汉中期，距今已一千九百六十年矣。"

29日，去江苏大厦，主持2005年红学迎春会暨《瓜饭楼重校评批〈红楼梦〉》座谈会以及清宫御墨鉴赏活动。黄苗子夫妇、史树青夫妇、郭预衡、邓绍基、刘世德、李希凡、蔡义江、吕启祥以及新闻出版总署领导出席。

30日，与汪大刚、王运天同去黄苗子先生家，请苗子先生为大刚所藏贺友直画作题跋。

2月1日，上海玉佛寺觉醒大和尚寄来佛学书4种。

2日，与郑喆通电话，知启功先生病势沉重，甚为担心。唐双宁来信建议在苏州建立张旭塑像，由先生作传，沈鹏书写，钱绍武作塑像。

5日，近日重感冒，服药后稍解。为刘辉题汉画拓片3件。收到澳大利亚柳存仁先生来信，谓已收到所寄影印"甲戌本"《脂砚斋重评石头记》和《红楼梦》研讨会论文集。

7日，新闻出版总署阎晓宏副署长送来温家宝总理用毛笔写的亲笔信，信中感谢先生赠以《瓜饭楼重校评批〈红楼梦〉》。国家安全部许部长派秘书送信来，亦对先生赠书表示谢意，并回赠以《御批资治通鉴》。卜键送来为先生复印的《明武宗实录》。

8日，旧历除夕，作《甲申除夜怀沈阳杨仁老》诗："四海杨夫子，乾坤独此翁。风烟迷远近，何日醉千盅。"

9日，旧历年初一，作《乙酉岁朝试笔赠吴江大兄先生》诗："沧海狂澜笔，潮汹动地文。平生磬折尽，举世毛与君。"

李希凡来电话，告知蓝翎已去世。

14日，上海博物馆钟银兰嘱为其所藏徐文长狂草长卷题跋。

15日，为唐双宁《狂草歌》长卷题跋，又为艺术研究院书写3横幅。

16日，中央电视台曲向东来电话，谓拟于本月末开会商议拍摄"玄奘取经"专题片有关事宜。先生随即电告新疆朱玉麒和王炳华。柴剑虹来电话，告知启功先生病情略有好转，并告知刘炳森因肺癌于昨日去世。晚中央电视台10频道大家栏目播放介绍先生的节目。

17日，收到国务委员陈至立来信，对赠以《瓜饭楼重校评批〈红楼梦〉》表示感谢。为孟宪实口述个人历史。

18日，继续为孟宪实口述历史。启功先生嘱柴剑虹送来《敦煌阳关玉门关论文选萃》一书，先生至感启老厚意。柴剑虹还送来台北故宫录像片及《戴名世年谱》。朱振华、那荣利同时见访。晚将日记编年编号，以便检阅。

19日，钱金泉寄来钱仲联先生谈清诗一书。

21日，为刘辉题汉画拓片。朱振华陪同淮阳县长来访，为书写条幅。收到东北抗联老战士联谊会来信，云已收到所捐赠的4个条幅，并已义卖得5万余元，因表谢意。《北京日报》理论版发表先生《我对〈红楼梦〉有更进一步的理解》一文。

22日，继续为孟宪实口述历史。为谭凤嫄所绘《500罗汉》局部小幅题跋。托任晓辉购得《清诗纪事》和《沈祖棻全集》。

23日，姜新生偕女儿来访，其女儿学写《袁安碑》，不得其法，因示以《袁安碑》拓片，并为指点门径。张世林送来李慎之先生遗集，并约写《名家小书》丛书中一种。今日得知张政烺和冯亦代先生去世。

24日，接受《人民日报》文艺部刘琼采访，谈有关《红楼梦》问题。下午作画。

25日，去徐邦达先生寓所看望，并送去线装《瓜饭楼重校评批〈红楼梦〉》。朱玉麒、薛天玮来访。之后，陕西法门寺博物馆韩金科馆长来访，先生将宋本藏文《秘密经》赠予博物馆，以为此珍贵之物交由该博物馆保存最为妥当。灯下校对南开大学寄来的致叶嘉莹教授80岁祝词。

26日，钱仲联师之博士生陈国安见访，赠之以《瓜饭楼重校评批〈红楼梦〉》。修改《人民日报》记者刘琼所作访问稿。分别接到黑龙江大学刘敬圻①教授和华东师范大学郭豫适②教授电话与来信，盛赞《瓜饭楼重校评批〈红楼梦〉》。

27日，上午继续为孟宪实口述历史。下午由李经国陪同去黄苗子先生处，坐谈两小时。

28日，去中央电视台梅地亚中心开会，讨论拍摄电视片《玄奘之路》有关问题，初步确定了拍摄路线。

3月1日，叶兆信见访，建议先生明年到济南举办书画展览会。邓安生送来书稿。

2日，继续画昨日开始的大幅山水《溪山行旅图》。

3日，山东淄博刘淑茂来访，为作书画。上海府宪展见访，送来《战国竹简》第四册。夜里不寐，起来点染山水，至3时半始就寝。

5日，画毕《溪山行旅图》，拟再作新画。昨天接王运天电话，告知甲戌本《脂砚斋重评石头记》已经从国外取回来，因作《喜闻甲戌本归来，

---

① 刘敬圻（1936—），山东邹平人，毕业于北京大学中文系。现任黑龙江大学中文系教授。
② 郭豫适，广东潮阳人，1957年毕业于华东师范大学中文系。任华东师范大学教授、副校长、研究生院院长。

赋诗志贺》二首："异域飘零五十年，相逢西海一怆然（1980年夏，予在美国开会，曾借阅此本一周）。何期竟作归来赋，石返灵山结宿缘。""古本烂然坎坷多，荆山奇璧亦蒙讹。如今不必和人泣，顽石灵光扫万魔（至今尚有人著书称甲戌、己卯、庚辰等本为伪造，真妄语也）。"

李维伦来，为其所作《赵朴初传》题签"赵朴初与新中国佛教"。

6日，接受山东电视台采访。吴龙友携其所编《谢无量书法集》来，为其校正了某些释文和断句。尹光华来访，对先生所绘八尺山水大为赞赏。晚开始作新画。

7日，姚建铨院士偕夫人来访，姚院士为无锡人，曾就读于先生任教的胶南中学，1980年到1981年，先生在美国斯坦福大学任客座教授，姚院士也正在该大学作访问学者，经常见面。姚院士在光学领域卓有建树，"文化大革命"前，曾被批判走白专道路，其经历与先生仿佛，故先生与之交谈颇投机。

8日，整日作画。

9日，修补昨天所画山水。起草给国家文物局的报告，请求同意去罗布泊楼兰做地面调查，并请求发函给新疆维吾尔自治区文物局，由先生携去，以便同新疆文物局面洽。晚为刘辉的汉画题跋。

11日，昨日和今日，继续为刘辉的汉画题跋。沈阳郭延奎送来为装裱的几幅先生画作，均甚佳。

12日，辽宁人民出版社那荣利来电话，谓读者对《瓜饭楼重校评批〈红楼梦〉》评价甚好，书已脱销，将马上再印。李经国送来黄苗子先生为题字的长卷和舒芜[①]先生致先生的信。舒先生信中谓《瓜饭楼重校评批〈红楼梦〉》"装帧之美，印刷之精，先已眼明。浏读校评，则义理、考据、词章锻铸炉冶，浑化无迹。《红楼梦》评点之学，赓继光昌，得此可卜甚盛甚盛。"

舒芜先生致先生信全文如下：

宽堂先生著席：

尊撰《瓜饭楼重校评批〈红楼梦〉》承以收藏编号〇一三七号一部

[①] 舒芜（1922—2009），安徽桐城人，中国现代作家、文学评论家。

授读，日前李经国兄专程送到，新正

雅贶，敬谨拜受，欣乐何极。展玩装帧之美，印刷之精，先已眼明。浏读校评，则义理、考据、词章锻铸炉冶，浑化无迹。《红楼梦》评点之学，赓继光昌，得此可卜甚盛甚盛。请

容熏沐细读，随时请益。寒斋所藏友朋著作之中，永为镇宅之宝矣。本当抠衣升

堂，面启谢悃，而老病蹇步，缺礼至憾，尚乞

原囿，专此布达。顺颂

文祺

弟舒芜顿首拜 2005 年 3 月 4 日

"花解语、玉生香"一回评批涉及香妃一事，近见朱家溍先生《故宫退食录》中曾有论辩，未审曾入览否？又及

13 日，唐双宁来访，陪同他去老镇参观昔日运河码头。《人民日报》刊载记者刘琼采访冯先生的文章：《与"瓜饭楼主"谈〈红楼梦〉》，其中谈及写作《瓜饭楼重校评批〈红楼梦〉》的动机，先生云：

我之所以写《瓜饭楼重校评批〈红楼梦〉》，是因为有这么多好的乾隆时期的抄本。我把它们汇集起来重新校了一次，整理了一个可读性强一点的本子。我是一边校，一边评。为什么评？我要把许多专家在解放前后有助于说明《红楼梦》历史背景和故事情节的考证结果包括我自己的研究成果，汇集到这个本子里。长期以来，考证归考证，文本归文本，研究成果归成果，没有汇总到文本上来。应该说，这是第一次把大家的研究成果、考证结果与欣赏阅读《红楼梦》紧密联系在一起，不同历史时期的思想言论也记载其上。把新的东西汇聚起来，把一些猜测和随意解释加以澄清。

15 日，郭又陵来访，带来残宋本《东坡诗注》以及《诗话丛编》和《艺术丛书》。晚曲向东来，商量到西部拍摄电视片《玄奘之路》有关问题。

16 日，张沧江先生偕夫人由林邦钧陪同来访，相谈近两小时。其间，张

先生谈及对《往事并不如烟》的看法，并谈到与康同璧之关系，说康同璧去世前曾将一铁箱交给他，内有康氏诗稿、词稿、自画像等，应设法为其出版。先生赠之以《瓜饭楼重校评批〈红楼梦〉》和《瀚海劫尘》。

17日，先生乘火车赴上海。次日晨抵达，安顿后即与王运天同到上海博物馆观看"甲戌本"《脂砚斋重评石头记》，经辨识，先生认为就是当年在美国所见原件。细看书中的两个"玄"字，先生发现笔画的最后一点，确实是后加的，并且看出"甲戌本"现存的16回并非同一人所抄。

19日，先生到汪大刚家里商量出版画册之事，并挑选画作。

20日，先生去上海博物馆，先看展览，之后再次观看"甲戌本"，重新检查两个"玄"字的最后一点，仍然是后加上去的感觉。其抄手非同一人，也可确定。鉴定时，请郑馆长、钟银兰、王运天同来细检，都认为"玄"字最后一"丶"是后加无疑。当晚返京，次日抵达。

22日，新疆师大寄来学报，上面刊载有先生的讲演稿。章慎生陪同《中华文化》的喻静来访，就如何办好画报征询先生意见。为王蒙文学研究所书写牌匾。

23日，香港袁思华来访，他欲拍电影《岳飞》，想要罗英、丁力所著小说《岳飞》，先生为其与罗、丁联系。

24日，先生作山水手卷，临龚贤。改好《冯其庸书画集》自序。

26日，广西师范大学出版社的同志来访，就出版画刊事征询意见，先生提出三点建议：一、用深入浅出的文字讲解经典绘画；二、每期只介绍一位当代大师级的画家；三、对中年画家中传统功力深、有发展前途者作重点宣传，同时也不排斥新潮画家中有功力有新意者。晚画完山水手卷，题曰："溪山无尽图。略拟龚半千，乙酉春冯其庸八十又三。"且题诗云："扫叶金陵尚有楼，江山万里豁吟眸。年来独喜龚翁画，万壑千岩得绝幽。老病长年作卧游，挥毫偶亦写清幽。众峰竞逐来毫底，却问千翁是也否。乙酉春日学扫叶翁法作谿山无尽图卷遣兴而已，不学古人，不知古人之深也。古梅老人宽堂冯其庸八十又三学，时在京东且住草堂。"

按，该图见《冯其庸书画集》。

27日，尹光华从上海来访，对《溪山无尽图》十分称赏，谓得北派山水之意。

28日，先生题汉画拓片多幅。

29日，琉璃厂锦厂画店取走书画作品多幅，欲出售。晚作画。

30日，国家文物局文保司司长顾玉才与那荣利、朱振华来访，谈甚洽。顾玉才说去新疆拍摄电视片之事，已同新疆维吾尔自治区文物局沟通，新疆文物局表示热情欢迎。晚作画。

31日，先生上午参加荣宝斋画院成立典礼。之后到宝辰饭店与上海博物馆陈燮君馆长和王运天相见。夜至12时不能寐，起身饮酒，随即到画室作画，并得诗《夜饮》："清夜沉沉夜色重，先生酒渴似狂童。起寻柽内藏馀沥，坐觉饥肠一展容。三盏挥洒天地阔，一壶已尽兴转浓。挥毫疾写苍松影，倚仄全同醉酒翁。"

4月1日，先生应邀去政协礼堂出席欢迎台湾中华炎黄文化参访团暨"推动两岸文化交流"座谈会，作发言。

2日，先生完成近日所作山水长幅。大连张继刚来为《大连日报》求字画。近来《文汇报》、《人民日报》等报道关于《废艺斋集稿》之研究，均以为此为曹雪芹之佚著。先生对此报道极为关注，然认为虽不能草草否定《废艺斋集稿》的真实性，但在无可靠证据前也不能说此书绝无可疑。无征不信，当更求证据。

3日，虞逸夫先生来访，先生喜出望外。逸老赠先生亲笔所书两个卷子，一为致先生之长信，二为自作诗词。其书法潇洒而有古章草笔意，诗文飘逸洒脱，先生深表钦慕。稍坐谈，即同赴王府饭店。

4日，《江海学刊》来信，欲将先生列入封面人物，因要一篇2000字的介绍云云。

5日，上午，国家新闻出版署邬书林副署长来访，告知《瓜饭楼重校评批〈红楼梦〉》已重印6000套，说只要书好就会有人买，此书即是一例。先生讲了对出版方面的一些想法，认为目前学风浮躁，有些人公开说假话，哗众取宠。下午虞逸夫先生来访，谈甚洽。先生赠之以《瀚海劫尘》和长乐未央瓦当。灯下做横幅梅花一幅。

6日，先生题汉画瓦当若干幅，并作行书横幅4幅。

7日，撰写《冯其庸书画集》后记。获知辽宁人民出版社决定《瓜饭楼重校评批〈红楼梦〉》再加印8000套。

8日，将为画册撰写的全部文字发给上海汪大刚。上海孙坚来电话，称托人带去的两幅画均已裱好，并说六尺山水条幅画得极好。

9日，先生到北大医院（北京医科大学第一附属医院）看望启功先生，启老病危，先生心情沉重。高虹来，嘱题吴湖帆手卷和张大千荷花大卷。

10日，虞逸夫先生再次来访。

11日，刘海粟先生女婿白庭荫来，商量为海老夫人夏伊乔举办画展事，先生提出应举办海老与夫人作品合展以及出版书画合集等几点建议。收到王炳华来信，详细说明进入罗布泊的具体计划。

12日，先生接受中央电视台采访，谈关于无锡戏曲、音乐的历史与现状。审读《古籍再造善本提要》。

13日，写毕刘海粟先生与夫人夏伊乔书画展序言。

14日，灯下重新审读《古籍再造善本提要》。

15日，去中苑宾馆参加"《古籍再造善本提要》讨论会"，作发言。

16日，修改为刘海粟先生和夫人书画展所作序言。

18日，去国家图书馆参观新购回的陈澄中的藏书，内有原翁方纲藏施顾注苏诗过火本、世彩堂本韩集和柳集等稀世珍本。

19日，开始写评介唐双宁狂草的文章。

20日，王运天来电话，告知先生的三幅字画已在博物馆拍摄完成，其中临龚贤的六尺屏山水博得大家称赞。人民文学出版社总编管士光来，续签新校注本《红楼梦》的合同，改为版税制，稿费经征求李希凡、吕启祥、林冠夫等人意见，决定捐给《红楼梦学刊》。上海画院龚继先和唐逸览等来访，邀请先生出席上海画院即将在8月1日在京举办的画展开幕式。为周桂珍题写3把紫砂壶。作《狂草》诗："挥毫落纸气如虹，一片神行太谷中。万象纵横皆野马，独凭玄览斥挥雄。"

21日，丁章华来，请先生为《扬州与红楼梦》一书作序。写毕《读唐双宁狂草书后》一文。

22日，为刘辉题汉画拓片。作墨梅3幅。

23日，继续为刘辉题汉画拓片。

25日，开始写《有关故宫的两件珍贵文献》一文。

28日，昨晚王运天送来先生昔年所作草书《正气歌》，今日写好此卷引首"瓜饭楼醉书"和拖尾诗："卅年犹记苦生涯，醉里狂书满纸差。已掷还留多少意，情深那计鸦字斜。"

29日，为刘辉题写完100幅汉画拓片。郑州来电，话及郑州附近东坡墓，先生拟往展拜，作《题东坡墓》诗："宦海风波毕此生，先生百代一真英。嵩峰不改长河永，要共先生万世青。"

30日，去潘家园购得兴天无极瓦当、上林瓦当和西夏印等。去王府井饭店与杨仁恺先生共进晚餐。

5月2日，将给广州王贵忱先生写的"可居室"三字和为白盾先生画的葡萄一并寄出。

3日，继续撰写《有关故宫的两件珍贵文献》一文。给上海文艺出版社复信，同意将《快读〈红楼梦〉王蒙评》一文收入《王蒙评〈红楼梦〉》一书中。

5日，为高虹藏画题跋。

6日，写毕《有关故宫的两件珍贵文献》一文。为抗战胜利六十周年题词。

7日，去潘家园购得造像碑一件。

8日，去中国美术馆参加李一书法展开幕式。下午，周巍峙、王昆、周七月来访，将王昆原来所要《墨梅图》赠之。

9日，为黄苗子先生所绘《傅青主听书图》题诗三首："'昔年曾听蔡中郎，眼见是非任短长。却怪放翁多感慨，由来鼓板怎雌黄。''荒村月落已三更，犹有鼓声唤入场。天下是非随意说，管他遗臭与留芳。''游戏观场张梦忆，听书矮屋傅青山。文章节气两奇士，也共村翁一展颜。'70年前村居，予方童稚，常听鼓词。有浩然正气者，亦多是非颠倒者。听者唯求捧腹而已。'文化大革命'中，予读'四人帮'报纸，则尽皆是非颠倒，令人愤愤矣！苗翁此画其意在此乎？因慨然打油。"

12日，上海界龙集团龚忠德来访，商谈出版先生画册事。又谈及影印"甲戌本"《脂砚斋重评石头记》事，先生因赠之以一部"甲戌本"作为准备。

13日，苏州钱金泉陪同海宁徐邦达艺术馆马徐浩来，要先生的字画。先生为钱金泉所藏蒋风白先生画作题词。

14日，去潘家园，看到唐狄仁杰族孙狄兼暮墓志铭一件，甚感兴趣。下午广州王贵忱先生来访，相别已30年，晤谈甚欢。

15日，画家马军来访，其临敦煌壁画极有成就。叶君远来电话，说纪宝成校长欲来访，并拟聘请先生担任国学院名誉院长。夜一时半尚不寐，作

《读可居先生书陈小翠诗，忽忆当年情事，诗以伤之》三首："老来又读翠楼词，忽忆淞江拜识时。绝世清幽人罕到，梅花瘦尽只余诗。""半世风波隔沸尘，梦中时见作诗人。兰亩诗苑竟何在？只在阆风楚泽滨。""清才绝代世难容，并世几人得好终。莫怨东风当自醒，老天原不惜诗雄。"

16日，撰写《怀念周雁》一文。

18日，中国人民大学校长纪宝成①由叶君远陪同来访，告知教育部已同意中国人民大学办国学院，意欲聘请先生担任国学院院长。先生原以为是当名誉院长，突闻是当院长，颇踌躇。洛阳送来唐狄仁杰族孙狄兼謩墓志，该碑90厘米见方，厚19厘米，大部分文字清晰，志中写到狄仁杰匡扶唐室之功劳。购得此碑，先生甚喜。

19日，王贵忱先生来访，看了唐碑，赞赏备至，即时为做题识，并建议先生取斋名为"唐碑楼"。

20日，到鲁迅博物馆参加中日书法展开幕式。

21日，徐州派人送来汉画像石。晚为《人民日报》海外版撰写《天涯若比邻》一文。

22日，深圳吴特州、吴巍来访，赠之以《瓜饭楼重校评批〈红楼梦〉》各一套，并赠吴特州原拓《朝侯小子碑》。

24日，撰写《扬州散记》一文。该文见《瓜饭集》。

25日，在潘家园购得的两块唐墓志和宋太平兴国年间的经幢，今天中午送到并安置。

26日，为汪大刚、王运天题汉画拓片。收到王贵忱先生书写的"唐碑楼"匾。今天《人民日报》海外版刊登《天涯若比邻》一文。

27日，写毕《关于振兴国学教育的几点思考》一文。

29日，到中国人民大学参加"振兴国学教育"座谈会，与会者有任继愈、张岂之、戴逸、张立文、詹福瑞等。纪宝成校长会上宣布聘请先生担任中国人民大学国学院首任院长。

30日，许多报刊均报道了中国人民大学成立国学院和先生担任国学院院长的消息。

31日，马汉跃送来《文艺报》社办的大画册，上有先生的《溪山行旅

---

① 纪宝成（1944—），江苏扬州人，时任中国人民大学校长、教授、博士生导师。

图》和《寂寞山村图》。夜不能寐，起身饮酒三杯，作画两幅。

6月1日，接吴江先生电话，祝贺先生担任国学院院长，并对如何搞好国学教育提出几点建议。又接香港孙立川电话，云饶宗颐先生要发贺信来。

2日，与李希凡、吕启祥等一同赴郑州。

3日，由中国红楼梦学会和河南教育学院共同举办的"百年红学的回顾与反思——2005年全国中青年学者《红楼梦》研讨会"在河南教育学院召开，先生参加开幕式并致词。之后，在座谈会上也作发言，着重讲了家世考证与版本考证的重要性，强调学术研究是为了追求真理，追求客观真实，不能搞实用主义，以一时之需判定有用无用，而应当有长远眼光。晚上枕上作《河南郏县拜大苏墓》诗二首："常州拜罢又儋州，再到河原觅故侯。天上玉堂逸仙客，一枝彩笔埋荒丘。""平生拜倒是东坡，湖海襟期坎坷多。词笔如倾三峡水，画图妙绝文与哥。"

4日，去开封游览，傍晚返郑州。

5日，上午参加"百年红学的回顾与反思"研讨会闭幕式。下午去河南省博物馆参观青铜器和碑刻展。

6日，游览云台山，其最高峰为茱萸峰，相传王维《九月九日忆山东兄弟》即作于此处。傍晚到洛阳师范学院。

7日，去郏县参观三苏墓，之后到汝州游览风穴寺，再赴偃师寻访玄奘故里。返回洛阳后，由考古队的朋友带领去参观新发掘的唐墓，墓主是李旦登基之前的两位夫人，墓道有壁画。

8日，上午参观龙门石窟，下午在洛阳师范学院图书馆观看所藏墓铭，有些墓铭极珍贵。当晚乘车返北京，次日晨抵达。归来后改定旅途中所作二诗："初到云台第一潭，碧波如玉瀑声酣。人间何处清凉界，只有黄龙可结庵。"

《题云台山茱萸峰》："平生初识茱萸峰，忆得辋川诗句雄。画里有诗诗有画，画家从此开南宗。"

11日，为纪峰所塑启功先生像题词："道德文章，经师人师；平生功业，艺坛讲坛。"

14日，写毕《梅村五记》一文。接受《北京晨报》记者采访。

15日，将《梅村五记》压缩为《梅村四记》。该文见《瓜饭集》。

16日，计正山来电话，约请前往定远县考察。晚为刘辉题汉画《嫦娥奔月图》，并开始临巨然山水。

18日，中央电视台曲向东来，商量拍摄"玄奘之路"的计划。晚作书画。

19日，《北京晨报》发表该报记者对先生所作专访，先生对记者谈到中国人民大学国学院的建设、西部文化研究和做学问的态度。

20日，去中国人民大学会见纪宝成校长，将办国学院的一些思考向其说明，并留下书面意见，纪校长表示完全同意先生意见。

21日，上午叶君远、孟宪实来，商量国学院之事。之后先生写信给纪宝成校长，建议把国学院的领导班子组建好。与段元祥通电话，询问为国学院建立陈廷敬奖学金之事。

22日，江苏沛县来人，请求书写《大风歌》。周红兴来访，嘱写"美石艺术珍赏"匾额。

23日，近日得暇即作画，已完成全幅构图。

25日，历时九天，临巨然《秋山问道图》终于完成。题曰："秋山问道图。予性爱丘山，乃不得与山林为邻，不得已乃仿石谷子笔意，以写我心。宽堂冯其庸八十又三。"该图见《冯其庸书画集》。

26日，中国人民大学副书记牛维麟和组织部长来访。

28日，去中央电视台参加座谈会，讨论电视片"玄奘取经之路"的拍摄路线。回来后撰写明天新闻发布会上的讲话稿。次日，再去中央电视台，作为电视片"玄奘取经之路"的总顾问在新闻发布会上讲话。

30日，一早接柴剑虹电话，获知启功先生于凌晨去世，不胜悲痛。

7月1日，去北京师范大学吊唁启功先生。之后去文物出版社，恰好苏士澍正在主持启功先生的追思会，见先生去，即请先生发言。先生讲述了启老最后一段时日的情况。归来后作《哭启功先生》五首，云："予与先生交，垂四十年，近十年问教尤多。先生入院前，尚嘱人以书赠予，不意竟成永诀。噩耗传来，痛摧心肝，诗以哭之，不足尽悲怀也。噩耗飞来痛失声，先生百世隔音尘。曾经万劫千难后，从此无阴也无晴。一枝画笔自千秋，字字钟王万世留。一字千金何足贵，神州无处可搜求。相交平生四十年，问书常到小乘前。生花妙笔时挥洒，教我勤参笔底禅。往事如烟似梦中，先生依旧笑谈雄。分明謦欬皆珠玉，谁信今朝转眼空。恸哭先生去太匆，万众都欲仰高风。从今问字排难日，一炷心香拜净翁。"

3日，接受中央电视台采访，谈瞎子阿炳逸事。与曲向东通电话，提醒他去帕米尔高原事当早作准备。晚作画。

4日，陕西大慈恩寺增勤方丈托黄心川送来《大唐西域记》和《玄奘传》。修改《人民日报》记者采访样稿。

5日，去中国社会科学院参加《中国古代文学通论》座谈会，作发言。会上见到李学勤，聊天中获知山西发现三个西周大墓，出土了大量文物，其中的丝织品色泽极鲜艳，竟比现代的还漂亮，先生倍感兴趣。

6日，中国人民大学纪宝成校长、冯俊副校长来访，商谈国学院问题。纪校长再次诚恳邀请先生担任国学院院长。今天的《人民日报》刊登了记者对先生的采访，先生就中国人民大学成立国学院阐述了自己的看法，认为这是非常有远见的举措，他说："国学是我们文化传统、思想传统、民族智慧的精华，是我们这个民族顶天立地的柱子，也是我们无形的强大的精神长城，没有她，我们站不起来。她也是我们自强不息、勇往直前的原动力。没有了她，一个民族就没有根底，就没有了扎根大地永不可拔的根。"他还认为，国学会让年轻人精神上得到滋养，会给我们更多思想的空间。

7日，与王运天同去八宝山参加启功先生遗体告别仪式，归来后作《七月七日同运天送启功先生大归》三首："伤心含泪送公行，从此幽明隔路程。梦里纵然来会见，只怕灯昏认不明。""先生一路须慢行，遇到崎岖不可惊。世上风波都历尽，何愁小鬼再施横。""先生归去勿匆忙，手里轻藤莫暂忘。遇到狂徒竟须打，崎岖暗径要提防。"

作画至夜2时始就寝。

9日，《人民日报》发表先生《哭启功先生》诗。

10日，近两日作书画若干件。

11日，书写《白石老人歌》长卷，为刘一闻艺术馆书写横幅，为贵州织金洞题写"天然画图"四字。

12日，上午，孙家洲[①]、叶君远、袁济喜[②]、孟宪实来，讨论国学院有关问题，初步确定学术委员会人选和拟聘请的学术顾问与教授人选。下午审看国学院教学方案。

[①] 孙家洲（1955—），山东人，现为中国人民大学历史学院院长，教授、博士生导师。
[②] 袁济喜（1956—），上海人，现为中国人民大学国学院副院长、教授、博士生导师。

13日，修改国学院教学方案，认为国学院的培养目标应当是能够做国学研究的高精尖人才，而不是一般的通才，因此课程设置：第一，要以史学为基础，一般通史外，要设专史课；第二，专书讲读尤为重要，要开十几种到几十种的专书讲读课；第三，古文字音韵训诂也应是重点，包括简牍学。至于其他一般课程应尽量减少，不让它占用太多时间。灯下撰写重印贯华堂本《水浒》"赘言"。

15日，孙家洲、叶君远、孟宪实来，讨论国学院教学方案。为马国庆题一律："传神妙拓自千秋，因物随形意态稠。薄似蝉衣透肌理，亲如觌面眼长留。千斤宝器飘然举，三尺长刀绕指柔。多少古今奇技士，君称百代最高流。"

16日，去潘家园，购得西夏印两枚，另外见到南朝陈卫和石棺拓本，归来后，查《梁书》《陈书》，虽皆不载卫和事，然卫和墓铭所叙史事，如王僧辩与陈霸先有隙，侯景败时江船皆被沉遂不得渡等等，皆与史合，认为此墓铭可补史之不足。晚书《明两老人歌》长卷。

17日、18日，修改画册前言。书写杜甫《前出塞》九首。

19日，书写杜甫《哀江头》。

20日，读金辉所著《玄奘传》。夜书杜甫《秦州杂诗》二十首。

21日，深圳吴特州来访，叙谈甚欢，赠之以所书杜甫《赠卫八处士》手卷和晋唐五种小楷早拓本。

23日，韩兆琦[①]来访，赠给先生新著《史记笺证》。吕启祥亦来访。

24日，近日新作《访幽图》，即将完成，题诗云："芒鞋竹杖访幽邻，山入奇峰太古醇。行到峰回路转处，但闻吴咏却无人。"夜不能寐，将《访幽图》稍作增益，又将所有山峦加皴，加染，就寝时已夜2时。该图见《冯其庸书画集》。

25日，与中央电视台李向东通电话，商量拍摄"玄奘取经之路"有关事宜以及在明铁盖建立"玄奘取经东归古道"纪念碑事。先生为撰写碑文。

29日，准备撰写悼念启功先生的文章。

30日，苏州钱金泉、马徐浩来，为其题写多个手卷。

---

① 韩兆琦（1933—），天津静海人。曾任北京师范大学中文系教授，古典文学教研室主任、博士生导师。中国人民大学国学院特聘教授、博士生导师。

31日，写毕悼念启功先生的文章，题为《先生之风 山高水长》。该文见《瓜饭集》。

8月3日，到301医院探望季羡林先生，聘请季老担任中国人民大学国学院顾问，季老应允。季老看了先生赠送的《瓜饭楼重校评批〈红楼梦〉》，极为高兴，回赠三种书。

5日，接《收藏家》杂志电话，获知被评为当代最有收藏价值的书画家。去城里办事路上，口占一诗，题为《八月五日去红庙途中口占，时即将再去新疆昆仑山口也》："大地苍茫世途宽，江山日日换新观。如今又踏西征路，垂老昆仑再结欢。"

6日，去潘家园，购得北齐天保二年造像碑。

7日，京剧著名演员迟小秋来访，她已调来北京，即将举办专场演出，请先生为题词。

8日，与纪宝成校长通电话，就创办国学刊物、国学院助学金、外聘教授和开学典礼等等事项与之交换意见。晚新疆喀什徐建荣副市长来访，告知上帕米尔高原的准备工作均已做好。

10日，凌晨枕上作《迎迟小秋进京》诗："新到京华又一秋，满城人说似程侯。玉堂春与窦娥冤，一曲魂销万古愁。"

之后写成立幅准备赠给迟小秋。下午去中国人民大学国学院开会，讨论课程设置。今天《北京青年报》报道了先生即将去帕米尔的消息。

11日，近日作画，今日完成，题曰："翠微图。天际数峰淡欲无，青青黛色忆当初。何时得遂平生志，一棹轻舠入太湖。予蓄五湖之志久矣，乃终不得遂，即以此图见意。乙酉立秋，宽堂冯其庸八十又三。"

该图见《冯其庸书画集》。

12日，飞赴乌鲁木齐，次日，到喀什。当晚喀什市政府举行迎宾宴会，先生即席赋诗云："喀什重来旧雨多，全羊席上酒如河。动人最是风情舞，一曲清歌震九州。"

14日，晨从喀什出发，开始登山。甫入山口，即遇泥石流，车陷泥水中，经努力，始脱险。路上吟诗一首："洪水滔滔失要津，千峰壁立上昆仑。平生不怕风波险，要从险处见精神。"

傍晚抵达塔什库尔干。

15日，晨起去明铁盖，车行约两个多小时，到卡拉奇库边防团。途中经一处，两山夹峙，其缺口处甚空旷，河道很宽，山水纵横乱流。对面有一城堡突出于河边山崖，据云即公主堡。之后经瓦罕一、二、三号桥，到达边防连。用餐后，再前行，去罗葡盖子边防哨所。先生在哨所墙壁上，找到1998年来此时所题字，又找到当年坐过的红斑巨石。然后继续前进，直到距离山口约一二公里处始止步，前方路径山形均已在望，此即为玄奘东归入口处。纪念碑即选在红斑巨石边，立碑费三小时，碑文正面为先生所书"玄奘取经东归古道"八字，背面记1998年发现古道事。碑立好后，举行揭幕仪式，先生与喀什市陈书记、塔什库尔干领导、中央电视台领导先后讲话，并摄影留念。返回塔什库尔干已是夜12时半。今日作诗二首：《昆仑山顶放歌》"三上昆仑意更赊，最高峰顶望中华。神州处处多佳气，目尽青天到海涯。""明铁盖山口玄奘东归入境处立碑，诗以纪实'万古昆仑鸟不还，孤僧杖策拨云烟。一千三百年前事，凭仗丰碑证前缘。'"

16日，晨起去公主堡，是另一条山间坡路，路极险而倾斜，时有翻车之虞，且一路多巨涧，右侧列峰间，涧瀑奔流，车数不得过，经填塞，才牵引勉过。至近达公主堡约一公里处，车不得行，下车步行，遇一巨涧阻路，适牧民牵毛驴过，先生乃骑毛驴涉水而过，直抵堡下，见紧贴堡壁有古道。古道外，下临卡拉奇库河，河面极宽，水流甚急。此即自明铁盖山口沿左侧山峰蜿蜒而下者。昔年先生在卡拉奇库边防站，是在河对面，故被河隔开，今则已转到河之贴山根一面矣。据乡人说，先生所站脚下之古道，是最老的瓦罕通道。因悟玄奘当年沿此通道下山，自然会至公主堡。先生得此情况，为之大快。晚为当地人作字十多幅。

17日，参观塔什库尔干博物馆，之后下山回喀什。今天许多报纸均对为玄奘取经东归之路立碑之事作了报道。

18日，经乌鲁木齐返回北京。

19日，作《题公主堡》诗："昔日久闻公主堡，今朝来觅旧巢痕。奇峰乱插横流水，古道依然到古屯。"

20日，湖南常德县委宣传部来人求书"中国常德诗墙"。长沙窑研究专家刘美观来访，带来曾玉衡先生所书横幅为赠。

21日，去中央电视台开会，讨论去楼兰有关事宜。午休时着凉，回家即病倒。

22日，病势加重，且转成水泻。读周退密先生诗，成诗三首："九十衰翁诗笔健,唾壶击碎读新篇。平生独爱退翁句,戛玉敲金字字圆。""四海何人敲短韵,申江尚有周先生。新诗却比梅花瘦,老干槎牙铁骨铮。""不见稼翁已十年,更无消息到窗前。举头常望中天月,料得清光到枕边。"

闻周绍良先生去世,不胜怆然。

23日,作《哭周绍良先生》六首以挽之:"启翁送罢又周翁,从此文场失两雄。百载原期传旧业,如今万事已成空。启翁于六月卅日夜逝世,周翁于八月廿一日夜逝世,相隔仅五十二日。""先生与我旧缘深,六十年前结墨林。难得一回聆雅韵,始知易水有真音。上世纪五十年代中,周先生与张子高、张綗伯等先生筹组墨会,各出藏墨赏鉴,特邀予与会,予曾数往。后因故停止,然予因此略知墨道也。""先生与我曾结邻,恰好东西住对门。难得楼头初一见,絮言两忘计时辰。初予到京住张自忠路中国人民大学宿舍,予与先生长女对门,先生常来,故得时时相见。""先生红学是鹏鲲,两卷新书肯后昆。到老难忘脂砚斋,书来劝我要深论。先生所著《红楼梦卷》及《红楼梦书录》(与朱南铣合作)、《红楼梦研究》嘉惠后学,至今不替。""先生内典忒精醇,与我论谈古像真。话到秦州麦积寺,摩崖大佛尚无论。先生是中国佛教协会常务副会长兼秘书长,与赵朴老共事,故精于内典,尤长于鉴定佛像,予曾以金铜佛像照片数十帧请教,先生能确指各像之时代,甚至产地。并为予述麦积山三大佛,至今尚无人能证其出自何经典。""先生去矣万般空,南望平畴泪洒风。往事仍如常日去,伤心从此不重逢。先生晚年住京东黑庄户,与予相去甚近,在予南面,而平畴相隔,四围绿野,相望而不相接也。予曾多次往访,欢若平生。先生或时以电话相通,以慰岑寂。"

25日,去八宝山送别周绍良先生。徐州刘辉来,为拓造像碑。昨晚开始读王蒙《活说红楼》,今日作《题王蒙〈活说红楼〉》诗:"清才浩气属王蒙,一部红楼活说通。往事千年皆正史,心传一脉古今同。"

撰写《学画自述》。

26日,重画《明铁盖达坂图》,较上幅满意。题曰:"明铁盖达坂。万古昆仑鸟不还,孤僧策杖拨云烟。一千三百年前事,只有冰峰证旧缘。史载玄奘于贞观十七年冬越帕米尔高原,因天寒大雪,被阻月余,风雪稍停,继续进发,在帕米尔高原向东,溯峡谷而上,行七百里至波谜罗川。予于一九九八年八月二十五日登此海拔四千七百公尺之明铁盖达坂,从而确证此玄奘归途。二〇〇五年八月十五日,予八十又三,再登此处,并为立碑。因为图记,并系以诗。乙酉夏末冯其庸记于古梅书屋。"

该图见《冯其庸书画集》。

27日,去潘家园,购得造像碑一件。修改《冯其庸书画集》自序。

28日,整日为喀什求字之人写字,甚累。

29日,与唐友忠通电话,请他为《瓜饭楼重校评批〈红楼梦〉》再做一次校订,改正错别字和用错的标点符号。

31日,去市内参加新闻出版总署主持的"中华文库"座谈会,作发言。

9月1日,晚修改由孟宪实起草的致胡锦涛总书记和温家宝总理的信,建议成立"西域古语言文字研究所",拟请季羡林先生一起署名上书。

2日,段元祥陪同山西皇城相府张家胜来,商定皇城相府以陈廷敬助学金的名义资助国学院200万元。

3日,香港陈松龄、孙立川来访,带来饶宗颐先生问候。作山水长卷,题为《深山萧寺图》。该图见《冯其庸书画集》。

4日,去301医院看望季羡林先生,请其在给胡总书记和温总理的信上签名,叙谈甚久。归来作《题深山萧寺长卷》诗:"平生出世想,世法同罗网。欲洗嚣尘土,何处得潆荡。画此萧寺图,如听钟磬响。画罢掷笔叹,心事归泱漭。悠悠万古意,化入郁苍苍。天地同一气,浩浩复莽莽。"

山西太原民主促进会的赵柱家寄来郭沫若先生当年给先生信件照片,此信是"文化大革命"中被红卫兵抄走的。

6日,孙家洲、叶君远、袁济喜、孟宪实来,商量国学院有关事宜。将手卷重新改画,割下来一段,另成一幅。作《题残山图》:"剩水残山一角亲,数行淡墨记前尘。何人袖此云山去,好作昆仑玄璧珍。"

7日,分别与叶嘉莹和荣新江先生通电话,聘请他们担任国学院顾问、兼职教授,并邀请参加中国人民大学国学院开学典礼。

8日,去中央电视台参加电视片"玄奘取经之路"新闻发布会,作发言。

11日,乘火车赴上海。次日晨抵达,去汪大刚公司看自己画册图版,感觉做得甚好。

13日,上午去上海博物馆看"甲戌本"《脂砚斋重评石头记》,经仔细辨认,发现有六个"玄"字的最后一点,均是后加的。原本的"玄"字都缺最后一点,这是出于避讳,不避讳是后人添写所致。另外,这个本子确实是由三人以上合抄而成，并不是一个人抄到底。下午为钟银兰题徐文长狂草长卷。次日返回北京。

15日，孙家洲、叶君远、袁济喜、孟宪实来，商量国学院有关事宜。校对画册的文字。

16日，原无锡女中的学生六七人前来看望。

17日，为上海博物馆撰写《乾隆抄〈脂砚斋重评石头记〉（甲戌本）鉴定书》，论述了此本特殊重要的地位和作用：一、由于"甲戌本"的发现，人们才知道除乾隆五十六年程伟元、高鹗印的程本外，还有《红楼梦》的原始抄本，即接近于作者曹雪芹原稿的抄本，因此而引起人们搜求原始抄本的兴趣，之后又出现了"己卯本"、"庚辰本"、"甲辰本"、蒙古王府本、杨继振藏本、俄藏本等种种带脂批的早期抄本，从而形成了一门《红楼梦》古抄本即脂本研究的学问；二、由于"甲戌本"的发现，且"甲戌本"及各古抄本上脂砚斋批语内涵的丰富，于理解《红楼梦》至关重要，因而又形成了一门专研脂评的学问；三、由于"甲戌本"上透露了作者的姓名、作者的家世、作者家世与《红楼梦》创作的密切关系，从而又兴起了作者家世研究的一门学问，至今这三门红学的新学问还在热烈地研究中。所以"甲戌本"是红学史上最最重要的一个古本。先生在《鉴定书》中还说："此本我于1980年在美国曾看过，并拍过照片，现归上博的正是这个本子，一点不差。"

18日，上午忽然头晕，两手发麻，请教305医院张清华院长，回答是脑供血不足，太过疲劳所致。下午杨仁恺先生来访。为京剧艺术研究家、脸谱画家刘曾复的《脸谱图录》题词，写书签。为中国艺术研究院书法院作四尺整幅书法。

19日，晨枕上作《读西域记玄奘过楼兰有感》诗："楼兰故国尚依稀，杖策东归雪满衣。万死艰难逾大漠，热风吹送一僧归。"

朱靖华教授来访。

20日，作《玄奘东归过楼兰路线示意图》。

22日，飞抵乌鲁木齐，次日晚，前往库尔勒。再日抵达。

23日，今天的《解放日报》刊登记者对先生的专访，题目是《万卷书与万里路——访国学大师冯其庸》。

25日，晨起随考察队去营盘古文化遗址考察，车过尉犁县，在县文化馆参观营盘出土文物。之后继续前行，走约200多公里，进入塔克拉玛干沙漠，再前行约40公里，即到达营盘。此处有佛塔群、墓葬区和古城遗址，古城城墙尚较完整，城内则已一无所有。从营盘出，绕行许久，在太阳即将落山之时，找到一古烽火台，烽火台甚完整，有台阶可登最高处。台周围有营房，为当年守烽火台的官兵居处。此台名"脱西克吐尔烽燧"，维语意思是"带孔的烽火台"。昔年斯坦因曾觅此台未得。先生拍了照片，惜天将黑，未能多拍，亦未详细调查。以后再来也很难找到，因大漠中未易辨道路，且红柳沙包高耸，车在沙包中穿行，视野被障。此次请当地维族老乡带路尚多次迷路，原以为已无希望，竟又意外找到。返程时，已是满天繁星。途中又经一残存烽火台，已无法细辨。据王炳华讲，从营盘到库车，共有这样的烽火台十二座。先生认为这些烽火台当是汉代开发西域所筑。王炳华说这就是张骞通西域的古道，也就是当年的古丝绸之路。回到库尔勒已是夜里2时。

26日，在宾馆休息。次日，去米兰，经阿拉干、塔河支流继续前行，沿途见到大面积的胡杨林和台特马湖，此湖原是罗布泊的一部分，后因罗布泊干涸，此处特低，才形成此孤立的小湖。傍晚抵达米兰。

28日，去米兰遗址，看到西佛塔，此即当年斯坦因发掘出右翼天使处。之后到古城堡，此为吐蕃时期所筑，均为拍照。

29日，去楼兰，重经米兰遗址后，一路皆戈壁，走过许多干涸河道，下午6时左右，停车搭建帐篷，此处为罗布泊南缘。是夜野宿，星月满天，先生甚兴奋。

30日，从宿营地出发，穿越罗布泊前往楼兰，整日在罗布泊里行进。罗布泊地貌复杂，变化多端，有的像大片的鱼鳞，有的像干裂的龟甲，有的像一望无际的大沙漠，有的像无边无际、层层叠叠的海浪，在夕阳的照射下，有些地段如火烧一样通红，而有些地段又发蓝色。有一处有不少碑刻，下车一看，原来是前人留下的纪念碑。这里是罗布泊的中心，先生等都在这里摄影留念。再前行，经"十八里"路段，极为难行，车颠簸甚烈，这一段路竟走了五个小时，到楼兰时天已黑，营帐扎在楼兰城东南角。

本月出版的《红楼梦学刊》本年第5期发表先生悼念启功先生的文章：《先生之风 山高水长》和《哭周绍良先生》诗六首。

10月1日，日出时即去考察楼兰古城，至三间房、佛塔及建筑遗存处，先生拍了许多照片。先生一行又看了东南角城墙遗迹，可惜因时间太短，不能做深入调查。至晚先生一行回营帐。先生与家中通电话，获知与季羡林先生共同署名致胡总书记和温总理的信，已经得到批复，先生极为高兴。先生与考察队的几位专家一起就此事座谈，专家们提了许多建议。晚举行篝火晚会，全队情绪甚热烈。是夜仍露宿。

2日，离楼兰去土垠，仍须走"十八里"路段，再入罗布泊，汽车多次抛锚。过"十八里"路段后，即入罗布泊，车行甚久，左拐至罗布泊湖心最低处，大家下车休息，此处地貌又异。复前行甚久，出罗布泊，入沙丘地，夕照时达龙城。此处雅丹地貌甚奇，面积甚大。龙城，《水经注》说："泑泽水（指罗布泊）积鄯善（指楼兰）之东北，龙城之西南。龙城，故姜赖之墟，胡之大国也。蒲昌海（罗布泊）溢，荡覆其国，城基尚存而至大，晨发西门，暮达东门。浍其崖岸，余溜风吹，稍成龙形，两面向海，因名龙城。"《水经注》把龙城说成是胡之大国，这是误解。实际上龙城是典型的雅丹地貌，风蚀后，形如一条条并列的长龙。但龙城附近也有早期人居住，土垠就是一处遗址。龙城位置是紧挨罗布泊。此次罗布泊之行，先是由南往北穿越罗布泊到达楼兰。由楼兰出来时，先是由北往南，再东拐直行，方向是由西往东，然后再北行去龙城。两次穿越罗布泊，都是整天行程，虽疲惫，但一路气象万千，目不暇接，所以先生深叹不到罗布泊，不知天地之大、自身之渺小也。

3日，去土垠，当年黄文弼曾在此发掘，遗址在土丘高处。之后去楼兰贵族墓，墓已被盗，现存墓室壁画，为拍照。随后又去一古城，城墙建筑有如汉玉门关长城，尚多存留。

4日，从龙城重入罗布泊，先西行，复南行，再东行，太阳落山时，再经罗布泊最低处，土皆作波浪形。出罗布泊复北行，天黑时到白龙堆，是夜即宿于此。

5日，晨，车前行若干公里，见左侧雅丹地貌甚奇，列如长龙，因停车，登上龙身环视，见四围如巨龙列阵，且首尾俱全，令人惊叹，因悟白龙堆名称所起，先生甚感兴奋与满足。之后复前行，经罗布镇、红柳井，入库木库都克大沙漠，到距离彭加木失踪处还有20公里处扎营宿夜。

6日，晨起出发，一路皆沙丘，极难行，下午四时到金矿。再前行，到三陇沙，此处地貌之壮观更胜过龙城和白龙堆，但未敢久停。再经玉门关，时残阳如血，小方盘城被照得通红，先生即下车拍照。再往深处，便是河仓城（俗称大方盘）和绵延于沙漠中之汉长城，先生昔年曾来过，这次因时促，未能再进去。夜9时半抵达敦煌。

7日，早晨去石室书轩购书，之后去敦煌石窟，在敦煌研究院见到樊锦诗院长，相谈甚欢，樊院长特许拍摄。午饭后先参观了148窟，此窟的壁画是据玄奘所译的《药师经》画的"药师经变"。全洞壁画完好如新，这是盛唐时期的杰作。这一认识，是樊院长考证出来的，至关重要。樊院长亲自讲解。之后又参观了220窟，内有隋代的《药师经变》壁画，与唐画完全不一样，规模甚小，其进口处两边壁画为《维摩视疾经变》，左侧是《帝皇群臣听说法图》，右侧是《维摩及众胡方君臣听说法图》。荣新江教授为一一指认诸胡人种族。之后复参观藏经洞和新成立之敦煌藏经史博物馆。次日，飞返北京。

9日，上午孙家洲、叶君远、袁济喜、孟宪实拜访先生，商谈国学院开学典礼有关事宜。中午杨仁恺先生拜访先生，且为国学院题词。晚先生撰写国学院开学典礼讲话稿。

12日，先生近两天患感冒，今日初愈。为邢学坤政委等写字二十余幅。下午到中国人民大学会见美国华人访华代表团。之后与纪宝成校长见面，谈聘请专家担任国学院学术顾问与特聘教授问题，纪校长表示完全同意先生意见。

14日，与庞朴①、聂石樵②、傅璇琮诸先生通电话，聘请他们担任国学院特聘教授，并邀请参加国学院开学典礼。收到华宝斋富翰文化有限公司董事长蒋山为祝贺国学院开学典礼赠送的线装本《瓜饭楼重校评批〈红楼梦〉》三十套。

15日，为泰兴县朱东润先生纪念馆和从化县苏东坡纪念馆写字并寄出。杨仁恺先生为《冯其庸书画集》撰序，云：

> 宽堂教授于古稀之年开始，对绘事情有独钟，与当代著名画家刘海粟、朱屺瞻、启功诸位老人过从甚密，还为之撰写过传序，直接受其启迪。起初他的创作风貌与三位老人颇有相近之处，到了后来，逐渐自出

---

① 庞朴（1928—2015），江苏淮阴人，著名哲学史家。曾任山东大学讲师、《历史研究》主编等职，现为中国社会科学院研究员。

② 聂石樵（1927—），山东蓬莱人。北京师范大学中文系中国古代文学教授、博士生导师。曾任中国诗经学会顾问，中国屈原学会副会长等。

机杼，卓然成家矣。为什么宽堂教授的作品如此迅速地自成风度，卓然有大家气派，值得我们探索。据我所知，宽堂教授自幼酷爱书画篆刻，抗战胜利后曾考入苏州美专，后因家贫中途辍学，1946年又考入无锡国专，从唐蔚芝、王蘧常、钱宾四、钱仲联诸先生学，受书法于王蘧常，受诗法于钱仲联。此时，宽堂教授复从无锡名画家褚健秋受山水画法。但自1954年入京后，一直从事教学和学术研究，并以学术鸣于世。至74岁离休后重操旧业。初时以青藤、白石的花卉为宗，颇能得其神理，近年复潜心于山水。宽堂教授曾游历天下名山大川，十赴新疆，三登帕米尔高原昆仑之巅，复历古楼兰、罗布泊、塔克拉玛干大沙漠、古居延海，渡弱水探黑水城，更直造祁连深处，到人之所未到，见人之所未见，其胸中藏有天下奇山异水，故一发而不可收也。

16日，晨起大中国人民大学，先与皇城相府代表签订接受捐赠协议书。下午，参加国学院开学典礼。与会者有何兹全、杨仁恺、任继愈、叶嘉莹诸先生以及傅璇琮、聂石樵、庞朴、张岂之、刘庆柱、王炳华、荣新江等专家，还有许嘉璐副委员长等官员。纪宝成校长致词后，先生接着讲话。先生在讲话中提出了"大概念的国学"这一观点：

> 我个人所理解的国学，是大概念的国学，也就是中国学术的简称，它应该是包罗宏富的。其中，以孔孟为代表的儒学，以老庄为代表的道学和诸子学，以屈宋为代表的楚辞学，以左迁为代表的史学，以韩柳欧苏为代表的文章学，以《诗经》、乐府、李杜韩白苏辛周姜为代表的诗词学，以周程张朱为代表的理学，以关王马白高孔洪为代表的曲学，以《三国演义》《水浒》《红楼梦》为代表的小说学，还有其余相关的诸种学问，应该是国学的主要内涵。但是，我们现在的国学教育，只能循序渐进，择要取精，不可能同时全面并举。我认为国学并不是凝固的、僵化的，国学随着历史的进展在不断地丰富发展，唐代的国学总比秦汉的要丰富，而后代又胜于前代，国学经典著作的解读，也随着时代的进展而有所深化，有所革新，国学的典籍、文献资料也有所扩展增添。近百年来，大量甲骨文的发现，青铜铭文的发现，西部大量古文书简帛的发现（已大量被外国人劫掠），不是使我们的国学，我们的传统文化大大

地丰富了吗？我们的国家是伟大的多民族团结融合的国家，我们不能把国学局限于某一局部，这是显而易见的。

其后，叶嘉莹先生在发言中特别讲到中国人民大学任命先生为国学院院长是"得人"。

17日，《人民日报》等主要媒体均报道了中国人民大学成立国学院和先生担任国学院院长的消息。

18日，下午与中国人民大学冯俊和冯惠玲副校长、孙家洲等一起到财政部，向财政部部长助理汇报国学院成立西部研究中心有关问题，以落实胡总书记和温总理批示，力促财政部尽快向西部研究中心下拨资助款项。

19日，荣新江、罗新、孟宪实拜访先生，罗新赠先生《新出魏晋南北朝墓志疏证》一书。

20日，孙熙春拜访先生，请先生为其朋友崔兆礼画集题词和题签，先生题两绝句："翰墨淋漓信手挥，形神俱伴墨痕归。百年谁识天机妙，欲扣坡翁问是违。""纵横随意有无间，似影如形似梦还。痛饮狂歌醉眼看，凭君妍丑一开眼。"

又应荣宝斋之请为张立新所藏画册题诗二首，画册中有先生昔年所作书画多幅："廿年弹指等轻埃，往事如烟不可回。惭愧当时轻笔墨，至今只觉应覆醢。""启翁去后天地空，重见遗篇泪眼濛。字字珠玑陈异彩，劝君快筑宝元宫。"

晚与孙家洲、叶君远、孟宪实商量国学院招聘人才事宜。

21日，接受《红楼梦学刊》采访，谈对刘心武评说《红楼梦》的看法。为姚伟延题字。

22日，去潘家园购得立佛像一尊，又得旧墨数枚。接王运天电话，得知上海博物馆汪庆正副馆长逝世，闻之深为痛惜。寄敦煌研究院樊锦诗院长一部《瓜饭楼重校评批〈红楼梦〉》。

23日，为冯晓鸿书写两手卷，一为小楷《葬花吟》，一为行草《登嘉峪关城楼》。许麟庐先生托人来电话，约聚会并合作画画，以为其明年举办画展预作准备。

24日，飞抵上海，即直奔汪庆正副馆长家中吊唁。之后到住处审看《冯其庸书画集》大样，因困倦已极，稍寐，复审看，至夜3时半始就寝。

枕上为汪庆正副馆长撰写挽联:"小别才三月,遽而作古,天丧斯文,绝学谁继?交亲已半生,从此长辞,地献重宝,我将孰询?"

25日,去尔冬强的书店看书,尔冬强定《瀚海劫尘》100部。季稚跃带来《〈脂砚斋重评石头记〉汇校汇评》全部稿件。

26日,到无锡,看到为锡州饭店书写的《锡州大楼赋》,甚满意。邱嘉伦来访。次日,折返上海,重看《冯其庸书画集》样稿,与汪大刚、王运天商量后,决定补充进《锡州大楼赋》,至此《冯其庸书画集》全部定稿。

28日,返回北京。收到吴光教授寄来的著作和信,信中表示赞成先生在国学院开学典礼上讲的大概念的国学,建议召开关于国学概念的研讨会。

29日,荣新江、朱青生、康兰英、孟宪实拜访先生,谈及北京大学汉画研究所的情况。为刘辉改好《汉画稿》一书后记。

30日,将饶宗颐先生为《冯其庸书画集》所书题签寄给王运天。顾森拜访先生,谈成立中国人民大学国学院汉画研究室之事。

31日,深圳鞠稚儒拜访先生,请为董邦达山水画卷题词,因题诗二首:"翰墨东山世已稀,晴窗忽见来翠微。摩挲老眼开卷读,正是金笼旧雪衣。""闻道芹溪是故知,东山画笔西山诗。醉来共作巴山画,夜雨何妨到晓迟。"

11月1日,为鞠稚儒等人的题件全部写完。书"墨缘堂"三字,甚满意。

2日,人民文学出版社拟出《画外文思》丛书,管士光、刘会军来约稿,先生应允,同时想到可以写一本《取经影话》,以取经路线为贯穿,每选一二幅摄影,配一篇随笔散文。

3日,沈卫荣[①]、罗丰、孟宪实拜访先生。先生邀请沈、罗二位来国学院任教。沈卫荣送来部分论文,罗丰赠先生其新出专著《胡汉之间》。先生回赠以《瓜饭楼重校评批〈红楼梦〉》。

4日,校改《红楼梦学刊》采访稿。接受《新京报》记者采访。

6日,文化艺术出版社阎金燕来取"汉画稿",书名定为:《冯其庸题评、刘辉著〈汉画解读〉》。晚为《汉画解读》撰写序言,改定刘辉写的作者介绍,同时决定将原来所写《汉画漫议》一文收入书中,以加重本书分量。

---

① 沈卫荣,江苏无锡人,中国人民大学国学院汉藏佛学研究中心主任,教授。

7日，李经国编辑王世襄先生的文集，请先生题词。先生作《赠畅安王世襄先生》三首："杂学旁搜世所稀，于无入处见精微。百年巨眼谁堪称，只有闽侯一布衣。""相识平生五十年，有谁九十更长编。奇书卅种行天下，到老公论是大贤。""历尽风波坎坷多，艰难时世共经过。平生百炼金刚杵，到底修成大维摩。"

8日，黑龙江臧伟强拜访先生，送来王蘧常先生手书多件嘱题，同时送来先生在无锡国专一年级时的成绩单，先生甚感惊奇。今日《人民日报》发表先生的《哭周绍良先生》诗四首。

11日，近三天读《钱谦益诗选》，发现错字甚多。

12日，上午到吕启祥处，与她和袁清夫妇座谈一小时许。之后到文物出版社购书。

13日，早晨刘辉拜访先生，一起将《汉画解读》稿整理齐全。之后为周桂珍题写三把曼生提梁紫砂壶坯。下午到中国人民大学与国学院学生见面，讲述治学经验三小时。

14日，飞赴合肥，随后由计正山陪同赴定远，抵达后参观该地的画像石。

15日，上午去东城，在今定远县东南几十公里处，遗址尚清晰，城墙甚宽厚，然高出地面仅一米许。据史载，陈胜、吴广起义后（按，陈胜、吴广起义之大泽乡，也即是项羽所陷之大泽），部属葛婴直取东城，立襄王疆为楚王，故东城又称皇城。今已立文物保护碑。自东城出，即去虞姬墓，因前些时下雨，道路泥泞，汽车不能进，改坐拖拉机，颠簸至极，行甚久，终于到达。走上墓顶，向东可见东城位置，先生认为当初项羽于此埋葬虞姬后，即向东南突围，至东城复被围，走投无路，遂自刎，司马迁谓其"身死东城"，盖即此处也。午餐已是下午3时，餐罢去大泽，自定远县向西行四五十公里，至窑河大桥，在桥上四望，只见茫茫湖面，一片泽国。自此向西北望，即阴陵。《史记》谓项羽"至阴陵，迷失道"，向左行，正为窑河大桥一带。先生说至此始悟项羽"乃陷大泽中"之意。夜12时作二诗：《题项王东城决战处》"身死东城更不疑，史公巨笔绝歧辞。千年陨灭英雄地，我亦低佪不忍离。"《题虞姬墓》"留得孤坟拔地高，美人草比碧桃娇。红颜多少随波去，独有虞兮万世豪。"

16日，去定远县西北之阴陵。先到陈铎祠，祠已破败，然墙上尚多汉砖。陈铎者，即项羽问讯之田父，误其陷大泽者。后，汉为之立祠云。此固此间之民间传说，未足为据也。从陈铎祠出，再到"少十步"，此处为一巨涧，东西向，涧南北宽十余丈，涧内至今仍涧水淙淙。传说项羽被灌婴所逐，自北向南，至山涧处，项羽跃马而过，灌婴仅差十步，未能追及，故此处名"少十步"。项羽自此处南奔，即到阴陵，遇田父，即陈铎，绐之曰："左"，结果陷于大泽中，也就是昨日所见之水乡（当时只是泥泞草泽地，现在所见之大水面，是近代水利工程建设）。先生因闻见与《史记》合，甚为高兴。自"少十步"出，先生于车中口吟一诗：《题阴陵城北少十步，灌婴追项羽未及处也》："阴陵城北古山溪，跃马飞驰有马蹄。十步之遥嗟未及，灌婴空见项王飞。"

然后经凤阳到项王城，城在淮河之南。原称钟离城，是春秋战国时旧城。项羽渡过淮河后，即在此处暂停，收集余部，仅得百余骑，即向阴陵方面奔逃，复陷泽中，故汉兵灌婴等追及之。后人称此城为"项王城"，至今仍称。此城对面即蚌埠，垓下即在蚌埠以北。之后返定远。晚为当地求字者作书。

17日，赴黄山，途经马鞍山，参观李白墓。墓园颇具规模，应当地人请，先生为题写"千古诗雄"四个大字，并口占一诗："江东余子天涯客，来拜青山一谪仙。公去我来千百载，大名永耀亿斯年。"

晚抵屯溪。

18日，早起上黄山，遇微雨，不久转成飞雪纷纷，景色越来越奇。午后归屯溪。晚作《雨雪登玉屏楼遥望天都峰》诗："雨雪霏霏湿翠微，天都遥望接斜晖。平生三上鲫鱼背，老去犹思陟峻巍。"

19日，到合肥。次日，与王少石、俞乃蕴、吴新华等晤谈甚欢。傍晚回到北京。

21日，为云南大理一位专家的兰花画册题词，又为一老画家所画丝绸之路长卷题词。灯下修改《新京报》记者采访稿。枕上作题画诗《篱豆》："篱豆秋光入画来，满墙紫玉绿云堆。山家自有田园乐，抛尽黄金买不回。"

22日，孙家洲等四人来商量"国学论坛"有关事宜。继续修改《新京报》采访稿。

23日，昨夜一时半尚不寐，作《玉简表妹书来，因忆往事，旧恩情深，不觉陨涕》组诗："往年犹忆食瓜时，幸得慈亲为护持。（玉简之母为予之小姨母，怜我特深）。岂意沧桑多反复，举家零落泪长滋。世事暴风重急雨，亲恩未报受冤时。（予小姨夫受冤而死）。奈何我亦艰难日，恨乏神通解冻澌。麟珉忽报竟先亡，情隔关山泪万行。欲祭何从遥洒涕，百年生死两茫茫。曲折玉蘅与我多，最先朱氏起风波。无猜两小原无事，从此流言作暗魔。"

　　吟毕已是今日凌晨五时。柴剑虹和喀什市长拜访先生。

　　24日，晨枕上续作前诗其五："学前桥上退婚指，使我伤心泪似沱。尝尽人生滋味苦，无如我食苦瓜多。"

　　叶兆信、赵明拜访先生，赠之以《瓜饭楼重校评批〈红楼梦〉》。晚作字。

　　25日，接受中央文献研究室人员采访，谈关于传统文化与国学问题。灯下作画，且为黑龙江某人所藏王蘧常先生手稿题词。

　　26日，为朋友的女儿谈《红楼梦》。泰晓阳与阎金燕来商谈出版《汉画解读》之事。张庆善、孙玉明来商量召开红学国际会议之事。与叶嘉莹先生通电话，邀请她为"中华国学论坛"作演讲。夜一时半不寐，作诗云："一角沧桑劫后身，泪痕总比墨痕新。青青黛色纵然在，难觅荆榛梦里人。"

　　27日，田青、张庆善、卜键拜访先生。晚先生校《红楼梦》。

　　28日，麦积山段同志来，赠先生其复制的造像一件，先生为其写两幅字。修改任晓辉的文章。

　　29日，薛玉简表妹拜访先生，叙其家中不幸遭遇，先生思及小姨母和姨夫、二舅父和舅母之恩情均未能报，为之痛心。晚作画。今日《新京报》发表对先生的专访稿。

　　30日，杨仁恺先生搬新居，先生为作《红梅图》。

　　12月2日，去人民大会堂参加香港文化学院与中国艺术研究院合办的"灿烂的中国文明"网络传播获奖庆祝仪式。

　　3日，去中国艺术研究院参加红学会常务理事会，讨论次年在大同召开的国际红学研讨会有关事宜。下午，中央电视台同志来商量转播"国学讲座"有关事宜。

　　4日，近来读《史记》，查有关项羽的资料。

5日，飞抵深圳。次日，参观雅昌彩色印刷有限公司，将《汉画解读》稿样页交给该公司。复至冯晓鸿家中观看其所藏画册。

7日，上午为吴特洲写字多幅。下午在马王堆研究院作讲演，谈中国文化的传承与发展。

8日，去关山月展览馆参观。晚上在高层旋转餐厅用餐并观看深圳夜景，回住处后口占一绝：《吴特洲约请至五十层转动高楼观深圳夜景，并可俯视香港，只见星火灿烂，中隔一衣带水，仿佛银河落地，因成一绝》："酒绿灯红不夜天，高楼出云似神仙。星移斗转红尘换，惊见银河落人间。"

今日《深圳商报》等报纸报道了先生昨天演讲的情况。

9日，返回北京。晚读《史记三家注》，细审，无一家明注项羽死于乌江者。

10日，仕晓辉帮先生借来《楚汉春秋》，先生阅之，其中有《虞姬和歌》以及其他与《史记》相同的文字，先生认为有助于说明项羽究竟死于何处的问题。泰晓阳与版式设计者同来，一起商量《汉画解读》的版式，先生为该书重新题写"汉画解读"四字。

12日，《中华文化》副社长和编辑来访，先生为谈传统文化和传统伦理道德问题。

13日，为谭凤嬛画题字。借得《玉函山房辑佚书续编》三种，找到《史记三家注》所引用的《江表传》。

14日，去中国人民大学主持"国学论坛"首讲，讲演人为庞朴，题目是《谈无说玄》。晚应纪宝成校长之请，与唐双宁、黄达等共进晚餐。

15日，凌晨4时醒来，即思考关于项羽死亡之地的文章，忽有所得，急记下提纲。再睡，起来后，对提纲又作修改，思路已畅通。上午看材料，晚开始撰写《项羽不死于乌江考》一文。

18日，连续几天撰写《项羽不死于乌江考》。

19日，上午去政协礼堂参加萧晖荣画展开幕式。下午到中国人民大学国学院开会，之后到友谊宾馆，为明天召开的《古籍再造善本提要》会议预作准备。傅璇琮、史金波来宾馆晤谈，先生约请他们做国学院兼职教授。

20日，《古籍再造善本提要》会议召开，先生发言。大同邹玉义来，商量明年国际红学会有关事宜。

22日，去人民大会堂参加"四库全书文津阁本出版座谈会"。

25日，连续几天撰写《项羽不死于乌江考》。今日抽暇为《人民日报》撰写短文《两件微型墓铭得到的启示》。

27日，飞抵上海，由王运天陪同到印刷厂看《冯其庸书画集》印样。次日返京。

29日，《人民政协报》发表记者对先生的专访稿《冯其庸教授回顾和展望国学之路》，文中提到中国人民大学国学院的教学，除了保证传统国学范围的科目，还增加了简帛学、西域学、汉画学、敦煌学和红学五个新的专题，以适应社会发展对传统文化的需求，之后引用先生的话说："有人误以为增加这些科目，意味着我们放弃以传统经学、儒学为代表的传统意义上的国学。事实并非如此，而是恰恰相反。我们非常重视传统国学，我的老师唐文治校长是著名的经学大师，以孔孟为代表的传统儒学以及老庄等在国学院都不会受到轻视，它们依然是国学研究中的主流。当然，时代不同了，研究的角度也会不同。我们将从历史唯物主义和辩证法的高度，将传统国学置于特定的历史时期，来考察和总结它的包容性。""传统国学是办国学院的根本，这是毋庸置疑的。但是，还应当在这个基础上有所发展和延伸，上面提到的五个专题即是国学延伸和发展的一种体现。"

30日，写毕《项羽不死于乌江考》初稿，凡16000字。先生认为还需修改，并想再到定远县一带做一次实地调查。

31日，先生重读《项羽不死于乌江考》，作了几处修改。下午去宗教局开会，谈在印度建立玄奘纪念堂之事。

当月，《冯其庸书画集》由文物出版社出版。《人民书画》发表先生书画作品若干。

启功卒。周绍良卒。蓝翎卒。刘炳森卒。张政烺卒。冯亦代卒。汪庆正卒。

2006年 丙戌 83岁

[时事] 1月1日，中国政府宣布取消农业税。5月20日，三峡水利枢纽的核心工程——三峡大坝全线建成。6月10日，中国迎来首个文化

遗产日。7月1日，青藏铁路通车。10月8日至11日，中共十六届六中全会召开，审议通过了《中共中央关于构建社会主义和谐社会若干重大问题的决定》。

本年，吐鲁番阿斯塔那607号墓和鄯善洋海1号墓地出土部分文书，另外还从文物收藏爱好者那里收集到数十件吐鲁番文书。

1月1日，国家发改委主任马凯①和夫人来访，相与谈论有关诗歌、西部开发和国学院之事。晚作画两幅。

2日，叶君远送来《冯友兰全集》。叶嘉莹先生来访，以其八十华诞论文集相赠，回赠以《敝帚集》和去楼兰、罗布泊考察之录像。

3日，为昨日所绘《红梅图》加题。再次审读《项羽不死于乌江考》一文。

4日，为《〈红楼梦〉与扬州》一书作序。

6日，溱潼镇来人，谈水云楼复建事，并说准备在水云楼区内，为先生建一幢"宽堂"。先生立即表示不能接受，建议将此建筑改为"水云楼词研究资料室"。晚检读《脂砚斋重评〈石头记〉汇校汇评》稿，改定凡例和后记。

7日，上午去国家图书馆参加《古今图书集成》启印座谈会，与任继愈先生座位相邻。任老笔写纸条询问国学院情况，先生告诉他办学很困难，难在一经费，二师资。任老回条说，有困难可以理解，但您要注意身体，您如果垮了，国学院也就垮了，要耐心坚持下去。晚校对《脂砚斋重评〈石头记〉汇校汇评》稿，完成第一回，临睡前忽然想写该书序言，至夜2时写毕。

8日，为溱潼镇重建水云楼撰写楹联："云水苍苍，蕴天地浩然正气；兵戈扰扰，育乾坤百代词人。"继续校对《脂砚斋重评〈石头记〉汇校汇评》稿。

9日，与安徽定远文化局局长计正山通电话，此前曾请他协助调查全椒县之九斗山，因询问调查结果，回答是根本不存在九斗山。先生认为这

---

① 马凯（1946—），上海人，现任国务委员兼国务院秘书长，国务院西部地区开发领导小组办公室主任。

证明《史记》三家注有问题。又与蚌埠高昂通电话，了解灵璧、垓下、淮河渡口三地之间确切距离。根据所了解诸种情况，先生对《项羽不死于乌江考》一文作了修改。

11日，昨晚撰写五言长诗《英雄丁晓兵之歌》，今晨写毕。收到上海寄来的《冯其庸书画集》50册。

12日，去中华世纪坛参加百度网开设"国学栏目"启动仪式，并讲话。晚长沙刘汉辉送来张光年同志日记，其中记到"四人帮"垮台后，全国文联调先生与郭汉城等一起去整理"四人帮"罪行材料之有关情况。

14日，应唐双宁之邀，去昌平明苑参加迎新春聚会，与会者有叶嘉莹、贺敬之、柯岩、马凯等，先座谈，先生讲了旧社会之经历，也讲到中国人民大学国学院创办之意义与艰难。

15日，校对《脂砚斋重评〈石头记〉汇校汇评》稿第三回毕。为黑龙江臧伟所藏梁启超照、章士钊照和崔敬邕墓志铭题字。从《中国历史地理大辞典》查阅"九斗山"词条，发现诸多错误。晚枕上作《题玄奘西行》诗："万里尘沙半死生，热风恶鬼漫相惊。千回百折求真意，不取真经不返程。"

17日，飞赴三亚，行前打电话问候马少波和季羡林先生。是夜宿于三亚海边，2时尚不能寐，忆离家时室中古梅初放，枕上作《乙酉岁不尽十日，室中燕支古梅先放数星，灿若滴砾，因赋一绝》："疏影参差竹外斜，燕支数滴催岁华。老梅不识自身老，却把残年送我家。"

19日，与叶君远通电话，谈钱谦益降清一事。因闻钱仲联先生讲，在编《钱牧斋全集》时，见到一资料，谓钱谦益为救苍生，宁可舍身永留骂名，率众降清，也不忍满城被戮。由此可见，当时情势极为复杂，必须认真深入研究，不能草草。

21—24日，连续数日作画。

25日，游天涯海角，因口占一绝："又到天涯海角前，群峰林立浪连天。坡翁去后经千载，风物依然似昔年。"

26日，上午画完昨天画了一半的山水。下午游览古崖州城，此为宋元诸贤流放地，得诗云："岁阑又到古崖州，椰树蕉林觅故侯。破屋三椽半倾圮，忠魂浩气归斗牛。"

27日，为屈兆田作画数幅。读马凯诗词集。

28日，旧历乙酉年除夕，作《题马凯诗词稿》诗："高楼海沸感君吟，与世为怀赤子心。难得拳拳寒士意，春来会见绿云深。"

29日，旧历丙戌岁朝，写毕《〈马凯诗词稿〉序》。读《钱谦益诗选》和唐友忠论《红楼梦》的文章。

30日，新疆朱玉麒来电话，告知吐鲁番发现十六国至唐代文献资料，数量甚为可观，且纸色如新。先生闻之甚为兴奋。临睡枕上得诗二首："残年又到水南村，椰树林中拜国魂。幸有沧桑城郭在，护城桥对旧西门。垂老犹怜昔梦时，沧桑劫后有真痴。无端海角天涯去，却报莺莺返故枝。"

本月，《中国文化画报》发表姜玉芳对先生的访谈录：《走进"瓜饭楼"》。

2月1日，中午抵达海口。午后去张进山家观看其所创作阴沉木根雕，夜枕上作《题海南张进山阴沉木根雕艺术》："太初元气聚斯堂，宇宙曾经几海桑。万古洪荒千劫后，惟余瘦骨认混茫。"

次日返京。

5日，近两日完成一幅山水画，题为《观瀑图》，并题诗："危亭独坐看飞泉，天上银河泻玉川。清气无边盈万谷，欲凭帝力洗坤乾。丙戌岁首冯其庸八十又四。收到凤凰出版社卞惠兴先生寄来的《元刻史记彭寅翁本研究》，灯下细读，感觉极为有用。"

按，《观瀑图》见《冯其庸山水画集》。

6日，作山水画一幅，题曰："一夜琼瑶失翠微，乾坤混白为衣。昨朝访旧梅花庵，今日归来雪掩扉。丙戌正月初九，宽堂八十又四作，时窗外园中正积雪盈尺也。"该图见《冯其庸山水画集》。

7日，向叶君远口述自小学到无锡国专求学经历。绘《大雪图》，并题诗："钓罢归来大雪飞，千山鸟绝樵径微。竹桥幸有朱栏在，指点依稀到柴扉。丙戌正月初十冯其庸八十又四写于古梅书屋，时正大雪映窗也。"该图见《冯其庸山水画集》。

8日，荣新江、李肖、孟宪实等来，谈吐鲁番出土文物情况。

10日，完成一幅新画，并题诗："孤舟暂泊晚江边，鸟宿鸥眠夜似年。独有诗人待新月，一钩欲上东山尖。"

该图见《冯其庸山水画集》。

11日，去和平艺苑，祝贺许麟庐先生九十华诞。黄苗子、黄永玉均在座。晚修改《脂砚斋重评〈石头记〉汇校汇评》后记。

12日，上午继续为叶君远口述个人历史。下午马凯主任来访，先生将为其诗词稿所作序言交给他，并谈及建立西部信息研究中心的重要意义和创办"中华国学"刊物诸问题，马凯主任表示赞成与支持。近日作诗四首：《为张大夫所作》："老子衰年尽病身，未知双胫肿如轮。华佗扁鹊真神术，千里劳君只一针。"《读牧斋诗》："老来细读牧翁诗，国破家亡是所思。饲虎捐身曾有此，伤心百首秋风辞。"《题画》："水木清华读古堂，扁舟一往是清狂。随山便是幽栖地，何必匡庐可退藏。"《为黄永玉所绘许麟庐先生像题诗》："传神画笔足千秋，一代大师两不俦。我亦沧桑劫后客，如今同在和平楼。"

13日，与孙家洲等谈国学院人事、课程等问题。为《项羽不死于乌江考》一文增加一条注释。《脂砚斋重评〈石头记〉汇校汇评》序跋、凡例全部撰写完毕。

14日，近两日血糖升高，身体不适，周身乏力。《项羽不死于乌江考》一文全部改定，并加附记。今天《人民日报》发表先生短文《两件微型墓志的启示》。

16日，写毕个人书画展自序，拟好请柬草稿，并设计好书画展图版格式。文化艺术出版社送来《汉画解读》最后样稿。

18日，枕上得题画诗一首："四围山色瀑声雄，清气濛濛湿太空。一棹江湖逃世去，洪荒物我两忘中。"下午去政协礼堂参加"2005年中国十大教育英才"颁奖仪式，先生名列"十大教育英才"首位。此次评选活动由全国政协教科文体委员会、中国全国工商业联合会、中国企业联合会、中国工业经济联合会、中国人民对外友好协会、北京大学、中华英才半月刊社、中国教育电视台、联合国教科文组织驻华代表处等单位发起并主持。

20日，为丁晓兵书写赠给他的长诗《英雄丁晓兵之歌》。收到西北师大赵逵夫[①]寄来的三本专著，为题一诗："词气纵横才气多，古经一卷赖研磨。千年积垢淘湔净，一片灵光见本佗。"

---

① 赵逵夫（1942—），甘肃西和县人，现为西北师大中文系教授、博士导师，古籍整理所名誉所长。

22日,作《避世图》①,并题诗:"世事纷纷困俗尘,何如一卷万山邻。莫嫌地僻经过少,好鸟枝头亦自亲。"

起草给发改委马凯主任的报告,简要述说了吐鲁番出土大量文书的重要意义与价值,提出建立西部出土文献研究机构和国家级西部专题博物馆、跟踪买回流失到海外的西部出土文献、保护好未发掘的西部墓葬等建议。

23日,继续为叶君远口述个人历史。

26日,马凯主任来访,先生将有关吐鲁番出土文书的报告交给他。晚贵州省委书记石宗源来电话问候。

27日,得题画诗一首:"游人欲觅古汤池,空有泉声惹梦思。坐对画图成追忆,名山也要换新姿。"

深圳鞠稚儒送来为先生所刻两方印章,极工精,晚上作《题浑斋篆刻》诗赠之:"神州第一金刚杵,细字蚊虻目不如。犹见纵横刀笔意,银钩铁划鸟虫书。"

本月,《传记文学》本年第2期发表李经国文章:《翰墨结缘 书画名家》,记述了先生与老一辈学者、书画家的翰墨因缘。

3月2日,近两日身体稍好,继续作画。今天灯下撰写《重印〈水云楼词〉跋》。

3日,为北京图书馆出版社撰文,介绍《脂砚斋重评〈石头记〉汇校汇评》的学术价值。

4日,用小楷书写《重印〈水云楼词〉跋》。画毕《汤池图》。见《冯其庸山水画集》。

6日,完成《松谷庵图》,并题诗:"黄山深处绝人烟,只有泉声响万年。最是松风时一度,人间无此好丝弦。黄山松谷庵,绝幽处也。予昔曾至其地,松声泉韵,如闻天籁。忽忽三十年矣,不知尚存此人间清境否?"

按,该图见《冯其庸山水画集》。

7日,继续向叶君远口述个人历史。作《题上博展览〈丧乱〉五帖》四首:"梦想山阴七十年,兰亭旧迹渺云烟。身经丧乱更思帖,醉里常逢草圣颠。""忆昔耕桑学种瓜,临池常觉一行斜。自从识得兰亭后,字字神

---

① 该图见《冯其庸山水画集》。

光眼欲花。""何人遗我一囊书，予昔得日本影印茧纸丧乱五帖。丧乱居然五帖余。从此焚香勤拜习，书途渐远发渐疏。""飘零异国已千年，海外归来华表鲜。为语辽东旧时鹤，故园尽可住神仙。"

11日，作《题茆亭拥书图》诗："茆亭独处拥书林，坐对青山数古今。只有江西彭泽老，平生千载一知音。"黑龙江大学臧伟强来访，送来一份先生在无锡国专时的成绩单。

13日，上午将昨天所画山水设色。下午到发改委参加会议，讨论吐鲁番文物保护问题。

14日，完成《茆亭拥书图》手卷。该图见《冯其庸山水画集》。

18日，收到安徽定远计正山所寄《全椒县文物志》中有关九斗山的复印件，证明全椒县并无九斗山。读完《钱谦益诗选》。

19日，赠史树青先生《冯其庸书画集》，史先生回赠一轴黄均的工笔人物画。为谢稚柳先生所绘《梅花图》题诗云："寒梅一树可人怜，犹带谢公笔墨鲜。逝水堂堂无尽去，孤芳傲骨自千年。"

20日，作《渔村图》，并题诗："青山绿水自年年，江上渔舟网上鲜。野店村醪呼我去，三杯挥罢即神仙。"

该图见《冯其庸山水画集》。

22日，整理有关九斗山的资料，发现宋代王象之《舆地纪胜》所记确如原所分析的那样，错把阴陵的地理位置放到全椒县，把项羽从阴陵到东城的一段战斗历程放到东城到全椒、全椒到乌江的一段去了。其原因就是要牵合乌江自刎之说。

23日，飞赴上海。次日，到上海博物馆，在陈馆长陪同下观看从日本借展的《丧乱帖》《孔侍中二帖》《频有哀祸帖》和《再看妹至帖》原件，自谓实为平生快事。

25日，返回北京。当夜不寐，作诗云："仰瞻丧乱忍经过，老眼千年得一磨。归后夜分闻鹤语，故家别去泪更多。予住西郊宾馆，园内畜丹顶鹤一对、黑天鹅一对、鸳鸯一对、孔雀一对，廿四日夜半，予思丧乱帖不寐，忽闻园中双鹤相引低鸣，似相对私语也。"

28日，开始写《关于九斗山》一文。

30日，为山东临淄博物馆王也题齐瓦当拓片八件。

4月2日，作《赠黄君》诗："华年才气敌江河，翰墨淋漓泻玉波。

颇忆分宁山谷老，满川风雨好诗多。"

3日，作《画瓜》诗："徂岁飘零学种瓜，饥来驱我痛年华。如今种得阿堵好，难向穷尘送半些。"文化艺术出版社送来《汉画解读》样稿，极好，即电告刘辉。

4日，去香山饭店报到，参加关于修订二十四史的会议。次日开会讨论，作发言。任继愈、何兹全、田余庆、蔡美彪诸先生亦均作发言。

6日，作《赠杨仁老》诗："羡公九二尚加餐，万卷画图一扫看。目力能通千载上，笔锋常破百年磐。纵横列国如庭户，来去舟车总伏案。我虔颂公松柏寿，南山峩峩碧云端。"

8日，到中国美术馆参加高振宇陶瓷展开幕式，并讲话。晚撰写《写在我的书画展之前》一文。

9日，题《丧乱帖》手卷。

10日，为李维伦藏江宏所画梅花手卷题诗："一树红梅映雪看，犹存海叟冰雪寒。天荒地老人间世，万古神龙作蛰蟠。"

13日，北京大学出版社送来《通假字汇纂》样书。为钱金泉藏谢稚柳先生所画梅花题跋，为鞠稚儒藏张熊、赵之谦合作的《寿桃牡丹图》题跋。

17日，继续写《关于九斗山》一文。

19日，日前，辽宁人民出版社送来《脂砚斋重评〈石头记〉汇校汇评》校字表，逐字核校数天，今日全部校完。

23日，审读完十份《善本书目提要》。书写八尺对联一副。

24日，夜枕上作《画展自嘲》："老夫八十尚孩童，西抹东涂太匆匆。梨枣已灾三万牍，桑皮又破九千重。山高水阔欺毫素，姹紫嫣红愧化工。老去犹无知过意，竟开画展给痴蒙。"

26日，作大幅葡萄画。

30日，近日忙于画展开幕前各种杂务。

5月4日，北京图书馆出版社殷梦霞送来《四松堂集付印底本》全部照片，嘱写序言。为艺术研究院画院之人所作大幅画作题写"和平之春"四字。

5日，应新闻发布会要求撰写介绍书画展的文章。

15日，孙家洲、叶君远来，商量国学院有关事宜。本日《中国文化报》报道即将于 20 日在中国美术馆举办的"冯其庸书画展",称这"是一次书诗画紧密结合、浑然一体、继承与创作并呈的文化艺术大展"。

16 日,去中国美术馆参加书画展新闻发布会,会议由张庆善主持,文物出版社、美术馆、界龙印刷公司等单位代表和王运天发言,评价了先生的书画成就。先生亦作发言,自述到西部考察经历和举办书画展的原因。晚南京博物馆徐湖平来访,因询及殷亚昭近况,知已病逝,殊为痛惜。本日《人民日报》发表范敬宜先生文章《问君曾到西天否》,评论《冯其庸书画集》,云:"'志于学而游于艺',是中国文人的传统。特别是唐宋以来,文人而兼善诗、书、画者不绝如缕,如王维、赵孟頫、倪云林、文征明、郑板桥以及近代的陈师曾、吴昌硕、吴湖帆等等,都属于'三绝'式的人物。但是在当代学术大师中,在其本领域之外,又工诗、善书、擅画者,确实为数不多,其中堪称佼佼者,当推冯其庸先生。"又云:"壮阔、雄奇,形成了他追求的艺术境界和人生境界。正是这种执著的追求,使他的诗境由清隽进入豪放,书境由挺秀进入苍古,画境由雅逸进入雄奇,正如文物鉴定家杨仁恺先生所言:'已逐渐自出机杼,卓然成家矣。'对这种变化,不能以寻常的'晚年变法'来解释,也不能机械地以随着年龄的增长、技巧的日趋成熟来解释,而需要从学问、艺术、阅历三者的交融关系来进行探讨。"《中国文化报》发表黄君评论文章,谈《冯其庸书画集》读后感,谓其书法特色首先在笔法,"其笔法的铸铁熔金特色十分明显。先生喜用浓墨,落笔无不中力弥满,直戳纸背,故书作给人以雄健、劲逸的生命张力,即之可以醒神,玩之尤能励志。这是当今书法颇为缺失的大气、纯正之美"。而在结构上,"先生书法结字修长,颇存欧书遗意,然其笔势翻腾、变化多姿时,往往与王右军精神暗合"。又说:"先生作书具多种面目,行书是其常格,而其楷书尤其小楷,极为精妙……先生一代红学大家,而其小楷手抄的《石头记》可谓学问与法书之双璧,一时文献之冠冕。观其小楷结字略扁平,与其所作偏于修长的行草大异其趣;其笔法真率挺劲,略如行草书;而其分行布白每于严谨程式之中显示其空间把握的巧妙,故页面整体上回荡着一股活泼、流动的气息,这是冯先生手抄《石头记》与一般抄书匠所作相区别的一个非常重要的特点。"至于绘画,黄君先生最称道冯先生的山水画,认为:"愈到老年而境界弥高","其笔下的奇山异水,多从所历而作,尽写胸中奇气。……且艺术手法大胆而不拘常格，自出机杼，境界新美。"并且认为："解读冯老山水，不可不读其跋和题画诗作，此中点出先生森罗万象的精神世界。……先生的每一幅画都有所寄意，有动于心，形成其诗、书、画珠联璧合、且气格纯正、大气的大家风范，在今日艺坛树起一面具有传统经典意味的旗帜。"

19日，《中国艺术报》发表先生《写在我的书画展之前——谈关于传统书画的学习和继承》一文。

20日，前两天先生忙于布展。今天书画展开幕，杨仁恺先生为题展名，虞逸夫、任继愈、史树青、黄宗江、黄苗子、许麟庐、欧阳中石、马少波、金维诺、邓绍基、刘世德、邵大箴、范敬宜、贺敬之、周巍峙、王昆等莅临开幕式，文化部部长孙家正也来参观。之后举行了座谈会。

21日，《光明日报》等报刊报道了书画展开幕的消息，谓展出的作品"多为2001年以后的新作，充分体现了作者的艺术追求和作品风貌"。

24日，去人民大会堂参加炎黄文化研究会换届大会。

26日，去国家图书馆参加善本书籍展览开幕式。开始校对《脂砚斋重评〈石头记〉汇校汇评》靖本脂批。

28日，书画展下午撤展。因连日来在中国美术馆接待参观者，甚感疲累。

29日，《中国青年报》以《冯其庸浓墨重彩绘玄奘之路》为题报道其书画展情况，并引述美术评论家的话说"冯其庸先生画古龟兹的山水，斑驳陆离，大红大紫而又和谐协调"，"这种山水画法和用色，是前无古人的独创，开创了西部山水的新画派、新路子"。

30日，读《台湾故宫藏画册》，感赋一绝："读古会神古亦新，峰峦日日变氤氲。看山要识烟霞气，看到云蒸万象纷。"

31日，校毕《脂砚斋重评〈石头记〉汇校汇评》靖本脂批。

本月，北京经典艺苑画廊主办的《经典艺苑》发表先生的书画作品若干，并刊发杨仁恺先生和朱玉麒文章，介绍先生的艺术成就。

6月1日，去中国社会科学院图书馆，与刘世德等一起看《四松堂集》钞本，验明所用纸确为乾隆竹纸，集中《挽曹雪芹诗》题目下有"甲申"二字，当是抄手一手抄下。比较《四松堂集付刻底本》，此本约有五分之一的诗未抄，可见此本是未定本。之后去和平艺苑参加许麟庐先生画展新闻发布会。

2日，为饶宗颐先生90华诞作八尺横幅红梅，并与之合作一画。

3日，上海《新民晚报》用一整版介绍先生书画展作品。

4日，近闻杨仁恺先生病重，甚为忧虑。为杨仁恺先生作画。

5日，去中国美术馆参加许麟庐先生画展开幕式。

8日，孙逊来访，带来顾贞观、纳兰容若所书扇面，欲求题跋，因灯下为填《金缕曲》一阕："一曲金缕赋，遍天涯，青衫泪湿，几人能数。富贵玉堂真情在，读罢新词泪雨。洗沉冤，更谁为主。北极关山寒彻骨，憔悴损，南国真才虎。词笔竭，诗情枯。　　江南才子梁汾甫，为吴郎，千金屈膝，感深今古。举世才人皆痛哭，高义云天心剖。终换得，余生重谱。我住梁溪青山畔，数经过忍草贯华庑。拜往哲，仰高羽。"

9日，去国家图书馆参加"古典遗产继承与保护"座谈会。之后在善本部看了《四松堂集付刻底本》。

10日，去人民大会堂参加淮阳太昊陵申报世界文化遗产会议。晚开始构思《初读〈四松堂集付刻底本〉》一文。本日《北京晚报》发表先生评论许麟庐先生画展的文章：《醉来挥毫天地窄》。

16日，近几日反复核对《四松堂集付刻底本》和《四松堂集》刻本的差异以及增删的情况，并再次去中国社会科学院图书馆核对《四松堂集》钞本与刻本的差异，今天写毕《初读〈四松堂集付刻底本〉》一文，题目改为《重论曹雪芹卒于"壬午除夕"——初读〈四松堂集付刻底本〉》。该文见《解梦集》。

19日，近两日看丁和有关材料，为其西域摄影集《流沙梦痕》作序，并填写《八声甘州》一词："对茫茫瀚海，问苍天，浩劫几千秋。看营盘残骼，楼兰废堙，罗布龟丘，处处繁华猝歇，百代风流休。唯有白龙碓，依旧西游。　　我到流沙绝域，觅奘师圣迹，江河恒流。纵千难万险，九死不回头。幸良朋，危途险峰，历巉岩，犹似御轻驺。终尽把，山川灵秀，珊瑚网收。"

为丁和[①]西域摄影集所作序《问苍茫大地 浩劫几千秋》（见《瓜饭集》）。

20日，《重论曹雪芹卒于"壬午除夕"——初读〈四松堂集付刻底

[①] 丁和（1960—），生于上海，上海市摄影家协会常务理事。

本〉》和《问苍茫大地 浩劫几千秋——丁和西域摄影集〈流沙梦痕〉序》修改定稿。

23日，《科学时报》发表李松文章：《大笔如椽》，介绍先生的书画成就。文中说："味冯其庸的诗，看冯其庸的画，都会令人感受到作者那奔泻而下不能自已的激情。其笔墨雄放而体物的心思却是极细的，这也正是诗人的特点。仔细品读画中形象和诗题，会随着作者心曲起伏，时而激扬，时而沉郁，时而感极而悲。""发自性情，源于生活情境的触发，形成冯其庸绘画面貌的多样性，或寄情于山川，或物化为花木。有的谨严，有的放逸；有的是翰墨淋漓的大写意，有的凝结为渴笔枯墨；有的烟波浩渺，有的满纸云烟。由于出自生活的切身感受，不必套用前人程式，也不重复自己。""冯其庸八十岁前后的作品有两个突出的变化，一是有些作品以浓墨重彩画出，绚烂厚重，令人想起朱屺瞻晚年有着西画影响的画风。不过在冯其庸则主要得之于西域之行的感受。""另一个突出的变化是向传统的回归。他用心研究揣摩五代宋元以迄明清山水画各家的作品，创作了《临关仝秋山晚翠图》《抚范中立溪山行旅图大略》，拟米家山水的《云山图》、拟《大痴笔意》的山水轴。……这些作品大多完成于八十二三岁，作画一如治学，老而弥笃，其刻苦认真的精神，着实令人钦敬。"

24日，近日反复读《项羽不死于乌江考》一文，略作修改，并增加一条注释。同时清理《脂砚斋重评〈石头记〉汇校汇评》稿，写毕《九斗山考》一文。

25日，去北京画院参加陈履生画展开幕式。重订《脂砚斋重评〈石头记〉汇校汇评》凡例。

26日，开始读丁维忠的《红楼探佚》，准备写序。山西侯马盟书专家张颔[①]先生并弟子薛国喜来信，嘱为张先生书法集作序。为题二诗："侯马一书天下惊，牛棚七载命如倾。艰难我亦过来者，欲向先生问耦耕。学海无涯苦作根，先生勤学赛朝暾。等身著作行天下，易道犹称未济尊。"

29日，去人民大会堂参加国家图书馆《敦煌遗书》首发式及座谈会。

30日，收到张颔先生寄来的《侯马盟书》一书。

---

① 张颔（1920— ），山西介休人，著名古文字学家、考古学家，曾任山西省文物局副局长兼考古研究所所长。

7月1日,《美术报》发表中国艺术研究院美术史研究员牛克诚的文章:《丰富的文本》,谈读了《冯其庸书画集》之后的感受,认为"游艺的态度、堂正的品格、渊深的学问、精湛的诗文、娴熟的书法、丰富的游历及深入的习古,这种种的一切综合地塑造出冯其庸先生的'文人'身份,透过这样的身份,我们才又重新看到业已被弄得苍白了的'文人'的原有的厚重底色,从而使我们在当代可以寻找到一位可以与古典大师相比肩的'文人画'代表者。"

2日,夜12时写毕《万颗珍珠一线穿——读丁维忠〈红楼探佚〉书感》一文。该文见《解梦集》。

3日,重读《万颗珍珠一线穿》一文,对词句略作修改。《文汇报》发表先生的文章《曹雪芹的立场》。

6日,设计《脂砚斋重评〈石头记〉汇校汇评》首页印章的安排。中央电视台曲向东、李向东来访,谈拍摄玄奘取经专题片有关事宜。

8日,到医院看望杨仁恺先生。为《项羽不死于乌江考》一文加"赘言",补充了对《太平寰宇记》一段文字的分析。

9日,《脂砚斋重评〈石头记〉汇校汇评》稿全部制成光盘。晚参加中央电视台举办的"玄奘之路"专题晚会活动,作发言。

11日,再次对《九斗山考》一文作修改。

12日,接受学生采访,谈及治学体会,云:

> 我认为,学术最根本的目的是追求客观真理,弄清历史事实的本来面目。学术工作者毕生应以追求真理为己任,而在社会科学领域,历史是最根本的,离开历史什么问题也说不清楚。所以社会科学工作者必须尊重历史,不能撇开历史另造一套,否则就违背了做学问的基本道德。正是由于这个原因,因此必须重视史料,依据史料来说话。往往一批新史料的出现会使历史的认识大大地向前跃进一步,产生出一门新的学问,清末民初甲骨文的发现,使得古文字、殷商史的研究大大前进了;胡适以来越来越多的乾隆早期抄本和有关曹家史料的发现,催生出了《红楼梦》版本学、"曹学"以及脂评研究。近年来新史料更是层出不穷地被发现,所以人们对于历史的认识也不断深化、细化,当然对于旧史料也有一个重新认识和阐释的问题。不尊重历史,不下工夫钻研史料,天马行空,想怎么说就怎么说,甚至为了需要故意闭眼不看某些史

料，甚至造假，这是极坏的学风，会把学术引向歧路。有人动不动就用"百家争鸣"来反驳，仿佛批评者剥夺了他们争鸣的权利。"百家争鸣"是对的，但是"百家"中有造假一家吗？历史研究中，王国维提出了"二重证据法"，用陈寅恪的话来解释就是"取地下之实物与纸上之遗文互相释证"。我觉得还应当加上地面的实地调查、遗址的调查。我的研究始终注重运用实地调查的方法，从23岁写的《澄江八日记》到《曹雪芹家世新考》、《玄奘取经东归入境古道考实》和最近完成的《项羽不死于乌江考》、《地理奇观——千百年来一座有名无实的九斗山》无不如此。所以我提倡文史工作者有机会就要走出书斋，那样你会有想象不到的可喜发现。做学问一定要看到宇宙之大之久，认识到自己的渺小。在罗布泊中，我夜里走出帐篷，四望茫然，个人小得如同蚂蚁，这种感觉特别强烈。因此做学问决不可夸大自己的成就，从很小的领域看，你的成就可能是突出的，可是放到全部文化中，还是渺小的，所以丝毫没有自满的理由。在学术道路上，真正的学者永远是一个跋涉者，一个求索者，正像杜甫诗中所说的："大哉乾坤内，吾道长悠悠"（《发秦州》）。我虽然已经虚龄八十四，身体多病，做不了太多了，但是只要一息尚存，我就会在学术道路上继续前行，尽可能多地做一些事，以回报祖国，回报人民。

按，见该年《文艺研究》第11期《大哉乾坤内 吾道长悠悠》一文。

15日，广州王贵忱先生来访，谈甚快。

16日，飞赴深圳。后两日，在深圳为人作字画。19日返回北京。

21日、22日，作山水画。

25日，开始作巨幅山水《层峦叠嶂图》，此后近一月得暇便绘制此画。为高振宇陶瓷作品荷花盘题诗："青如碧玉绿如波，南浦送君意若何。更奈远山眉黛碧，叫人那不怜翠螺。"

按，《层峦叠嶂图》见《冯其庸山水画集》。

26日，去人民大会堂参加启功先生逝世一周年纪念会，作发言。

30日，读吕启祥《论秦可卿》一文，喜赋一绝："红楼奥义隐千寻，妙笔搜求意更深。地下欲请曹梦阮，平生可许是知音？"

31日，购得几尊古铜佛像和一件北魏铜造像碑，极为高兴。

8月2日,去"慧光中华国学会",介绍扬州大学钱宗武教授讲课。

4日,赴山西大同,参加国际《红楼梦》研讨会。晚在宾馆起草明天大会发言。

5日,国际《红楼梦》研讨会开幕,致开幕词。当晚赶往太原。

6日,早饭后即去张颔先生家拜访,快谈无已。张老以"东汉建初二年约束券"拓本相赠。之后去姚奠中先生家拜访,畅谈国学复兴之事,甚高兴。中午折返北京,途经固关,参观古中山长城。傍晚抵家。是夜不能寐,枕上作《太原访张颔老,蒙赠建初二年买地券精拓本,并有张老释文,诗以谢之》二首:"珍重建初约束书,买田祭祖子孙余。千年犹见古风厚,相视而今数典无。""多公赐我建初书,百字千金世已殊。约束书共208字,残损2字,实得206字。曾见杨量买地券,丛残数字漫琼琚。"

又作《祝2006年8月大同市国际红楼梦研讨会》二首:"平城一会足千秋,存异求同共一楼。丽载镇城碑尚在,红楼溯古到曹侯。大同市新发现镇城碑,上有雪芹高祖曹振彦题名。""佳会全凭主意稠,宏论连日意绸缪。梅龙一曲风华艳,叹绝晋声第一流。大会余兴演梅龙镇剧,即当年正德戏凤故地也。"

复作题自画《层峦叠嶂图》诗,作毕已夜3时。

8日,北京图书馆出版社来人商谈《脂砚斋重评〈石头记〉汇校汇评》出版事,并赠以新出版的国图藏《敦煌文献》。

9日,《人民日报》发表先生文章《清气满人间——读〈马凯诗词存稿〉》。

10日,飞赴上海。起飞前获知美国赵冈先生身体康健,前所闻其病逝消息纯属误传,为之大喜,机中赋诗一首:"海外东坡误杳闻,故园旧雨泪纵横。何期鹊报平安信,风雨漫天万里晴。"

抵达后下午去上海博物馆看《溪山图》。

11日,去上海美术馆参加丁和"流沙梦痕"摄影展开幕式,致开幕词。次日返京。

14日,去中国美术馆参观唐双宁、沈定庵书法展。

15日,《光明日报》用一整版发表先生文章《重议曹雪芹的卒年》。

17日,为常州公园写"吴风遗韵"四字,为云冈石窟研究院写院牌,为曹雪芹纪念馆写馆牌。

18日，夜3时写毕《脂砚斋重评〈石头记〉汇校汇评》"再记"。

20日，为无锡朱枫画展题诗："平生参透笔头禅，墨阵纵横已忘筌。悟到狂花本禅意，出门一笑大河前。"

23日，经近一月工夫，将《层峦叠嶂图》绘完，并题款："万山深处绝人烟，只有泉声响万年。最是松风时一度，人间无此好丝弦。湖山佳处绝烟尘，满耳松声复瀑声。袖里南华随意读，悟到逍遥即达生。丙戌仲秋 宽堂录旧题补白"。

又："层峦叠嶂绝嚣尘，万古苍苍有至人。此是人间真境界，欲将书卷作齐民。作丛峦叠翠图毕，率题一绝瓜饭翁"。

又："画罢千峰意未赊，胸中丘壑尚嵯岈。何方化作身千亿，个个奇峰尽结珈。前诗题罢意犹未尽，再题一绝，丙戌中秋 古梅老人"。

又："重叠千峰取次过，平生看尽旧山河。昆仑极顶森峰立，岱丘云深绝巘多。更喜黔山幽壑杳，奇峰乱插惊天魔。惭愧袖乏江郎笔，欲写丛峦奈尔何。再续前诗更题一律，宽堂冯其庸"。

24日，接受荣宝斋唐辉采访，谈传统文化和传统书画问题。

26日，去中国美术馆参加姚奠中①先生书画展开幕式。杭州唐云纪念馆来人，请写灵隐寺对联和西湖五公祠匾。

27日，接受山西电视台采访，谈姚奠中先生学术与书画成就，并论及国学与红学问题。

29日，昨修改荣宝斋唐辉采访稿至夜3时。今日作题山水画诗一首："五月名山逸气多，高人奇士尽岩阿。焚香我亦栖幽谷，长与松猿续啸歌。"

30日，作《赠姚奠中先生》诗二首："画禅深处老维摩，笔阵纵横意态多。一夕京华翰墨会，西山爽气动山河。""论学于今推独尊，章门一脉赖传存。欣逢国学重兴日，四海共望仰巨璠。"

又作《钱宗武教授来京授诸君〈尚书〉，诸君如沐春风》："春风绛帐启迷津，与古为新妙义频。今日聆君一席话，漫漫长路有传薪。"

31日，去人民大会堂参加《全宋文》出版座谈会。

9月3日，医生来为治病，静坐时，得偈语十二句："天心月圆，人间花

---

① 姚奠中（1913—），山西稷山县人，国学家、书法家。曾师从章太炎研究国学。新中国成立后在山西大学中文系担任教授，兼任科主任、系主任、古典文学研究所所长多年。

满。清风徐来，流水潺湲。春日载阳，夏日莲盘。稻香瓜黄，飞雪岁寒。四时无尽，佛道崇玄。万世不息，众心归善。"

8日，为中国美术馆写四尺整幅书法。灯下开始校对深圳卞亦文所藏《红楼梦》旧抄本复印件，此抄本残存十回，但保留着第33回到80回的总目，先生根据其纸张与文字，初步判断此本属于脂本系统，抄写年代当在嘉庆、道光之间。此后二十余天，得暇便校对此抄本。

14日，去济美斋参加名砚展览开幕式。

22日，近日出版的《中国文化画报》刊载汉画拓本及先生文章。为汪观清所绘《百牛图》长卷题诗三首："六十年前牧汝情，孤眠斜日数归程。如今子女争过百，回首相看十里横。""风雨相摧六十年，茅棚粝食苦耕田。但知低首勤劳作，未问收成到谁边。""多谢汪公佳笔力，画形图影深过骨。虽然一世万低头，却把好相千载立。"

24日，为金铁木所著《圆明园》题诗三首："中华大国泱泱风，举世无双起别宫。殿阁巍峨五云起，寰球无此气豪雄。""千秋浩劫到圆明，八国联军虎暴兵。百载经营锦绣地，可怜一炬化灰烬。""百巧千机铁木金，昆明劫火费搜寻。崇楼杰阁依然见，绝代名园画里深。"

27日，将卞氏所藏《红楼梦》旧抄本十回及总目全部校对完，并且用来同"庚辰本"逐字对校，得出结论：一、此确为脂本。二、其抄成大致在清嘉庆前期。三、此本与其他脂本有不同之处，例如某些回目与众不同；回目抄写方式都是两句对称并列而不是采取上下句写法；对林黛玉眼睛的描写也与众不同；别本"女儿是水作的骨肉"一句，此本作"女儿是木作的骨肉"；至于其他字句上的特异之处举不胜举；这一切，构成了这个本子不同于别本的特色。因此此本十回的文字，对其他脂本有校对价值。因与北京图书馆出版社商议，推迟《脂砚斋重评〈石头记〉汇校汇评》的出版时间，将此残存十回汇校其中，并建议出版社影印出版此书，以供研究收藏之用。写毕《脂砚斋重评〈石头记〉汇校汇评》后记三。

29日，接受《人民日报》记者采访，谈中小学和大学增加国学课程问题。

10月2日，《文汇报》发表先生为丁和摄影集所作序：《问苍茫大地，浩劫几千秋》。开始为新发现的残存十回《红楼梦》旧抄本写序。

3日,《文汇报》发表蒋星煜①的文章:《冯其庸的三封信》,回忆八十年代先生热心为其论文推荐给刊物的往事。

5日,写毕《红楼梦》残抄本序言。

8日,写毕《沈茹松诗集》序言。

12日,重读《脂砚斋重评〈石头记〉汇校汇评》凡例,将所用"庚辰本"新版列入"凡例",以便读者查阅。

14日,飞赴西安,当天下午参加中央电视台拍摄电视片《玄奘之路》新闻发布会,会后参与种植菩提宝树,并与陕西省副省长一起为"玄奘之路"碑揭幕,碑文为先生所书。

15日,去大慈恩寺参加"玄奘之路·世界和平祈福典礼",之后到芙蓉园参加《玄奘之路》电视片拍摄启程大典,复至南门广场参加"通关文牒"颁发仪式。下午参观兵马俑和华清池。

16日,上午参观陕西省考古所。下午去王曲重访当年参加"四清"工作队时蹲点的马河滩,见到几位认识的老农,十分亲切,也甚为感慨。

17日,去韩城访司马迁墓和祠堂,之后去梁带村观看从芮国国君墓出土的文物,并在村民家看到新从黄河里捕捞上来的一种原生的单细胞生物,俗称"肉芝"。

18日,晨起冒雨去潼关,将近潼关时,雨止。参观了东西潼关和金陀关遗址,领略了其地势之险要。之后游览风陵渡。午后回西安,傍晚乘火车抵达天水。晚作《题太史公墓》二首以记昨日之事:"一枝史笔千秋论,万里来朝太史坟。日月江河同不废,乾坤亘古一雄魂。世途险巇我同君,一夕风雷起九闉。生死大端君教我,鸿毛泰岳要明分。"

20日,上午参观南郭寺、伏羲庙,为题三匾,一、"人文始祖",跋云:"阴阳和合,宇宙精微,创自庖羲,是为始祖。丙戌仲秋冯其庸沐手敬书于天水。"二、"慈善院",此院为救济失学儿童而设。三、"忠义祠",为关帝庙题。下午赴成县即古代同谷参观杜甫草堂。当晚在天水宿地作诗三首:《题秦州诗》:"天降奇才尊老杜,仓皇烽火到秦州。重山万叠云浮谷,满地

---

① 蒋星煜(1920—),江苏溧阳人,戏曲史家。新中国成立后历任上海市军管会文艺处、华东文化部艺术处干部,上海艺术研究所研究员,上海师范大学、华东师范大学兼职教授。中国戏曲学会常务理事。

军声忆故丘。有弟不知生与死，有妹长淮不能求。仰天太息问明月，老去此身谁可收。"《题南郭寺》："秦州水木清华地，古树南山千百年。杜老有诗空庭得，至今犹有北流泉。"《访同谷老杜故居》："万山红叶到草堂，杜老当年实可伤。为取黄精果饥腹，归来依旧是空囊。"

21日，上午去麦积山，参观了43窟，登上七佛阁，重看了佛传碑。下午去杜甫曾经居住过的东柯村，观看了杜甫手植槐、杜甫草堂、砚瓦台、赞公崇果寺、甘泉太平寺等。

22日，到兰州乘飞机返回北京。

25日，到301医院看望季羡林先生。

28日，去北京饭店看望周颖南先生。

31日，《光明日报》发表先生文章：《读沪上新发现残脂本〈红楼梦〉》。

11月3日，中国艺术研究院王文章院长来访，说明年要为先生召开学术研讨会，先生表示不要为自己召开研讨会，要开应当由后人来开。

4日，将《脂砚斋重评〈石头记〉汇校汇评》光盘稿交给北京图书馆出版社。

6日，下午去中国人民大学国学院商量举办《红楼梦》研习班有关事宜。晚上叶嘉莹先生为国学院讲张惠言词，先生担任主持。

11日，上午去人民大会堂参加武汉大学陈文新教授主编的《中国文学编年史》首发式，作发言。下午中央电视台李向东来，取走先生书写的两卷《心经》，准备带往印度，一赠玄奘纪念堂，一赠大菩提寺。

12日，连续数日整理在国家图书馆所作讲演稿，今日告竣。

16日，《人民日报》发表记者对先生的采访稿，题目是《从小要吃文化"母乳"——冯其庸谈加强青少年优秀传统文化教育》。

18日，去中国人民大学国学院参加学生学术月颁奖活动。晚选出《瓜饭楼重校评批〈红楼梦〉》24篇回后评，以入《解梦集》。

19日，为杨仁恺先生书写《祝杨老九二华诞颂诗》。

21日，开始整理2001年以后的《红楼梦》论文，以编辑《解梦集》。

24日，写信祝贺上海古籍出版社50周年社庆。

25日，去大观园参加北京电视台重排电视剧《红楼梦》新闻发布会，并讲话。

30日，去三座门参加周怀民先生百岁纪念会。连日来一直整理2001年以来诗词稿。

本月,《文艺研究》第 11 期刊发叶君远对先生的访谈录:《大哉乾坤内,吾道长悠悠》,记录先生的治学经历和治学经验。

12 月 2 日,飞抵长沙,当天参观岳麓书院和麓山寺碑,为岳麓书院书写"文章奥区,学术渊薮"八字。

3 日,去湖南省博物馆参观马王堆汉墓出土文物。午后到虞逸夫先生家拜访,相谈甚欢。

4 日,上午去湖南省考古所看秦简和晋简,晋简之时代与王羲之同时,其书法一律行楷,略存隶意,先生认为此可证《兰亭序》之笔法,实为当时通行之体。下午再至考古所,看走马楼出土的吴简。次日返京。

6 日,忽忆 1949 年 2 月、3 月间初到胶南中学任教时,社会上正放映关于"戊戌变法"的影片,曾题数诗,今尚能记其一,因急录之:"少年意气自豪雄,欲仗清才济世穷。百日维新成幻梦,胭脂井对旧皇宫。"

7 日,去中华书局,参加"皓首学术随笔"丛书座谈会,作发言。

8 日,去中国艺术研究院参加"范仲淹学会"成立大会。2001 年以来的诗稿全部整理完成。《中国艺术报》发表先生文章:《寻求开启历史真相的钥匙——读董锡玖〈缤纷舞蹈文化之路〉书感》。

9 日,为谭凤嬛所绘《红楼梦人物》长卷题引首和拖尾。

10 日,上午去红楼梦研究所参加李希凡八十寿辰祝寿活动,并讲话,认为新中国的红学对旧传统的突破是从李希凡的"新人说"开始的。下午去"中华国学会"讲《红楼梦》。前在长沙见虞逸夫先生为于丹所题二诗,因用其韵和一首《题于丹论语讲演》:"孔书初意久湮沦,理学程朱亦点尘。今日聆君诠妙谛,一湔积垢归本真。"

12 日,写毕《从大医裘沛然想到施叔范和秦伯未》一文。该文见《瓜饭集》。

22 日,看有关李煦的新资料,以修改《曹雪芹家世新考》。

23 日,去北京钓鱼台国宾馆,参加"2006·中华十大财智人物"颁奖仪式。先生被评选为"中华十大财智人物"。

25 日,去人民大会堂,参加"新编大藏经"编纂出版工作会议暨新闻发布会。

31 日,近日在感冒中连续工作,修订《曹雪芹家世新考》,并准备撰写

《曹家的败落和〈红楼梦〉的诞生》一文。

张娴卒。

2007年　丁亥　84岁

[时事]　10月15日至21日,中国共产党第十七次全国代表大会在北京召开。24日,我国自行研制的"嫦娥一号"探月飞船成功发射升空。

本年,国务院同意将新疆吐鲁番列为国家历史文化名城。

1月2日,开始撰写《曹家的败落和〈红楼梦〉的诞生》一文,并继续修订《曹雪芹家世新考》。之后20天,一边查阅资料,一边做此两项工作。

6日,宗璞来信,请题写"世纪哲人冯友兰"以作为电视专题片片头。

11日,去中苑宾馆参加"古籍善本再造"会议。

12日,接受《北京晚报》记者采访,谈重拍电视剧《红楼梦》问题。

15日,王运天、丁和来访,商量丁和的摄影作品出书事宜。《中国文化报》发表叶君远介绍先生学术与艺术成就及其治学经验的文章:《读万卷书行万里路》。

21日,《文汇报》刊登先生文章《施叔范与秦伯未》。

22日夜,写毕《曹、李两家的败落和〈红楼梦〉的诞生》一文,后此文发表于《红楼梦学刊》2007年第3期。该文收入《解梦集》。

23日,《北京晚报》发表记者就重拍电视剧《红楼梦》问题采访先生的文章,先生提出重拍《红楼梦》一定要尊重原著。

24日,去中国艺术研究院参加李希凡主编的《中华艺术通史》座谈会,作发言。

25日,近两天,将《曹、李两家的败落和〈红楼梦〉的诞生》一文稍作补充与修改。

26日,写毕《曹雪芹家世新考》第三版序言与后记。

28日,为《王运天书法篆刻集》作序。《古籍新书报》发表先生为上海古籍出版社建社五十周年撰写的文章:《国学界五十年的朋友》。

2月3日,去中国艺术研究院,参加《红楼梦》新校注本出版25周年纪念会，作发言。

6日、7日，写毕《解梦集》序并作增改。

8日，审读《脂砚斋重评〈石头记〉汇校汇评》稿。

10日夜，枕上自题《解梦集》两首："卅年解梦梦真深，几度相逢梦里人。我亦十年梦中客，不知是假还是真。""十年浩劫过来人，又向红楼证死生。悟到诗仙春夜意，何须再辩假与真。"

14日，中国人民大学纪宝成校长与孙家洲来，谈国学院事，先生提出人才第一，一定要把一流的专家请来。写毕回忆《红楼梦》新校注本编写、出版之往事的文章。

16日，文联书记胡振民和冯远、罗杨来访。

18日，旧历大年初一，许化迟来访，送来先生与许麟庐先生合作的一幅画以及两人合影。法国陈庆浩来电话问候。《人民日报》海外版发表先生所画梅花横幅，题为"斗室初来春信息，知君便是催诗人"。

19—21日，动手整理又一本文集，大体已编就，决定取名《沙海集》，但准备再补写几篇文章。

23日，整理并阅读有关楼兰的资料，准备写《楼兰纪行》。开始画山水长卷。

26日，连日来阅读有关楼兰的资料，并继续画山水长卷。今天为山水长卷题诗二首："平生一棹江湖趣，尝欲扁舟到海涯。苦恨年年多俗事，还从纸上作烟霞。""平林木落秋如赭，万壑清寒拙相奇。最是龚翁毫底客，只馀傲骨不馀皮。"

28日，去友谊宾馆报到。次日，参加文化部、财政部向全国省级以上图书馆赠送《中华古籍再造善本》仪式，并在仪式上讲话。

3月2日，孙玉明陪同二月河来访，赠给二月河《冯其庸书画集》。晚上为纪宝成《岁月诗痕》题诗三首："岁月诗痕感慨深，风风雨雨入长吟。诗人别有关情处，况复诗魔苦纠寻。""地覆天翻岁月稠，狂风恶浪势吞舟。千秋史笔董狐笔，几曲哀歌动九州。""千年古国焕青春，四海承平起乐钧。多谢诗人诗笔健，和谐长曲续诗痕。"

5日，丁和为买到《斯坦因西域所得汉文文献》和日本所印《玄奘图集》。为俞宏理书写"渐水山房"匾。

9日，飞赴西安，随即去陕西省考古所库藏地观看其藏品。傍晚去慈恩寺与增勤方丈晤谈。再去三秦出版社购买《陕西通志》等书。

10日，去慈恩寺拍摄大雁塔以及地宫中释迦牟尼舍利函。

11日，去咸阳参观徐懋功博物馆，之后去昭陵，到昭陵六骏原址处拍摄。

12日，去碑林观看新得的从北周至唐的五尊石刻大佛和新出土的柳公权书《回元观铭》。为碑林博物馆书写"华夏文物精粹"六字。当晚返回北京。

14日，邢学坤陪同成都军区副政委屈全绳中将来访，屈政委请为其诗集作序。

15日，为西安慈恩寺大雄宝殿撰写对联："万里流沙，百重寒暑，求真教于鹿苑；千行贝叶，五夜灯明，播妙道遍鸡林。"

16日，杭州昆剧院潘伟民来访，带来昆曲艺术家张娴和周传瑛夫妇的表演录像和张娴的回忆录，先生为张娴的回忆录取名为《梦回录》。

20日夜1时，写毕《〈岁月诗痕〉序》。

22日夜1时，写毕怀念著名昆曲艺术家张娴的文章《云想衣裳花想容》。该文见张娴回忆录《梦回录》。

24日，一个月前开始画的山水长卷告竣。次日，与长沙虞逸夫先生通电话，请为山水长卷作跋，虞老欣然同意。夜1时为张娴的回忆录《梦回录》题诗三首："乞巧双星万古情，长生殿却未长生。可怜魂断梨花下，转叫双星笑此盟。""艰难半世叹伶仙，藉藉声华动九天。绝代霓裳羽衣曲，江风吹去渺云烟。""犹忆当年步步娇，教人一曲一魂销。风吹雨打云飞去，赖有潘郎记旧朝。"

26日，去中国人民大学，参加文学院举办的国际汉学会议，作发言，讲述西域考察经历，听众反应热烈。

31日，近日查阅《清实录》、《八旗满洲氏族通谱》等资料。读屈全绳将军诗集，题诗二首："昆仑一别十三年，又到诗城拜杜仙。怪道诗思清似水，原来心底有灵泉。横刀跃马儒将风，壮志如山气似虹。屈大夫和辛弃疾，雕弓词笔一般同。"又为丁和摄影展写序。

4月1日，写毕《〈钟开天手书屈全绳诗词集〉序》，题为《铁马金戈入梦来》，同时为钟开天题诗一首："天岸开张气势雄，千钧笔力挽雕弓。为因儒将诗词好，赢得钟王腕底风。"《铁马金戈入梦来》一文见《瓜饭集》。

2日，去新闻出版总署开会，讨论引进美国国会图书馆中国古籍善本书问题。先生提出最好先做鉴定，摸清情况，然后再落实。《人民日报》发表先生文章：《文化振兴需广开"才路"》。

5日，开始作八尺大画。

6日，继续作画。《文汇报》发表先生为《解梦集》所作序，题为《〈红楼梦〉的语言魅力》。

7日，完成八尺大画，题诗云："拔地参天一玉峰，银光熠熠气葱茏。平生三上峰头立，极目天涯到海东。"

11日，开始作山水册页。阅读有关营盘和米兰的资料。

12日，收到虞逸夫先生来信及其为山水长卷所题长诗。

按，虞逸夫先生来信及诗全文如下：

宽堂尊兄有道：

画卷精妙，气韵尤佳，当与半千翁议其先后，今人勿能为也。弟年衰才退，菁华已竭，属加题识，既不能辞，又不敢草草涉笔，真难煞我也。思之再三，不觉兴到，信手写来，若有神助。难于发端，不意竟成巨篇，得五十韵。平生所作七言歌行，此为第一长制。暮年得此，颇以自喜，不知有当于尊指否耳，还请过目指正后，方能定稿。寄示联文工稳之至，鸡林对鹿苑尤为精切，微嫌范围欠广大，不如用神州为妥帖，以东胜神州初无定域，可以泛用也。属书寺联，已拟就几副，请与大和尚审定落实后再书，以表慎重。旧时朝山进香求福利者，大抵老农与工商为多，今时读书人更少于往日。用典太多，反没本意，喻者寥寥。所以钱、马二先生皆以为作寺庙联以言近旨远为尚，读之能令人发深省者更好，因为此亦普度法门之一也。弟右眼手术后，视力更差，写小字皆以意为之，不知能看得清否？急于发信，不备悉。弟逸夫顿首，（二〇）〇七年四月八日。

《宽堂兄寄示山水长卷属题，为赋长句五十韵》："一片翠云从天落，光照四壁香满屋。开缄如见摩诘画，水墨淋漓非青绿。未暇从容作卧游，且将好景当诗读。冯子本是湖海士，才艺早已惊老宿。为订古史多纰漏，迹遍九州穷大漠。胸中五岳森嵯峨，眼空寻常闲丘壑。白首相倾同襟期，知我向往心所欲。非珠非玉非金龟，志在山林友麋鹿。买山无钱笔有神，为写此图慰幽独。大痴风骨半千韵，秀丽浑厚并一幅。高峰突兀耸天阊，连山如龙盘地轴。鳞爪飞动隐现中，势欲腾翔起又伏。修瀑挂空喷玉屑，恍如白虹饮涧渎。巨石礧砢虎豹卧，或若熊黑相追逐。层峦叠嶂疑无地，忽露空旷豁心目。水木澄鲜媚一家，小舟半出茆舍角。如入桃源逢渔父，把竿危坐钓寒渌。遥望孤亭若有待，恰好横琴安棋局。物外田园知几许，竹树森环散岩谷。居人本是上皇遗，不习机事守太朴。长养儿孙食天禄，不识君威能祸福。元酒满地不用酤，山花四时果自熟。天籁悦耳胜笙簧，风月清嘉异尘俗。巢由瓢钵应犹在，洞天石扉蔽萝幄。自许无忝古逸民，欲往从之同所乐。"宽堂兄年登耄耋，且又多病，而壮心犹昔，不惜费工旬月成此长卷，见者无不叹美，以为无上奇迹。

非忘老忘病兼忘天下者勿能为也。

书来属题，吾初不知如何下笔，思之思之，精思之极，一若真有鬼神通之者，忽尔思路顿开，瀑泻泉涌，不可遏抑，逸藻俊语，络绎自至，若宿构然。

通篇情景交融，波澜层出，开阖纵恣而又一气贯注，不劳剪裁，自然成章。

结尾别出新意，若从天外飞来，悠然神往，颇有摇曳不尽之致，尤为惬心。

吾以望百之年，老秃之笔，苟非杰构在前，吾亦不能得此长句也，盖是神感之力耶？质之 宽堂以为如何？勿笑勿笑。

虞逸夫于长沙万有楼时年九十又四。

17日，近日连续作画。《北京晚报》发起为救济贫困山区"中国书画名家慈善献爱心大型义拍活动"，先生为画四尺整幅葡萄。

18日，接到北京书生网络有限公司电话，告知被评为2006年度中国电子图书最受欢迎作家。

20日，飞赴成都。次日，参观杜甫草堂、大慈寺和金沙遗址博物馆。

22日，游览峨眉山，到达金顶时，口占一绝："初上峨眉第一峰，万山罗列迎衰翁。飞泉百丈松风曲，此是人间极乐宫。"

24日，到重庆，之后几天在医院检查身体。

27日，到奉节。次日，参观瞿塘关遗址博物馆，馆中所藏古木，为天下所少见，因取庄子之意，为题"大椿堂"三字，且为作画。

29日，去万县，登船过巫峡，至宜昌。乘飞机返回北京。

30日，整天校对《中华文史论丛》寄来的《项羽不死于乌江考》和《千百年来一座有名无实的"九斗山"》两篇文章清样。

5月1日，读李零《丧家狗——我读〈论语〉》。作小幅山水。

2日，去中国美术馆参观黄苗子、郁风书画展。

6日，为谭凤嬛画作题字。为铁岭杨一墨题"怡墨斋"和"铁岭中国手指画研究所"两匾。

8日，收到虞逸夫先生来信和为山水长卷所书引首和跋尾长诗。

10日，扬州丁章华来访，为其新书《红楼梦与扬州》题写书名。完成昨天开始动笔的画作。夜作《题瞿塘关》二首："烽烟鸟路瞿塘关，虎踞龙蟠巨壑间。万马奔腾大江涌，千峰壁立公岩巅。瞿塘自古华阳钥，滟滪从来绛阙巘。天险而今成幻境，蓬莱三岛俱等闲。""三到瞿塘景物鲜，平湖水碧绿如莲。夔门壁立依然在，白帝城周水拍天。千古烽烟存古垒，万年相续有巫仙。如今赤甲山前过，短碣凭君读杜篇。"

18日，从13日起因突然出现失忆现象而住进医院，今日出院。到首都博物馆参加"丁和摄影展"新闻发布会，讲话后，随即赶赴香山饭店，参加中华书局举办的重校"二十四史"讨论会，被聘为"校点'二十四史'及《清史稿》修订工程学术顾问"。

19日，到首都博物馆参加"丁和摄影展"开幕式，陪同许嘉璐、马凯参观，并在开幕式上讲话。

22日，作《天遗老人歌》赠虞逸夫先生："逸夫老子九十四，挥毫犹如骏马驷。下笔千言不自止，思来云外神鬼使。我昨养疴海之曲，偶写山水寄所思。半以颐养半卧赏，岂论笔墨只自嬉。为使知友稍展眉，千里邮寄博一眸。岂知老人豁心眼，把卷便作摩诘筒。从头一一仔细读，竟如座师阅卷试。山隩水曲皆电扫，樵径茅舍无一遗。亦见扁舟待明月，亦见扫径迎客至。亦闻梵呗清磬响，亦见深山藏古寺。亦见乌桕霜叶红，亦见遥峰凝远翠。亦见千丈泻飞瀑，亦见澄潭映碧珥。亦见古木如老僧，亦见危崖蒙薜荔。亦感山深似太古，亦感峰高裂目眦。亦知幽谷神仙府，亦知桃源避秦地。亦知连峰塞广宇，亦知洪荒世所弃。画中三二逸民氏，不识前朝与今治。只知四时山花落，岂解流光异世事。老人不知画卷尽，犹觉摩崖可题字。读罢此图长太息，挥毫竟作琼琚赐。一泻千里数十韵，奔腾错落任恣肆。忽如沧海涌洪涛，忽如怒马勒峻陂。忽如广陵得知音，忽如清夜闻笛吹。悠悠身世共艰危，把卷我先心已醉。梦里如闻山阳笛，风前欲洒向秀泪。茫茫世事皆如此，不堪回首当日始。我拜此老才如海，我惜此老命遭忌。难得苍天尚有眼，留待此老作世瑞。我谢此老赐琼玖，欲共此老痛一醉。醉里混茫入太初，长避世途绝欺伪。醒来同君麋鹿游，一卷德道究无为。"

23日，开始准备撰写《〈大金喇嘛法师宝记〉碑"教官"考论》一文的资料。

25日，去国家图书馆文津厅开会，并参观关于老子的展览。见到一件唐景云年间老子造像，上有左右两个飞天像。先生认为这件文物证实了他原来的看法，即道家也有飞天，只不过叫作"天人"，它是从秦汉一路发展而来，后受佛教影响，与佛教飞天渐趋混同。西安慈恩寺增勤方丈来电话，聘请先生出任佛学研究中心顾问，先生表示不敢当。得知电视剧《红楼梦》黛玉的扮演者陈晓旭去世，作悼诗三首："碧海沉沉一彗星，长天划过半空明。为君留得形音在，多谢绛珠一片情。草草繁华过眼身，梦中影里尽非真。如今觅得真香土，永入仙乡出凡尘。也曾为说石头经，也到星洲播逸馨。万事哪知今日事，开屏掩泪不忍听。"

26日，去潘家园购得东魏武定七年墓志一件。

31日，先生从本日开始，此后十余天，得暇便读《满文老档》。

6月1日，作画一幅，并题诗："细雨江南水郭村，秋风红树已销魂。苍茫不尽庐陵意，更有烟云泼墨翻。"忽闻南伟弟去世，悲赋一绝："细雨江南湿梦痕，旧时月色时一温。伤心多少年时伴，半已龙钟半断魂。"

3日，到沈阳，去医院看望杨仁恺先生。次日，到辽阳博物馆仔细观看《大金喇嘛法师宝记》碑，特别认真细看了上面的"教官"二字，并作拓本。当日返回沈阳，再到杨仁恺先生家晤谈。

5日，去鲁迅艺术学院看望晏少翔先生，晏老赠一养生方。午后返京，题一绝，题为《丁亥四月二十日，听晏老谈养生有感。晏老时年九十又四，清逸如神仙》："千里来闻不老方，温言细语话家常。元知妙道凝玄处，都在清音淡意藏。"

6日，去人民大会堂参加商务印书馆建立一百一十周年纪念会，作发言。之后去中国社会科学院参加刘世德博士后的出站报告答辩。

11日，读完《满文老档》，颇有所得。

14日，列出《〈大金喇嘛法师宝记〉碑"教官"考论》一文提纲，开始动笔写作。从4月11日开始画的山水册页，今天全部完成，共20幅。见《冯其庸山水画集》。

16日，去北京图书馆出版社参加卞藏本《红楼梦》研讨会。

17日，去秦乐宫，与李希凡、吕启祥、林冠夫、胡文彬等人商量重新校订人文版《红楼梦》事。

18日，孙立川、陆文虎来访，带来饶宗颐先生为作手卷。

19日，读《多尔衮传》。画设色葡萄，题诗云："老去丹青只自痴，豆棚瓜架忆当时。饥来驱我何方去，幸有黄瓜草根披。"

27日，连日酷热中赶写《〈大金喇嘛法师宝记〉碑"教官"考论》一文，今夜12时写毕，共二万余字。该文根据《清实录》、《满文老档》、《清史稿》等资料考证了曹振彦在天聪八年以前的经历、身份、职衔和与佟养性的关系，辨明了《大金喇嘛法师宝记》碑的由来和碑文的解读，辨析了《大金喇嘛法师宝记》碑被《奉天通志》和《满洲金石志》著录的情况和有关的研究状况，特别对《奉天通志》的著录错误作了详细分析。文中特别指出了当时后金的官制，都是循明朝的官制，在辽阳至今还保存着有"教官"职衔的明代碑刻，即是明证。此外又从书法、书写等方面辨析了"教官"二字之明确无误，论文中还配上多幅图版，从而有力地证明了《大金喇嘛法师宝记》碑上"教官"二字无误，证明了曹振彦确曾担任过教官，而周汝昌把"教官"说成是"敖官"则是完全没有根据的。文章最后说："遇到像'教官'这类非常陌生的名称，是把它另作解释，随意说成是人名了事呢？还是以此为线索进一步去搜索呢？这是截然不同的两种学术态度。在我看来，这'教官'两字，正好补史书之缺，这是十分珍贵的线索，不能随意解释把它抹去，历史是客观的，不能以个人的意愿来曲解的。如果以认真严谨的态度来研究这块碑记，则我以为还有许多线索可寻。"

28日，开始重校新校注本《红楼梦》。此后一月有余，得暇便做此项工作。

29日，对完邓遂夫《红楼梦》校注本（即作家出版社本）三回，发现几乎全是袭用原中国艺术研究院红楼梦研究所校订的成果（即人民文学出版社本），每回只有一二条是新校的，但还未必有用，如添一个"了"字，将原底本"作"字校改为"做"字等。

本月出版的《中华文史论丛》2007年第二期发表了《项羽不死于乌江考》和《千百年来一座有名无实的"九头山"》两篇文章。

7月2日，为中国艺术研究院篆刻所成立一周年题诗："镂金刻玉几千年，秦玺汉铜各有年。赖有西泠辟生面，至今赢得百花鲜。"

10日，收到《黄宾虹全集》。

15日，去中国人民大学，参加国学院西部历史语言研究所成立揭牌仪式，并讲话，介绍了这个所成立的过程和对这个所的期望。

18日，复查重校《红楼梦》的结果，至夜12时半结束。统计邓遂夫《红楼梦》校注本袭取人民文学出版社校注本多达2452处，其妄改臆改有百余处。可取者仅百余处，而其中一半袭取了先生《瓜饭楼重校评批〈红楼梦〉》的文字。

19日，去友谊宾馆参加关于古籍善本再造工程的会议，讨论第二批选目。

21日，淄博耿毓亮来访，带来其所画兰竹石扇面和新出画册。先生为题诗二首："一枝一叶自精神，湘水湘山屈子真。我欲一杯请郑老，湘兰底事尚无畛。""萧萧窗外秋气深，看竹还须问主人。留得疏疏三四笔，不是板桥是吉金。"

傍晚收到卞孝萱先生来信，谓已读过《中华文史论丛》上先生的《项羽不死于乌江考》和《千百年来一座有名无实的"九头山"》两篇文章，极表钦佩，称赞"正确的结论，源于先进的方法"，认文此两文出，"项羽死于东城，可为定论"。

卞孝萱先生来信见《瓜饭集》附录李经国《翰墨结缘　诗书名家》一文，全信如下：

宽堂先生道鉴:

顷接特快专递,内有墨宝二张,论丛一册,拜领拜谢。法书秀逸清雅,富有神韵,见者无不赞美,已寄出版社影印,为拙著增光,出版后邮呈诲正。

大作二篇,认真研习,正确的结论,源于先进的方法,具体表现在:(一)将《史记》中有关项羽败、死的文字,全部录出,排比梳理,如陈垣所云竭泽而渔。(二)进行实地调查,纠正古籍讹误,发展了王国维的双重论证法。(三)又从文章学角度,解读《史记》,文史结合,使结论立于不败之地。(四)指出《史记》原文叙述上之矛盾以及各家疏解上的矛盾,对项羽"欲"渡乌江得出正确理解。(五)考出乌江自刎之说,源于元杂剧。二十年前虽有文章,绝不如大文之面面俱到,有说服力,大文出而后项羽死于东城,可为定论。先河后海,信矣!又详论九头山之有名无实,归结到项羽死于东城的主题,相辅相成,毫发无遗憾矣!欣佩之余,略抒胸臆,环堵私言,敢以质诸天下学人。

崇此。敬颂

暑祺。

教弟卞孝萱拜上
七月十七日

22日,与吕启祥、胡文彬、林冠夫商议《红楼梦》新校注本再版有关事宜。日前曾请历史档案馆张书才帮助审读《〈大金喇嘛法师宝记〉碑"教官"考论》一文,晚与其通电话请教,张书才谓此文考论有力,"教官"绝非"敖官",已无疑问。但他也对文章提了几点意见。

23日,根据张书才对文章的意见,先生查阅资料,对文章作了补写与修改。

25日,为汪观清画册作序。为贺友直所画太行小景题诗二首:"初到山村事事新,隔溪门对牧羊人。溪边恰有浣纱女,流水叮咚语语亲。""秋到山村叶叶黄,稻香瓜熟待扬场。村头四老提壶过,浊酒三杯入梦乡。"

27日,写毕《红楼梦》韩文本序言。

30日，写毕《瓜饭楼重校评批〈红楼梦〉》再版后记。

31日，为杨彦山水画题诗二首："红紫缤纷事已稀，金陵王气几曾微。大江东去波浪阔，又见神龙破笔飞。""纵横画笔任纷披，怪石险峰别一奇。画到幽微灵秀地，嵇康阮籍同卜居。"

本月，《大地》杂志发表叶君远的文章：《却顾所来径，苍苍横翠微》，介绍先生红学、史学以及诗书画方面的成就。

8月2日，复查《瓜饭楼重校评批〈红楼梦〉》校改的部分，并对凡例、前八十回回后评作修改。

3日，去京西宾馆，参加古籍保护工作专家委员会成立大会，被文化部聘为"全国古籍保护工作专家委员会"顾问。

5日，为钱金泉所藏蒋风白先生画作20幅题字。

6日，阅读《仪礼》，弄清楚"拜兴"与"兴拜"的不同含义，据此改写了《瓜饭楼重校评批〈红楼梦〉》后记中的部分文字。

8日，修改完在青岛海洋大学所作讲演稿。

13日，近一个多月，对人民文学出版社本《红楼梦》作校改，并写好三版序言。

15日，久不得虞逸夫先生消息，作《寄怀长沙天遗老人》："望断长天一纸书，故人消息近何如？草书常想僧怀素，新句还思老杜居。岳麓山前叶黄否？洞庭湖上浪高无？何时共挈耒阳酒，同醉汨罗酹大夫。"

又作《再怀天遗翁》："茫茫尘世几知音，尚有天南老逸襟。闭目尽知三代事，开门不识歧路深。身縻缧绁三十载，心在昆仑最上岑。练得冰天傲骨在，挥毫犹挟抟风临。"

18日，吕启祥、胡文彬、任晓辉来，讨论人文版《红楼梦》三版序言，当晚根据众人意见改定。

20日，收到德国史华慈来信，告知其翻译的《红楼梦》已出版。设计好《脂砚斋重评〈石头记〉汇校汇评》封面。

22日，为孙坚作《墨梅图》，并题诗："一树寒梅发古香，江南寄与路茫茫。凭君转语香雪海，先遣离魂到草堂。予家太湖畔，有梅园，亦称香雪海。予离家已五十有三年，不得遂回乡之梦，今遣此君先归耳。"

又为作大幅牡丹。

23日，为自作山水册页题额曰《半叶集》，复作短序："达摩东来，一苇以渡。予故借扫叶翁半叶以渡元宋唐隋汉秦,以至元始,以求真知。昔释迦证道,遍历苦海。苦是悟之根也,不苦何悟,不悟何觉。吾故名此册曰'半叶集',是渡之始也。"

25日,《中国文化报》全文转载《项羽不死于乌江考》一文。

26日,刘梦溪来电话,说读了《项羽不死于乌江考》,称真是一篇好文章,关于这个问题再也驳不倒了。

30日,连续两天临董其昌山水长卷,今日画完,题诗一首:"欲写江南淡荡山,踌躇举笔有无间。云来缥缈千峰隐,月上粼粼万练还。满地江湖人已老,一身风雪梦乡关。登楼更忆仲宣赋,短棹轻舠白鹭闲。"

按,该画见《冯其庸山水画集》。

9月1日,去东方花园饭店,参加文汇报业集团举办的袁瑞良《神州赋》出版座谈会,作发言。

3日,晚为王世襄先生《锦灰不成堆》题诗三首:"锦灰谁道不成堆,一部鸽经读百回。更感安仁情义重,荃荃不负此生来。""中华文物浩烟海,凭仗高人识秘瑰。九十年来多少事,只为炎黄护玉罍。""云烟满纸尽高人,座上往来皆逸真。风雨平生九十载,原来郭璞是前身。"

4日,杨宪益先生托李经国致信先生,谓读了《项羽不死于乌江考》和《千百年来一座有名无实的"九斗山"》,认为是非常好的文章。以前只知道先生研究《红楼梦》很有成绩,不想对项羽自刎又有如此创见,故深表佩服。

5日,去人民大会堂,参加"天一阁范氏奇书"出版座谈会。

6日,绘完《云雪图》,并题诗:"云气空濛雪气鲜,皎然静参笔头禅。云飞雪解山还见,坐对新图证刹缘。"

该图见《冯其庸山水画集》。

7日,去梅地亚参加关于中华遗产的会议,作发言。

8日,为纪峰所塑徐邦达先生像题诗:"高风四海仰徐公,巨眼何人断鸿濛。词笔翩翩劚两宋,钟王剧迹珍秘宫。"

10日,近两日读有关"景教石刻经幢"的资料,今天开始写《〈大秦景教宣元至本经〉全经的现世及其他》一文。

12日,灯下细读景教文献,发现"小岛文书"是伪书,先生得此奥秘极为高兴,感觉文章可以畅写矣。

14日，写毕《〈大秦景教宣元至本经〉全经的现世及其他》一文。

15日，日前邵耀成带来余英时先生信函，甚为高兴，作《天末怀余英时学长兄》诗："廿年长忆海西头，旧雨情深意倍稠。足迹我曾逾大漠，文章君已满神州。师门风义今犹昔，海内烟霞晚更幽。剪烛西窗终有日，与君同醉木兰舟。"

晚写成一篇介绍洛阳景教经幢的文章。

19日，去人民大会堂，参加黄能馥先生研究三星堆蜀王服饰成果研讨会，会上展出了复制成品，先生作发言。

20日，中国人民大学纪宝成校长、冯俊副校长和孙家洲来看望，谈及国学院学科建设，先生提出几点建议：一、参与举办明年的海峡两岸中青年学者国学研讨会；二、邀请美国著名学者余英时先生讲学；三、《中国文化报》开辟"国学专栏"，中国人民大学国学院当参与主持。纪校长均表赞成。先生还把两年来担任国学院院长所获薪酬十万余元全部捐献给国学院，作为助学金。晚读《再造古籍善本提要》。

21日，与荣新江、孟宪实等同去潘家园看新获的新疆出土的魏晋文书。

22日，收到本年第5期《红楼梦学刊》，上面刊登了先生的三篇文章，一是人文版《红楼梦》三版序言，二是《〈大金喇嘛法师宝记〉碑"教官"考论》，三是《〈解梦集〉叙》。无锡电视台来拍摄介绍先生的专题片。给余英时先生复信。

27日，《中国文化报》"国学专栏"发表先生《〈大秦景教宣元至本经〉全经的现世及其他》一文，文中将上年在洛阳出土的《大秦景教宣元至本经》经幢上的文字与敦煌写本《大秦景教宣元本经》合校，证明了它们是同一部经。通过合校，整理出迄今最为完整的真经全文。文中还将日本小岛靖氏所藏《大秦景教宣元至本经》（学术界称为"小岛文书"）与敦煌写本和洛阳经幢经文相对照，证实了"小岛文书"是一部伪经。

30日，新闻出版总署副署长邬书林来访，赠先生《傅山书法集》。先生枕上作一诗《八十有五感赋》："逝水年华八五秋，几多欢乐几多愁。亲人战血膏原野，朋辈沉冤入九流。天道好还祸兮福，沧桑劫后是新猷。艰难留得余生在，喜见神州百尺楼。"

10月1日，为《梅里诗选》题签，并书条幅录旧诗以赠。

4日，开始临王蒙作山水册页。长期的临习，先生自谓感悟越来越深，云：

> 予以为两宋山水为模式典范，如经中之《论》《孟》《三礼》也。元之山水，如王蒙、方方壶、赵孟頫，如唐宋之古文，韩、柳、欧、苏也，其文人气书卷气已非经文所能限矣。此山水之大变。至明则继宋元而兼有宋元。至清石涛、八怪则晚明小品之隽永新奇也。此山水之又一大变也。清初之四王，则继宋元得其笔墨而未得其气象者也。董香光继元人之文秀而未得其厚，虽风靡一时，终不如黄子久、王蒙、方从义也。

8日，近两日临方从义山水，以为方从义用笔洒脱，不拘常规而有意外之妙。尤妙在朦胧处，似与不似之间，有与无之间，着墨与不着墨之间。

11日，去友谊宾馆参加古籍善本再造会议，讨论第二批选目，会上呈交书面建议，建议增加"甲戌本""己卯本""庚辰本"《红楼梦》和曼陀罗花阁刊本《水云楼词》。

13日，二月河来访。

14日，陪同无锡电视台摄制组去许麟庐先生家拜访。

16日，陪同无锡电视台摄制组去河北涞水张坊镇沈家庵村拍摄五庆堂曹氏墓地和怡亲王陵墓。

19日，旧历重阳节，作《高山流水图》。

21日，孙立川来电话，说饶宗颐先生读了《项羽不死于乌江考》，极为赞赏，嘱咐他打电话，说考证精密，发前人之未发，发太史公本意，可为定论。李经国来，带来王世襄先生为书写的对联和为《项羽不死于乌江考》所题诗："下相英豪盖宇寰，奈何残骑突围难。楚中子弟来凭吊，泪洒东城四溃山。项王自刎误作乌江由来已久，宽堂先生遍稽古籍，详征博引，复经实地勘查，确定其地在定远县南东城之四溃山，一扫千古迷霾，厥功甚伟。爰赋小诗以志钦佩。"

王世襄先生题诗见《瓜饭集》附录李经国《翰墨结缘 诗书名家》一文。

23日，赴西安。

24日，举行以"碑林九百二十周年纪念"为主题的研讨会，先生首先致祝词，之后作主题发言，讲了关于洛阳景教经幢论文写作之背景。下午去慈恩寺参观。

25日，参加"碑林九百二十周年庆祝典礼"，之后即赴铜川。途经白水，参观仓颉庙，庙中有汉柏四十余株，其正殿建筑尚留元代骨架。复经彭衙村，杜甫诗中提及者。当晚即宿于白水县。

26日，抵达铜川，到药王山参观北魏石刻，为题写"药王山碑林"五字。午后赴富县，即古鄜州，昔杜甫寓居之地也。抵达后直奔羌村，在县北三十里。途中见摩崖石刻，有"少陵旧游"四字。羌村左旁有天宁寺，寺在山上，勉力登山，见两碑，碑文记此乃杜甫居处。返回富县县城，参观了尉迟敬德所建之开元寺和县博物馆。之后赴宜川，当晚即宿于此。

27日，晨起赴壶口，观看瀑布。之后赴太原，抵达后即去看望张颔先生，相见甚欢。晚饭后又去看望姚奠中先生，姚老一见面就称赞《项羽不死于乌江考》，说"从东城到乌江还有二百四十里，项羽如何能到乌江？从前人读书不考地理，因此致误。而你认真调查，详考地理，所以正确，有说服力。我读了多遍，非常佩服"。

28日，参观山西省博物院，只看了石刻馆和晋史展，已觉珍宝林立，目不暇接。之后返京，晚八时许方抵达。

29日，校对《解梦集》清样。

30日，开始作另一幅山水。

31日，去中国人民大学参加吴玉章学术奖颁奖会。完成昨天动笔的山水画。

11月1日，去中国人民大学参加七十周年校庆典礼和国学馆奠基典礼。夜1时写毕《〈历代名家画黄山〉序》。

4日，近三天读周中明对原人文版《红楼梦》注释、校勘所作的商榷，感觉很有价值，选出若干条，准备用于人民文学出版社第三版《红楼梦》。

5日，辽宁人民出版社那荣利来电话，告知《瓜饭楼重校评批〈红楼梦〉》获得了国家图书奖提名奖。开始作新的山水册页。

6日，去国家图书馆观看北京图书馆出版社所出古籍展览，见到任继愈、傅熹年等先生。

7日，完成《寒林萧寺图》。该图见《冯其庸山水画集》。

9日，去国家图书馆参加再造古籍善本展览暨座谈会，作发言，表达兴奋之情，并希望扩大印量，出版普及本。之后到扬州会馆，与李希凡、吕启祥、胡文彬等一起商量修订人文版《红楼梦》有关事宜。

12日，校对完《解梦集》清样。几日来继续校对人民文学出版社第三版《红楼梦》。

13日，河南大学王立群教授来电话，说读了《项羽不死于乌江考》，十分佩服。

14日，人民文学出版社第三版《红楼梦》全部校对完毕。

16日，去中国美术馆，参加王琦九十华诞画展开幕式。

17日，上午完成山水册页。下午飞赴上海。

18日晨，去上海电台录音。之后拜访周退密先生，相谈甚欢。

19日，至黄山，宿排云宾馆。次日，去北海、散花坞、梦笔生花、清凉台等景点，一一拍摄。当天回到屯溪。

21日，返上海，略休息后，即去上海博物馆观看龚半千画卷展览，以及石涛、石溪画展。晚作一绝，题为《十一月二十日下午，自太平坐缆车直到排云亭，值西海晚霞满天，感而有怀》："平生踏遍黄山路，直上排云第一回。西海晚霞正待我，欲将诗句绊余辉。"

22日，上午返回北京。下午开始校对线装本《瓜饭楼重校评批〈红楼梦〉》。

25日，去首都宾馆报到，参加中央文史馆举办的国学论坛。次日，听袁行霈作主题报告。归家后，为萧跃华藏郑孝胥所作"伪满洲国歌"手稿题跋，又为重庆题"重庆红楼梦大观园"匾额。

30日，画小幅红梅。日前邵春风用老坑歙石为制砚，诗以谢之："袖里黄山一片云，春风微度万梅纷。奇香郁郁盈吾斋，知是花馨是墨薰。"

12月1日，写毕《我读懂了〈天书〉》一文，此为读韩美林《天书》之后所作。该文见《瓜饭集》。

2日，《中国文化报》发表先生《我读黄山——〈历代名家画黄山〉序》一文。

3日，接受夏志清先生学生查建英采访，先生赠给她和夏志清先生《冯其庸书画集》《论红楼梦思想》各一。

6日，读新近购买的《大藏经总目提要》。

7日，与人民文学出版社管士光、周绚隆等商谈第三版《红楼梦》出版有关事宜，李希凡、胡文彬等同参加。《新华文摘》本年第23期转载先生《〈大秦景教宣元至本经〉全经的现世及其他》一文。

10日，为高振宇题写四把紫砂茶壶，由徐秀棠亲自刻。

11日，为《中国书画》画梅花一幅。

12日，河南项城张伯驹先生亲属来访，请为张伯老诞辰一百一十周年写序。《中国宗教》发表先生《〈大秦景教宣元至本经〉全经的现世及其他》一文。

18日，从14日起因肺部感染住院，今日始见好转出院。住院期间，曾收到香港饶宗颐先生为《冯其庸山水画集》所作评语："冯其庸兄承王蘧常先生之学艺，发扬光大，颛志于文史，世人多称其红楼梦说部之研究，此仅其治学之一端耳。观其去岁所刊布论垓下地望考证详稿，足见功力之深。比岁以来，不惮风沙、万里跋涉之苦，仆仆于西北，蹈玄奘法师取经之路，入于画幅，是真能综学艺于一途。谨识数言，以表我敬佩之私。二零零七年十二月饶宗颐。"傍晚，孙家洲、孟宪实来谈中国人民大学国学院事，并带来西安碑林所赠新出土的唐诗人韦应物撰书《故夫人河南元氏墓志铭》拓本，至为珍贵。

19日，今天开始读张伯驹先生词集，此后陆续读了许多有关张伯老的资料。

21日，校对完线装本《瓜饭楼重校评批〈红楼梦〉》。

24日，开始写《旷世奇人张伯驹——丛碧老人诞辰一百一十周年纪念》一文。

31日，继续写《旷世奇人张伯驹——丛碧老人诞辰一百一十周年纪念》一文，并填《浣溪沙》三阕，题目为《题张伯驹先生》："绝世天真绝世痴，虎头相对亦参差，人间真个有奇儿。拱璧连城奉祖国，弥天罪祸判当时，此冤只有落花知。才气无双折挫多，平生起落动山河，至今仍教泪滂沱。国士高风倾万世，魍魉魑魅一尘过，春游词笔郁嵯峨。读罢春游泪满巾，分明顽石是前身，黄金散尽只馀贫。眼里茫茫皆白地，心头郁郁唯情醇，天荒地老一真人。"

史树青卒。

2008年　戊子　85岁

[时事]　1月10日，中国湖南、湖北、安徽、江西等省级行政区遭受

历史上罕见的低温、雨雪、冰冻灾害天气，直接经济损失537.9亿元。5月12日，四川汶川县发生8级地震，遇难人数超过8万人。全国人民众志成城，投入抗震救灾当中。8月8日至24日，第二十九届世界奥林匹克运动会在北京举行，中国代表团在本届奥运会上共获得51枚金牌，位列金牌榜第一。9月25日，中国神舟七号发射升空。中国航天员翟志刚身着中国研制的"飞天"航天服走出船舱，迈出了中国人在太空的第一步。

1月2日，写毕《旷世奇人张伯驹——丛碧老人诞辰一百一十周年纪念》一文。该文见《瓜饭集》。

6日，应北京大学学生会之请前往座谈有关红学、国学等问题。

7日，作《浣溪沙·再题张伯老》："恨海情天不筏津，何人识得彼乡情，中州归去问张生。投止望门思张俭，穷途裹敝有虞卿，先生原是此中人。"

9日，惊悉林默涵同志已于本月3日逝世，回思往事，甚为伤悼。晚绘牡丹。

11日，去301医院看望季羡林先生，谈及洛阳发现景教经幢和库车发现大批汉墓群等问题。

12日，去黄苗子先生处，请书"墨禅"二字。郭延奎送来北京图书馆出版社影印出版的《清初名儒年谱》《乾嘉名儒年谱》《晚清名儒年谱》各一套以及《沈曾植年谱》一册。

18日，读完李广柏的文章。晚作册页两帧。

23日，最近两天读《大藏经提要》，颇有心得。昨韩国崔溶澈教授见访。今晚枕上作《浣溪沙·题设色葡萄》："万里龙沙一梦痕，胭脂红透玉升温，明珠颗颗圆又纯。笔底扫来岂有价，缥缃装就更无论，长公题罢道愈尊。"

26日，去人民大会堂参加韩美林《天书》首发式，作发言。晚读《精忠旗》笺证资料。

27日，写毕《精忠旗》序言。次日，开始点校《汤阴精忠庙记》。

29日，枕上口占《浣溪沙·咏梅》："一别孤山五十年，水边林下意绵绵，旧时月色可人怜。梦里横斜惊瘦影，灯前相看更妍然，分明春已到眉尖。"

31日，早晨打电话给郭延奎，询问杨仁恺先生病情，惊悉杨老已于凌晨

5时过世，甚悲痛。当晚拟好杨老挽联："沐雨栉风，数十年鉴宝护宝奉祖国；焚膏继晷，千万字著书立言遗人民。"又作《哭杨老》诗二首："相识平生四十年，论文常到沈水边。春风化雨多润我，怕见先生病沉绵。传来噩耗等惊雷，四海同哀日月灰。从此江山空沈水，万牛难挽沐翁回。"今日校毕《精忠庙记》。

2月2日，灯下写毕《精忠旗笺证》后记。

5日夜，写毕《怀念默涵》一文。该文见《瓜饭集》。

7日，旧历年正月初一，贺岁人不断。晚开始校《汤阴精忠庙志·岳飞志》，枕上作《戊子元日咏怀》："豕尾鼠头又一年，嫦娥飞到月宫前。千门万户当空望，从此清光夜夜妍。"

13日，校对《精忠旗》曲文及笺证。

14日，改定《怀念默涵》一文。

16日，昨夜枕上作《送杨老》诗："漫天风雪送杨公，大地长哀挂玉枕。德道无形还有影，生刍絮酒满郊冢。"

今日为奥运会作八尺条幅重彩葫芦。

18日，重作八尺条幅重彩葫芦，并题一诗："秋老西风叶半椴，霜藤满地走龙蛇。黄金遍处凭君捡，尽是先生笔底瓜。"

21日，连日来两腿皆痛，行走艰难。今天作八尺条幅重彩葡萄。

22日，校毕《精忠旗》曲文和笺证，枕上作《题精忠旗笺证》诗："勘罢精忠事亦哀，十年劫火万英才。伤心岂止风波狱，满眼韩彭尽已灰。"

《中国文化报》发表先生的《怀念默涵》一文。

25日，与纪峰同去徐邦达先生新居看望徐老。晚校对《汤阴精忠庙志·岳飞传》。

27日，去北京展览馆参加中国新闻出版总署举办的国家图书大奖颁奖大会，先生被邀请上台唱名。会上见到厉以宁、王蒙、邢贲思等。

29日，为奥运会和中华书局写字作画。

3月1日，为易名所著《颐和园长廊彩画故事全集》作序，题为《颐和园之美》。

4日，到中医院治腿痛，之后去美术馆参观"敦煌画展"。

7日，近两天腿剧痛，不能下床，今天始能睡着。下午先生开始为部级干部讲座准备讲演稿《红楼论要》。

20日，先生十几天来得暇即写讲演稿，今日写毕。近日于庭院中树立起两块巨石，分别命名为"天惊峰"和"灵峰"，昨夜作《题天惊峰》诗："天惊石破落园中，排闼送青万象通。扑面奇峰迎雅客，方知此老是颠翁。"

25日，作《奇石歌》："十年我欲觅奇石，看尽千峰皆未可。昨夜纪生来相告，梨园双峰绝磊砢。凌晨驱车急往看，遥见峦峰浮空郁破硪。须臾停车逼而视，两石嶙峋肥瘦高低各相左。一石奔腾如云驰，千穿百孔极婀娜。一石亭亭擎天立，中有裂罅窥尔我。我知此石女娲补天之所弃，石破天惊任其堕。一石见之欲相挽，岂料雷轰电掣为所裹。周身洞穿如藕孔，恰似建章云窗刻青琐。我今一日得此两奇石，岂非天意复云麽？归来抚石长太息，米老闻之郁无那。"

27日，昨日得吕启祥自美国来信问疾，今天以诗代柬答之，题曰《启祥自美国来书问疾，适予重校〈红楼梦〉有感，诗以代柬》："万里多君遗鲤鱼，病来最忆故人居。卅年疏凿原非梦，百口飘零本是书。字里斑斑多血泪，风前落落尽丘墟。我今会得芹溪意，剪烛同君再细梳。"

29日，修改讲演稿《红楼论要》，并写出提要。

本月，先生《旷世奇人张伯驹——丛碧老人诞辰一百一十周年纪念》一文在《传记文学》本年第3期上发表。

4月1日，枕上作《病中杂感》诗："草草年华八六春，沧桑百劫劫馀身。风前落落良朋少，眼里悠悠冠盖新。老去丹青聊自遣，病来方惜岁时珍。何须料理无定草，付与旁人一笑论。"

2日，去北京医院看望李锐，李锐突患心肌梗塞，甚危。

3日，作《枕上再题曹雪芹家世》诗："百年家世与君论，史迹碑传字字真。踏破雄关成巨业，坐看江尾待龙巡。黄金已逐清波去，大厦行将化垢尘。楝树花开终结子，红楼梦觉可怜春。"

4日，枕上作《题小园双石》："小园一夕起嶙峋，矗矗双峰势有神。不是寻常凡间物，飞来天外灵河津。"

10日，读清诗人宋琬《安雅堂全集》。修改毕《中国书法》杂志采访稿。

14日，近几日继续读《安雅堂全集》，并辑录其中联语。今天收到虞逸夫先生为《曹雪芹家世新考》所书题签及其便柬。夜里作题古梅诗，题曰：《尹学成君自徽州得古梅三树，皆数百年物，其中一树连理缠枝，实为奇品，诗以报之》："尹君赠我古梅枝，柯似青铜干铁螭。连理交缠称异木，土花斑驳百年姿。长成幽谷无人识，移到京都认伯夷。此地原无周粟食，奇峰伴尔好安之。"

17日，台湾刘广定教授来访，先生以《解梦集》赠之。

24日，去清华大学参加该校古典文献研究中心成立会，作发言。

25日，张文珠等三人来访，展示其红楼人物的苏绣设计，先生为题诗三首："金针银线绣鼙鼙，万缕千丝尽有神。想到芹溪和泪写，至今字字尚余温。""谭画红楼十二钗，传神个个下兰阶。苏娘妙绣人人赞，的的金郎与玉娃。""谭画红楼妙入神，苏娘精绣希世珍。写真妙手天作合，顾绣观之要卜邻。"

26日，去国家图书馆为部长级干部讲《红楼梦》，并回答提问，会场反应热烈。

27日，继续辑录《安雅堂全集》联语。修改《精忠旗笺证》打印稿。

29日，开始校对《曹雪芹家世新考》排印稿，此后一周，得暇即校对此稿。

30日，收到薛国喜寄来的张颔先生书法稿件，嘱为作序。

5月4日，校对完《曹雪芹家世新考》排印稿。

5日，读《侯马盟书》，并与张颔先生通电话，谈《侯马盟书》的书写问题。收到卞孝萱先生寄来的著作《冬青书屋文存》。

8日，近几日一直读《侯马盟书》，又对读张颔先生论文集中《陈喜壶辨》《山西万荣出土错金鸟书戈铭文考释》《谈山西省旧志中臆造古迹的问题》等文章，对张老深感钦佩。

10日，继续读张颔先生论文集，觉受益匪浅，因作《效庭坚赠半山老人诗体呈张颔老》五首："半世风狂雨骤，功成侯马盟书。若问老人功力，穿透千层简疏。""一篇陈喜笺证，思入精微杳冥。举世何人堪比，雨花只此一庭。""读公巨著难眠，历法天文洞穿。学究天人之际，身居陋室半廛。""一双望九衰翁，案上难题百重。公已书山万仞，我正步步景从。""怜君早失慈亲，我亦童年苦辛。检点平生事业，无愧依旧清贫。"

14日，新闻出版总署阎晓宏副署长、中华书局总编辑李岩和朱振华等来，商量为先生出版文集之事。先生提出为张颔先生出版文集的建议，得到阎、李诸位赞成。之后先生即将消息告知张颔老和薛国喜。前天四川汶川发生特大地震，先生深感忧虑，单位通知开会募捐救灾，先生捐款5000元以为赈灾尽一份力。

16日，读完《侯马盟书》。收到汪大刚所寄《秦始皇兵马俑》一书，此书获得世界图书一等奖。

17日，又作赠张颔先生诗一首："读罢侯马盟书，如对伏生九十。而今纵有晁错，何处汉文可觅。"

20日，连日来先生坐在电视机前，为四川灾区人民流泪，也为救援人员祝福，同时为全国人民和世界各地华人万众一心、共克时艰的意志与决心所感动，也深为振奋，感到中华民族的民族精神在大地震面前一下子升华了，放出异彩，显示出中国人民空前的团结和坚不可摧的力量。今日开始为张颔先生书法集作序。

21日，中华慈善总会和文联来电话号召书画家为四川灾区捐献书画以用于救灾，联系人叫于建华。先生患腰腿病已经年，此时正值急性发作，不能站立，但先生看了关于灾情的报道，十分着急，不顾病情，连续两天作画写字，八尺大幅的字作了多幅，四尺整幅的画也作了多幅，连同以前积存的作品，共捐出46幅，由中华慈善总会接收，拍卖后捐赠灾区。先生今日作《题汶川抗震救灾》三首："汶川巨震天下惊，举世同心骨肉情。泪似潮来心似火，挥毫欲把肝胆倾。天崩地裂惊陆沉，万姓倒悬水火深。赖有亲人党与国，狂澜力挽贴众心。中华儿女尽英雄，地塌山崩不变容。救死扶伤天下急，刀山火海敢前冲。"先生作完这批书画后，病情加重，只能平卧，且疼痛难忍，因即去清河伤科医院求治，用膏药帖服。

24日夜12时，写毕《学人之书　格高韵古——关于张颔先生的〈侯马盟书〉及其书法》一文。该文见《瓜饭集》。

25日，去人民大会堂参加香港中华文化学院举办的会议。

26日，为张颔先生和薛国喜书写手卷，为苏州寒山寺书写长联，之后腿痛又发作，几不可支。

27日，见到中央组织部关于人才问题的文件，得知被确定为中央直接联系的专家。

28日，中国青年出版社来人签订《历代文选》再版合同。

29日，张颔先生来电话，说先生为其书法集所作序写得极好，表示非常感谢。

30日，为《人民日报》创刊六十周年作画。

6月1日，收到张颔先生为书写的"天惊""奔云"四篆文，拟刻于庭院中两座假山石上。寄件中还附有张颔先生一信，词意恳切，欲先生为其论文集作序。盖因见先生为其书法集所作序，概述其在学术上巨大贡献，极为满意，故引为知音。然先生认为自己不研究古史，勉作此序，不尽恰当，因拟建议张老作一自序。

3—6日，编个人文集目录。

9日，《人民日报》发表先生题汶川抗震救灾诗三首，题曰：《挥毫欲把肝胆倾》。今日先生书写八尺整幅大字，内容是胡锦涛总书记三句话："常修为政之德，常思贪欲之害，常怀律己之心。"

12日，为纪念改革开放三十周年作四尺整幅葡萄。

14日，为高振宇所制紫砂壶题字："袖携阳羡雪芽茗，手渥大彬紫泥壶。"为周桂珍所制紫砂壶题诗："长空万里一轮圆，忆得荆溪寒碧仙。我欲乘风归去也，庚桑洞外即蓝田。"

15日，因腿痛住进医院检查，次日出院后，仍每天到医院针灸。

6月17日，《中国文化报》发表先生《学人之书　格高韵古——关于张颔先生的〈侯马盟书〉及其书法》一文。

18—21日，继续编文集目录。21日作《秋风图》，同日《人民日报》发表先生为该报创刊六十周年所作画：《粒粒皆珍珠》。

22日，上午撰写画册自序，下午去中国人民大学国学院参加汉藏佛教研究中心成立会。

23日，作画一幅，题诗云："秋到柴门故国思，西风吹尽泪丝丝。家园风物无一是，只剩婆娑鸭脚姿。"

25日，参加韩美林美术馆开幕式。晚将文集目录基本编完，共约25卷。

26日，报纸报道，云南大理剑川县发现大规模史前"干栏式"建筑遗址，引起先生浓厚兴趣。

28日，写毕《怀念沐雨翁》一文。

29日，写毕《怀念史树青先生》一文。

30日，为赵尚志纪念馆书写对联和"浩然正气"四字，又为杭州所编朱家潘文集题字。

本月，《中国书画博览》发表《冯其庸作品欣赏》专辑。《中国书法》

发表对先生的采访稿。

7月1日，作诗题《梅花图》："城中早先探梅期（杨万里句），剩见篱头一二枝。零粉残脂也可惜，生香纸上慰相思。"

近日读张瑞图帖，感到甚有所得。晚校对《水云楼词》。

5日，虞逸夫先生请人送资料来，嘱为"长沙八老书画展"作序。

7日，写毕《长沙八老书画展序》。该文见《瓜饭集》。

8日，钱金泉与人民美术出版社同志来，请为蒋风白先生画册作序。

9日，去医院针灸时口吟《题奔云峰》一首："奔云坠石是何年，飘落园中也是缘。况有古梅来作伴，得离尘俗便成仙。"

11日，针灸时想起昨日所见薛素素自画像，觉极精彩，遂口占一诗："芝兰玉树旧时真，冰雪聪明姑射身。一树寒梅和雪影，临风那得不销魂。"

12日，接受荣宝斋张啸东采访。晚写毕怀念李少春的文章。

18日，为马来西亚第六届《红楼梦》国际学术研讨会题诗。近日读王蘧常先生书信，拟写《王蘧常先生书简录》一文。

19日，发现河北花山文艺出版社原所排《曹雪芹家世新考》稿将原稿中先生据《丰润曹氏族谱》所作"丰润曹氏宗谱世系表"加以篡改，将曹雪芹祖籍丰润说的观点，篡改入先生所作"丰润曹氏世系图"中，甚为气愤，遂仔细核对，使之恢复原貌。先生认为，学术争论，竟然出现此种卑劣手段，令人既愤且忧。这种现象，都是涉及地方经济利益所致。此风不除，学术前途殊堪忧虑。

23日，连日来为无锡电视台摄制组准备资料并讲述自己的《红楼梦》研究及其他。

27日，邵耀成请吃饭，席间见到陈毓罴，已二十年不见，谈甚快。

28日，去友谊宾馆参加关于古籍保护的会议，刘延东同志出席并讲话，先生被邀发言。

29日，张锦池来访，相谈甚欢，他参加马来西亚第六届《红楼梦》国际学术研讨会今晨刚刚归来。晚先生写毕《王蘧常先生书简录》一文。

31日，近日校对出河北花山文艺出版社所排《曹雪芹家世新考》稿错误竟达几百处，为之心惊，一一细心改正。今日《中国文化报》发表先生《长沙八老书画展序》，《光明日报》发表先生为奥运会题字："积健为雄"。

8月3日，本期《收藏投资》杂志采用先生《丛峦叠嶂图》作封面，并发表对先生的采访稿。

4日晚，写毕《怀念冯牧》一文。该文见《瓜饭集》。

5日，辽宁人民出版社那荣利送来《瓜饭楼重校评批〈红楼梦〉》获得国家图书奖提名奖奖状。晚写毕《忆光年》一文。该文见《瓜饭集》。

6日，因打针输液，精神兴奋，不得眠，遂构思作《长沙怀天遗老人》三首："万里情深似一家，移居悔不到长沙。应共岳麓山灵语，莫负天翁笔放花。""孤碑岳麓已成仙，北海清冷待后贤。尚阙名山峻天赋，闲居王粲三十年。""昔年曾上岳阳楼，万顷苍波碧玉流。最是朦胧湘女髻，银山堆里觅浮鸥。"

继续校对《曹雪芹家世新考》。

10日，去国家大剧院参加中国艺术研究院篆刻展开幕式，并讲话。

13日，整理完毕个人文集中《师友集》一卷。湖南电视台汪翰来访，带来虞逸夫先生诗函。先生去岁病中思念虞老，曾作二律，然未曾寄出，不久前始托人带给虞老。虞老诗函即为此回复而作。先生当晚即复虞老书。枕上思虞老将往南岳，得诗云："南岳书来意味长，湘山湘水屈翁乡。一杯我欲酬辞祖，古国重光是楚氓。"

虞老诗函见《瓜饭集·书天遗老人法书后》，全文如下：

《宽堂兄见怀七律二首》："满园芳草一房书，博综多能愧不如。白玉堂中尊大老，黄金台畔卜新居。楼名万有吾何有，道本虚无佛亦无。安得相携归陇亩，细分五谷问田夫。病起初闻金玉音，天风送月一披襟。独扬古路逢人少，乐得新知惠我深。为写林泉明素志，每思诗酒会高岑。枫丹橘绿清湘岸，秋色正佳肯一临。"

逸夫初稿，时年九五
戊子年七月初三日

宽堂兄道右：惠诗大妙，气盛言宜，余韵悠悠，令人味之不尽。奖饰过当，愧不敢当，谨酬二律，聊答雅贶，幸勿见哂！今国运当昌，而海内耆硕无多，继往开来，任重道远，责在兄辈，千万珍爱，长乐永康！

逸夫顿首
嫂夫人均此问好

14日，编完文集中《散文集》一卷，即用原序，另加后记。夜枕上作诗，题曰：《病逾半年，行步艰难，卧床回思往昔，念及慈亲家人，往日所同苦者，不胜低徊之思》，诗云："八六年华取次过，贫无衣食奈尔何。春晖寸草慈恩在，大母婆娑泪眼多。朝旭初升驱殁出，夕乌西下忍饥磨。挑灯夜读今犹昔，狂饫书诗细吟哦。"

15日，编好文集中《文史集》一卷。

16日，编好文集中《文心集》一卷。

18日，作诗贺上海2008年华人收藏家大会："中华文物五千年，宝器收藏有昔贤。国运昌隆珍自出，群公研护续新篇。"虞逸夫先生去南岳避暑，先生作诗寄之："九五之尊到祝融，南天迎得老诗翁。群山应向髯仙拜，巨笔遍题七二峰。"

19日，继续评批《庚辰本〈红楼梦〉》。

20日，与虞逸夫先生通电话后，成诗一首："回雁峰头一老翁，诗书满腹笔如风。霜髯布履千山过，竹杖啸吟响万峰。"收到季羡林先生为介绍先生生平成就的电视片题写的片头："路漫漫其修远"。写毕《〈蒋风白画册〉序》。

22日，作丈二巨幅书法，书"天下归仁"四字，并跋云：

汶川大地震，震惊世界。中央首长两小时内即到现场指挥抢救，全国军民万众一心，共抗天难，众志成城，奋不顾身，此情此景，可歌可泣。又中央实行农业免税外，更另增补贴，使全国农民，如沐春风而沾化雨，人人感德怀义，此有史以来未尝有也，是以十三亿人民咸沾德化而沐仁风矣！顷奥运盛会已将胜利完成，来华之外宾竟达数十万之众，咸仰中华之礼仪，咸感中华之诚信，咸钦中华之文明，此更有史以来所未有也，此真天下归仁也。

予今八十又六，身经抗日大难，死亡多门，后复历经风雨，今乃际此仁德之世，能不有感于心乎？因书"天下归仁"四字，以纪其实，以颂盛世盛德云尔！

戊子七月二十二日，公元二〇〇八年八月二十二日，宽堂冯其庸八十又六书于石破天惊山馆。

24日，奥运会闭幕式隆重而热烈，先生感到非常兴奋，觉得大振国威，大快人心，大长志气。

28日，薛国喜电话告诉先生，张颔先生已为先生写好册页。

29日，文化艺术出版社送来《曹雪芹家世新考》改排稿，开始第四次校对。今天《中国文化报》发表先生《忆光年》一文。

30日，修改完荣宝斋张啸东的采访稿。

31日夜12时，写毕《书天遗老人法书后》一文。今天《人民日报》发表先生《颐和园之美》一文。两篇文章均见《瓜饭集》。

9月1日，收到张颔先生惠赠的法书册页，作诗以谢："张公惠我万金书，字字珠玑胜宝琚。开卷惊风飘白日，掩书清气射灵墟。平生得识陶彭泽，千里命驹时一趋。晋水燕山纵远阔，披图共在地之隅。"

2日，近来颈椎、膝关节均痛，今日整天输液，因药物作用，夜不能寐，忽念及杨廷福，作诗怀之："十年生死两茫茫（东坡语），每到西天总路行（君著《玄奘年谱》，予必随身带行）。绝世清才谁毁灭，万众千载永难忘。"

7日，拟与丁和合著《玄奘取经之路全程影集》，为此题诗："廿年苦学绝精微，杖策东归雪满衣。尼壤东边纳缚普，楼兰古道一僧归。"

9日，收到虞逸夫先生和诗三首及附信，诗与书皆佳妙。为昨日所画山水题诗："看尽江湖十万峰，昆仑太白俱不同。名山也忌千人面，卓立风标自为雄。"

虞逸夫先生和诗及信全文如下：

《和其庸兄见怀三绝句》："东望吴头不见家，寄栖何敢怨长沙。羡君如在众香国，乐有瓜庐护百花。老得康强胜得仙，别无长技愧前贤。岳麓名碑今破碎，待君补写复当年。高咏南天第一楼，平看吴楚掌中浮。何时相约君山住，管领烟波狎白鸥。"

昨得吴君电话，知兄病情大有好转，已能下床送客，我闻其语，如释重负，为之欢喜不已。吾年将望百，平昔交游，零落殆尽。知我爱我，堪称德邻者，今日世间，唯兄一人而已。急写小诗三章，以博一笑。

顺祝康泰　弟逸夫附白

大文已拜读，读来句句知心话，看去晶莹字字珠。

敬此拜谢。

13日，连日来检编个人文集中有关《红楼梦》的三本论文集，今天整理完毕。写毕《瓜饭集》自序。

14日，旧历中秋节，作《瓜饭集》后记。

15日，《中国改革年鉴》来信，通知先生，已被选入《中国改革30年人物录》，嘱写有关事迹。

16日，上午为陕西长安县特殊教育学校汶川班书写《金缕曲》《登鹳雀楼》和苏东坡语，跋云："汶川大地震举世震惊，同声哀悼，十三亿人民在党和政府领导下全力救援，众志成城。予已为灾区作书画四十六件捐赠，交中华慈善总会，今复为长安县特殊教育学校汶川班书《金缕曲》《登鹳雀楼》及东坡语三件，愿吾同学母忘此难，立志奋进，终生不懈，以报祖国人民之大爱。戊子中秋后一日八十六岁冯其庸病中书并记。"下午住进医院检查治疗，自此住院12天。

20日，在医院接受《文汇报》记者采访。日前作《看奥运会闭幕，烟火照夜，喜极而泪，赋此怀长沙虞老》诗，改定："长沙近日音书违，望断归鸿向北飞。南部云深烟水阔，江东花好梦芳菲。同为客子他乡老，共乐微吟髭早稀。耄耋幸逢王道日，烟花照夜终泪挥。"

21日，虞逸夫先生女儿来医院看望，带来虞老诗简。全文如下：

宽堂兄于吾书情有偏嗜，谬加称叹，奖饰过情，辞多溢美，愧不敢承，赋此志谢。绿鬓消磨劫火红，投荒岁月入鸿蒙。家园破碎归无据，故旧沦亡道益穷。闲弄柔毫娱暮齿，漫劳涓绘饰枯桐。呕心文字知心话，千里相闻与病翁。

逸夫书奉

即乞教正　戊子中秋于竹园新寓
一年多不拈墨笔，写来殊不成字，勿笑勿笑。

23日，夜不寐，次虞逸夫先生原韵，奉酬一首："瓦灶长虚火似红，稚年生死入迷濛。艰难岁月饥寒过，大道堂堂路未穷。学古知慕忠义士，琴挥流水识孤桐。榆关塞雁通南岳，相照肝胆有两翁。"

25日，"神舟七号"发射升空，先生观看电视后，喜极而泪，赋诗三首志贺："神七今天上月宫，嫦娥挥泪迎英雄。广寒寂寞久无主，从此新桃换旧符。""中华三杰上天空，信步闲庭到月宫。挥泪嫦娥捧酒出，佳醽还是月桂浓。""一曲凯歌到月宫，广寒殿里喜冲冲。闲庭信步看桂子，郁郁奇香满太空。二〇〇八年九月二十五夜冯其庸于三〇五医院。"

26日，先生为"神舟七号"发射所作三首诗在《新民晚报》发表。

27日，出院。次日，接受《中国书画》张公者采访。今天《文汇报》发表对先生的专访，同时发表先生祝贺"神舟七号"发射而作三首诗的手迹。

30日，编好《瓜饭集》。"冯其庸、丁和寻访玄奘取经之路影纪展"开幕式在上海金茂大厦举行。

10月3日，近两日感冒，今略好，写好山水画册扉页题签。

5日，修改《大国学即新国学》一文。作《题虞老书法》诗："铁画银钩世已稀，钟王笔法一丝微。如今又见长沙老，虎卧龙跳得所归。"

6日，近几日画完两幅册页。

8日，修改《中国书画》采访稿。

10日、11日，校对《曹雪芹家世新考》样稿，发现图版仍有不少错误。

13日，《光明日报》发表先生《大国学即新国学》一文，文中说："国学研究，我的理解，有三个方面的含义。一是研究对象。对此，大国学、新国学就是反对画地为牢，不能人为地说这可以研究，那不可以研究。国学作为新的时期刚刚开始，刚刚开始就到处设置篱笆，是不利于长远发展的。凡是现在属于我国内的学问都应该收入我们的研究范围之中。""二是研究方法。义理、辞章、考据，凡是有利于学术问题解决的都是方法。近代以来，西学给中国带来很多东西，其中一个就是方法论，讲究研究方法。……大国学要有大思维，凡是人类的积极文明成果，都应该吸收，研究方法当然也要吸收。""三是研究立场。学术研究是否有立场问题，恐怕这是一个仁智之见。国学这么多年最大的问题，就是中国人不敢坚持中国的学术立场，以至于国学概念都不敢提及。西学全面否定国学的存在价值，一方面是西方中心论的具体体现，另一方面是国人不敢坚持，这与其怪人家，不如从我们自身上找原因。学习西方不意味着一定要否定中国。"

12日，为钱金泉画题字。《新民晚报》发表李天扬对先生的采访稿，题目是《看尽龟兹十万峰——冯其庸和他的西域情结》。

15日，薛国喜来访，带来张颔先生为先生所作册页、对联和扇面。

16日，今、昨两日各作山水册页一幅，于用墨有了新体会。

17日，作《题菊花图》诗："篱边池畔冒霜开，红紫缤纷惹咏杯。莫怪诗人陶彭泽，看花醉倒百千回。"

19日，将《曹雪芹家世新考》样稿图版重看一遍，调整了某些版面。

21日，作《题画》诗："数间茅屋跨渔矶，秋老山山赭叶飞。一部南华依礧读，云来云去任天机。"

23日，完成一幅新的册页。调整文集目录。

24日，与顾森同去参加汉画会议，作发言。

26日，去中国人民大学参加国学院建院三周年纪念会，先生发言，讲了几点想法：一、三年有成，国学教育已为社会所承认。纪校长当年大声疾呼并毅然建立国学院，功不可没。二、应更有信心坚持大概念国学并加以补充完善。三、建议学生一定要贯通义史哲。四、必须重视写作，使每个学生都能写出文质相符的论义。

28日，连续几天作画，连同之前所作，共完成十六幅册页。改定日前所作《题画》诗："是烟似雾不分明，对面佛头故故青。卷地风来千壑净，群峰乱插意纵横。"

30日，《中华儿女》为纪念杂志创刊20周年，特选择先生12幅画制成挂历，今日送来。晚开始评批"庚辰本"《红楼梦》，此后数月，得暇便进行此项工作。

31日，去国际饭店参加中国社会科学出版社建社三十周年庆祝会，作发言。

11月2日，天津人民美术出版社选择当代实力派画家50人，拟出版50册画册，先生为其中之一人。今日为选出12幅画作，并制成光盘。

6日，去中国艺术研究院，参加《冯其庸文集》编委会。阎晓宏副署长代表新闻出版总署提出做好出版之要求，编委们就编集的具体问题进行讨论。

7日，为《大众日报》创刊七十周年作《硕果图》。今天《中国文化报》报道了《冯其庸文集》明年将出版之消息，并且评论说："《冯其庸文集》的结集出版，不仅是冯其庸个人的学术总结，而且对传承传统文化和学术研究都有非常积极的影响。"是夜枕上作《病榻》诗："三年病榻卧支离，想到西天惹梦思。欲向昆仑寻古道，弥儿山下有僧归。玄奘传云：'城东南

（指揭盘陀石头城，今存）三百余里，至大石壁，有石室二，各一罗汉于中入灭心定。……'又云：'复东北行，逢群盗，商侣惊怖登山，象被逐溺水而死。贼过后，与商人渐进东下，冒寒履险，行八百余里，出葱岭至乌铩国。'乌铩国为今之英吉沙，据传所记，则玄奘自揭盘陀下帕米尔是先东南方向，复东北方向，则可知非今日登帕米尔之路。今路是在揭盘陀之北。今不知玄奘自揭盘陀何处有东南方向下山之路。昔年予曾自叶城至棋盘乡，此处唐前为斫句迦国，后称朱俱波。棋盘乡右侧岩壁尚余大佛龛多处，予曾攀援而上，壁龛内已空无所有。据称此处为印度僧人修果位处，即西域记所载。询之乡人，南行至弥尔岱山，逾山可上帕米尔高原。今英吉沙在帕米尔之东北，棋盘乡可能尚属葱岭。予疑此即玄奘自揭盘陀东南行，复东北行所经之处，故西域记有朱俱波之记载也。"

9日，打电话给张颔先生，祝贺他米寿生日。与朱玉麒通电话，商讨玄奘下帕米尔之路，先生提出玄奘下山后当经过朱俱波，朱玉麒表示赞同。

12日，近两天为人作字画。今天《新民晚报》刊登先生的"天下归仁"大幅书法。

19日，校对诗词稿。

23日，千唐志斋馆长赵跟喜送来两件新出土的唐代墓志拓本。

27日，胡华女儿来访，请为胡华写纪念文章。

30日，去国际俱乐部参加《中国文化》杂志创刊20周年纪念座谈会。开始读有关谢无量先生的资料。

本月，《中国书画》发表对先生的采访稿。《中国书法》发表先生《书天遗老人法书后》一文。

12月2日，作《怀谢无量诗老》五首："滚滚济清士，似公有几人？如何半纪下，不见笛吹邻。""远别才三月，归来不见君。风云世态急，君去是智人。""风浪百年急，终来定颃雄。至今井水处，齐唱和谐风。""死去也非空，遗言建大同。焚香拜二老，神七到桂宫。""忆子青壮候，文章震九州。笔锋除要贵，正气满全球。"

8日，去国家图书馆参加中央电视台举办的"大家"栏目座谈会，作发言。近日一直为谢无量先生文集作序，今晚写毕。

9日，教育部拟将中国人民大学国学院西部历史语言研究所列为国家级重点科研基地，今天教育部有关人员由沈卫荣陪同来访，征询先生意见。先生陈述看法,并谈及设立国学学位问题。法门寺博物馆馆长韩金科与慈恩寺增勤法师来访,先生同意将西部摄影展全部作品捐献给慈恩寺。

13日,写毕文集自序。

15日,审看《冯其庸山水画集》样稿,发现排版与文字上诸多问题,一一改正。

16日,日前,谢德晶女士送来谢无量先生的新资料,包括孙中山致谢无量信件复印件,以及谢无量1956年纪念孙中山先生九十诞辰诗稿等等,先生据此对《〈谢无量文集〉序》进行了修改与补充。

19日,去文化部参加郑振铎诞辰110周年纪念活动。夜12时写毕怀念胡华的文章。

20日,上午应中央电视台之请去审看《玄奘之路》专题片试片,看后,先生指出诸多不符合史实之处。下午新闻出版总署阎晓宏副署长来访,谈了先生文集出版和脂本《石头记》汇编等问题。夜作《赠叶嘉莹教授》诗,拟作为纪峰为叶嘉莹教授塑像题铭,诗云:"绝世才华绝世真,少陵太白是前身。放翁更有连城璧,要见神州一例春。"

22日,俞平伯先生家乡浙江德清县宣传部部长来访,先生将俞老所写扇面托他转交俞平伯纪念馆。

23日,新疆钟兴麒来访,赠先生其所著《西域地名考录》。

28日,王蒙宴请,赠先生《老子的帮助》一书。

29日晨,改定去年年末所作《八声甘州·为李巍藏汉唐金铜佛像珍品集题》一词:"望巍巍雪域丽西天,卓立几千秋。仰布宫庄肃、峥嵘殿阁,玉宇琼旒。更宝相万千态,佛法讵边畴。参妙谛无上,万世同修。　　闻说三千佛劫,看十年小劫,桑海西州。叹沉沦宝相,铅泪铜仙流。法轮转、天龙护法,尽神功、大施金刚钩。觅圣像,虔心呵护,聚万佛楼。二〇〇七年十二月廿日夜无电不寐暗中口吟　二〇〇九年三月五日晨六时重定。"是晚作七律一首:"三年病榻闭门居,一事无成只读书。灵石无端来伴我,梅花特地到茅庐。花成连理双株老,石破天惊一线虚。待到春来花发日,同君一醉意何如?"

30日,改定《瓜饭集》封面和简介。晚整理诗稿。

31日,晨枕上作《岁暮述事》诗:"转眼匆匆又岁除,愧无乐事报诸居。红楼校录三十卷,家世新编百万余。园里梅花连理树,庭前双岫仰天枢。百年纠屈藤花老,每到春来满架珠。"上午北京大学三位学生来访,带来一百位同学签名问候的贺卡和照片立框。马少波先生托人送来其全集。今天整理完今年诗稿,评批"庚辰本"《红楼梦》至第十九回。

杨仁恺卒。林默涵卒。

2009年 己丑 86岁

[时事] 10月1日,首都各界庆祝中华人民共和国成立60周年大会在北京天安门广场隆重举行。面对国际金融危机的冲击,我国实施了刺激经济增长的一揽子计划,今年取得初步成效。

12月,河南安阳安丰乡西高穴村发现东汉大墓,一些考古学家判定此即是曹操的"高陵"。

1月1日,《中国文化报》发表先生《闳博富丽 一代新貌——读汪观清山水画》一文。

2日,作《自题还山集》诗:"本是山林客,却从闹市眠。车声惊好梦,俗客妨思玄。欲向幽岩住,贫无买辇钱。挥毫绡素上,茅屋起青烟。"

4日,《文汇报》发表先生《清风故人怀冯牧》一文。

8日,薛国喜带来张颔先生所赠傅山书郭有道碑精拓本等。

13日,为庐山白鹿洞和西安慈恩寺写字。

14日,近期一直在评批庚辰本《红楼梦》,今天评批至三十回。

19日,家中暖气停止供应,去任晓辉家暂留,携《萍绿词》以重新校对。

21日,文化部部长蔡武来访,先生向其建议将恭王府改为曹雪芹纪念馆。

23日,王运天与中华商务印刷公司的同志送来《冯其庸山水画册》。当晚校对完《十三楼吹笛谱续编》,并写完序言,心情为之一快。枕上作《浪淘沙·题重校十三楼吹笛谱》:"吹笛十三楼。吹尽春愁,杨花乱落白蘋洲。世事从来都是梦,梦也悲秋。往事恨悠悠,波谲云稠。泼天狂雨已归休。春满人间花满树,乐遍神州。"

24日,写毕《十三楼吹笛谱》校订后记。

25日，农历除夕，作十六开册页书法，并写了叙和引首。

26日，农历正月初一，作《己丑元夜，校十三楼吹笛谱成，杯酒抒怀》诗：“爆竹声中报岁除。严寒已是暖来初。窗前梅绽胭脂色，盘里水仙白玉如。秉烛丹铅雠旧谱，举杯邀月入新书。夜阑更觉春宵短，要把红楼再细梳。”

29日，赴上海。次日去青浦中华商务印刷公司参观，并为公司作画。午后，去金茂大厦参加汪观清画展开幕式。

2月1日，回到北京，继续评批庚辰本《红楼梦》。此后两月余得暇便做此项工作。

10日，到商务印书馆参加《瓜饭集》出版座谈会，新闻出版总署邬书林副署长和柴剑虹、李希凡、吕启祥、郭又陵作发言，先生最后发言，谈了与自己这部随笔集有关的往事。

11日，苏州虎丘园林处来人请撰写对联，为拟一联并书写："卧虎宝地，王气直射天阙；藏龙神泉，剑芒森穿地宫。"

18日，《中国文化报》发表吕启祥评论先生《瓜饭集》的文章：《稻香家世　翰墨因缘》，称此书"是一本励志之书，也是一本问学之书，就文章本身而言，还是一本可供赏鉴之书"。

23日，为詹小明《青羽山庄图》题跋："峨眉山色翠葱葱，敬孝堂前有莘翁。雪压霜欺三百亩，春来青眼满筼笼。吾友詹小明，于峨眉山观音岩下筑青羽山庄，莳茶三百亩，并建敬孝堂以敬怀其母，自画山庄图寓敬孝怀隐之意。予为之深有感焉，乃赠此诗，并为题记。八十七翁冯其庸亦身经大难，有母不得终养之悲翁也。"

25日，《光明日报》发表先生《永不忘却的记忆》一文。

3月4日，郭又陵、傅双全来，商量脂本汇刊问题。

5日，写毕为李广柏《红学史》所作序。

7日，写毕《〈玄奘取经全程摄影集〉序》。

10日，为贺友直所绘《老上海的弄堂》长卷题跋："六十年前，予居上海，于旧上海之弄堂，虽略有所知，而未能细也。友直先生具异才，凡所经目，皆能不忘，且其久居上海，于上海弄堂之种种，知之详且细矣。友直先生又善画，凡其所见，皆能以画出之，遂有此旧上海之弄堂长卷之作。予展此卷，谛视之，则旧上海弄堂生活之种种，皆赫然在目，予则栩栩然如入旧梦矣。乃为题此诗：六十年前海上居。也曾旧巷见诸如。多公不朽千秋笔，往事轻云入梦蘧。己丑二月十五日，宽堂冯其庸于京华瓜饭楼，时年八十又七。"

14日，前两天重感冒，未能做事，今天略好，继续评批庚辰本《红楼梦》。

20日，吴江先生来电话，建议先生将西行的日记及照片结集出版。

27日，赴无锡参加世界佛教论坛，下午抵达。次日，作为特邀嘉宾出席论坛开幕式。

29日，参观鸿山文化博物馆，游阳山、狮山和人杰园，当晚返回北京。

30日，作《己丑上巳，游阳山，值桃花节，花开似锦，为题四绝》："一片红霞烂似云。桃花十里最迷人。春风春雨三番后，斗大蟠桃醉寿君。阳山卅里桃花阵，崔护重来已隔生。满眼红霞天地醉，挥毫欲写桃花行。阳山游罢到狮山。天地浮沉醉梦间。春夜桃园太白序，我来续写咏桃篇。灼灼桃花乱似云。红霞卅里醉芳芬。桃花人面非崔护，去了刘郎有后人。"

4月4日，完成昨天开始绘的大画。晚读侯仁之的《历史地理学的视野》。作《己丑春日，予年八十又七，自删文集定，感怀书尚》："八七年华草草过。自删文集汗颜多。澄江八日始初作，明铁三千收晚禾。不死乌江论项羽，长生元代说中罗。平生三上昆仑顶，又到楼兰纳缚波。"

8日，去人民大会堂参加李巍向国家博物馆捐献金铜佛像的仪式，作发言。下午参加中华书局百年庆典活动，并接受书局聘书，任书局学术顾问。

15日，去中华慈善总会出席向四川汶川灾区捐赠书画仪式，并讲话。

19日，经数月努力，今晚将庚辰本《红楼梦》八十回全部评批完。

21日，近两日开始在庚辰本上批注此本照抄己卯本之内证。

23日，读书节，温家宝总理视察商务印书馆，先生被约请见面，并交谈。

24日，开始评批己卯本《红楼梦》。

26日，去军事博物馆参加一大型画展开幕式，其中有先生的一幅丈二近作。之后去艺术研究院参加张庆善、孙玉明博士生答辩会。

29日，评批完己卯本《红楼梦》。

30日，日前丁和曾来电话，云自德国拍摄回新疆克孜尔壁画。今天丁和与荣新江、孟宪实同来，经商议，一致认为这批照片可结集作为"国学丛书"之一种出版。

5月7日，从本月1日起，即患重感冒，几乎不能工作。今日略好，只评批了甲戌本《红楼梦》开头一小部分。

10日，写毕评批己卯本《红楼梦》的序与跋。

15日，开始写文集自序。

17日，作《予病三年，行步艰难，今初夏，小步庭院感赋》："三年病废闭门居，行步艰难只读书。赖有诗书豁心目，江山万里入吾庐。"

20日，中国人民大学校长纪宝成来访，与之谈及国学院有关事宜，建议多延聘名师，并推荐《侯马盟书》作为人大的学术丛书之一。

22日，马来西亚拿督陈广才先生来访，相谈甚欢。写毕文集自序。

28日，端午节，绘山水两幅。近来连续数日修改自己诗稿。

29日，鞠稚儒送来两方印章，刻极精，先生题诗云："银钩细线笔通神。汉范秦规字字珍。若得绳斋印一寸，他年胜获万黄金。"

6月1日，将诗稿全部整理完，共计1103首。

2日，文物出版社葛承雍来访，送来新出《景教遗珍》，内有先生文章。

5日，去中国出版集团总部参加顾问会，先生被聘为总顾问之一，在会上作发言。

6日，写毕《瓜饭楼诗词集》序言，次日增写跋文。

10日，去香山饭店参加有关"二十四史"的会议，作发言。

12日，去中国美术馆参加宜兴紫砂艺术展开幕式。收到余英时先生来信，信中问候，词语殷殷。全文如下：

宽堂吾兄大鉴：

邵耀成兄自北京返美，携来吾兄所赐墨宝，装置于精致木匣之中，前日寄到舍下。开匣展卷，惊喜交迸，内心感动莫可言宣。兄词翰精妙，固不待言，而赠诗所寓深情更十倍于桃花潭水。得兄垂青如此，诚弟生平之大幸也。又上次赐书，兄言愿伴弟同访边疆古迹，此意亦时时往复弟胸臆间。惜弟去暑发现膀胱结石，医治尚未全奏效，故医师戒弟暂勿作长途飞行，则此事唯有稍缓图之矣。闻耀成兄言，吾兄近日亦不甚良于行，殊深系念，尚乞善自珍摄为祷。临书怀想，不尽欲言，专此致十二万分之感谢,并颂暑安。

弟余英时敬上
〇九、六、七

14日,写毕《瓜饭楼述学》一文。

16日,为谭凤嬛所绘手卷题引首及跋。

19日,写毕回忆第四次文代会的文章。

20日,应《光明日报》之约,写毕《不读书 无以能》一文。

25日,近日天气大热,身体一直不适。从21日起,应中国人民大学校史办之请,开始写作《我在人民大学的三十二年》一文,今天写毕。

28日,马汉跃来,嘱为老干部书法展写祝词,为题一诗《奉题翰墨长锋六十年书法展》:"戎马平生建国难,淋漓翰墨写忠肝。堂堂留得雄篇在,教与后尘仰面看。"

30日,初步编定《往昔集》。修改《瓜饭楼述学》一文。

7月2日,往游法源寺,此寺是北宋末年宋钦宗被俘囚禁处。在寺中先生与全国佛教协会会长一诚法师晤谈,先生赠法源寺一叶宋本三宝吉祥赞,一诚法师回赠以其大著《法源寺志》,另外又蒙园博法师赠以《佛教伦理》一书。

3日,将己卯本《红楼梦》的批全部完成。次日,开始评批甲戌本《红楼梦》。

6日,为《无锡成语故事》题诗二首:"阊闾古国久荒凉。泰伯梅村事渺茫。赖有先生书一卷,教人千载识兴亡。""中华文化五千年。泽被全球德大千。往事枯荣勤记取,后来第一着先鞭。"

7日,到北京医院看望已经病危的任继愈先生。今天《光明日报》发表先生《不读书 无以能》一文。

11日,接连听到季羡林和任继愈先生于今天去世的消息,心情沉重。晚上赶写了一篇悼念季羡林先生的文章。

12日,写毕《悼念任继愈先生》一文。两天后《光明日报》发表此文。

16日,收到杨绛先生来信,感谢先生赠送《瓜饭集》一书。先生全信如下:

其庸先生尊鉴：

　　承惠赐大作《瓜饭集》，已拜读一过。先生见多识广，多才多艺，真大手笔也。

　　大作封面"教正"二字，万不敢当。敬璧，很想学启功先生的办法撕下奉还，但舍不得撕下书上先生手迹，只好在此信末尾，声明"尊谦敬璧"，请收回。

　　耑覆佈谢，顺颂　撰安！

　　菉涓夫人均此问好。

杨绛上
二〇〇九年七月十四日

　　17日，去八宝山公墓送别任继愈先生。今日《中国艺术报》发表先生回忆全国第四次文代会的文章：《空前的盛会　历史的转折》。

　　18日，《中国文化报》发表先生《怀念李少春》一文。

　　19日，去八宝山公墓送别季羡林先生。

　　20日，《人民日报》发表先生悼念季羡林先生的文章：《学贯东西一寿翁》。绘梅花一幅，以赠杨绛先生，并题诗："寄去江南一树春。与公同是梅里人。遥知花发千山雪，每到春来忆故邻。"

　　23日，青岛出版社领导来，与先生签订出版《冯其庸文集》的合同。

　　24日，上海中华商务印刷公司寄来《冯其庸山水画集》在2009年美国金墨奖评比中，获得胶装类出版物铜奖的喜报。

　　28日，继续补批己卯本《红楼梦》。

　　30日，昨晚得知卓琳同志去世消息，很难过，今天准备写悼念文章。

　　8月2日，写毕悼念卓琳同志的文章。

　　7日，近几日整理个人文集目录，今天全部整理完毕，计划分成三部分，一、文集；二、评批集；三、辑校集，共21种。

　　11日，《文汇报》发表先生悼念卓琳同志的文章：《一位平凡朴素的老人》。

　　13日，气温达到40℃，作画三幅。

　　15日，《中国文化报》发表先生悼念卓琳同志文章。

　　16日，陕西法门寺博物馆馆长韩金科和大慈恩寺方丈增勤法师来访，邀请先生参加即将在西安举行的大慈恩寺国际学术会。得知澳大利亚柳存仁教授去世，发去唁电。

21日，为谭凤嬛题画16幅。

23日，上午接受无锡电视台采访。下午敦煌秦臻果来访，他用30年著成《大美敦煌》一书，约请先生担任该书顾问。

9月2日，昨天重读自己1962年所写的《回乡见闻》，觉得很有意义，今晚写毕《重读〈回乡见闻〉书感》。

4日，近日继续整理文集目录，今天全部整理完。

8日，画完《云山读书图》，并题一诗："白云深处有书声，两岸青山樵径行。昨夜滩声万马急，为因狂雨到天明。"

9日，朱玉麒、孟宪实、荣新江来访，谈及明年将要召开的国学院学术会议。

10日，为谭凤嬛画册写序。

11日，为安徽休宁"清代科举文物馆"题写馆名。

12日，去看望杨绛先生，将画好的梅花送给她，坐谈甚欢。

14日，日前曾为谭凤嬛《红楼人物画册》题写一诗："留春不住由春去，浅淡眉痕人有无。最是余香总在纸，微风吹送到灵枢。"

15日，找到了格登山记功碑照片和碑文。此碑文乃乾隆亲笔撰写，为的是纪念平定准噶尔之役。先生认为《红楼梦》六十三回贾宝玉将芳官改名为"耶律雄奴"一段情节与这一现实背景有关，拟写文章论述之。

18日，《中国文化报》发表先生《流沙梦里两昆仑——玄奘取经东归长安最后路段考察记》一文，并附载了先生所摄照片多幅。晚写毕《石头记古钞本汇编》序。

19日，任晓辉将打印好的先生的《中国文学史稿》送来，此稿是先生于1956—1958年所写讲义，约70万字。原手稿"文化大革命"中已被造反派毁掉，幸有当年学生保存了油印讲义，此稿才得以重见。

20日，为郭延奎题写了三件作品：谢稚柳先生的对联，杨仁恺先生的对联和晏少翔先生的画作。

22日，阅读清史中有关沙俄侵略我国的史料以及清廷平定准噶尔之战的史料。

25日，河南安阳中国文字博物馆来人，说是奉河南省委之命来请先生出任博物馆馆长。先生谈了意见：一、建立文字博物馆是大好事；二、自己年岁大了，且从未研究过文字，担当此职务不够格，也不合适，希望重新认真考虑人选。但来人说河南省委已经开会做了决定，徐光春书记提出来一定要先生出任第一任馆长，希望先生能够支持他们。

26日，写毕《〈红楼梦〉六十三回与中国西部的平定》一文。

28日，考虑写作《〈红楼梦〉的叙事方式》一文。

10月1日，观看60周年国庆庆典实况转播和晚会后口占一诗："六十年华雨雪过，中天明月一轮多。长空雁阵惊佳梦，碧海鲸波作远游。岁晚频添新白发，秋深喜见菊花酡。老来幸遇兴王日，自酌琼醣庆止戈。"

4日，作字和册页各数幅。近日将《〈红楼梦〉六十三回与中国西部的平定》一文发给朱玉麒、吕启祥、张书才，征求他们的意见。

6日，读《中国文学史稿》，并作校改。

7日，作《颂泰山并秦皇无字碑》："黄海东来第一峰，秦皇巡狩独崇封。至今无字碑犹在，卓立中华大国风。"

11日，继续校阅《中国文学史稿》。

12日，上午去中国人民大学国学院参加讨论设立国学学位的会议，纪宝成校长主持会议，汤一介、张岂之、戴逸等与会。下午山东泰安市博物馆以及岱庙的领导来访，先生将《颂泰山并秦皇无字碑》书件交给他们。晚撰写《曹雪芹家世·红楼梦文物图录》再版序言和后记。

13日，为谭凤嬛题册页，并为作《题谭凤嬛红楼咏菊图》诗："图画人怯瘦腰支，俊秀庞儿惹梦思。图罢翻教黄菊妒，满园秋色为卿痴。"

16日，画四尺斗方山水一幅。

21日，上午抵达上海，下午参观谢稚柳先生画展。次日，在上海博物馆参加谢老画展研讨会，作发言。

23日，上午看望老诗人周退密先生。下午返回北京。

24日、25日，继续校读《中国文学史稿》。

26日，飞抵西安。次日，上午参观碑林博物馆，晚参加长安佛教国际学术研讨会开幕式。

28日，上午，先生的"玄奘取经之路摄影展"开幕，许嘉璐剪彩，先生致辞。下午，佛教国际学术研讨会开始，先生发言讲述了调查玄奘取经归来所经过的主要路段的情况。次日返京。

11月1日，苑金章为做金丝楠木明式长翘头案成，先生制词云："金丝楠，三千年。制几案，香满轩。映日光，金闪闪。色如玉，肌脂黏。以手抚，温且软。展图卷，意绵绵。制之者，金章苑。铭之曰：此宝器，万事传。展画图，阅古简。陈宋椠，列元笺。焚妙香，鉴龙泉。理丝桐，伯牙弦。展长袖，舞胡旋。奏霓裳，羽衣翩。作书画，右军帖，大痴篇。得之者，勤护惜，万斯年。

二十世纪七十年代，予于扬州得古金丝楠木巨材，汉广陵王墓外椁，皇家之物也，距今二千年。树材长成阅千年，则三千年矣。吾友陈增弼兄，明式家具专家，拟制长案，忽病故。其弟子苑金章，斫轮巨擘，继其志，为制此长几，世无其匹。予乃为之作歌，以纪其盛。己丑九月十五日忽降大雪，园树尽放银花，此祥瑞也。八十又七老人冯其庸书于连理缠枝梅花草堂。"

后又作《题苑金章制汉金丝楠木长案》诗：

金丝楠木几千年，幽閟穷尘忽见天。更遇金章镂虎手，右军恨不着毫尖。

3日，青岛出版社来人取走《曹雪芹家世·红楼梦文物图录》全稿。与天津人民美术出版社通电话，同意该社出版自己的画册。

4日，河南省人民政府在北京河南宾馆举行"中国文字博物馆"馆长聘书颁发仪式，先生从河南省副省长手中接受聘书，并讲话，之后参加馆务会议。

5日，《光明日报》用一整版发表先生《〈红楼梦〉六十三回与中国西部的平定》一文。

8日，河北霸州文化旅游局局长来访，赠送了《李少春全集》和录像录音片。

9日，李巍与屈全绳政委来访，送来《汉藏交融——金铜佛像集萃》一书，书中所收录的金铜佛像都是从李巍的藏品中精选出来的，件件堪称国宝，举世罕见。而该画集印刷精美，装帧大气。先生甚称赏之。宁波铁佛寺可祥法师来访，带来沈定庵先生为书写的"瓜饭楼"匾。

10日，收到中国作家协会颁发的从事文学创作六十周年荣誉证书和奖章。

13 日，参加《汉藏交融——金铜佛像集萃》一书首发式，并讲话。

15 日，赴河南安阳。次日，上午参观殷墟博物馆，下午中国文字博物馆举行开馆典礼，先生致辞，中央领导刘延东以及河南省委书记徐光春、文化部部长蔡武先后讲话。

17 日，上午参观袁林，应约为题写"历史鉴戒"四字。中午与文字博物馆工作人员会面。下午返回北京。

18 日，收到宋广波所寄《胡适批红集》和朱玉麒所寄《清实录新疆资料辑录》（周轩编，共 12 册）。

20 日，接受《中国艺术报》记者采访，谈中国文字博物馆成立的意义，以及中国文字对于中国文化和世界文明的伟大作用与价值。

24 日，《中国艺术报》发表记者就文字博物馆的成立对先生的访谈。闻知杨宪益先生去世，不胜伤悼，因作《哭杨宪老》二首："噩耗传来地欲崩。几回相约酒杯盈。何期天不从人愿，使我伤心泪似倾。论梦从公四十年。寻楼问石酒中仙。一朝归去烟云杳，定在荒崖醉月眠。"

28 日，收到饶宗颐先生为书写的"冯其庸学术馆"题额。

30 日，山西举办张颔先生九十华诞祝寿典礼，先生因病不能前往，特打电话祝贺，并委托中国文字博物馆副馆长冯克坚和任晓辉参加典礼，并向张颔老致礼。

12 月 4 日，《中国文化报》发表先生为张颔先生祝寿的文章。

6 日，近来血糖忽高忽低，还时有感冒，身体一直不适。但仍坚持校改和部分增补《中国文学史稿》。

9 日，写毕悼念杨宪益先生的文章。

10 日，郭又陵来，商谈出版《〈石头记〉古钞本汇编》有关事宜。

23 日，从中旬起，天气大寒，感冒始终未能完全好转，经常周身乏力，断断续续校改和增补《中国文学史稿》，今天终于告竣，心情为之大快。

24 日，写毕《中国文学史稿》序和后记。为王运天藏王蘧常先生所书壮暮堂墨迹题词："此吾师王瑗仲公为壮暮谢稚柳公所书书斋额原迹，今归运天贤弟珍藏，并得谢公求书帖，则王谢风流并存一室矣，因为赋一绝：王谢风流旧世家。墨华又放满天霞。右军楔帖吴生壁，千载并时到海涯。"

25 日，开始校对青岛出版社送来的文集排印稿，补作《解梦集》序。

26 日，补作《逝川集》序。

27日，给无锡前洲中心小学学生写复信。

29日，雷广平来访，以其所辑录校注的《满洲实录校注》相赠。晚校读《精忠旗笺证》稿。为扬州史公祠所藏启功先生书联作跋。

31日，近两日身体极不舒服，勉力继续校读《精忠旗笺证》稿。

季羡林卒。任继愈卒。卓琳卒。杨宪益卒。

2010年　庚寅　87岁

[时事]　5月1日至10月31日，上海举办世界博览会。8月8日，甘肃舟曲县发生特大泥石流灾害，造成1471人遇难，294人失踪。

1月1日，继续校改《精忠旗笺证》。

自2日起，天大寒。

6日，今日将《精忠旗笺证》正文全部校改完毕。

9日，无锡前洲镇所建"冯其庸学术馆"举行奠基仪式。

12日，写毕《漱石集》新版后记。收到德国学者史华慈所寄《影梅庵忆语》德译本。

19日，写毕悼念日本学者伊藤漱平的文章。校改完《蒋鹿潭年谱》《水云楼词辑校》《十三楼吹笛谱》打印稿。

24日，校毕《漱石集》，并撰写该书后记。

27日，连日感冒，今略好，开始复校《中国文学史稿》。

29日，参加国家图书馆主办的古籍善本再造会，作发言。

30日、31日，中国文字博物馆学术委员会成立会在北京西郊某宾馆召开，李学勤先生担任学术委员会主任。先生主持会议，并与李学勤先生一起为学术委员颁发聘书。

2月5日，去和敬公主府宾馆参加青岛出版社召开的《瓜饭楼丛稿》编辑出版座谈会。

9日，纪宝成校长和国学院常务副院长黄朴民来访，先生与之谈及无锡市欲建国学院并希望成为中国人民大学国学院分院之事。

15日，旧历正月初二，近十几天一直校改《中国文学史稿》，今日竣事。

20日，校毕《瓜饭楼诗词集》。

25日，开始整理《瓜饭楼丛稿》所用插图、照片。

28日，闻知画家张仃夫世，先生甚悲痛，撰文并赋诗悼念。

3月1日，《中国文化报》发表先生1962年所写《回乡见闻》以及《重读〈回乡见闻〉》两篇文章。

2日，为谢辰生先生文集题诗："拜识先生五十年。光风霁月仰高贤。中华文博千秋业，公领长途第一鞭。"

6日，国务院秘书长马凯见访，先生与之谈及新疆出土文物和敦煌博物馆藏唐吐蕃文书保护问题，希望引起政府重视。

9日，做《红楼梦重校评批》版口设计。

10日，电话问候京剧表演艺术家赵燕侠。

17日，近日血压升高，仍勉力做事。今日将《瓜饭楼诗词稿》重校一遍，略作修改。

20日，修改毕《瓜饭楼丛稿》文集、评批集和辑校集凡例。

4月1日，收到张颔先生题写的"冯其庸学术馆"匾额。

7日，《光明日报》发表李广柏先生评介先生《脂砚斋重评〈石头记〉汇校汇评》的文章。

9日，拟就《论贾宝玉》一文提纲，并开始重读《红楼梦》。

11日，应泰山管理处请为榜书"玄门"二字。

16日，青岛出版社日前送来《瓜饭楼丛稿》新排印稿，今天开始校阅。

20日，收到饶宗颐和郭预衡两位先生答复，表示十分乐于担任《瓜饭楼丛稿》编委会主任。

22日，《中国文化报》发表先生《哭张仃老诗并序》。

5月13日，进入5月之后，先生血压、血糖不稳，大便不通，身体甚不适，仍一直勉力校阅《瓜饭楼丛稿》排印稿。今天终于不支，住进三〇五医院。

20日，病愈出院，下午修订《瓜饭楼丛稿》序言。

6月2日，为李贽纪念馆题字。

6日，为洛阳白马寺、西安青龙寺题写联语。为叶君远所著《冯其庸学术简谱》作序。

11日，《光明日报》发表先生《哭张仃老诗并序》。

17日，连续多日整理师友昔日来信，以备用作《瓜饭楼丛稿》插图。

19日，昨抵青岛，今日与青岛出版社社长孟鸣飞等座谈《瓜饭楼丛稿》编辑出版有关事宜。

21日，抵泰安，去泰山西路桃花峪看刻石，先生所题"玄门"二字刻于一巨石之上，颇有气势。晚至济南，翌日游览趵突泉、大明湖。再日返京。

30日，《中国文化报》发表先生《明正德九年罪己诏考及其他》一文。

7月4日，到中国艺术研究院参加中国红学会理事会。

13日，闻学界将在敦煌举办"饶宗颐先生九五庆典暨其学术成就研讨会"，因作《寿饶选堂公九五大寿》诗二首。

16日，去杨绛先生居所祝贺她百岁寿诞。

18日，写毕《怀念范光铸先生》一文。

25日，香港《书画报》刊出先生与饶宗颐先生合作的《古松寿石图》。日前收到访日学者杨启樵先生来信，谓其专著《周汝昌〈红楼梦考证〉失误》出版，欲寄赠先生，以求指教。先生奉答之。

27日，近两日作《读〈红楼梦〉有悟》五首，"百年家世付沉沦。往事斑斑只缄唇。诉与阮公应会解，咏怀八二写其真。""红楼一梦事非真。要待高人识旧因。百世奇冤千滴泪，曹家败落，亏空国帑之罪，实为千古奇冤。等闲只怕化烟尘。雪芹虑奇冤之难雪，故著此书，此其一也。雪芹怀不世之材，知大厦之将倾。其思想与晚明清初之先进思想通，故于书中亦寓一己之社会理想。凡人生之种种，书中皆及之，看似小说家言，实伤心人语、先知人语也。""颦颦宝玉两情痴。豆蔻芳华月上时。悟到三生如梦里，姻缘木石再无疑。""世事茫茫雾里花。朦胧何处是天涯。天涯若无寻处，撒手悬崖即到家。""一卷红楼万古情。天荒地老此长庚。姻缘木石终难合，啼血杜鹃夜夜心。"

8月2—3日，到京郊凤凰山参加国际红学研讨会，在开幕式上发言。

8日，写毕《画家杨彦》一文。

12日，日前，甘肃舟曲发生特大泥石流灾害，先生参与赈灾活动，为书写10幅书法作品，并捐款5000元。写诗祝贺清华大学百年校庆。

15日，荣宝斋欲出版先生画集和书法集，今天编好画谱稿和书法谱稿。

24日，经数十天努力，终于将《瓜饭楼丛稿·文集》排印稿全部校理完毕。

9月1日，开始校对《瓜饭楼丛稿·评批集》排印稿。

10日，近日修订《瓜饭楼丛稿》总目、总序、出版说明以及几张世系表。

13日，《瓜饭楼丛稿》排印稿全部校罢，颇感慨，自题一律："校罢丛稿鬓已皤。十年浩劫忍经过。世间名利真槐梦，天下文章似大河。九曲黄流终入海，千重翠岭出云罗。天人之际吾何敢，得解微尘恶自多。"

15日，惊悉陈毓罴先生去世，为之伤痛不已。

17日，写毕《春草集》新序和《八家评批红楼梦》后记。

25日，赴青岛，之后两天与被邀专家一起审阅《瓜饭楼丛稿》排印稿，商议修订与印刷事宜。

28日，返回北京。翌日到北京画院出席许麟庐先生九五画展，作发言。

10月1日，先生绘画今日起在天安门地铁站展览，为期一月。荣宝斋送来先生画谱与书法谱各500本。

9日，到许麟庐先生寓所看望，并合作画画。

13日，写诗祝贺人民文学出版社建社六十周年。

16日，出席"中国人民大学国学院成立五周年庆典暨冯其庸先生从教六十周年国际学术研讨会"。中华人民共和国副主席习近平给先生发来贺信。先生在开幕式上致辞，之后参加分组研讨会。翌日闭幕式上，先生发言感谢大家远道而来，并就大家热议的"国学概念"与"国学教育"之关系发表看法，认为关于国学概念的讨论是必要的，但不必与国学教育捆在一起，讨论归讨论，教育归教育，我们不能等国学概念统一之后再来办国学。百年之前就已经有国学教育了，无锡国专曾经培养出不少国学人才，是人所共知的，所以两者不要混在一起。国学概念讨论深入了，对于课程设置、学位设置也许更有利，但实践第一，首先是实践，国学教育可以先办起来。

按，习近平副主席贺信全文如下：

冯老：

您好！10月8日来信收悉。您从教60年来，在多个学术领域都有着重要影响，尤其是红学研究成就突出，今已88岁高龄，仍带领中国人民大学国学院为国学新时期的发展、为促进中国传统文化的研究发挥着重要作用。您治学报国的精神，令人钦佩。希望您保重身体，健康长寿！

习近平
2010 年 10 月 12 日

18 日，国家图书馆发来聘书，聘请先生为"国情咨询专家"。

24 日，赴无锡，参观"冯其庸学术馆"建筑，提出学术陈列室不必很大，但应该增加阅览室和小型图书馆，多购置一些适合中小学生阅读的国学书籍和科技类书籍。因为建立学术馆不是为了个人，而是重在培养下一代，应该让它起到传播文化的作用。翌日返京。

28 日，改定《曹雪芹卒年补论》一文。

11 月 5 日，《中国文化报》发表先生在"中国人民大学国学院成立五周年暨冯其庸先生从教六十周年国际学术研讨会"上的发言，题目是《铁肩担道义，妙手著文章》。

8 日，《中国文化报》发表先生《我的母亲》一文。

9 日，写毕《曹雪芹书箱补论》一文。

14 日，闻范敬宜学兄去世消息，甚悲痛。

15 日，写就《哭范敬宜学长兄》一文。

21 日，去八宝山殡仪馆参加范敬宜遗体告别仪式。翌日，《人民日报》发表先生《哭范敬宜学长兄》一文。

26 日，被聘为中国艺术研究院首批终身研究员，出席聘任仪式，接受聘书。

12 月 5 日，作《喜读钱名山公诗书画集并记》："寄来一树碧琅玕。喜煞衰翁彻夜看。七十年前追恨事，村童未获拜公颜。予今八十又八，七十年前，予方童稚，在乡种地，而喜读诗书，即闻邻县有钱名山公者，当世之太白也。欲往拜之，而贫无资，亦无引荐，终未得拜翁颜，常引以为恨。抗战胜利后，予在无锡国专，从王子畏师处得见名山公墨竹十余幅，乃得仰文苏风流。后学长兄严古津赠我以名山先生手书横幅绝句五首，即题某名伶者，予珍藏至今，虽历劫而未失也。"

10 日，《中国文化报》发表先生为叶君远《冯其庸学术简谱》所作序

《予之心依然当年》。

15日，日前，德国举办"仁者寿书法展"，展出虞逸夫、饶宗颐、张领和先生四位学者书法作品，今日结束。

26日，为齐白石长卷作题："此白石老人晚年巅峰之作，其用笔一片天机，皆入化境，纵横离披，无复笔墨蹊径可寻。忆予而立之年，初到京华，麋庐师即欲携予拜白石老人。时予村童胆怯，遂失参拜真龙之机，至今惜之！后白石老人仙去，予为长诗哭之，末四句云：'闻公名姓二十年，欲拜门墙路万千。我今来时公已去，独对遗篇泪潸然。'今见此长卷，如见真龙，欲焚香再拜而不觉涕之潸然矣。庚寅十二月八十八岁冯其庸再拜敬题。"

又为许麋庐先生墨荷长卷作题："此许麋翁于湖北咸宁白阳湖畔所作，时尚在'文革'之中，众生俱陷劫尘。而湖中荷花，满湖烂漫，似烟如雾，不知人间之有浩劫，真'花自烂漫人自愁'也。然麋翁笔下，依然一片天真，与花为一，与天机为一，与造化为一，则可见麋翁虽身在劫中，而心胸早与天地自然合，笔墨早出劫外而入大化中矣。世间邪魔其奈我哉！故此卷实为许公超然心胸之证也。吾愿世之深研许麋翁者以此卷为宝也。"

张仃卒。陈毓罴卒。范敬宜卒。郭预衡卒。

2011年　辛卯　88岁

[时事]　1月11日，我国新一代隐形战斗机歼20试飞成功。8月10日，我国第一艘航空母舰出海试航。

1月5日，赴三亚。

1月6日，寒潮袭来，海风阴冷，先生患了感冒，多日未愈。

15日，感冒减轻，开始撰写《怀念母校》一文。

17日，写毕《怀念母校》。

20日，返回北京。经两日润色，改定《怀念母校》一文，发给《无锡国专编年事辑》作者刘桂秋，用为该书序言。

2月3日，旧历正月初一，作横幅梅花、水墨芭蕉各一幅。

16日，新闻出版总署石宗源书记与阎晓宏副署长同来看望。近数十天一直在校对《瓜饭楼丛稿》排印稿。

22日，作《题己卯本》诗："零落红楼梦半残。忽从字里识真颜。芹溪手泽依稀在，万世千秋重宝看。"又作《题庚辰本》诗："奇书散落不知年。更向何方觅断篇。岂料天从人意愿，庚辰一部得其全。"

25日，江西进贤文港中学文成华老师一生执教，退休后又义务教学10年，今已82岁，病残在床，曾来信述其艰难之状，向先生求字。先生为书写杜甫《江村》诗，并赠诗云："千里长望两病翁。布衣素食傲王公。为公特写相思字，一笛春风到赣东。"

3月22日，作《校罢丛稿自题》诗："草草平生九十年。耕田种地忆从前。无端弄笔沾文墨，到老犹耽未肯蠲。三载辛勤如梦里，一灯独挑理陈篇。丛残待到成编日，独对芜笺转自惫。"

29日，为上海古籍出版社《清代诗文汇集》写推荐书。为中国文字博物馆作八尺条幅书法。

4月4日，补写《五庆堂曹氏家谱校订本》序。

15日，出席中华书局《文史知识》创刊30周年庆祝会。

5月28日，近两月，时常患病，身体虚弱，但只要略见好转，便抓紧时间校对《瓜饭楼丛稿》排印稿。今日，法籍华人学者、法国国家科学研究中心研究员陈庆浩先生来访。

30日，作《怀张颔老》诗。

6月3日，读上海古籍出版社影印旅顺博物馆藏《六祖坛经》，思考"空""有"之关系，因作一偈："说空便是有，无有空何来？世间修为法，都缘自有在。"

20日，为周怀民先生画作《密云新貌》题写长跋。

29日，先生助手高海英从6月5日赴上海印厂校改《瓜饭楼丛稿》排印稿，至今日全部改完。

7月4日，高海英返回北京，先生作《海英自沪取丛稿回，都三十三册，诗以为谢》。

6日，写毕《玄宗入道考》一文。

9日，收到姚奠中先生大幅题字："不拘于虞，不束于教，胸怀宇宙，御风游遨。 其庸学长先生清鉴。姚奠中九十九"，后此题字用于《瓜饭楼丛稿》文集总目之前。

17日，画《大荔图》贺杨绛先生101岁生日。

8月1日，画《龟兹盐水沟山水》，并题诗。

5日，收到上海寄来的《瓜饭楼丛稿》各卷附件之排印稿，逐一审校。

10日，至青岛，其后两天与有关专家及青岛出版社领导、编辑一起审阅《瓜饭楼丛稿》排印稿。12日傍晚回到北京。

17、18日，再赴青岛，审阅并讨论《瓜饭楼丛稿》排印稿。

19日，赴济南。翌日，至安徽萧县参观博物馆，了解当年金寨发掘古玉器之经过。再日，到金寨实地考察。

22日，回到家中，整理带回来的有关古玉器之材料。

27日，对日前所画两幅山水作加工。

9月3日，闻知虞逸夫先生昨日去世，甚悲痛，撰书挽联以悼。

11日，画毕八尺《龟兹山水》长卷。

13日，作《哭虞逸夫老》二首："相识平生恨太迟。挑灯夜夜读新诗。敲金戛玉珠玑字，太白豪情逸少书。""赐我长歌气峥嵘。滔滔巨浪似游龙。麓山高峙青云外，汨水苍茫入杳濛。衡岳雁归无信息，湘江北去有衰翁。如今往事都成梦，泪眼南望点点红。"

15日，绘《秋山图》，并题诗。

10月1日，《中国文化报》公布李学勤先生任中国文字博物馆馆长、原馆长冯其庸先生任名誉馆长之消息。

12日，绘《墨梅图》，并题诗。

14日，先生得到通知，被选为第八届中华全国文学艺术工作者代表大会代表。

17日，《文汇报》发表先生山水画：《荒村建子月，独树老夫家》。

24日，连日重感冒，今日到陆军总医院诊治。

28日，作《题连理缠枝古梅》诗二首。

31日，余英时先生嘱生活·读书·新知三联书店送来其新著《朱熹的历史世界》。

11月2日，绘《千岩图》，并题诗。

3日，枕上吟成《投老》诗。

4日，绘《瞿塘峡图》，并题诗。

9日，国家新闻出版广播电影电视总局聘请先生为《中国通史》百集电视片顾问，并任《丝绸之路》《敦煌与吐鲁番》两集总撰稿。

13日，叶嘉莹先生来访。晚作《寄怀太原张作庐翁》诗："不见张公已五年。愁来时读侯马篇。身经百劫千难后，志在洪荒太古前。长路还须存老马，名山未必有神仙。占翁善病多珍养，好与故人续旧缘。"

17日，作《再悼长沙虞逸夫老》："逝去凭谁与子通。艰危世事语难同。诗情每忆陶彭泽，琢句更无月下翁。已约罗江寻屈子，还思南岳问鸿蒙。如今万事都成往，只有思君不可终。"

20日，赴上海，再次校阅《瓜饭楼丛稿》排印稿，至23日始看完。

24日，作《忆昔》诗："行年九十饱艰难。烽火连年故国残。遍地狼烟倭势炽，冲天敌忾气如峦。八年抗战歌还哭，四亿同仇苦亦欢。待到巨凶悬首日，中华赤帜已漫漫。"

26日，作《忆顾钦伯、倪小迂先生》："顾老当年肯说诗。云林后土有新词。谁知万里因缘好，我与髯翁左右居。予于1942年就读省工专，得识顾钦伯老师，并识倪小迂先生。后1949年予任无锡市一女中教师，时顾老亦任职该校，遂时时相见。1954年，予调北京中国人民大学任教，倪小迂先生则任职农科院，居近咫尺，欢聚良多。先生蓄长髯至胸，望之如仙。"又作《忆张潮象师》："苦忆江南老布衣。圆圆一曲泪长挥。雪巅词客今何在，白发门生梦子归。"

12月4日，为谭凤嫄新绘《金陵十二钗》题字。

10日，绘《古盐水沟取经之路图》，并题诗。

12日，觅见《回乡见闻》原稿，甚感慨，作《重读六十年前〈回乡见闻〉抒感》："蓦然又见返乡书。凄绝当年断蕻初。报急原因乡里急，岂能坐视忍无虑。谁知风雨狂飙日，竟把真言作子虚。十载沉冤填恨海，白头回忆也嗟嘘。"

13日，知将被授予文化部中华艺文奖，亦知故乡为建"冯其庸学术馆"将落成，感赋一绝，以告故乡父老亲友："桃花春水绕吾庐。一别故乡六十余。今日虽承天外奖，依然耕牧是真吾。"

17日，至清华大学参加与杨振宁、吴良镛、欧阳中石诸先生关于科学、文学、艺术的对话。

19日，至国家博物馆参加"中华艺文奖"颁奖典礼，先生被授予"终身成就奖"。

28日，作《忆甲辰（1964）冬自马河滩登终南山绝顶，遥望秦岭，灿若蓝宝石，为平生之仅见。欲付之画稿，迄未有成。今忽得句，乃足成之，距登山之日，忽忽四十有七年矣》："初上终南第一峰。遥望秦岭翠葱葱。千岩壁立连天远，始识名山绝世容。"

31日，收到上海印制的《瓜饭楼丛稿》若干套。

虞逸夫卒。

2012年　壬辰　89岁

[**时事**]　6月16日，我国神舟九号飞船成功发射。10月11日，作家莫言获得2012年诺贝尔文学奖。11月8—14日，中国共产党第十八次全国代表大会召开。15日，第十八届一中全会选举习近平为中央委员会总书记。

1月5日，开始画《嵩阳老柏图》。

8日，至北京饭店参加《瓜饭楼丛稿》出版座谈会。座谈会由青岛出版集团董事长孟鸣飞主持。作家王蒙、中国人民大学校长纪宝成、中国艺术研究院院长王文章、新闻出版总署副署长邬书林以及一些学者相继发言，盛赞先生的治学精神。先生致辞答谢，讲到《瓜饭楼丛稿》的内容，说自己一贯秉持的原则就是说真话。并且说这部书还应经过社会考验、时间考验。

10日，绘毕《嵩阳老柏图》。

16日，开始画《深山读书图》。

21日，俄罗斯东方研究所副所长波波娃来访。

31日，完成《深山读书图》，并题诗："群峰簇簇迫青空。朵朵莲花雪芙蓉。仰视千寻擎黝碧，俯瞰万象杳濛濛。山斋高卧云林士，茅舍长吟梦蝶翁。四季山花开复落，只知身在太元中。"

2月7日，绘毕《水阁山村图》，并题诗。

15日，绘毕《翠谷幽居图》，并题诗数首。

21日，庭院内种下南方运来的两株古梅和一株桂花，甚喜悦。

26日，日前徐邦达先生去世，今天至徐老家悼念。

3月1日，接受《光明日报》记者采访，建议文科学生能够识读繁体字。

9日，绘毕《高栖图》，并题诗数首。

11日，至北京画院观看周怀民先生画展。

13日，作《九十书感，次东坡〈送春〉诗韵》："九十年华不可追。丛稿刻罢已斜晖。病来只觉常思睡，争似当年笔欲飞。满架诗书尘久积，一床翠墨用无机。乾隆旧纸冬狼笺，纵写新图力已非。"

15日，作诗咏梅，题目为《古体咏园中千年缠枝古梅，尹学成君为我从徽州深山中移来，识者云当是元以前物，则近千年矣》。

20日，蒙魏靖宇赠大罐，作《古甀歌》。

22日，去人民大会堂参加中华书局成立百年纪念会。

23日，去北京画院观看朱屺瞻老画展。改定古体长诗《缠枝古梅歌》。

26日，作古体长诗《耳聋叹》。

4月1日，绘毕《天池石壁图》。

14日，近日一直整理个人书画展所用作品，今天大体就绪。

26日，去中国美术馆观看冯远画展。

5月3日，写毕《虞逸夫诗文集序》。

7日，至中国美术馆布置个人书画展。

8日，"冯其庸九十诗书画展"开幕，孙家正、王文章、谢辰生、范迪安、纪宝成为剪彩，众多画界、文艺界、学术界朋友参观展览，盛赞先生作品。

10日，再至中国美术馆，陪同刘云山同志观看书画展。

15日，书画展最后一天，刘延东同志前来观看，先生陪同。

26日，无锡市女一中校长与教师来访，女中将举办成立100周年活动，请先生讲述往事并录音。

6月1日，近来一直校改《瓜饭楼诗词草》，今日校改完毕。

6日，去国家博物馆参加"章太炎、姚奠中师生书艺展"开幕式。

11日，北京社会科学院劳允兴先生来访，劳先生为北京史专家，著有《七叶集》。先生与之相谈甚欢。

7月5日，今天获悉，《瓜饭楼丛稿》获国内印刷最高奖。

7日，写毕《我的土地证》一文，拟作为《秋风集》"再记"。

12日，作《怀念启功先生》三首："一别元翁已十年。梦中常忆解红篇。牡丹富贵终流俗，怎似灵河绛草仙。""平生好究笔头禅。常请元翁董巨篇。更爱富春山水好，烟霞满纸尽天然。""书到钟王有几人？元翁巨笔得其神。疯魔百代先生迹，纸贵洛阳字字珍。"

13日，去人民大会堂参加"启功先生诞辰100周年纪念会"。

17日，去中国人民大学参观新建成的国学馆，会见校长陈雨露、原校长纪宝成，并与国学院西域所老师座谈。

8月2日，写毕《学画忆往》一文。

3日，《光明日报》发表先生《我的土地证》一文。

8日，国家图书馆出版社约请先生口述历史，今天来人开始为录音录像，此后至11月底，共录二十余次。

22日，绘毕《翠峰茆屋图》，并题诗。

28日，近来身体甚不适，今天到医院诊治。

9月5日，绘毕《秋山图》，并题诗。

20日，去北京画院观看祝竹篆刻展。

21日，去中国人民大学国学馆参加"第二届汉藏佛学学术研讨会"开幕式，并讲话。

25日，至无锡前洲镇，参观布置已经大体就绪的"冯其庸学术馆"，提出若干修改建议。翌日，抵上海。再日，到上海图书馆阅览戚本《红楼梦》之底本前40回，及程乙本。28日返京。

10月3日，到中国人民大学，参加"吴玉章学术奖颁奖典礼"。先生与郧沧萍、汤一介先生同获终身成就奖。

7日，编就《玄奘取经西去东归国内遗迹影录》。

14日，绘毕《幽谷深居图》。

21日，为姚奠中先生诗帖题跋，并作《奉题姚奠中先生诗帖》诗。

25日，纪峰为先生塑像，先生作诗咏之。

11月2日，去中国人民大学参加"全国高校国学院院长论坛暨纪宝成国学教育基金成立仪式"。《中国科学报》发表记者对先生采访。

13日，写毕《论庚辰本》"再版后记"。

19日，作《九十回乡抒怀》："九十归来老病身。沧桑故国气氤氲。遍寻邻曲朋侪少，望断高楼万象新。梦里常存生死日，眼前尽是太平春。年华逝去头成雪，坐对青山念旧人。"

20日，为中国艺术研究院书法院作春联并书写："空谈误国殃大事，实干兴邦建小康。"

28日、29日，接受《文汇报》记者采访。

12月7日，赴无锡。9日上午，前洲镇举行"冯其庸学术馆"开馆仪式。有关领导、专家学者以及各界人士近二百人参加。仪式之后，来宾参观学术馆。该馆有两千平方米，分为"稻香家世""艰难学程""翰墨余香""翰海孤征""佛像遗迹"五个展厅，直观地反映了先生生平和多领域的巨大成就。

10日，抵上海，去上海博物馆参观"元代青花瓷器特展"和"日中珍藏唐宋元绘画展"。今天《人民日报》《光明日报》均报道了"冯其庸学术馆"开馆消息。

25日，去中国人民大学，商谈捐赠图书墓志有关事宜。

作《二○一二年十二月三十一日夜十二时半送岁》诗："一年岁月剩今宵。老去光阴似烛销。忽忽山君成昨日，匆匆玉兔换新朝。扫清落叶何容缓，检点是非岂可骄。千秋术业凭公断，未应自圣自标摇。"

徐邦达卒。罗哲文卒。周汝昌卒。黄裳卒。吴江卒。

2013年　癸巳　90岁

[时事]　3月5—17日，第十二届全国人民代表大会第一次会议召开，选举产生了新一届国家机构组成人员。习近平任国家主席，李克强任国务院总理。6月11日，我国神舟十号载人飞船发射成功。9月22日，山东省济南市中级人民法院判处中共中央政治局原委员、重庆市委原书记薄熙来无期徒刑，剥夺政治权利终身，并处没收个人全部财产。12月，我国探月二期工程取得圆满成功。

1月6日，重读《浮生六记》，因忆少年事，作诗抒怀："重读《浮生六记》来。少年曾到东山隈。《六记》记沈三白夫妇离家后曾到堰桥东高山下友人处寄居。予少年时曾到东高山寻访其地，未得。又东高山在前洲之东，故称东高山，在东高山东面居住的人则称西高山。荒烟野草何方是？一片斜阳独自回。"

9日，捐赠中国人民大学国学院戏曲类、佛教类和敦煌文献类图书三千多册。

14日，为周宏兴指书作序。

26日，今日细读元代王蒙画册，深有心得，以为中国传统绘画，贵在用笔用墨。用笔要笔笔清雅而不乱，乱即成涂，不复是画。用墨要有神，神而有韵，百看不厌，始入佳境。今人以染代衬，疏于用笔。重于染，画面因多做作，甚有以涂染为主者，遂失古人之意，而更近于水彩、油画矣。

28日，中国艺术研究院院长王文章来访，先生向其建议研究院应设立传拓艺术和装裱艺术研究机构。

2月10日，旧历正月初一，绘毕《雪压芭蕉图》。

28日，中国艺术研究院召开会议，王文章院长宣布成立传统工艺研究所。先生与会，并发言。

3月10日，开始考虑编写《瓜饭楼外集》。

21日，与李希凡先生通话，知其曾因血糖骤升住院，因赋诗以慰之。

28日，商务印书馆副总经理江远来电话，表示愿意出版《瓜饭楼外集》。

29日，写毕《三论庚辰本》一文。

4月2日，拟好编写《瓜饭楼外集》计划。写毕《瓜饭楼印存》自序。

4日，写毕《瓜饭楼外集》总序。

9日，参加徐秀棠紫砂雕塑展开幕式，并讲话。

13日，去中国人民大学国学院，参加"吐火罗语问题研讨会"。

16日，写毕《瓜饭楼外集》简介。

19日，编定《瓜饭楼外集》分卷计划。作《怀张正宇老》诗。

26日，写毕《玄奘西行录》序与后记。

5月8日，编就《玄奘西行录》。

14日，近日，作《编瓜饭楼外集感赋》《九一怀旧》《咏梅》《读牧斋诗》《题园中西府海棠》五首诗。

16日，上海古籍出版社寄来《冯其庸从教60周年纪念论文集》。

20日，为谭凤嬛画册写序。作《题邓尉司徒庙清奇古怪古柏》四诗。

26日，为李锐手稿题诗："阅尽沧桑一百年。铮铮铁骨是神仙。男儿自有英雄气，留得真言万世传。"

28日，作《聆君》诗。

29日，中国人民大学原校长纪宝成来访，商谈纪念国学院成立十周年事。先生为草拟纪念活动计划。

31日，接受电视台采访，谈有关传统诗词创作问题。

6月13日，经数日努力，大体编就《瓜饭楼外集·文物卷》。

19日，写毕《瓜饭楼外集·文物卷》说明，并着手整理师友来信，以备编写《瓜饭楼外集·师友录》。

28日，突闻邱华东去世，作诗二首悼之。

7月1日，应商务印书馆嘱，为出版《瓜饭楼外集》填写申报国家专项基金表格。

6日，去政协礼堂参加首届"诗词中国"传统诗词创作大赛颁奖典礼。

7日，去天寿山参加徐邦达先生落葬仪式。

19日，大体整理好《瓜饭楼外集》第一卷所有资料。

26日，近日，先生腿痛甚剧，然仍勉力陆续写毕《瓜饭楼外集·综合卷》《紫砂卷》和《师友录卷》序言。

27日，《人民日报》文艺版发表先生《寄怀宜昌李山先生》诗："万里相望感子深。天涯同是教书人。何时重到长江口，略慰平生寂寞心。宜昌李山先生，怀予甚切，嘱其女远道前来问候。予不慎失其通信地址，中心念之，诗以寄怀。冯其庸九十又一于京华。"李山先生为小学教师，曾嘱其女于六月下旬看望先生。

8月9日，剪贴毕《瓜饭楼外集》第一卷所用照片。

18日，去首都师范大学参加"中国敦煌、吐鲁番学会成立三十周年国际学术研讨会"。

24日，去中国军事博物馆参加"邵华泽书法展"开幕式。

28日，叶兆信送来一块雪浪石，植于园中，因作七言长诗《后雪浪石歌》。

9月7日，连续数日编写《瓜饭楼外集·西行录》卷，今日将次完成。

12日，写毕《瓜饭楼外集·西行录》序。

16日，为《王蘧常先生书法集》作序。

21日，作《题画》诗。

27日，重编《瓜饭楼外集》第一、二卷，增补若干内容。

10月4日，《瓜饭楼外集》第一、二卷大体编定。

12日，为"晏少翔先生百岁画展"题诗。

14日，作《江乡图》，并题诗。

23日，写毕《瓜饭楼九十书诗画集》序。

25日，去木樨地看望贺敬之同志。

26日，天津人民美术出版社拟将先生书画作品收入"中国近现代名家画集"。北京人民美术出版社亦决定出版先生画册，入"大红袍系列"。该系列书画集因为以庄重的"中国红"烫金书函为装帧风貌，被称为"大红袍画集"。凡收入"大红袍系列"的画家，许多都是画坛大师，如老一辈的吴昌硕、齐白石等，故被收入"大红袍系列"，是画家的荣誉。先生今日写毕自选《大红袍画集》序。

29日，接受电视台采访，谈张家湾镇历史及其与曹雪芹家族之关系。

30日，中国人民大学原校长纪宝成与副校长杨慧林来访，先生谈及中国人民大学国学院创办西域所得到中央重视之情况。

11月4日，为无锡前洲中学书写校牌。开始编写《大红袍画集》所用《艺术年谱简编》。

16日，中国红楼梦学会会长张庆善来访，商谈召开全国红学会有关事宜。

21日，写毕《艺术年谱简编》。

22日，赴河北廊坊。翌日，参加中国红学会召开的"纪念曹雪芹逝世250周年大会暨学术研讨会"开幕式，并讲话。

25日，写毕《大红袍画集》后记。

12月5日，根据录音整理在"纪念曹雪芹逝世250周年大会暨学术研讨会"开幕式上的讲话，寄给《红楼梦学刊》。

11日，写诗祝贺《曹雪芹研究》创刊。

14日，为姚奠中先生所书千字文作题记，并题诗。

15日，写毕《瓜饭楼外集·紫砂卷》后记。

16日，写毕《瓜饭楼外集·西行录》后记。

17日，写毕《瓜饭楼外集·师友录》后记。

18日，写毕《瓜饭楼外集·九十诗书画集》后记。

23日，改定《唐玄宗入道考》。

27日，惊悉姚奠中先生今晨突然去世，不胜痛悼。

28日,作《编外集将成,慨然感赋》:"未成外编体先衰。白发萧萧辍酒卮。半世辛勤磨麝墨,百年心事阿谁知?图书古籍三千牍,玉轴缥缃二百支。留得翛然诗骨健,三山五岳信由之。"

邓绍基卒。姚奠中卒。邱华东卒。

2014年　甲午　91岁

[时事]　2月27日,十二届全国人大常委会第七次会议经表决通过决定,将每年9月3日确定为中国人民抗日战争胜利纪念日,12月13日设立为南京大屠杀死难者国家公祭日。6月,原中央军委副主席徐才厚严重违纪被开除党籍。10月,中国共产党十八届四中全会召开,决定全面推进依法治国。11月,APEC峰会在北京召开。我国探月工程再入返回飞行试验成功。12月13日,我国首次举行南京大屠杀死难者国家公祭日活动。该月,原中国共产党政治局常委周永康涉嫌犯罪被捕。

1月1日,人民美术出版社送来《大红袍画集》样稿,随即校改,至晚完成。

5日。经数日努力,编就《瓜饭楼外集·师友录》中王蘧常先生书信部分。

20日,十几天来,一直在编辑、修改《瓜饭楼外集》中青花瓷、藏印、墓志等数卷。

24日,《文艺报》发表记者对先生的长篇访谈:《老骥伏枥,壮心不已》。

26日,中共中央政治局常委刘云山代表习近平总书记和党中央到家中看望先生。

31日,旧历年初一,整理《瓜饭楼外集·藏印卷》所用西夏印。

2月8日,编就《瓜饭楼外集·藏印卷》。

14日,元宵节,修改补充《瓜饭楼外集·紫砂卷》后记。

16日,写毕《瓜饭楼外集·青花瓷卷》后记。

17日,收到余英时先生委托台湾联经出版社寄来其新作《论天人之际》。

23日，沈卫荣、荣新江、孟宪实、乌云毕力格、罗丰等来访。

26日，中国人民大学校长陈雨露、书记靳诺来访，告知杨慧林将出任国学院院长。先生建议成立西域研究所。

3月7日，近日两腿常常疼痛难忍，然而仍坚持做完了《瓜饭楼外集·藏印卷》。

14日，本月，《中国近现代名家画集·冯其庸》（《大红袍画集》）由人民美术出版社出版发行，今天出版社送来印好的画册。

25日，开始作《瓜饭楼外集·墓志卷》。

26日，近日庭院中梅花盛开，一株古梅原先花呈朱砂色，今年却开了一树白花。今日作《古梅奇记》一文。

4月2日，写毕《瓜饭楼外集·墓志卷》后叙。

7日，做好《瓜饭楼外集·墓志卷》全部文稿。

10日，江苏文艺出版社拟出版先生的散文集《人生散叶》，今日写毕序言。

17日，写毕《人生散叶》后记，并修改《梦里的家乡》一文，编入该散文集中。

30日，今日一直在整理编辑《瓜饭楼外集·师友录》。

5月5日，近日腿痛加剧，每晚服安眠药始能就枕。师友信件尚未扫描完成，心内甚急。

11日，作字一幅，书曹植"惊风飘白日，光景驰西流"诗句。

15日，开始修改《瓜饭楼外集·师友录》师友小传。

20日，几天来连续发作低血糖，几不能支，勉强做事。

22日，购得陈小翠《翠吟楼草》，夜读，不能寐，口占四诗，其一："梦想翠侯六十年。吟笺词笔两茫然。如今忽得翠楼草，往事烟云到眼前。"其二："当今谁识故陈侯？一卷诗词万古愁。百劫千难亲历过，杜陵诗笔哭神州。"其三："重来长吉制词新。万古神州又一人。我拜翠侯东海角，至今始读翠楼吟。"其四《题刘梦芙写陈小翠长文》："八十年来第一文。翠侯百岁有知音。才人千古谁无死？镂玉文章万世存。"

24日，《光明日报》发表先生《山水会心录》一文（《大红袍画集》后记）。

25日，《光明日报》发表先生《古梅奇记》一文及其画作《雪骨冰枝》。

6月8日，近来身体极度虚弱，家人劝住院诊治，然先生担心住进医院手里的工作将全部停止，书稿无法如期完成，故勉力继续整理《瓜饭楼外集·师友录》。

13日，《瓜饭楼外集·师友录》全部编辑完毕。

14日，任晓辉为先生从广州图书馆复印台湾版陈小翠《翠吟楼草》全集，先生甚高兴。

20日，《光明日报》发表先生《梦里的家乡》一文。

21日，去中国艺术研究院参加《李希凡文集》出版座谈会，做发言。

7月12日，连日作画，今天将已经完成的20幅山水画题字盖章。

17日，接受《无锡日报》记者采访。

19日。中国人民大学请先生提名推荐吴玉章奖获奖人，先生为推荐《侯马盟书》的作者张颔先生。

31日，开始整理印谱。

8月15日，身体一直甚为不适，12日入住305医院做检查，今天出院。

26日，写毕《冯其庸学术述略》。

9月1日，对《瓜饭楼外集》总目作调整，确定为定稿。

11日，寄去为《中国民族博览》杂志写的文章及其所附照片。

16日，接受中央电视台采访，谈金庸小说。

23日，经多日努力，完成了《瓜饭楼外集》排印稿第一校。

10月1日，重新校读《瓜饭楼外集·藏印卷》。

14日，去京西宾馆报到。次日，参加习近平总书记主持的文艺座谈会。会毕，习总书记与先生握手欢叙。

21日，中央办公厅来人取走先生致习总书记的信，信中建议成立"西域研究院"或"西域学研究中心"，由中央直接领导，说明这是关系到党和国家强盛的重大事业。

28日，连日血糖忽高忽低，甚虚弱，今日到301医院诊治。

31日，中央办公厅送来习总书记与先生的合影。

11月4日，北京大学发来《唐玄宗入道考》一文排印稿，先生嘱高海英帮忙校对。

8日，继续校对《瓜饭楼外集》藏印、青花瓷、西域录诸卷。近日血糖病状时时发作，十分难受。

17日，收到王炳华教授来信，谈成立"西域研究院"或"西域学研究中心"之事。先生为此特致信刘延东副总理，言明此事之重大意义，吁请由国家民委直接领导"西域研究院"或"西域学研究中心"之创建。

12月12日，上月，血糖病连续发作。身体极度虚弱，20日终于不支，住进301医院治疗，今日始得出院，住院共22天。

15日，回到家仅3天，突患急性肺炎，高烧，说胡话，病势危急，再次入住301医院，直到2015年1月20日始出院，此次共住院35天。病情缓解后，时时惦念《瓜饭楼外集》之完善与出版。先生自言，由于年迈体衰多病，像这样多部帙著作，以后恐怕再没有力气做了。

《瓜饭楼外集》共15卷，总目如下：

一、瓜饭楼藏文物录　上
二、瓜饭楼藏文物录　下
三、瓜饭楼藏印
四、瓜饭楼藏墓志
五、瓜饭楼藏汉金丝楠明式家具
六、瓜饭楼藏明青花瓷
七、瓜饭楼藏紫砂壶
八、瓜饭楼师友录　上
九、瓜饭楼师友录　中
十、瓜饭楼师友录　下
十一、瓜饭楼藏王蘧常书信集
十二、瓜饭楼摄玄奘取经之路
十三、瓜饭楼摄西域录
十四、瓜饭楼书画集
十五、瓜饭楼山水画集

以上十五卷都已经出了排印稿，计划2015年由商务印书馆出版。这部《瓜饭楼外集》和《瓜饭楼丛稿》（青岛出版社出版，共33卷）以及《脂砚斋重评〈石头记〉汇校汇评》（与季稚跃同志合作，由国家图书馆出版社出版，共30卷）成为先生一生治学、艺事、文物收藏以及学术艺术交往等等诸方面活动的总结。

后　　记

　　中学时，就经常从当时的重要报刊上见到冯其庸师的文章；后来插队，带到乡下一本冯师主编的《历代文选》上册，尽管边角已经褶皱，却珍若拱璧，从那时起，"冯其庸"的大名就深深印在脑子里。1979年，我慕名报考了冯师的研究生，与另两位师兄一起有幸做了老师的开门弟子。奉教函丈三年，毕业后，两位师兄去了外地，只有我留在中国人民大学，还在老师身边。以后冯师又在中国人民大学带过两届研究生，但绝大多数没有留在北京，在中国人民大学的更只有我一个人，所以只有我非常幸运地仍能时时亲承謦欬。1986年，冯师奉调至中国艺术研究院任副院长，我向老师请益不仅没有减少，反而愈加频繁，老师对弟子的关心与提携亦一如既往。老师每有著作发表，必惠赐弟子；弟子治学每有疑问，必请教老师，因此我一点儿也没有老师已经离开中国人民大学的感觉。2005年，中国人民大学创立国学院，纪宝成校长礼聘八十三岁高龄的冯师出任首任院长，我协助老师做一点事，与老师的联系更为密切。冯师辞去院长职务后，我仍然常去老师家中拜望，问候起居之余，听老师谈古论今，衡文论艺，还有几次听老师聊起自己的往事，从青少年求学之艰难，到后来所遭受之磨难，从最早作品之发表，到后来发现和解决一个又一个学术问题之快乐。

　　想想从恩师受教的经历，从1979年算起，仿佛一眨眼的工夫，迄今已逾30年了。30年来，与恩师感情越来越深，对恩师的了解也越来越深入了。随着了解的深入，我对冯师也愈加崇敬和钦佩了。

　　冯师是一位在诸多领域都取得非凡成就的学术大家。提起冯师，人们首先想到的是红学。的确，在红学上冯师作出了巨大的学术贡献，无论是关于曹雪芹家世、《红楼梦》版本与评点，还是关于《红楼梦》的思想、艺术，他都有研究论著发表，并且许多成为红学史上里程碑式的经典论著，他将红学研究提升到一个新的高度。回顾近一百多年来的红学史，冯师毋庸置疑是开创红学新生面的杰出代表。但其成就又岂止于此？在文学史的许多领域，他都做出了自己的建树。"文化大革命"前，其关于《三国演义》作者的考证，关于北宋词风的论述，就都曾引起学界的重视。他主编的《历代文选》风靡一时，不仅成为高校教材，而且由于毛泽东的推荐，成了高级干部提高人文修养的必读物。他还独立撰写了《中国文学史稿》，用了许多别人不曾使用过的文献资料，提出了许多新鲜见解。可惜由于当时的政治气氛越来越不利于学术研究，此书稿未能面世。在"文化大革命"动乱中，原稿和油印讲义全部被毁。幸而当年的一些学生因为喜欢冯师的讲授，将油印讲义精心保存下来，最近才编入《冯其庸文集》出版。20世纪五六十年代，他还发表了大量戏剧评论文章，这些文章分析剧情、表演、唱腔、舞美，见解高明，持论宏通，入情入理，文笔酣畅淋漓，受到读者激赏，被戏剧演员视为真正的行家之言、知音之论，他也因此被全国戏剧家协会吸收为会员。他还涉足历史学科，近年连续发表了《玄奘取经东归入境古道考实》《项羽不死于乌江考》《千百年来一座有名无实的九斗山》《〈大秦景教宣元至本经〉全经的现世及其他》等论文，每一篇出，均引起很大反响。在考古方面，他也有所发现，1981年的《考古》杂志曾发表了他和另一位老师合写的《陕西长安县王曲地区新石器时代遗址调查》一文，据《考古》编辑讲，这是当时唯一一篇由非专业人士完成的考古调查报告。

特别是冯师为了考证玄奘取经之路，曾十次去新疆，三次上帕米尔高原，终于确证了玄奘回归祖国入境的山口古道，破解了自玄奘回归后一千三百多年来一直未解之谜。2005年8月，他重上帕米尔4700米的明铁盖山口，为玄奘立东归古道的碑记。同年9月，他又深入罗布泊、楼兰，经龙城、白龙堆、三陇沙入玉门关。终于证实了玄奘回归长安的最后路段，而且这一路段与玄奘《大唐西域记》的记载完全一致。因此冯师又一次历尽艰难，破解了玄奘研究学术史上的又一个千古未解之谜！

在这样一个历时十年的实地调查的基础上，冯师还提出了西部大开发的呼吁。而这一呼吁，经多年之后，终于得到中央的重视而全面地付之实践了。可见冯师的学术研究具有多么重大的实践意义啊！

冯师多方面的学术成就足以让人惊羡，因为一个人的精力有限，取得如许成就已属不易。但冯师还以其余力写作了大量散文和诗词，结成集子的散文就多达六册：《秋风集》《落叶集》《夜雨集》《墨缘集》《剪烛集》《瓜饭集》。这些散文，叙往事，述友情，记游历，谈逸闻，每一篇都情深而笔灵，且多富于知识性，是很典型的学者型散文。其诗词散佚较多，但留存下来的仍然有一千多首，绝大多数为旧体诗词，笔者认为，最有代表性的是七言古体，写得恣肆奔放，夭矫不群，颇具个性色彩。

冯师还钟情于书画艺术，于书画理论和鉴赏有很深的造诣。读书写作余暇，他常挥毫运笔，沉潜于书法丹青的创作。他多次举办个人书画展，出版了《冯其庸书画集》《冯其庸山水画集》，无论书法还是绘画均深获赏家好评，被誉为文人字、文人画。对于摄影艺术，他也十分喜爱并拿来为学术研究服务，他在上海和北京举办的"冯其庸发现考实玄奘取经之路暨大西部摄影展"，曾引起轰动。他的摄影集《曹雪芹家世·〈红楼梦〉文物图录》、《瀚海劫尘》，以极富人文内涵与学术气息的创作给予读者不一般的感受。

此外，冯师还广泛涉猎古典园林、紫砂工艺、汉代画像等，并且不是一般性的了解，而是钻研得很深，在传统文化方面具有他那样全面修养的学者是很少的。就拿紫砂壶来说，他的见识与见解就非同凡响。明代以来时大彬等名家之作，他虽未能尽阅，但经眼者很多。他自己还藏有一把清代制壶大家陈曼生的作品，于紫砂壶的历史，可谓了然于胸。他和当代紫砂壶大师顾景洲论交数十年，与顾老得意传人高海庚、周桂珍、徐秀棠等也往来频频。他还多少次到宜兴去，亲自为这些人的作品题字。所以，他撰写的《关于中国的陶文化、茶文化及其他》《宜兴的紫砂艺术》《记陶壶名家顾景洲》《工极而韵，紫玉蕴光》《走在世纪前列的艺术家》等文章，于紫砂艺术史和艺术成就侃侃而谈，绝对是行家的真知灼见。再说汉代画像，凡是出土过汉画像石、画像砖的主要地区的汉墓，例如河南、山东、安徽、江苏、四川、山西、陕西的汉墓，他几乎都参观遍了。仅徐州一地，他就去过多次，除却当地的汉画博物馆，如茅村、白集、北洞山、小龟山、驮蓝山和楚王山汉墓，他都一一亲临观看和拍摄。他自己还收集了大量的汉画像拓片，并且与人合作出版过《汉画解读》一书（冯其庸题评、刘辉著）。与人聊天，只要提起汉画像的话头，就兴致勃勃，滔滔不绝。他很早就讲过："全部汉画的总和，无疑是一部汉代社会的风俗画。"又强调说："从时间来说，它恰好在敦煌石室之前，其尾声恰好可与敦煌石室的始建相衔接……汉画是未受佛教文化影响的中华民族本生文化。如果要认识中华民族文化未受外来文化影响之前的文化，从艺术的范围来说，就只有汉画以及比汉画更早的原始艺术。从以上两层意义来说，我说它是'敦煌以前的敦煌'，并不是毫无根据的夸张。"（《夜雨集·汉画漫议》）说汉画是"敦煌之前的敦煌"这个比喻，很快被学界所认同，广为流传。正因为他对汉画像的渊博知识与卓异认识，所以他被推选为中国汉画学会的首届会长。再举个例子——藏墨，文房四宝中的墨是很小的物事，一般人对于墨注意的大约只是如何使用，对于制墨工艺和墨的艺术史很少关注。他则不仅用墨，对于"墨学"也极有兴趣，虽然所藏不多，但见过的名墨不少，精鉴赏，善谈论，因此为京城雅爱藏墨赏墨的诸君如周一良、周珏良、周绍良、李一氓、张絅伯等所知，曾应邀参加"墨会"。2004年他在致周绍良的信中就曾言及墨事："前承赐墨录大著，受教良多。顷得孙渊如墨、曼陀罗华阁墨两枚，后者为秀水杜文澜。杜曾刻蒋鹿潭《水云楼词》两卷，版口署'曼陀罗华阁'，刻甚精，好用古字，晚藏有此本。昔年撰《蒋鹿潭年谱》，曾考及杜文澜多事，惟未及其制墨。此墨形亦古雅，暇当并孙渊如墨一并奉呈鉴定。先此奉闻。"由以上关于墨的一些琐事，便能看出他在这方面知识的丰富。

所以在传统文化方面，冯师可以说是罕见的全才。凡全面了解冯师成就的人，恐怕都会对他在这么多领域都有很深造诣且多有建树感到敬佩与惊讶。有人一定会以为冯先生出身书香门第或者世家大姓，从小家庭就为他提供了良好的教育条件，受到全面的培养。但实际上，冯师出身于贫苦的农家，少年时又赶上日本侵华战争，中小学期间曾三度失学，上学断断续续，且多是半农半学，他的很多知识并不是在学校里获得的，而是靠刻苦自修得来的。他后来之所以能够成为一代大家，笔者认为，除了天分以外，最重要的因素应该就是他对于传统文化的痴迷与不懈追求，新中国成立前的贫穷、苦难、战乱、失学，以及新中国成立后一次又一次的政治运动，都不曾恢其心，挫其志，他心无旁骛、锲而不舍地探求学问，探求真理，探求艺术美，此心至老不变，此志至老弥笃。庄子云"用志不分，乃凝于神"，正斯之谓也。

冯师的成就，特别是学术上的成就，还同其身体力行的治学方法有关，这就是将书面文献、出土文物和地面调查相结合的方法。对曹雪芹家世的考证，对玄奘取经之路的考辨，对项羽死亡之地的考辨，是运用这种方法的成功范例。卞孝萱先生在读了先生的《项羽不死于乌江考》《千百年来一座有名无实的九斗山》两篇文章后，极表钦佩，特别指出"正确的结论，源于先进的方法"，可谓是识者之言。

冯师多方面的成就对于今天的学术建设和文化积累具有巨大价值，其丰富的治学经验、行之有效的治学方法以及为了学问与真理探索不止的献身精神，也是一笔十分宝贵的财富。显而易见，总结冯师的学术理论和学术思想，记录其充满人生智慧与卓绝意志的奋斗经历，是一件十分有意义的工作。

而记录冯师生平与治学经历最基础、最本真、最详细的著作形式莫过于年谱。笔者几年前就有撰写年谱的想法，并做了比较充分的准备：拜读了冯师的绝大多数著作，多次亲聆冯师口述个人历史，并且蒙冯师信任，阅读了其大部分日记，收集了写作《冯其庸年谱》的大量第一手资料。正是在此基础之上，笔者完成了这部书稿。

此谱完稿之后，冯师以九十之高龄亲自审读，纠正谬误，补苴罅漏，使书稿完善许多。对此，笔者感铭在心，永志不忘。

笔者还要特别感谢中国社会科学出版社和郭沂纹编审，他们为本书的出版付出了大量心血。

叶君远
2015年春于北京